Kohlhammer

Prof. Dr. Kristina Felicitas Wolff

Wie viele noch?

Deutschlands gebilligte Femizide

Verlag W. Kohlhammer

Titelbild: © Sonya illustration - stock.adobe.com

Fotos im Buch: Die abgebildeten Frauen sind Überlebende und Hinterbliebene. Ihre Fotos wurden aus rechtlichen Gründen von den geschilderten Lebenserfahrungen getrennt.

1. Auflage 2025
Alle Rechte vorbehalten
© W. Kohlhammer GmbH, Stuttgart
Gesamtherstellung: W. Kohlhammer GmbH, Heßbrühlstr. 69, 70565 Stuttgart
produktsicherheit@kohlhammer.de

Print: ISBN 978-3-17-046256-4

E-Book-Formate:
pdf: ISBN 978-3-17-046257-1
epub: ISBN 978-3-17-046258-8

Inhalt

Triggerwarnung

Das vorliegende Buch beschäftigt sich mit Feminiziden, also der maximalen Gewaltausübung gegen Mädchen und Frauen. Es werden die Ursprünge, Wechselwirkungen und Konsequenzen von Gewalt gegen Mädchen und Frauen in Deutschland beleuchtet.

Dabei geht es nicht um eine voyeuristische Fallbeleuchtung, um die Algorithmen für möglichst viele Impressionen zu füttern. Sondern darum, dass jedes Einzelne, der hier beschriebenen Schicksale einen Teil des tödlichen Staatsversagens abbildet: Tägliche Verbrechen, die auf strukturellen Zusammenhängen und tradierten Versäumnissen von Kommunen, Ländern und dem Bund basieren.

Etliche, anteilig sehr grausame Fälle belegen den Missstand und widerlegen das Narrativ vom „Einzelfall". Darüber hinaus schildern mutige Überlebende ihre Geschichte.

Die Thematik Feminizid ist immer verbunden mit menschenverachtenden und brutalen Handlungsweisen und kann sehr negative Emotionen, Erinnerungen oder/und Retraumatisierungen auslösen.

Bitte seien Sie sich bewusst darüber, dass der Inhalt, den Sie lesen werden, ein belastender Trigger sein kann für Personen, die sensibel auf die Themen Gewalt gegen Mädchen und Frauen, Mord, Totschlag und Suizid reagieren.

Als präventive Maßnahme wurden alle Beschreibungen von Feminiziden und Femizid-Versuchen in roter Farbe von den allgemeingültigen Textpassagen zur geschlechtsspezifischen Gewalt abgesetzt.

Sofern Sie sich unwohl fühlen, vorbelastet sind oder Unterstützung benötigen, wird empfohlen, das Buch mit Vorsicht, ggf. nicht allein zu lesen oder sich direkt an professionelle Hilfestellungen zu wenden.

Bitte achten Sie auf sich.

Vorwort

Schon wieder.

Während ich diese Zeilen schreibe, leuchtet eine „*Tagesschau*"-Nachricht auf meinem Handy auf: *„Frau in Zehlendorf erstochen – Ex-Mann sitzt in Untersuchungshaft"*. Ich fange an zu googeln, schnell finde ich weitere Details, keines davon überrascht mich: Die Frau hatte sich wegen häuslicher Gewalt von ihrem Mann getrennt; sie hatte vor Gericht ein Annäherungsverbot erwirkt gegen den Mann; der Mann hielt sich nicht daran, lauerte ihr auf und stach zu. Die Frau aus Berlin-Zehlendorf wurde nur 36 Jahre alt. Jeden Tag lese ich solche Meldungen. Jeden Tag versucht ein Mann, seine (Ex-)Frau zu töten. Häufig gelingt es ihm.

Wenn ich solche Meldungen lese, lese ich immer häufiger auch von Kontakt- und Annäherungsverboten nach dem Gewaltschutzgesetz, an die sich gewalttätige Männer nicht gehalten haben. In Deutschland haben die Behörden allein im vergangenen Jahr 6.483 solcher Verstöße von Männern registriert, Tendenz steigend: 2022 waren es 6.041 Verstöße, 2021 waren es 5.698. Der Staat zeigt sich buchstäblich hilflos gegenüber bedrohten Frauen.

Ich googele weiter, stoße auf immer mehr tote Frauen. Zum Beispiel auf J. aus Baden-Württemberg, 35 Jahre alt. J. war so vieles. Sie war Tochter. Mutter. Freundin. Sie war eine junge Frau, die ihr Leben frei und selbstbestimmt leben wollte und sich deshalb von ihrem gewalttätigen Partner trennte. Der erstach sie im Juni 2023 vor der Tür ihres eigenen Hauses. Das Gericht, das den Täter später wegen Mordes verurteilte, attestierte ihm *„eigensüchtiges Besitzdenken und eifersüchtigen Hass"*. Auch dieser Mann hätte sich laut Gerichtsbeschluss der Frau nicht nähern dürfen, überwacht hat die Anordnung niemand. Die beiden Kinder mussten den Mord an der Mutter mit ansehen.

Wenn Männer Frauen töten, weil sie Frauen sind, dann sprechen wir von Femizid. Der Begriff taucht mittlerweile häufiger auf in den Medien, aber nicht häufig genug: Immer wieder ist in Berichten über getötete Frauen irreführend und beschönigend-relativierend von *„Beziehungsdramen"* die Rede, von *„Eifersuchtstaten"*, manchmal sogar von *„Ehrenmorden"*. Wenn eine Gesellschaft ein Verbrechen aber nicht klar beim Namen nennt, wenn sie die Verantwortung dafür nicht allein beim Täter, sondern auch beim Opfer sucht, wie will sie die Opfer dann schützen?

J. ist eine einzelne Frau, die ganz vieles war, aber sie ist kein Einzelfall. Wer sich nur ein wenig mit Femiziden beschäftigt hat, für den liest sich keine Zeile ihrer traurigen Geschichte neu. In Großbritannien untersuchte die Kriminologin Jane Monckton-Smith Hunderte Fälle von Frauen, die von ihren (Ex-) Partnern umgebracht wurden. Dabei entdeckte die Wissenschaftlerin wiederkehrende Muster und Warnzeichen, die einem Femizid vorangehen. Das heißt, dass Polizei und Behörden in den meisten Fällen rechtzeitig gewarnt sein könnten, dass das Leben einer Frau in Gefahr ist.

Trotzdem geschieht wenig. Zuletzt wurde in Deutschland viel über Messergewalt gesprochen; es ging dabei vor allem um junge Migranten als Täter, die auf öffentlichen Plätzen mit Messern Angst oder Terror verbreiteten, und um die Frage, was der Staat dagegen tun kann. Es ist wichtig, darüber zu sprechen. Aber müssten wir nicht genauso engagiert über die Messergewalt im häuslichen Umfeld sprechen und fragen, was der Staat dagegen unternimmt?

Der WEISSE RING fordert die Politik seit Jahren dazu auf, Frauen besser vor ihren gewalttätigen (Ex-)Männern zu schützen. Wir haben Brandbriefe an Dutzende Politikerinnen und Politiker geschrieben, um zum Beispiel eine bessere Überwachung von Gewalttätern nach gerichtlichen Kontakt- und Annäherungsverboten zu fordern. Wir sind davon überzeugt, dass die elektronische Fußfessel ein geeignetes Instrument dafür wäre.

Spanien macht seit Jahren vor, wie das funktionieren kann. Das Land setzt GPS-Technologie zur Kontrolle von Gewalttätern ein, mit Erfolg: In den ersten zehn Jahren nach Einführung starb keine der teilnehmenden Frauen. Rund 95 Prozent der Frauen haben bestätigt, dass sie sich mit dem Gerät sicher und geschützt gefühlt hätten. Der Schutz von Frauen ist eine Sache des politischen Willens. Den vermissen wir in Deutschland an vielen Stellen. Ein

Fußfessel-Einsatz nach häuslicher Gewalt ist in den meisten Bundesländern bis heute nicht möglich, eine bundesgesetzliche Regelung gibt es bislang nicht.

Zum Schutz von Frauen ist auch wichtig, die Gesellschaft aufzuklären und zu sensibilisieren: über die Hintergründe von Gewalt gegen Frauen, über misogyne Denkmuster und darüber, was getan werden kann, um Femizide zu verhindern. Wir alle müssen hinschauen, zuhören, uns einmischen. Es braucht uns alle. Die Gesellschaft ist kein abstraktes Gebilde – die Gesellschaft sind wir.

Beim WEISSEN RING unterstützen wir jedes Jahr Tausende Frauen, die häusliche Gewalt erlebt haben. Immer wieder haben es unsere 3000 ehrenamtlichen Helfer und Helferinnen mit Frauen zu tun, die Mordversuche überlebt haben. Manchmal sind es die Angehörigen von toten Frauen, denen wir in ihrer Trauer zur Seite stehen müssen. Wir wissen, wie viel Leid Gewalt gegen Frauen verursacht. Wir teilen unser Wissen mit der Gesellschaft, indem wir unsere Erfahrungen in unserem Magazin, im Internet, in den sozialen Netzwerken veröffentlichen.

Deshalb freue ich mich sehr über dieses Buch. Prof. Dr. Kristina Wolff kämpft seit vielen Jahren gegen Gewalt an Frauen und Mädchen und dokumentiert in Eigeninitiative Femizide. Jetzt bündelt sie ihr großes Wissen in Buchform und gibt den Opfern eine Stimme. Liebe Leserinnen und Leser, ich bitte Sie: Schauen Sie nicht weg, auch wenn es vielleicht weh tut. Tragen Sie weiter, was Sie hier lesen. Sprechen Sie mit Freundinnen, Kolleginnen und Kollegen, Familie über Femizide und Gewalt gegen Frauen.
Wenn Schweigen Frauen tötet, dann kann Reden vielleicht Leben retten.

Bianca Biwer
Bundesgeschäftsführerin
WEISSER RING e.V.

(Fotocredit: Dirk Beichert/WEISSER RING)

Einleitung:
Betroffenheit wiegt Totschlag durch
Unterlassen nicht auf

In Erinnerung an Petra Karin Kelly (*November 1947; † Oktober 1992);

> Die ehemalige Abgeordnete des deutschen Bundestags war Feministin, inter-
> nationale Friedens-, Umwelt- und Menschenrechtsaktivistin und Gründungsmit-
> glied der Partei „Die Grünen". Mit einem aufgesetzten Schuss in ihre Schläfe
> beendete ihr 24 Jahre älterer, deutscher Lebensgefährte, ein früherer General-
> major, Anfang Oktober 1992 das Leben der damals 44-jährigen Petra Karin Kelly.

Dieses Buch wurde auf den Weg gebracht, um die strukturellen Zusammen-
hänge offenzulegen, die in der Bundesrepublik Deutschland auch nach Ablauf
von weit mehr als einem Vierteljahrhundert dazu führen, dass kontinuierlich,
Jahr für Jahr unverändert, mehr als 300 Frauen von Männern umgebracht
werden. Es ist ein Treiber, um für dieses Land endlich eine nationale Strategie
zur Bekämpfung von geschlechtsspezifischer Gewalt gegen Mädchen und
Frauen durchzusetzen.

An erster Stelle sei den außergewöhnlich starken Frauen gedankt, die
dieses Projekt von Beginn an unterstützten, ihr Vertrauen einbrachten und
bereit waren, sich verletzlich zu machen, indem sie ihre Stimmen erheben bzw.
Gesicht zeigen. Im Wort „*Überleben*" steckt das, was sie alle verkörpern, das
LEBEN. Ich verneige mich vor ihrem Mut, ihre grausame Geschichte wieder
ins Präsens zu tragen, sich dem Schmerz erneut zu stellen, das Unfassbare,
das Überlebte zu teilen – in der Hoffnung, andere Mädchen und Frauen so
schützen zu können. Die einzigartigen und ausdrucksstarken Fotos dazu hat
Christine Blohmann, Die Hoffotografen in Berlin, mit viel Einfühlungsvermögen und Geduld ermöglicht.

Worauf gewalttätige Männer sich in Deutschland so oft verlassen können, ist das Schweigen der Betroffenen – wenn nicht freiwillig, dann oft erzwungen und aus berechtigter Angst. Daher gilt mein besonderer Dank vor allen anderen den betroffenen Frauen, Überlebenden wie Hinterbliebenen, die in diesem Buch für sich wie für so viele andere ihre Stimmen erhoben haben. #metoo war der Beginn eines Aufbruchs. Auch gegen prominente Vertreter aus den Bereichen Bildung, Sport, Politik und Kultur wurden endlich Strafverfahren eingeleitet. Die Erkenntnis aus deren Ausgang und den damit verbundenen Gegenangriffen mündete für mich in der Suche nach rechtlicher Beratung für dieses Projekt. André Nourbakhsch, Rechtsanwalt in Berlin, stand jederzeit an der Seite der beteiligten Autorinnen und richtete sein Wirken konsequent an unserem jeweiligen Bedarf aus. Sein besonderes Engagement, seine Kritik und sein Rat haben wesentlich zum Gelingen dieses Buches beigetragen. Hierfür, für seine Expertise und seine stete und motivierende Begleitung, gilt ihm mein tief empfundener Dank.

Dieses Buch konnte nur entstehen, weil viele Institutionen und Behörden sich nicht scheuten, mit Offenheit und Transparenz auf unbequeme Fragen zu antworten. Sehr viel Dank geht auch an die Repräsentantinnen und Repräsentanten aus der Justiz und dem Bundeskriminalamt, deren informative Zuarbeit eine enorme und verlässliche Hilfe war.

Für einen sehr besonderen Moment sorgte Herr Dr. Claus Nils Leimbrock, LL.M., Oberstaatsanwalt in Niedersachsen, im Mai 2024, als er die Frage *„Wird die Istanbul-Konvention im Verfahren angewandt?"* so beantwortete: *„Ja. Art. 46 lit. a IK wird im abschließenden Antrag der Staatsanwaltschaft sowie im Schlussvortrag seinen Ausdruck finden. Art. 49 Abs. 2 IK wurde im Ermittlungsverfahren durch frühzeitige richterliche Vernehmungen Geltung verliehen."*

Danke für diesen Schlüsselmoment, der belegt, dass gesellschaftliches Umdenken machbar ist.

Kristina Felicitas Wolff

In Ausnahmefällen töten auch Mädchen und Frauen aus einer geschlechts-spezifischen Motivation heraus, sowohl Männer als auch Frauen. Diese Fälle ermöglichen ein neues Forschungsfeld, repräsentieren statistisch jedoch keine quantitativ auffällige Gruppe und wurden daher in diesem Buch nicht berücksichtigt.

I.   … und Recht und Freiheit

Tödliches Unrecht wider geltendes Recht

Was macht einen Rechtsstaat aus?

Ganz einfach: Die Bürgerinnen und Bürger leben mit der Sicherheit, dass geltendes Recht in ihrem Land nicht nur allgemein anerkannt ist, sondern auch gelebt und angewandt wird. *„In einem Rechtsstaat haben die Menschen Grundrechte, die vom Staat zu achten und zu schützen sind"*, so definiert es der Deutsche Bundestag auf seinen Internetseiten.[1] Ohne das Prinzip der Rechtsstaatlichkeit wäre unsere Verfassung, das Grundgesetz, obsolet.

Ebenso unvorstellbar wäre ein europäischer Länderzusammenschluss, wie beispielsweise die Europäische Union, die die zwingende Selbstverpflichtung für ihre Mitglieder klar benennt: *„Die Werte, auf die sich die Union gründet, sind die Achtung der Menschenwürde, Freiheit, Demokratie, Gleichheit, Rechtsstaatlichkeit und die Wahrung der Menschenrechte einschließlich der Rechte der Personen, die Minderheiten angehören. Diese Werte sind allen Mitgliedstaaten in einer Gesellschaft gemeinsam, die sich durch Pluralismus, Nichtdiskriminierung, Toleranz, Gerechtigkeit, Solidarität und die Gleichheit von Frauen und Männern auszeichnet"*.[2]

	Voll- endeter Mord § 211 StGB	Voll- endeter Totschlag § 212 StGB	Körperver- letzung mit Todesfolge §§ 227, 231 StGB	Gewaltsam getötete Frauen pro Jahr	Gewaltsam getötete Frauen pro Tag
2015	163	130	27	320	0,88
2020	137	175	33	345	0,94
2021	142	156	26	324	0,88
2022	150	147	39	336	0,92
2023	159	167	35	361	0,99

Grafik 1 – Datenquelle: Polizeiliche Kriminalstatistiken (PKS) des Bundeskriminalamts (BKA)

I. … und Recht und Freiheit

In der Bundesrepublik Deutschland kommen seit Jahrzehnten jährlich Hunderte Frauen gewaltsam zu Tode, obwohl dieses Land Gewaltschutzgesetze hat. Die Tötungsdelikte werden in der polizeilichen Kriminalstatistik (PKS) des Bundeskriminalamtes[3] erst seit 2015 geschlechtsspezifisch ausgewertet.

Im ersten Jahr der gesonderten Betrachtung von männlichen und weiblichen Opfern wurden den drei Straftatbeständen *„Vollendeter Mord"*, *„Vollendeter Totschlag"* und *„Körperverletzung mit Todesfolge"* in der offiziellen Statistik 320 Mädchen und Frauen zugeordnet. Innerhalb der letzten acht Jahre ist die Zahl der gewaltsam getöteten Mädchen und Frauen um 13 Prozent auf 361 weibliche Opfer angestiegen. Im Jahr 2023 wurden der offiziellen Statistik zufolge 299 Menschen getötet, und zwar, im dritten Jahr in Folge, erneut mehr Frauen (absolut: 159, prozentual: 53,2 %), als Männer (absolut: 140, prozentual: 46,8 %). Statistisch betrachtet hat es im Jahr 2023 in Deutschland nur vier Tage gegeben, an denen keine Frau gewaltsam getötet wurde, 155 Femizide werden alleine der Partnerschaftsgewalt zugeordnet – die staatliche Parole *„Jeden dritten Tag …"* ist falscher als je zuvor.

Unserem Grundgesetz, Artikel 2 zufolge hat jeder Mensch *„das Recht auf Leben und körperliche Unversehrtheit. Die Freiheit der Person ist unverletzlich"*.[4]

Die Freiheit von L. allerdings wurde gravierend verletzt. Ihr Grundrecht auf Leben und körperliche Unversehrtheit hat ihr gleichaltriger Ex-Freund vernichtet, als er sie im Januar 2024 auf dem Gelände der Schule, die beide besuchten, öffentlich tötete:[5] Mit einem Fleischermesser, so die Anklage, stach er auf ihren Nacken und den oberen Rücken sowie auf ihren Hals, ihren Brustkorb und die Herzgegend ein.[6] „Bild" berichtete: „Dann nahm er das Handy des sterbenden Mädchens, rief ihre Mutter an und sagte diesen Satz: ,Mich verlässt niemand!'."[7]

Diese Gewalttat ist eine von jährlich hundertfach ausgeführten Tötungsdelikten, die sich gezielt gegen Mädchen und Frauen richten. Dabei ist der Femizid von L. in vielerlei Hinsicht beachtenswert: Die Jugend von Täter und Opfer, der Tatort und die Gefahrensituation, die ein Risiko der Inneren Sicherheit abbildet und somit uns alle betrifft.

Die Gewalttat an L. wirft viele Fragen auf. In allen spiegeln sich die Muster der sich regelmäßig wiederholenden, strukturellen, tradierten und misogynen Gewalt, die in Deutschland ohne wirksame Korrektive weiterhin ausgeführt werden kann. L., eine junge Gymnasiastin, bringt den Mut auf, ihren gewalt-tätigen Peiniger anzuzeigen. Ihr Umfeld weiß, dass ihre Bedrohungslage nicht abstrakt ist, denn bereits im Vorfeld des tödlichen Attentats wurde L. von ihm (lt. damaliger Pressemeldung „krankenhausreif") geschlagen. In der Anklageschrift wurden mit Bezug darauf unter anderem eine Nasenbeinfraktur, Prellungen des Jochbeins, der Halswirbelsäule und des Thorax, Hämatome sowie weitere Verlet-zungen aufgelistet.[8]

* Haben die Polizeikräfte bei Anzeigestellung erfragt, ob bzw. wie häufig L. von dem Gewalttäter bereits mit dem Tode bedroht wurde?
* Gab es eine Fallkonferenz[9] zu L.´s Bedrohungssituation, um das reale Gefahrenpotential mit Expertinnen und Experten einzuordnen und etab-lierte Präventionsinstrumente einzusetzen?
* Nach welchen Kriterien wurde entschieden, dass es ausreichend sei, die massiv von Gewalt Betroffene lediglich durch zeitliche bzw. räumliche Trennung in der gemeinsam besuchten Schule zu schützen?
* In der Ausgabe der „Badische Neueste Nachrichten" vom 26. Januar 2024 war folgendes zu lesen: „Die Polizei habe auf die Anzeige hin Zeugen und den Beschuldigten vernommen. Zudem folgten Gefährderansprachen. Die Polizei nahm Kontakt zum Jugendamt und der Schulleitung auf. Nach aktuellen Erkenntnissen erfolgten von Seiten der Schule Maßnahmen der Kontaktbeschränkung im Schulbetrieb. Der 18-Jährige sollte seinem Opfer nach einer Intervention der Schule eigentlich nicht mehr über den Weg laufen. Die Schule habe sich nach einer Anzeige der Schülerin wegen Körperverletzung im vergangenen Jahr mit der Polizei abgestimmt, teilte der Kommunikationsexperte (…) am Freitag im Rathaus der Gemeinde mit. (…) war von der Schule in der Sache beauftragt worden. Die beiden sollten sich ‚möglichst nicht begegnen', sagte (…). ‚Das war das Hauptziel'. Zuletzt hätten alle Beteiligten den Eindruck gehabt, dass sich die Dinge beruhigt hätten."[10]
* Weshalb berichten die „Badische Neueste Nachrichten" im Nachgang zu einer Strafanzeige von einer Mehrzahl an Gefährderansprachen – wie viele Gewaltausbrüche hat es gegeben?
* Wurden objektive Fachkräfte einbezogen, um abzusichern, dass das brisante Interessensgeflecht von Polizei und Privatschule dem Schutz von L.'s Leben nachgeordnet wird?

I. … und Recht und Freiheit

* Sofern das transparent nachvollziehbar geschah: Weshalb benötigte die Schule stante pedes einen „Kommunikationsexperten", der die Mitverantwortung an diesem Verbrechen mit seiner Aussage: „Hundertprozentige Sicherheit gibt es halt nicht."[11] relativierte?
* Der Presse zufolge hat L.'s Strafanzeige die zuständige Staatsanwaltschaft nie erreicht?
* In einer weiteren Pressemeldung[12] wird berichtet, dass der Täter mit seinem Vater zusammenlebte und die Mutter diesen Haushalt verlassen habe: Gab es bereits vor dem tödlichen Attentat auf L. eine Gewalthistorie – hat der Täter eventuell Gewaltmuster aus seinem persönlichen Umfeld übernommen?

Das Recht auf Leben und körperliche Unversehrtheit ist in Artikel 2 Absatz 2 unserer Verfassung verankert. Darüber hinaus gibt es internationale Abkommen, zu deren Einhaltung sich die Bundesrepublik Deutschland verpflichtet hat. Dazu zählen das Übereinkommen der Vereinten Nationen (UN) zur Beseitigung jeder Form von Diskriminierung der Frau (Convention on the Elimination of All Forms of Discrimination Against Women, CEDAW)[13], aber auch das Übereinkommen des Europarats zur Verhütung und Bekämpfung von Gewalt gegen Frauen und häuslicher Gewalt, die sogenannte Istanbul-Konvention[14]. Beide Konventionen wurden durch die Bundesrepublik Deutschland ratifiziert und genießen damit den Rang eines Bundesgesetztes: Das wichtigste internationale Abkommen zum Schutz der Menschenrechte von Mädchen und Frauen, CEDAW,[15] wurde von Deutschland erstmalig im Jahr 1985 ratifiziert, während die Istanbul-Konvention seit dem 1. Februar 2018 rechtlich bindend für Deutschland ist.[16]

Die Einführung der Istanbul-Konvention als länderübergreifendes Gewaltschutzinstrument für Mädchen und Frauen geht mit sehr durchdachten Neurungen einher. So ist der Gesetzestext in leichter Sprache verfasst und, obwohl es sich um ein europäisches Gesetz handelt, sind global alle Länder eingeladen, die Istanbul-Konvention zu unterzeichnen und ebenfalls als Werkzeug der Verhütung und Bekämpfung von Gewalt gegen Frauen und häuslicher Gewalt einzusetzen. Darüber hinaus hat der Europarat ein Gremium ins Leben gerufen, das alle Länder, die die Istanbul-Konvention ratifiziert haben, daraufhin überprüft, ob sie die Ziele und Vorgaben des Übereinkommens einhalten. Das Gremium, die sogenannte GREVIO (Group of Experts on Action against Violence against Women and Domestic Violence)[17], setzt sich aus Expertinnen und Experten zusammen, die in regelmäßigen Intervallen[18] alle Unterzeichnerstaaten evaluieren.

Im Februar 2020 begann zum ersten Mal eine Überprüfung Deutschlands, ob die Umsetzung der Istanbul-Konvention im Zuge der staatlichen Selbstverpflichtung zum Schutz der von Gewalt betroffenen Mädchen und Frauen realisiert wurde.[19] Nach Ablauf der zweijährigen Bewertung von Angaben und ergänzenden Informationen, die einerseits von der Bundesregierung,[20] andererseits im sogenannten *„Schattenbericht"* verschiedener, nicht staatlicher Organisationen sowie der Zivilgesellschaft zusammengetragen wurden, erhielt der Rechts- und Sozialstaat eine vernichtende Bilanz mit unter anderem dieser Aussage: *„serious gaps in protecting women and girls from gender-based violence"*, übersetzt: *„Gravierende Defizite beim Schutz von Frauen und Mädchen vor geschlechtsspezifischer Gewalt".*[21]

Unter der damaligen Bundesfrauenministerin Franziska Giffey wurde ein *„Erster Staatenbericht Bundesrepublik Deutschland"*[22] bei GREVIO eingereicht. Ein Blick in diesen genügt, um die Diskrepanz zwischen dem Kernauftrag der Istanbul-Konvention, der Verhütung von Gewalt gegen Mädchen und Frauen, und der ministerialen Verweigerungshaltung zu erfassen: Prävention wird in dem insgesamt 347 Seiten umfassenden Bericht auf lediglich zwölf Seiten abgehandelt und zwar nur mit Maßnahmen, die erst nach einer durchlittenen Gewalterfahrung zum Tragen kommen. Obwohl der Staatenbericht die gewaltverhütenden Instrumentarien der Bundesrepublik Deutschland belegen soll, werden *„Internationale Sensibilisierungs- und Aufklärungskampagnen"* aufgeführt, die unter anderem die „Bekämpfung von Gewalt gegen Frauen in Lateinamerika (Com-VoMujer)", in Bolivien, Paraguay, Peru und Ecuador verfolgen. Das jedoch ist nicht der einzige, gravierende Missstand. Vielmehr kritisiert GREVIO in der Abschlussbewertung vom 7. Oktober 2022 unmissverständlich: *„(...), dass seit dem Inkrafttreten der Istanbul-Konvention, kein nationales politisches Dokument oder eine nationale Strategie entwickelt wurde, die auf zentraler Ebene gemeinsame Definitionen von Gewalt gegen Frauen und häuslicher Gewalt sowie die Ziele festgelegt werden, die im ganzen*

Land erreicht werden sollen, um die Umsetzung des Übereinkommens zu fördern und die Rechte der Opfer in den Mittelpunkt aller Maßnahmen stellen und dem geschlechtsspezifischen Charakter der verschiedenen Formen dieser Gewalt gebührend Rechnung tragen." Wie weit Selbst- und Fremdwahrnehmung zu Deutschland auseinanderliegen, wird auch an anderer Stelle deutlich. Während die Bundesregierung Ende 2023 proklamiert: *„Deutschland bekennt sich zu den Werten des Europarates und arbeitet an der Förderung dessen Standards in den Bereichen Menschenrechte, Rechtsstaatlichkeit und Demokratie in ganz Europa",*[23] benennt die Menschenrechtskommissarin des Europarats, Dunja Mijatović, in ihrem Bericht zur deutschen Menschenrechtspolitik Anfang 2024 *„den anhaltenden Mangel an Bewusstsein und Anerkennung, dass soziale Rechte Menschenrechte sind, die staatliche Verpflichtungen auslösen, und dass individuelle Ansprüche nicht von der Verfügbarkeit von Ressourcen abhängig gemacht werden dürfen."*[24]

Ebenfalls anlässlich einer Begutachtung Deutschlands und mit Blick auf die hohen deutschen Femizid-Raten[25] drückt der Ausschuss der UN für die Beseitigung der Diskriminierung gegen Frauen in seiner Stellungnahme vom Mai 2023 *„Besorgnis"* aus. Er fordert die Bundesregierung auf, ihre Bemühungen zur Bekämpfung aller Formen von geschlechtsspezifischer Gewalt gegen Frauen, einschließlich Femizide, zu intensivieren und die Entwicklung einer umfassenden Präventionsstrategie zur Bekämpfung von Häuslicher Gewalt voranzutreiben. Mitte November 2023 stand Deutschland vor den Vereinten Nationen hart in der Kritik. Die Bundesregierung bekam über den Bericht der Arbeitsgruppe zur regelmäßigen Überprüfung der Einhaltung der Menschenrechte nicht nur vielfach die Empfehlung zur Beseitigung der strukturellen Benachteiligung von Frauen. Aus der internationalen Staatengemeinschaft heraus wurde ihr zudem nahegelegt, die Bemühungen um die strafrechtliche Verfolgung mutmaßlicher Täter von Gewalt gegen Mädchen und Frauen zu intensivieren, Femizide zu kriminalisieren und aufgeschlüsselte Daten über geschlechtsspezifische Gewalt zu erheben. Darüber hinausgehend wurde angemahnt, eine umfassende Strategie für die Umsetzung der Istanbul-Konvention zu verabschieden und zu gewährleisten, dass diese vollständig umgesetzt wird, unter anderem durch angemessene Schutz- und Unterstützungsstrukturen für Frauen und Kinder, die von Gewalt betroffen sind.[26]

In der Theorie sind Mädchen und Frauen in Deutschland vor Gewalt geschützt, auf nationaler Ebene per Grundgesetz, auf europäischer Ebene über die Istanbul-Konvention und auf internationalem Niveau durch CEDAW.

Im realen Leben jedoch sind sie ununterbrochen von Gewalt und viel zu häufig von tödlichen Gewaltexzessen bedroht. Dabei hat der Staat auf nahezu allen gesellschaftlichen Ebenen an der gezielt gegen Frauen gerichteten männlichen Gewaltausübung einen gewichtigen Anteil. Es fehlt an allem: an Bewusstsein, an Finanzmitteln, an Definitionen, an unabhängiger Forschung, an qualifiziertem Personal, an Schutzräumen, an effizienten Verfahren, an Trainings und lebensbegleitenden Schulungen in den betroffenen Bereichen Legislative, Judikative, Exekutive, Wirtschafts-, Sozial-, Bildungs- und Gesundheitswesen sowie an belastbaren Daten. Es fehlt an zeitgemäßen und bedarfsgerechten Gesetzen und Grundsatzurteilen ebenso, wie an der von GREVIO angemahnten, ressortübergreifenden Bundesstrategie zur Gewaltprävention. Die Zusammenfassung lautet schlichtweg: Der politische Wille ist nicht vorhanden.

Im Fall von L. wurde in der medialen Berichterstattung unter anderem auf die Zusammenarbeit mit dem Polizeipräsidium Mannheim hingewiesen. Dort existiert ein Stabsbereich Einsatz, Sachbereich Kriminalitätsbekämpfung, in dessen Zuständigkeit auch die polizeiliche Umsetzung der Istanbul-Konvention fällt. Nach wie vor gibt es keine Angaben dazu, ob bzw. in welchem Maß L. von der Arbeitsleistung dieses Stabsbereichs Unterstützung erfuhr. L. ist leider nicht die einzige Frau, die die staatliche Passivität im Januar 2024 mit ihrem Leben bezahlen musste.

Der Mann, der seine Ex-Partnerin A. im Januar 2024 in einem Supermarkt in Hessen erschoss, war vorab bei Polizei und Justiz bekannt, weil er sein späteres Opfer gestalkt, bedroht und physisch attackiert hatte.[27]

Auch der Mann, der seine Lebensgefährtin Mitte Januar in Hessen heimtückisch im Schlaf erstach, war schon vor dem Tötungsdelikt einschlägig aktenkundig. Er hatte sein späteres Opfer bereits an Weihnachten mit Todesdrohungen gequält und so einen Polizeieinsatz ausgelöst.[28] Die Berichterstattung der „Hannoversche Allgemeine Zeitung" beschreibt anlässlich der Prozesseröffnung im September 2024: „Weil er aus Sicht der Staatsanwaltschaft seine Partnerin für seine vermeintlich ausweglose Situation verantwortlich gemacht hatte, habe er im Januar entschieden, die Frau zu töten." Zudem soll der Angeklagte wegen einer „schizophrenen und depressiven Erkrankung, laut Anklage, vermindert schuldfähig" sein.[29] Nach dem Femizid fand der Sohn die erstochene Lebensgefährtin seines Vaters. Im selben Artikel wird seine Einordnung wiedergegeben: „Weil der mutmaßliche Täter in jungen Jahren Drogen konsumiert und zuletzt größere Mengen an Alkohol getrunken haben soll – trotz einer Leberzirrhose – hatte die Frau immer wieder den Krankenwagen gerufen, um ihren Partner vor sich selbst zu schützen, wie der Sohn erklärte."[30] Weiter wird beschrieben: „‚Er ist dann durch Freunde auf die falsche Schiene gekommen, hat Drogen genommen', berichtete der Sohn. Dann sei sein Vater psychisch krank geworden."

Die Liste der Fälle, in denen Femizide ausgeführt werden konnten, obwohl die akute Gefahrensituation bei den Polizeien und/oder Justizbehörden sowie medizinischen Einrichtungen bekannt war, ist sehr lang. Allein für das Jahr 2023 konnte das Femicide Observation Center Deutschland (F.O.C.G.)[31] insgesamt 20 Fälle dokumentieren, in denen die Täter bereits vor dem Tötungsdelikt polizeibekannt/aktenkundig und/oder durch konkrete Todesandrohungen bzw. lebensbedrohliche, physische Gewaltangriffe ein hochalarmierendes Warnsignal abgegeben hatten. Anders formuliert: Knapp 6 % der im Jahr 2023 vollendeten Tötungsdelikte gegen Mädchen und Frauen hätten sich mit möglichen polizeilichen Maßnahmen verhindern lassen können. Dabei sind die sechs Prozent eine sehr niedrig angesetzte, vorläufige Größe, denn in den meisten Fällen kommt die Gewalthistorie des Täters erst viel später, d. h. erst im Zuge seiner Gerichtsverhandlung an die Öffentlichkeit.

Seit dem Jahr 2001 kann einem Gewalttäter auf Basis des deutschen Gewaltschutzgesetzes eine Wohnungsverweisung, ein Kontakt- oder/und ein Näherungsverbot ausgesprochen werden. Das geschieht auch regelmäßig, aber keine dieser Maßnahmen hat Aussicht auf Erfolg, solange der Staat sich nicht darum kümmert, ob das auferlegte Distanzgebot von den gewaltausübenden Männern eingehalten wird. Täter ignorieren die selbstverursachten

Maßregelungen immer wieder, ggf. auch, weil ihnen die staatliche Inkonsequenz, die medial schon oft angeprangert wurde, durchaus bewusst ist.

Zur Verhinderung einer unmittelbar bevorstehenden Gefahrenlage käme nach deutschem Recht die Möglichkeit einer Ingewahrsamnahme in Betracht. Diese darf, je nach Voraussetzung des geltenden Polizeigesetzes im entsprechenden Bundesland bis zu 14 Tage währen. Dieses Korrektiv wird jedoch kaum genutzt, die Freiheitsrechte eines Gewalttäters gelten weithin als das zu priorisierende Rechtsgut. Dabei hat eine britische Studie im Jahr 2023 beleuchtet, wie sich eine Festnahme direkt nach einem Notruf bei häuslicher Gewalt auf das Verhalten des Gewalttäters auswirkt. Die repräsentative Untersuchung kam zu dem Ergebnis, dass ein Viertel aller Täter ohne Festnahme innerhalb von 96 Stunden erneut gewalttätig wurde. Die Verhaftungen hingegen, so lautet eine der Kernaussagen der Analyse, hatten innerhalb der folgenden zwölf Monate einen Rückgang der Wiederholungsdelikte um 51 Prozent[32] zur Folge.

In Spanien verfügen Gerichte im Zuge der staatlichen Gewaltbekämpfung auch das Tragen von elektronischen Fußfesseln bzw. Armbändern. Diese überwachen mittels einer Kombination aus GPS, Triangulation und W-LAN gestützten Hilfsmittel, ob Täter sich an Wohnungsverweisung, Kontakt- bzw. Näherungsverbot halten. Grenzübertretungen führen zu einem sofortigen Alarm bei den zuständigen Polizeibehörden und -dienststellen, die umgehend alle erforderlichen Schutzmaßnahmen für die Gefährdeten starten. Eine sensationelle Erfolgsquote gibt Spanien recht: *„Die Armbänder wurden 2009 in Betrieb genommen, und seitdem wurden 16.213 von ihnen angebracht; allein im letzten Jahr"* [Anm. 2023] *„waren 4.548 davon aktiv. Und sie sind bis heute die einzige zu 100 % wirksame Maßnahme gegen männliche Gewalt: Keine Frau, die ein solches trägt, wurde ermordet"*, beschreibt die Journalistin Isabel Valdés in der spanischen Tageszeitung *„El Pais"*[33] im Februar 2024 den Erfolg der schützenden Technik. Außerdem verweist sie auf die Verbesserungen, die das Überwachungsgerät für Menschen mit Beeinträchtigungen und/oder Behinderungen anbietet: *„Zum ersten Mal gibt es einen ‚zusätzlichen SOS-Knopf' in Form eines kleinen Zweitgerätes, das über Bluetooth mit dem Mobiltelefon verbunden ist und in der Tasche getragen oder an der Kleidung befestigt* *werden kann. Ein Druck auf die Taste aktiviert den SOS-Alarm, ohne dass man das Telefon entsperren oder in der App nach der Notfallfunktion suchen muss. Für Sehbehinderte und Blinde kann eine Anpassung mit einem Braille-Etikett erfolgen und, da alle Funktionen auch online zugänglich sind, können sie so konfiguriert werden, dass sie auf dem Bildschirm sichtbar sind, bspw., dass sie klingeln oder vibrieren und dass sie vorprogrammierte Antworten über digitale Tasten senden (für Menschen mit Sprachbehinderungen)."* Die überzeugende Bilanz zum Einsatz der elektronischen Täterüberwachung hat dazu geführt, dass der Anwendungsbereich mit der spanischen Gesetzesnovelle *„Nur ein Ja ist ein Ja"* (Ley del solo sí es sí), ausgeweitet wurde: Seit August 2022 dürfen neben misshandelten Frauen auch Opfer sexueller Gewalt von einem Gericht anordnen lassen, dass ihre Angreifer ein Aufenthaltsüberwachungsgerät tragen müssen.[34]

In Deutschland sind die Fußfesseln mit der offiziellen Bezeichnung *„Elektronische Aufenthaltsüberwachungsgeräte (EAÜ)"* seit 2011 im Einsatz, allerdings vorwiegend als Führungsinstrument bei aus der Haft entlassenen Straftätern, von denen weiterhin Gefahr ausgeht sowie bei der Abwehr terroristischer Gefahren. Auch hierzulande fällt die Erfolgsbilanz zu den elektronischen Präventionsgeräten positiv aus, so resümierte Thomas Strobl, baden-württembergischer Minister für Inneres, Digitalisierung und Migration, im Jahr 2020: *„Im Hinblick auf zur Absicherung von Verbotszonen angeordneten EAÜ-Maßnahmen, die dem Schutz einzelner oder mehrerer konkret gefährdeter Personen dienen, ist dem Ministerium der Justiz und für Europa nicht bekannt, dass es zu einer Straftat zu Lasten einer durch eine solche Zone zu schützenden Person durch einen EAÜ-Probanden gekommen ist."*[35]

Im Mai 2023 brachte der frühere Hessische Justizminister, Roman Posek, eine Initiative in die Justizministerkonferenz (JuMiKo) ein, über die eine Erweiterung des Gewaltschutzgesetzes[36] erzielt werden sollte. Die JuMiKo griff den hessischen Impuls zum Einsatz elektronischer Fußfesseln mit viel Zustimmung auf und bat den damaligen Bundesjustizminister, Marco Buschmann, um Prüfung[37] einer entsprechenden Gesetzesnovelle.

Veränderungen, die dringend nötig sind, um Frauen wirksam vor Gewalt zu schützen, werden in Deutschland regelmäßig mit dem Verweis auf präventivrechtliche Maßnahmen nach Landesrecht einerseits und auf das Gewaltschutzgesetz, das Bundesrecht ist, andererseits unterbunden. Diese Argumentation ist nicht lösungsorientiert, wohl aber ein etabliertes Werkzeug, mit dem Bund und Länder sich die Verantwortung für den Gewaltschutz von Mädchen und Frauen wechselseitig zuschieben. Tatsächlich reagierte Marco Buschmann ablehnend auf die Prüfbitte der JuMiKo: Den Regierungen der einzelnen Bundesländer sei es freigestellt, ihr jeweiliges Polizeirecht zu ändern, sofern sie den Handlungsbedarf anerkennen würden. Auf Bundesebene bestünde diesbezüglich keine Notwendigkeit.[38]

Damit wurde die Verantwortung des Staates für die Sicherung des Grundrechts auf Leben für Frauen, einmal mehr verweigert, ganz so, als gäbe es in Deutschland trotz der bekannten Fallzahlen keinerlei Bedarf an lebenserhaltenden Schutzmaßnahmen. Dass dem nicht so ist, zeigen exemplarische Schicksale, in denen ein Fußfessel-Zwang nach aktueller, evidenzbasierter Studienlage den Gewaltbetroffenen hätte Sicherheit geben bzw. ihr Leben retten können.

Mitte Januar 2023 verurteilte das Landgericht Köln (Nordrhein-Westfalen) einen Kölner, der seine 30 Jahre alte Lebensgefährtin A., Mutter eines damals sechsjährigen Sohnes, im April 2022 zunächst bis zur Bewusstlosigkeit gewürgt, dann mit einem Küchenmesser erstochen und schließlich nekrosexuelle Übergriffe, d. h. sexuelle Handlungen am Leichnam der Frau vorgenommen hatte. Der Täter war einschlägig vorbestraft und bereits zweifach wegen Gewalttaten gegen frühere Partnerinnen inhaftiert gewesen[39] – er hatte eine frühere, schwangere Ex-Freundin mit Schlägen gegen den Bauch malträtiert und einer weiteren Ex-Lebensgefährtin mit einem Teppichmesser ins Gesicht gestochen.[40]

Im Januar 2023 erschoss ein albanischer Gewalttäter seine getrenntlebende Ehefrau S. in Baden-Württemberg. Er tötete die zweifache Mutter der gemeinsamen Kinder öffentlich in einem Supermarkt. Bereits vor der Tat war er regelmäßig gewalttätig, weswegen sie ihn angezeigt hatte. Weder hätte er sich ihr annähern noch hätte er eine Schusswaffe besitzen dürfen.[41]

In Rheinland-Pfalz rammte ein Deutscher im Februar 2023 mit seinem Fahrzeug das Auto seiner getrenntlebenden Ehefrau Z. und tötete die dadurch fluchtunfähige Mutter seines 12-jährigen Sohnes mit mehreren Kopfschüssen. Auch gegen ihn lag ein Kontaktverbot wegen häuslicher Gewalt vor, auch er hätte keine Schusswaffe führen dürfen.[42]

I. … und Recht und Freiheit

Ein Frauenhaus wird für S. zunächst der Zufluchtsort vor ihrem gewalttätigen Ehemann. Nachdem sie im Anschluss daran ein neues Zuhause gefunden hatte, stalkte, bedrohte und attackierte ihr deutscher Ehemann sie aufs Neue. Sie erstattete Strafanzeige und berichtete den aufnehmenden Beamten von den acht Schusswaffen, die sich im Besitz ihres Mannes befanden. Kurz darauf, Anfang März 2023, am internationalen Frauentag, tötete dieser sie in Sachsen-Anhalt mit einer dieser Waffen.[43]

J. ist erst Mitte dreißig, als ihr getrennter, deutscher Ehemann sie, trotz eines Näherungsverbots, in Baden-Württemberg vor den Augen ihrer zwei gemeinsamen, minderjährigen Töchter erstach.[44] Er verübte das tödliche Attentat auf sie Anfang Juni 2023. Er tat es am helllichten Tag, er tat es in aller Öffentlichkeit und es war nicht sein erster Tötungsversuch: Bereits seine erste Ehefrau war der Presse zufolge nach der Trennung von ihm gewürgt worden.[45] Die gerichtliche Verfügung hatte J. beantragt, weil er ihre Trennung negierte, sie bedrohte und sie täglich mit bis zu zehn Anrufen sowie bis zu 20 Nachrichten terrorisierte.

Anfang Juli 2023 muss die mitten im Leben stehende S. in Hessen die Gewalt ihres getrennten, deutschen Ehemannes mit dem Leben bezahlen, nachdem sie sich nur wenige Stunden zuvor bereits mit einem Notruf an die Polizei gewandt hatte.[46] Nach 20 Ehejahren überfiel er sie und tötete sie in ihrem Zuhause, im Beisein des jüngsten der drei gemeinsamen Kinder, einem sechs Monate alten Baby, mit 60 Messerstichen. Den Schlüssel hatte der Mann zuvor einem seiner Söhne gestohlen. Die enorme Gewalthistorie des Verbrechers war aktenkundig bei Polizei, Justiz und Jugendamt. „Bild" berichtete über den Kontrollwahn des Mannes und, dass er S. erniedrigt habe, indem er sie zwang, Salat aus dem Müll zu essen.[47] Nach einer Strafanzeige wegen Körperverletzung im Rahmen von Häuslicher Gewalt lag eine gerichtlich bestätigte Wegweisung gegen ihn vor,[48] diese allerdings hatte er bereits vorher ignoriert. In seiner Gerichtsverhandlung behauptete der Mann laut „Frankfurter Rundschau": „Die Tote sei seine ‚größte Liebe überhaupt' gewesen. ‚Sie war ein wunderbarer Mensch'."[49] Weiter wird im selben Artikel beschrieben: „Finanziell ging es ihnen ausgezeichnet, wie der Angeklagte mit sanfter, leiser Stimme schilderte. Es sei genügend Geld da gewesen, um die Jungs auf einer Privatschule in Bad Homburg unterrichten zu lassen, für 12.000 Euro zehn Tage lang Urlaub zu machen und 3.000 Euro jeden Monat nur für Bio-Lebensmittel auszugeben. Gleichzeitig war die Ehe fast von Anfang an von Gewalt seitens des Angeklagten geprägt gewesen, wie der schlanke Mann zugab. Er habe ihr zum Beispiel vor etwa 15 Jahren das

Trommelfell beschädigt, als er sie ‚aus Spaß' geschlagen habe. Auch gegenüber den Söhnen sei er gewalttätig gewesen. Das tue ihm heute noch weh. Im Mai 2023 soll der Mann schließlich versucht haben, seine Frau zu vergewaltigen, und gedroht haben: ‚Schlagen ist noch gar nichts. Ich kann dich auch töten'."

Drei Wochen später, ebenfalls im Juli 2023 bezahlt eine Mutter in Thüringen den Gewaltexzess ihres mehrfach aktenkundigen Sohnes mit dem Tod. Nachdem er sie mit einer Metallschnalle am Kopf verletzt hatte, erwirkte sie ein Kontakt-verbot und ließ, aus Angst vor ihm, noch am Tag des Femizids das Schloss ihrer Wohnung wechseln. Der Sohn allerdings, ein deutscher Staatsbürger, trat die Türe ein und erdrosselte sie mit einem Kabelbinder.[50]

In Rheinland-Pfalz erdrosselte ein deutsch-irakischer Familienvater im August 2023 die Mutter seiner drei Kinder. Mit einer Mullbinde schnitt er ihr die lebensnotwendige Luftzufuhr ab. Vorgeblich, weil er sich darüber geärgert hatte, dass sie seine Frage beantwortete, obwohl diese an einen seiner Söhne gerichtet war. Die Frau konnte von Rettungskräften noch wiederbelebt werden, allerdings kam sie nicht mehr zu Bewusstsein und wurde nach mehr als einem Monat Überlebenskampf schließlich vom Beatmungsgerät abgekoppelt. Ihr Ehemann war wegen häuslicher Gewalt sowohl bei Polizei als auch bei der Justiz aktenkundig. Schon im Jahr 2019 war er wegen gefährlicher Körperverletzung verurteilt worden, nachdem er die Frau schwer misshandelt und ihr Gesicht mit Fußtritten zertrümmert hatte: „Ihre Wangenknochen waren gebrochen. Sie wurde wochenlang in der Mainzer Universitätsmedizin behandelt und bekam das Gesicht mit Platten rekonstruiert."[51]

Am 5. September 2023 vergewaltigte ein deutscher Staatsbürger G., eine frühere Krankenschwester und dreifache Mutter, im Saarland im öffentlichen Raum, zu Tode. Der Täter ist bereits mehrfach einschlägig vorbestraft und war knapp 33 Jahre seines Lebens inhaftiert. Im Gerichtsverfahren werden dem Mann sechs weitere, dem Femizid vorangegangene Fälle von sexueller Belästigung und Körperverletzung in Tateinheit mit Bedrohung als erwiesen zur Last gelegt. Eine prozessbegleitende Pressemeldung zitiert den Vorsitzenden Kammerrichter mit den Worten: „Sexuelle Erregung könne er nur verspüren, wenn er Frauen körper-lich überlegen sei und ihnen Leid zufügen könne. Zu dem Störungsbild passe auch, dass er im Internet gezielt nach K.-O.-Tropfen Ausschau gehalten habe, um Frauen ‚komplett in seine Herrschaft zu bringen'."[52] Trotzdem urteilte das Gericht, von einer verminderten Steuerungsfähigkeit ausgehend, strafmildernd und verzichtete auf eine Sicherheitsverwahrung.

I. … und Recht und Freiheit

Ein deutscher Ehemann lauerte Mitte September 2023 in Bremen seiner getrenntlebenden Ehefrau T. auf, zwischen zwei parkenden Fahrzeugen mit einem Messer in der Hand. Gegen ihn bestand zum Tatzeitpunkt ein Kontaktverbot. Er hatte seine Frau, die dreifache Mutter seiner minderjährigen Kinder, mehrfach geschlagen, misshandelt, beleidigt und bedroht. Als sie, das Baby im Kinderwagen schiebend, auf dem Bürgersteig vorbeilief, führte er einen heimtückischen Messerangriff aus, stach wie von Sinnen auf sie ein und trat T., die schon am Boden lag, noch gegen den Kopf. Sie überlebte rein zufällig, bleibt von seinen lebensbedrohlichen Verletzungen jedoch lebenslang gezeichnet.

Aus Angst vor ihrem Sohn hatte R. die Polizei Schleswig-Holstein insgesamt 14-mal um Hilfe gebeten. Mit einer 2,5 kg schweren Hantelscheibe zertrümmerte der deutsche Gewalttäter Ende September 2023 Gesicht und Schädel seiner Mutter.[53]

Ende Oktober 2023 trat J. morgens um kurz nach 7 Uhr in Berlin auf die Straße, um zur Arbeit zu gehen. Ihr dabei auflauernd, schnitt ihr Ex-Geliebter ihr mit einer Machete die Kehle durch und die Pulsadern auf. In aller Öffentlichkeit stach er sie mit Stichen in Rücken, Brust und Bauch auf den nassen, kalten Asphalt nieder. Mit insgesamt 27 Verletzungen hatte J. keine Überlebenschance. Sie verstarb noch am Tatort. Der Deutsche, Ehemann einer anderen Frau und Vater von vier Kindern, hatte ihr wiederholt aufgelauert, bereits in den Wochen zuvor litt sie unter seinen Nachstellungen.[54] Die „Berliner Zeitung" berichtet von der Urteilsverkündung: „'Und wieder ein Femizid', sagt der Vorsitzende Richter der 22. Großen Strafkammer an diesem Dienstagnachmittag. Lange habe er sich schwergetan mit diesem Wort. Lange habe er gedacht, es sei ein feministischer Kampfbegriff und habe im Strafprozess nicht wirklich etwas zu suchen. Die Realität aber habe ihn eines Besseren belehrt, muss der Richter eingestehen. ‚Denn diese immer wiederkehrenden Tötung von Frauen durch Männer ist erschreckend, ist beängstigend'." Demselben Artikel zufolge attribuierte der Vorsitzende Richter die Gewalttat als „brutal, gnadenlos und kaltblütig, einer Hinrichtung gleich" und bescheinigte dem Angeklagten, er „habe erbärmlich, aus Eigensucht und Selbstgefälligkeit gehandelt" und „planvoll, hinterhältig und eiskalt ein Leben vernichtet. Nur, weil er nicht habe akzeptieren können, dass sich J. (…) nach einer kurzen, wenige Monate dauernden Beziehung von ihm getrennt habe."[55] Auch der „Tagesspiegel" griff die deutliche Wortwahl bei der Beurteilung des Angeklagten durch das Gericht auf: „In seiner Unfähigkeit, Gefühle anderer zu respektieren, habe er die Frau mit dem Tod bestraft."[56]

Nur einen Tag später, ebenfalls im Oktober 2023, erstach ein Gewalttäter A., eine zweifache Mutter, in Niedersachsen. Ihr rumänischer Ex-Partner tötete sie auf offener Straße mit 22 Messerstichen. Auch dieser Gewalttäter war bereits vor dem Femizid aktenkundig.[57]

Ein Gewalttäter tötete Ende Dezember 2023 eine Frau in ihrer Wohnung in Bayern. Bei dem Täter handelt es sich um eine ehemalige Affäre der Frau. Er überfiel und erstach sie, nachdem sie zuvor bei der Polizei Hilfe gesucht hatte: Der Bulgare war bereits vor dem Femizid durch monatelanges, massives Stalking polizeibekannt.

Diese 14 beispielhaften Fälle verdeutlichen, dass die Täterschaft keinesfalls weit außerhalb von Deutschland zu verorten ist: Die Tötungsdelikte werden auf deutschem Hoheitsgebiet ausgeführt und die Täter sind in der weit überwiegenden Mehrzahl deutsche Staatsangehörige.

Letztere begehen regelmäßig auch im Ausland Femizide, so, wie bspw. im April 2023 ein in Thüringen wohnhafter Mann seine Ehefrau R., die Mutter seiner drei Kinder, in einem Luxusressort auf Fuerteventura erschlug.[58] Oder so, wie ein Sachse seine Ehefrau G. im Januar 2024 mit einer Schrotflinte im schwer zugänglichen Berggebiet in Spanien erschossen hat.[59] Auch im Fall der 53-jährigen S., deren Leiche Mitte Oktober, teilweise verkohlt, in einem süditalienischen Waldstück nahe der Ortschaft Ogliastro Marina bei Salerno aufgefunden wurde, gilt ein deutscher Staatsbürger als (einzig) dringend Tatverdächtiger: Bei ihm handelt sich um den neun Jahre älteren Lebensgefährten von S.[60]

Mit dem Ablehnungsbescheid, den der ehemalige Bundesjustizminister Marco Buschmann zur elektronischen Überwachung für bereits auffällige Gefährder erteilt hat, hängen Art und Umfang der in Betracht kommenden Schutzmaßnahmen für Betroffene in Deutschland weiterhin allein davon ab, in welchem Bundesland sie wohnen. Auch dann, wenn ihr Peiniger eine Wohnungsverweisung oder/und das Kontakt- oder/und Näherungsverbot ignoriert. Derartige Maßnahmen verlieren Ihre Wirkung aber immer an der Landesgrenze und sind damit leicht zu umgehen.

Im Mai 2024 stiftete ein Mann in Nordrhein-Westfalen einen anderen zu Mord gegen seine getrenntlebende Ehefrau an und übergab ihm dafür ein Messer. Die

I. … und Recht und Freiheit

Attackierte überlebte das Attentat, das in aller Öffentlichkeit ausgeführt wurde, nur zufällig, allerdings bleibt sie in Folge der 14 gegen sie ausgeführten Messerstiche in Brust, Kopf, Nacken und Rücken halbseitig gelähmt. Sie hatte gegen ihren Ehemann wegen seiner Morddrohungen und wegen Häuslicher Gewalt schon Monate vor dem Femizid-Versuch Anzeige erstattet.[61]

In Berlin wurde an einem Abend Ende September 2024 nach einem polizeibekannten Tatverdächtigen gesucht, der von den Strafverfolgungsbehörden dafür verantwortlich gemacht wurde, seine Ex-Freundin derart mit Gewalt und Schlägen genötigt zu haben, dass die Frau in Todesangst aus dem 2. Obergeschoss sprang. Dabei erlitt sie schwere Verletzungen: einen gebrochenen Oberschenkel, eine Beckenfraktur sowie weitere innere Verletzungen.[62]

Aktuell lassen im Kontext der Häuslichen Gewalt lediglich die Landespolizeigesetze in Bayern[63], Brandenburg[64], Hamburg, Hessen, Nordrhein-Westfalen, dem Saarland und Sachsen[65] eine **Überwachung einschlägig gewaltauffälliger Männer durch Fußfesseln** für das jeweilige Bundesland zu.

Im Mai 2023 beantwortete das **Innenministerium Hessen** eine an alle Innenministerien der Länder gerichtete Anfrage mit deutlicher Benennung des Handlungsbedarfs auf Seiten des Bundes: *„Die Bekämpfung von ,Gewalt gegen Frauen' bildet einen Schwerpunkt der Bestrebungen der hessischen Landesregierung ab. Für sogenannte Hochrisikofälle kann in Hessen bereits die Elektronische Fußfessel zur Überwachung von Wohnungsverweisung, Kontakt- und Betretungsverboten eingesetzt werden: Mit Gesetz vom 29.06.2023 wurde zur Verbesserung des Opferschutzes der Anwendungsbereich der präventiven elektronischen Aufenthaltsüberwachung (EAÜ) auf Fälle der häuslichen Gewalt ausgedehnt. Die EAÜ kann demnach seit dem 12.07.2023 ergänzend zu einer Wohnungsverweisung, einem Betretungsverbot oder einem Kontaktverbot nach § 31 Abs. 2 Satz 3 HSOG angeordnet werden und unterliegt denselben Vorgaben (Dauer, Verlängerbarkeit). Im Übrigen finden die Bestimmungen des § 31a HSOG auf die elektronische Aufenthaltsüberwachung bei häuslicher Gewalt entsprechend Anwendung (Richtervorbehalt, Form und Inhalt der Anordnung, Datenverarbeitung). Insofern ist die Anwendung der EAÜ nicht mehr auf den bisherigen Anwendungsfall der ,Verhütung von terroristischen Straftaten' gem. § 31a HSOG beschränkt. Sobald eine richterliche Anordnung nach dem Gewaltschutzgesetz vorliegt, enden die Maßnahmen nach § 31 Abs. 2 HSOG, sodass die* *elektronische Aufenthaltsüberwachung nicht mehr möglich ist. Um diese Lücke zu füllen, ist der Bundesgesetzgeber gefordert."*

Die gleiche Anfrage beantwortete **Schleswig-Holstein** so: *„In Schleswig-Holstein wird der Einsatz Elektronischer Aufenthaltsüberwachungsgeräte im Kontext häuslicher Gewalt noch nicht ermöglicht. Um eine elektronische Aufenthaltsermittlung bei häuslicher Gewalt und Stalking einzuführen, muss das Landesverwaltungsgesetz geändert werden. Zuvor müssen die praktischen Voraussetzungen für die Umsetzung solcher Maßnahmen genau abgeklärt werden. Dieser vorgeschaltete Prozess läuft bereits. Erst nach seinem Abschluss kann ein Zeitplan für ein Gesetzvorhaben entwickelt werden."*[66]

Aus **Berlin** lautete die Rückmeldung: *"Derzeit gibt es im Land Berlin keine Rechtsgrundlage für die Anordnung einer elektronischen Aufenthaltsüberwachung („elektronische Fußfessel") aus präventiv-polizeilichen Gründen. In diesem Zusammenhang ist allerdings darauf hinzuweisen, dass die auch in Berlin nach dem Strafgesetzbuch mögliche Anordnung einer elektronischen Aufenthaltsüberwachung im Rahmen der Führungsaufsicht nach einer verbüßten Freiheitsstrafe ebenfalls präventive Zwecke verfolgt. Derzeit wird eine umfassende Novellierung des Berliner Allgemeinen Sicherheits- und Ordnungsgesetzes (ASOG Bln) vorbereitet. Dem Schutz vulnerabler Gruppen – nicht allein in Fällen häuslicher Gewalt – kommt hierbei ein besonderer Stellenwert zu. Daher wird unter anderem die Aufnahme einer gesetzlichen Regelung in das ASOG geprüft, die eine gerichtliche Anordnung der elektronischen Aufenthaltsüberwachung zur Verhinderung schwerer Straftaten – insbesondere Sexualstraftaten – und zur Verhütung schwerwiegender Verstöße gegen polizeiliche oder familiengerichtliche Schutzanordnungen vor allem in sozialen Näheverhältnissen ermöglichen soll."*[67]

Bremen meldete folgenden Status quo: *"Momentan besteht keine spezielle polizeirechtliche Rechtsgrundlage zum Einsatz von EAÜ in den genannten Fällen."*[68]

In **Thüringen** wird auf folgender Basis gearbeitet: *„Des Weiteren enthält das Thüringer Gesetz über die Aufgaben und Befugnisse der Polizei (Polizeiaufgabengesetz – PAG) derzeit keine Befugnis zum Einsatz der Elektronischen Aufenthaltsüberwachung. Insoweit ist deren Einsatz in dem in Rede stehenden*

Kontext derzeit nicht möglich."[69] Eine Gesetzesnovelle scheint auch in naher Zukunft ausgeschlossen: "*Eine Initiative der CDU-Fraktion*[70], *das Polizeiaufgabengesetz zu ändern, scheiterte am Freitag im Landtag in Erfurt. Alle anderen Fraktionen sowie die parlamentarische Gruppe der FDP stimmten dagegen.*" So ist es am 14. Juni 2024 in der Online-Ausgabe des "*Stern*" zu lesen.[71]

Baden-Württemberg beantwortete die Anfrage wie folgt: "*Den Einsatz Elektronischer Aufenthaltsüberwachungsgeräte (EAÜ) im Kontext häuslicher Gewalt bzw. Gewalt gegen Mädchen und Frauen sieht das Polizeigesetz in Baden-Württemberg nicht vor.*"[72]

Sachsen-Anhalt antwortete mit dem wichtigen Verweis zum gebotenen Handlungsbedarf durch den Bund: "*Das Recht des Landes Sachsen-Anhalt ermächtigt gegenwärtig nicht dazu, zur Verhinderung häuslicher Gewalt eine sogenannte elektronische Fußfessel einzusetzen. (...) Zudem ist darauf hinzuweisen, dass das Landespolizeirecht gerade in Bezug auf die elektronische Fußfessel grundsätzlich auf das Landesgebiet beschränkt ist. Es scheint damit unverzichtbar, eine einheitliche bundesrechtliche Regelung zum Schutz möglicher Opfer vor Gewalttaten und möglichen Nachstellungen zu treffen. Nur so kann ein potenzielles Opfer wirksam im gesamten Bundesgebiet Schutz erfahren.*"[73]

In **Niedersachsen** ist der präventive Einsatz der EAÜ nicht rechtlich gestützt, lediglich im Rahmen der Führungsaufsicht kann eine solch aufenthaltsbeschränkende Weisung in Kombination mit einem Kontaktverbot erteilt werden. "*Die Führungsaufsicht gibt Lebenshilfe für den Übergang in die Freiheit. Sie überwacht Straffällige mit ungünstiger Sozialprognose und Schwerkriminelle nach der Strafhaft, der Unterbringung in einem psychiatrischen Krankenhaus oder einer Entziehungsanstalt.*" so informiert das Landgericht Hannover[74] – d. h. im Kontext von Häuslicher Gewalt bzw. Gewalt gegen Mädchen und Frauen käme die Maßnahme derzeit erst nach der Gewalterfahrung zum Tragen.

Stellvertretend für die **verbleibenden Länder** Mecklenburg-Vorpommern und Rheinland-Pfalz hat der IMK-Ländervorsitz 2024, Brandenburg, die Anfrage mit einem Negativbescheid beantwortet.

Allerdings, das gilt es zu betonen, kommt die elektronische Fußfessel als Reaktion auf massive häusliche Gewalt selbst in Bayern, Brandenburg, Hamburg, Hessen, Nordrhein-Westfalen, dem Saarland und Sachsen nahezu nie zum Einsatz. So lautete nicht nur die Auskunft der gemeinsamen elektronischen Überwachungsstelle der Länder (GÜL), sondern auch die aus dem Bayerischen Innenministerium: *„Seit der Einführung der präventivpolizeilichen EAÜ sind in Bayern beginnend mit dem Jahr 2017 bisher (Stand: 15.05.2024) 25 entsprechende Maßnahmen vollzogen worden. 20 Fälle betrafen hierbei Anlasstaten bzw. Ausgangssachverhalte aus dem Bereich häusliche Gewalt/ Gewaltschutz.“*[75]

Anstatt die technischen Errungenschaften zu nutzen, um die Gewaltverursacher einzuschränken, werden die gewaltbetroffenen Frauen meist einer Flucht-Odyssee ausgesetzt, bei der ihr Überleben regelmäßig allein vom Zufall abhängt. Und ihr Schutzrahmen von der jeweiligen Landesregierung.

So war es bspw. auch im Fall einer jungen Mutter aus Sachsen. Eine Vergewaltigung durch ihren aserbaidschanischen Ehemann war im September 2022 der Auslöser dafür, dass sie mit ihrem Sohn der fortwährenden Gewalt und den Todesandrohungen in ein Frauenhaus in Baden-Württemberg entfloh. Während sie versuchte, am Bodensee für ihren Sohn und sich eine Zukunft aufzubauen, spürte der verlassene Kindsvater sie auf – beide mussten umgehend erneut flüchten. In der Hoffnung, sicher leben zu können, waren Mutter und Sohn ein weiteres Mal gezwungen, über Hunderte von Kilometern ans andere Ende der Bundesrepublik zu ziehen, dieses Mal in die Lüneburger Heide. Im Oktober 2022 erschoss der Gewalttäter seine Noch-Ehefrau und Kindsmutter in Niedersachsen, nachdem er sie wieder hatte aufspüren können: Er tötete sie am helllichten Tag und auf offener Straße vor dem dortigen Frauenhaus. Der gemeinsame, damals 13-jährige Sohn wurde zum Augenzeugen der väterlichen Tat.[76]

Nur vier Monate zuvor, Anfang Juni 2022, erlitt I. in Hessen ein ähnliches Schicksal. Nachdem sie sich von ihrem deutschen Partner getrennt hatte, stalkte dieser sie und erschoss sie gezielt in einem Supermarkt. Am helllichten Tag tötete er sie mit vier Schüssen. Die „Hessische/Niedersächsische Allgemeine" beschrieb die öffentliche Tötung: „Nach bisherigen Erkenntnissen der Polizei führten der Mann und die Frau von Ende 2021 bis Anfang 2022 eine Beziehung, die die 53-Jährige beendete. Am Vorabend des Tattages kam es zu einem Polizeieinsatz in der Wohnung der Frau (...). Dabei sprachen die Polizeibeamten gegen den 58-Jährigen, der sich in der Wohnung aufgehalten hatte, einen Platzverweis aus, dem der Mann auch nachkam. Er verhielt sich danach unauffällig und ruhig. Die Beamten berieten die Frau anschließend und klärten sie darüber auf, dass sie Anzeigen erstatten könne. Das wollte sie laut Polizei am nächsten Tag tun. Am Morgen des Tattages kam die 53-Jährige tatsächlich zur Polizeistation in (...), und erstattete Strafanzeige gegen ihren Ex-Freund wegen Körperverletzung, Nötigung und Nachstellung."[77] Der fünf Jahre ältere Gewalttäter hatte keine Waffenbesitzerlaubnis für die eingesetzte Schusswaffe.[78]

Vier Monate früher, Mitte Februar 2022, erschoss ein deutscher Polizist J. mit seiner Dienstwaffe. Der getrenntlebende Ehemann tötete sie auf dem öffentlichen Parkplatz ihrer Arbeitsstätte in Baden-Württemberg.[79] Der „Bild" zufolge hatte J. sich vor dem Femizid sowohl an ihre Arbeitskollegen als auch an einige Kollegen ihres Ehemannes gewandt und von der Bedrohung durch ihn berichtet. Einer wurde mit den Worten zitiert: „J. (...) sah die Arbeit bei uns als Neuanfang aus ihrer gescheiterten Ehe. Sie hat mir am Tag vor der Tat von ihren Ehe-Problemen erzählt. Sie sagte: ,Irgendwann kommt er und erschießt mich. Aber falls es passiert, hatten wir wenigstens ein langes, glückliches Leben'." [80]

Die Gefahr, die von den bereits auffälligen Gewalttätern ausgeht, wird nahezu ausschließlich in der Form eingegrenzt, dass die betroffenen Frauen und ihre Kinder ihr gewohntes Umfeld, ihren Arbeitsplatz, d. h. die Einkommenssicherung und auch ihr soziales Netz aufgeben sollen, um sich in Sicherheit zu bringen. Das ist nicht nur eine Verdrehung der Opfer-/Täterrolle, sondern zudem eine eklatante Benachteiligung einzelner Betroffenengruppen: Obdachlose Frauen, Frauen mit Haustieren sowie Frauen mit psychischen Erkrankungen und auch Frauen, deren Aufenthaltsstatus in Deutschland ungeklärt ist, werden in der Regel nicht in den Schutzeinrichtungen aufgenommen. Während Studentinnen und Frauen in der Ausbildung sich die Tagessätze, die für einen Frauenhausplatz anfallen, in der Regel nicht leisten können, ist es für Frauen in der Selbstständigkeit mit eigenem Büro oder Studio keine Option, ad hoc alles stehen und liegen zu lassen. Dennoch wird vorausgesetzt, dass von Gewalt betroffene Frauen die Flucht wieder und wieder auf sich nehmen und dass sie die mit dem erzwungenen Ortswechsel anfallenden Kosten, sofern sie keine Leistungsbezieherinnen sind, selbst tragen. Im Allgemeinverständnis gilt es zudem als selbstverständlich, dass sie wahlweise ganz auf ihre Smartphones und/oder Notebooks verzichten, oder diese, nach entsprechenden Sicherheitstrainings, nur eingeschränkt nutzen, um die Möglichkeit, über digitale Spuren verfolgt zu werden, auszuschließen.

Kurzum: In Deutschland tragen von Gewalt betroffene Frauen die Verantwortung und die Kosten für ihr Recht auf körperliche Unversehrtheit und den Schutz des eigenen Lebens sowie das ihrer Kinder selbst. Diese politische und gesellschaftliche Haltung spiegelt die pure Menschenverachtung, insbesondere, wenn man sich vergegenwärtigt, dass die erste Reaktion auf häusliche Gewalt ein, häufig mit hochgezogener Augenbraue, artikuliertes: *„Na, weshalb verlässt sie ihn denn nicht?"* ist.

Die letztgenannten drei Femizide wurden durch gezielte Schüsse gegen die Frauen ausgeführt, öffentliche Hinrichtungen, mitten in Deutschland, mitten unter uns. Alle drei hatten davor Hilfe gesucht. Alle drei hatten getan, was Politik und Gesellschaft von ihnen erwartet haben: Sie haben den Mann verlassen, der sie misshandelte, ggf. auch ihre Kinder. Sie waren aufgebrochen in eine sozial und finanziell völlig ungewisse Existenz, in der die Angst vor dem *„Aufgespürt werden"* ihren neuen, erst noch einzurichtenden Alltag dominierte. Dass (auch) für sie die Entscheidung, ein selbstbestimmtes Leben, ohne den Gewalttäter führen zu wollen, mit ihrem gewaltsamen Tod endete, wird weitere Mädchen und Frauen davon abhalten, sich zu trennen. Weil sie mitbekommen, dass der Staat sich seinem Schutzauftrag in Gänze verweigert.

Seit vielen Jahren werden in Spanien über die Einführung der elektronischen Täterüberwachung drei Ziele verfolgt und erreicht: Abschreckung, Dokumentation und Wahrung der Rechte bedrohter Mädchen und Frauen.[81] In Deutschland hingegen müssen auch weibliche Singles nach wie vor blind darauf vertrauen, dass ihr frisch Auserwählter keine Gewaltfantasien bzw. keine Gewalthistorie hat. Täter hören nicht von einem Tag auf den anderen auf, ihre Gewalt auszuleben. Auch dann nicht, wenn sie ihre Partnerin wechseln.

Im Rahmen der 221. Sitzung der Ständigen Konferenz der Innenminister und -senatoren der Länder (IMK) vom 19. bis 21. Juni 2024 in Potsdam beschlossen die Repräsentantinnen und Repräsentanten der Bundesländer einheitlich die Notwendigkeit, Schutzmaßnahmen in Fällen häuslicher Gewalt noch effektiver umzusetzen. Unter Top 101 der veröffentlichten Beschlüsse ist Folgendes zu lesen: *„3. Die IMK hält unter anderem den Einsatz von elektronischer Aufenthaltsüberwachung für ein geeignetes Mittel, um Opfer besser zu schützen und Taten häuslicher Gewalt zu verhindern. Sie stellt fest, dass die Regelungen in den Ländern zum Einsatz von elektronischer Aufenthaltsüberwachung bei Fällen häuslicher Gewalt unterschiedlich sind.*

4. Sie bittet das BMI, sich innerhalb der Bundesregierung für eine bundeseinheitliche gesetzliche Regelung zum Einsatz von elektronischer Aufenthaltsüberwachung zur Kontrolle von Schutzmaßnahmen nach dem Gewaltschutzgesetz einzusetzen."[82]

Dieser Beschluss klang zunächst nach einer sehr vielversprechenden Kehrtwende. Der damalige Bundesjustizminister Marco Buschmann, der bereits die JuMiKo mit ebendiesem Anliegen im Jahr 2023 in Gänze hat auflaufen lassen, verweigerte sich erneut und zwar umgehend. Am 18. Juli 2024 entzog er den Forderungen, die im Juni von der Innenministerkonferenz von Bund und Ländern (IMK) gemeinsam beschlossen und an ihn gerichtet wurden, den Boden: Über die *„Deutsche Presseagentur"* ließ er streuen, dass er *„eine bundeseinheitliche Regelung zum Einsatz elektronischer Fußfesseln bei häuslicher Gewalt für unnötig"* hält. *„Buschmann hält einen verbesserten Schutz vor Gewalt durch Partner oder Ex-Partner zwar ebenfalls für nötig, will das jedoch nicht auf Bundesebene angehen. Länder könnten den Einsatz elektronischer Fußfesseln selbst regeln"*, so ist es zu lesen.[83] Seine weiterführenden Aussagen *„Wenn die Innenminister die Fußfessel für ein sinnvolles Instrument im Kampf gegen häusliche Gewalt hielten, könnten sie diese über das Polizeirecht, das Ländersache sei, sofort einführen"*, meinte Buschmann. *„Wenn man die Fußfessel will, wäre eine Regelung darüber im Polizeirecht auch gut aufgehoben, sagte der FDP-Minister. Denn schließlich wendeten sich Opfer häuslicher Gewalt typischerweise zunächst einmal an die Polizei. ‚Deshalb ergibt es auch Sinn, dass die Polizei über die Anordnung der Fußfessel entscheidet'."* spiegeln nicht nur Ignoranz. Vielmehr schien der damalige Bundesjustizminister nicht erkennen zu wollen (oder zu können), dass die Verfügung zum Tragen einer elektronischen Fußfessel nur dann ein wirkmächtiges Instrument ist, wenn sie über die Grenze eines Bundeslandes hinaus Gültigkeit hat. Dass ein Bundesjustizminister sich über die Länderbeschlüsse der 16 Justizministerinnen und -minister ebenso hinwegsetzt, wie über die der 16 Innenministerinnen und -minister sowie Innensenatorinnen und -senatoren ist, positiv formuliert, äußerst irritierend.

Auf Initiative des Landes Hessen wurde der Plan zur Ausweitung des Gewaltschutzes über die bundesweite Einführung der EAÜ in die September-beratungen des Bundesrats eingebracht. Der amtierende Hessische Justiz-minister, Christian Heinz, sieht allerdings auch die zu überwindende Hürde: *„Der größte Widersacher ist laut dem Minister bisher die FDP mit Bundesjustiz-minister Marco Buschmann. ‚Alle Argumente sprechen dafür, nur Herr Busch-mann sperrt sich dagegen‘, sagte Heinz dem hr am Donnerstag"*, so berichtet es die *„hessenschau"* am 16. August 2024.[84]

Wie treffend und berechtigt die Kritik von Dunja Mijatović, der Menschen-rechtskommissarin des Europarats, ist, verdeutlicht die Haltung eines Landes-chefs der Gewerkschaft der Polizei im Februar 2024: Auf Grund von fehlendem Personal, so führte es Gundram Lottmann im Interview der *„Stuttgarter Nach-richten"* aus, sei die elektronische Fußfessel nicht umsetzbar. Zudem handele es sich bei häuslicher Gewalt meist um einfache Körperverletzung.[85] Herr Lottmann ist Landesvorsitzender der Gewerkschaft in Baden-Württemberg, dem Bundesland, in dem die 18-jährige L. einen Monat vor seiner Äußerung erstochen wurde. Nachdem sie Opfer von Häuslicher Gewalt war.

Tötungsdelikte gegen Mädchen und Frauen

Die Vokabel „*Femizid*" wurde 1976 etabliert, als Diana Elizabeth Hamilton Russell, eine in Südafrika geborene und später in den USA auch als Soziologin, Feministin und Aktivistin arbeitende Autorin den Begriff auf einem Kongress erstmals als „*von Männern begangene Tötung von Frauen, weil sie weiblich sind*" auswies. Mittlerweile gibt es unterschiedliche Definitionen zu Femiziden, die sich zwar ähneln, aber mit ihren individuellen Abweichungen zu weit auseinander liegenden Einordnungen der Gewaltexzesse führen. Während die Vereinten Nationen von vorsätzlichen, geschlechtsbezogen motivierten Tötungen als die brutalste und extremste Form der Gewalt gegen Frauen und Mädchen[86] sprechen, definiert die Weltgesundheitsorganisation (WHO) Femizid als „*die vorsätzliche Tötung von Frauen, weil sie Frauen sind, aber eine weiter gefasste Definition schließt alle Tötungen von Frauen oder Mädchen ein.*"[87]

Obwohl alle Femizide auf dem alleinigen Anspruch von Macht und Kontrolle basieren, haben sie ganz unterschiedliche Ausführungsmerkmale, die sich anteilig auf nationale Besonderheiten zurückführen lassen. Während viele Länder Femizide auch im Kontext von Bandenkriminalität verzeichnen, andere wiederum systematische Tötungen im Kontext von Menschenhandel oder/und Krieg belegen können, steigt bspw. in Deutschland die Rate einer ganz anderen Form männlicher Gewaltdemonstration kontinuierlich an: die gezielte Tötung von Mädchen und Frauen im öffentlichen Raum.

Eine weitmaschig gefasste Definition mag für globale Organisationen, wie bspw. die WHO, ein sehr sinnvolles Arbeitsinstrument sein, um die Daten aus möglichst vielen Ländern vergleichbar machen zu können – auf nationaler Ebene stellt es sich anders dar. So hat die Bundesregierung die Kleine Anfrage der Partei Die Linke „*Teilt die Bundesregierung die Definition des Femizids der WHO?*" schon im Jahr 2018 mit Ablehnung quittiert.[88] In der damaligen Begründung wird angeführt, dass diese Definition „*nicht klar konturiert*" sei und verschiedene Interpretationsmöglichkeiten eröffne. Es ist durchaus nachvollziehbar, dass die Bundesregierung sich die von der WHO verwendete Auslegung nicht zu eigen gemacht hat, weil sie in ihr kein geeignetes Instrument sah, das ressortübergreifend ein gemeinsames Verständnis und damit effiziente Arbeitsergebnisse sichert. Nicht nachvollziehbar hingegen ist die bis heute geschuldete Alternativdefinition durch das federführend verantwortliche Bundesministerium für Familie, Senioren, Frauen und Jugend (BMFSFJ).

Im Projektmanagement gibt es ein ganz einfaches Mittel, um das Projektziel garantiert zu verfehlen: Die Beteiligten im Unklaren lassen. Solange alle nur ein vages, individuell mehr oder minder ausgeformtes und untereinander abweichendes Verständnis davon haben, welche Herausforderungen in welchem Zeitfenster mit welcher Zielsetzung zu bewältigen sind, ist das Scheitern garantiert.

Exakt dieser, federführend im BMFSFJ zu lokalisierende, Missstand ist es, der eine wirkmächtige Bekämpfung von Femiziden in Deutschland bis heute unmöglich macht. Ob in den Innenministerien von Bund und Ländern, in den Polizeien, ob im Justiz-, Hilfe-, Bildungssystem oder der medialen Berichterstattung: In dem Moment, in dem die Einordung eines Verbrechens vorgenommen werden muss, ist in Deutschland bis heute nicht klar definiert, unter welchen Voraussetzungen es sich bei einem Tötungsdelikt gegen ein Mädchen oder eine Frau um einen Femizid handelt.

Nach wie vor ist fraglich, ob ein Raubmord nur auf Habgier zurückzuführen ist, oder ob der tödliche Angriff genau deswegen erfolgte, weil der Täter in seinem weiblichen Opfer geschlechtsbedingt von weniger Gegenwehr als bei einem Mann ausging. Ist es als Unfall zu werten, wenn in Konsequenz einer Autofahrt mit weit über 200 Stundenkilometern auch die Beifahrerin getötet wird, oder hat der Fahrer das Auto zum Tatwerkzeug umfunktioniert, um die Frau noch im Tod an sich zu binden? Handelt es sich bei den Würgemalen um Relikte eines *„einvernehmlichen rough-sex-Unfalls"*, bei dem ein Mann den Fantasien seiner Sexpartnerin entsprach oder hat sich der Täter Befriedigung verschafft, indem er die Frau vor, während oder/und nach dem Geschlechtsakt erdrosselte, erwürgte, erstickte, erstach oder erschlug? Darf der Totschlag eines Kindes gesondert von der Intention, die Mutter ins Mark verletzen zu wollen, be- und verurteilt werden? Ist es legitim, den Aspekt der Misogynie bei sogenannten *„Amok-Attacken"* weiterhin politisch, juristisch und medial außer Acht zu lassen, obwohl er signifikant häufig nachweisbar ist?

Diese und viele weitere, angrenzende Fragestellungen bleiben im Kontext der gegen Mädchen und Frauen ausgeübten Gewalt in Deutschland unbeantwortet – allein deshalb, weil der deutsche Staat noch immer den kleinsten gemeinsamen Nenner verweigert, der es allen involvierten Akteurinnen und Akteuren ermöglichen würde, Femizide erfolgreich zu bekämpfen: Eine ressortübergreifende Begriffsdefinition.

Diese Verweigerung erfolgt ungeachtet dessen, dass die Istanbul-Konvention Deutschland in Artikel 7 – Umfassende und koordinierte politische Maßnahmen (1) eine bindende Verpflichtung auferlegt: *„Die Vertragsparteien treffen die erforderlichen gesetzgeberischen und sonstigen Maßnahmen, um landesweit wirksame, umfassende und koordinierte politische Maßnahmen zu beschließen und umzusetzen, die alle einschlägigen Maßnahmen zur Verhütung und Bekämpfung aller in den Geltungsbereich dieses Übereinkommens fallenden Formen von Gewalt umfasst, und um eine ganzheitliche Antwort auf Gewalt gegen Frauen zu geben."*[89]

Der Verweis auf eine fehlende Definition ermöglicht Deutschland regelmäßig eine komfortable Vertuschung der europaweit herausstechenden, eklatanten Menschenrechtsverletzungen: Valide Daten zu Femiziden bzw. zu Gewaltdelikten gegen Mädchen und Frauen, die von internationalen Organisationen (bspw. dem European Institute for Gender Equality, EIGE, oder den Vereinten Nationen, UN) zur internationalen Vergleichbarkeit in wiederkehrenden Intervallen erbeten werden, stellt die Bundesregierung seit Jahren schlichtweg nicht zur Verfügung.

Jahr um Jahr werden in den einzelnen Bundesländern kriminalstatistische Daten zusammengetragen und im April des Folgejahres im Rahmen einer Bundespressekonferenz, BPK, veröffentlicht. Anlässlich dieser BPK äußern sich die jeweils amtierenden Repräsentantinnen und Repräsentanten aus dem Bundesinnenministerium und dem Bundeskriminalamt (BKA) sowie dem Vorsitzland der Innenministerkonferenz (IMK) vor der Presse zur deutschen Verbrechensbilanz des Vorjahres. Die Kriminalstatistik weist dabei lediglich das Hellfeld aus, d. h. nur die polizeibekannten, angezeigten Straftaten: Die veröffentlichten Zahlen bilden den unvollständigen Basissatz deutscher

Gewalttaten ab, es wird immer deutlich auf ein *„erhebliches Dunkelfeld"* hingewiesen.[90]

Ohne, dass es eine nachvollziehbare Begründung dafür gibt, werden die Datenaussagen, die sich auf strukturelle Gewalt gegen Frauen beziehen, seit Jahren von dieser Bundespressekonferenz abgekoppelt. Die relevanten Daten zu geschlechtsspezifischer Gewalt gegen Mädchen und Frauen liegen zwar ebenfalls schon im Frühjahr vor, wurden allerdings bis ins Jahr 2022 immer erst im November bekanntgegeben – letztmalig gaben die zu dem Zeitpunkt amtierenden Ministerinnen Paus (BMFSFJ) und Faeser (BMI) sowie der Präsident des BKA, Holger Münch, die *„Zahlen zu Gewalt in Partnerschaften"* für das Berichtsjahr 2021 der Öffentlichkeit erst am 23. November 2022 bekannt.[91]

Durch dieses Zurückhalten der Daten zur Gewaltkriminalität gegen Mädchen und Frauen, war gesichert, dass alle, die in den Bereichen Prävention, Forschung und Lehre sowie im Hilfesystem oder einer Menschenrechtsorganisation auf die (einzige) offizielle Statistik angewiesen sind, eine bereits zum Zeitpunkt der Veröffentlichung lange überholte Auswertung erhielten. Für alle Veröffentlichungen und internationalen Berichte zu Deutschland konnte bis ins Jahr 2023, d. h. zum Berichtsjahr 2022, nur auf die Zahlen des anteilig weit über ein Jahr zurückliegenden Untersuchungszeitraumes referenziert werden. Die angewandte Zeitverzögerung verschleppte über Jahre hinweg Schlüsselinformationen zum jährlichen Zuwachs und dem realen Ausmaß von Gewalt gegen Mädchen und Frauen in Deutschland.

Ebenfalls bis ins Jahr 2022 wurde im November der Jahre 2016 bis 2022 lediglich über *„Partnerschaftsgewalt"* der Jahre 2015 bis 2021 gesprochen. Es bleibt unverständlich, weshalb alle Tötungsdelikte bzw. Körperverletzungen mit Todesfolge, die von Brüdern, Vätern, Cousins, Schwagern, Nachbarn, Pflegern, Projizierenden oder Stalkern verübt wurden, all die Jahre lang in Gänze unerwähnt blieben. Die derzeit offizielle Definition zu *„Partnerschaftsgewalt"* lautet: *„Partnerschaftsgewalt im Sinne dieser Auswertung sind Straftaten nach einem festgelegten Katalog, bei denen zur Opfer-Tatverdächtigen-Beziehung in der PKS partnerschaftliche Verbindungen erfasst wurden. Diese sind Ehepartner, eingetragene Lebenspartnerschaften, Partner nicht-ehelicher Lebensgemeinschaften und ehemalige Lebenspartnerschaften."*[92]

Diese Definition deckt bei weitem nicht alle Femizide ab. Die Debatte darum, was bzw. wer bei der Klassifizierung von Femiziden mitberücksichtigt werden muss, wird auch in anderen Ländern sehr kontrovers geführt. Und auch der regierungsseitige Kommunikationskniff, über die eng gefasste Auswahl der *„Partnerschaftsdelikte"* lediglich die Spitze eines kontinuierlich wachsenden Eisbergs kommunizieren zu wollen, ist jenseits der deutschen Grenze, bspw. in Frankreich,[93] bekannt und wird auch dort regelmäßig kritisiert.

Beginnend für das Berichtsjahr 2022 beleuchtete das BKA im Juli 2023 im Lagebild zu *„Häuslicher Gewalt"* erstmals differenziert sowohl *„Partner-schaftsgewalt"* als auch *„Innerfamiliäre Gewalt"*. Als am 7. Juni 2024 die Zahlen der Häuslichen Gewalt im Betrachtungszeitraum 2023 öffentlich gemacht wurden, blieben die Femizide, die außerhalb der beiden Definitionsräume *„Partnerschaftsgewalt"* und *„Innerfamiliäre Gewalt"* lagen, wie gewohnt, in Gänze unerwähnt. Das interessierte Fachpublikum muss sich die entschei-denden Datensätze zu bspw. Nachbarn, Pflegern, Projizierenden, Stalkern oder/und Sexualstraftätern selbst aus der unübersichtlichen Excel-Tabelle des BKA zusammensuchen.

Selbst eine im Mai 2024 direkt an das BKA gerichtete Anfrage: *„Wie viele Mädchen und Frauen wurden im Berichtsjahr 2023 von männlichen Tätern zu Tode gebracht?"* konnte von den Datenverantwortlichen des Bundes nicht beantwortet werden: *„Da bei einem Fall mit einem weiblichen Opfer auch mehrere tatverdächtige Personen beteiligt gewesen sein können, darunter bspw. Männer und Frauen, und mglw. auch neben dem weiblichen Opfer bei dem Fall ein männliches Opfer betroffen war, ist hier keine eindeutige Aussage möglich."*[94]

Von staatlichen Repräsentantinnen und Repräsentanten wird im Zuge ihrer Amtsausübung erwartet, die Innere Sicherheit für alle Bürgerinnen und Bürger Deutschlands zu gewährleisten. Die Aufgabenstellung einerseits und das verheerende Lagebild zu Gewalt gegen Frauen andererseits verdeutlichen einen enormen Interessenskonflikt für die bzw. den jeweilige/n Innenminis-terin bzw. Innenminister. Der bietet sich als plausible Herleitung an, wenn man sich die fehlende Datenvergleichbarkeit der PKS vergegenwärtigt. Bis zum Erhebungsjahr 2022, also dem Veröffentlichungsjahr 2023, gab es nicht einmal eine bundeseinheitliche Begriffsdefinition dazu, was *„häusliche Gewalt"* ist.

Die offizielle, polizeiliche Massenstatistik PKS hält tödliche Gewaltverbrechen gegen Mädchen und Frauen nicht als Femizide nach. Stattdessen sind in der jährlichen Datenauswertung die, jeweils nach *„versucht"* oder *„vollendet"* aufgeschlüsselten Straftatbestände *„Mord"*, § 211 StGB, *„Totschlag"*, § 212 StGB und *„Körperverletzung mit Todesfolge"*, §§ 227, 231 StGB, relevant.

Wie schon in den Vorjahren mündeten die geschlechtsspezifischen Daten zum Erhebungsjahr 2023 in erschütternden Zahlen, die das inhumane Ausmaß der Gewalt gegen Mädchen und Frauen in Deutschland belegen. Ein Anstieg von Häuslicher Gewalt[95] um weitere 6,5 % wurde vermeldet, erneut waren knapp 80 % der Täter männlich. Insgesamt, so die Statistik, sei die Anzahl der Opfer Häuslicher Gewalt *„in den letzten fünf Jahren deutlich angestiegen und liegt nun bei 256.276 (2019: 214.481; +19,5 %)."*[96] Leider ist die Nachvollziehbarkeit des fast 20-prozentigen Anstiegs nicht möglich, denn: *„Für das Berichtsjahr 2022 wurde die Auswahl der Delikte, die bei der Partnerschaftsgewalt betrachtet werden, geändert. Soweit in diesem Bericht Vergleichszeiträume betrachtet werden, wurde eine Nachberechnung unter Einbeziehung aller aktuell zu berücksichtigenden Delikte angestellt. Vor diesem Hintergrund weichen die hier veröffentlichten Daten von den bisherigen Berichten ‚Kriminalstatistische Auswertung Partnerschaftsgewalt' in Teilen ab."*[97]

Ungeachtet dessen bleibt die Kernaussage zur gezielt gegen Frauen gerichteten Gewalt seit Jahren gleich. Im ersten Corona-Jahr 2020 kommentierte der Präsident des Bundeskriminalamts, Herr Münch, den widrigen Zustand mit den Worten: *„Es ist ein kontinuierlicher Trend, seitdem wir das tun"* [Anm.: Daten geschlechtsspezifisch auswerten] *„seit 2015 sehen wir jährlich steigende Zahlen".*[98] Im darauffolgenden Jahr formulierte er: *„(...) dieser Trend der letzten Jahre setzt sich damit fort, wir haben seit 2015 einen Anstieg um gut elf Prozent"*[99] und auch im Jahr 2023 kam er zu einem nahezu identischen Fazit: *„Im Fünf-Jahres-Vergleich registrieren wir insgesamt eine Zunahme um 13 Prozent. (...) Knapp ein Viertel aller in der polizeilichen Kriminalstatistik erfassten Opfer von Gewalt und Bedrohungsdelikten sind Opfer häuslicher Gewalt."*[100] Anlässlich der Bundespressekonferenz, die am 7. Juni 2024 abgehalten wurde, um die Daten zum Berichtsjahr 2023 zu *„Häuslicher Gewalt"* zu veröffentlichen, bemerkte die Korrespondentin des *„ARD Hauptstadtstudio",*

Dr. Claudia Kornmeier, sehr treffend: *„Wir saßen vor einem Jahr hier und Sie haben ziemlich genau das gleiche gesagt".*[101] Der PKS zufolge sind Mädchen und Frauen innerhalb der letzten drei Jahre mit einem Anteil von jeweils ca. 80 Prozent überproportional Opfer von Gewalt gewesen.

Die Aufschlüsselung zur Entwicklung der versuchten und vollendeten Tötungsdelikte und Körperverletzungen mit Todesfolge im Kontext Häuslicher Gewalt:

	Häusliche Gewalt		Partnerschaftliche Gewalt		Innerfamiliäre Gewalt	
	Absolute Zahl	Anstieg zum Vorjahr	Absolute Zahl	Anstieg zum Vorjahr	Absolute Zahl	Anstieg zum Vorjahr
2021	Wg. Definitionsänderung nicht vergleichbar		305		Wg. Definitionsänderung nicht vergleichbar	
2022	466		319	+ 4,4 %	147	
2023	525	+ 12,2 %	340	+ 6,2 %	185	+ 20,8 %

Grafik 2 – Datenquelle: Polizeiliche Lagebilder 2021-2023 des Bundeskriminalamts (BKA)

Darüber hinaus weist die offizielle Polizeiliche Kriminalstatistik die Gruppe der Jungen und Männer innerhalb der letzten drei Jahre ebenfalls mit einem Anteil von ca. 80 Prozent überproportional als Täter aus. Es ist korrekt, dass auch Männer und Menschen, die der LGBTQIA+ Community angehören, getötet werden – ebenfalls überproportional von Männern. Die staatlichen Datenauswertungen belegen, dass die beiden Marker *„biologisch männlich"* und *„tödliche Gewalt"*, insbesondere *„tödliche Gewalt gegen Mädchen und Frauen"* seit Jahren signifikant miteinander korrelieren.

Um Femizide ursächlich und langfristig bekämpfen zu können, ist es unerlässlich, ein gesamtgesellschaftliches Umdenken anzuschieben. Das ist eine extrem komplexe Aufgabe, aber keinesfalls eine unlösbare. Unser heutiger, souveräner Umgang mit AIDS verdeutlicht[102] einen erfolgreichen U-Turn[103] in unserer Einordnung und verbietet Zweifel an der Machbarkeit der

Bekämpfung von Gewalt gegen Mädchen und Frauen. Endlich Verantwortung übernehmen und dafür Sorge zu tragen, dass nicht noch mehr Menschenleben der patriarchalen Gewalt geopfert werden, dafür benötigen wir ein Vokabular, das ein gemeinsames Verständnis auf allen Arbeitsebenen und für alle Lebenswelten sichert.

Femizid ist eine vorsätzliche Tötung basierend auf einem geschlechtsspezifischen Motiv

Die ultimative, d. h. nicht mehr umkehrbare Form von Gewalt, die gegen Mädchen und Frauen ausgeübt werden kann, steht in der Regel am Ende einer etablierten **Gewaltspirale**. Während sich die Berichterstattung über Femizide in der Regel darauf beschränkt, das Verbrechen im Zusammenhang mit einer früheren oder aktuellen partnerschaftlichen oder innerfamiliären Bindung zwischen Opfer und Täter zu beleuchten, bleiben soziokulturelle Einflüsse, auf denen die tödlichen Exzesse fußen, meist unerwähnt. Gewalt gegen Mädchen und Frauen ist in Deutschland nicht nur allgegenwärtig, sondern sehr tief in unserer Gesellschaft verwurzelt und über Jahrzehnte tradiert: Die Gleichstellung der Geschlechter ist erst seit 1957 in der deutschen Verfassung verankert[104] und ohne Zustimmung ihres Ehemannes dürfen Frauen erst seit 1977 einer eigenen Erwerbstätigkeit nachgehen.[105] Vergewaltigung in der Ehe wurde erst 1997 strafbar[106] und einige Männer, die damals gegen diesen Straftatbestand stimmten und diese Entscheidung bis heute nicht revidiert haben, agieren immer noch in politischen Schlüsselpositionen. Einer von ihnen wurde im September 2024 zum Kanzlerkandidaten seiner Partei, der *„Christlich Demokratische Union (CDU)"*, gewählt.[107] Gisèle Pélicot[108] hätte, in Analogie zum Abstimmungsverhalten dieses Mannes, hierzulande kein Verfahren wegen Vergewaltigung in der Ehe anstrengen können.[109]

„Im Deliktbereich Sexueller Missbrauch oder Vergewaltigung wird etwa jede zehnte Straftat der Polizei mitgeteilt (9,5 %)", so erfasst es das BKA im Jahr 2020 in seiner Dunkelfeldstudie *„Sicherheit und Kriminalität in Deutschland (SKiD 2020)"*.[110] Das niedrige Anzeigeverhalten wird in Fachkreisen u. a.

darauf zurückgeführt, dass rund zwei Drittel der Verfahren zu Sexualstraf-taten eingestellt werden[111] und die Verurteilungsquote (im Jahr 2022) nicht einmal bei einem Prozent lag[112]. Im Februar 2024 stellte sich der damalige Bundesjustizminister, Marco Buschmann, gegen die Vereinheitlichung des Vergewaltigungs-Straftatbestandes der europäischen Richtlinie zur Bekämp-fung von geschlechtsspezifischer Gewalt und häuslichen Übergriffen.[113] Nach dem Prinzip *„nur ja heißt ja"*[114] hätte dieser absichern sollen, dass Vergewal-tigungen europaweit, also auch in Deutschland, unter Strafe gestellt werden, sofern kein beidseitiges Einvernehmen vorlag. Nach aktueller Rechtsprechung sind Mädchen und Frauen nach wie vor beweispflichtig, d. h. sie müssen vor Gericht belegen können, dass sexuelle Handlungen an ihnen *„gegen den erkennbaren Willen"* vorgenommen wurden.[115]

Im Durchschnitt verdienen Frauen in Deutschland immer noch 18 % weniger Gehalt,[116] als ihre männlichen Kollegen. Das *„generische Masku-linum",* das die deutsche Sprache durchgängig prägt, führt dazu, dass Mädchen und Frauen als handelnde Individuen in der Mehrzahl von Texten unsichtbar bleiben. Während für Männer der Berufstand *„Pfleger"* als Pendant zur *„Kran-kenschwester"* eingeführt wurde, müssen sich tausende von Ärztinnen nach wie vor landesweit in Berufskleidung und Dienstwagen mit der Aufschrift *„Notarzt"* zwingen lassen.

Familienväter, die nach ihrer Rückkehr aus dem zweiten Weltkrieg in Millionen deutscher Haushalte den Titel *„Herr im Haus"* manifestierten, indem sie ihre Frauen brutal zusammenschlugen, werden öffentlich ebenso wenig in Frage gestellt, wie *„Sofagate"*[117] oder die Pflichtlektüre für das deutsche Abitur, *„Woyzeck"* von Georg Büchner: Das *„Institut zur Qualitätsentwick-lung im Bildungswesen"* empfiehlt das *„milieukritische Dramenfragment"*[118] zusammen mit der Deutschen Kultusministerkonferenz (KMK) bis ins Jahr 2025. In dem Roman tötet der sich beruflich gedemütigt fühlende Soldat Woyzeck seine Ehefrau, weil diese ihm nicht treu ist – in der Darstellung wird der Femizid als alleinige Lösung für eine (vermeintlich) ausweglose Situation beschrieben. Anhand dieser literarischen Grundlage, lernen heranwachsende Männer in Deutschland weiterhin flächendeckend, wie ein Femizid als nach-vollziehbar interpretiert werden bzw. ein Täter zum gesellschaftlichen Opfer stilisiert wird. Junge Mädchen hingegen lernen, dass Schuld weiblich, eine Trennung inakzeptabel und ihr Recht auf Leben dementsprechend fragil ist.

Dabei wäre es zur Eindämmung von Gewalt gegen Frauen zielführender, allen Heranwachsenden, unabhängig von ihrem Geschlecht, möglichst früh zu vermitteln, wie die klassischen Gewaltmuster[119] aussehen, die immer noch in viel zu vielen Femiziden gipfeln.

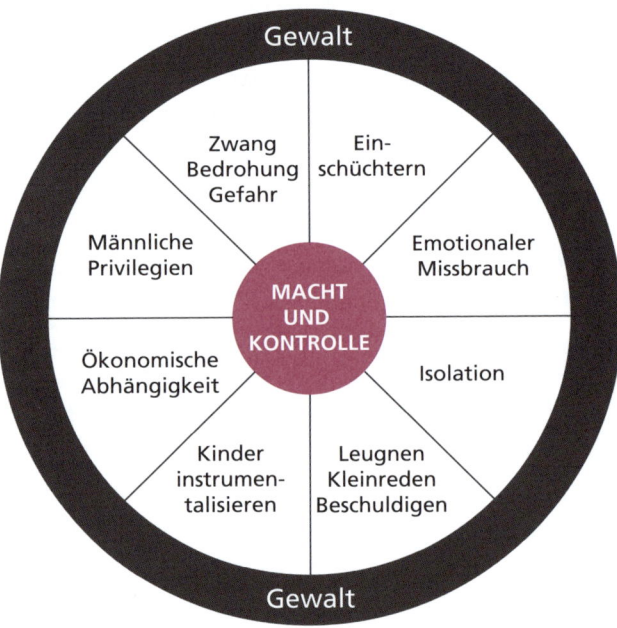

Grafik 3 – Muster von Macht und Kontrolle, angelehnt an U.S.-amerikanische Abstraktionsmodelle

Zunächst unterteilt die schematische Darstellung zwischen dem Anspruch auf Macht in der oberen bzw. kontrollierenden Handlungen der Gewalttäter in der unteren Kreishälfte. Das manipulative und übergriffige Gewaltverhalten wird innerhalb der einzelnen Quadranten weiter spezifiziert:

1. Einschüchterungen

   » Sie beängstigen mit Blicken, Kommentaren, Gesten und/oder Handlungen
   » Dinge werfen oder zerstören
   » Ihre (Wert-)Sachen zerstören
   » Tiere quälen
   » Waffen sichtbar machen bzw. sichtbar sein lassen

2. Emotionaler Missbrauch

   » Sie kleinmachen, dafür sorgen, dass sie sich schlecht fühlt
   » Ihr ab-, bzw. entwertende Spitznamen geben
   » Ihr das Gefühl geben, dass ihre Wahrnehmung gestört ist, Psychospiele
   » Sie erniedrigen und ihr Schuld- und Schamgefühle einreden

3. Isolation

   » Kontrolle oder/und Einschränkung ihrer Handlungen, Abläufe und Kontakte
   » Kontrolle oder/und Einschränkung ihrer Informationsquellen, Bücher, Apps
   » Kontrolle oder/und Einschränkung ihrer medizinischen und/oder hygienischen Notwendigkeiten
   » Liebe mit Eifersucht gleichsetzen bspw. „Wir zwei gegen den Rest der Welt"
   » Kleinreden, Leugnen, Beschuldigen

I. … und Recht und Freiheit

4. Verharmlosung und/oder Negieren von Missbrauch

» Ihre diesbezüglichen Sorgen runterspielen bzw. ignorieren
» Verdrehung der Verantwortung (Victimblaming)
» Sie direkt beschuldigen: "Du hast mich dazu gebracht, dass …"

5. Instrumentalisieren der Kinder

» Ihr in Bezug auf die Kinder oder/und Erziehung Schuldgefühle einreden
» Die Kinder als Boten missbrauchen
» Umgangsrecht nutzen, um sie zu beschimpfen und/oder abzuwerten
» Mit Entzug, Wegnahme oder/und Tötung der Kinder drohen

6. Ökonomische Abhängigkeit sicherstellen

» Sie von Dingen, bzw. Plänen abhalten
» Sie an, bzw. in der Ausübung einer Berufstätigkeit hindern
» Sie um Geld bitten lassen, eigene Zustimmung verlangen
» Ihr Geld (weg-)nehmen
» Sie in Bezug auf das Familieneinkommen/-vermögen unwissend halten
» Ihr den Zugang zum Familieneinkommen/-vermögen verwehren

7. Männliche Privilegien leben

» Sie wie eine Bedienstete behandeln
» Große Entscheidungen und/oder Investitionen ohne sie treffen
» Gutsherrenmentalität: Alleinige Definition von Rollen und Aufgaben

8. Zwang, Bedrohung und Gefahr

» Mit körperlicher Gewalt drohen bzw. körperliche Gewalt ausüben
» Damit drohen, sie zu verlassen
» Damit drohen, sie anzuzeigen (bspw. Aufenthaltsstatus)

> » Damit drohen, sich umzubringen
> » Sie unter Druck setzen/zwingen, gestellte Anzeige(n) zu widerrufen
> » Sie zu kriminellen Handlungen zwingen
> » Sie zur Abtreibung zwingen
> » Sie zu sexuellen Handlungen zwingen
> » Sie erpressbar machen

Natürlich verlaufen die Abfolgen und Abgrenzungen in der Realität nicht so klar, wie in der Abstraktion. Allerdings, selbst wenn sich die benannten Muster überschneiden, wiederholen oder, in Einzelfällen, nicht allesamt ausgeübt werden: Junge Mädchen und Frauen, die die Formate von Gewaltausübung bereits in frühester Jugend verinnerlichen, bekommen zumindest die Chance, sie zu erkennen und sich zu wappnen. Je weiter verbreitet das Wissen um die immer wiederkehrenden Verhaltenstypen ist, desto niedriger ist die Hemmschwelle für Betroffene, sich hilfesuchend zu öffnen. Eine flächendeckende Streuung dieser Verhaltensmuster würde Achtsamkeit fördern und zur Überwindung von Stigmata beitragen. Die dargestellten Gewaltmuster treten als sichtbare Vorboten im familiären oder/und partnerschaftlichen Kontext auf, Femizide werden aber auch in vielen anderen Zusammenhängen verübt.

Mit dem Begriff der *„missing women"* wird die Zahl an zusätzlichen Frauen beziffert, die ohne Geschlechterdiskriminierung am Leben wären. Sie sind die Summe von geschlechtsselektiven Schwangerschaftsabbrüchen einerseits und einer zusätzlichen weiblichen Sterblichkeit, die bspw. auf Vernachlässigung bzw. Verwahrlosung, dem Aussetzen oder auch der Tötung von Mädchen basiert. Global, so beziffert es der Bevölkerungsfonds der Vereinten Nationen (UNFPA) in seinem Ende 2023 veröffentlichten Bericht, fehlen in Folge der spezifischen Geschlechtswahl 142 Millionen Mädchen: *„Die Bevorzugung von Söhnen und die Abneigung gegen Töchter haben schwerwiegende Auswirkungen auf die Gesundheit, die Rechte und die Zukunft von Frauen und Mädchen weltweit."*[120]

Wir neigen dazu, geschlechtsbasierte Selektion von Föten, Embryonen und Mädchen automatisch Ländern, wie China, Indien, Teilen Afrikas und dem Nahen Osten sowie Südostasien zuzuschreiben. Die Zahl der deutschen Schwangerschaftsabbrüche erreichte im Jahr 2023 mit insgesamt 106.218

einen Anstieg um 2,2 % zum Vorjahr,[121] ein neuer Höchststand seit 2012. Das kann mit der aktuellen Krisen- und Kriegssituation zusammenhängen, beides sind Indikatoren auch für wirtschaftliche Ängste. Allerdings ist auch in Deutschland das Phänomen „Gender Disappointment"[122] bekannt, das dann auftritt, wenn das zu erwartende Baby nicht das Wunschgeschlecht eines oder gar beider Elternteile hat. Die Psychologin Julia Ditzer[123] begründet das Phänomen so: „Sicher spielen gesellschaftliche Stereotypien und Erwartungen hinein, die mit dem Geschlecht einhergehen."[124] Ob Frauen aufgrund von Zukunftsängsten ein männliches Baby, d. h. einen späteren Versorger präferieren, ob sie sich aufgrund der zunehmenden, misogynen Gewalt gegen ein Mädchen entscheiden, ob Gender Disappointment überhaupt eine Rolle spielt, ob eine Abtreibung durch den Partner erzwungen wurde oder ob gänzlich andere Gründe vorliegen? Wir wissen es nicht.

Eine Nachfrage beim statistischen Bundesamt, ob mehr weibliche oder mehr männliche Föten abgetrieben wurden, ergab, dass in Deutschland keine Daten zu den Gründen der Schwangerschaftsabbrüche und dem Geschlecht der abgetriebenen Föten erhoben werden, nicht einmal auf freiwilliger Basis: Das Schwangerschaftskonfliktgesetz sieht diese Abfrage nicht vor. Damit bleibt weiterhin intransparent, ob die zunehmenden Abtreibungen sich zum Nachteil auch unserer Gesellschaft entwickeln, so, wie es ein internationales Forscherteam bereits Ende 2021 im Rahmen einer repräsentativen Studie[125] prognostizierte: „Eine männlich geprägte Geschlechtsstruktur in einer Gesellschaft könnte zu demografischen Problemen wie Heiratsknappheit bei einem Mangel an heiratsfähigen Frauen führen. Weniger Frauen als erwartet in einer Bevölkerung könnten zu einem erhöhten Maß an antisozialem Verhalten und Gewalt führen und letztlich die langfristige Stabilität und die nachhaltige soziale Entwicklung beeinträchtigen." Die Verantwortung dafür, dass die Datenerhebungsmerkmale seit 1993 nicht nachjustiert wurden, liegt beim Bundesministerium für Familie, Senioren, Frauen und Jugend (BMFSFJ).

Femizid ist auch eine billigend in Kauf genommene Tötung, die Frauen überproportional betrifft

Seit März 2022 bietet das Büro der Vereinten Nationen für Drogen- und Verbrechensbekämpfung (UNODC) eine Matrix an, die es ermöglichen soll, Femizide weltweit vergleichend zu erfassen: *„Der statistische Rahmen definiert eine Reihe von Merkmalen von vorsätzlichen Tötungen, mit denen die geschlechtsspezifischen Beweggründe der Tötungen global operationalisiert werden können, unabhängig von der Existenz spezifischer nationaler Gesetzgebungen in Bezug auf diese Straftaten.“*[126]

Innerhalb der detaillierten Cluster wird ein Gewaltphänomen, möglicherweise weil es ein rein deutsches ist, nicht aufgeführt: Mit der Waffe Auto getötete Frauen. Gemeint ist nicht die Folge einer marginalen Geschwindigkeitsübertretung, sondern immer wieder aufkommende Verbrechen, die juristisch nur sehr langsam als solche anerkannt und mit entsprechender Härte geahndet werden. Vielmehr werden sie in Deutschland medial zumeist noch als Unfall dargestellt. Während einem Verkehrsunfall ein unvorhersehbares Ereignis vorausgeht, ein Wildwechsel bspw. oder ein geplatzter Reifen, liegt den hier exemplarisch angeführten Fällen zum Nachteil von Mädchen und Frauen ein anderer, tödlicher Impuls zugrunde: Männliche Hybris.

> Als die Schülerin G. 2019 als Beifahrerin im 570 PS starken Sportwagen eines Freundes Platz nimmt, kann sie nicht ahnen, dass dieser sich dazu entschließt, das Auto so zu beschleunigen, dass er ihn nicht mehr kontrollieren kann. Die Wucht des erzeugten Aufpralls schleudert G. aus dem Auto, obwohl sie angeschnallt ist, sie verstirbt noch an der Unfallstelle in Nordrhein-Westfalen.[127]

Wir alle kennen das Newtonsche Aktionsprinzip aus dem Physikunterricht: Um die Geschwindigkeit einer Masse zu ändern, muss eine Kraft auf die Masse wirken bzw. ausgeübt werden – zwischen Kraft und Geschwindigkeit gibt es einen unbestrittenen, kausalen Zusammenhang. Es ist eine Entscheidung bzw. eine aktive Handlung, mit dem Fuß bis in den möglichen Bereich einer nicht mehr zu kontrollierenden Geschwindigkeit Gas zu geben. In verschiedenen Automodellen muss zudem in den entsprechenden Bereich hochgeschaltet werden, damit ist auch die Aktion der Hand eingebunden.

I. … und Recht und Freiheit

Ebenfalls aktiv hat (auch) G.'s Fahrer die Entscheidung getroffen, die eigene Fürsorgepflicht für seine Bekannte, den Menschen auf dem Sitz neben sich, zu ignorieren. Die Umstände, die zu G.'s Tod führten, wurden in erster Instanz vor dem Amtsgericht Essen verhandelt und mit einer Bewährungsstrafe gegen den Fahrer wegen fahrlässiger Tötung beurteilt.[128] Das damals erstellte Gutachten, demzufolge der Fahrer bis auf 310 km/h beschleunigt hat, hielt einer späteren Überprüfung nicht stand. Das Verfahren ist bis heute, fünf Jahre nach G.'s Tod, nicht rechtskräftig abgeschlossen. *„Für die Anordnung von Untersuchungshaft bestand aufgrund des („lediglich“) Vorwurfs der fahrlässigen Tötung und mangels Haftgrund kein Anlass. Der Angeklagte hat sich durchweg dem Verfahren gestellt. Die Fahrerlaubnis kann noch nicht entzogen worden sein, da wir bisher ja noch keine rechtskräftige Entscheidung haben.“* So lautet die diesbezügliche Stellungnahme vom Landgericht in Essen.[129]

Im Fall der zweifachen Kindsmutter S. wird ein Autoraser erstinstanzlich wegen Mordes angeklagt und verurteilt. Er hat sie 2019 mit einem 612 PS starken Sportwagen verletzt, indem er sich an einem Autorennen beteiligte, mit 167 anstelle der zulässigen 50 km/h durch eine Stadt in Nordrhein-Westfalen raste und dabei auch die Gegenfahrbahn nutzte. Er, der nicht einmal einen Führerschein besaß, verursachte so einen Zusammenprall mit dem unbeteiligten Auto von S. und beging im Anschluss Fahrerflucht. S. verstarb nach einem dreitägigen Überlebenskampf in der Klinik.

Die ursprüngliche Verurteilung durch das Landgericht Kleve zu lebenslanger Haft wegen Mordes wurde nach Aufhebung durch den BGH im zweiten Rechtsgang durch das Landgericht Kleve auf die mit fünf Jahren Haft verbundene „Teilnahme an einem illegalen Kraftfahrzeugrennen mit Todesfolge“ reduziert.[130] Mittlerweile liegt die Tat über fünf Jahre zurück, aber auch das letzte Urteil ist noch nicht rechtskräftig, sondern liegt dem BGH zur erneuten Prüfung vor. Da in Deutschland bis zur rechtskräftigen Verurteilung das Prinzip der Unschuldsvermutung gilt, befindet sich der ursprünglich wegen Mordes zu lebenslänglicher Haft verurteilte Fahrer seit 2021 auf freiem Fuß.

Am 24. Juli 2020 raste ein Berufskraftfahrer seine von ihm getrenntlebende Ehefrau in Thüringen am helllichten Tag mit seinem Geländewagen tot und beging anschließend Fahrerflucht. Auch in diesem Fall wird der Tatort von den ersthelfenden Einsatzkräften zunächst als Unfallstelle interpretiert. Nach Ansicht des Gerichts jedoch, hat der Mann den Mord an der Mutter seiner beiden Kinder von langer Hand geplant und sie von hinten überfahren, als sie auf ihrem Fahrrad unterwegs war.

Schon vor dem Femizid hatte es familienrechtliche Verfahren nach dem Gewaltschutzgesetz gegeben, im Vergleichswege wurden auch wechselseitige Näherungsverbote vereinbart. Das Mordmerkmal der Heimtücke wurde gerichtlich anerkannt, eine besondere Schwere der Schuld nicht. [131]

Auch als ein Auto Ende Januar 2021 in Bayern bei unauffälligen Straßenverhältnissen „aus unbekannter Ursache" von der Autobahn 95 abkommt, über einen gesperrten Parkplatz geschleudert und über eine Leitplanke in die Luft katapultiert wird, dort Kanonenkugelgleich 25 Meter durch die Luft fliegt und letztlich in einer Baumgruppe landet, ist in den Medien von einem Unfall die Rede. 25 Meter entsprechen der Länge eines Schwimmbads. Dass der Wagen im Anschluss an diese Flugweite in drei Metern Höhe von Baumwipfeln abgefangen wird, erzählt uns sehr viel über die vorher aktivierten Kräfte. Die junge Beifahrerin war im deformierten Auto eingeklemmt, Rettungskräfte konnten ihr nicht helfen, weil sie erst befreit werden konnte, nachdem die Feuerwehr das Auto, das ihr Freund gesteuert hatte, aus den Bäumen geschnitten hatte.[132]

Ende März 2022 wird eine offizielle Polizeimeldung veröffentlicht, die mit: „Schwerer Verkehrsunfall, 2 Personen schwer verletzt" übertitelt ist. Vier Tage später korrigiert die zuständige Staatsanwaltschaft in Baden-Württemberg den vermeintlichen Unfall in ein Tötungsdelikt gegen eine junge Frau.[133] Ihr Partner, der Fahrer des Autos, hatte seinen Wagen demnach gezielt von der Fahrbahn weggelenkt, so dass er mit mehreren Verkehrsschildern kollidierte und nach einem Überschlag gegen mehrere Bäume knallte. Die junge Frau schleuderte durch die Wucht des Aufpralls aus dem Auto und überlebte das Attentat rein zufällig.

Mitte November 2022 wird die erst 17-jährige J. aus dem 385 PS starken Fahrzeug ihres Bekannten in den Tod katapultiert: Mit 200 km/h raste der Fahrer den Wagen in einem Stadtgebiet in Sachsen-Anhalt nacheinander gegen Bordstein, Ampel und Straßenlaterne sowie gegen einen Baum. An diesem zerschellte das Auto schließlich in mehrere Teile und geriet in Brand.

Für die Schutzbefohlene J., die sich gerade für eine Ausbildung im Justizdienst beworben hatte, gab es keinerlei Überlebenschance. Das zuständige Amtsgericht verurteilte den Fahrer erstinstanzlich zu einer Freiheitsstrafe von neun Monaten auf Bewährung – wegen fahrlässiger Tötung.[134] Der Fall ist rechtskräftig abgeschlossen, eine Rückfrage beim genannten Amtsgericht wurde mit folgender Einordnung beantwortet: „es handelte sich bei dem von Ihnen angefragten Fall um einen Unfall durch Leichtsinn."[135] Der Fahrer des Wagens war im Gegensatz zu J. nicht minderjährig, sondern hatte zum Tatzeitpunkt bereits das 21. Lebensjahr erreicht.

Ende Januar 2023 stellten Einsatzkräfte auf der Autobahn 661 in Hessen schnell fest, dass es sich nicht um einen Verkehrsunfall handelte, sondern um ein zielgerichtetes Tötungsdelikt des Autofahrers. Auf dem Rückweg von der Klinik, in der der gemeinsame Säugling behandelt worden war, hatte er seine Beifahrerin zusammen mit dem Baby zu Tode fahren wollen. Auf seiner Fahrtstrecke hielt er, Pressemeldungen zufolge, an und zwang die Frau von der Rückbank auf den Beifahrersitz. Dort erklärte er ihr nach abrupten Lenkbewegungen, dass er sie umbringen wolle. Rein zufällig überlebten die Kindsmutter und ihr Baby dieses Attentat[136] nahezu unverletzt.

Im März 2024, auf den Tag genau fünf Jahre nach G.'s Tod, ermittelt in Nordrhein-Westfalen eine Mordkommission, nachdem die Raserei eines Fahrers im Straßenverkehr dazu führte, dass eine 46-jährige Kindsmutter ihr Leben lassen musste.[137] Der Fahrer, der auf einer innerstädtischen Strecke, auf der 50 km/h erlaubt sind, eine rote Ampel mit einer Geschwindigkeit von knapp 200 km/h überfuhr, wurde von der Staatsanwaltschaft wegen des dringenden Tatverdachts des heimtückischen Mordes mit einem gemeingefährlichen Mittel aus niederen Beweggründen angeklagt.

Zu einer solchen Anklage wird es im Fall der jungen A., deren Freund sie 2024 in Baden-Württemberg zu Tode raste, nicht kommen. Sie hatte darauf vertraut, von ihrem Partner sicher nach Hause gebracht zu werden. Stattdessen beschleunigte der seinen auf 450 PS getunten BMW dermaßen, dass er die Kontrolle verlor. Das Auto prallte von mehreren Bäumen ab und blieb schlussendlich, in Einzelteile zerfetzt, liegen. A. wurde weit aus dem Fahrzeug geschleudert, ohne die geringste Chance, das auf Selbstüberhöhung basierende Handeln ihres Partners, des Fahrzeuglenkers, überleben zu können.[138]

Im Mai 2024 raste ein Fahrer mit einem 320 PS starken BMW durch die Berliner Innenstadt, bis der Wagen in der Nähe der Gedächtniskirche gegen eine Betonmauer krachte und in Flammen aufging. Die junge Beifahrerin verstarb direkt vor Ort. Zeuginnen und Zeugen versuchten unmittelbar, erste Hilfe zu leisten, dabei erlitten fünf von ihnen Verletzungen, zwei Polizeikräfte mussten mit Rauchgasvergiftungen im Krankenhaus behandelt werden.[139] Auch in diesem

Fall lautete die Überschrift zur Hybris des Fahrers in der Polizeimeldung „Frau bei Unfall verstorben".[140] (Auch) in diesem Fall wird das selbstverschuldete Ableben des Fahrers mittels medialer Täter-Opfer-Umkehr „weiteres Unfallopfer gestorben" verfälscht[141] – der Fahrer war Verursacher, nicht Opfer.

Im Juni 2024 raste ein Fahrer in Sachsen am helllichten Tag mit unangepasster Geschwindigkeit durch den Starkregen. Presseberichten zufolge hob er, außer Stande sein Fahrzeug zu kontrollieren, mit dem Wagen von der Fahrbahn ab und flog ca. 50 Meter weit durch die Luft, bevor er in eine Baumgruppe oberhalb der Straße einschlug und liegen blieb. Während der Fahrer unbeschadet blieb, erlitt seine 52-jährige Beifahrerin schwerste Verletzungen. Die Autobahn musste mehrere Stunden gesperrt, die verletzte Beifahrerin zur medizinischen Versorgung in ein Krankenhaus geflogen werden.[142]

Im Juni 2024 fährt ein Mann in Baden-Württemberg ungebremst in eine Ampel bzw. eine Gruppe dort Wartender. Zwei Frauen versterben infolgedessen. Medial beläuft sich die Darstellung des Geschehens auf „Unfall"[143], die Staatsanwaltschaft Stuttgart allerdings ermittelt wegen des Verdachts der fahrlässigen Tötung in zwei Fällen in Tatmehrheit mit fahrlässiger Körperverletzung.[144]

„Taxifahrer fährt offenbar absichtlich Frauen um", so lautet die Headline der Bildzeitung im August 2024.[145] Ein Gewalttäter hatte am Vortag mit einem Auto drei junge Frauen angefahren und schwer verletzt – mitten in einem Stadtgebiet Nordrhein-Westfalens, auf einem, gerade im Sommer sehr beliebten und entsprechend belebten öffentlichen Platz. „Danach raste er mit dem VW Passat weiter in Richtung Rhein und dort auf drei weitere Frauen zu. Zwei von ihnen erfasste er, eine Frau konnte sich mit einem Sprung zur Seite retten", so wird das misogyne Attentat in demselben Artikel weiter beschrieben. Der Attentäter wird darüber hinaus dafür verantwortlich gemacht, zuvor eine weitere Frau in einer anderen Stadt in Nordrhein-Westfalen umgerast und damit lebensgefährlich verletzt zu haben.

Am 21. Oktober 2024 fühlte sich ein Autofahrer in Nordrhein-Westfalen provoziert, weil zwei Frauen es nicht schafften, beim Überqueren einer Straße die Grün-Phase der Fußgängerampel einzuhalten, so dass er warten musste. In Konsequenz trat der 22-Jährige aufs Gaspedal und steuerte direkt auf die beiden Frauen zu, die im Zuge dieses gefährdenden Manövers rein zufällig unverletzt blieben. „Der Westen" berichtet dazu: „Der Polizeibeamte sah, wie der SUV die beiden Fußgängerinnen nur knapp verfehlte und verfolgte daraufhin den Wagen, der mit 70 km/h über den Königswall bretterte. Bei nächster Gelegenheit zog der Beamte den 22-Jährigen aus dem Verkehr. Der gab zu, dass er mit Absicht so knapp an den Frauen vorbeigerast sei. Es sei sein Recht gewesen, weil sie sich nicht mehr auf seiner Spur hätten befinden dürfen. Der SUV-Fahrer gab an, dass die beiden Fußgängerinnen es nicht anders lernen würden, ihr Verhalten zu ändern."[146] Die Ermittlungen gegen den Gewalttäter beschränken sich auf Straßenverkehrsgefährdung und Fahren ohne Fahrerlaubnis. Den Aspekt der lebensbedrohlichen, geschlechtsspezifischen Gewaltausübung durch bedingten Tötungsvorsatz verfolgt bzw. ermittelt die Staatsanwaltschaft nicht.

Das Auto als Waffe oder gefährliches Werkzeug einzusetzen – diese Gewaltausprägung ist signifikant gekennzeichnet vom biologischen Geschlecht der Täter: Männlich. In nahezu allen Fällen ist die Selbstüberhöhung von Männern, also der gelebte Anspruch auf Macht und Kontrolle, das Tatmotiv. In allen Fällen haben nach dem Gesetz mündige Bürger entschieden, den Tod anderer zumindest billigend in Kauf zu nehmen. Dennoch wird das Verbrechen in den wenigsten Fällen medial, juristisch und statistisch als geschlechtsspezifische Gewalt gewertet.

Mädchen und Frauen bilden auch bei dieser Ausprägung an Gewalttaten die größte Opfergruppe. Für den Fünfjahreszeitraum 2019 bis 2023 hat das F.O.C.G. im Durchschnitt sechs Fälle pro Jahr dokumentiert, bei denen das Auto zur tödlichen Waffe umfunktioniert wurde. Die Summe der jährlich auf diese Weise getöteten Mädchen und Frauen, ebenso, wie die massive Gefährdung von all denjenigen, die sich zeitgleich im öffentlichen Raum, also ebenfalls im Straßenverkehr befinden, wiegen so schwer, dass es im Ergebnis keine Rolle spielt, ob die Angriffe aus zielgerichteter Misogynie heraus verübt wurden, oder *„nur zufällig auch"* den Tod von Mädchen und Frauen verursachten. Ein opferzentrierter Ansatz richtet sich an der überwiegend männlichen Täterschaft aus, nicht am Versuch, den Kern des tödlichen Problems aufweichen zu wollen.

Bei der Betrachtung von Ereignissen, bei denen ein Auto die nahezu oder tatsächlich tötende Waffe ist, muss auch berücksichtigt werden, dass Mädchen und Frauen weitaus häufiger Beifahrerinnen sind, wenn es um die Verteilung der Sitzplätze im Auto geht. Das mag darauf zurückzuführen sein, dass Frauen in den alten Bundesländern erst ab Juli 1958, mit Einführung des Gleichberechtigungsgesetzes, ohne Einwilligung ihres Ehemanns oder Vaters zur Führerscheinprüfung zugelassen wurden. Noch im Jahr 2021 beschrieb es die *„Süddeutsche Zeitung"* so: *„Doch der Führerschein ist nicht nur die Lizenz zum Auto- oder Motorradfahren. Er ist viel mehr: So war er jahrzehntelang vermeintlich Ausdruck männlicher Kompetenz."*[147] Trotz der gesetzlichen Legitimation wurde sehr vielen Frauen das Autofahren von ihren Ehemännern noch viele Jahre darüber hinaus verboten.

Zumeist ist auch die Physiognomie von Mädchen und Frauen weitaus fragiler als die der fahrenden Männer. Auf dem Beifahrersitz sind wir alle vollständig vom Verhalten der jeweils Steuernden abhängig. Welche Frau kennt sie nicht, die *„jetzt-erst-recht-Reaktion"* eines Mannes am Steuer, wenn er gebeten wird, langsamer zu fahren? In einer geschwindigkeitsbedingten Gefahrensituation gibt es in der Regel keinerlei Fluchtoption – ähnlich einer Geiselnahme ist es im fahrenden Auto in der Regel nicht möglich, sich den potenziell tödlichen Aktionen zu widersetzen oder zu entziehen.

Strafmaßverschärfende Konsequenzen sollten insbesondere dann erfolgen, wenn erwachsene Männer sich wider besseres Wissen dafür entscheiden, Autorennen zu fahren bzw. sich nach Alkohol-, Medikamenten- oder/ und Drogenmissbrauch hinters Steuer zu setzen. Bei den Untersuchungen zum Tathergang ist zu berücksichtigen, ob es eine Bindung gegeben hat, aufgrund derer ein besonderes Vertrauensverhältnis einer Geschädigten zum Fahrer bestand und auch, ob der Fahrer fundierte Fahrkenntnisse hatte.

> Beides war bspw. im Fall von A. gegeben: Ihr Partner war, der Presse zufolge, ein ehemaliger Rennfahrer, d. h. ein mehrfach ausgewiesener Motorsportprofi: Er wusste sehr genau um die Wirkung seiner Aktion. Ebenfalls als versierter Berufskraftfahrer galt der Mann, der im Juni 2024 auf einer Autobahn in Brandenburg mit überhöhter Geschwindigkeit fuhr, seine Ehefrau und Tochter überlebten das nicht.[148]

Justitia braucht ein waagerechtes Fundament, um in Fällen getöteter Bei- und Mitfahrerinnen gerecht urteilen zu können. Eine Möglichkeit, genau das abzusichern wäre sichergestellt, wenn *„machistische Gewalt"* als klar definiertes, Strafmaßverschärfendes, und Geschlechtsunabhängiges Kriterium eingeführt würde. Denn, obwohl sie in der tatausübenden Gruppe die absolute Ausnahme bilden, gibt es zu öffentlichen Autorennen auch Frauen auf der Anklagebank. Ein Urteil aus Niedersachsen aus 2024, das gegen eine Fahrerin verkündet wurde, lässt auf eine Neubewertung der Schwere des Verbrechens in der Justiz hoffen: Das Landgericht erkannte die Rücksichtslosigkeit, die einem tödlichen Autorennen zugrunde lag, in vollem Umfang an.

Nachdem eine Frau im Jahr 2022 auf einer Landstraße die Gegenfahrbahn nutzend, anstelle der erlaubten 70 km/h auf bis zu 180 Kilometern pro Stunde beschleunigte und damit einen Unfall herbeiführte, bei dem zwei minderjährige Jungen in dem anderen Fahrzeug getötet wurden, wurde sie erstinstanzlich wegen eines unerlaubten Kraftfahrzeugrennens mit Todesfolge zu sechs Jahren Haft verurteilt.

Der Bundesgerichtshof hat dieses Urteil vom April 2023 wegen Rechtsfehlern weitgehend aufgehoben, so dass der Fall erneut verhandelt werden musste – mit einem ganz anderen Ausgang: Der zuständige Strafsenat des BGH sah drei Mordmerkmale erfüllt: Niedrige Beweggründe, Heimtücke und das gemeingefährliche Tötungsinstrument Auto. Die Raserin wurde zu einer lebenslangen Haftstrafe verurteilt.[149] Der „NDR" berichtete dazu: „Das Gericht sei überzeugt, dass die Verurteilten den Tod anderer billigend in Kauf genommen hätten, sagte die Senatsvorsitzende (…) zur Urteilsbegründung."[150]

Femizid betrifft zunehmend mehr Kinder

Die Reichweite, die von Gewalt gegen Frauen ausgeht, ist vergleichbar, mit den Wellen, die ein Steinwurf ins Wasser verursacht: Auch im Umfeld von Betroffenen führt die Gewalt zu schwerwiegenden gesundheitlichen Beeinträchtigungen und lange währenden, extremen Folgen.

Nahezu alle Frauen, die im Zuge von Häuslicher Gewalt körperlich attackiert werden, erleiden Verletzungen mehrfach, denn die Täter wiederholen und verstärken ihre Gewalt, sofern nicht korrigierend eingegriffen wird. Außerdem leiden die Betroffenen unter massiven Scham- und Schuldgefühlen, die ihnen einerseits von den Tätern eingeredet werden, die sich andererseits aus einem lange angestrebten, aber vermeintlich verfehlten Ideal ableiten:

Sei es die zertrümmerte Vision eines Familienidylls, oder sei es das zerstörte Selbstbild einer toughen Karrierefrau, die es nie für möglich hielt, jemals selbst Betroffene zu sein.

Von Gewalt betroffene Frauen funktionieren sehr lange, den eigenen Erwartungen an sich selbst ebenso, wie den gesellschaftlichen Standards entsprechend. Dass in den letzten Jahren und Jahrzehnten immer wieder auch extrem prominente Frauen, wie bspw. Tina Turner, Helga Scholz, Nicole Brown Simpson, Marie Trintignant, Reeva Steenkamp oder Rihanna Opfer von Gewalttätern waren, lindert die eigene Verzweiflung nicht.

Trotz der gravierenden physischen und psychischen Beschädigungen, die die Betroffenen erleiden müssen und trotz ihrer situativen Hilflosigkeit, arbeiten sie intensiv daran, die Fassade der heilen Beziehung oder/und Familie aufrecht zu erhalten, indem sie jede ihrer Handlungen auf die beängstigenden Stimmungsschwankungen des Täters ausrichten. Bis ins Mark verunsichert, versuchen sie, mit dem Rest ihrer Kraft, das bzw. die Kinder zu versorgen und zu schützen sowie ggf. auch ihren Job weiterhin auszuüben und behalten zu können.

Nicht immer gelingt das und nicht selten führt der – im wahrsten Wortsinn – eingeschlagene Weg zu verheerenden Folgen bei der Entwicklung der Kinder aus Gewalthaushalten. In der Beobachtung deutscher Femizide durch das F.O.C.G. fielen vier Dimensionen auf, in denen Kinder und Jugendliche, in zunehmender Zahl in das Tatgeschehen Femizid eingebunden sind:

* Die Kinder und Jugendlichen, die selbst ein Mädchen/eine Frau töten.
* Die Kinder und Jugendlichen, die im Zuge eines Femizids vom Täter missbraucht werden, bspw. als Augenzeuginnen und -zeugen.
* Die Kinder und Jugendlichen, die im Zuge eines Femizids zusammen mit der (Ex-)Frau und Mutter getötet werden.
* Die Kinder und Jugendlichen, die getötet werden, um die (Ex-)Frau und Mutter zu vernichten.

Kinder und Jugendliche erleben und erlernen im Laufe ihres Heranwachsens, wie ihre Umwelt mit Konflikten umgeht und diese löst – oder eben auch nicht. Für das Jahr 2023 konnten insgesamt 12 Tötungsdelikte dokumentiert werden, in denen die Täter zum Tatzeitpunkt erst 18 Jahre oder jünger waren (zweimal 18 Jahre, siebenmal 17 Jahre, einmal 14 Jahre, einmal 13 Jahre, einmal 11 Jahre). In neun Fällen davon führte die Gewaltausübung zum Tode des attackierten Mädchens oder der angegriffenen Frau. Beispielhaft dafür sind folgende Femizide:

> An seiner Berufsschule in Nordrhein-Westfalen tötete ein 17-Jähriger 2023 seine Lehrerin mit einem Messer.[151]
>
> Ein für seine Aggressivität und Gewaltbereitschaft bekannter 11-Jähriger wird beschuldigt, nachts, im April in einem Kinderheim in Bayern die 10 Jahre junge L. getötet zu haben.[152]
>
> In Hessen lernte B. beim Ausgehen einen 17-Jährigen kennen, der sie später am Abend umbrachte. Er filmte die Tat, und, laut Anklage auch, wie er die Frau dabei beleidigte. Ebenso filmte er die Leiche der von ihm geschlagenen, gewürgten und letztlich erdrosselten Frau.[153]

Für das gleiche Jahr sind insgesamt 28 Attacken dokumentiert, in denen Söhne ihre eigene Mutter angriffen. In 20 Fällen endeten diese Gewalthandlungen mit dem Tod der Attackierten. In mindestens drei von diesen Fällen war die Gewaltaffinität des Täters bereits vor dem Femizid bekannt. Mehrheitlich wurden die Mütter erstochen, aber ihre Söhne setzten auch Kabelbinder, Äxte und eine Schusswaffe zum Töten ein. Bei zwei weiteren Femiziden mussten Großmütter die Gewaltausübung ihres Enkelsohnes mit dem Leben bezahlen.

> * 2023 köpfte ein ehemaliger Soldat seine 100-jährige Oma in Hamburg.[154]
> * Ebenfalls 2023 erstach ein Mann in Niedersachsen seine die 83-jährige Großmutter.[155]

Zum jeweiligen Tatzeitpunkt war der jüngste Täter, der seine Mutter umbrachte, 20 Jahre, der älteste 60 Jahre alt:

> * Dezember 2023, † 52 Jahre, Baden-Württemberg,[156]
> * Dezember 2023, † 63 Jahre, Nordrhein-Westfalen,[157]
> * November 2023, † 87 Jahre, Niedersachsen,[158]
> * Oktober 2023, † 69 Jahre, Berlin,[159]
> * September 2023, † 55 Jahre, Schleswig-Holstein,[160]
> * September 2023, † 63 Jahre, Hamburg, [161]

* August 2023, † 56 Jahre, Bayern,[162]
* August 2023, † 57 Jahre, Nordrhein-Westfalen,[163]
* August 2023, † 59 Jahre, Bremen,[164]
* Juli 2023, † 69 Jahre, Thüringen,[165]
* Juni 2023, † 67 Jahre, Saarland,[166]
* Juni 2023, † 86 Jahre, Nordrhein-Westfalen,[167]
* Mai 2023, † 83 Jahre, Niedersachsen,[168]
* Mai 2023, † 67 Jahre, Hamburg,[169]
* Mai 2023, † 54 Jahre, Hessen,[170]
* April 2023, † 53 Jahre, Nordrhein-Westfalen,[171]
* März 2023, † 54 Jahre, Bayern,[172]
* Februar 2023, † 78 Jahre, Baden-Württemberg,[173]
* Januar 2023, † 81 Jahre, Schleswig-Holstein,[174]
* Januar 2023, † 46 Jahre, Bayern,[175]

Dass das Jahr 2023 in Sachen tödlicher, männlicher Gewalt kein Ausnahmejahr war, wird bereits in der ersten Jahreshälfte 2024 deutlich. Das F.O.C.G. hat bis zur Jahresmitte 17 Attacken dokumentiert, bei denen Mütter von den eigenen Söhnen angegriffen und verletzt wurden. In zwölf dieser Fälle überlebten die angegriffenen Frauen nicht:

* Juni 2024, † 59 Jahre, Sachsen,[176]
* Mai 2024, † 86 Jahre, Nordrhein-Westfalen,[177]
* April 2024: † 39 Jahre, Schleswig-Holstein,[178]
* April 2024: † 69 Jahre, Baden-Württemberg,[179]
* April 2024: † 75 Jahre, Hessen,[180]
* März 2024: † 58 Jahre, Baden-Württemberg,[181]
* März 2024: † 63 Jahre, Brandenburg,[182]
* März 2024: † 42 Jahre, Sachsen-Anhalt,[183]
* Februar 2024: † 55 Jahre, Bayern,[184]
* Februar 2024: † 62 Jahre, Niedersachsen,[185]
* Januar 2024: † 57 Jahre, Baden-Württemberg,[186]
* Januar 2024: † 87 Jahre, Niedersachsen,[187]

I. … und Recht und Freiheit

Vier von den gelisteten Feminiden im Jahr 2024, die sich gegen die eigene Mutter richteten, wurden von Jugendlichen bzw. Heranwachsenden verübt (einmal 17 Jahre, zweimal 18 Jahre, einmal 19 Jahre):

> In Bayern rief man die Einsatzkräfte von Polizei und Feuerwehr zu einem Wohn-hausbrand, den ein 17-Jähriger gelegt hatte, um zu vertuschen, dass er sich vorher mit seiner 55-jährigen Mutter gestritten und sie umgebracht hat.
>
> Ein 18-Jähriger erstach in Sachsen-Anhalt nicht nur seine 42-jährige Mutter und seinen neunjährigen Bruder, sondern verletzte zudem seine drei Geschwister, einen 17-jährigen Jungen sowie zwei Mädchen im Alter von 13 und 15 Jahren.
>
> Im gleichen Monat kam es in Baden-Württemberg zu einem Polizeieinsatz wegen häuslicher Gewalt. Am Tag darauf tötete der 19-jährige Sohn in diesem Haushalt nicht nur seine 58-jährige Mutter, sondern auch seinen Vater und seinen Bruder – allein seine Schwester überlebte den Messerangriff schwer verletzt.
>
> In Schleswig-Holstein tötete ein 18-Jähriger im April seine 39-jährige Mutter und floh anschließend nach Frankreich.

In der Gesamtbetrachtung von deutschen Feminiden sind Kinder, Jugendliche und Heranwachsende um ein Vielfaches häufiger Opfer und Betroffene von den Verbrechen gegen Frauen, als dass sie diese selbst ausüben. Allerdings sind junge Menschen, die nie gelernt haben, Konflikte anders zu lösen als mit Gewalt, stärker gefährdet, dieses Verhaltensmuster selbst anzuwenden, als Menschen, die nicht in Gewalthaushalten, sondern mit alternativen Konflikt-lösungsstrategien aufwuchsen.

Viele Minderjährige verlieren mit einem Femizid nicht nur ihre Mutter, sondern werden im Zuge der Inhaftierung des Vaters/Täters der Obhut eines Jugendamtes übergeben: Nicht immer können Geschwister zusammenbleiben und nur in Ausnahmefällen bleibt den betroffenen Kindern und Jugendlichen ihr vertrautes Umfeld erhalten.

Immer wieder involvieren Gewalttäter im Zuge ihrer ausgelebten Macht-demonstration ihre eigenen Kinder gegen deren Willen in ihr Verbrechen. Sie zwingen sie bspw., als Augenzeuginnen und -zeugen dabei sein zu müssen, wenn sie die Mutter exekutieren. Diese Kinder und Jugendlichen bleiben in ihrer Hilflosigkeit mit massiven Schuldgefühlen und Ängsten schwer trauma-tisiert zurück bzw. auf sich allein gestellt. Den Babys und Säuglingen unter ihnen bricht mit der Mutter ad hoc die wichtigste Bezugsperson weg: Diejenige, die sie noch nährte und grundversorgte, auf die sie altersbedingt noch angewiesen sind.

Im Juni 2023 brachte ein Mann in Sachsen seine Ehefrau um und verletzt seine zum Tatzeitpunkt 24-jährige Tochter schwer. Der Altersunterschied der Eheleute betrug 19 Jahre, der Gewalttäter entzog sich seiner Verantwortung qua Suizid.[188]

Im Dezember 2023 schlug ein Mann in Mecklenburg-Vorpommern seine Lebensgefährtin beinahe tot. Der gemeinsame Sohn rettete ihr mit seiner unerwarteten Rückkehr ins elterliche zuhause wahrscheinlich das Leben.[189] Während der Gewalttäter massiv mit den Fäusten zuschlug, die Frau würgte und sie vor allem im Gesicht schwer verletzt hatte, ging das 15-jährige Kind dazwischen, „sodass der 36-Jährige kurze Zeit vom Opfer abgelassen habe. Die Frau war zwischenzeitlich bereits bewusstlos", berichtet der „Nordkurier"[190] und weiter: „Nach einer kurzen Pause soll der Mann plötzlich wieder die Frau attackiert haben. Trotz ihrer schweren Verletzungen konnte das Opfer in eine nahe gelegene Gemeinschaftsunterkunft für Flüchtlinge fliehen." Das Überleben der Frau ist der Courage ihres Sohnes sowie dem puren Zufall geschuldet.

Im Juni 2024 wurde am Landgericht Oldenburg ein versuchter Femizid verhandelt. Die zum Tatzeitpunkt 35-jährige Mutter überlebte das Attentat, das ihr Ex-Mann beauftragt hatte, nur knapp. Ein Freund ihres Ex-Mannes hatte ihr im Februar 2023 aufgelauert und auf sie geschossen, als sie aus dem Auto stieg, in dem die drei gemeinsamen, minderjährigen Kinder saßen. Im Prozessverlauf beantragte die Verteidigung, die Glaubwürdigkeit eines der Kinder zu überprüfen.[191]

Im gleichen Monat tötete ein deutscher Manager in Berlin seine gleichaltrige Ehefrau, die zum Tatzeitpunkt 34-jährige G., indem er die vor ihrem Kleiderschrank hockende Frau in ihrem Zimmer überraschte, sie an ihren Haaren hochzog, um ihr dann mit einem Messer einen tiefen und langen Halsschnitt zu versetzten – so beschrieb die „Berliner Zeitung" die Anklage.[192] Zum Tatzeitpunkt hielt sich in der Wohnung auch die gemeinsame, 10-jährige Tochter auf.[193] Nach dem Verbrechen reinigte der Gewalttäter das Tatwerkzeug und frühstückte mit ihr im Raum nebenan. Eine besondere Schwere der Schuld wurde am Landgericht Berlin erstinstanzlich nicht festgestellt.

Auch im Juni 2024 versuchte ein Mann in Niedersachsen seine 29-jährige Ehefrau zu erstechen. Die vierfache Kindsmutter wurde lebensgefährlich verletzt und auch die älteste gemeinsame Tochter, 14 Jahre, die sich zum Tatzeitpunkt mit drei jüngeren Geschwistern dort aufhielt,[194] erlitt Verletzungen durch die Messer-Attacke ihres Vaters.[195]

Am helllichten Tag im Juni 2024 verletzte ein Gewalttäter seine 35-jährige Ex-Partnerin in Niedersachsen auf offener Straße und vor den Augen ihrer beiden Kinder, einem zehn Jahre alten Mädchen und einem dreijährigen Jungen. Dass die dreifache Mutter die Attacke, bei der sie mit Messerstichen lebensgefährlich verletzt wurde, überlebte, ist reiner Zufall.[196]

Im Juni 2024 ist es der gemeinsame, sechsjährige Sohn, der in Rheinland-Pfalz die Polizei alarmiert, nachdem er seine vom Vater getötete 34-jährige Mutter fand.[197] Der wegen Totschlags Angeklagte war 19 Jahre älter, als seine Ehefrau.[198]

In Berlin erschlug im Juni 2024 ein Mann seine 45-jährige Frau. Neben den fünf gemeinsamen, minderjährigen Kindern, die in dem Haushalt wohnten, waren laut Presse noch fünf weitere, ältere Kinder des Paares zugegen, als er den Femizid vollzog.[199]

Im Juli 2024 brachte ein Mann in Nordrhein-Westfalen seine 20 Jahre junge Ehefrau um, indem er ihr laut Pressemeldung die Kehle aufschlitzte. Die drei gemeinsamen, minderjährigen Kinder befanden sich zur Tatzeit im gleichen Haushalt. Der Gewalttäter ließ sie nach dem Verbrechen allein und unversorgt und floh nach Belgien.[200]

Im September 2024 stach ein Gewalttäter in Nordrhein-Westfalen auf seine neun Jahre jüngere Ex-Partnerin ein und verletzte sie. Die Attacke hätte tödlich enden können, wenn sich der gemeinsame 14-jährige Sohn nicht umgehend schützend vor seine Mutter gestellt hätte.[201]

Das Femicide Observation Center Germany, F.O.C.G., sammelt und dokumentiert Daten vorwiegend aus Pressemeldungen. Die Berichterstattung allein deckt nicht alle relevanten Parameter ab, weder wenn sie direkt im Anschluss an einen Femizid erfolgt, noch im Zuge der im Schnitt ca. sechs Monate später eingeleiteten Gerichtsverhandlungen. Datenlücken ergeben sich insbesondere dann, wenn es um die Persönlichkeitsrechte bzw. den Schutz von Heranwachsenden oder minderjährigen Hinterbliebenen geht. Trotz vieler Nachfragen bei Staatsanwaltschaften und Gerichten zu einzelnen Fällen bilden die Analysen zu den Hinterbliebenen daher immer „nur" einen Bruchteil vom Gesamtausmaß der Gewaltexzesse ab.

Eigentlich regelt unser Grundgesetz in Artikel 6 Absatz 4: *„Jede Mutter hat Anspruch auf den Schutz und die Fürsorge der Gemeinschaft".*[202] Im ersten Halbjahr 2024 wurden (mindestens) 20 Femizide gegen Frauen mit Kindern vollzogen und (mindestens) 40 Kinder waren der Presse zufolge direkt betroffen. In die Betrachtung gezählt werden „nur" die betroffenen Kinder, die in der Berichterstattung zum Femizid gegen ihre Mutter als während des Tatgeschehens anwesend erwähnt wurden und daher entsprechend dokumentiert sind. Bei diesen Kindern, im Alter von 0 bis 18 Jahren, ist eine Konzentration in der Gruppe derer augenscheinlich, die ein so schwerwiegendes Trauma noch vor Ablauf ihres 14. Lebensjahres erleiden mussten. Unberücksichtigt bleiben die betroffenen Kinder, die sich zum Tatzeitpunkt an einem anderen Ort befanden, oder medial keine Erwähnung fanden.

Ein Marker, der sich bei diesen, von Grausamkeit geprägten Handlungen der Väter immer wieder abzeichnet, ist der unbedingte Tötungswille, der sich häufig im *„Overkill"* [203] gegen das Ziel (die Kindsmutter) wiederfindet. Allerdings weiten die Täter ihren Fokus in etlichen Fällen auch auf ebenfalls Anwesende, das bzw. die Kind(er), aus. Das tun sie insbesondere dann, wenn die Kinder es wagen, in den zielgerichteten Handlungsablauf einzugreifen, um die Mutter zu schützen bzw. zu retten und sich damit – in der Wahrnehmung des Attentäters – gegen ihn positionieren. Zeuginnen und Zeugen sind im Tatgeschehen ebenfalls eine unmittelbar und extrem gefährdete Gruppe, deren Risiko, getötet zu werden ansteigt, je intensiver sie sich dem Anspruch des Täters auf die absolute Kontrolle entgegenstellen.

So hat bspw. im März 2022 ein Vater in Brandenburg seine Lebensgefährtin, die zum Tatzeitpunkt 43-jährige J., mit 26 Messerstichen getötet, bevor er auch auf deren 21-jährige Tochter einstach und sie schwer verletzte, weil sie ihrer Mutter zu Hilfe geeilt war.[204] Der Vater galt bereits vor dem Femizid als polizeibekannter Intensivtäter.

Am helllichten Tag tötete ein Mann Mitte Juni 2022 in Nordrhein-Westfalen seine von ihm getrenntlebende Ehefrau, indem er in Spielplatznähe 18-mal mit einem Messer auf sie einstach. Er tat das vor den Augen der gemeinsamen drei Kinder im Alter zwischen drei und neun Jahren.[205]

Im März 2023 tötete ein Mann in Baden-Württemberg die 22-jährige Mutter seiner beiden Kinder im Alter von zwei und vier Jahren. Mit insgesamt 26 Messerstichen nahm er ihr jede Chance auf Leben. Ihre völlig verstörten, minderjährigen Kinder suchten nach dem Verbrechen Schutz bei der Nachbarin.[206]

Im Juni 2023 attackierte ein deutscher Gewalttäter in Baden-Württemberg seine Ex-Partnerin und Mutter der gemeinsamen, einjährigen Tochter in deren Beisein. Er tötete die 22-jährige P. auf bestialische Weise, indem er sie verprügelte, ihr mit einem Wasserkocher auf den Kopf schlug und sie dann so lange würgte, bis ihr Kehlkopf brach. Anschließend verstümmelte er die bereits leblose Frau mit der sieben Zentimeter langen Klinge eines Küchenmessers, mit der er sie schließlich erstach. Ein Kripo-Beamter bezeugte später im Prozess: „Die Zähne des Opfers waren eingeschlagen. Ihr Schädel war eingeschlagen."[207] Der Gewalttäter floh und ließ seine Tochter mit der Leiche der Mutter allein, ohne ihre Versorgung sicherzustellen. Das Kleinkind wurde erst zwei Tage später von seiner Großmutter entdeckt, hilflos, durstig und voller Exkremente.[208]

In Nordrhein-Westfalen verprügelte ein Mann regelmäßig seine beiden Kinder, ebenso seine Frau, die er darüber hinaus nahezu täglich vergewaltigte. Im November 2023 würgte er die damals 40-jährige Kindsmutter so heftig, dass ihr Zungenbein brach. Die Westdeutsche Allgemeine Zeitung, „WAZ" beschrieb die Tatszenerie: „Der 12-jährige Sohn, der mit zwei seiner Geschwister im Kinderzimmer schlief, war vom heftigen Kampf offenbar aufgeschreckt worden. Er versuchte, seine 21-jährige Schwester per Handy zu Hilfe zu rufen. Doch die stand vor verschlossener Tür. Als der kleine Bruder ihr öffnen wollte, griff der Angeklagte ihn an und traktierte ihn mit heftigen Faustschlägen, so die Anklage. Der Tochter gelang es dennoch, in die Wohnung zu kommen. Sie stürzte zu ihrer verletzten Mutter. Doch der Angeklagte hatte sich inzwischen in der Küche mit einem Messer bewaffnet, so die Staatsanwaltschaft. Aus Wut darüber, dass die Tochter sich schützend vor ihre Mutter stellte, habe er zugestochen. Laut Anklage traf er erst seine Frau in den Oberschenkel, dann warf er beide Frauen zu Boden und stach abwechselnd auf sie ein: Zwölf Mal auf seine Frau und fünfmal auf seine Tochter. Das Messer durchbohrte Herz und Lunge der Ehefrau, sie verblutete. Von seiner Tochter habe der Angeklagte erst abgelassen, als sie das Bewusstsein verlor. Ein Stich hatte sie am Hals getroffen, direkt nach der Tat war von Lebensgefahr die Rede."[209]

In einem Haushalt in Bayern lebte ein Ehepaar mit zwei Kindern im Alter von zwei und sieben Jahren.[210] Im Januar 2024 erstach der Vater seine 43-jährige Ehefrau, floh und ließ seine beiden minderjährigen Kinder, die während des Verbrechens im Haushalt waren, unversorgt allein.[211]

Knapp einen Monat später geht bei der Polizei in Nordrhein-Westfalen ein Notruf ein. Ein 16-Jähriger erbittet Hilfe für seine schwer verletzte Mutter. Im Gegensatz zu seinem kleinen Bruder war der 16-Jährige zum Tatzeitpunkt nicht zuhause. Als er heimkam, lief ihm sein achtjähriger Bruder entgegen und berichtete, dass die Mutter der beiden leblos auf dem Boden liege. Die von den Einsatzkräften eingeleiteten Reanimationsmaßnahmen kamen zu spät, die Frau erlag noch am Tatort den ca. 30 Stichverletzungen, die ihr der Vater ihrer beiden gemeinsamen Söhne zugefügt hatte.[212] Im Verlauf der Gerichtsverhandlung am Landgericht Essen sprach der Vorsitzende Richter eine Warnung aus, bevor er die Tatort-bilder mit den Verletzungen der Mutter zeigte. Der achtjährige Sohn, der sich zur Tatzeit in der Wohnung aufhielt und die Schreie seiner Mutter anhören musste, war dem verstörenden Anblick ungefiltert ausgesetzt. Die „WAZ" schreibt zu dem Verfahren: „Am Tattag waren sogar noch zwei Mitarbeiterinnen des Jugendamtes in der Wohnung. Sie hatten sich offenbar Sorgen um die Kinder gemacht, es ging um häusliche Gewalt. Sie sollen der 41-jährigen Mutter Visiten-karten überreicht haben – mit der dringenden Bitte, sich sofort zu melden, wenn sie Hilfe brauche."[213] Zur Verurteilung zu einer lebenslangen Haftstrafe wegen Mordes aus niedrigen Beweggründen schrieben die „Westfälische Nachrichten" Ende Oktober 2024: „Richter J. (…) sprach beim Urteil des Essener Schwurge-richts von einem ‚brutalen Femizid'. Der Angeklagte habe in der ‚mittelalter-lichen Vorstellung' gehandelt, dass seine Frau ihm gehöre."[214]

In Rheinland-Pfalz war es im April 2024 ebenfalls der Sohn, der im Alter von 21 Jahren bei der Polizei einen Hilferuf absetzte, weil seine 44-jährige Mutter von ihrem elf Jahre älteren Ehemann, seinem Vater, niedergestochen und verletzt worden war – auch für sie kam jede Hilfe zu spät.[215] Ihr Ehemann, mit dem sie insgesamt vier gemeinsame Kinder hat, tötet sie mit zwei Messern und insge-samt 59 Stich- und Schnittverletzungen, die er sehr gezielt gegen ihren Hals ausrichtete.[216]

Auch in Niedersachsen ist es eines der vier gemeinsamen, minderjährigen Kinder, das den Notruf wählt, weil der getrenntlebende Ehemann die Mutter attackiert und mit 23 Messerstichen verletzt hat. Zum Tatzeitpunkt, nachts im Mai 2024, sind ein Kleinkind und seine drei Geschwister im schulpflichtigen Alter anwesend, als ihre Mutter in der Wohnung verstirbt.[217] Der Täter war bereits vor dem Femizid wegen häuslicher Gewalt und Körperverletzung polizeibekannt.[218] Die Mutter hatte vor Gericht das alleinige Sorgerecht erwirkt und war mit den Kindern vor ihrem Peiniger in eine andere Stadt geflohen. Zum Prozess beschreibt

die „Süddeutsche Zeitung": „Laut Anklage soll der Mann das Messer vor der Tat
mit einer am Vortag gekauften elektrischen Schleifmaschine geschärft haben. Es
hatte eine Klinge von etwa 20 Zentimetern. Die Frau habe mit keinem Angriff
gerechnet und über keine Abwehrmöglichkeiten verfügt. Sie erlitt mindestens 23
Stich- und Schnittverletzungen im Bereich des Oberkörpers, des Halses und des
Kopfes. Infolge des Blutverlustes starb sie innerhalb weniger Minuten."[219]
Im Juni 2024 erstach ein Gewalttäter die 14-jährige Z. in Brandenburg. Das
Mädchen verstarb am helllichten Tag auf offener Straße.

Wenn Väter töten, dann kommt es immer wieder dazu, dass es Kinder und
Jugendliche sind, die die Leichen ihrer Mütter entdecken müssen. Selbst, wenn
sie nicht gezwungen waren, dem Tötungsdelikt selbst beizuwohnen, sorgt das
Auffinden der mütterlichen Leiche, die in der Mehrzahl der Fälle gravierende
Verletzungen aufweist, für schwere, behandlungsbedürftige Traumata.

Einer dieser Fälle ist aus Nordrhein-Westfalen bekannt. Im Februar 2024 hat
dort ein Familienvater das Leben seiner Ehefrau ausgelöscht, bevor er sich suizidierte. Die „Ruhr Nachrichten" schreiben dazu: „Der mutmaßliche Täter und
seine Frau lebten nach übereinstimmenden Angaben mehrerer Nachbarn mit
ihren vier Kindern im Alter von 13 bis 24 Jahren in dem Haus. Es heißt, dass die
13-jährige Tochter die Toten gefunden haben soll, nachdem sie von der Schule
nach Hause gekommen war."[220] In der „Westfälische Rundschau" ist dazu
ergänzend zu lesen: „Das Motiv des 59-Jährigen werde man nach seinem Tod
nicht mehr nachvollziehen können. Aber es stand wohl eine Trennung des Paares
im Raum, berichtet die Staatsanwältin. Da der Täter tot sei, werde das Verfahren
eingestellt."[221]

Für bundesweite Schlagzeilen sorgen immer wieder Femizide, bei denen die
Väter sich entscheiden, die Leben, nicht nur ihrer (Ex-)Frau, sondern auch das
des gemeinsamen Kindes bzw. der gemeinsamen Kinder oder/und der eigenen
oder der Eltern der (Ex-)Frau auszulöschen.

Im Dezember 2020 tötete ein Mann in Nordrhein-Westfalen seine getrenntlebende, 46-jährige Frau E. und die gemeinsame 17-jährige Tochter. Auch der
jüngeren gemeinsamen Tochter hatte er mit dem Tode gedroht, sein Vorhaben
jedoch nicht verwirklicht. Stattdessen entzog er sich seiner Verantwortung qua

Suizid.[222] Die älteste der drei gemeinsamen Töchter lebte nicht mehr in dem gemeinsamen Haushalt.

In Rheinland-Pfalz erschoss ein promovierter Oberarzt im Januar 2021 seine 60-jährige, von ihm getrenntlebende Frau und den 14-jährigen, gemeinsamen Sohn. Der deutsche Gewalttäter war fünf Jahre älter als seine Frau. Auch er suizidierte sich nach seinem Verbrechen.[223]

In Bremen brachte ein Gewalttäter im April 2021 eine 40-jährige Frau und seine beiden Töchter, fünf und drei Jahre jung, um. Als die Feuerwehr beim brennenden Haus der Familie ankam, konnten bei der Mutter und der älteren Tochter nur noch der Tod festgestellt werden. Die jüngere der Töchter konnte noch wiederbelebt werden, verstarb, der Presse zufolge, jedoch auf dem Weg in die Klinik. Das Schweizer Magazin „Blick" berichtet zu dem Verbrechen, der Gewalttäter soll „zuerst seine Ehefrau und die Kinder mit Schlafmittel betäubt und anschließend das Haus angezündet haben."[224] Der deutsche Täter suizidierte sich.

Im Juli 2021 erstach ein Gewalttäter in Baden-Württemberg seine 34-jährige Lebensgefährtin und deren fünfjährige Tochter.[225]

In Brandenburg löschte ein deutscher Gewalttäter im Dezember 2021 seine Familie aus, indem er seine drei Töchter, im Alter von 10, 8 und 4 Jahren, sowie seine 40-jährige Ehefrau erschoss.[226] Der Tat wird medial das Motiv Antisemitismus zugeschrieben.[227] So berichtet die „Berliner Morgenpost" dazu: „Das Bundesinnenministerium hatte in seiner Antwort auf eine parlamentarische Anfrage der Linken-Bundestagsabgeordneten Petra Pau zu antisemitischen Straftaten im vierten Quartal 2021 geschrieben, dass auch die Tat von Senzig dazu zähle. Nach derzeitigem Kenntnisstand sei der Mann überzeugt gewesen, dass der Staat mit der Impfkampagne einen ‚bösen' Plan verfolge und die Weltbevölkerung um die Hälfte reduzieren sowie eine neue Weltordnung unter jüdischer Führung gründen wolle." Von dem geschlechtsspezifischen Charakter der Tat ist hingegen keine Rede.

Mitte Mai 2023 tötete ein Gewalttäter in Nordrhein-Westfalen die 37-jährige R. und die gemeinsamen beiden Töchter im Alter von sieben und fünf Jahren. Der Gewalttäter drängte R. mit falschen Versprechungen zum Sex und erstickte sie sofort danach mit einem Kissen. Unmittelbar darauf täuschte er den gemeinsamen Töchtern ein Spiel vor, bei dem es darum gehe, im Schlafzimmer zuerst einzuschlafen: Er erstickte beide Mädchen.[228]

I. … und Recht und Freiheit

Dass der siebzehn Monate junge Sohn im Oktober 2023 in Nordrhein-Westfalen den Tötungsversuch seines Vaters überlebte, grenzt an ein Wunder. Seine 19-jährige Mutter A. hingegen fiel dem Anschlag zum Opfer. Es war ein sonniger Herbsttag, als sie beim Spaziergang mit ihrem Sohn im Buggy absichtlich von ihrem Ehemann angefahren wurde. Der Kindsvater stieg aus seinem Auto und schlug und trat auf die bereits wehrlos am Boden liegende, blutende Frau ein. „Das Schuhprofil soll deutlich im Gesicht der 19-Jährigen zu sehen gewesen sein", so beschrieb es die „WAZ". Mutter und Baby wurden mit lebensgefährlichen Verletzungen in ein Krankenhaus gebracht, dort verstarb die junge Frau in Folge der Gewalteinwirkung gegen ihren Kopf.[229] Ihr Sohn erlitt neben einem Rippenbruch ein Schädel-Hirntrauma sowie schwere Verletzungen der inneren Organe. Er musste einen mehrtägigen, intensivmedizinischen Überlebenskampf ausfechten und mehrfach reanimiert werden, bevor er außer Lebensgefahr war.[230] Pressemeldungen zufolge war der Vater weit vor dem Femizid gewalttätig gegen A. und hatte das Verbrechen explizit angekündigt. Die „Rheinische Post" schilderte dazu Folgendes: „Er zwang die junge Frau bei einer ersten Schwangerschaft zur Abtreibung, ‚sonst würde er das Kind herausprügeln', soll die Mutter der Getöteten später gesagt haben. Als die 19-Jährige ihren Mann verlassen wollte, antwortete er Dutzende Male ‚Bitte. Bitte verlass mich nicht'. Die Mutter der Getöteten sagte der Polizei später, S. habe ihrer Tochter gedroht: ‚Wenn du mich verlässt, bringe ich dich um'."[231]

Im Juli 2024 kam es in Baden-Württemberg zu einem Großeinsatz, der in den Erstmeldungen zunächst als „Amoklauf"[232] übertitelt wurde. „SWR – Aktuell" meldete: „In (…) hat es nach Schüssen mehrere Tote gegeben. Das hat die Polizei dem SWR bestätigt. Die Lage sei noch unklar, es bestehe aber keine Gefahr für die Bevölkerung, so ein Polizeisprecher."[233] Der Gewalttäter hatte seine Schwiegermutter erschossen, ebenso seinen Sohn. Seine Ehefrau sowie seine Tochter verletzte er schwer. Rund hundert Einsatzkräfte, Rettungshubschrauber und Spezialeinheiten waren vor Ort, um die Situation zu bewältigen. Das Gebiet wurde großräumig abgesperrt, während die Polizei betonte, dass für die Bevölkerung zu keiner Zeit Gefahr bestünde. Nach dem Verbrechen entzog sich der Gewalttäter qua Suizid seiner Verantwortung.

Im November 2024 wurden in Berlin drei weibliche Leichen geborgen. Eine 31-jährige, zweifache Mutter ist ebenso getötet worden wie ihre beiden Töchter im Alter von fünf und sechs Jahren. Nach dem flüchtigen Lebensgefährten der Frau, dem Vater der beiden Mädchen, musste tagelang gefahndet werden.[234]

Bei der Obduktion stellte man fest, dass die toten Körper bereits mehrere Tage unentdeckt in der ehemals gemeinsamen Wohnung gelegen hatten.

Auch bei diesen Tötungsdelikten geht es den Akteuren um die Demonstration ihrer alleinigen Macht: In absoluter Autokratie entscheiden sie über den Tod derer, die sie (meinen zu) besitzen. Sie richten und strafen und ermächtigen sich selbst dazu, über Leben und Tod zu entscheiden. Manche wollen weiterleben – ohne die Frauen, die ihren Anforderungen nicht (mehr) entsprochen haben. Andere wiederum nehmen die Frau(en) oder/und Kind(er) mit in den eigenen, selbst herbeigeführten Tod. Kinder, die im Zuge dieser Absicht umgebracht werden, sind überproportional im Grundschulalter oder noch jünger. Sie sind in einem Alter, in dem sie auf beide Elternteile angewiesen sind und ihnen nichts ferner liegt, als dass sie sich zwischen ihren beiden Elternteilen entscheiden müssten. Die altersbedingte Abhängigkeit unterstützt einerseits die Hypothese, dass die unschuldigen Nachkommen allein deswegen ausgelöscht wurden, um jedwede Erinnerung an die Kindsmutter zu zerstören. Im Fall von A. aus Nordrhein-Westfalen (Femizid Oktober 2023) ist andererseits nicht auszuschließen, dass das Verbrechen aus einer ganz besonders sadistischen Motivation heraus ausgeführt wurde: Die Mutter war gezwungen, die Attacke auf das eigene Kind mitzuerleben, bevor der Gewalttäter ihr Leben mit Gewalt endgültig auslöschte.

Femizid ist auch Stellvertretergewalt

Eine der schlimmsten Formen, die die männliche Gewaltausübung annehmen kann, sind Kindstötungen, die aus der Motivation vollzogen werden, die Mütter in ihrem tiefsten Inneren für immer zu zerstören. Sogenannte **Infantizide bzw. Filizide** hinterlassen unvorstellbares Leid auf Seiten der Mütter, die sich – völlig zu Unrecht – für den Rest ihres Lebens immer wieder fragen, ob sie die Tötung ihres Kindes nicht doch hätten verhindern können. Infantizide bzw. Filizide sind besonders häufig davon gekennzeichnet, dass sich die Väter qua Suizid ihrer eigenen Verantwortung als Täter/Töter entziehen. Mit diesem

Akt bleibt es den Müttern für immer verwehrt, eine Erklärung oder Antworten auf ihre Fragen zu bekommen.

Dass Väter ihre eigenen Kinder zu Werkzeugen umfunktionieren, um der Mutter das zu nehmen, was diese am meisten liebt, ist ein sich stetig wiederholendes Verbrechen, das an Grausamkeit kaum zu überbieten ist: Die Vorstellung, welches Unverständnis und welche Not Kinder allein dadurch erleiden, dass sie im Angesicht ihres Todes damit konfrontiert werden, dass ihre naturgegebene, bedingungslose Liebe zum Vater mit brutaler Gewalt erwidert wird, ist kaum aushaltbar. Die durchdachte und gezielte Niedertracht und Brutalität im Töten ist ein auffälliges Kennzeichen tödlicher Stellvertretergewalt, nicht selten lesen sich die Tatabläufe wie das Ausleben von purer Mordlust. Stellvertretergewalt wird in der Mehrzahl aller Fälle gegen Kinder, überproportionale häufig gegen Mädchen, ausgeübt. Sie kommt regelmäßig auch dann vor, wenn Täter ihr Schicksal nicht auf das eigene Handeln zurückführen, sondern Dritte für ihr Scheitern im Leben verantwortlich machen und mit einer Hinrichtung kompensieren wollen.

Zusammen mit ihren beiden minderjährigen Kindern, einem Mädchen und einem Jungen, entfloh M. aus Sachsen im Jahr 2018 der Gewalt ihres Ehemannes in ein Frauenhaus, in dem sich aus dem gleichen Grund auch H. mit ihren beiden Töchtern, drei und sechs Jahre alt, aufhielt. Über ihre Kinder freundeten sich die Mütter an und hielten den Kontakt weiterhin aufrecht. Im Juli 2018 brachte der Kindsvater, ein Krankenpfleger, die beiden Töchter von H. von einem Ausflug nicht wie vereinbart zurück, er hatte sie beide getötet. Der Anklage zufolge hatte er der Dreijährigen mit einer Gymnastikkeule den Schädel zertrümmert. Sie starb laut Presse an einer Gehirnblutung. Über die fünfjährige Tochter berichtete die „Bild" damals: „Auch (...) wurde im Gesicht und am Schädel schwer verletzt, weil sie aber noch lebte, zerschnitt der Angeklagte mit einer Astsäge ihre linke Halsseite bis zur Wirbelsäule."[235] In einer zweiten Gerichtsverhandlung vor dem Landgericht Dresden im Jahr 2020 bezeugte M., dass die beiden Filizide gegen die Töchter von H. ihrem kleinen Sohn besonders nah gegangen waren, das habe er seinem Vater anvertraut. M. ist Nebenklägerin im Prozess gegen exakt diesen Vater, ihren getrenntlebenden Ehemann. Denn der hat im Jahr 2019 die beiden gemeinsamen Kinder, die zweijährige Tochter und den damals fünfjährigen Sohn, umgebracht.

Laut Pressemeldungen würgte er beide Kinder bis zur Bewusstlosigkeit, dann sprühte er ihnen schnell aushärtenden Bauschaum in den Rachen. Der Staatsanwaltschaft zufolge tat er das, um sicher zu gehen, dass die Kinder nicht in letzter Minute gerettet werden könnten. Unter Vorwänden bestellte er die Kindsmutter an den Tatort, würgte sie ebenfalls und attackierte sie mit Fausthieben gegen den Kopf. M. schaffte es, auf die Straße zu fliehen und wurde gerettet. Nach Überzeugung des zuständigen Staatsanwalts wollte sich der Täter aus verletzter Eitelkeit an seiner Frau für die Trennung rächen. Der Mann war bereits einschlägig polizeibekannt. Er hatte M. bereits im Jahr 2018 damit gedroht, die gemeinsamen Kinder, Tochter und Sohn, umzubringen.[236]

Im Mai 2019 wartete die damals 44-jährige F. in Hessen in ihrem geparkten Auto, als ihr Schwager sie mit einem gezielten Schuss in den Hals tötete. F., die ihren zum Tatzeitpunkt 13-jährigen Sohn vom Sport-Training abholen wollte, war in den Augen des Schwagers dafür verantwortlich, dass sich ihre Schwester von ihm getrennt hatte.[237]

In Berlin brachte ein Vater im November 2020 seine damals dreijährige Tochter um, indem er, so die Anklage, sie beim Spielen im Schlafzimmer von hinten mit einem Hackmesser angriff. Er filmte das verletzte Mädchen mit seinem Mobiltelefon. Während sie weinte und blutete, behauptete er, es sei „wegen der Mama". Dann stach er erneut zu, versetzte ihr einen Schnitt in den Hals und ließ sie verbluten. Die Kindsmutter hatte ihm kurz vorher mitgeteilt, ihn wegen mehrerer Gewaltdelikte verlassen zu wollen.[238] Die Berliner „B.Z." berichtet zur Urteilsverkündung: „Richter (…) ringt um Fassung, als er die monströse Tat schildert. Der Vater stiert hinter Panzerglas vor sich hin. Er wirkt enttäuscht, die Kindsmutter (47) ist nicht da. Alles andere scheint ihm egal zu sein."[239]

Im Dezember 2020, knappe zwei Wochen vor Weihnachten, erschlug ein Mann die Mutter der damals 33-jährigen J. Der Gewalttäter hatte J. bereits zuvor sexuell angegriffen und gestalkt. Als sie seine Übergriffe anzeigte, bedrohte er sowohl sie als auch ihre Familie mit dem Tode. Im Oktober 2020 gab J. eine weitere Strafanzeige gegen den späteren Gewalttäter auf, wegen Bedrohung. Außer Stande, erwachsen mit der Zurückweisung umzugehen, nahm der Gewalttäter Rache an der 56-jährigen Mutter von J., auf die er seinen Hass projizierte: Er tötete sie „durch mindestens 37 Beilhiebe und viele weitere stumpfe Verletzungen, verursacht durch Schläge mit einem Kuhfuß", so beschrieb es die „az-online"[240] prozessbegleitend. Die Schläge führte er gegen den Kopf, den Hals und den Bauch von P. aus, er hatte ihr aufgelauert, sie auf ihrem Grundstück in Niedersachsen überfallen und getötet.[241] J. bezeugte in „Bild", dass sie bei ihrer Anzeigenstellung im Oktober gefragt worden sei, „warum sie ‚so einen Aufriss' mache: ‚Wenn Leute sowas ankündigen, passiert sowieso nichts'."[242]

Im März 2021 tötete ein deutscher Gewalttäter, ein Lehrer, seine Tochter Leonora, indem er sie zunächst mit einer Kordel strangulierte und ihr anschließend die Kehle aufschnitt. Tatort war eine Schule in München (Bayern). Als der Gewalttäter mit der damals zwei Jahre und neun Monate jungen Leonora aus dem 3. OG ungefähr 18 Meter tief, in den Schulhof sprang, war das Schutzbefohlene Kleinkind laut Obduktionsbericht höchstwahrscheinlich bereits tot.[243]

In Bayern tötete ein deutscher Gewalttäter im März 2021 seinen 9-jährigen Sohn, während dieser sich über das Wochenende bei ihm aufhielt. Der Vater lebte zum Tatzeitpunkt getrennt von seiner Frau, seinem Sohn und dessen Schwester.[244] Die „Süddeutsche Zeitung" berichtete anlässlich der Verhandlung vom Geständnis des zweifachen Vaters: „dass er seinen Sohn von hinten mit einer 2,6 Kilogramm schweren Halterung aus seinem Geländewagen auf den Kopf geschlagen und anschließend mit beiden Händen gewürgt hat, bis dieser sich nicht mehr bewegt habe. Auch ein Ladekabel habe er zu Hilfe genommen. Die schwere Halterung habe er zuvor im Schlafzimmer deponiert. Ob es stimme, dass der Sohn nach dem Schlag auf den Kopf noch ‚Papa, was ist das?' gefragt habe, will der Richter wissen. F. räumt das ein."[245]

Am Muttertag 2021, erstach der Lebensgefährte einer 31-jährigen Kindsmutter in Nordrhein-Westfalen ihre beiden Töchter, vier und fünf Jahre alt. Der deutsche Täter entzog sich seiner Verantwortung qua Suizid.[246] Gegen den Gewalttäter hatte bereits eine Wegweisung aufgrund von Häuslicher Gewalt vorgelegen.[247]

Im Mai 2022 lauerte ein Vater in Hessen seinen beiden Kindern auf und brachte sie um. In der „Hessenschau" wurde über den doppelten Filizid geschrieben: „Der Sohn sprang nach Überzeugung des Gerichts in Panik vom Balkon der Wohnung im neunten Stock eines Hochhauses in der (…) Innenstadt, dabei hatte er schwerste Verletzungen erlitten, an denen er kurz darauf im Krankenhaus starb. Das letzte, was der Junge gesehen habe, sei seine verletzte Schwester gewesen und der ‚Vater, der zum Töten gekommen war', sagte der Vorsitzende Richter. Passanten hatten den Jungen gefunden – sein Vater, der aus dem Haus floh, habe nicht einmal nach ihm geschaut. Das Mädchen war noch auf den Balkon gegangen und hatte auf ihren Bruder hinuntergeschaut. Einige

Tropfen ihres Blutes fielen auf den Rücken des Jungen. Kurz darauf starb die Siebenjährige."[248]

Weil ein zum Tatzeitpunkt erst 18-jähriger Gewalttäter in Hessen seine getrennte, minderjährige Freundin, mit der er ein gemeinsames Kind hat, stalkte, wurde gegen ihn ein Kontaktverbot verhängt. Der Gewalttäter projizierte die Verantwortung für das Kontaktverbot auf die Oma seiner Ex-Freundin.[249] Ende Januar 2023 attackierte er diese mit mehreren Messerstichen, sie verstarb an den Verletzungen der inneren Organe und dem damit einhergehenden, massiven Blutverlust.[250] Der Angeklagte beteuert bis zum Schluss seine Unschuld, auch gegen eine erdrückende Beweislast. Im Dezember 2023 wurde er am Landgericht Marburg in erster Instanz wegen Mordes zu sieben Jahren und sechs Monaten Haft verurteilt. Dazu berichtete die „HNA": „Zur Begründung verwies er unter anderem auf die Motivlage des 19-Jährigen, der das Opfer für das Kontaktverbot mit seiner Ex-Freundin und dem gemeinsamen Kind verantwortlich gemacht habe."[251]

In Niedersachsen wollte ein Mann die Mutter der gemeinsamen Tochter aufs Äußerste verletzen, als er dem einjährigen Mädchen, zusammen und mit Hilfe seiner neuen Freundin, im Juli 2023 Quecksilber in den Fuß injizierte. In der Prozessberichterstattung des „NDR" ist zu dem Anschlag auf das Kleinkind zu lesen: „Am Donnerstag sagte der Angeklagte aus, dass er das Quecksilber einem Thermometer entnommen und seine Tochter festgehalten habe (…). Er habe jedoch nicht beabsichtigt, das Kind zu töten, sagte der 30-Jährige nach Angaben der Sprecherin. Vielmehr sei die Tat gegen die Mutter des Kindes gerichtet gewesen, mit der er einen Trennungsstreit geführt habe."[252] Die „Braunschweiger Zeitung" berichtet im Verlauf des Gerichtsverfahrens: „Die Folgen für das kleine Mädchen waren verheerend. (…) Erst bei dem dritten operativen Eingriff sei das Quecksilber zufällig gefunden worden. Als Spätfolgen kommen dem Rechtsanwalt des Kindes zufolge Lähmungen, Sprachstörungen sowie kognitive Einschränkungen infrage."[253] In seiner Urteilsverkündung wertete der Vorsitzende Richter das Verbrechen gegen das Kleinkind als eines, bei dem der Täter seine „Vergeltungsgefühle über das Lebensrecht seiner Tochter" gestellt habe.[254]

Im März 2024 erschoss ein Bundeswehrsoldat in Niedersachsen vier Menschen. Unter den Getöteten sind B., die 55-jährige Mutter vom neuen Partner seiner getrenntlebenden Ehefrau, S., die beste Freundin seiner getrenntlebenden Ehefrau, und deren jüngste, dreijährige Tochter R. Die ältere Tochter, die neunjährige Schwester von R., überlebte das Attentat rein zufällig. Der Täter war im Vorfeld polizeibekannt:[255] „Bei der Gefährderansprache hätten sich keine weiteren Hinweise auf eine ‚unmittelbar bevorstehende Eskalation des Konflikts' ergeben", so wird die Polizei in der „HNA" zitiert.[256] Dieser Fall ist nicht nur aufgrund seiner Kaltblütigkeit auffällig. Der Angriff zielte sehr fokussiert auf das lebenslange Leiden der Ehefrau ab. Alle Opfer wurden allein aufgrund ihrer Nähe zu und ihrer Intimität mit ihr ausgewählt. Nach den Stellvertretermorden schreibt die „Zeit" über Ermittlungsergebnisse zum Mobiltelefon des Soldaten: „Dort findet die Polizei unter anderem 25 Memes, die Adolf Hitler verherrlichen oder rassistisch gegen Geflüchtete hetzen. In seinem Telefonbuch hat er seine Frau als „Fotze" abgespeichert."[257]

Im Oktober 2024 musste sich ein Mann vor Gericht verantworten, weil er wegen versuchten heimtückischen Mordes aus niedrigen Beweggründen angeklagt war. Seine Frau hatte ihn mit den gemeinsamen Kindern verlassen, nachdem sie gegen ihn eine Gewaltschutzanordnung erwirkt hatte. Daraufhin projizierte der Aktenkundige die Verantwortung auf seine 77-jährige Schwägerin und versuchte, sie in Berlin, auf offener Straße, mit Messerstichen in den Bauch zu töten, so die Staatsanwaltschaft. In der Prozessberichterstattung der „Berliner Zeitung" ist zu lesen: „Laut Staatsanwaltschaft hatte er eine Tötungsabsicht. Die Frau sei dann zu Boden gegangen. Der Angeschuldigte soll weiter auf sie eingestochen und ihr mehrfach gegen den Kopf getreten haben."[258] Allein dem couragierten Eingreifen von Augenzeugen ist es zu verdanken, dass die Attackierte überlebt hat.

Für die erste Jahreshälfte 2024 wurden bereits neun Femizide gegen minderjährige Mädchen dokumentiert. Einer davon wurde gegen die erst neunjährige V. aus Sachsen ausgeführt. V. galt seit dem 3. Juni 2024 als vermisst und wurde mutmaßlich am 5. Juni vom Ex-Partner ihrer Mutter erstickt. Ihren Leichnam fand man erst Tage später, am 12. Juni 2024, tief im Unterholz des Waldes.[259]

Greta

Mein Ex hat versucht mich zu ermorden, ich habe überlebt – und jetzt?

Ein Schauer des Schreckens rauscht durch meinen Körper, als ich realisiere, dass mich niemand fröhlich überraschen kommt – wie im ersten Moment gedacht – sondern ER vor mir steht. Noch nie habe ich jemanden so schnell irgendwo reinkommen sehen. Die Tür ist bereits zu, abgeschlossen – der Schlüssel steckte von innen, wie immer. Er steht mit dem Rücken vor der Tür und guckt mich mit leerem Blick an. "Hallo", ein Hallo, das mich drei Jahre danach noch fast täglich verfolgt, wenn ich einen dunklen Raum betrete. Ein Hallo, bei dem mir übel wird. Ein Hallo, das mich triggert, wenn andere Menschen es in ähnlicher Tonlage sagen. Ein Hallo, das die schrecklichsten Stunden meines Lebens nach sich zog. Ein Hallo, das nun zu meinem Alltag gehört.

Einige Schritte zurück habe ich mir Abstand genommen. "Was machst du hier?", höre ich meine eigene Stimme sagen. Nichts. Keine Reaktion. Da steht er mit seiner schwarzen Sweatshirtjacke. Durch die Kapuze sehe ich sein Gesicht kaum.
"Alles was mit uns zu tun hat, hat hier nichts zu suchen.
Geh raus, wir können draußen reden", sage ich.
Nichts, keine Reaktion.
"Du machst mir Angst, geh raus."
Nichts, keine Reaktion.
Ich bin genervt und denke mir "Was soll der Kinderkram". Verdrehe die Augen und drehe mich um, um das Yogastudio, in dem ich nach der Online-Coronazeit an diesem Juliabend das erste Mal live unterrichtet hatte, zu Ende zu schließen. Eigentlich muss ich nur noch meine Schuhe anziehen und dann fehlt nur noch die Stehlampe, also bücke ich mich und mache sie aus. Als ich wieder hochkomme, spüre ich einen festen Griff in meine Haare hinein und mein Kopf wird zur Seite gerissen. Ich spüre etwas Dumpfes, Hartes an meiner Oberkörperseite und packe sein Handgelenk. Er hält ein kleines Messer.

Was folgt ist ein Kampf, bei dem ich fast durchgehend seine Hand mit dem Messer möglichst weit von mir weghalte. Wir bewegen uns durch den gesamten Vorraum. Von Wand zu Wand. Vom Stehen zum Boden und wieder zurück. In einem kleinen Stillstandmoment sehe ich rote Tropfen auf dem Boden unter uns. Mir wird klar, dass ich blute – "DU tust mir weh, ich blute", sage ich neutral während sich innerlich langsam eine enge Verzweiflung ausbreitet, die mir die Kehle zuschnürt.

Ich schreie, er hält mir den Mund mit seinen ekelhaften Fahrrad- oder Gartenhandschuhen zu. Jedes Mal, wenn jetzt jemand ähnliche Handschuhe trägt, schnürt es mir die Luft zu und ich bekomme Angst das Material zu berühren. Ich sage ihm erneut, dass ich blute. Er versucht weiterhin sein Handgelenk mit dem Messer zu befreien und mich zu fixieren. Ich bettle ihn an mich loszulassen. Sein Griff wird fester. Ich sage ihm, dass das doch gar nicht ist, was er will. Er würgt mich. Ich frage ihn, ob er mich jetzt umbringen will. Seine Augen sind leer. "Bitte hör auf", sage ich ihm als wir verknotet übereinander auf dem Boden liegen – ich halte immer noch seine "Messerhand". "Nein es ist vorbei", ist das Einzige, was er zweimal zu mir sagt.

Nein es ist vorbei. Nein es ist vorbei. Nein es ist vorbei. Dröhnte es im ersten Jahr in schlaflosen Nächten und in Flashbacks durch meinen Kopf.

Trotzdem habe ich an diesem Punkt immer noch nicht bewusst realisiert, dass ich in tatsächlicher Gefahr bin. Ein verrückter Schutzmechanismus oder ein Nicht-wahrhaben-wollen zu welchen Taten dieser Mensch fähig war. Dieser Mensch mit dem ich Wochen vorher noch meine Gefühle, meine Ängste, meine Wünsche, liebevolle Berührungen geteilt habe. Ekel steigt auf. Ekel als ein ganz klares Signal meines Körpers für Abstand – sogar innerlich darüber nachzudenken scheint schon zu nah. Meist fühlt es sich so an, als muss ich die zwei Jahre meines Lebens dieser Beziehung aus meinem Gedächtnis löschen oder sehr tief vergraben, um nicht in Verzweiflung, Frust, Schock, Scham und Ekel zu versinken.

Schließlich komme ich an die Tür – eine Glastür, die direkt auf den Gehweg der friedlichen Straße, Berlins Familiengegend, hinausgeht. Eine kurze Sekunde halte ich mich am Griff fest und will den Schlüssel umdrehen, doch da reißt er mich auf die andere Seite des Raumes. Eine kurze Sekunde, die ein Hoffnungsschimmer bleiben sollte. Wir stehen an der Wand, er drückt mich fest an die Wand. FUCK, war's das jetzt? Denke ich und in diesem Moment verstehe ich endlich ... ich kämpfe um mein Leben. Ich bin in großer Gefahr. Mein Körper hat in einen Kampfmodus umgeschaltet und mir eine riesige Portion neue Energie zur Verfügung gestellt.

Der Kampf geht weiter. Ich weiß nicht mehr, wie wir von der Wand weggekommen sind. Irgendwann liege ich recht nah bei der Tür auf dem Boden. Er sitzt auf mir. Seine Knie/Schienbeine auf meinen Oberarmen, doch immer noch halte ich seine Hand mit dem Messer. Er versucht mich noch mehr zu fixieren. Unsicher greift er immer wieder hinter sich und ist nervöser. Ich merke, wie das Messer in seiner Hand sich lockert und nutze meine wohl letzte Möglichkeit. Ich befreie es mehr und mehr aus seiner Hand und schließlich ist es auf einmal in meiner Hand. Von einem auf den anderen Moment hat sich das Kontroll-Machtgefüge zwischen uns verändert. Ich halte es ihm ins Gesicht und schreie ihn an, mich loszulassen. Er greift wieder hinter sich und versucht etwas aus seinem Rucksack, den er anhat, zu bekommen und ist dadurch abgelenkt. Ich schubse ihn weg von mir und richte mich auf. Öffne die Tür und trete hinaus. Er steht nah hinter mir.

Ich schaue hinaus und da steht die vermeintliche Rettung – eine Frau ein paar Meter entfernt unter dem Baugerüst, das vor dem Haus aufgebaut ist. "Bitte helfen Sie mir!", schreie ich sie verzweifelt an (wie ich später höre, war es für sie kein Schrei, sondern ganz ruhig). Alles fühlt sich ab hier, wie in Zeitlupe an. Wie in einem Rausch. Im Studio hingegen war alles sehr schnell. Ich drehe mich leicht um und sehe, dass er weitere Messer in seinem Rucksack hat und davon ein großes keilartiges – japanisches Hackbeil – rausgeholt hat. Ich bewege mich ein paar Schritte weiter raus. Hier ist alles etwas verschwommen in meiner Erinnerung. Er holt mit dem großen Messer aus. Ich schreie seinen Namen. Mit einem großen Knall haut er es mir auf den Kopf. Alles wird schwarz, alles rauscht und piept. Wie in den Filmen. Ich falle zu Boden. Blackout.

Als ich wieder zu mir komme liege ich auf dem Boden. Ich spüre wie es unter meinem Kopf und Hals nass ist. Während ich anfange, so laut wie noch nie in meinem Leben zu schreien: "Hilfe, Krankenwagen! KRAAANKEEEEN-WAAAGEN! KRAAANKEEEEENWAAAGEN!" Meine eigenen Schreie dröhnen mir genauso wie das Hallo noch drei Jahre später oft im Kopf herum und wiederholen sich. Menschen versammeln sich um mich herum. Ich habe zwar keine bildliche Erinnerung daran, aber ich wusste, dass er wieder zurück ins Studio gegangen ist. Ich hatte Angst, dass er wieder rauskommt und den anderen Menschen etwas antun könnte.

Eine Ärztin ist da und weist jemanden an, mir die offene Schnittwunde an meinem Hals mit etwas zuzuhalten. Alle stehen und reden wild durcheinander. Aus dem Fenster des EG werden Dinge hinausgereicht. Ich brauche jemanden bei mir. „Lasst mich nicht allein", sage ich. Ein Mann setzt sich neben mich und hält meine Hand. Ich erzähle ihm alles. Die Polizei und der Notarzt kommen. Meine Rippe tut so weh. Ich schreie vor Schmerzen. Sehr klar bin ich, obwohl sich unter mir Liter meines eigenen Blutes auf dem Gehweg sammeln, meine Lunge verletzt ist und ich einen Knochenbruch am Kopf habe. Ich sage jemandem die Telefonnummer meiner Mutter und dass ich Angst habe, dass meiner Mitbewohnerin etwas passiert ist. Vielleicht war er vorher bei uns zu Hause, denke ich. Ich teile unsere Adresse. Sie schließen Dinge an mich an und hieven mich auf eine Trage. „Meine Rippe, meine Rippe" stöhne ich. „An deiner Rippe wirst du nicht sterben", sagt der eine Sanitäter, welcher genauso wenig wie ich wusste, dass meine Rippe eigentlich meine verletzte Lungenhülle ist. Im Krankenwagen sitzt einer von ihnen vor mir an meinem Kopf und hält mir die Verletzung an meinem Hals zu und erlaubt mir keine Sekunde meine Augen zu schließen. Das grelle Licht schmerzt.

Ich: „Dann erzähl mir was, sprich mit mir!"

Er: „Und was machen sie beruflich?"

Ich: „Dein Ernst?"

Ich bin erschüttert und hätte wirklich gedacht, dass Sanitäter:innen auch gute Fragen/Gespräche für Notsituationen in ihren Toolkoffern haben – dieser eine hatte es jedenfalls nicht oder war selbst überwältigt von der Situation.

Und wir kommen auch schon beim Krankenhaus an. Alles geht ganz schnell. Sie schieben mich in den OP-Saal. Ich habe alles sehr dunkel in Erinnerung. So dunkel, als wären keine Lichter an, was natürlich nicht sein kann. Mich interessiert, was das zu bedeuten hat. Wird alles in der Wahrnehmung dunkler, wenn man auf dem Weg zum Sterben ist?

Ich liege auf einer Liege. Viele Menschen gleichzeitig über mir. Die eine zieht mir meinen Schmuck aus, die andere gibt mir eine Spritze. Die anderen schneiden mir die Kleidung vom Körper. Ich fühle mich unglaublich verletzlich und habe Angst. Alle machen ihren Job und niemand spricht mit mir. Sie sorgen dafür, dass der Körper überlebt. Dankbar für diese Arbeit und doch ist es schockierend und fühlt sich wie Vergewaltigung mit guter Absicht für mich an.

Sie packen mich in eine kleine Scannerröhre, die nur ganz kurz einmal über den Körper fährt. Dafür gehen sie alle als Gruppe ganz schnell raus, wie Pinguine und kommen dann alle ganz schnell wieder rein. Sie packen mich wieder auf die Fläche. Es tut so weh. Dann halten sie mir die Narkose auf den Mund, ich atme zweimal ein und weg bin ich.

Ich wache auf während ich in das kleine Zimmer auf der Intensivstation geschoben werde, eine unglaublich nette Schwester ist da. Ich fühle mich wie in einer Blase. Sehr verbunden mit dem Leben und gleichzeitig ganz allein. Noch niemand meiner liebsten Menschen weiß, was passiert ist. Ganz viel Ruhe ist da. Meinen Kopf kann ich nicht anheben, bewegen kann ich mich eigentlich kaum. Jede Bewegung tut weh. Schmerzen, die ich nicht beschreiben kann und die ich teilweise verdrängt habe. Aber ich lebe, ich habe überlebt. Ich habe es geschafft. Ich habe gekämpft, ich lebe. Die Ärzte haben es geschafft, ich lebe.

Zwei Wochen kämpfte ich im Krankenhaus darum wieder zu Kräften zu kommen. Ich lernte meinen Kopf wieder zu bewegen, mich hinzusetzen und wieder zu laufen. Als ich das erste Mal schaffte, mich auf dem Krankenbett mit der Hilfe des Physios aufzusetzen und meine Füße auf den Boden zu stellen, flossen Tränen der Dankbarkeit. Es fühlte sich nach so einer großen Hürde an und einem Erfolg zugleich. Ich ging durch unglaubliche Schmerzen, körperlich und seelisch – grauenvolle Bilder und die eiskalte Todesangst holten mich immer wieder ein. Doch ich lebe. Die Engel auf der Station und viele Ärzte hielten mich auf diesem Weg. Mein Umfeld aus liebevollen Freunden und meine Familie sorgten dafür, dass ich mich nicht allein in dem ganzen fühlte, obwohl es trotzdem für immer mein Prozess, mein Weg – den niemand für mich gehen kann – bleibt. Am Ende müssen wir durch alles allein durch, doch die Kraft von Community und Familie habe ich in diesen Wochen das erste

Mal so richtig verstanden. Mein Körper machte große Sprünge jeden Tag – unglaubliche Fortschritte – es war ein Wunder. Niemand verstand, wie ich so schnell heilen konnte.

In meiner Vorstellung waren Menschen, die fast gestorben sind oder eine Nahtoderfahrung erlebt haben, danach immer dankbar und unglaublich demütig dem Leben gegenüber. Ich stellte mir vor, wie sie sich in jedem Moment darüber bewusst waren, wie kostbar dieses Leben in diesem Körper war und dadurch jeden Tag so viel Dankbarkeit empfanden und von diesem Ereignis an wie Erleuchtete durchs Leben laufen. So dachte ich, würde auch ich diese Dankbarkeit und Demut jederzeit, in jedem Moment, spüren – falsch gedacht. Ich war unglaublich dankbar und das Leben fühlte sich anders an, seitdem ich diesen Mordversuch überlebt hatte, doch die Zeit war gefüllt mit so viel Qual und Schmerz. Mit Verstrickungen in meiner Psyche, unglaublich viel Angst, Müdigkeit und Schockstarren – PTSD[260]. Bis heute ist das nicht vorbei und ein langer Weg.

Ich habe mich vor diesem Junitag 2021 bereits acht Jahre intensiv mit meiner Psyche, Emotionen, der Verbindung zu meinem Körper und der Verbindung von allem zueinander beschäftigt. Ich habe unzählige Bücher gelesen, Ausbildungen in diesem Bereich gemacht und habe mich auf vielen Reisen um die Welt mit den unterschiedlichsten Menschen unterhalten und mit verschiedenen Traditionen und Philosophien auseinandergesetzt. Mein Umfeld war stark und ich habe Freunde, die mir sehr nahestehen. All das kam mir, schon einen Tag nachdem mein Körper beinahe gegangen wäre, zugute. Ich konnte Vertrauen fassen, da ich ein Fundament an unerschütterlichem Vertrauen ins Leben über Jahre aufgebaut hatte. Ich konnte fühlen, weil ich gelernt habe zu fühlen und meine Gefühle zu beschreiben. Ich hatte Menschen um mich herum, die mich wahnsinnig unterstützt haben. Die mir vor allem ihre Zeit geschenkt haben. Menschen, die zugehört haben. Menschen die meine Hand gehalten haben. Menschen, die an mich geglaubt haben. Menschen, die jeden kleinen Schritt gefeiert haben. Menschen, die sich um praktische Dinge gekümmert haben. Menschen, die Liebe mit mir geteilt haben. Die Zeit war und ist manchmal immer noch dunkel, doch hiermit ist mir wichtig festzuhalten, dass es absolut nicht „normal" ist, so resilient und in der Lage zu sein weiterzuleben, wie ich es habe, in den letzten fast drei Jahren (Zeitpunkt zu dem ich diese Zeilen schreibe). Ehrlich gesagt habe ich keine Ahnung wie ein Mensch es ohne gutes Umfeld schaffen kann und ich weiß auch nicht, wie ich es geschafft hätte ohne diese Vorkenntnisse. Ich denke, ich wäre nicht mehr aus dem Bett aufgestanden. Ich denke, ich hätte mich betäubt oder mein Leben sogar selbst beendet.

Doch meine Realität sah anders aus. Ich war sehr resilient und bin es immer noch. Ich ging durch alle Emotionen durch, durch extrem beängstigende und dunkle Zustände. Angst allein zu Hause. Angst überall. Schreckhaftigkeit. Konzentrationsschwierigkeiten. Einschlafprobleme. Flashbacks. Teilweise gestörtes Essverhalten/wenig Appetit. Dissoziation. Depressive Episoden. Stress. Anxiety. Panikattacken. Müdigkeit. Weniger Kapazität, weniger Energie. Oft im Alarmzustand. Trauer, so unglaublich viel Trauer. Suizidgedanken. Gewaltvolle Bilder in meinem Kopf – Erinnerungen und neue, von meinem Gehirn kreierte. Gleichzeitig bedeutet echte Resilienz auch, dass es einem dabei gut geht und das sah wohl deutlich anders aus. Ich war und bin bis heute seit dem Ereignis oft in einem Überlebensmodus gefangen.

So, und nun? Mein Expartner hat mich beinahe umgebracht und was nun? Wie geht das Leben nun weiter?

Diese Worte sowie die Beschreibung *„von allem was passiert ist"* (wie ich es oft nenne), musste ich unzählige Male in Formularen, bei Ärzten, bei der Polizei und eigentlich überall da, wo ich nach Unterstützung gefragt habe, wiederholt aufschreiben oder verbal umschreiben.

Für das System bin ich nun ein Opfer einer Gewalttat und da wir in Deutschland leben und so gut auf solche Situationen vorbereitet sind, ist Unterstützung durch verschiedene Institutionen kein Problem ... oder?

Aus meiner Erfahrung wurde ich nicht besonders gut aufgefangen. Ich wurde im Krankenhaus zusammengeflickt, lernte wieder atmen, laufen und essen – wobei ich hier von unglaublich engelhaften Krankenschwestern und Ärzten begleitet wurde! Mein Körper verheilte auf wundersame Weise innerhalb von zwei Wochen zu einem Zustand, in dem ich in die gruselige Wildbahn Berlins in mein Leben, das an diesem Junitag zum Thriller geworden war, entlassen werden konnte.

Ich möchte an dieser Stelle dem Landeskriminalamt (LKA) danken, welches sich um die Tat gekümmert hat und mir auch mit einer Opferbeauftragten am Anfang alle Hilfe, die ihnen möglich war, zur Seite stellte.

Leider hört die Dankesrede nach meinen Tatortengeln, den Ärzt:innen, Krankenschwestern, meinen Freund:innen, meiner Familie und all den Menschen, die mich therapeutisch begleitet haben schon auf. Ich weiß, dass das schon so viele Menschen sind und das ist ein Geschenk, doch auf einer Ebene fehlte es mir und vielleicht auch anderen Frauen, die Gewalt erfahren haben, an Anerkennung und Unterstützung.

"In anderen Ländern gibt es gar keine Möglichkeiten", sagte ich mir selber manchmal, um meine Enttäuschung über dieses System und die Stadt Berlin zu dämpfen. Hierbei geht es gewiss nicht nur um mich. Natürlich habe ich gekämpft um des Überlebenswillens, doch stellvertretend habe ich für so viele andere Frauen gekämpft, die eine ähnliche Situation nicht überlebt haben oder danach gerade noch so viel Kraft haben, irgendwie am Leben zu bleiben – vielleicht sehr depressiv. Für Frauen, die auf offener Straße oder in ihren vier Wänden ermordet wurden. Von ihren Männern, Expartnern, Brüdern, Vätern, Bekannten oder fremden Männern. Für Frauen, zu denen ich beinahe gehört hätte. Für Frauen, deren Zeitungsüberschriften verschleiert und täterfreundlich ausgedrückt werden. Für Frauen, die in diesem Land unter den Teppich gekehrt werden. Für Frauen, die sich niemand ansehen möchte. Für Männer, die in Schutz genommen werden. Für Männer, die genauso nicht beachtet werden.

Ein Schatten dieser Gesellschaft ist meiner Meinung nach die Wut. Die Wut, für die kein Platz ist – jedenfalls lernt niemand sie auf eine gesunde und bewusste Art auszudrücken und selbst wenn, dann gibt es noch keine Räume dafür. Männer in dieser Gesellschaft, wurden darauf sozialisiert und konditioniert, ihre Gefühle ihr Leben lang runterzuschlucken und haben ein verschobenes Bild davon vermittelt bekommen, was es bedeutet „stark und männlich" zu sein. Welche Möglichkeiten gibt es also, wenn sich gewaltvolle Gedanken in der kleinsten Form zeigen? Er muss sie verstecken, wir alle. Weiter in uns hineinfressen, damit sie immer größer werden. Denn wir können darüber mit kaum jemandem sprechen, ohne verurteilt zu werden. Therapeut:innen würden sie/uns wahrscheinlich einweisen.

Neben dem Runterschlucken öffnet sich dann noch eine andere Möglichkeit: Es rauslassen. Aggression und Gewalt leben. Oder sie überkommt einen eines Tages. Oft zeigt sich vor einem Mord, einer Vergewaltigung oder einer anderen Gewalttat gar keine Gewalt nach außen hin. *„Sehr überraschend"* sagen dann alle nur und nicken weiter. Ist es wirklich so überraschend?

Denn sobald wir hinschauen sehen wir, dass es mittlerweile leider normal zu sein scheint, dass Männer ihre Dominanz, ihr Privileg und ihre Macht ausüben und sich völlig anders durch die Welt bewegen als Frauen. Sie nehmen sich das heraus, weil sie können. Sie nehmen es sich, weil es akzeptiert wird. Es wird Zeit, dass die Frau wieder in ihre volle Stärke kommt, die weiblichen Aspekte wieder Raum in der Welt finden. In Frauen und Männern. Es wird Zeit, dass wir lernen, bewusst miteinander zu kommunizieren, unsere Gefühle zu fühlen, zu verarbeiten und in Beziehung zu gehen. Wo fangen wir hier an? Im Bildungssystem! Was wäre es für eine Welt, wenn wir von klein auf all das lernen? Die ganze Welt würde sich ändern. Doch da die Welt leider noch als Patriarchat funktioniert und das oft bequem für Männer ist, dauert es seine Zeit und ist mühsam. Die Realität ist leider auch, dass reine Femizid-Zahlen die breite Masse der Gesellschaft bislang nicht schocken.

Die dritte Möglichkeit, wenn es weder zur Unterdrückung noch zum Externalisieren der Wut kommt, ist dann der Suizid. Welcher häufig in Kombination mit dem Mord der Frau vollbracht wird, häufig aber auch nicht.

Das alles sage ich absolut nicht, um Männer, die morden, vergewaltigen oder andere Gewalttaten ausüben, in Schutz zu nehmen, sondern ich stehe hier lebend und habe gekämpft, um meine Stimme für Frauen zu geben und wir können viele Pflaster auf die Wunden legen und weiter unter den Teppich kehren, doch langsam gehen uns die Pflaster aus und es wird Zeit für eine Grundreinigung. Das Ziel sollte sein etwas an dem Ursprung all dieser Taten zu ändern und meiner Meinung nach ist es dafür nötig, mehr sichere Räume für Wut, Aggression und im Kleinsten gewaltvolle Gedanken für, vor allem, Männer, aber natürlich für alle Menschen, zu schaffen. Was wenn es andere Wege gäbe und es dann gar nicht mehr zu diesen Taten kommen müsste? Wieso ist es so, dass vorrangig Männer Frauen töten? Wieso ist es so, dass Frauen nicht immer ernst genommen werden, wenn sie bei häuslicher Gewalt den Schritt wagen zur Polizei zu gehen? Wieso ist es so, dass die Presse solche Taten beschönigen kann?

Ich habe selbst nicht gelernt meine Wut zu fühlen oder auszudrücken, geschweige denn, dass das sicher wäre. So kommt es, dass auch in mir diese wahnsinnige Lebensenergie nicht produktiv/nachhaltig umgewandelt werden kann und sie sich sehr selbstdestruktiv zeigt – z. B. in suizidalen Gedanken. Ich bin mir darüber bewusst und arbeite daran in der Therapie und komme immer ein Stück weiter. Der Mordangriff und andere „kleinere" Gewalt von Männern in meinem Leben hat jedoch überhaupt erst dazu geführt. Dazu kommen Generationen von Männern und Frauen in meinem/unserem Rücken, die noch viel mehr in bestimmten Rollenbildern gelebt haben und wo diese Dynamiken noch verinnerlichter waren. Wie viele Generationen müssen also durch mich durchschreien? Das mag abstrakt oder komplex für manche Menschen klingen, doch ist epigenetisch und in der DNA-Forschung bewiesen. Wir nehmen die Themen unserer Vorfahren mit. Also gibt es viel zu tun. Die gute Nachricht dabei ist: Wenn wir es in uns ändern, dann ändern wir es auch für alle kommenden Generationen. Wir geben andere Werte, anderes Verhalten, eine andere Integrität und emotionale Intelligenz weiter.

Da mir ein zweiter Geburtstag im Sommer geschenkt wurde und ich nicht gestorben bin, möchte ich im Weiteren von meiner Erfahrung der letzten drei Jahre nach der Tat berichten mit der dringlichen Forderung, dass sich etwas ändert und der Istanbul-Konvention nachgegangen wird.

Zur Zeit der Tat war ich Studentin. Im Gegensatz zu all den Unterstützungen, die Studentinnen ansonsten bekommen, werden sie leider bei längerer Krankheit oder eben einem Mordversuch in der Gesellschaft quasi ignoriert. Mir stand also kein Krankengeld zu. Was hätte ich ohne meine Familie, die Gott sei Dank in der Lage war, mich zu unterstützen, gemacht? Ich weiß es nicht. Sicher gibt es das Jobcenter. Doch damals wäre ich absolut nicht in der Lage gewesen, diese Anträge etc. auszufüllen, geschweige denn zu einem Termin in dem Jobcenter meines Bezirks zu gehen, welches direkt um die Ecke des Wohnortes meines Expartners, sowie in der Nähe des Tatorts ist.

Am Gerichtsprozess, welcher sechs Monate nach der Tat begann, habe ich vollständig an jeder einzelnen der acht Sitzungen teilgenommen. Acht

Mal habe ich mich, klar freiwillig, gegenüber auf die andere Seite des Raumes von dem Mann gesetzt, der mir ein Messer in den Körper gerammt hat, mir einen Schädelknochen gebrochen und mir den Hals aufgeschlitzt hat. Es war schrecklich anstrengend. Trauer, Wut, Angst, Verzweiflung, Erschöpfung und doch wusste ich, es hilft mir, alles aus dieser rechtlichen Perspektive zu hören. Hintergrundinformationen zu bekommen und alles aus einer anderen Perspektive zu sehen, hat mir geholfen, ein kleines bisschen Abstand zu allem zu schaffen. Urteil: 9 Jahre wegen versuchten Mordes und 25.000 Euro Schmerzensgeld. Ein letzter Blick in seine Richtung und ich verlasse den Gerichtssaal.

Zwei Jahre nach dem Urteil fange ich an, nicht mehr so akzeptant und zufrieden mit dem Prozess und der Anzahl der verurteilten Jahre zu sein. Der einzige Unterschied zwischen einem Mord und einem versuchten Mord in diesem Fall ist, dass er die Situation falsch eingeschätzt hat. Er hat, so wie das zu beurteilen ist, nur von mir abgelassen, weil er dachte, dass er es geschafft hat. Er dachte es ist vorbei. Er dachte ich sterbe. Dann hat er mich liegen lassen und ist ins Yogastudio, um sich selbst erfolglos umzubringen. Eine Anwältin, die ausschließlich Opfer von Gewalttaten vertritt, sagt mir, dass das "Ergebnis" ein guter Erfolg ist und es auch mit weniger ausfallen hätte können. Ich bin schockiert. Wäre ich tot, sähe alles anders aus. Doch er hat absolut nichts dazu beigetragen, dass ich überlebe und profitiert trotzdem davon.

9 Jahre habe ich Zeit. Jetzt sind es nur noch 7,5 Jahre, zum Zeitpunkt, an dem das Buch erscheint noch weniger. Um informiert zu werden, dass er wann auch immer entlassen wird, muss ich einen Antrag stellen und mit einer Anwältin zusammen regelmäßig in Erfahrung bringen, wie der Stand ist. 25.000 Euro Schmerzensgeld – hört sich ja toll an und man sollte meinen, dass diese auch dem Opfer zugute kommen sollten, wenn sie ja schließlich im Urteil stehen. Falsch gedacht. Der Täter muss natürlich Geld haben. Also sollte das Opfer am besten darauf achten sich nur von wohlhabenden Menschen fast umbringen zu lassen.[261] Dieses Geld hätte die Tat nicht besser gemacht und bestimmt nicht aufgehoben, doch es hätte mir vieles leichter gemacht. In kleinsten Beträgen wird diese Summe abbezahlt. Ich kann mir also sicher sein, dass ich sie in diesem Leben nicht mehr erhalten werde. Mein Stiefvater hat die Kosten für einen Anwalt getragen, damit ich in der Nebenklage sein kann. Das

hört sich alles an wie ein Witz und ist absolut opferunfreundlich. Kämpfen. Ich merke, dass der Kampf um mein Leben erst der Beginn war.

Kämpfen. Um alles muss ich gefühlt kämpfen. Meist ohne Erfolg. Oft verschlechtert dieser Kampf meinen mentalen Zustand, da ich mich vom Staat einfach so allein gelassen fühle und sich immer mehr zeigt, dass bestimmte Institutionen ihren Versprechungen und Pflichten nicht nachkommen. Tolle Werbung, nichts dahinter.

Das Landesamt für Gesundheit und Soziales – kurz LAGeSo. Mir wurde bereits als ich noch im Krankenhaus war vermittelt, dass ich so schnell wie möglich einen Antrag auf Opferentschädigung beim LAGeSo stellen sollte. Die Aussage *Das kann dauern*. „Mindestens zwei Jahre" entmutigte und verwirrte mich schon zu Beginn und löste viel Druck aus. Irgendwie schaffte ich es den mehr als ZEHNseitigen Antrag auf Opferentschädigung auszufüllen, in welchem ich natürlich wieder die Tat, meine Symptome, sowie die ausgegebenen Kosten für Therapie usw. angeben musste. Große Fragezeichen zeigen sich mir. Woher soll ich zu diesem Zeitpunkt – ein paar Wochen nach der Tat – wissen, wie sich meine mentale Gesundheit entwickelt und welche Kosten sich ergeben werden? Für eine frisch traumatisierte Person, die sich kaum auf einen Satz lesen konzentrieren kann ist so ein Antrag eine unglaubliche Last, jedenfalls war er das für mich und ich brauchte Wochen, bis ich ihn abschicken konnte.

In den letzten zweieinhalb Jahren (Stand Ende 2024) hat sich das LAGeSo kein einziges Mal bei mir von sich aus gemeldet. Ich musste nachfragen, ob mein Antrag angekommen ist. Ich musste nachfragen, wie der Stand ist. Ich musste Druck machen, um überhaupt Antworten zu bekommen. Ich musste kämpfen, damit überhaupt etwas passiert. Ich musste mit dem Anwalt winken, damit es weiter geht. Nach zwei Jahren wurde ich dann zu einer Begutachtung bei einem Psychiater eingeladen. Wieder durch alles durch, wieder alles erzählen. Monate später: Stille. Keine Updates, einfach Schweigen. Ich musste mir wieder mit Druck Infos holen und wurde eigentlich immer wieder vertröstet. Geduld bitte, man könne nichts beschleunigen.

Nun, April 2024, fast drei Jahre nach der Tat, wurde mein Antrag bestätigt, doch Zahlungen habe ich noch keine bekommen. Ich muss mich mit weiteren

„Wir-bitten-sie-um-Geduld" zufriedengeben. Seit Mai 2024 erhalte ich nun Opferentschädigung, nachdem ich mit Hilfe einer Anwältin aufgefordert habe – ein weiterer Kampf, der noch nicht vorbei ist.

Meine Therapie bezahle ich bzw. meine Familie über die gesamte Zeit selbst. Ja, ich habe einen offiziellen Therapieplatz bekommen, doch dieser wäre 1,5 Stunden Fahrtzeit von meinem Zuhause entfernt gewesen und die Therapeutin muss ja auch passen. Spezifisch nach einer Traumatherapie kann übrigens offiziell nicht gesucht werden. Also muss man einfach Glück haben.

Fünf Stunden wurden mir von der Opferhilfe spendiert, wodurch ich zwar meine liebe Therapeutin, mit der ich heute immer noch zusammenarbeite, gefunden habe, doch danach dann selbst zahlen musste. Andere Therapiemethoden, die mir unglaublich weitergeholfen haben, werden sowieso nicht von der Krankenkasse oder sonst irgendwem getragen.

Auch hier ist mir sehr bewusst, wie privilegiert und beschenkt ich bin, dass ich überhaupt die Möglichkeit habe durch die Unterstützung von Familie – vor allem meiner Mutter und meinem Stiefvater – Zugang zu bestimmten Heilverfahren zu haben. Dadurch kommt wieder die Frage in mir auf, wie Menschen/Frauen es schaffen, wenn sie wenig Unterstützung mental, emotional und auch finanziell haben.

Acht Monate nach der Tat, einen Monat nach dem beendeten Gerichtsprozess, fing ich an, in einem Startup zu arbeiten. Zehn Monate ging das, wobei ich unter großem Stress litt und eigentlich rückblickend nicht in der Lage war, dort zu arbeiten. Als sich sowieso alles eng anfühlte und ich mich wochenlang nicht zur Kündigung überwinden konnte, wurde ich dann gekündigt mit der Begründung *„aus unternehmerischen Gründen"*. Zehn Monate und ich war am Ende, wie sollte ich wieder in diese Gesellschaft zurück? Will ich das überhaupt? Wie sollen Menschen verstehen, wie es mir geht und mich in ihr Unternehmen integrieren, wenn sie Business im Kopf haben? Wie soll ich meine Selbstständigkeit weiterverfolgen? Es wäre wieder einfacher und auch normaler gewesen aufzugeben, mich zu betäuben und nicht mehr aus dem Bett aufzustehen.

Teilweise tat ich das auch. Seit dem Gerichtsprozess rauchte ich wieder Zigaretten und nutzte diese als Ventil. Heute habe ich seit über einem Jahr nicht mehr geraucht und kein Verlangen. Erstmal wurde ich krankgeschrieben und erhielt das erste Mal nach 1,5 Jahren eine finanzielle Unterstützung von irgendeiner Institution – in dem Fall war es Krankengeld von der Krankenkasse.

Ich wollte schon lange nach Guatemala reisen und wusste, dass mir der Abstand guttun würde. Dort gab es andere Möglichkeiten, ich konnte in der Erde rumwühlen und einfach mal eine Zeit nicht mehr bei bestimmten S-Bahnhaltestellen in eine Starre verfallen, für eine Weile einfach mit allem sein und heilen doch an einem anderen Ort. Das hieß natürlich kein Krankengeld mehr, denn ich war ja nicht mehr in Deutschland. Vier Monate verbrachte ich in Guatemala und Peru. Ich machte es möglich, wieder mit der Hilfe meines Umfelds und inoffiziellen Jobs. Ein riesiger Schritt der mich viel Mut kostete.

Zurück in Deutschland warte ich immer noch darauf, dass ich etwas vom LAGeSo höre. Zurück in Deutschland werden 25.000 Euro Schmerzensgeld immer noch in den kleinsten Portionen abbezahlt. Zurück in Deutschland beziehe ich Bürgergeld. Zurück in Deutschland habe ich Träume und Lebenslust. Möchte weitere Ausbildungen im therapeutischen Bereich machen, Bücher schreiben, Filme schreiben und kreieren, mich für Frauen einsetzen und Hebamme werden. Zurück in Deutschland kann ich stolz auf mich und die Menschen sein, die mich unterstützt haben auf diesem Weg. Zurück in Deutschland kann ich mir anhören „froh sein, wie sicher dieses Land ist". Zurück in Deutschland habe ich noch 7,5 Jahre Zeit – vielleicht weniger – bevor ich dem Mann, der mich versucht hat zu töten, wieder auf den Straßen Berlins begegnen könnte. Zurück in Deutschland bedeutet das für mich, in spätestens 7,5 Jahren kann ich hier nicht mehr leben. Zurück in Deutschland kämpfe ich um alles. Zurück in Deutschland habe ich wenig Ressourcen für die Dinge, die ich machen möchte. Zurück in Deutschland kämpfe ich immer noch mit all den Symptomen, die ich schon unzählige Male aufgeschrieben habe. Zurück in Deutschland suche ich 2,5 Jahre nach der Tat eine psychosomatische Klinik, um mich erneut zu stabilisieren. Zurück in Deutschland dauert es Monate einen Platz zu bekommen.

Für mich tickt die Uhr. Meine Zeit in Berlin ist endlich. Er kommt irgendwann – in ca. sechs Jahren – aus dem Gefängnis und ich kann ihm jederzeit auf der Straße begegnen. Diese Perspektive lässt mir keine Wahl. In ein paar

Jahren muss ich hier weg. Obwohl ich Berlin sowieso nicht als meinen ewigen Wohnort gesehen habe, erschüttert es mich immer wieder, dass ich weglaufen muss. Aus der Stadt vertrieben, wie eine Hexe. Als hätte ich etwas verbrochen. Dabei bin nicht ich die Täterin eines (versuchten) Mordes, sondern er. Wie kann es sein, dass hier schon wieder ich/die überlebenden Frauen ihr ganzes Leben verändern müssen, um sich eventuell sicher zu fühlen? Wie kann es sein, dass ein Täter aus dem Gefängnis kommt und die Überlebenden nicht Bescheid bekommen? Wie kann es als normal und zumutbar angesehen werden, dass der Mann, der mich mit Messern aufgeschlitzt hat und mir einen Schädelknochen gebrochen hat, in ein paar Jahren einfach auf der Straße rumläuft und ich nicht wissen werde, wann genau? Wie kann es sein, dass hier immer wieder das Recht des Täters betont wird? Was ist mit meinem Recht? Was ist mit unserem Recht? Ich habe ein Recht auf Sicherheit und Freiheit, was ich sicherlich nicht erlebe, wenn ich ihm jeden Moment begegnen könnte. Also die Lösung: Ich muss die Stadt in einiger Zeit verlassen. Bis dahin das Beste draus machen. Doch lohnt es sich überhaupt hier etwas aufzubauen? Einen neuen Freundeskreis, Partnerschaft einzugehen etc., wenn ich weiß, dass meine Zeit hier begrenzt ist. Tick, tack, tick, tack – fast täglich spüre ich diese tickende Uhr.

Abgesehen von all dem kommt dazu, dass ich keine Ahnung habe, was in den Jahren im Knast mit ihm passiert ist. Wer diese Person ist, die wieder auf der Straße rumläuft. Woher weiß ich, dass das Erste, was er tut nicht wieder ein Mordversuch ist? Wer kann mir das versprechen? Woher weiß ich, dass er mich nicht wieder versteckt auf Social Media stalken wird? Woher weiß ich, dass meine eventuellen zukünftigen Kinder sicher vor ihm sind? Niemand kann mir hier etwas versprechen. Niemand wird die ganze Zeit an meiner Seite sein und mich beschützen. Niemand, der das nicht erlebt hat, kann das Gefühl nachempfinden. Ein Mensch, dem ich vertraut habe, hat geplant mich umzubringen und es beinahe geschafft. Ich traue diesem Menschen alles zu und kann das Gehirn nicht einschätzen. Dazu kommt, dass ich keine Ahnung habe, wie das System Menschen nach dem Gefängnis auffängt. Nach allem, was mir ansonsten aufgefallen ist und was ich ansatzweise beschrieben habe, wage ich hier keine großen Hoffnungen zu haben.

Soll ich mich deshalb mein restliches Leben verstecken? Soll ich deshalb ein eingeschränktes Leben führen? Bestimmt nicht. Doch auch hier gibt es Verbesserungsbedarf. Schutz der Überlebenden. Zum Schutz der Privatsphäre eines Täters habe ich als Überlebende kein Recht darauf zu erfahren, wann er entlassen wird – I'm sorry, wo ist dieses System denn mal opferfreundlich? Nicht nur wird ein versuchter Mord, der nur ein versuchter Mord ist, weil ich mich selbst verteidigt habe/er dachte, dass ich tot bin/viele Menschen und die Medizin mich gerettet haben, mit überschaubaren Jahren bestraft, sondern noch dazu werden die Rechte eines Angeschuldigten und Täters beschützt. Was ist mit meinen Rechten und meinem Schutz? Was ist mit dem Schutz von Frauen? Interessiert irgendwie niemanden. Was ist mit dem Schutz unserer Psyche? Mein fast Mörder wird in ein paar Jahren wieder rumlaufen – vielleicht liest er sogar irgendwann diese Zeilen – und ich soll happy sein und mein Leben leben in dieser Stadt? Ich habe keine Wahl.

Sollen wir uns am Standard „in anderen Ländern gibt es diese Möglichkeiten gar nicht" orientieren? Wollen wir wirklich so weiter machen oder uns endlich als Land, als Staat, als Bezirk, als Gesellschaft der Wahrheit stellen, dass getötete Frauen, sowie Opfer von Gewalt, kurz gesagt, ignoriert werden?

Knapp drei Jahre nach der Tat spricht kaum jemand mit mir darüber. Die Menschen um mich herum sind froh, dass es mir „wieder gut geht" und atmen jedes Mal sehr erleichtert auf, wenn es mir nach einem Zusammenbruch besser geht. Menschen haben genau wie bei einem Trauerfall keine Ahnung, wie sie damit umgehen sollen. Natürlich möchte auch ich nicht jeden Tag darüber sprechen, doch manchmal wäre ich dankbar über Fragen, wie es mir jetzt damit geht oder den Ausdruck der Bereitschaft darüber zu sprechen, wenn ich das möchte. Wir haben nicht gelernt, damit umzugehen, doch wir haben sehr gut gelernt solche großen Ereignisse und die damit verbundenen Gefühle zu unterdrücken und so schnell wie möglich wieder die sichere „Normalität" herzustellen.

Anders als bei einer Person die gestorben ist, ist für Menschen wie mich, die einen solchen Angriff oder ein anderes Ereignis überlebt haben jedoch nichts mehr so wie vorher. Es gibt das Leben davor und das Leben danach.

Die anderen Menschen können wieder in ihr normales Leben zurück, doch für mich gibt es das nicht. Alles anders, für immer.

Vor einer solchen Tat steht natürlich auch eine Beziehung. Verstrickungen, die von außen manchmal gar nicht auffällig wirken oder vielleicht gut versteckt sind – in meinem Fall unterstützt durch die Isolierung in der ersten „Coronazeit". Diese Beziehung zu verstehen, zu reflektieren und mich von den entstandenen Wunden zu erholen braucht Zeit, Geduld und sehr viel Verständnis vor allem für mich/von mir selbst. Außerdem braucht es ein unglaubliches psychologisches/emotionales Verständnis und Kapazität. Ich bin dankbar, dass ich mich so viele Jahre zuvor bereits mit meiner Psyche, meinen Emotionen, meiner Biographie, meinem Körper, Spiritualität und Philosophie beschäftigt habe, denn das hat mir sehr viel mehr Verständnis, Vertrauen und Kapazität geschenkt. Trotzdem waren und sind die Folgen des Mordversuchs und der vorherigen Beziehung wahrscheinlich bis ans Ende meines Lebens irgendwie bei mir und es wird noch einige Zeit dauern, die Folgen nicht mehr als beeinflussend in meinem Alltag zu erleben.

Ich möchte an dieser Stelle alle Menschen dazu einladen und anregen mit den Menschen in ihrem Umfeld zu sprechen. Sprecht über die Todesfälle, über die Herausforderungen, über die Beziehungen, über die Schwierigkeiten und die schönen Erinnerungen. Vor allem auch, wenn Schicksalsschläge länger zurück liegen, fragt die Menschen, ob sie darüber sprechen möchten und hört einfach zu. Wenn ihr könnt, dann gebt ihr mit aufmerksamem Zuhören so viel!

Wenn Menschen nicht reden wollen, dann respektieren wir das natürlich, doch diese Räume fehlen und oft erlebe ich es in meinem Umfeld oder bei mir selbst, dass die Betroffenen nicht auf andere zugehen. Sie haben Angst zu belasten oder schwierige Themen zu öffnen. Für euch ist es leichter als für Betroffene. Bei mir sind die Erfahrungen und die Vergangenheit sowieso präsent, vielleicht nicht mehr täglich, aber oft genug. Ich freue mich, wenn mir jemand seine Aufmerksamkeit schenkt und auch nach den letzten Jahren noch offen ist, mir zuzuhören.

Was Menschen offensichtlich auch sehr gut gelernt haben, ist ihre meist sehr egoistisch geprägte Neugier auf meine große Halsnarbe, die die einzige sehr offensichtliche ist, auszuleben. Ich habe unzählige Varianten der

Ansprache erlebt – mal indirekt, oft sehr direkt. Mich hat es unglaublich sensibilisiert und dazu gebracht, mein eigenes Verhalten zu reflektieren. Eine tolle Regel ist, Menschen niemals – NIEMALS – auf ihren Körper anzusprechen oder auf etwas aufmerksam zu machen, es sei denn es ist innerhalb weniger Sekunden zu ändern. Zum Beispiel: Lippenstift auf den Zähnen. Das kann hilfreich sein:) Alles andere sind Bewertungen oder Dinge, die bei Menschen sehr verletzlich und verletzend sein können. Genauso auch meine Narbe.

Wenn es zu einer tieferen Verbindung kommt oder zu einem Punkt, an dem ein Mensch/ich über meine Geschichte, meine Narbe, sprechen möchte werde ich das/werden Menschen sich öffnen. Und, wow, was für ein schöner Vertrauensbeweis und Moment der Verbundenheit es selbstbestimmt in dem Moment zu erzählen, wo es sich gut anfühlt, anstatt an einem öffentlichen Ort vielleicht sogar in einem Club auf die Frage: *„Oh wow du hast ja ne krasse Narbe – Was ist denn da passiert?"* zu antworten, nur damit diese Person „Bescheid" weiß. *Während es auch meine Aufgabe ist, hier Grenzen zu setzen und dies zu lernen, sehe ich es als Aufgabe der Gesellschaft hier die Norm durch jeden einzelnen Menschen zu verändern. Sodass ich und betroffene Menschen sich gar nicht mehr in so einer Situation befinden müssen, die potenziell triggernd sein kann. Obwohl ich recht locker bleibe und auch sehr klar und inklusive vorwarne, dass das, was ich sagen werde heavy ist, sagen kann, dass mein Expartner versucht hat mich umzubringen, friere ich jedes Mal kurz ein und bin in diesem Moment unglaublich vulnerabel, da ich keine Ahnung habe, wie die Reaktion der Person sein wird und ich mich jedes Mal mit meinem Erlebten auseinandersetze, während es für diese Person nur eine Thriller-Geschichte ist, die sie vielleicht etwas beschäftigt, doch spätestens wenn ich sage: „Aber ich bin noch hier und habe überlebt",* die Erleichterung im Gesicht der Menschen auftaucht und es eher eine bestärkende Geschichte wird, die die Menschen daran erinnert jeden Moment so zu leben als sei es der Letzte. Der Effekt, den meine Geschichte hat und die Bewunderung, was ich da geschafft habe, gefallen mir natürlich, doch meistens bediene ich die Bedürfnisse der anderen in diesen Momenten der Konfrontation und sorge mich auch noch darum, dass es ihnen gut geht, während ich von meinem Beinahe-Sterben berichte. Ich habe keine Aftercare nach solchen Momenten. Ich habe keinen an den ich mich so richtig wenden kann nach so einem Moment. Ich bin ziemlich präsent mit dem Erlebten für den Rest des Tages. Manchmal hat das einen positiven Effekt und oft einen negativen. Oft habe ich mich nach solchen kleinen Interaktionen benutzt, etwas dissoziiert und leer gefühlt. Ein kurzer Kick war da, doch eigentlich ist da der Wunsch mit vertrauten Menschen wieder mehr den Raum zu finden über mein Erlebtes und das jetzige Erleben zu sprechen und in diesen kleinen Momenten Grenzen zu ziehen und auch mal einfach nicht zu erzählen, was passiert ist.

Eine weitere Konfrontation, die ich ständig erlebe, sind Sätze wie „Und woher kommt er?" oder „Der war aber kein Deutscher, oder?" und „War er aus Middle East?", durfte ich bei einigen Begegnungen beantworten. Beim Zahnarzt, bei neuen Bekannten oder vor allem bei etwas älteren Menschen. Abgesehen davon, dass die Herkunft eines Menschen, der versucht einen anderen (eine Frau) umzubringen egal ist und wohl kaum irgendetwas besser oder schlechter macht, zeigt es wie ungläubig dieses Land immer noch ist. „Weiße/ Westliche Menschen machen so etwas ja nicht" schwingt da mit. Genauso wie „Das Problem sind die Immigranten oder Menschen mit Migrationshintergrund". Ich bin schockiert darüber, absolut schockiert. Durch diese ständige Klarstellung, dass dieser Mensch, der mir beinahe das Leben genommen hat, absolut deutsch ist und weißer nicht sein könnte merke ich, wie viel hier noch zu tun ist an Aufklärungsarbeit und wie viel Vermeidung in der Gesellschaft steckt. Obwohl diese Fragen nicht gegen mich direkt gehen, erlebe ich das erste Mal in meinem Leben einen Funken Rassismus – oder wie es sein mag, wenn ständig jemand fragt, woher man kommt. Natürlich möchte ich mir – als weiße Frau – absolut nicht anmaßen, dass ich nun weiß wie sich das anfühlt, eine völlig andere Situation, doch es hat mich schockiert, diese Fragen gestellt zu bekommen und mich immer wieder aktiv in eine Verteidigungsrolle geworfen, da ich in diesen Momenten mal wieder k ä m p f e. Ich kämpfe dafür, dass diese Männer mit Migrationshintergrund oder BIPoCs[262] nicht verurteilt werden oder mit Vorurteilen gelabelt werden in diesem Land. Genauso dafür, dass jeder Mann, egal welche Hautfarbe, welchem Hintergrund, welchen sozial gesellschaftlichen Stand er zugehört gewalttätig sein kann – morden kann. Genauso dafür, dass eben nicht jeder BIPoC-Mann gewalttätig ist – genauso wenig, wie jede BIPoC-Frau. Es gibt unzählige Fälle von weißen cis[263]-Männern, die gewalttätig sind oder ihre Frauen oder Expartnerinnen ermordet haben, doch nie fragt jemand „Und war er weiß?" oder „Und war es ein Deutscher?".

Das macht mich wütend und diese Frage ist absolut unangebracht einem Opfer bzw. einer Überlebenden gegenüber. Gibt es nicht spannendere Fragen? Wieso werden die meisten Fragen, trotz des Mordversuchs, über ihn gestellt? Und wieso erwarten Menschen, dass ich diese beantworte? Wieso fragen Menschen, wie Zahnarzthelfer:innen, Ärzt:innen oder Freunde von Freunden solche Fragen, als würden sie gerade beim Bäcker ein Brötchen bestellen?

Die Vision des schönen, sicheren Deutschlands will „sauber" gehalten werden. Menschen haben Angst sich einzugestehen, dass das „Problem" eben nicht nur von „woanders" kommt, sondern genauso von hier – aus den eigenen Reihen. Das macht Menschen Angst. Sie wollen nicht die Kontrolle verlieren und nicht wahrhaben, dass Deutschland vielleicht nicht das ist, was sie denken. Kolonialistische Prägung und unbewusster Rassismus at its best.

Meiner Meinung nach braucht es einen Wandel, der schon bei den Kindern ansetzt. Teilweise ist er schon im Gang: Kinder lernen, anders mit ihren Emotionen umzugehen. Sie lernen, wie sie sich Wut erlauben dürfen und wie sie sich regulieren können. Doch was ist mit den Menschen, die das nicht gelernt haben? Mit den erwachsenen Männern, die tiefe Wunden in Form von kleinen verletzten Kindern in sich tragen? Es ist wichtig, Raum in unserer Gesellschaft zu schaffen für Wut – für Gefühle generell. Für viele Menschen und vor allem Männer ist es noch befremdlich sich therapeutisch begleiten zu lassen.

Es ist mit Scham verbunden, was wiederum aufzeigt, dass die meisten Männer eben noch in dem „Ein Mann muss stark sein und weint nicht"-Schema sozialisiert werden. Männer brauchen meiner Meinung nach, wie oben beschrieben, Unterstützung. Räume, in denen all das da sein kann, damit es gar nicht erst zur tatsächlichen Gewalt kommen muss.

Gestern habe ich zum dritten Mal meinen „zweiten Geburtstag" oder „day of aliveness and togetherness" – wie ich ihn nenne – gefeiert. An diesem Tag komme ich mit Menschen zusammen, möchte mich verbunden fühlen und Zeit mit meinen liebsten Menschen verbringen, als Erinnerung, wie schön es ist, am Leben zu sein. Dieses Jahr habe ich Spenden gesammelt, die ich für die Arbeit gegen Femizide/Gewalt gegen Frauen spenden möchte. Es sind über 700 Euro zusammengekommen. Die Frage, wohin diese Spenden gehen sollen, ist noch nicht klar. Es gibt zwar Organisationen, welche hauptsächlich Aufklärungsarbeit machen, doch wo dieses Geld wirklichen Impact haben kann, weiß ich nicht. Bei den Zahlen der Femizide in Deutschland, Europa und der Welt und der Menge an Gewalt, die täglich ausgeführt wird, ist es doch sehr merkwürdig, dass es niemanden gibt, der am Kern arbeitet. Wieso gibt es nicht mehr Arbeit im Bereich der Männer? Wieso werden immer wieder die Folgen behandelt und nicht der Ursprung? Wieso gibt es so wenig Raum für diese Gewalt, für diese unterdrückten Emotionen, um tatsächlich etwas zu ändern? Es ist ein schwieriges Feld und offensichtlich nicht leicht zu lösen oder anzugehen, doch wie wenig Aufmerksamkeit hier liegt, ist schockierend.

Ich könnte nicht dankbarer sein dafür, wie es mir jetzt gerade nach NUR drei Jahren geht. Ich stehe im Leben, mein Körper funktioniert. Ich bin halbwegs gesund. Natürlich bin ich noch immer beeinflusst von PTSD und erlebe das Leben anders, doch in der Lage zu sein, so einen wundervollen Tag zu verbringen und aktiv nach Spenden für dieses Thema zu fragen, an einem Tag, an dem ich auch hätte umgebracht werden können, ist ein riesiger Erfolg. Das Leben hat mich reich beschenkt und ich wünsche mir so sehr, aktiv einen Teil dazu beitragen zu können, damit sich vieles, am besten alles, in Bezug auf das Ermorden von und die Gewalt gegen Frauen ändert.

Dafür braucht es Kraft, Fokus, finanzielle Mittel und Unterstützung – alleine schaffe ich das nicht und es ist nicht mein einziger Fokus im Leben. Doch ich weiß, dass dieses Feuer nur in wenigen Menschen brennt – verständlich, da ich auch erst die Erfahrung machen musste, um mir dessen was mit Frauen passiert, bewusst zu werden. Das Feuer ist stark und manchmal einnehmend, doch ein Geschenk zugleich.

Mein größter Dank gilt der Erde – den Elementen, der Natur – welche mich immer wieder aufgefangen hat und mich daran erinnert, was wirklich wichtig ist im Leben – Mensch sein. Einfach sein. Das ist genug. Das ist ein Wunder. Sie hat mich daran erinnert, dass der Mensch all diese Systeme und Regeln erschaffen hat. Sie hat mich daran erinnert, dass eine Welt ohne Gewalt existieren könnte. Sie hat mir beigebracht, was wahres Verständnis und Liebe bedeutet. Sie hat mich umarmt und mich immer wieder dazu gebracht, weiterzumachen, weiterzukämpfen, weiterzustrahlen. In Demut für dieses Leben.

Genauso wie Mutter Erde danke ich aus tiefstem Herzen der stärksten Frau, die ich auf dieser Welt kenne – Mama. Ohne sie wäre ich nicht mehr hier. Ohne sie wäre alles anders. Ohne sie hätte ich das nicht geschafft. Danke, dass du immer an meiner Seite bist und mehr als dein Bestes gibst für dich, für mich, für die Menschen um dich herum und die Welt!

Mein Herz dankt den Männern in meinem Leben, die sich sicher und geerdet anfühlen. Die mir zeigen, dass es noch anders geht und auch Männer sicher sein können.

Meinem Vater für seine Liebe, das nächtelange Handhalten und mein Leid aushalten im Krankenhaus.

Meinem Stiefvater danke ich für seine Klarheit, die Präsenz bei den Gerichtsterminen, das da sein für meine Mutter und die finanzielle Unterstützung.

All meinen Freundinnen, die wie Schwestern für mich sind, danke ich für ihre tiefe Liebe, ihre Zeit, ihre Geduld, ihre unglaubliche Stärke und ihre Ermutigungen.

Die Dankesrede könnte weiter gehen, doch ich belasse es hierbei. Mein Herz ist voller Dankbarkeit für das Netz an Menschen, die mich eine Zeit lang begleitet haben und viele, die mich immer noch begleiten.

Vielleicht fragst du dich jetzt: Wie kann ich diese Frau unterstützen oder wie können Frauen, wie sie unterstützt werden? Neben den Systemen, die starkes Verbesserungspotenzial haben, unterstützt es, wenn du dich mit dem Thema Femizide und Gewalt an Frauen beschäftigst, deinen Mund aufmachst und deine Stimme dafür hergibst, dass diese nicht mehr unter den Teppich gekehrt werden. Wenn du in einer privilegierten Position bist, in der du Einfluss hast, dann nimm das Thema doch bitte ernster und spreche mit den Betroffenen – Tätern und Überlebenden, um herauszufinden, was es für eine Veränderung braucht.

Mich ganz persönlich unterstützen Möglichkeiten. Möglichkeiten, ein Buch zu schreiben. Möglichkeiten, Filme zu kreieren. Möglichkeiten, mich weiterzubilden. Ganz konkret freue ich mich über Verlage, Filmproduktionen,

Filmemacher:innen und andere Künstler:innen, die an meiner Geschichte und dem Thema generell interessiert sind. Kontaktiere mich gerne mit klarer Intention – Presse, die meine Geschichte nur für ihre nächste Story benutzen möchte, wird weiterhin abgelehnt.

With love & rage
Greta

II. Deutsche Femizide

Die Relevanz der richtigen Daten

Gewalt gegen Mädchen und Frauen wird von den Vereinten Nationen nach wie vor als eine der häufigsten und am weitest verbreiteten Menschenrechtsverletzungen in der Welt klassifiziert.[264] Am 21. Mai 2024 gaben Bundesinnenministerin Nancy Faeser und BKA-Präsident Holger Münch die offizielle statistische Auswertung zu den politisch motivierten Straftaten des Vorjahres bekannt: „2023 wurden **322 frauenfeindliche Straftaten** erfasst (2022: 206), darunter 29 Gewaltdelikte"[265] so heißt es in der Presseerklärung des Bundesinnenministeriums. So wenig, wie der prozentuale Anstieg misogyner Delikte um satte 56,3 % überrascht, so überaus irritierend ist die Ausweisung der absoluten Zahlen von lediglich 322 misogynen Straftaten bzw. nur 29 Gewaltdelikten für das komplette Jahr 2023.

Am 7. Juni 2024 nahmen die amtierenden Bundesministerinnen für Inneres und Heimat, Nancy Faeser, und für Familie, Senioren, Frauen und Jugend, Lisa Paus, sowie die BKA-Vizepräsidentin, Martina Link, die jährliche Bekanntgabe des Lagebildes zu den erneut angestiegenen Straftaten im Zuge von Häuslicher Gewalt vor: Die offizielle Statistik weist zu *„Partnerschaftsgewalt"* in Summe 509 Fälle von Mädchen und Frauen aus, die im Jahre 2023 Opfer von versuchtem Mord oder Totschlag waren – in 155 Fällen davon endeten die Attentate gegen die Gewaltbetroffenen Mädchen und Frauen tödlich. Die Daten zu *„Innerfamiliärer Gewalt"* belegen 178 Fälle, in denen Mädchen und Frauen im Jahr 2023 Opfer von versuchtem Mord oder Totschlag waren – in 92 Fällen davon waren die misogynen Angriffe tödlich. Darüber hinaus wurden 16 Fälle von Körperverletzung mit Todesfolge zum Nachteil von Mädchen und Frauen beziffert, neun im Kontext von *„Partnerschaftsgewalt"* und sieben der *„Innerfamiliären Gewalt"* zugeordnet.

Die Differenz zum Gesamtausmaß der erfassten tödlichen Gewalt gegen Mädchen und Frauen (361 Femizide im Jahr 2023), die verbleibenden 98 Tötungsdelikte, werden von offizieller Seite nicht weiter spezifiziert. Dabei ist es elementar, sich fundiertes Wissen anzueignen, um das Problem im Kern bekämpfen zu können: Strukturelle, tradierte, männliche Gewalt. Allein auf der Basis einer verlässlichen Datenlage können Verhaltensmuster belegt und Warnsignale, sogenannte *„red flags"*, identifiziert werden. Auch wiederkehrende Gefährdungsmerkmale, sogenannte *„Marker"*, lassen sich, ebenso wie zielführende Maßnahmen ausschließlich mit evidenzbasierter, also datengestützter Expertise aufzeigen.

Die offizielle Polizeiliche Kriminalstatistik (PKS) erfüllt diesen Anspruch in mehrfacher Hinsicht nicht. Die Massenstatistik hält weder ein Tatmotiv nach noch, ob die Getöteten schwanger waren oder einen Behindertenstatus hatten und somit einer extrem vulnerablen Gruppe angehörten. Sie erlaubt keine Aussage zu der Gewalthistorie eines Täters (wird nicht erfasst) oder dazu, wie viele als Hochrisiko-Gefährder eingestufte Männer es aktuell in Deutschland gibt. Deutsche Staatsbürger, die Frauen im Ausland töten, werden grundsätzlich nicht in die Statistik integriert und ob ein Tötungsdelikt von Frauenverachtung oder/und vom Frauenhass des Täters geprägt ist, wie es in Kreisen der Rechten und Rechtsextremen sowie im Kontext Amok und INCELS[266] signifikant häufig der Fall ist, wird ebenfalls nicht nachgehalten.

Eine der gröbsten Unschärfen der PKS ist mit dem Zeitpunkt verbunden, an dem die von Gewalt betroffenen Frauen ihren Verletzungen erliegen. Der statistische Erhebungspunkt ist der Moment, in dem die Ermittlungsakte an die Staatsanwaltschaft übergeben wird. Anders formuliert: Wenn die Polizei zu einem versuchten Tötungsdelikt, bei dem eine Frau bspw. mit Messerstichen lebensgefährlich verletzt wurde, sowohl den Täter, die Tatwaffe, ggf. das Tatmotiv, die Tatzeit, den Tatort und Tatverlauf ermittelt hat und zudem jedwede Beteiligung Dritter ausschließen kann, erfolgt die Übergabe der Akte an die Staatsanwaltschaft. In diesem Moment ist die Gewaltbetroffene in der PKS als *„versuchtes Tötungsdelikt"* erfasst. Sofern sie ihren Verletzungen im Nachgang an diesen Übergabezeitpunkt erliegt, spielt das zwar gegebenenfalls im Gerichtsprozess als *„vollendetes Tötungsdelikt"* (Mord, Totschlag oder

Körperverletzung mit Todesfolge) eine Rolle, in der offiziellen Kriminalstatistik hingegen nicht.

So ist bspw. der gewaltsame Tod von L. weder in der Polizeilichen Kriminalstatistik als vollendetes Verbrechen erfasst noch in der Strafmaßzumessung gegen den Täter zum Tragen gekommen.

Mit einer Axt hatte ihr Ehemann der 56-Jährigen im Dezember 2021 in Niedersachsen mehrfach auf den Kopf geschlagen und sie so lebensgefährlich verletzt. Der Täter ging so brutal vor, dass er die Axt mit der Wucht seiner Hiebe zweiteilte. Nach dem Attentat kämpfte die Mutter der elf gemeinsamen Kinder, erst im Krankenhaus, später im Pflegeheim vor sich hinvegetierend, um ihr Leben. Der bereits wegen gefährlicher Körperverletzung vom eigenen Sohn angezeigte und vorbestrafte Täter, mit dem L. knapp 40 Ehejahre verbracht hatte, wurde im Juni 2022 wegen versuchten Totschlags zu einer zehnjährigen Haftstrafe verurteilt.[267] L. verstarb im April 2024 an den Spätfolgen der Gewalttat ihres Ehemannes.[268]

Am 20. Dezember 2021 hielten die damals in Spanien amtierenden Irene Montero (Gleichstellungsministerin), Ángela Rodríguez (Staatssekretärin für geschlechtsspezifische Gewalt) und Victoria Rosell (Regierungsbeauftragte für geschlechtsspezifische Gewalt) in Madrid eine Pressekonferenz ab, um über einen neuen Mechanismus zur offiziellen Zählung von Frauenmorden zu berichten: Spanien stellte zum Jahresbeginn 2022 als erstes europäisches Land eine staatliche Datenbank zur systematischen Erfassung und Analyse von Femiziden auf.[269] *„Es wird eine offizielle und institutionelle Beobachtungsstelle für die Zählung der Frauenmorde geben, also der Morde an Frauen, die von Machisten getötet werden, weil sie Frauen sind. Die Frauenmorde beim Namen zu nennen bedeutet, Gerechtigkeit zu üben, die grundlegendste Form der Wiedergutmachung gegenüber allen Opfern männlicher Gewalt"*, so wird die Gleichstellungsministerin in der flankierenden, ministerialen Pressemeldung zitiert.[270]

In Deutschland wird die Arbeit von Recherche, wissenschaftlicher Aufbereitung und zeitgeschichtlicher Dokumentation ausschließlich von der Zivilgesellschaft geleistet – ohne jedwede finanzielle Unterstützung aus der öffentlichen Hand. Mittlerweile gibt es zu deutschen Femiziden keinen detaillierteren Datensatz als den des Femicide Observation Center Germany, F.O.C.G. Seit 2019 werden die geschlechtsspezifischen Tötungs- und Gewaltdelikte inklusive der Frauentötungen, die von deutschen Staatsangehörigen im Ausland vollzogen werden, katalogisiert und ausgewertet, stets nach den gleichen Kriterien:

* Das Tötungsdelikt gegen eine Frau wurde von einem männlichen Täter ausgeführt und
* Selbstüberhöhung (Hybris) oder/und
* Frauenhass (Misogynie) sowie
* fehlende Impulskontrolle prägen die Tat.

In der Datenbank des F.O.C.G. sind die Umstände zu mehr als 1.200 deutschen Femiziden nachgehalten und jeweils nach mehr als einhundert Parametern aufgeschlüsselt. Der umfassende Datensatz ist die Grundlage für repräsentative Analysen, u. a. für die Vereinten Nationen, sowie für daraus abgeleiteten Handlungsempfehlungen. Hauptquelle des F.O.C.G. sind Pressemeldungen, vereinzelt aber auch Hinweise von Betroffenen. Nicht jeder Femizid erfährt mediale Aufmerksamkeit und in vielen Fällen endet die Berichterstattung zu physischen Attacken mit *„lebensgefährlich verletzt"* und der Ausgang bleibt ungewiss.

Ausgehend vom Staat wird die spanische Gesellschaft im Bewusstsein für die Schäden, die durch Ungleichheit und gewalttätiges Verhalten gegen Frauen (und ihre Kinder) entstehen, bereits seit 2017 gezielt trainiert. Dabei wird der Sensibilisierung der Bevölkerung und der Prävention geschlechtsspezifischer Gewalt ein hoher Stellenwert beigemessen. Das geschieht u. a. auch, indem zu jedem einzelnen Femizid umgehend landesweit über die Medien (Print, Digital, TV und Radio) berichtet wird. Darüber hinaus gibt es jeweils eine offizielle, staatliche Ächtung des Verbrechens, die auf der Webseite des Ministeriums für Gleichstellung[271] veröffentlicht wird.

Das staatliche Statement vom 21. Juni 2024, das hier beispielhaft angeführt wird, lautete: *„Das Ministerium für Gleichstellung verurteilt einen neuen Mord durch geschlechtsspezifische Gewalt in Girona. Eine 62-jährige Frau wurde in Girona mutmaßlich von ihrem Partner ermordet. Das Opfer wurde am 3. April*

2024 angegriffen und starb am 10. Juni. Gegen den mutmaßlichen Angreifer gab es zuvor keine Anzeige wegen geschlechtsspezifischer Gewalt. Mit der Bestätigung dieses Falles steigt die Zahl der durch geschlechtsspezifische Gewalt getöteten Frauen in Spanien auf 16 im Jahr 2024 und auf 1.260 seit 2003. Die Ministerin für Gleichstellung, Ana Redondo García, und die Regierungsbeauftragte gegen geschlechtsspezifische Gewalt, Carmen Martínez Perza, möchten noch einmal ihre absolute Verurteilung und Ablehnung dieses Macho-Mordes zum Ausdruck bringen und der Familie und den Freunden des Opfers ihre volle Unterstützung zusichern. Sowohl die Ministerin als auch die Delegierte fordern die Institutionen, die Verwaltungen und die gesamte Gesellschaft auf, ihre Kräfte zu bündeln, um weitere Todesfälle zu verhindern.

Das Ministerium für Gleichstellung erinnert über die Regierungsdelegation gegen geschlechtsspezifische Gewalt daran, dass die Telefonnummer 016, Online-Anfragen per E-Mail 016-online@igualdad.gob.es, der WhatsApp-Kanal unter 600 000 016 und der Online-Chat, der über die Website violenciagenero.igualdad.gob.es rund um die Uhr und an jedem Tag der Woche erreichbar sind. Unter der Nummer 016 kann man sich über verfügbare Ressourcen und die Rechte von Opfern aller Formen von Gewalt gegen Frauen informieren und täglich von 8 bis 22 Uhr Rechtsberatung in Anspruch nehmen.“

Im Vergleich zu dem transparenten und selbstreflektierten Umgang Spaniens mit Femiziden sowie der Bereitstellung eines wirkmächtigen Hilfsangebots, erscheint das gelebte Prozedere in Deutschland geradezu grotesk. In manchen Bundesländern ist ein zunehmendes „*Mauern*", d. h. ein bewusstes Nichtveröffentlichen von Fakten, an denen ein öffentliches Interesse besteht, erkennbar. So bilanzierte es auch der Redakteur der „*Hessenschau*" in seinem Artikel vom 17. Juni 2024: „*Eine getötete Frau in Offenbach, ein mutmaßlicher Femizid in Frankfurt-Höchst: Zwei Fälle, bei denen die Öffentlichkeit nicht oder erst auf Nachfrage der Medien informiert wurde.*"[272] Weiter spezifiziert er den Missstand wie folgt: „*Nach der Tötung einer Frau durch ihren Lebensgefährten in Offenbach wurden die Medien erst nach mehrmaliger hr-Nachfrage von Staatsanwaltschaft Darmstadt und Polizeipräsidium Südosthessen informiert. Hinweise auf die Tat erhielt die Redaktion nicht durch eine Polizeimeldung, sondern durch Nutzerinnen und Nutzer bei Instagram.*"

Dieselbe Zurückhaltung von Informationen fällt auch in Baden-Württemberg auf, bspw. als dort einer Frau im März 2024 von ihrem Lebenspartner mit einer Schreckschusswaffe eine schwere Körperverletzung zugefügt wird. Die „Badische Neueste Nachrichten" berichten vier Tage nach dem Tatgeschehen, dass das Polizeipräsidium Offenburg erst auf eine konkrete Anfrage zum Tatvorgang reagierte: „*Auf den Vorfall aufmerksam gemacht wurde diese Redaktion durch Anfragen von Lesern. Die Polizei hatte keine Pressemitteilung dazu veröffentlicht. Man sei in solchen Fällen sehr zurückhaltend, erklärt der Pressesprecher die ‚übliche Vorgehensweise'. Außer bei extrem großen Einsätzen oder Tötungsdelikten stelle die Polizei den Schutz der Familie über das öffentliche Interesse, sagt er weiter.*"[273]

Die Nichtkommunikation von Behörden zu geschlechtsspezifischen Gewaltverbrechen ist ein weiterer Baustein, der dazu führt, dass nur ein Bruchteil der deutschen Femizide belegt und wissenschaftlich ausgewertet werden kann. Dieses Vorgehen steht im Widerspruch zu den verpflichtenden Vorgaben der Istanbul-Konvention „*Artikel 11 – Datensammlung und Forschung*".[274]

Schon im Dezember 2017 hat Spanien einen Staatspakt gegen geschlechtsspezifische Gewalt verabschiedet, der von den verschiedenen parlamentarischen Fraktionen, der Regierung, den autonomen Gemeinschaften, den Exklaven Ceuta und Melilla sowie den im spanischen Gemeinde- und Provinzialverband (FEMP) vertretenen lokalen Gebietskörperschaften ratifiziert wurde.[275]

Dieser historische Meilenstein spiegelt ein nationales Verantwortungsbewusstsein, dem sich die Regierenden in Deutschland konsequent verweigern: Der Gewaltschutz von Mädchen und Frauen sei Ländersache argumentiert der Bund. Mit Verweis darauf, dass der Bund für internationales Recht zuständig sei, verweisen die Länder zurück an selbigen.

Im Gegensatz zum deutschen Ignoranz-Pingpong, treibt Spanien auch die Einhaltung der Istanbul-Konvention ambitioniert voran, auch mit der Einrichtung der staatlichen Femizid-Datenbank:[276] „*aber vor allem machen wir Fortschritte bei der Sichtbarmachung aller Formen männlicher Gewalt, um die notwendigen öffentlichen Maßnahmen zu ihrer Beseitigung durchzuführen. Was nicht benannt wird, existiert nicht*", wird Gleichstellungsministerin

Montero weiter zitiert. Die Vorstellung der staatlichen Datenbank beinhaltet auch eine Kategorisierung aller künftig zu erfassenden Femizide:

* Femizid in der Intimsphäre des Partners oder Ex-Partners
* Femizid in der Familie, Ermordung einer Frau durch Männer in ihrem familiären Umfeld
* Sexueller Femizid, Ermordung einer Frau ohne Partner oder familiäre Beziehung im Zusammenhang mit sexueller Gewalt
* Femizide im Zusammenhang mit sexueller Ausbeutung, Menschenhandel oder Prostitution sind ebenfalls eingeschlossen, auch weibliche Genitalverstümmelung oder Zwangsheirat.

Damit hat der spanische Staat seit 2022 ein starkes Instrument, über das die männlichen Gewalttaten sehr differenziert eingestuft und ausgewertet werden können. Unter Einbindung eines stützenden Qualitätsmanagements sowie regelmäßiger Trendanalysen werden zielgerichtete Maßnahmen ermöglicht: Evidenzbasierte Prävention zum Schutz der von Gewalt Betroffenen Frauen.

Nur wenige Monate nachdem Spanien die erste offizielle, europäische Femizid-Datenbank ins Leben gerufen hat, am 22. Mai 2022, erkennt die deutsche Innenministerin, Nancy Faeser, öffentlich sowohl die staatlichen Defizite als auch den dringenden Handlungsbedarf der deutschen Regierung an:[277] *„Das sind Morde! Wir müssen das klar als Femizide benennen. Da werden Frauen umgebracht, weil sie Frauen sind. Dass wir dort ein großes, gefährliches Problem haben, muss sich der Staat eingestehen. Und handeln."* Die Ministerin bleibt jedoch weiterhin die Einführung einer nationalen Strategie zur Bekämpfung von Gewalt gegen Mädchen und Frauen schuldig. Stattdessen nutzt sie die Vokabel Femizid, wohlwissend, dass die deutsche Regierung sowohl die ressortübergreifende Definition für den Terminus als auch einen adäquaten Etat zur Umsetzung des Gewaltschutzes zurückhält. Ihre vier Forderungen nach

* mehr Sensibilität bei den Ermittlungsbehörden,
* Wohnungsverweisungen der Täter nach dem ersten gewalttätigen Übergriff,

* flächendeckenden Ansprechstellen mit extra geschultem Personal bei der Polizei und
* dem Ausbau des Hilfesystems für Frauen, insbesondere der Frauenhäuser,

markieren die Fortsetzung der regierungsseitigen Kommunikationsstrategie. Alle angeführten Punkte greifen erst nach einer erlittenen Gewalterfahrung. Nicht ein einziges der gelisteten Instrumente widmet sich der ursächlichen Problembekämpfung. Die wiederum kann nur mit fundiertem Wissen geleistet werden: Es müssten unabhängige Institute gegründet, Forschungsaufträge vergeben, Daten erhoben und nach wissenschaftlichen Standards ausgewertet werden.

Die Universität Tübingen hat im Jahr 2022 in Zusammenarbeit mit dem Kriminologisches Forschungsinstitut Niedersachsen reichweitenstark ihr Forschungsvorhaben *„Femizide in Deutschland – Eine empirisch-kriminologische Untersuchung zur Tötung an Frauen"* angekündigt: *„Ziel des Forschungsprojekts ist es, Femizide in Deutschland grundlegend zu untersuchen."*[278] Dem Studiendesign entsprechend sind im Jahr 2025 erste Ergebnisse zu den untersuchten Femizid-Daten aus dem Jahr 2017 zu erwarten.[279] Dass Aktualität, insbesondere bei Grundlagenforschung, ein elementarer wissenschaftlicher Standard ist, ging bei der Prüfung des Forschungsbestrebens, ebenso wie in der medialen Aufmerksamkeit, in Gänze unter: Analysiert werden sollen nur Femizide, die im Jahr 2017 ausgeführt wurden.

Mit einem wesentlich belastbareren Datensatz aus Dänemark, den Niederlanden, Frankreich, Schweden, Finnland und der Schweiz zu den Jahren 2011 bis 2019 hat eine europäische Forschungsgruppe[280] im Mai 2024 die wissenschaftliche Studie *„Patterns of Female Homicide Victimization in Western Europe"* abgeschlossenen und veröffentlicht. Es bleibt mit Spannung abzuwarten, ob die deutsche Analyse einen Erkenntnisgewinn liefern kann, der über die Ergebnisse der genannten Publikation oder auch die, der bereits im Jahr 2023 veröffentlichten, österreichischen Forschungsarbeit zu Femiziden aus den Jahren 2016 bis 2020[281] hinausgeht. Die Finanzierung der deutschen Studie zu Femiziden aus dem Jahr 2017 erfolgte über die Deutsche Forschungsgesellschaft (DFG), d. h. vorrangig über Bund und Länder, also über Steuergelder.

Es ist ausgesprochen wichtig, für aktuelle Analysen zu sorgen, die als Grundlage und Weiterentwicklung der Hochrisiko-Einschätzung dienen können. Aktualität ist ein Mehrwert, insbesondere dann, wenn man sich auf Basis datengestützter Erkenntnisse international austauschen will, um vom Einsatz neuer Präventionsprogramme, -projekte und -maßnahmen zu lernen. Weltweit anerkannte Forschungseinrichtungen, wie bspw. das renommierte Robert-Koch-Institut, wären endlich in der Lage, wesentlich aktuellere und damit aussagekräftigere Fakten zu kommunizieren, als das bspw. in dem im Februar 2023 veröffentlichten *„Überblick zur Gesundheitliche Lage der Frauen in Deutschland"* der Fall war: *„Die Kriminalstatistik für das Jahr 2021 nennt für die Bundesrepublik (...)."*[282]

Ständig aktualisierte Daten in die Täterarbeit übertragen zu können, wäre ein weiterer Benefit. Ebenso würden sie für Exekutive, Legislative, Judikative und den Gesundheitssektor eine hochqualitative Weiterbildung ermöglichen, exakt so, wie es die Istanbul-Konvention in *„Artikel 15 – Aus- und Fortbildung von Angehörigen bestimmter Berufsgruppen"* den Vertragsstaaten vorgibt: *„Die Vertragsparteien schaffen für Angehörige der Berufsgruppen, die mit Opfern oder Tätern aller in den Geltungsbereich dieses Übereinkommens fallenden Gewalttaten zu tun haben, ein Angebot an geeigneten Aus- und Fortbildungsmaßnahmen zur Verhütung und Aufdeckung solcher Gewalt, zur Gleichstellung von Frauen und Männern, zu den Bedürfnissen und Rechten der Opfer sowie zu Wegen zur Verhinderung der sekundären Viktimisierung oder bauen dieses Angebot aus."*[283]

Die erhobenen Daten könnten neben Präventionsarbeit, Awareness und Weiterbildung auch genutzt werden, um vergleichende Erfolgsmessungen von angewandten Strategien auf städtischer, kommunaler, regionaler, Landes- und Bundesebene durchzuführen. Monats-, Wochen-, und Tagesaktuelle Auswertungen würden eine zielgerichtete Planung ermöglichen und kämen bereits zu Beginn der Gewaltspirale zum wirkmächtigen Einsatz: In Kindergärten und Schulen startend und später über lebensbegleitende Trainings, bspw. im Arbeits- oder/und Vereinsleben. Faktenbasiertes Wissen zu Symptomen und Auswirkungen würde für Wirtschaft, Presse, Verwaltung und Bildungseinrichtungen bereitgestellt, um damit den deutschen Rückstand im Kampf gegen die ursächliche Bekämpfung der strukturellen, tradierten Gewalt gegen Frauen aufzuholen.

Obwohl die Notwendigkeit von Datensammlung und Forschung in der Istanbul-Konvention unter Artikel 11 als verpflichtende Staatsaufgabe festgesetzt ist, muss aus Mangel an aktuellen Studien vielfach immer noch auf die zwischenzeitlich als antiquiert einzuordnende Fachpublikation „*Lebenssituation, Sicherheit und Gesundheit von Frauen in Deutschland. Eine repräsentative Untersuchung zu Gewalt gegen Frauen in Deutschland. Im Auftrag des Bundesministeriums für Familie, Senioren, Frauen und Jugend.*" aus dem Jahr 2004[284] referenziert werden.

Das BMSFJ ist federführend verantwortlich für die neue Dunkelfeldstudie „*Lebenssituation, Sicherheit und Belastung im Alltag (LeSuBiA)*", die derzeit in Kooperation mit dem BMI und dem BKA durchgeführt wird. Dieser Studie liegt die Hypothese zugrunde, dass eine „*geschlechterübergreifende*" Bevölkerungsbefragung zur Gewaltbetroffenheit in Deutschland qualifizierte Daten zur Bekämpfung von Gewalt gegen Frauen liefern könnte.[285] Die Erhebungsauswertungen, sollen im Sommer 2025 vorliegen. Das Studiendesign sieht zur Erforschung des Dunkelfeldes sogenannte „*Opferbefragungen*" vor: „*Das bedeutet aber nicht, dass nur Opfer oder Betroffene befragt werden. Es werden zufällig ausgewählte Bürgerinnen und Bürger befragt, die die Bevölkerung insgesamt repräsentieren*", so beschreibt es das BKA.[286] Völlig unklar bleibt, wie diejenigen befragt werden, die sich zu Themen wie Familien- und Wohnsituation, Gesundheit, Herkunft äußern und ihre persönlichen Einstellungen kundtun sollen: Die Qualität der Fragestellung ist das entscheidende Kriterium, wenn ein besonderer Schwerpunkt „*auf der Erhebung von belastenden Erfahrungen innerhalb und außerhalb von Partnerschaften*"[287] gelingen soll – schließlich ist es höchst unwahrscheinlich, dass Gewalttäter ihre Verbrechen in einer bundesweiten, im Fragestadium nicht anonymisierten Massenerhebung offenlegen oder Partnerinnen im Beisein ihres Peinigers offen darüber kommunizieren: „*Interviewerinnen und Interviewer melden sich anschließend bei den ausgewählten Befragungspersonen, um die Umfrage vor Ort durchzuführen*".[288] Die Studie, die zu 100 Prozent aus Mitteln der öffentlichen Hand finanziert ist, wird regelmäßig als unterstützende Maßnahme im Kampf gegen

Gewalt gegen Mädchen und Frauen angeführt. Dabei ist allen Beteiligten, dem BMFSFJ, dem BMI als auch dem BKA sonnenklar: Zu diesem Zweck braucht es diese Studie nicht. Daten, die die Notwendigkeit der Bekämpfung von Gewalt gegen Mädchen und Frauen belegen, liegen seit langem vor, ebenso wie Gesetze, die von der Bundesrepublik Deutschland einzuhalten sind.

Gewaltbetroffene Mädchen und Frauen in Deutschland sind auf fokussiert wirksames Handeln angewiesen. Nicht auf den wiederkehrenden staatlichen, *„geschlechterübergreifenden"* Aktionismus, der in der freien Wirtschaft unter dem Begriff *„window-washing"*[289] bekannt ist.

Tötungsdelikte sind in der Schweiz sehr exakt dokumentiert und statistisch aufbereitet, seit 1990 werden mit finanzieller Unterstützung des Schweizerischen Nationalfonds (SNF) in allen Kantonen Daten erhoben. Unter Leitung des Rechtswissenschaftlichen Instituts der Universität Zürich und des Kompetenzzentrums für Strafrecht und Kriminologie der Universität St. Gallen werden sie zusammengeführt und ausgewertet, um das empirische Wissen über Tötungsdelikte und Suizide auszuweiten. Dabei beruhen die Dateneingaben auf einem Aktenzugang bei Gerichten, Staatsanwaltschaften, Polizeistellen und den rechtsmedizinischen Instituten. Während in Deutschland nicht erhoben wird, ob bzw. wie viele Kinder und Jugendliche direkt in das Tötungsgeschehen involviert sind, geht die Ursachenforschung in der Schweiz weitreichend in die Tiefe der einzelnen Delikte.

Das im Vorwort beschriebene Selbstverständnis *„Wenn mit den Erkenntnissen dieser Daten schon nur ein Menschenleben gerettet werden kann, dann haben sich unsere Forschungsbemühungen gelohnt"*[290] scheint dem deutschen Bundeskriminalamt hingegen sehr fern. Auch der Grad der Bereitschaft zum transparenten Zusammenwirken, um Prävention zu verbessern, liegt in der Schweiz offensichtlich auf einem völlig anderen Niveau, als es in Deutschland der Fall ist: *„Schweizweit waren alle Strafbehörden bereit, uns die Daten von abgeschlossenen Fällen von vollendeten und versuchten Tötungsdelikten zur Verfügung zu stellen"*. So geben die Daten des *„Swiss Homicide Monitor"* bspw. nicht nur Auskunft darüber, zu welcher Tageszeit getötet wurde und ob der Täter bereits eine Gewalthistorie hatte, sondern auch über die Zahl der Verletzten sowie Augenzeuginnen und Augenzeugen. Die Ausbildung an und der Zugang zu Waffen wird ebenso erfasst, wie Alkohol-, Drogen oder/ und Medikamentenabhängigkeit. Ein weiteres Forschungskriterium sind die Abstände zwischen dem Ausführen des Verbrechens und der Verhaftung, sowie die Betrachtung der gerichtlich verhängten Sanktionen. In der deutschen Statistik werden bis dato nur Messer als Tatwaffen erfasst – auch darin unterscheidet sich die Datenlage der Schweiz deutlich, indem beim Modus Operandi äußerst präzise unterschieden wird zwischen

* Vergiftung
* Erhängen/Erdrosseln/Ersticken
* Ertränken
* Schusswaffe
* Bombe/Sprengstoff
* Rauch/Feuer
* Scharfer Gegenstand (Messer usw.)
* Stumpfer Gegenstand (Sportschläger usw.)
* Axt
* Stoßen von einer erhöhten Stelle
* Schieben/Platzieren vor dem Bewegen von Gegenständen
* Kraftfahrzeug
* Körperliche Gewalt ohne Waffe (Schlagen, Treten usw.)
* Sonstiges, bitte angeben (offen).

Deutschlands blinde Flecken

Wie gegenläufig kann eine staatliche Reaktion ausfallen, wenn sich im gleichen Satz nur ein einziger Buchstabe verändert? Sofern ein Mensch in Deutschland äußert: *„Ich bringe mich um"*, sieht der standardisierte Prozess vor, dass dieser Mensch erst von seinem Vorhaben abgehalten und dann zur psychischen Stabilisierung in eine entsprechend qualifizierte medizinische Einrichtung gebracht wird. Letztere ist weniger staatliche Fürsorge als vielmehr eine obligatorische Maßnahme, die bedingungslos ausgeführt wird, notfalls mit unmittelbarem Zwang durch die Polizei. Feuerwehr, Polizei, Sanitäter und Ärzteteams, ggf. Absperrungen, Drohnen, Hunde, Wärmebildsuchen, Sprungkissen oder/und geschulte Seelsorgende – der Staat setzt einen gut aufgestellten Rettungsschirm in Gang, um einen angekündigten Suizid zu verhindern und das ungewollte Leben zu erhalten.

Gänzlich anders sieht die Sachlage aus, wenn ein Mann (s)einer (Ex-)Frau mit: *„Ich bringe Dich um"* droht. Zwar ist *„Bedrohung"* ein eigener Straftatbestand, der nach § 241 StGB geahndet werden kann, allerdings gilt in Deutschland die Beweislast. Selbst wenn auf eine ausgesprochene Todesandrohung mit einer Anzeige reagiert wird, stellen Staatsanwaltschaften diese häufig ein, denn im Fall, dass eine Aussage einer anderen Aussage entgegensteht, gilt in Deutschland das Prinzip: In dubio pro reo – im Zweifel für den Angeklagten. Erschwerend kommt hinzu, dass Staatsanwaltschaften Strafverfolgungsbehörden sind, die präventivbehördliche Zuständigkeit liegt bei Polizeien, Gerichten und Polizeibehörden (Ordnungsämtern) mit sozialmedizinischem Dienst. Opferberichte darüber, dass selbst mehrfach ausgestoßene Todesdrohungen letztlich konsequenzfrei blieben, gibt es zuhauf, während eine gerichtlich angeordnete *„präventive Ingewahrsamnahme"* nahezu nie erfolgt.

In Gesprächen mit Repräsentantinnen und Repräsentanten der Polizei wird ein hohes Maß an Frustration deutlich, weil die als dringend nötig erachteten Instrumentarien zum Schutz der betroffenen Frauen fehlen. Im Akutfall wird vom Einsatz am Tatort an eine Interventions- oder Koordinierungsstelle für häusliche Gewalt übergeben, die sich mit den von Gewalt Betroffenen in Verbindung setzt, um sie zu unterstützen und weiterführende Hilfen anzubieten. Die Einsatzkräfte dokumentieren ihren Einsatz über verwaltungsinterne Erhebungsbögen und erfassen, im besten Fall, über zusätzliche Risiko-Einschätzungsbögen[291] auch das Gefahrenpotenzial, das vom Täter ausgeht. Eine Gefährderansprache ist ebenso, wie die Gefährdetenansprache Teil des vorgegebenen Ablaufs. Nach dem Leitprinzip des Gewaltschutzgesetzes *„wer schlägt, der geht"* wird seitens der Polizei eine Wohnungsverweisung ausgesprochen, im Schnitt für vier Kalendertage. Diese soll die Betroffene in der Notsituation schützen und kann auf eine Gesamtdauer von 10 bis 14 Tage, in Nordrhein-Westfalen und dem Saarland im Bedarfsfall auch für bis zu 20 Tage (10 + 10) ausgeweitet werden. Danach muss, sofern die Betroffene es weiterhin als notwendig erachtet, beim zuständigen Familiengericht ein Annäherungsverbot nach dem Gewaltschutzgesetz beantragt werden, das in der Regel auf ein halbes Jahr befristet ist.

Das Ziel vieler Einsatzkräfte, die bedrohten, misshandelten oder/und verletzten Mädchen und Frauen besser schützen zu wollen, mündet im ohnmächtigen Gefühl, lediglich den Berichtsnachweis abgearbeitet zu haben, um im Ernstfall von Eigenverantwortung entbunden zu sein. Die in Deutschland praktizierte Handhabe ist nicht nur extrem demotivierend, sondern auch teuer und ineffizient. Aus dem Hilfesystem heraus wird ebenfalls kontinuierlich Resignation zurückgemeldet, weil Anträge auf ein Näherungsverbot bei den Familiengerichten regelmäßig an unüberwindbaren, strukturellen Hürden scheitern. Exemplarisch genannt wird das Fehlen von barrierefreien Zugängen (physisch und sprachlich), aber auch Widerstände (anteilig bis hin zur Verweigerungshaltung) von Rechtspflegenden, deren Aufgabe es ist, die eingereichten Anträge aufzunehmen und der zuständigen Familienrichterin bzw. dem zuständigen Familienrichter zur Entscheidung vorzulegen. Für den Staat wäre es ökonomisch weitaus sinnvoller, den Gewalttäter als Hauptmieter zu ersetzen und ihn mit einer Fußfessel und einem Bannkreis auszustatten, als die Zahl der benötigten Frauenhaus- und Kinderschutzplätze qua installierter Hindernisse und Passivität weiter in die Höhe zu treiben.

Anlässlich des Ersten Periodischen Sicherheitsberichts bilanzierten die (damals 26) Mitgliedsvereine des Dachverbands der Frauen- und Kinderschutzeinrichtungen, LAG gewaltfreies Zuhause Sachsen e.V., den beiden zuständigen Sächsischen Staatsministerien, für Inneres (SMI) einerseits und der Justiz und für Demokratie, Europa und Gleichstellung (SMJusDEG) andererseits, im April 2022 gravierende Missstände: Willkür bei der Annahme der Fälle, finanzielle Hürden, ein sehr heterogenes Niveau bezüglich der Informationsbereitstellung, ein vor allem im ländlichen Raum bestehender Mangel an spezialisierten Rechtsanwältinnen und -anwälten sowie fehlende Unterstützung bei der Beantragung eines Beratungsscheins. Darüber hinaus wurde kritisiert, dass von den sächsischen Gerichten kaum einstweilige Verfügungen erlassen würden, dass es keinen effektiven gerichtlichen Opferschutz gäbe, dass die Einordnung der Kindswohlgefährdung wegen häuslicher Gewalt fehle und dass Mütter regelmäßig durch standardisierte Wechselmodellentscheide[292] entrechtet würden. Außerdem würden Familiengerichte in Sachsen billigend über die Gefährdungssituation von Müttern und ihren Kindern anlässlich der Kindsübergabe hinweggehen, indem sie von der Anordnung, den Umgang des Gewaltausübenden für eine befristete Zeit auszusetzen, keinen Gebrauch machten. Auch dass Befragungen nahezu ausnahmslos im Beisein des Gewalttäters erfolgten, genau wie Antragstellungen auf ein Asylverfahren. Mit Video und Lautsprecher ausgestattete Zeugenschutzräume würden fehlen, ebenso eine niedrigschwellig zugängliche psychosoziale Prozessbegleitung für die von Gewalt betroffenen Mädchen und Frauen.

Die angemessene Sensibilisierung zum Thema häusliche Gewalt bzw. zur Istanbul-Konvention würde bei Exekutive und Judikative ebenso vermisst, wie das Bewusstsein für psychische, soziale, ökonomische und digitale Gewaltausübung im Kontext der Häuslichen Gewalt. Die 26 Trägervereine zeigten in ihrer gemeinschaftlichen Eingabe deutlich auf, dass keine nachhaltige Unterbrechung der Gewaltstrukturen möglich sei und sich die Gewaltkreisläufe wiederholen, auch, weil seitens des Freistaats Sachsen nach Kriseninterventionen bzw. dem Aufenthalt in einem Frauenhaus nahezu keine Trauma-Beratung oder/und Therapieplätze angeboten würden. Fast zeitgleich zu der eingereichten Stellungnahme muss das SMJusDEG in seiner Antwort auf eine Kleine Anfrage der Abgeordneten Sarah Buddeberg (Partei Die Linke) einräumen, dass Fälle von häuslicher Gewalt in Sachsen im Zeitraum 2018 bis

2021 um sieben Prozent angestiegen seien, während die Anzahl zur Verfügung gestellten Frauenschutzplätze um lediglich vier Prozent aufgestockt wurde.[293]

2022 ist ein Jubiläumsjahr, das Gewaltschutzgesetzes existiert in Deutschland seit 20 Jahren. Dieses Jahr markierte im Freistaat Sachsen ein Höchstmaß brutaler Gewalttaten von Männern gegen Mädchen und Frauen:

Im Februar erstach ein Deutscher seine 44-jährige Bekannte in ihrer Wohnung.[294]

Nach 45 Ehejahren erstach zehn Tage später ein Mann seine 63-jährige Frau.[295] Davor hatte er mit einem Baseballschläger auf sie eingeschlagen. Bei dem Ehepaar lebten auch zwei Hunde, die der Gewalttäter ebenfalls tötete.

Ebenfalls in Sachsen erstickte ein Deutscher einen Monat später seine 67-jährige Ehefrau.[296]

Am Ostermontag tötete ein Mann sowohl seine 69-jährige Ehefrau als auch seine 34-jährige Nachbarin, eine Kindsmutter, mit einer Schusswaffe.[297]

Ein mehrfach polizeibekannter, vorbestrafter Drogenkonsument und Gewalttäter stach im August im öffentlichen Raum auf seine Nachbarin, die 46-jährige L., ein. Sie verstarb noch in der Notaufnahme in der Klink.[298]

Im Oktober erstach ein Deutscher seine zum Tatzeitpunkt 31-jährige Freundin.[299]

Nur einen Tag später, im Oktober, erstach ein Gewalttäter seine 31-jährige Ehefrau, mutmaßlich im Beisein des gemeinsamen, ca. zwei Jahre jungen Sohnes.[300]

Die 31-jährige M. wurde im November erstochen in einem Hotelzimmer aufgefunden.[301] Der deutsche Täter aus Sachsen-Anhalt war ihr Freier.[302]

Ein weiterer deutscher Staatsbürger tötet im November seine Lebensgefährtin, die 52-jährige K.[303]

Im Dezember 2022 tötet ein Gewalttäter seine 62-jährige Mutter K. mit einem Kopfschuss, bevor er in der vorweihnachtlich gefüllten Innenstadt „Amok-Alarm" auslöst: Zunächst stürmte der Bewaffnete zum Studio von „Radio Dresden", dabei hatte er das 9-jährige Kind einer Bekannten in seiner Gewalt. Dort schoss er wild um sich. Daraufhin nahm er in einem Drogeriemarkt im Zentrum eine weitere Geisel, die 38-jährige Filialleiterin. Die sächsische Innenstadt wurde abgeriegelt, der weltbekannte Weihnachtsmarkt blieb bis zum Nachmittag geschlossen, insgesamt waren rund 300 Einsatzkräfte im Einsatz. K. hatte noch am Morgen um 6.51 Uhr die 112 gewählt: Ihr Sohn drehe durch, wolle sich und andere töten, schrieb „Bild".[304] „Sachsens Innenminister Armin Schuster, wird im Bericht der „Zeit" indirekt zitiert: „Er sei entsetzt über die Tat eines vermutlich psychisch verwirrten Einzeltäters".[305]

Ende April 2023 hat der Freistaat Sachsen den Ersten Periodischen Sicherheitsbericht veröffentlicht. Die faktenbasiert kritische Stellungnahme der LAG gewaltfreies Zuhause Sachsen e. V. findet sich nur in einer stark bereinigten Version im Bericht von SMI und SMJusDEG wieder.[306] Dabei weist (auch) diese Stellungnahme einen weiteren blinden Fleck innerhalb der deutschen Gewaltstruktur auf: Nach wie vor finden Unterhalts- und Sorgerechtsverhandlungen von den strafrechtlich relevanten Gewalttaten der Väter abgekoppelt statt. Die Istanbul-Konvention definiert das Vorgehen zum Sorgerecht in Artikel 31 klar und opferzentriert: *„Die Vertragsparteien treffen die erforderlichen gesetzgeberischen oder sonstigen Maßnahmen, um sicherzustellen, dass in den Geltungsbereich dieses Übereinkommens fallende gewalttätige Vorfälle bei Entscheidungen über das Besuchs- und Sorgerecht betreffend Kinder berücksichtigt werden".* Weiter heißt es: *„Die Vertragsparteien treffen die erforderlichen gesetzgeberischen oder sonstigen Maßnahmen, um sicherzustellen, dass die Ausübung des Besuchs- oder Sorgerechts nicht die Rechte und die Sicherheit des Opfers oder der Kinder gefährdet".*[307] Trotz der unzweideutigen Gesetzesvorgaben kommt es allein aufgrund struktureller Verwaltungsprozesse immer wieder dazu, dass Frauen oder/und ihre Kinder im Zuge einer Kindsübergabe attackiert werden, viel zu häufig tödlich.

Wie tief die Kluft zwischen dem europäischen Gewaltschutzgesetz einerseits und der Realität in der deutschen Rechtsprechung andererseits ist, wird beim Lesen des Erläuternden Berichts[308] der Istanbul-Konvention deutlich in dem nicht von *„dürfen"* oder *„können"*, sondern von *„müssen"* die Rede ist: *„Mit dieser Bestimmung soll dafür Sorge getragen werden, dass die Behörden keine Anordnungen zum persönlichen Umgang erlassen, ohne dabei in den Anwendungsbereich dieses Übereinkommens fallende Gewalttaten zu berücksichtigen. Sie betrifft richterliche Anordnungen, welche den Kontakt zwischen Kindern und ihren Eltern und sonstigen Mitgliedern ihrer Familie regeln. Neben anderen Faktoren müssen Gewalttaten gegen ein nicht misshandelndes Elternteil oder gegen das Kind selbst beim Fällen von Entscheidungen zum Sorgerecht,* *zur Häufigkeit des Besuchsrechts oder zum persönlichen Umgang berücksichtigt werden".* [309]

Der belegten Gefährdungssituation von Mutter und Kind(ern) im Rahmen von Übergaben wurde seitens des Europarats Rechnung getragen: *„In Fällen häuslicher Gewalt stellen Fragen bezüglich der gemeinsamen Kinder häufig die einzige Verbindung dar, die zwischen Opfer und Straftäter bzw. Straftäterin bestehen bleibt. Für viele Opfer und ihre Kinder kann die Einhaltung gewisser Anordnungen zum persönlichen Umgang eine große Gefährdung der Sicherheit bedeuten, da sie oftmals ein direktes Zusammentreffen mit dem Gewalttäter bzw. der Gewalttäterin nach sich zieht. In diesem Sinne wird in diesem Absatz die Verpflichtung dargelegt zu gewährleisten, dass die Sicherheit der Opfer und ihrer Kinder nicht noch mehr beeinträchtigt wird."*

Als sei die verpflichtende Formulierung im Gesetzestext beim Bundesjustizministerium gänzlich unbekannt, wurde Mitte Januar 2024 unter Bundesjustizminister Buschmann ein Eckpunktepapier zum Kindschaftsrecht veröffentlicht, in dem wörtlich zu lesen ist: *„In familiengerichtlichen Verfahren soll insbesondere das Prinzip der Mündlichkeit der Verhandlungen gestärkt werden. Wenn häusliche Gewalt festgestellt wird, soll dies in einem Umgangsverfahren zwingend berücksichtigt werden".* [310] Während die Istanbul-Konvention seit mehr als sechs Jahren für Deutschland rechtsbindend ist, agiert das Bundesjustizministerium unter Marco Buschmann im Konjunktiv: Abseits vom vorgegebenen *„müssen"* wird die Schutzvorgabe zum *„sollen"* aufgeweicht.

Für Menschen, denen eine Angehörige und/oder ein Kind über einen Femizid genommen wird, ist es wichtig, zu wissen, was genau dem von ihnen geliebten Menschen passiert ist. So grausam die Einzelheiten zu den Tötungsdelikten auch sein mögen – wie für alle anderen von Verbrechen Betroffenen ist die Ungewissheit der am schwersten aushaltbare Zustand. Der Wunsch nach Klarheit wird in Deutschland immer dann verweigert, wenn sich die Gewalttäter im Nachgang an ihre Straftat ihrer Verantwortung entziehen, indem sie sich suizidieren. Denn nach § 206a der deutschen Strafprozessordnung muss ein Gericht bei einem sogenannten Verfahrenshindernis den Prozess einstellen. [311] Der Tod eines Beschuldigten bzw. Angeklagten ist ein solches Hindernis: Gegen Tote kann nicht ermittelt werden.

II. Deutsche Femizide

Ein frühes Beispiel für den negierenden Umgang mit tödlicher Männergewalt ist der Femizid gegen Petra Karin Kelly († Oktober 1992) durch Gert Bastian, den sein Sohn laut „Deutschlandfunk" bereits kurz nach dem Tötungsdelikt als einen „Akt fürsorglicher Gewalttätigkeit" verharmloste.[312] Noch heute findet sich sein Buch zum Femizid des Vaters in der Deutschen Nationalbibliothek lediglich unter den Schlagworten „Kelly, Petra K.; Zweierbeziehung; Suizid; Bastian, Gert".[313] Selbst die Staatsanwaltschaft in Bonn betrieb aktive Realitätsverfremdung, indem sie zum Abschluss ihrer Ermittlungen in die Presseerklärung schrieb, es gäbe „keinen Anlass, an einem Selbstmord der beiden zu zweifeln".[314] Es stand zweifelsfrei fest, dass Petra Karin Kelly sich nicht selbst erschossen hat. Sondern vielmehr, dass es ihr Partner, der seine Ehefrau in München nie aufgegeben hatte, war, der gezielt und abgedrückt hat. Es darf nicht unerwähnt bleiben, dass im Fall der Fremdtötung von Petra Karin Kelly auch eine Tötung auf Verlangen diskutiert wird.

Für viele Angehörige und Hinterbliebene ist es eine extreme Belastung, dass Täter sich qua Suizid ihrem Prozess, d. h. ihrer Verantwortung entziehen. Viele wollen den Tötern in die Augen sehen, wünschen sich Antworten, eine Herleitung, eine Erklärung, oder/und eine aufrichtige Bitte um Verzeihung, zumindest ein Strafverfahren, über das der Staat das erlittene Unrecht beurkundet und ein Weiterleben ohne quälende Zweifel ermöglicht.

Die 24-Jährige A. war mit ihrem Freund auf einer Wohnmobil-Tour durch Skandinavien unterwegs. Anfang Oktober 2023 fand man ihre Leiche an einem See in Norwegen. Die Ermittlungen in Zusammenarbeit mit den norwegischen Behörden ergaben, dass der Mann den Femizid mutmaßlich mit einer mitgebrachten Pistole ausgeführt hatte. Einer von zwei abgefeuerten Schüssen traf direkt das Herz von A. Im Anschluss an das Verbrechen soll der Deutsche unter anderem ihr Mobiltelefon, ihr iPad sowie ihr Portemonnaie entwendet haben, bevor er ihren Leichnam mit einer brennbaren Flüssigkeit übergoss und anzündete. Im Januar 2024 erhob die Staatsanwaltschaft Münster entsprechend Anklage gegen ihn: Wegen Mord, Raub mit Todesfolge, Computerbetrug und Verstoß gegen das Waffengesetz. Fast zwei Monate nach der Anklageerhebung, im März 2024, wurde der Suizid des Angeklagten, der die Tat auch in Untersuchungshaft sitzend noch leugnete, durch die Justizvollzugsanstalt in Duisburg-Hamborn bestätigt.[315] Das „Verfahren wird aufgrund des Todes des Beschuldigten nicht fortgeführt", so die Staatsanwaltschaft Münster.[316]

Angehörige und Hinterbliebene müssen lernen, dass sie die genauen Umstände, unter denen ihre Liebsten aus dem Leben gerissen wurden, in Deutschland oftmals nicht erfahren. Dass die Ermittlungen eingestellt werden, weil der für das Leid Verantwortliche sich suizidiert, ist eine große, zusätzliche Belastung und verbannt die Trauernden ein weiters Mal in eine schmerzvolle Ohnmacht. Dem gegenüber stehen einmal mehr die Interessen der Täter im Vordergrund: Unter Strafandrohung wird die Unschuldsvermutung eingefordert, selbst dann, wenn es keinerlei dubio (Zweifel) an der Täterschaft gibt. In der Berichterstattung von Betroffenen fallen immer wieder Familienangehörige der Täter auf, die sich in Gänze verweigern, wenn es darum geht, sich (selbst) reflektierend mit der Tat des verbrecherischen Familienmitgliedes auseinanderzusetzen. Besonders häufig ist dieses Verhalten im Zuge von Kindstötungen gegen die Mutter zu beobachten. Anteilig tritt die familiäre Leugnung sogar in Kombination mit grotesken Schuldzuweisungen gegen die hinterbliebenen Mütter auf.

Unter dem dringenden Tatverdacht, seine fünf Jahre jüngere Ehefrau L. erwürgt zu haben, wurde in Nordrhein-Westfalen nach einem Mann gefahndet. Die Leiche der tagelang vermissten Mutter konnte im September 2024 unter einer Terrasse geborgen werden. Den mutmaßlichen Täter fand die Polizei erst, nachdem er sich erhängt hatte.

Sechs Tage nach dem Femizid gegen eine 44-jährige Frau in Sachsen war Ende September 2024 in den „Dresdner Neueste Nachrichten" Folgendes zu lesen: „,Wir werden das Verfahren zeitnah einstellen', sagt Oberstaatsanwältin (…). Der Tod des Beschuldigten ist ein Verfahrenshindernis. Rechtlich gesehen gilt er zwar weiter als verdächtig, seine Frau getötet zu haben, aber trotzdem als unschuldig. Denn ohne rechtskräftiges Gerichtsurteil bleibt die Unschuldsvermutung intakt".[317] Der dringend tatverdächtige Ehemann hatte sich selbst getötet und damit seiner Verantwortung entzogen.

In Bayern brachte ein Arzt im August 2024 seine 52-jährige Freundin um, bevor er sich suizidierte.[318] Ihr erwachsener Sohn entdeckt ihre Leiche, weil er sich Sorgen um seine Mutter machte, nachdem er tagelang nichts von ihr gehört hatte.[319]

In Rheinland-Pfalz brachte im Juni 2024 ihr Ex-Partner die erst 24-jährige C. um, dann suizidiert er sich. C.'s Mutter hatte sich verschuldet, um ihrer Tochter das Leben als Krankenschwester in Deutschland zu ermöglichen. Ihre Tochter war erst seit ca. einem halben Jahr in Deutschland. Nach dem Femizid hat ein Crowdfund die Rückführung der Leiche von C. nach Marokko ermöglicht.[320]

Im Juni 2024 wurde publik, dass der mutmaßliche Mörder von U., die im Mai 2024 in einer Hofeinfahrt in Berlin erstochen wurde, auch seine eigene 76-jährige Mutter umgebracht hat, bevor er sich suizidierte.[321]

Mit „stumpfer Gewalteinwirkung" tötete im Juni 2024 ein Ehemann in Hessen seine 61-jährige Frau und suizidierte sich im Anschluss, indem er absichtlich gegen eine Hauswand raste. Zeugen berichteten, dass er zunächst die ansteigende Straße bergauf fuhr, dort wendete und dann bei einer Geschwindigkeitsbegrenzung von 50 km/h, mit Vollgas und ca. 140 km/h durch den Ort fuhr und gezielt auf ein Haus zusteuerte. Die Wucht des absichtlich herbeigeführten Aufpralls setzt die Statik des Hauses außer Kraft und machte es unbewohnbar.[322]

In Hessen wurde im April 2024 die Leiche der 44-jährigen N. gefunden. N. hatte sich zum Jahresbeginn von ihrem deutschen Ehemann getrennt, lebte in der Schweiz, war Mutter von zwei Söhnen und galt seit dem 12. April als vermisst. Nach dem Fund ihrer Leiche im Main fand ein Polizeieinsatz auf dem Anwesen des Ehemannes in der Schweiz statt, bei dem dieser tot aufgefunden wurde.[323] Während der Suizid in der Schweiz detailliert für die Schweizer Statistik aufgearbeitet wird, wurden die Ermittlungen in Deutschland zu den Umständen, die zu N.'s Tod geführt haben, eingestellt.

Im März 2024 tötete ein Mann in Nordrhein-Westfalen seine 65-jährige Ehefrau durch massive Gewaltanwendungen gegen ihren Kopf, bevor er sich suizidierte.[324]

Als „Tragödie" verkaufte die Zeitung „Fränkischer Tag", dass ein Gewalttäter im Februar 2024 in Bayern seine 55-jährige Ehefrau erstach, bevor er sich erschoss.[325]

Wenn ein Mann verzweifelt ist, kann er sein Leben beenden. Die subjektiv empfundene innere Ausweglosigkeit und Verzweiflung eines Gewalttäters allerdings, ist strikt vom Leben einer Frau zu separieren, insbesondere dann, wenn er sie im Zuge seiner Hybris possessiv zu „*seiner*" deklariert hat: Die Begrifflichkeit „*Eifersucht*" ist dann nichts anderes, als die Umschreibung eines unberechtigten und übergriffigen Besitzanspruchs. Fundierte Studien, die belegen, dass die emotionale Befindlichkeit der Männer (innere Ausweglosigkeit und Verzweiflung), etwas anderes ist, als purer Narzissmus, einhergehend mit der Unfähigkeit, eine als selbstverständlich vorausgesetzte, aber nicht erwiderte Liebe aushalten zu können, liegen bis heute nicht vor.

Justitia wird in der Kunst mit drei Attributen dargestellt: Während das Schwert die Härte des Strafmaßes symbolisiert und die Waage an das sorgsame Abwägen erinnert, steht ihre Augenbinde für eine gerechte Beurteilung ohne Ansehen der Person. Bei Femiziden in Deutschland scheint es, als stehe die Augenbinde für juristische Erblindung. Mit seinem Urteil vom 29. Oktober 2008 sprach der Bundesgerichtshof (BGH 2 StR 349/08[326]) Recht, indem er konstatierte *„dass nicht jede Tötung, die geschieht, weil sich der (frühere) Partner vom Täter abwenden will oder abgewandt hat, zwangsläufig auf niedrigen Beweggründen beruht. Vielmehr können in einem solchen Fall tatauslösend und tatbestimmend auch Gefühle der Verzweiflung und inneren Ausweglosigkeit sein, die eine Bewertung als ‚'niedrig‘ im Sinne der Mordqualifikation namentlich dann als fraglich erscheinen lassen können, wenn – wie hier – die Trennung von dem Tatopfer ausgeht und der Angeklagte durch die Tat sich dessen beraubt, was er eigentlich nicht verlieren will".*

Dieses Urteil wurde von verschiedenen Institutionen, u. a. dem deutschen Juristinnenbund,[327] immer wieder kritisiert, zum einen, weil es Frauen zum Besitz degradiert (Raub setzt Besitz voraus), zum anderen, weil die Unfähigkeit der Täter, die eigenen Gefühle nicht koordinieren und noch weniger kontrollieren zu können, keinen strafmaßmildernden Belohnungseffekt zur Folge haben darf, indem ein Mord zum Totschlag beschönigt wird.

Letztlich widerspricht auch der Ansatz, einer Frau über ihre Trennung (-absicht) eine Mitschuld an der Beendigung ihres eigenen Lebens zuzuweisen, in Gänze den Vorgaben der der Istanbul-Konvention: Die Betrachtung und Bewertung der Straftat hat opferzentriert zu erfolgen. So ist in *„Artikel 46 – Strafschärfungsgründe"* explizit verschriftlicht, dass die Vertragsparteien die erforderlichen gesetzgeberischen oder sonstigen Maßnahmen zu treffen haben, um sicherzustellen, dass (auch) eine Straftat, die *„gegen eine frühere oder derzeitige Ehefrau oder Partnerin im Sinne des internen Rechts beziehungsweise gegen einen früheren oder derzeitigen Ehemann oder Partner im Sinne des internen Rechts oder von einem Familienmitglied, einer mit dem Opfer zusammenlebenden Person oder einer ihre Autoritätsstellung missbrauchenden*

Person begangen" wurde, bei der Festsetzung des Strafmaßes als erschwerend berücksichtigt werden kann.[328]

Ein weiterer blinder Fleck in Deutschland ist der Verweis auf die vermeintliche Motivation *„im Namen der Ehre"*. Die Begrifflichkeit umschreibt männliche Selbstermächtigung bzw. -überhöhung.

> Das wird u. a. an einem Femizid in Niedersachsen sehr deutlich, bei dem ein Ehemann seine 50-jährige Frau mit 29 Messerstichen umgebracht hat. Zu seiner Verteidigung führte der Angeklagte im Mai 2024 an, seine Frau, die Mutter seiner Kinder, habe ihm zweimal vorgeworfen, dass er in ihren Augen kein richtiger Mann sei. Als solcher hätte er seine Kinder richtig erzogen und sie würden sich anders verhalten. Mit dieser Äußerung habe seine Frau, der Prägung seines irakischen Kulturkreises folgend, ausgedrückt, dass er im Grunde einer Frau gleichzusetzen sei.[329]

Eine derartige Verteidigungsstrategie ist nach der Istanbul-Konvention unzulässig. Gemäß *„Artikel 42 – Inakzeptable Rechtfertigungen für Straftaten, einschließlich der im Namen der sogenannten ‚Ehre' begangenen Straftaten"* sind die Vertragsstaaten verpflichtet, die erforderlichen gesetzgeberischen oder sonstigen Maßnahmen zu treffen, *„um sicherzustellen, dass in Strafverfahren, die in Folge der Begehung einer der in den Geltungsbereich dieses Übereinkommens fallenden Gewalttaten eingeleitet werden, Kultur, Bräuche, Religion, Tradition oder die sogenannte ‚Ehre' nicht als Rechtfertigung für solche Handlungen angesehen werden. Dies bezieht sich insbesondere auf Behauptungen, das Opfer habe kulturelle, religiöse, soziale oder traditionelle Normen oder Bräuche bezüglich des angemessenen Verhaltens verletzt"*. [330]

Die Vokabeln *„Ehre"* und *„Kränkung"* übertünchen den Kern des Problems. Während die vermeintliche *„Ehre"* vorwiegend bei Straftaten von nichtdeutschen Staatsbürgern verwandt wird, referenzieren deutsche Täter und deutsche Strafverfolgungsbehörden im Zuge des heimischen Passes auf *„Kränkung"*. Auf staatlicher Seite gibt es offensichtliche Unsicherheiten, die Staatsbürgerschaft betreffend, anders ist der Passus in *„Häusliche Gewalt – Bundeslagebild 2023"* des Bundeskriminalamtes nicht erklärbar: *„Die PKS differenziert zwischen deutschen und nichtdeutschen Tatverdächtigen, berück-*

sichtigt aber bei den deutschen Tatverdächtigen keinen eventuellen Migrationshintergrund".[331] Der deutsche Staat muss sich irgendwann entscheiden: Entweder ist ein Mensch deutsche/r Staatsbürgerin oder -bürger, oder eben nicht. Nach Anerkennung der deutschen Staatsbürgerschaft einen *„eventuellen Migrationshintergrund"* zu erwägen, spiegelt die latente Fremdenfeindlichkeit, die auch medial immer wieder zu Tage tritt und insbesondere im Kontext von Kapitalverbrechen eine nicht hinnehmbare, pauschale Stigmatisierung mit sich bringt. Ob *„Ehre"* oder *„Kränkung"* – gemeint ist jeweils die exakt gleiche männliche Egozentrik. Beide Formulierungen verdecken, dass der Mann sich der Frau als der Überlegene, hierarchisch höher gestellte Mensch wertet: Selbstermächtigung. Formulierungen, die diesen Narzissmus verklären, dienen ausschließlich als Instrument, um von fehlendem Bewusstsein für Gleichberechtigung und Gleichstellung abzulenken.

Das Landgericht Bremen sprach am 5. Juni 2024 einen Mörder schuldig und verurteilte ihn zu einer lebenslangen Haft. Der Sender „Norddeutscher Rundfunk" gibt die Urteilsbegründung so wieder: „Die Vorsitzende Richterin sah das Mordmerkmal ‚niedriger Beweggrund' als erwiesen an. Der Mann habe gedacht, seine 23 Jahre alte Schwester umbringen zu müssen, um vermeintlich seine Ehre und die Familienehre wiederherzustellen. Allerdings bezeichnete sie den Begriff ‚Ehrenmord' als unpassend, weil er ein ehrenhaftes Motiv suggeriere. Vielmehr müsse man von „Kontrollmord" sprechen. Auch der Begriff Femizid sei angebracht, weil das Opfer getötet wurde, weil es eine Frau war".[332]

Bereits in der Präambel der Istanbul-Konvention wird die fehlende Gleichstellung als Ursache männlicher Gewalt ausgewiesen: *„in Anerkennung der Tatsache, dass Gewalt gegen Frauen der Ausdruck historisch gewachsener ungleicher Machtverhältnisse zwischen Frauen und Männern ist, die zur Beherrschung und Diskriminierung der Frau durch den Mann und zur Verhinderung der vollständigen Gleichstellung der Frau geführt haben".*[333] Dieses eklatante Defizit besteht länderübergreifend. Dennoch wird selbst aus der Regierung Deutschlands heraus aktiv versucht, die Gesetzgebung zum Ausgleich ungleicher Machtverhältnisse zwischen Frauen und Männern zu unterwandern. Die offizielle Antwort[334] der Regierung auf eine Kleine Anfrage lautet noch im

II. Deutsche Femizide

Januar 2022: „*Es ist beabsichtigt, eine ressortübergreifende politische Strategie gegen Gewalt zu entwickeln, die Gewaltprävention und die Rechte der Betroffenen in den Mittelpunkt stellt. Es ist vorgesehen, dass die Erarbeitung dieser Strategie für alle Betroffenen von Gewalt im Sinne der Istanbul-Konvention, d. h. auch für Männer, soweit sie von der Istanbul-Konvention umfasst sind, erfolgen wird*". [335] Die Istanbul-Konvention umfasst keinerlei staatsverpflichtenden Schutzauftrag zu Gunsten von Männern.

Irina

FEMIZID – Mord an der Mutter – Eine Tochter erzählt

Ich dachte immer, dass ich in einer ganz normalen durchschnittlichen Familie lebte – Vater, Mutter, zwei Geschwister. Ich selbst bin verheiratet. Wir haben zwei bezaubernde Mädchen an der Hand, Eigenheim mit Garten, gute Jobs, Freunde, Hobbys. Alles wie im Bilderbuch, sollte man meinen. Im Januar 2020 dann die Kehrtwende, alles brach auseinander, nichts in meinem Leben war mehr so, wie gehabt. Nicht einmal in meinem schlimmsten Albtraum hätte ich es mir so ausmalen können.

Es war ein grauer Sonntag, der 5. Januar 2020. Mitten in der Stadt, wo ich seit meinem 5. Lebensjahr lebte, mitten auf der Straße, am helllichten Tag, erschoss mein Vater meine Mutter, weil sie ihn sechs Wochen zuvor verlassen hatte. Sie wollte heraus aus einer Ehe, die sie so nicht mehr wollte. Die Kugel traf sie aus nächster Nähe. Sie verblutete innerlich und verstarb noch vor Ort an ihren Verletzungen. Jede Hilfe kam zu spät.

An dieser Stelle möchte ich mich noch einmal bei allen hinzugekommenen Helfern vor Ort bedanken – bei dem Ehepaar, welches sich meinem Vater in den Weg gestellt hat, nachdem er nach der ersten Schussabgabe meiner Mutter über die Straße folgte und noch einmal auf sie zielen wollte, und sich dieses Ehepaar damit unwissend selber in Gefahr begeben hat. Bei der Krankenschwester, die mit ihrer Familie angehalten hat und meiner Mutter in ihren letzten Minuten zur Seite stand. Bei dem Maler aus dem Nachbarort, der meinen Vater von hinten überwältigt hat. Bei dem Polizisten, der privat unterwegs war, und geholfen hat meinen Vater zu sichern. Bei einem zweiten Ehepaar, welches den Notruf noch ein weiteres Mal abgesetzt hat. Beim Rettungsteam und der Notärztin, die sicherlich alles Menschenmögliche vor Ort gegeben haben, um das Leben meiner Mutter zu retten, und bei der Feuerwehr, die den Tatort mit einem Zelt vor weiteren Schaulustigen abgesichert hat. Sie alle haben meinen Dank für diese Menschlichkeit und Zivilcourage verdient.

Irina

Als ich meine Mutter das erste Mal in der neuen Wohnung besucht hatte, war ich geschockt. Ich meine, ich wusste, dass sie nur das Nötigste eingepackt hatte, aber tatsächlich zu sehen, dass sie in einer komplett leeren Wohnung lebte, ohne Küche, ohne Bett und Schrank und nur mit zwei alten Stühlen des Vermieters, einer Schlafpritsche, Anziehsachen in Säcken und ein paar Hygieneartikeln im Bad, war etwas ganz Anderes.

Das, was sich mir ins Gedächtnis gebrannt hat, ist zum einen das was sie bei diesem Besuch zu mir gesagt hatte, dass ich mir keine Sorgen machen muss, sie wird es sich hier gemütlich einrichten und es ihr hier gut geht und sie endlich ruhiger schlafen kann und zum anderen das Betreten der Wohnung nach ihrem Tod. Ich blickte direkt an der Eingangstür durch die offenstehende Schlafzimmertür auf ihr mittlerweile neu gekauftes Bett, wo die Bettwäsche und der Pyjama ordentlich zusammengelegt waren. Ganz in der Annahme, dass sie sich abends wieder diesen Pyjama anziehen und sich wieder in ihr Bett legen würde. Stattdessen wurde sie am Tatort von der Rechtsmedizin in einem Sarg abgeholt.

Freud und Leid liegen ja bekanntlich oft beieinander. Sechs Tage vor der Tat erfuhr ich, dass ich schwanger war. Wir freuten uns sehr auf den Nachwuchs und unser drittes Wunschkind. Alles passierte in nur einer Woche. Am Montag die frohe Botschaft, am Sonntag die Hiobsbotschaft. Ich hatte nur sechs Tage, mich über die Schwangerschaft zu freuen, musste mich dann der Übelkeit hingeben, und hoffen, dass dieses kleine Wesen, das da gerade in mir heranwuchs, die ersten zwölf Schwangerschaftswochen übersteht. Ich bin zu allen Vorsorgeterminen beim Frauenarzt gegangen und wurde überwacht. Aber der Mord an meiner Mutter überschattete alles. Ich hatte keine Energie und zeitweise auch keinen Lebenswillen mehr. Mein Mann und unsere beiden Töchter haben mich in der Zeit am Leben gehalten, mich meinen Alltag irgendwie meistern lassen. Das erste Trimester verstrich ohne Komplikationen, das Kind entwickelte sich altersentsprechend und der Bauch wuchs schnell. Aber als reichte das Erlebte nicht schon aus, kam es, wie es kommen musste. Im fünften Monat die nächste Hiobsbotschaft. Das Kind lebte nicht mehr und ich gebar meinen Sohn still im selben Krankenhaus, wo auch schon meine beiden anderen Kinder das Licht der Welt erblickten. Hinzu kam, dass wir mitten in der Coronazeit steckten und mein Mann mich bei diesem schweren Gang nicht begleiten durfte. Wir beerdigten also auch unser Kind fast drei Monate nachdem wir meine Mutter zu Grabe getragen haben.

Wenn die eigene Mutter durch die Hand des Vaters getötet wird, gehört das zu den absolut unvorstellbaren Ereignissen, von denen ich früher dachte, dass sie nur in Krimis vorkommen. Damals brach, wie bereits geschrieben, eine Welt für mich zusammen. Ich fühlte mich wie in eine Seifenblase gepackt, mit Watte im Kopf, und abgekoppelt vom Rest der Welt, und doch drehte sich eben diese Welt einfach weiter.

Für mich begann eine unfassbar schwierige Zeit. Ich hatte plötzlich mit der Kriminalpolizei, Zeugenvernehmungen und Zeugenaussagen, der Presse, Schaulustigen, dem Weißen Ring, Psychotherapeuten, Bestattern, Seelsorgern, Pfarrern und einer Trauerbegleiterin, Anwälten und anderen Justizangestellten zu tun. Mein Umfeld war froh, dass ich Hilfe bekam, wusste doch selbst keiner so recht, wie mit mir umzugehen ist. Ich hatte damals die Vorstellung, dass das, was mir widerfahren war, so furchtbar und einzigartig sein musste, da ich niemanden kannte, dem so etwas Schlimmes passiert war. Wie gesagt, in meiner Welt kam so etwas nur in Film und Fernsehen vor. Ich hörte den Begriff Femizid oder auch Istanbul-Konvention erst sehr viel später. Mir war nicht klar, wie vielen Frauen dieses Schicksal widerfährt und wie viele Frauen und Mädchen unter der strukturellen Gewalt leiden.

Ich suchte mir also einen Anwalt für Strafrecht, der auch die Opferseite vertritt, und saß in der Nebenklage. Nach unzähligen gelesenen Seiten durch die Ermittlungsakten, dann ein halbes Jahr später die Gerichtsverhandlung. Vor einigen Jahren wurden hier die Opferrechte weiter gestärkt, so dass es mir rechtlich zumindest möglich war, am Strafprozess teilzunehmen. Ich saß meinem Vater plötzlich gegenüber. Schwierig zu beschreiben, was man da denkt und fühlt – Trauer, Wut, Ohnmacht, nur um einige vordergründige Gefühle zu nennen. Alles gleichzeitig und in so einer Intensität, dass ich es kaum aushalten konnte. Trotz allem hatte ich zum damaligen Zeitpunkt den dringenden Wunsch, an allen fünf Prozesstagen anwesend zu sein, weil mein Verstand einfach nicht begreifen wollte, was dort passiert war. Ich hatte mir Antworten auf meine Fragen gewünscht, eine Erklärung für das Ganze, damit in meinem Kopf endlich Ruhe einkehren konnte. Ich war und bin meinem Anwalt sehr dankbar, dass er sein Herz am rechten Fleck hat und mich so gut es ging da durch begleitet hat.

Ich musste mich mit folgenden Fragen *„Wie wollt ihr gegen Euren Vater vorgehen?"* oder *„Plädiert ihr ebenfalls auf Mord, so wie die Staatsanwaltschaft?"* auseinandersetzen. Als mein Vater festgenommen wurde, saß er wegen Totschlags in Untersuchungshaft. Ich erinnere mich noch, wie auch dies für meinen Verstand nicht zu greifen war. Als jedoch die Anklage geschrieben war und mir eine Abschrift durch meinen Anwalt zukam, wurde diese aufgrund der Beweisführung auf Mord geändert. Ich konnte die oben genannten Fragen meines Anwalts nicht beantworten, weil ich die ganze Zeit nur denken konnte, dass wir doch Gesetze haben und diese eindeutig sein sollten, und wenn es Mord war, dann sollte ganz automatisch so entschieden werden. Heute weiß ich, dass es eben nicht so ist und viele Täter nach einem Femizid nicht wegen Mordes verurteilt werden. Nach insgesamt fünf Verhandlungstagen dann die Urteilsverkündung – lebenslange Freiheitsstrafe wegen Mordes. Und das, weil man (s)eine Frau so sehr liebt. Diese Aussage wird öfter getätigt und in Zeitungsartikeln wiedergegeben. Doch man(n) tötet nicht aus Liebe.

Nicht einmal hier in der Gerichtsverhandlung fiel der Begriff *„Istanbul-Konvention"* oder das Wort *„Femizid"*. Das Einzige, was ansatzweise in diese Richtung ging, war das Plädoyer des Staatsanwalts. Er sagte, dass verbale und psychische Gewalt ebenso Gewalt bedeutet und gleichzusetzen ist mit physischer Gewalt und dass ein Mann, der seine Frau als seinen Besitz ansieht und sein Gesicht nicht verlieren will, nur weil sie ihn verlassen hat, ebenfalls ins Gewicht fällt.

Ich kann mich noch an meine Erleichterung erinnern, dass das überhaupt Raum gefunden hat in der Verhandlung und dass es auch benannt wurde, weil es die Sache so trefflich beschreibt. Das Wort *„Patriarchat"* hatte ich bis dahin gehört, aber hier erst das gesamte Ausmaß dessen verstanden.

Im Laufe der Zeit habe ich viele Berichterstattungen über Frauenmorde gelesen, wo anders entschieden wurde. Wo Täter nur wegen Totschlags verurteilt wurden. Ich frage mich, wie das sein kann. Wie kann ein Täter, der seine Frau mit 29 Messerstichen ermordet, nur wegen Totschlags verurteilt werden? Er hatte mindestens 28 Mal die Chance, aufzuhören. Bei solchen Taten habe ich den Begriff der Übertötung zum ersten Mal gelesen. Wie kann es sein, dass alleine die Tatsache, dass ein Mann 29 Mal auf seine Frau einsticht, nicht ausreicht, ihn wegen Mordes zu verurteilen?

Der Weiße Ring stand mir zur Seite und hat in alle Richtungen geholfen, zu vermitteln und über die nun bestehenden Möglichkeiten informiert. Über die Empfehlung eines Anwalts bis hin zur Möglichkeit der Antragstellung zur Opferentschädigung. Die Tortur, die man auf sich nimmt, wenn man einen Antrag zur Opferentschädigung stellt, kann einem ebenfalls keiner abnehmen und der Ausgang ist immer ungewiss. Aber diese Thematik würde ein eigenes Buch füllen. Ich möchte an dieser Stelle nur darauf aufmerksam machen, dass man sich in diesem Verfahren einer immer wieder erneuten Retraumatisierung aussetzt. Hat man versucht, irgendwie wieder ein normales Leben aufzunehmen, wird man hier durch Telefonate, Briefe, Bohren in der Vergangenheit und das immer wieder Erzählen des Geschehens, um seinen inneren Frieden gebracht. In meinem Fall gab es eine Anerkennung eines Schadens, allerdings hat es mich auch viele Tränen, schlaflose Nächte, ein Gutachten bei einem Psychiater und wieder mal Gespräche beim Anwalt gekostet. Ich weiß nicht, ob sich dieser ganze Aufwand und Schmerz, über die Jahre, die so ein Antrag benötigt, für den anerkannten Schaden gelohnt hat. Ich bin aufgrund der bis heute bestehenden PTB[336] nicht zu 100 % einsatzfähig und musste meine Arbeitszeit auf die Hälfte reduzieren.

Acht Monate nach der Urteilsverkündung habe ich meinen Vater das erste Mal in der JVA besucht. Auch hier hat es viel Vorbereitung und viele Therapiestunden gebraucht. Auf mein Nachfragen hin wurden mir Sonderregeln genehmigt. Ich konnte mir nicht vorstellen und war auch nicht in der Lage, ihn im Besucherzimmer des Gefängnisses zu treffen. Ein Therapeut meines Vaters hat den ersten Besuch still begleitet, wir mussten nicht im normalen Besuchsraum der JVA sitzen und wir durften uns länger als die üblichen 45 Minuten Zeit nehmen. Was soll ich sagen? Das Gespräch war fürchterlich. Mein Vater konnte mir nicht in die Augen schauen, sah sich immer noch selbst als Opfer. Alles war ungerecht und meine Mutter hätte selbst Schuld gehabt, waren seine Worte. Nach diesem Besuch brauchte ich lange Abstand zu ihm und so bestand fast genau zwei Jahre lang kein Kontakt. Ich bin mit vielen Fragen an ihn in dieses Gespräch gegangen und mit wenigen Antworten herausgekommen.

Ich merkte nach fast zwei Jahren, dass ich mit meiner Psychotherapie nicht mehr weiterkomme. Meine Therapeutin hatte mich durch einen Teil des Trauerprozesses begleitet, mich bei der Vorbereitung auf den Gerichtsprozess unterstützt, aber irgendwann habe ich gemerkt, dass ein Stillstand entstanden ist. Ich habe mich nach den Therapiestunden immer schlechter gefühlt. Alles wurde immer und immer wieder durchgekaut und ich habe mich gefühlt, als würde ich in einem Tümpel stehen und jedes Mal dieses trübe Wasser aufwirbeln, ohne Klarheit zu bekommen. Ich habe die Therapie dann abgebrochen und traumatherapeutische Hilfe in Anspruch genommen. Hier wurde mir erstmals erklärt, was gerade in meinem Gehirn passiert und was mit mir los ist. Ich habe dadurch eine Erleichterung verspürt, da ich vorher den Eindruck hatte, den Verstand zu verlieren. Und genau das wurde mir später im Verfahren zur Opferentschädigung zum Verhängnis. Da ich keine kassenärztliche Leistung mehr in Anspruch nahm, ist man davon ausgegangen, dass ich keine Therapie mehr mache. Dass die traumatherapeutische Hilfe eine Selbstzahlerleistung war, interessierte hier dann niemanden mehr. Zu diesem Zeitpunkt fing ich an, mich mit Persönlichkeitsentwicklung zu beschäftigen, habe eine einjährige tiefgreifende Coachingausbildung erfolgreich abgeschlossen und angefangen, mich und mein Umfeld besser und anders zu verstehen.

Erst ein weiteres Jahr später war ich in der Lage, mich wieder und umfassender mit dem Thema zu beschäftigen. Ich bekam immer mehr mit, dass meine Mama kein Einzelfall war. Dass Gewalt gegen Frauen und Mädchen jeden Tag zuhauf passiert. Dass jeden Tag Frauen sterben müssen, weil es in Deutschland keinen hinreichenden Schutz für sie gibt. In mir kam und kommt immer noch eine unfassbare Wut hoch, wenn ich wieder lesen muss, dass eine Frau ihr Leben lassen musste. Es wieder ein *„Familien-, Beziehungs-, Ehe- oder Eifersuchtsdrama, -tragödie oder -tat"* gab und diese Begriffe fälschlicherweise immer noch in der Presse verwendet werden. Durch diese Begriffe werden die Morde bzw. die Femizide heruntergespielt. Heute weiß ich, dass wir ein strukturelles Problem haben, welches durch alle Bevölkerungs- und auch Gesellschaftsschichten besteht. Eine Ehe kann sich sicherlich zu etwas, was man Tragödie nennen würde, entwickeln, ein Mord sicherlich nicht.

Warum ist es immer noch so, dass die Berichterstattung diese Begriffe verwendet? Warum wurde weder von der Polizei, der Staatsanwaltschaft noch von anderen Justizangestellten in der Verhandlung um den Mord an meiner Mama das Wort „Femizid" verwendet? Warum werden Frauen und Mädchen nicht ernst genommen, wenn sie sich an Behörden wenden und Ängste bezüglich ihres Überlebens äußern, weil sie entweder gestalkt, verfolgt oder bedroht werden? Warum wird die Istanbul-Konvention immer noch nicht umgesetzt, obwohl sie in Deutschland bereits zum 1. Februar 2018 in Kraft getreten ist? Warum sind andere Länder wie zum Beispiel Spanien und Frankreich weiter und haben Maßnahmen eingeleitet, die Frauen tatsächlich besser schützen? Warum setzt Deutschland nichts von diesen Maßnahmen um? Warum haben wir immer noch zu wenige Frauenhausplätze und zu wenig Budget für Frauenhäuser? Warum haben wir überhaupt noch Häuser, in die Frauen flüchten müssen, weil sie zu Hause nicht sicher sind?

Im März 2023 habe ich meinen Vater dann ein weiteres Mal besucht. Dieser Besuch war schon ganz anders. Alles lief wie bei einem normalen Besuch ab. Auch meine Einstellung oder Absicht hatte sich verändert. Ich bin ganz ohne Vorwürfe und Fragen nach einem „Warum" hingefahren. Wir sprachen über meine Kinder und meine Geschwister. Es war irgendwie surreal, sich mit ihm über Alltagsdinge zu unterhalten und gleichzeitig zu wissen, dass er meiner Mutter das Leben genommen hat. Ich hatte das Gefühl von Verrat meiner Mutter gegenüber in mir. Und gleichzeitig wusste ich, dass sie wollen würde, dass wir alles tun, was uns bei der Verarbeitung dieser Tat weiterhilft und guttut. Ich gewähre diesen Einblick, weil ich zeigen möchte, was alles noch dahintersteckt und was man in der Zeit danach erlebt.

Ein weiteres Unding, womit sich Hinterbliebene auseinandersetzen müssen, ist die Erbschaftsangelegenheit. Ich bin davon ausgegangen, dass der Ehemann, der in unserem Fall ja der Täter war, von Amts wegen der Erbschaft enthoben wird. Dies ist aber leider nicht der Fall, so dass ich auch hier mit Anwälten, Gerichten und anderen Behörden zu tun hatte, um die Nachlassangelegenheiten meiner Mutter zu regeln. Auch hier habe ich nicht verstanden, wie es sein kann, dass ein Mann seine Frau tötet und trotzdem als Nächster in der Erbfolge eintritt.

Ja, man kann sagen, dass es ein Leben davor und ein Leben danach gibt. Meine Zeitrechnung funktioniert jetzt so. Aber es gibt ein Leben danach. Anfangs konnte ich es mir nicht vorstellen, konnte mir nicht ansatzweise vorstellen, wie ich auch nur die nächste Stunde überleben soll. Ich habe ein ganzes Jahr gebraucht, um meinen Kindern zu erzählen, was passiert ist. Sie wussten, dass die Oma gestorben war und der Opa so traurig darüber war, dass er an einen entfernten Ort gegangen ist. Mit dieser Lüge musste ich ein Jahr leben. Ich war nicht in der Lage, es meinen Kindern zu sagen. Sie haben schon so viel geweint, weil die Oma plötzlich nicht mehr da war. Wie sollten sie mit drei und fünf Jahren verstehen, was Opa gemacht hat? Mit der Ausarbeitung eines Narrativs haben wir es ihnen dann nach einem Jahr beibringen können. Wenn ich an den Aufschrei meiner Tochter zurückdenke, bricht es mir immer wieder das Herz. Und auch hier musste ich mich mit den Fragen meiner Kinder auseinandersetzen. Was ist ein Gefängnis? Wie sieht es dort aus? Bekommt Opa da was zu essen? Hat er einen Fernseher? Lauter Kinderfragen, die mich aber auch gelehrt haben, wieder aus einer anderen Perspektive und aus ihren Augen auf das Geschehene zu schauen.

Ich bin sehr dankbar, an diesem Buchprojekt beteiligt zu sein und eine Stimme zu bekommen für alle Frauen und Mädchen, die immer noch täglich Gewalt erfahren, und für alle Frauen, die ihre Stimme nicht mehr erheben können.

Nicht mehr jeden dritten Tag, sondern jeden zweiten Tag, stirb eine Frau in Deutschland durch ihren Partner oder Ex-Partner. So sagen es zumindest die Zahlen für Femizide aus dem Jahr 2023. Ich finde diese Zahlen sehr erschreckend und es macht mich fassungslos, dass kein Aufschrei durch die deutsche Gesellschaft geht, wenn wieder mal ein Femizid geschehen ist.

Das ist auch der Grund, warum ich mich dazu entschlossen habe, einen Teil zu diesem Buch beizutragen und meine Geschichte zu teilen. Um weiter Aufmerksamkeit auf diese Ungerechtigkeit zu lenken und anderen Betroffenen Mut zuzusprechen und zu sagen, dass sie nicht alleine sind, auch wenn man sich so fühlt, wenn man in dieser Situation steckt. Ich bin bereit, mich mit anderen Opferfamilien/Hinterbliebenen auszutauschen und zu solidarisieren.

Wir können nichts dafür und sind nicht verantwortlich für das, was man uns angetan hat. Wir sind aber sehr wohl dafür verantwortlich, uns unseren Schmerz anzuschauen. Wir sind dafür verantwortlich, es aufzuarbeiten, damit wir es besser machen können. Damit wir, jetzt vielleicht ein anderes Leben, aber ein Leben in Frieden führen können. Sonst hätte ich auch niemals an diesem Buch arbeiten können, wenn ich mich mit dem Schicksal, welches mir widerfahren ist, nicht auseinandergesetzt hätte.

Meine letzten Worte möchte ich ganz alleine meiner Mama widmen: Du warst ein lebensfroher und herzensguter Mensch. Du hast Deine Mitmenschen mit Deinem Lachen und Deiner frohen Art angesteckt. Du hast Dich als Krankenschwester immer um die Gesundheit anderer gekümmert und zuletzt in der Intensivpflege gewirkt. Du hast Dich immer über die menschenunwürdigen Zustände in der Pflege beschwert und Dich gefragt, wie man sich angemessen um einen alten oder kranken Menschen kümmern kann, wenn man nur wenige Minuten am Tag pro Patient zur Verfügung hat. Du warst eine tolle Mutter, uns hat es nie an etwas gefehlt. Du warst eine leidenschaftliche und gute Köchin, die nie ein Rezept hatte, wenn man Dich danach gefragt hatte, weil Du so gut improvisieren konntest. Du warst eine liebevolle Oma und hast Dich rührend um Deine Enkelkinder gekümmert, sie versorgt und bekocht, wenn sie zu Besuch da waren. G. und F. erinnern sich immer noch daran. Wir halten die Erinnerung an Dich lebendig.

Wir lieben Dich, und auch wenn die Jahre verstreichen, vermissen wir Dich sehr. Du fehlst uns an jedem einzelnen Tag...

In tiefer Verbundenheit zum Leben
Irina Heinrichs

Mechanismen und Muster der Gewaltspirale

In jeder Beziehung, im Beruf ebenso, wie im Privatleben, geht es immer auch um das Ausloten von Gemeinsamkeit einerseits und das Definieren von Grenzen andererseits. Es ist ein kontinuierliches miteinander Aushandeln, das mit der Bereitschaft, Kompromisse einzugehen, verbunden ist und Energieaufwand für alle Beteiligten bedeutet.

Männer, die sich in ihrer tradierten Rolle des Starken bzw. des *„Herr im Hause"* eingefunden haben, sind vielfach außer Stande, ein gleichberechtigtes (Ver-)Handeln zuzulassen oder/und zwischen der Kritik *„ich finde das nicht richtig"* und *„ich finde Dich nicht richtig"* zu differenzieren. Etliche von ihnen haben in ihrer eigenen Herkunftsfamilie Gewalt als einzige Konfliktlösungsoption kennengelernt und bevorzugen das offensive Muster der Gewaltanwendung, anstatt sich defensiv abzuwenden, wenn sie mit einer Konfliktsituation überfordert sind und nicht weiterwissen. *„Zusätzlich zu diesen körperlichen, verhaltensbezogenen, psychologischen und kognitiven Auswirkungen lernen Kinder, die Opfer von Gewalt sind, oft destruktive Lektionen über den Einsatz von Gewalt und Macht in Beziehungen. Kinder können lernen, dass es akzeptabel ist, Kontrolle auszuüben oder Stress durch Gewaltanwendung abzubauen, oder dass Gewalt in irgendeiner Weise mit dem Ausdruck von Intimität und Zuneigung verbunden ist. Diese Lektionen können sich in sozialen Situationen und Beziehungen während der gesamten Kindheit und im späteren Leben sehr negativ auf Kinder auswirken"*[337], so beschreibt es das amerikanische National Center for Child Traumatic Stress[338] (NCTSN). Bei den meisten Männern kommt erschwerend hinzu, dass sie in Vollzeit, also mindestens acht Stunden täglich, in einer streng hierarchischen Rangordnung arbeiten, in der Gleichstellung weitgehend nicht anerkannt ist.

Mädchen und Frauen sind in Deutschland unzureichend darauf vorbereitet, die männlichen Gewaltmuster frühzeitig erkennen und darauf reagieren zu können. Vielmehr sind auch sie bereits durch ihre Herkunftsfamilie geprägt, nicht nur durch Missbrauchs- oder/und Gewalterfahrungen. Eine qua Tradition etablierte Zurücksetzung findet bspw. auch dann statt, wenn ein oder beide Elternteile das männliche Geschwister stets vorziehen oder wenn

miterlebt werden muss, wie die Mutter gezwungen ist, ihren Mann, den Alleinverdiener, um Haushaltsgeld zu bitten. Auch der Spruch: *„er macht das, weil er
Dich eigentlich mag"* relativiert die Gewaltanwendung.

Häusliche Gewalt ist geprägt von Abläufen, die sich in den meisten
Berichten der Opfer- und Überlebenden widerspiegelt. Sie folgen nicht immer
der hier dargestellten Reihenfolge und werden nicht immer alle angewandt.
Sie sind nicht in jedem Fall gleich ausgeprägt und auch nicht immer klar vonei-
nander abgrenzbar. Dennoch ermöglicht der Blick auf die sich wiederholenden
Verhaltensmuster eine Nachvollziehbarkeit zur prekären Notsituation der von
Gewalt Betroffenen. Wenn der geliebte Partner sagt, dass er von Eifersucht
gequält wird, dann reagieren Mädchen und Frauen häufig mit einem, seinen
Wünschen angepassten Verhalten. Die verinnerlichte Prägung durch klassische Rollenbilder, indoktrinierte Bescheidenheit ebenso, wie das anerzogene
Hintenanstellen der eigenen Wünsche – all das findet Ausdruck im Einlenken.
Mädchen und Frauen tun das, weil sie ihrer Liebe gefallen und ihren Teil zu
einer vertrauensvollen Beziehung beitragen wollen. Manchmal bleibt es dabei,
dass eine Frau weniger oft ausgeht, ihre Kleiderauswahl umstellt oder Telefonate mit ihren Freundinnen just in dem Moment abbricht, in dem der Mann
die Haustüre öffnet und die volle Aufmerksamkeit einfordert.

Manchmal endet es damit, dass eine Frau den Kontakt zu ihrer Familie
und ihrem Freundeskreis nach und nach auflöst. Manchmal tut sie es proaktiv,
weil ihr sein: *„Wir beide gegen den Rest der Welt"* (noch) richtig und wichtig
scheint, manchmal wird sie massiv dazu gedrängt. Das kann bspw. geschehen,
indem der Mann seine Partnerin vor ihrer Familie beschämt, ihre Freundinnen verleumdet oder Bekannte und Arbeitskollegen als sexuell motivierte
Angreifer diffamiert. Die angestrebte Isolation der Partnerin kann auf diverse
Arten durchgesetzt werden, vom Liebesentzug bis hin zur Bedrohung und
Erpressung gibt es eine große Bandbreite an Möglichkeiten. Dieser erste
Schritt, der zur Abhängigkeit der Partnerin führt, ist oft als schleichender
Prozess ausgestaltet, dessen Beginn nicht als zerstörerisch empfunden wird.

Insbesondere in der Phase der ersten, frischen Verliebtheit werden übergriffige Handlung seinerseits nicht als Verletzungen der eigenen Entscheidungshoheit, sondern fälschlicherweise als fürsorgliches Kümmern interpretiert. Ein massiver Gewaltakt, der häufig mit der Phase der Isolation der

Partnerin einhergeht, ist das Anschreien. Mit dieser Machtdemonstration wird bei der Betroffenen ein Gefühl von Ohnmacht erzeugt. Die die plötzliche Heftigkeit an Emotion erschreckt sie derart, dass sie im lähmenden Schockzustand instinktiv auf ihr antrainiertes Verhalten zurückgreift: Deeskalierendes Verhalten, Entschuldigungen und ggf. auch die Bitte um Verzeihung. Aggressoren, die ihrem Zorn lautstark Luft machen, belassen es meist nicht dabei, ihr Gegenüber zu erschrecken. Wir alle wissen, dass das Lautwerden nicht gleichzusetzen ist, mit Recht haben – im Gegenteil. Ihre Schwäche auch vor sich selbst rechtfertigend, verdrehen Gewalttäter gerne den Sachverhalt: *„Wenn Du Dich nicht so verhalten hättest, wäre/hätte/müsste ich niemals ...“*. Seine Wut ist ihre Schuld – dieses Storytelling von Tätern ist pure Manipulation. Sie ist sehr weitreichend und engt den Aktionsradius der betroffenen Frauen weiter ein. Denn von dem Moment an, in dem dieser Vorwurf erstmals ausgestoßen wurde, wird sie sich immer daran erinnern, dass sein Verhalten (vermeintlich!) in direkt kausalem Zusammenhang zu ihrem steht: Die Frau wird künftig ihren Anteil an seiner Gewalt suchen. Im Zweifel wird sie vom Täter erneut daran erinnert.

Ein weiteres, beliebtes Instrument von Gewaltausübenden ist es, die Gewaltbetroffenen darüber im Unklaren zu lassen, worin ihre (vermeintliche!) Schuld liegt und wann bzw. womit sie abgegolten ist – Betroffene verbleiben dadurch im Sich-selbst-in-Frage-stellen verhaftet, die Palette an ausgelösten Zweifeln und Sorgen ist breit gefächert, Unsicherheit wird zum Dauerzustand. Insbesondere in Beziehungen, in denen Kinder involviert sind, wollen Frauen eine möglichst friedvolle Stabilität. Dafür geben sie nach, und stecken zurück, wieder und wieder. *„Gewalt in der Partnerschaft bezieht sich auf Verhaltensweisen innerhalb einer intimen Beziehung, die körperlichen, sexuellen oder psychologischen Schaden verursachen, einschließlich körperlicher Aggression, sexueller Nötigung, psychologischem Missbrauch und Kontrollverhalten. Diese Definition umfasst Gewalt durch gegenwärtige und frühere Ehegatten und Partner“*, so definiert es die WHO.[339] Wieviel gesellschaftliche Akzeptanz immer noch mit männlicher Gewaltausübung einhergeht, ist an der weit verbreiteten Redewendung *„kommt in den besten Familien vor“* erkennbar.

Eine neue Stufe der Gewalteskalation ist erreicht, wenn der Täter Freude daran entwickelt, sein Opfer noch extremer zu verunsichern. Die Schuldfrage hat er bereits zu ihren Lasten geklärt, und zwar pauschal. Opfer und Überlebende berichten immer wieder davon, dass sie all ihre Sinneswahrnehmungen auf die Aggressoren ausrichteten, um ihr Verhalten seinen Vorstellungen und Wünschen anzupassen, in jeder Alltagssituation gilt ihre volle Aufmerksamkeit den Tätern. Das erfordert einen enormen Energieaufwand, der rund um die Uhr zu leisten ist und in der Regel nicht zum gewünschten Ergebnis führt. Im Gegenteil, die meisten Täter arbeiten mit dem Erzeugen von Scham und Minderwertigkeitsgefühlen kontinuierlich daran, die eigene (vermeintliche!) Überlegenheit auszubauen.

Mädchen und Frauen lernen von Kindesbeinen an, gefällig zu sein. Von *„lächel doch mal!"* über 90-60-90 bis hin zum Männerschimpfwort *„Mädchen!"* – ihre Messlatte liegt konstant im selbstverunsichernden Bereich. Eine bereits im Jahr 2019 veröffentlichte Studie des Robert-Koch-Instituts (RKI) zu Essstörungssymptomen bei Kindern und Jugendlichen, also der verzerrten Wahrnehmung und Bewertung des eigenen Körpers und dem damit verbundenen Selbstwertgefühl, kam zu dem Schluss, dass Mädchen in ihrer Jugend/Pubertät mehr als doppelt so häufig Essstörungssymptome aufwiesen, als Jungen. Die Schere entwickelte sich im natürlichen Prozess des Älterwerdens weiter auseinander, zu Ungunsten der Mädchen. Als mögliche Erklärung wurden medial multiplizierte, geschlechtsspezifische Normvorstellungen herangezogen.[340] Gewalttäter haben somit ein leichtes Spiel, wenn sie ihre Opfer verbal erniedrigen wollen. Ihre kränkenden Abwertungen erfolgen häufig verdeckt, so kann bspw. *„mein liebes Pummelchen"* insbesondere im Beisein von Dritten, als (vermeintliches!) Kosewort getarnt, psychisch schädigen.

Je häufiger Herabsetzungen dieser oder ähnlicher Art ausgesprochen werden, je öfter das Lächerlichmachen vor Dritten erfolgt und je boshafter die Botschaft ist, desto mehr Schaden nimmt die Attackierte. Charlotte Riess hat in ihrem Songtext zu *„Gut genug"* treffend zusammengeschrieben, wie die Konsequenz solcher Entwertungen aussehen kann:

„Als wär es nicht genug, dass du noch anrufst
Erzählst du mir immer wieder was ich dir antu
Ich weiß nicht mehr wozu
Denn was ich tu
War nie gut genug
Jetzt muss ich immer nochmal nachfragen, ob ich irgendwas falsch mach
Und „tut mir leid" ist mein einziger Wortschatz
Dir war was ich tu
Nie gut genug".[341]

Auch dieses Mittel der Gewalt wirkt besonders dann, wenn die Betroffene in der jeweiligen Situation völlig überrumpelt und damit außer Stande ist, dem Angriff etwas entgegenzusetzen. Die Frau wird vom Aggressor beschämt, auch gegenüber Außenstehenden. In vielen Fällen wird die gezielte Manipulation vorzugweise gegenüber der Familie der Frau angewandt, bspw. vor ihren Eltern oder ihren Kindern, um zu erreichen, dass ihr soziales Fundament wegbricht. Ziel ist es, ihre Basis umzudrehen, so dass ihre einstigen Vertrauenspersonen beginnen, mit ihm, dem Täter zu sympathisieren. Indem sie sich so verhalten, untergraben die Täter die Anstrengungen der betroffenen Frauen, die extrem viel Aufwand leisten, damit möglichst niemand Externes von den Gewaltvorfällen mitbekommt. Täter hingegen praktizieren ihre selbstermächtigende Opfer-Demontage ganz bewusst auch außerhalb der eigenen vier Wände, oftmals einhergehend mit der Taktik des sogenannten *„Gaslighting".*[342] Damit ist gemeint, dass der Gewaltausübende sein Opfer gezielt als wahrnehmungsgestört kennzeichnet. Das ist eine massiv destabilisierende Praxis, die oft flankierend eingesetzt wird, wenn Täter das Leben der Frauen überwachen und in ihrem Sinne steuern. Die Kontrollübernahme durch Überwachung startet meist verdeckt, beispielsweise mit dem Satz: *„Mein Einkommen reicht für uns beide, Du musst nicht arbeiten"* oder mit einem neuen i-Phone: *„Für meine Liebste nur das Beste",* von dessen installierter Spyware die Beschenkte nichts weiß. Aber auch eine nicht erbetene Alkohol-Bestellung im Restaurant: *„Wirst Du lieben"* kann eine Verhaltensmanipulation einleiten, ebenso wie ein unerwartetes Abpassen *„Ich wollte Dich überraschen"* dazu genutzt werden kann, um sie an ihrer selbstbestimmten Freizeitplanung, bspw. mit Kollegen nach Dienstschluss, zu hindern.

Nicht selten wird den fortwährend angegriffenen Frauen zudem eingeredet, sie seien nichts wert und niemand außer dem Gewalttäter selbst käme auf den Gedanken, sich für sie zu interessieren. Die Botschaft von diesen oder ähnlich lautenden Ansagen ist: Sei dankbar, dass Du wenigstens noch mich an Deiner Seite hast! Um die Fassade von einem Liebes- bzw. Familien-Idyll nach solchen Angriffen weiterhin aufrecht zu erhalten, bedarf es massiver Verdrängungsarbeit im Hintergrund: Ganz besonders dann, wenn Kinder involviert sind, die es zu schützen gilt. Der Alltag einer betroffenen Frau wird von den Negativgefühlen Unsicherheit, Scham und Sorge dominiert und um Angst ergänzt, sobald der Täter zum ersten Mal körperliche Gewalt ausübt. Wie weit weg unsere Gesellschaft davon entfernt ist, Männergewalt als Menschenrechtsverletzung anzuerkennen, weist unsere Sprache aus, die nach wie vor mit den schönfärbenden Beschreibungen *„Kavaliersdelikt"* und *„ihm ist die Hand ausgerutscht"* im Interesse des Täters verharmlost.

Physische Attacken ändern in sehr vielen Fällen nichts an der Liebe, die von Gewalt betroffene Frauen für ihre Peiniger empfinden. Sie teilen Erinnerungen mit ihm, Intimität und manche auch die Elternschaft. Der gängigen Verurteilung von Frauen, die sich nicht sofort aus einer Gewaltbeziehung lösen, steht entgegen, dass die Betroffenen in ihrer emotionalen Ausnahmesituation vollends damit beschäftigt sind, ihre für sie selbst überraschende Situation zu begreifen und nach besten Kräften neu zu ordnen. Auch die Trennung aus einer gewaltfreien Beziehung bedarf in vielen Fällen mehr als einen einzelnen Anlauf. Es braucht seine Zeit, bis das Eingeständnis des (vermeintlichen!) Scheiterns von einem selbst akzeptiert und dann an Außenstehende kommuniziert bzw. in aller Konsequenz gelebt werden kann. Jenseits dessen käme in Deutschland niemand auf die Idee, einem Sportler die notwendige medizinische Behandlung zu verweigern, nur, weil der seinen Sport, bei dem die Verletzungen regelmäßig entstehen, nicht aufgeben will.

In steter Angst vor dem, was als nächstes kommt, benötigen die Frauen sehr viel Energie, um Haushalt und Versorgung, Kindswohl, Kita- oder/ und Schulsituation sowie ggf. ihr eigenes Berufsleben zu stemmen und zu schützen. Sichtbare Verletzungen müssen kaschiert und eventuell erklärt werden, Kinder brauchen ein mehr an Fürsorge und Besänftigung, Außenstehende wollen abgelenkt, der Partner in jedem Fall beruhigt und die eigene Verzweiflung verdrängt werden – Raum, um sich der eigenen Situation in Ruhe bewusst zu werden und Hilfsoptionen abzuwägen, gibt es in den meisten Fällen nicht.

Täterseitig ist das auch nicht gewollt: Ein ganz typisches Muster in der Gewaltspirale ist das umgehende und überbordende Entschuldigungsverhalten der Angreifer direkt nach der ersten körperlichen Verletzung, die sogenannte *„Honeymoon-Phase"*. Partner, die vergewaltigt oder/und zugeschlagen oder/und getreten oder/und gewürgt o. ä. haben, tragen ihre Entschuldigung oft zusammen mit Geschenken vor, die, zumindest anteilig, den finanziellen Rahmen des Haushaltsbudgets sprengen. Blumen, Parfum, Schmuck oder/und Reisen, kein Preis scheint zu hoch, um der völlig verunsicherten Frau einen neuen Impuls mitzugeben. Die überraschende Form von Zuwendung wird überdimensioniert und zelebriert und verfehlt ihre Wirkung nicht: Betroffene machen sich Hoffnung auf eine Zukunft im Einklang und der Glaube an die Liebe zu diesem einen Mann erstarkt auf's Neue. Das Gefühlsleben wächst um die Zuversicht, der Schmerz wird mit kurzfristig Schönem überlagert. Aber nicht nur das. Die Saat für den kommenden Vorwurf, *„undankbare Egoistin"*, ist gepflanzt: *„Ich mache Dir Geschenke und muss mir von Dir trotzdem ..."*.

Ohne ein korrektives Eingreifen von außen endet häusliche Gewalt nicht. Das Gegenteil ist der Fall. Die Ausbrüche der Täter nehmen nach der *„Honeymoon-Phase"* zu, an Häufigkeit ebenso, wie an Brutalität. Das Einzige, was sinkt, ist die männliche Hemmschwelle. So werden die körperlichen Angriffe, und auch die Femizide, in Deutschland zunehmend in den öffentlichen Raum verlagert und im Beisein von Kindern oder/und außenstehenden Dritten ausgeführt. Die kurzweilige Entschuldigungs-Show endet für Betroffene in einer erneuten Konfrontation mit explosiver Gewalt. Übereinstimmend berichten Geschädigte und Überlebende von einer Steigerung des Jähzorns, davon, dass ein einzelner Schlag auf Täterseite nicht mehr zum Innehalten und Ablassen genügte. Auch davon, dass die Aggressivität ausgeweitet wird, indem Drohungen mit einem Suizid, mit dem Töten der Kinder, der Haustiere, der Eltern bzw. einem Auslöschen der gesamten Familie ausgestoßen werden.

Die betroffenen Frauen befinden nach der chaotischen Abfolge von sich widersprechenden Gefühlswelten in einem Zustand maximaler Erschöpfung, mental am Boden, ohne jedwedes Selbstwertgefühl und meist auch körperlich verwundet. Sie wissen genau, dass die Todesdrohungen extrem ernst zu nehmen sind, aber sie wissen nicht, wohin. Die größte Bedrohung geht von Tätern aus, wenn ihre Opfer sich trennen, das ist ihnen bekannt. Ebenfalls bekannt ist ihnen, dass in Deutschland rund 14.000 Frauenschutzplätze fehlen[343] und sie, sofern überhaupt ein Platz frei ist, aller Wahrscheinlichkeit nach ihr Umfeld aufgeben müssen. In voller Härte trifft das Defizit an Schutzplätzen diejenigen, die räumlich sehr abgeschnitten von Anlaufstellen zum Hilfesystem leben, diejenigen, deren Aufenthaltsstatus ungeklärt ist und auch diejenigen, die aufgrund ihrer persönlichen Einschränkung oder/und Behinderung besondere Voraussetzungen benötigen. Jedes Kind bedeutet letztlich größere Schwierigkeit bei der Suche nach einem Platz im Frauenhaus, insbesondere dann, wenn der Nachwuchs männlich und über 14 Jahre alt ist. Für viele Frauen ist der eigene Arbeitsplatz der letzte verbliebene Anker in einem ansonsten gewaltbestimmten Alltag, sie wollen, oder, im Fall einer Selbstständigkeit, können diesen nicht aufgeben. Frauen, die an ihrem Haustier hängen, weil sie vielleicht sonst niemanden mehr haben, werden nur ohne selbiges aufgenommen und für Frauen, die als hochbelastet gelten, bspw. weil sie, ggf. sogar in Folge einer Gewalterfahrung, psychisch beeinträchtigt oder/und obdachlos sind, gibt es nahezu keine spezialisierten Auffang-Institutionen. Ihre prekäre Lebenssituation verstärkt das Risiko Gewaltopfer zu werden und umgekehrt.

Schließlich bleiben manche Frauen beim Täter, weil sie finanziell von ihm abhängen oder auch, weil sie, trotz allem, ihren Kindern den Vater nicht vorenthalten wollen. Andere wiederum bleiben, weil sie erpresst werden, Angst vor einem sozialen Abstieg haben oder sich um diejenigen in ihrem engsten Umfeld sorgen, gegen die der Täter bereits Todesdrohungen ausgestoßen hat.

II. Deutsche Femizide

Im Mai 2024 fand in Hamburg am Landgericht ein Prozess statt, bei dem auch die Geiselnahme einer Vierjährigen im Zuge von Sorgerechtsstreitigkeit aufgearbeitet werden sollte. Die Kindesentführung sorgte im November 2023 bundesweit für Schlagzeilen, denn das Kleinkind wurde vom Vater benutzt, um seine Ausreise mit der Tochter in die Türkei zu erzwingen. Im Zuge der Entführung war der Hamburger Flughafen für Stunden abgeriegelt. Die Zeuginnen-Aussage der massiv von häuslicher Gewalt betroffenen Kindsmutter vor Gericht wurde vom Sender „Norddeutscher Rundfunk" so geschildert: „'Ich wollte die Familie nicht kaputt machen', sagte die Frau. ‚Ich wollte, dass meine Tochter mit ihrem Vater aufwächst, und habe deshalb alles ausgehalten'. Immer wieder habe der Angeklagte damit gedroht, ihr das Kind wegzunehmen, sagte die 39-Jährige. ‚Ich habe Dir das Kind gegeben, ich kann es Dir auch wieder wegnehmen', soll er gesagt haben". Des Weiteren schildert die Mutter, dass ihr Peiniger die gemeinsame Tochter schon einmal, vor der Geiselnahme in Hamburg, in die Türkei entführt hatte. Im November gelang es ihm, das Mädchen unter Androhung von Waffengewalt erneut in seine Gewalt zu bringen. „Anschließend war der Mann mit der damals vierjährigen Tochter zum Hamburger Flughafen gefahren, hatte mit einem Mietauto mehrere Schranken durchbrochen und war bis aufs Flugfeld vorgedrungen. Über den Polizeinotruf forderte er, dass ein Flugzeug ihn und seine Tochter in die Türkei bringen solle. Er warf zwei Brandsätze, schoss dreimal in die Luft und drohte, sich und das Kind mit einem Sprengstoffgürtel in die Luft zu sprengen. Erst nach 18 Stunden gab der 35-Jährige auf und konnte festgenommen werden."[344]

In ihrem fremdbestimmten Überlebensmodus schaffen die Betroffenen es meist noch sehr lange, die Fassade nach außen aufrecht zu erhalten. Isoliert halten sie die Gewaltexzesse aus, konzentrieren sich darauf, den Täter so ruhig wie möglich zu halten und hoffen, damit einen noch größeren Schaden abwenden zu können. An diesem Punkt hat der Täter durchgesetzt, dass seine Verbrechen stillschweigend hingenommen werden. Selbstverständlich ist nicht jedes Kümmern eines Mannes eine Gewalterfahrung. Es ist allerdings extrem wichtig, schon Kinder mit den wiederkehrenden Gewaltmustern vertraut zu machen: Damit sie die Chance bekommen, sich zu sensibilisieren, Warnsignale ernst zu nehmen, sich dazu früh und schambefreit auszutauschen und eigene

Schutzmechanismen aufzubauen. Potenziellen Tätern hingegen wird der strategische Boden entzogen, wenn ihre Taktiken zum Allgemeinwissen gehören.

Top oder Flop und signifikante Tendenzen

Bereits im ersten Halbjahr 2024 ist erkennbar, dass sich die tödliche Gewaltspirale zum Nachteil von Mädchen und Frauen mit erneut zunehmender Dynamik durch Deutschland fräst. Die Grafik zu den durch das F.O.C.G. dokumentierten Tötungsdelikten (versucht und vollendet) spiegelt dabei die Verteilung auf die Bundesländer.

Sachsen, das Saarland und Rheinlandpfalz weisen auf die Einwohnerzahl gerechnet die tödlichste Bilanz zur Jahresmitte 2024 aus. In Anbetracht der absoluten Femizid-Zahlen allerdings müssen Nordrhein-Westfalen und Baden-Württemberg sowie Niedersachsen ebenfalls dringend Präventionsmaßnahmen zum Schutz bedrohter Mädchen und Frauen aufsetzen. Der Stadtstaat Hamburg wirkt auf den ersten Blick wie ein sicheres Terrain für Gewaltbetroffene – die signifikant hohe Anzahl an Femizid-Versuchen spiegelt jedoch die Vielzahl an Gewalttaten, bei denen das Überleben überwiegend dem puren Zufall geschuldet ist.

II. Deutsche Femizide

Januar-Juni 2024	Einwohner	31.12.23 (Statista)	Voll-endete Tötungs-delikte	Femi-zidrate pro 100.000	Rate Femizid-Versuchte Tötungs-delikte
NW	18.190.000	17	0,09	29	0,16
BY	13.435.000	7	0,05	21	0,16
BW	11.339.000	17	0,15	23	0,20
NI	8.162.000	11	0,13	8	0,10
HE	6.421.000	10	0,16	8	0,12
RP	4.174.000	8	0,19	5	0,12
SN	4.089.000	9	0,22	3	0,07
BE	3.782.000	6	0,16	6	0,16
SH	2.966.000	5	0,17	3	0,10
BB	2.582.184	4	0,15	3	0,12
ST	2.180.000	2	0,09	5	0,23
TH	2.122.000	1	0,05	2	0,09
HH	1.910.000	0	0,00	6	0,31
MV	1.629.000	1	0,06	4	0,25
SL	994.000	2	0,20	1	0,10
HB	692.000	0	0,00	0	0,00
Femizide im Ausland durch deutsche Täter		4			
	84.667.184	104			

Grafik 4 – © Femicide Observation Center Germany, F.O.C.G.

Dass in der Freien Hansestadt Bremen zur Jahresmitte eine Vorbild-Bilanz dokumentiert werden kann, hat einen guten Grund. Das kleinste Bundesland Deutschlands hat über seine Bürgerschaft im März 2022 einen Landesaktionsplan durchgesetzt, mit dem Frauen und Kinder analog zur Istanbul-Konvention gezielt vor Gewalt geschützt werden. Die Strategie, die konkrete Handlungsschritte vorgibt, ist sowohl mit einer Zeitschiene als auch mit einem adäquaten Etat gestützt. Für den Zeitraum von 2022 bis 2025 definiert der Landesaktionsplan konkrete Maßnahmen und Zielerreichungsvorgaben im Land Bremen sowie in den Stadtgemeinden Bremen und Bremerhaven: *„inklusive konkreter Festlegungen darüber, welches politische Ressort für die*

Umsetzung verantwortlich ist, wieviel personelle bzw. finanzielle Ressourcen benötigt werden und bis wann das definierte Ziel umgesetzt werden soll."[345] Ein Novum in Deutschland ist auch die Einbindung eines Betroffenenrates bei der Entwicklung der umfassenden Gesamtstrategie *„Bremen sagt Nein"*: *„Als erstes Bundesland bezieht Bremen systematisch und strukturiert die Perspektive Betroffener in die Umsetzung der Istanbul-Konvention mit ein. Dadurch gewinnt der Prozess entscheidende Kompetenzen: Erfahrungswissen und Fachwissen."* Bis zum März 2024 wurden bereits 50 der 75 geplanten Maßnahmen auf den Weg gebracht oder abgeschlossen. Die parallel dazu erfolgte, deutliche Erhöhung der notwendigen finanziellen Mittel für die Haushaltsjahre 2024 und 2025 belegt den politischen Einsatz, mit dem der Veränderungsprozess abgesichert ist. Während Bremen vier Jahre, nachdem die Istanbul-Konvention rechtlich bindend für Deutschland ist, ernst macht und mit der vorgelegten Strategie eine bundesweite Vorreiterrolle übernimmt, lassen sich die anderen Länder zum Gewaltschutz von Mädchen und Frauen weiterhin bitten.

In Sachsen bspw. sollte der Sächsische Landesaktionsplan zur Bekämpfung häuslicher Gewalt aus dem Jahr 2013 bis Anfang 2024 überarbeitet sein: *„Nach erfolgten Berichten von Zwischenergebnissen im Lenkungsausschuss und erfolgreichem Kabinettsbeschluss soll der künftige Landesaktionsplan Anfang 2024 veröffentlicht werden"*.[346] Die Herangehensweise des federführend verantwortlichen Sächsischen Staatsministeriums der Justiz und für Demokratie, Europa und Gleichstellung (SMJusDEG) unter Justizministerin Katja Meier ist jedoch eine ganz andere, als die im Stadtstaat: Im Gegensatz zu Bremen wird im Schwerpunkt nicht die Umsetzung der Istanbul-Konvention mit explizitem Fokus auf die weiblichen Bedarfe erarbeitet, vielmehr soll das Europäische Gewaltschutzgesetz in einen veralteten Aktionsplan eingeflochten werden: *„Arbeitsgrundlage bildet der ‚Sächsische Landesaktionsplan zur Bekämpfung häuslicher Gewalt', 2006, Fortschreibung 2013"*.[347] Bereits im Titel des zu erstellenden Dokumentes wird die *„Bekämpfung von Gewalt gegen Frauen und häuslicher Gewalt"* auf *„Bekämpfung häuslicher Gewalt"* relativiert.

Mit der Umsetzung der Fortschreibung war ein Lenkungsausschuss beauftragt, dem auch die *„Landesarbeitsgemeinschaft Jungen- und Männerarbeit Sachsen e. V."* angehörte. Eigentlich wäre es eine Selbstverständlichkeit, einen

Verein, der gesellschaftliche und politische Lobbyarbeit für *Männer betreibt*, im Gremium zur Umsetzung des Europäischen Gewaltschutzes von Frauen und ihren Kindern auszuschließen. Stattdessen drängten die Vereinsrepräsentanten massiv darauf, an dem durch das Land Sachsen bereitzustellenden Etat einen möglichst großen Anteil für sich durchzusetzen. Der damalige Bundesvorsitzende dieser Männerrechtsorganisation, Frank Scheinert, verfasste dazu bereits im September 2021 die *„Bestandsaufnahme Männer*gewaltschutz und die Umsetzung der Istanbul-Konvention in Deutschland"*.[348] In dem Skript forderte Scheinert mehrfach finanzielle Mittel ein: *„Besondere Bedeutung kommt dabei der langfristigen Förderung von Männer*schutzeinrichtungen und Männer*beratungsstellen zu"*. Mit Textpassagen, wie: *„Bei der Umsetzung der Istanbul-Konvention werden jedoch bisher die Interessen von häuslicher Gewalt betroffener Männer* nicht angemessen berücksichtigt"* wurde der Text an das Aufsichtsgremium des Europarates, GREVIO, versandt. Der Versuch, die Istanbul-Konvention zu Gunsten von Männerinteressen zu instrumentalisieren, scheiterte allerdings kläglich, eine unmissverständliche Antwort seitens GREVIO stellte klar, dass sich *„aus der Istanbul-Konvention keine Verpflichtung eines Vertragsstaates für deren Umsetzung in Bezug auf Männer ableiten lässt. (...) Das Mandat GREVIOs bezieht sich auf die Überwachung der Einhaltung der rechtlichen Verpflichtungen eines jeden Vertragsstaats, zu denen jedoch die Anwendung der Konvention auf Männer als Opfer von Gewalt nicht gehört"*.[349] Bis heute wird der irreführende Text auf den Seiten der Männerrechtsorganisation zum Download bereitgestellt: *„In dem Papier wird erstmals die Hilfelandschaft für von häuslicher Gewalt betroffene Männer in Deutschland mit dem Übereinkommen des Europarats zur Verhütung und Bekämpfung von Gewalt gegen Frauen und häuslicher Gewalt abgeglichen, der sogenannten Istanbul-Konvention. Das Papier der BFKM zieht dabei wichtige Schlüsse für mehr Geschlechtergerechtigkeit im Bereich häuslicher Gewalt"*.[350]

Die Auswahl der Gremium-Mitglieder, die Verteilung der Stimmgewichtung, die Fachqualifikation der Entscheidenden auf Schlüsselpositionen, die Qualität von Projektdokumentation und -steuerung sowie der Grad an politischem Veränderungswillen und Durchsetzungsvermögen – all das ist entscheidend für die von Gewalt Betroffenen.

Die sich diametral unterscheidenden Herangehensweisen der beiden exemplarisch angeführten Bundesländer, best und worst case, belegen in Zahlen, wie gravierend der Umstand ist, in welchem Bundesland Mädchen und Frauen tödlicher Gewalt ausgesetzt sind. Oder eben nicht mehr. Sachsen hat das selbstgesteckte Ziel deutlich verfehlt. Auch sechseinhalb Jahre nachdem die Istanbul-Konvention für Deutschland rechtsbindend ist, sind im Freistaat Sachsen bis Ende August 2024 keine effizienten, d. h. präventive Maßnahmen zum Schutz der von Gewalt betroffenen Frauen und Kinder auf den Weg gebracht worden. Stattdessen berücksichtigte das weit nach Termin veröffentlichte Dokument „*Landesaktionsplan des Freistaates Sachsen zur Verhütung und Bekämpfung geschlechtsspezifischer Gewalt gegen Frauen und häuslicher Gewalt in Umsetzung der Istanbul-Konvention*" die Interessen von Männern. So werden bspw. als Maßnahmen genannt „*Der Bedarf an Schutzplätzen in Männerschutzeinrichtungen wird regelmäßig geprüft. Im Falle eines Mehrbedarfs wird eine Ausweitung der Kapazitäten bei bestehenden MSE modellhaft gefördert.*"[351] Zudem wird als Zielsetzung angeführt: „*Das Hilfetelefon ‚Gewalt an Männern' ist parallel zum Hilfetelefon ‚Gewalt gegen Frauen' als bundesweites Hilfetelefon bei häuslicher Gewalt gegen Männer im Sinne der Istanbul-Konvention organisiert und bietet Beratung barrierefrei und rund um die Uhr an*". Es gibt keinerlei sich aus der Istanbul-Konvention ableitende Verpflichtung zur Sorge um Männer – das war und ist im SMJusDEG bekannt. Mehr als drei Jahre hat es gedauert, den Landeaktionsplan des Freistaates Sachsen zu überarbeiten, der nun nicht einmal durch verbindlich festgesetzte Deadlines gestützt wird.

Häusliche Gewalt ist schon lange nicht mehr nicht häuslich

Unabhängig von der Betrachtung der Zahlen zu Femiziden in den Ländern gibt es bundesweite Entwicklungen, die alarmieren. Der Trend, der sich am besorgniserregendsten abzeichnet, ist die Verlagerung von „*häuslicher*" Gewalt in den öffentlichen Raum. Insbesondere Femizide und Femizidversuche gefährden in steigendem Maße auch die Zivilbevölkerung. Gewalt, die zielgerichtet gegen

Mädchen und Frauen ausgeführt wird, ist mittlerweile eine verstetigte Gefährdung der Allgemeinheit und somit ein nicht länger zu leugnendes Risiko der Inneren Sicherheit.

Die Statistik belegt, dass die deutliche Mehrzahl dieser versuchten oder/ und vollendeten Tötungsdelikte vollzogen werden, weil Täter mit einer Trennung bzw. Trennungsabsicht nicht zurechtkommen. Die Taten fallen durch mehrere Besonderheiten auf. Signifikant häufig handelt es sich um sog. Übertötungen, auffallend exzessive Gewalttaten, die zunehmend in der Öffentlichkeit stattfinden.

> Im September 2024 gesteht ein Mann in Schleswig-Holstein, seine getrenntlebende Ehefrau erschossen zu haben.[352] Die Leiche der 55-jährigen Frau wird in einem Waldgrundstück entdeckt. Der Femizid wird bei „Bild" in der Erstmeldung wie folgt übertitelt: „Hinrichtung! Mordopfer auf Waldweg gefunden".[353]
>
> Im selben Monat gesteht der Vater eines minderjährigen Kindes in Rheinland-Pfalz, seine 11 Jahre jüngere Bekannte erst umgebracht und dann über ein Brückengeländer geworfen zu haben.[354]
>
> Im November 2024 versuchte ein Gewalttäter in Mecklenburg-Vorpommern zuerst seine Partnerin, die 23-jährige Mutter seiner Tochter, mit Messerstichen zu töten. Während die Frau lebensgefährliche Verletzungen erlitt und nur zufällig gerettet werden konnte, sprang der Mann mit seiner neun Monate jungen Tochter aus dem Fenster im zehnten Stock eines Hochhauses. Das kleine Mädchen hatte keine Überlebenschance, nach einem vier Tage dauernden Überlebenskampf verstarb sie am 23. November, zwei Tage vor dem internationalen Tag gegen Gewalt gegen Frauen, in einer Klinik.[355]

Obwohl Deutschland weltweit für seine restriktiven Waffengesetze bekannt ist, kommen bei dieser Art der Femizide überproportional häufig Schusswaffen zum Einsatz. So werden die betroffenen Frauen mit der Art des Tötens, bzw. Übertötens noch im Sterben degradiert, und zwar so, dass der öffentliche Femizid allen anderen Frauen als Mahnung dienen möge.

Unbeteiligte Dritte und Einsatzkräfte von Polizei, Feuerwehr und Ersthelfende sind dabei regelmäßig in unmittelbarer Gefahr. Sehr häufig sind Kinder involviert und, ebenfalls überproportional häufig, werden die Frauen weitaus brutaler attackiert, als es nötig wäre, um ihren Tod mit Zwang zu vollstrecken.

Viele der Frauen werden sogar dann noch beschädigt und verunglimpft, wenn sie ihren Verletzungen bereits erlegen sind.

Ein aktenkundiger Gewalttäter lauerte seiner 27-jährigen Ex-Freundin C. in Nordrhein-Westfalen auf, obwohl diese gegen ihn, u. a. wegen einer versuchten Vergewaltigung und monatelangen Stalkings, ein Kontaktverbot erwirkt hatte. Ende April 2024 berichtete C.'s Mutter in einem Interview mit dem „RND" über ihre Erfahrungen. Sie erzählte, dass C. 2017 mit ihm zusammenkam und im Januar 2018 zu ihm zog, aber bereits im Oktober desselben Jahres wieder aus der gemeinsamen Wohnung auszog. Nach der Trennung sei C. von ihm mit zahlreichen WhatsApp-Nachrichten überhäuft worden, manchmal mehr als 60 am Tag. Im Januar 2019 habe sie die Festplatte ihres Computers abholen wollen, da sie diese bei ihrem plötzlichen Auszug zurückgelassen hatte. Dabei habe er versucht, C. zu vergewaltigen, sie mit einem Messer an der Hand verletzt, am Hals gewürgt und ihr ins Gesicht geschlagen. C. sei zu einer Nachbarin gelaufen. Diese habe einen Rettungswagen gerufen und die Polizei habe den Vorfall aufgenommen. Es habe danach weitere Belästigungen und Nachstellungen seinerseits gegeben.[356] Im selben Artikel wird berichtet: „Das Amtsgericht hat später erklärt, eine elektronische Fußfessel zur Überprüfung des Kontaktverbots sei in C.'s Fall nicht angezeigt gewesen, weil sie nicht gesagt habe, dass sie um ihr Leben fürchte." Als C. ihren Peiniger im April 2019 am helllichten Tag und auf offener Straße wahrnimmt, versucht sie noch, vor dem mit einem Revolver Bewaffneten zu fliehen und mit einem abgesetzten Notruf bzw. dann in einem Blumenladen Schutz zu finden. Er erschießt sie mit vier Kugeln in den Kopf-, Hals-, Brust- und Schulterbereich. „Bild" berichtet zu dem Femizid: „Direkt nach den Schüssen hatte P. der Mutter des Opfers außerdem eine Kurznachricht geschickt: ‚Jetzt weißt du, wie es ist, einen geliebten Menschen zu verlieren'."[357]

Exakt drei Jahre nachdem die Istanbul-Konvention für Deutschland rechtsbindend in Kraft trat, erschoss der getrenntlebende Ehemann die 49-jährige S. auf offener Straße, mitten in einer hessischen Innenstadt. Sie war die Mutter der gemeinsamen beiden Kinder und hatte sich vier Wochen zuvor getrennt. Mit einem Kopfschuss verletzt der Gewalttäter darüber hinaus seine 48-jährige Schwägerin schwer,[358] der Verantwortung entzog er sich qua Suizid.

Im März 2021 jagte ein Mann in Schleswig-Holstein ein ganzes Haus in die Luft, um seine 54-jährige Lebensgefährtin J. zu töten. Die Schäden, die durch die bewusst herbeigeführte Gasexplosion und den anschließenden Brand entstanden, waren immens, rein zufällig blieben die Anwohner unverletzt. Nach seiner Verhaftung suizidierte sich auch dieser Attentäter.[359]

In aller Öffentlichkeit, auf dem Standstreifen einer Autobahn in Hessen, attackierte ein Gewalttäter seine getrenntlebende Ehefrau T. am helllichten Tag. Im März 2022 verfolgte er die 41-jährige, zweifache Mutter zunächst und bremste sie aus. Dann schlug er ihr Seitenfenster ein, riss die Tür ihres Wagens auf und verletzte sie mit sieben Messerstichen gegen ihren Oberkörper so schwer, dass sie am nächsten Tag in der Klink verstarb.[360] „Seit Oktober 2021 lebte das Ehepaar getrennt, der 41-Jährige soll seiner Frau danach aber weiterhin nachgestellt haben" berichtet „Hitradio FFH"[361] und „Bild" schreibt: „Das Gericht ist sicher: Der Angeklagte hatte nach einer missglückten Aussprache über die Fortsetzung der Beziehung beschlossen, die Frau zu töten."[362] Die anklagende Staatsanwältin wird in „Sat 1 Regional" mit folgender Einschätzung zitiert: „Die niederen Beweggründe lassen sich aus der Tatmotivation herausleiten, dass hier der Anklagevorwurf ist, dass der Angeklagte seiner mittlerweile getrennten Ehefrau quasi das Lebensrecht aberkennt und sie aus einer Nichtigkeit heraus getötet hat."[363]

Im Mai 2023 ließ ein Gewalttäter einen Schulfreund seine Ex-Partnerin ermorden: Dieser rammte die zum Tatzeitpunkt 40-jährige C. auf der Autobahn in Brandenburg mit seinem Auto und tötete sie dann auf dem Standstreifen mit einem Schuss durchs Seitenfenster. Die Staatsanwaltschaft klagte den Ex-Freund der Lehrerin an, den Gewalttäter beauftragt zu haben.[364] Mitte Februar 2024 bezeugte die Leiterin eines Brandenburger Frauenhauses vor dem Landgericht Potsdam, dass C. schon im Sommer 2022 Zuflucht suchte, weil sie sich in einer schwierigen Trennung befunden und von massiver psychischer Gewalt, aber auch einem körperlichen Angriff berichtet habe.[365] In seiner Gerichtsverhandlung ließ der Ex-Freund und Hauptangeklagte sich explorieren, Staatsanwaltschaft und Nebenklage äußerten Bedenken, der Gewalttäter „wolle nur das Bild von sich zurechtrücken", so ist es im Artikel der „Märkische Allgemeine" beschrieben, die dazu auch die Gutachterin zitiert: „'Ich hatte sehr stark den Eindruck, dass er eine Agenda verfolgte, bestimmte Punkte, die sich in der Hauptverhandlung ergeben hatten, über mich klarzustellen'. B. habe Notizen dabei gehabt und ,abgearbeitet'."[366] Während die Staatsanwaltschaft die Mordmerkmale Habgier, Heimtücke und niedrige Beweggründe als erfüllt ansah und für den Ex-Partner und seinen Schulfreund jeweils lebenslange Haftstrafen und die Anerkennung der Schwere der Schuld forderte, beantragte die Verteidigung der beiden einen richterlichen Freispruch.[367] In der „FAZ" wurde zum Urteil, zweimal lebenslängliche Haft, auch der Hintergrund für die Anerkennung der besonderen Schwere der Schuld des Ex-Partners veröffentlicht: „'Er hasste seine ehemalige Partnerin', sagte der Richter. Er habe ihr sämtliche Qualitäten einer Mutter abgesprochen. Zudem habe sich der ehemalige Lebensgefährte in seiner zukünftigen Familienplanung gestört gefühlt und das Kind allein großziehen wollen."[368]

Im Mai 2023 erstach ein Gewalttäter die 19-jährige L. in Bayern mit einem Taschenmesser im öffentlichen Raum. Der Tatverdächtige, ihr Ex-Partner, suizidierte sich.[369]

Im Oktober 2023 erstach ein Gewalttäter die zum Tatzeitpunkt 21-jährige H. auf offener Straße in einem Wohngebiet in Nordrhein-Westfalen. Der Kollege der Rettungssanitäterin war nicht damit zurechtgekommen, dass sie ihn nicht als Partner wollte.[370] Er tötete sie mit unter erheblichem Kraftaufwand ausgeführten Messerstichen gegen Oberbauch, Bauchschlagader, Rippen, Lungenlappen, Leber und die große Halsvene auf einer öffentlichen Straße.[371]

An ihrer Arbeitsstätte, einem Supermarkt in Hessen, erschoss ein Gewalttäter die 38-jährige A. im Januar 2024.[372] Ihr getrenntlebender Ex-Freund hatte sie schon vor dem Femizid monatelang gestalkt. Ihrem Bruder zufolge hatte sie geahnt, dass er sie umbringen wird, in „Bild" ist zu lesen: „A. sei immer wieder bei der Polizei gewesen, berichten Freunde und Angehörige. Sie nahm sich eine Anwältin und soll sogar ein Kontakt- und Näherungsverbot erwirkt haben."[373]

Auf dem Parkplatz eines Seniorenheims in Bayern schoss ein Mann im April 2024 mehrfach auf eine 47-jährige Frau. Er verletzte seine Ex-Partnerin lebensgefährlich, bevor er sich suizidierte. Die Frau überlebte das öffentliche Attentat ihres 14-Jahre älteren Ex-Partners zufällig.[374] Der polizeilichen Pressemeldung ist zu entnehmen, dass bei der Durchsuchung der Arbeitsstätte des Attentäters weitere Schusswaffen sichergestellt werden konnten: „Ob es sich bei den Schusswaffen um betriebsbereite oder unbrauchbare Waffen handelt, ist zum jetzigen Zeitpunkt noch nicht festzustellen. Ersten Ermittlungsergebnissen nach war der Tatverdächtige nicht im Besitz einer waffenrechtlichen Erlaubnis."[375]

Im Mai 2024 attackierte ein Gewalttäter eine 36-jährige Frau in einem Wohngebiet in Niedersachsen auf offener Straße mit einem Messer und verletzte sie lebensgefährlich. In der Pressemeldung dazu heißt es: „Die beiden haben nach ersten Ermittlungen der Polizei eine persönliche Beziehung zueinander." Ob die Frau das Attentat überlebt hat, ist nicht bekannt.[376]

II. Deutsche Femizide

Im Mai 2024 wurde eine Frau in Nordrhein-Westfalen in einem abgestellten Auto entdeckt. Die damals 44-Jährige wies etliche Messerstichverletzungen auf. Auch am Folgetag des Attentats schwebte die Frau in Lebensgefahr und war auf intensivmedizinische Behandlung angewiesen.[377] Im Gerichtserfahren hat der angeklagte Ehemann vor dem Landgericht Düsseldorf teilweise gestanden. Über seinen Anwalt gab der Gewalttäter zu, einen Anschlag auf seine Frau in Auftrag gegeben zu haben. Die Frau ist der Presse zufolge seit dem Attentat auf einen Rollstuhl angewiesen.[378]

Am helllichten Tag im Juni 2024 griff ein Täter in Niedersachsen seine 29-jährige Ehefrau und die gemeinsame 14-jährige Tochter auf offener Straße an. Beide wurden durch Messerstiche verletzt, die Ehefrau lebensgefährlich. Dass sie das Attentat überlebte, ist dem Zufall geschuldet.[379]

Den Angriff ihres getrenntlebenden Ehemannes überlebte eine 34-jährige Mutter im Juli 2024 in Bayern nur zufällig. Mit einer Stichwaffe attackierte der Attentäter sowohl sie als auch die gemeinsame, 15-jährige Tochter und verletzte beide so schwer, dass sie zur medizinischen Versorgung mit einem Rettungshubschrauber in eine Klinik geflogen werden mussten. Der Femizidversuch wurde öffentlich vollzogen, in einer Grünanlage im öffentlichen Raum. Auch eine zu Hilfe eilende Zeugin wurde von dem Gewalttäter verletzt.[380]

Ende August 2024 erstach ein Mann seine vierzehn Jahre jüngere, getrennt-lebende Ehefrau N. auf offener Straße in Berlin. Die 36-jährige Mutter der vier gemeinsamen Kinder, im Alter von acht bis fünfzehn Jahren, konnte zwar am Tatort noch reanimiert werden, erlag jedoch wenig später in einer Klinik den Verletzungen, die ihr der Gewalttäter mit etlichen Messerstichen zugefügt hatte.[381] Die Getötete hatte vor dem Femizid eine einstweilige Verfügung erwirkt, der zufolge, der mehrfach einschlägig Polizeibekannte sich N. nicht hätte nähern dürfen. Laut „Berliner Zeitung" hätte er nicht einmal wissen dürfen, wo N. wohnte. N.'s 15-jährige Tochter musste ihre niedergestochene Mutter auf der Straße liegend sehen.[382] Die Staatsanwaltschaft Berlin äußerte sich zu diesem Femizid täterzentriert: „Zum Motiv lässt sich weiter sagen, dass wir davon ausgehen, dass der Täter sich durch die Trennung in seiner Ehre verletzt gefühlt hatte. Um diese wiederherzustellen, entschied er sich, seine Ex-Frau umzubringen", sagte der Sprecher der Staatsanwaltschaft der „B.Z.".[383] Benjamin Jendro, Sprecher der Gewerkschaft der Polizei (GdP), weist den Femizid gegen N. zwar als „Beziehungstat" aus, erkennt aber, ebenfalls auf der Plattform „X", an: „Femizide sind ein wachsendes Problem in unserer Gesellschaft und dennoch fällt es im politischen Raum schwer, Rahmenbedingungen zu schaffen, um gefährdete Frauen besser zu schützen."[384]

Die Attentäter sind sich durchaus bewusst darüber, wie entwürdigend eine Hinrichtung auf offener Straße, wie einsam der Tod und wie verzweifelt der letzte Atemzug auf dem kalten (und ggf. nassen) Asphalt ist. Die gleiche Motivation von posthumer Entwertung lässt sich auch bei Tötungsdelikten, in deren Anschluss die Frauen im öffentlichen Raum entsorgt werden, annehmen. Alle diese Täter üben eine Form von demonstrativ grausamer Selbstjustiz gegen Frauen aus, deren Lebensziel das Recht auf die freie Entfaltung ihrer Persönlichkeit war – exakt so, wie es das deutsche Grundgesetz vorsieht.[385]

Die Handlungen der Täter erfolgen in der Regel nicht spontan im Affekt, sondern sind begleitet von einer dokumentierten Gewalthistorie bzw. belegt von langer Hand vorbereitet. Dennoch führen die ausgeübten Übertötungen in vielen dieser Fälle vor Gericht nicht etwa zu einer maximalen Strafmaßbemessung, sondern werden vielmehr durch einseitige und unsubstantiierte Beschuldigungen gegen das Tatopfer relativiert.

Den Gerichten ist die Ignoranz der Istanbul-Konvention Artikel 46 ff. *„Strafschärfungsgründe"* vorzuwerfen, nach der in Verfahren berücksichtigt werden muss, *„dass die Intimität und das Vertrauensverhältnis in der Beziehung die Natur des Strafschärfungsgrundes ausmachen."*[386]

Darüber hinaus fehlt in den Prozessen die Position der geschädigten Frau. Den Getöteten wird nicht nur im Leben, sondern auch im Gerichtssaal eine Daseinsberechtigung verweigert: Die Perspektive und Interessen derer, die einem Femizid zum Opfer fielen, sind weder in jedem Fall deckungsgleich mit den Ansichten und Interessen des Staates (Staatsanwaltschaft), noch sind sie in der sogenannten Nebenklage als ein gleich gewichteter Gegenpol zur Strafverteidigung vertreten. Die vorgegebene Struktur des Justizgremiums schließt aus, dass ein posthum stigmatisierendes Narrativ gegen das Opfer adäquat geradegerückt werden kann. Das wirkt sich ganz besonders nachteilig für die umgebrachten Mädchen und Frauen aus, die keinerlei Hinterbliebene haben, über die wenigstens die Rolle der Nebenklage ausgefüllt sein könnte. Opfern von versuchten Tötungsdelikten ist es ebenso, wie den Hinterbliebenen von

II. Deutsche Femizide

Opfern vollendeter Tötungsdelikte möglich, sich über die Nebenklage am Strafprozess zu beteiligen.

Den Opfern von Femiziden hingegen, den getöteten Mädchen und Frauen, wird die Möglichkeit einer eigenen (zumindest stellvertretenden) Repräsentanz vor Gericht, bspw. über eine Betroffenen-Anwaltschaft, nicht eingeräumt. Das von Seiten der Strafverteidigung einer Monstranz gleichend gepriesene Gebot prozessualer Waffengleichheit sollte nicht länger nur einseitig, d. h. die Täter begünstigend, zum Tragen kommen.

> Mit 76 Messerstichen tötet ein Gewalttäter im Januar 2021 in Nordrhein-Westfalen seine im vierten Monat schwangere Ex-Freundin J. Ihre Leiche ließ er mit durchtrennter Kehle auf einem dunklen Parkplatz liegen. Zuvor hatte er der 22-Jährigen mit tiefen Schnitten fast den Kopf abgetrennt, auch für den Fötus gab es keinerlei Überlebenschance.[387] Der bereits wegen Körperverletzung vorbestrafte und unter Bewährungsauflagen stehende Täter[388] hatte J. schon vor dem Overkill geschlagen, misshandelt und gedemütigt. Sie hatte ihn verlassen wollen. Dem, laut psychiatrischem Gutachter, voll schuldfähigen Gewalttäter wurden zudem zwei Vergewaltigungen vorgeworfen. Gerichtlich wurde der Femizid an J. als Totschlag gewertet. Am Landgericht Dortmund verurteilte der Vorsitzende Richter den Gewalttäter zu zehn Jahren Haft. In der „wa"[389] ist eine sekundär viktimisierende, hypothetische Annahme zur Urteilsbegründung abgedruckt: „Die Richter schließen nicht aus, dass die Schwangere dem Angeklagten im Streit auf den Kopf zusagte, das Kind sei gar nicht von ihm."[390] Der Urteilsspruch wurde am 25.11.2021, dem internationalen Tag gegen Gewalt gegen Frauen, übertitelt mit: „Nach Bluttat in Hamm: Lange Haft für Messerstecher – Dramatische Szenen".[391] Der vorbestrafte Täter konnte seine Machtposition gegenüber der unbescholtenen, schwangeren J. erneut zu seinem Vorteil ausspielen – mit Unterstützung der Jurisdiktion.

§ 57 des deutschen Strafgesetzbuches regelt eine *„Aussetzung des Strafrestes bei zeitiger Freiheitsstrafe"* die Voraussetzungen, die eine vorzeitige Haftentlassung nach Verbüßung von zwei Dritteln des Strafmaßes (mindestens jedoch zwei Monaten) ermöglichen: *„Bei der Entscheidung sind insbesondere die Persönlichkeit der verurteilten Person, ihr Vorleben, die Umstände ihrer Tat, das Gewicht des bei einem Rückfall bedrohten Rechtsguts, das Verhalten der* *verurteilten Person im Vollzug, ihre Lebensverhältnisse und die Wirkungen zu berücksichtigen, die von der Aussetzung für sie zu erwarten sind".*[392]

Mit dem vorliegenden Urteilsspruch im Hinterkopf: Wie sieht wohl die innere Haltung des Täters gegenüber seinen künftigen Partnerinnen aus, wenn er, ggf. schon nach Ablauf von Zweidritteln seines Strafmaßes, d. h. im Jahr 2028 freikommen sollte?

Erste Liebe – „Teen Dating Violence"

Vermehrte Tötungsdelikte im Kontext der ersten Liebe sind ein weiterer feststellbarer Trend.

Die Getöteten sind sehr jung und entsprechend arglos, ihnen ist nur selten die Todesgefahr bewusst, der sie sich im Fall einer Trennungsabsicht bzw. einer vollzogenen Trennung aussetzen. Vielmehr genießen etliche der späteren jungen Gewalttäter auch im persönlichen Umfeld des Opfers großes Vertrauen. Die jungen Gewalttäter haben nahezu allesamt die deutsche Staatsangehörigkeit und ihre Verbrechen werden vorwiegend dem Straftatbestand Totschlag zugeordnet.

Im Mai 2024 erstach ihr 19-jähriger Ex-Partner die damals 18-jährige R. in einem bayrischen Ort – ermittelt wurde wegen Totschlags.[393] In „Bild" wurde zum Prozess berichtet, dass der Täter stundenlang von einem Versehen lamentiert habe und eigentlich er das gedemütigte Opfer sei.[394] Real aber hatte er den Femizid gegen R. minutiös vorbereitet, er wird mit folgenden Worten zitiert: „Mülltüte mit Handy entsorgen (Stadtpark? (…) Bahnhof?) Am (…) Wald halten und im Dunkeln Messer verbuddeln. Nach Hause fahren und Eier schaukeln". Im November 2024 wurde der Verbrecher am zuständigen Landgericht, zwar des Mordes schuldig gesprochen, jedoch nicht zu einer lebenslangen Haft verurteilt, so, wie es das Strafgesetzbuch in § 211 vorsieht. Das „Traunsteiner Tagblatt" schreibt zur Urteilsverkündung: „Die Richterin bezeichnete den Angeklagten als ‚Beziehungsnarzissten', der nicht zum Perspektivwechsel und zu Empathie fähig sei. Eine Persönlichkeitsstörung bestehe jedoch nicht. Er sei strafrechtlich voll verantwortlich. Auch gebe es keinen Grund, das Jugendstrafrecht anzuwenden, sagte sie in Richtung des Angeklagten, der in wenigen Tagen 20 Jahre alt wird. Eine Reifeverzögerung liege nicht vor".[395]

Im Januar 2024 erlag eine 15-Jährige in Ulm in Baden-Württemberg den Verletzungen, die ihr von ihrem 15-jährigen Freund zugefügt worden waren. Seine Würgeattacke hat sie nach fünftägigem Überlebenskampf mit ihrem Leben bezahlen müssen. Die Anklage und das Urteil gegen den Minderjährigen lauteten auf Totschlag.[396] Im „swr" wird zur Urteilsfindung berichtet: „Der 15-Jährige stand laut Gericht zum Zeitpunkt der Tat unter dem Einfluss der Droge Ecstasy. Das Vorliegen verminderter Schuldfähigkeit habe die Kammer daher nicht ausschließen können, hieß es dazu weiter."[397] Der Gewalttäter stammt aus einem Gewalthaushalt: Sein Vater hatte im April 2023 seine 7-jährige Tochter erstochen.

Im November 2023 erstach ein 21-jähriger Gewalttäter die zum Tatzeitpunkt 21-jährige L. in Niedersachsen mit mindestens 17 Messerstichen. Verurteilt wurde L.'s deutscher Ex-Partner wegen Totschlags.[398] Medienberichten zufolge war L. von ihrem Ex-Freund bereits vor dem Femizid massiv bedrängt worden, mehrfach hatte er sich mit einem Wohnungsschlüssel unangekündigt Zutritt in ihr Zuhause verschafft. Die Trennung war bereits vollzogen, als sich L. darauf einließ, dass er u. a. zur Rückgabe ihres Schlüssels ein letztes Mal zu ihr kommen wolle. Im völligen Realitätsverlust tauchte der Täter dort mit einem Ring für sie auf. Als sie ablehnte und ihn der Wohnung verwies, stach er ihr mit einem mitgebrachten Messer direkt in den Hals, den Nacken und ihren Oberkörper – insgesamt 17 Mal. Seine Verteidigung lehnte vor Gericht die Anschuldigung des Tötungsdeliktes ab und plädierte auf ein Strafmaß von maximal drei Jahren wegen Körperverletzung mit Todesfolge. Seine Strafverteidigerin wird in der „Hannoversche Allgemeinen" mit den Worten zitiert: „Er hatte nicht die Absicht, L. zu töten. Nur sich selbst."[399] L. posthum viktimisierend, ergänzte sie, dass der Deutsche zugestochen habe, weil die 21-Jährige ihn davon abhalten wollte, sich zu suizidieren. Das allerdings stimme nicht mit der Spurenlage überein, so der Vorsitzende Richter, der auf Totschlag urteilte. „Bild" berichtet zur Urteilsfindung: „Beim letzten Treffen zwischen beiden am 7. November 2023 in L.'s Wohnung im Stadtteil (…) habe sich der 21-Jährige dem Richter zufolge auf zwei Szenarien vorbereitet: einerseits auf ein spätes Happy End mit Ring-Geschenk und gemeinsamer Nacht, andererseits auf den ‚Worst Case'. Für den Fall hatte er nach Auffassung des Schwurgerichts ein Messer im Rucksack dabei."[400]

Im Oktober 2023 erstach ein damals 19-jähriger Deutscher die 17-jährige L. in Schleswig-Holstein. Die Anklage gegen L.'s Ex-Partner, der u. a. wegen Gewaltdelikten und illegalem Waffenbesitz polizeibekannt war, lautete auf Totschlag.[401] Im Juli 2024 wurde der Gewalttäter nach Jugendstrafrecht verurteilt, das Landgericht Kiel bewertete die Entführung und den darauffolgenden Femizid im Auto als Körperverletzung mit Todesfolge, in Tateinheit mit Freiheitsberaubung mit Todesfolge, Körperverletzung, Nötigung und Fahrens ohne Fahrerlaubnis: Fünf Jahre Haft.[402]

Im Juni 2022 musste sich ein 18-jähriger Deutscher wegen Mordes verantworten. Der zur Tatzeit 17-jährige hatte seine 14-jährige Ex-Freundin im Oktober 2021 in Bayern im Schlaf erstochen.[403]

Im Mai 2022 erstach ein damals 18-jähriger Deutscher seine 17-jährige Freundin, eine österreichische Staatsbürgerin, in Tirol. Er entzog sich der Strafverfolgung qua Suizid.[404]

Die Zunahme dieser Gewalttaten werden auch an der Basis des Hilfesystems wahrgenommen. *„Es gibt eine Zunahme von massiver Gewalt in Teenagerbeziehungen"* bestätigte Lorre Kirchhoff von der Beratungsstelle häusliche Gewalt und Stalking in Leipzig Anfang Juni 2024 im Interview mit der Landesrundfunkanstalt „mdr Sachsen": „*Wir arbeiten zusammen mit der Polizei und da haben wir schon bemerkt, dass es eine Zunahme von massiver Gewalt gibt'*, sagt Kirchhoff. *,Da sind auch schon versuchte Femizide, versuchte Tötungsdelikte dabei'.*"[405] Der Anstieg an Feminiziden bei Teenagern wird durch die Ergebnisse einer Erhebung des Vereins „Plan International Deutschland e. V.", die im Juni 2023 in Deutschland veröffentlicht wurde, untermauert. Um zu erfahren, wie Männlichkeit in Deutschland gelebt wird, wurden 1.000 männliche und 1.000 weibliche Menschen im Alter von 18 bis 35 Jahren befragt. Eine Kernaussage der global aufsehenerregenden Evaluation war, dass *„jeder Dritte der Aussage zustimmt, schon einmal handgreiflich gegenüber Frauen zu werden, um ihnen Respekt einzuflößen"*.[406]

Die sogenannte „Teen Dating Violence", ist kein neues Phänomen. Bereits seit 2010 wird in den U.S.A. jährlich im Februar der „National Teen Dating Violence Awareness and Prevention Month"[407] begangen. In landesweit gestreuten Info-Broschüren werden den Heranwachsenden die Werte, die eine gesunde Beziehung ausmachen, vermittelt: Respekt, Ehrlichkeit, Gleichheit, Vertrauen, Kommunikation, Grenzen und Konsens. Ebenso wird in einem stylischen Leitfaden auf ernstzunehmende Alarmsignale hingewiesen. Dieser ist bspw. für das Jahr 2022 auch auf der Internetseite von Washington D.C. herunterzuladen:[408] *„Lernen Sie die Warnanzeichen von Missbrauch. Beziehungen bewegen sich in einem Spektrum und es kann manchmal schwer sein, zu erkennen, wann sich ein Verhalten von gesund zu ungesund oder sogar zu missbräuchlich entwickelt. Typische Warnzeichen sind:*

* *Überprüfen Ihres Telefons, Ihrer E-Mails oder Ihrer Social-Media-Konten ohne Ihre Erlaubnis;*
* *Häufiges Herabsetzen, vor allem in Gegenwart von anderen;*
* *Sie werden von Freunden oder Familie isoliert (physisch, finanziell oder emotional);*
* *Extreme Eifersucht oder Unsicherheit;*
* *Explosive Ausbrüche, Wutausbrüche oder Stimmungsschwankungen;*
* *Jegliche Form von körperlicher Gewalt;*
* *Besitzergreifendes oder kontrollierendes Verhalten;*
* *Druck auf Sie ausüben oder Sie zwingen, um Sex bzw. bestimmte Sexpraktiken zu haben."*

Eine überarbeitete Version zum *„Teen Dating Violence Awareness Month 2024"* bot den Eltern Betroffener unterstützende Aufklärung: *„Wussten Sie, dass nur 33 % der Teenager, die von Missbrauch betroffen sind, jemals jemandem davon erzählen, während es passiert, und 81 % der Eltern denken, dass Missbrauch durch Jugendliche in Partnerschaften kein Thema ist? Dies ist ein Problem und um Missbrauch in Partnerschaften zu verhindern, müssen wir zunächst anerkennen, dass dies ein Problem ist. Missbrauch ist nicht etwas, das nur im Erwachsenenalter passiert. Eine Person kann unabhängig von ihrem Alter in einer missbräuchlichen Beziehung sein und Eltern können helfen, indem sie einfach über gesunde Beziehungen und die Anzeichen für Missbrauch in einer Beziehung sprechen."*[409]

In dem fortgeschriebenen 2024er-Leitfaden werden weitere Alarmsignale benannt:

*   Weniger Zeit für Familie und Freunde;
*   übermäßiges Chatten, Telefonieren, Mailen oder beim Partner sein;
*   Aufgabe von Dingen/Hobbies, die früher viel bedeuteten und/oder
*   Leistungsabfall durch Schule schwänzen.

Um das elterliche Bewusstsein zu schärfen, werden mit Blick auf die Teenager-Tochter auch Fragen danach gestellt, ob Druck auf sie ausgeübt wird, bspw. in der Form, dass ihr Freund kontrolliert, wohin sie geht oder was sie anziehen soll,

*   ob sie sich Sorgen macht, den Freund zu verärgern, ob sie sich für das Verhalten des Freundes entschuldigt;
*   ob sie versucht, Verletzungen zu verbergen oder Verletzungen nicht erklären kann;
*   ob der Freund auffällig eifersüchtig bzw. besitzergreifend ist;
*   ob sie depressiv oder verängstigt wirkt und
*   ob der Partner andere Menschen oder Tiere missbraucht.[410]

Es gibt den wichtigen Hinweis, dass es sich zwar um ernstzunehmende Warnzeichen handelt, dass das Auftreten eines einzelnen Signals allerdings nicht zwingend eine missbräuchliche Beziehung belegt – die Eltern werden sensibel an die Thematik herangeführt und gestützt. In den U.S.A. wird sehr viel unternommen, um das Bewusstsein auszuweiten und um der Gewalt als gesellschaftliche Einheit präventiv zu begegnen. So kommen im Monat Februar nicht nur Schulungen, Veranstaltungen und Infomaterial[411] zum Einsatz: Der damalige Präsident Joseph R. Biden jr. erließ am 31. Januar 2024 die *„Proklamation zum Nationalen Monat des Bewusstseins für und der Vorbeugung von Teenager-Dating-Gewalt, 2024"*.[412] Während derselbe amerikanische Präsident bereits am 31. Januar 2023 eine, ähnlich ausgerichtete Proklamation ausrief,[413] erhob sich in Deutschland massive Kritik am Studiendesign von Plan International, nicht jedoch an der Kernaussage der Umfrage. Die deutsche Groteske setzte sich Ende 2023 fort: Anlässlich der Geiselnahme eines

vierjährigen Mädchens in Hamburg, befasste sich die deutsche Politik partei-
übergreifend intensiver mit der Frage, wie der Täter die Sicherheitsschranken
des Hamburger Flughafens durchbrechen konnte, als mit der Ursache: Seine
gewalttätige Vaterschaft.

Femizide gegen ältere Frauen

Zu den signifikanten Tendenzen deutscher Femizide gehört neben der zunehmenden Gewalt im Kontext der ersten Liebe auch die Steigungsrate von
Tötungsdelikten gegen ältere Frauen. In dieser Opfergruppe nimmt nicht nur
die Häufigkeit zu, sondern, parallel dazu auch die relativierende Rechtsprechung gegen die Gewalttäter. Regelmäßig ergehen Urteile auf Totschlag auch
dann, wenn die Gewalttäter ihre Partnerin im Schlaf töteten und damit das
Mordmerkmal Heimtücke vorliegt. Das Fehlen von wirkmächtigen Korrek-
tiven, auch in der juristischen Bewertung der Frauenverachtenden Verbrechen,
scheint geradezu einzuladen und unter den alten bis hochbetagten Männern
eine sinkende Hemmschwelle zu provozieren.

Jahr	Anzahl der belegten Femizide gegen Frauen über 65 Jahre, ausgeführt vom Ehemann, bzw. dem Lebenspartner
2021	14 Femizide
2022	19 Femizide
2023	20 Femizide

Grafik 5 – © Femicide Observation Center Germany, F.O.C.G.

Im ersten Halbjahr 2024 konnten bereits 17 Femizide sowie mehrere unge-
klärte, aber auffällige Todesfälle (vorwiegend Brände und tödliche „Unfälle"
beim Ein- bzw. Ausparken) von Frauen verzeichnet werden, bei denen die
Opfer ihr 65. Lebensjahr erreicht bzw. schon überschritten hatten.

Im Juni tötete ein Gewalttäter eine 67-jährige Frau in Baden-Württemberg. In welchem Verhältnis er zu ihr stand, ist nicht öffentlich.[414]

Im Juni erschlug ein Mann in Sachsen neben seiner Mutter und seinem Großvater auch seine 84-jährige Großmutter mit einer Axt.[415]

Im Mai tötete ein Gewalttäter eine 88-jährige Mitpatientin in der behandelnden Klinik in Niedersachsen.[416]

Im Mai erstach ein Gewalttäter in Nordrhein-Westfalen eine 86-jährige Frau. Der Täter, ihr eigener Sohn, gesteht die Tat.[417]

In Sachsen wurde im April eine 71-jährige Frau in ihrem Zuhause erstickt.[418]

Im April erdrosselte ein Gewalttäter in Nordrhein-Westfalen eine 76-jährige Frau.[419]

Im Gegensatz zu ihrer Tochter, der Tante des in Nordrhein-Westfalen ansässigen Täters, überlebte die 84-jährige Großmutter den Angriff ihres Enkels im April 2024 in ihrem Zuhause nicht.[420]

Im April wird in Hessen eine 75-jährige Frau erstochen.[421]

In Baden-Württemberg bringt ein Sohn im April seine 69-jährige Mutter um.[422]

Im März 2024 wird in Nordrhein-Westfalen eine 65-jährige Frau „durch massive Gewaltanwendungen gegen ihren Kopf" getötet.[423]

Die Leiche der 67-jährigen O. aus Nordrhein-Westfalen wurde im Februar an einer Anschlussstelle einer Autobahn aufgefunden. O. galt seit Anfang August 2023 als vermisst. Auch sie ist gewaltsam zu Tode gekommen.[424]

In Rheinland-Pfalz tötete ein Mann seine 66-jährige Ehefrau im Februar 2024. Im Anschluss an sein Verbrechen versuchte der Täter erfolglos sich zu suizidieren.[425]

Ebenfalls im Februar 2024 wird eine 85-jährige Frau im Saarland erstochen.[426]

Im Januar fand man in Niedersachsen die Leiche der getöteten, 65-jährigen B. Noch im von ihr bewohnten Haus erlag sie mehrfachen Stichverletzungen.[427]

Im Januar erstach ein Gewalttäter eine 84-jährige Frau in Hessen.[428]

In Berlin tötete im Januar ein Mann seine 77-jährige Ehefrau. Auch er suizidiert sich, auch gegen ihn kann keine Anklage mehr erhoben werden.[429]

Im Januar erschoss ein Gewalttäter seine 85-jährige Ehefrau in Bayern. Im Anschluss an sein Verbrechen suizidierte der Täter sich, so dass es zu keiner Anklageerhebung gegen ihn kommen kann.[430]

Diana

Ein Femizid von vielen und was er mit einer Familie macht

Mein Name ist Diana und ich erzähle Ihnen heute meine Geschichte. Meine Geschichte über den Femizid an meiner Tante Lydia und was es mit uns als Familie gemacht hat. Am 6. März 2019 wurde meine Tante durch ihren Noch-Ehemann mit zwei Kopfschüssen hingerichtet.

Sie war 50 Jahre mit ihrem Mörder zusammen. Es war eine on/off-Beziehung bis zuletzt. Frauenhausaufenthalte, drei gemietete Wohnungen ihrerseits. Aber immer wieder ging sie zu ihm zurück. Ihr Schicksal war, nicht frei zu sein. Sie hieß Lydia und war 66 Jahre alt, als er sie hingerichtet hat. Ich nenne deshalb ihren Namen, weil jedes Opfer ein Leben und einen Namen hatte und mit Würde zu behandeln ist. Aber nach der Tat wurde sie in unserer Lokalzeitung immer nur als Opfer (66) benannt.

Wie soll ich Lydia beschreiben? Wenn wir an sie denken, wird unser Herz unheimlich schwer. Diesen schlimmen Verlust, diese Ohnmacht, allein wenn man daran denkt. Lydia war ein Herzmensch. Sie war eine ruhige Person und liebevoll im Umgang mit Menschen. Sie war hilfsbereit. Wir hatten ein sehr inniges Verhältnis.

Wenn ich mich zurück erinnere an den Anruf von meinem Onkel, in dem er mir mitgeteilt hat, dass Lydia tot sei und „*er*" sie erschossen hat, wird mir heute noch ganz anders. Sie war bis zum 6. März 2019 mit ihrer Chefin in Hamburg und sie waren auf dem Nachhauseweg gewesen. Sie war fast 14 Tage in Hamburg. Es hat ihr dort sehr gefallen. Sie hat mich angerufen und sich gefreut, dass sie ins Musical „*König der Löwen*" gingen. Sie hat mir Bilder geschickt, wie sie vor der Elbphilharmonie steht oder vor dem Restaurant „*Henssler und Henssler*". Sie wollte mir Hamburg zeigen und mit mir nochmal dahinfahren und auch mit mir ans Meer nach Ägypten im Winter fliegen. All das war Lydia, offen für neue schöne Eindrücke in ihrem Leben. Sie wollte leben, sie war doch erst 66 Jahre alt. Und wie sie immer zu mir gesagt hat, *„Man weiß nicht, wieviel Zeit man noch hat".* Ihre Freiheit hatte sie nur ein paar Wochen ausleben können. Ein paar Wochen, in denen sie aufgeblüht ist und Freude verspürte.

Dieser eine Satz *„Er hat sie erschossen"* war als wäre eine Bombe explodiert. Man begreift es nicht, ich schrie und weinte und wusste, ich muss das meiner Mutter sagen, aber wie? Lydia war ihre Schwester. Wir waren doch für sonntags bei meinen Eltern zum Essen verabredet. Sie wollte uns doch die Bilder zeigen und von Hamburg erzählen. Sie hat sich schon darauf gefreut. Ich fühlte nur noch Schmerz ansonsten nur Leere. Innerlich war ich tot. Unfassbar und immer dieses *„Warum"* hat er es getan? Diese Frage ließ mich innerlich immer mehr absterben. Ich habe nichts mehr verstanden, ich hatte doch noch am 6. März 2019 Kontakt über WhatsApp mit ihr. Ich habe sie noch kurz nach 20 Uhr gefragt, wann sie mit dem Zug ankämen. Ihre letzte Antwort an mich war *„Es wird spät"*.

Meiner Mutter sagen zu müssen, dass ihre Schwester, unsere Lydia, nicht mehr lebt, weil ihr Mörder sie eiskalt umgebracht hat, wie in einem Kriegsfilm, das hat mich fertig gemacht. Meine Eltern teilten mir mit, dass es bei ihnen vor meinem Anruf geklingelt hätte und sie durch die Kamera eine unbekannte Frau und einen Mann an der Tür sahen und nicht aufgemacht haben. In Wahrheit waren das aber Polizeibeamte in Zivilkleidung. Wir sind dann zur Polizei in unserem Ort gefahren. Ich hatte keine Ahnung, was als Nächstes passieren wird oder wie das abläuft.

Klar hat man darüber keine Ahnung, wenn man noch nie was mit der Polizei zu tun hatte. Aber ich stand an der Anmeldung und wollte sprechen, und von jetzt auf gleich konnte ich es nicht mehr. Ich war nicht fähig, meinen Namen auszusprechen. Ich habe nur noch gestottert. Mein Hirn arbeitete auf Hochtouren, aber es klappte nicht. Ich konnte nicht mehr sprechen. Und das Stottern hielt über eine Woche an in der ich nicht mehr sprechen konnte. Und der Gedanke der mich fortan nachts begleitet hat. *Warum, warum, warum!!!!!!*

Ihr Mörder war uns ja nicht fremd. Nein, er war mein Onkel. Er war der Schwager, der Schwiegersohn. Man hat Familienfeste zusammen gefeiert. Als ich den Führerschein hatte, fuhr ich auch zu Besuch zu ihnen und man hat zusammen gegessen oder einfach nur Kaffee getrunken. Und für die Allgemeinheit war er ein ruhiger netter Nachbar, der immer gegrüßt hat. Da wird mir sowas von schlecht. Bis heute ist nicht herausgekommen, woher er diese Waffen hatte. Er hat mir mal gesagt, als sie ihn mal wieder verlassen hatte und sich eine Wohnung in Kassel genommen hat, dass er nicht mehr könne. Er sei ohne sie so hilflos. Ich sagte, er solle ihr jetzt einfach mal Zeit lassen damit sie zur Ruhe kommen kann. Aber er meinte: *„Wenn ich sie nicht haben kann, dann auch kein anderer"*. Er ist immer davon ausgegangen, dass Lydia einen anderen Mann gehabt hätte oder wir sie gegen ihn aufgehetzt hätten.

Fakt ist, er hatte sie nicht mehr im Griff. Er hat die Kontrolle über sie verloren. Sie ist ihm entglitten. Sie hatte viele Versuche unternommen, um sich zu trennen. Sie ging ins Frauenhaus. Sie hatte ein kleines Appartement angemietet, 30 Kilometer von ihrem alten Zuhause entfernt. Aber sie ging wieder zu ihm zurück und es wurde immer schlimmer. Am schlimmsten war es für sie, als sie nach Kassel gezogen ist, fast 300 Kilometer entfernt. Ja, sie hatte ihre Ruhe. Sie konnte sich dort frei bewegen, aber sie hatte keine Familie dort. Alleine in einer fremden Stadt. Sie wollte frei sein und trotzdem zu ihren Geschwistern gehen, auf einen Kaffee. Ich wollte sie damals noch besuchen und habe Urlaub beantragt. Es waren nur noch 14 Tage, bis ich bei ihr in Kassel gewesen wäre. Lydia hat es in Kassel nicht geschafft. Sie war einsam. Sie wollte ihre Familie um sich herumhaben. Wir wohnten alle in unterschiedlichen Stadtteilen bzw. Landkreisen. Aber es war alles in allem innerhalb von 15-20 Minuten zu erreichen, egal zu wem sie gegangen wäre.

Sie ging nach Kassel, wieder zu ihm zurück. Wir hatten alle keinen Kontakt mehr zu ihr. Sie hat den Kontakt abgebrochen zu ihren Geschwistern und auch zu mir. Er hat nie am Telefon gesagt, dass sie wieder gegangen ist, sondern hat gefragt, wie es uns geht. Wieder ganz freundlich. Aber immer, wenn sie ihn verlassen hatte, war ich die erste die sie wieder kontaktiert hat. Sie hatte vier Accounts in Facebook. Über den Messenger hat sie sofort Kontakt zu mir aufgenommen. Sie wusste meine Nummer nicht mehr, denn wenn sie zu ihm zurück ging, musste sie alles löschen. Sie wusste nur eine Nummer auswendig die sich die letzten Jahre nicht verändert hat. Das war die ihres Bruders.

Diana

Wenn sie ihn verlassen hatte, machte sie das heimlich. Ihre wichtigsten Papiere und Kleider zusammengepackt, versteckt im Keller. Sie konnte gar nicht anders, als heimlich zu gehen. Und genau so argumentiert man dann von der Gegenseite vor Gericht, *„Sie hätte ihn mit dem heimlichen Weggehen immer sehr verletzt"*. Was soll das? Soll eine Frau, die jahrzehntelang psychisch und physisch misshandelt wurde und sich wieder einmal traut, zu gehen, gestalkt wurde, sich noch bei ihrem Peiniger verabschieden? Der lässt sie doch niemals freiwillig gehen. Ich war mehr als einmal nur fassungslos in dem ersten Prozess, der gegen ihn wegen Mordes eröffnet wurde. Ich sehe ihn da sitzen, wie ein Häufchen Elend. *„Es tut mir ja so leid"*. Nein, das tut es nicht.

Ihr Mörder war zum Tatzeitpunkt 68 Jahre alt. Er zeigte keine Regung. Ich war eine der Zeuginnen, die gegen ihn aussagen musste. Ich hatte solche Angst davor, dass ich wieder nicht sprechen kann, gerade jetzt wo es doch darauf ankommt. Aber ich wurde von einem ehrenamtlichen Mitarbeiter vom Weißen Ring e.V. begleitet. Sie haben mich damals aufgeklärt und haben mich nicht alleine gelassen. Ich stand vor diesem Gerichtssaal und dachte ich bekomme vor lauter Aufregung keine Luft mehr. Und der Mitarbeiter vom Weißen Ring redete ruhig auf mich ein und sagte immer: *„Sie schaffen das, sehen Sie zu dem Richter und bleiben Sie ruhig"*. Ich habe meine Aussage getätigt und die Gegenseite war meiner Meinung nach so pietätlos, dass ich selbst heute noch nur den Kopf schütteln kann.

Der Gerichtstag war vorbei und ich dachte meine Beine geben nach. Es war einfach nur noch schlimm. Er sitzt da, als könnte er kein Wässerchen trüben. Ich hatte so einen Hass und Wut auf diesen einen Menschen. Er, der sie erschossen hat und sich selber richten wollte. Am liebsten hätte ich ihn angeschrien, was für ein kleines Männlein er doch ist und wie armselig er sei. Aber im Gerichtssaal muss man still bleiben und die Ruhe bewahren. Egal was passiert.

Ich wollte kämpfen für Lydia, für ihre Würde, für ihr Ansehen. Sie war ein guter Mensch. Ich habe mir damals geschworen, wenn der Prozess vorbei ist, werde ich nie wieder meinen Mund halten. Nie wieder.

Er wurde im ersten Prozess zu 9 ½ Jahren wegen Totschlags mit unerlaubtem Waffenbesitz verurteilt. Wir saßen im Gerichtssaal und verstanden die Welt nicht mehr. Ich konnte fast nicht mehr laufen und musste von meinem Vater und Onkel gestützt werden. Meine Mutter saß da und war wie wir alle fassungslos, geschockt und tief verletzt. Wo ist die Gerechtigkeit für Lydia? Wo?

Die Staatsanwaltschaft legte Revision ein und wir als Nebenkläger haben uns der Staatsanwaltschaft angeschlossen. Nebenklägerin war meine Mutter, die es für mich tat, da ich als Nebenklägerin abgelehnt wurde. Ich war halt nur die Nichte. Diese Warterei wegen der Revision hat mich fast in den Wahnsinn getrieben. Der Revision wurde stattgegeben und es kam zu einem neuen Prozess. Alles wieder auf Anfang und Zeugenaussage tätigen. Dieses Mal wusste ich, was auf mich zukommt. Bis heute regt mich das noch tierisch auf, dass seine Verteidigerin zwischendrin immer gelächelt hat. Das war respektlos und unter aller Würde. Es ist in Ordnung, dass sie für ihren Mandanten das Bestmögliche rausholen will, dabei sollte man aber niemals pietätlos werden.

Man hatte Mitleid mit dem Täter, der immer wieder verlassen wurde von seiner Frau. Er sagt, er sei im Tunnel gewesen und wollte es nicht. Doch er wollte es, denn wenn ich sie nicht haben kann, dann auch kein anderer. Er hat entschieden und abgedrückt. Und weshalb? Weil sie an diesem Abend nach dieser langen Reise von Hamburg nach Hause in ihre eigene Wohnung ging, um ihren Koffer abzustellen. Und aus welchen Gründen auch immer, sich in ihr Auto setzte und zu ihm, in die ehemals gemeinsame Wohnung, fuhr.

Wie schon erwähnt, um 20.40 Uhr schrieb sie mir *„es wird spät"*. Kurz darauf war sie tot. Er wollte, dass sie zurückkommt und ihre Wohnung aufgibt, und das hat sie nicht gewollt. Sie würde ihm helfen bei Dingen, die er nicht kann, aber sie käme nicht zurück. Daraufhin hat er die Waffen geholt, die in der Wohnung waren, und hat geschossen. 2 Mal in den Kopf. Aber er wollte es ja nicht. Er hat sich dazu entschieden, zu schießen, und niemand sonst. Warum?

Weil sie ihm mitgeteilt hat, dass sie ihre Wohnung nicht aufgibt und nicht zu ihm zurückkehren würde. Wenn man sich mit solchen Fällen nicht auskennt, ist es sehr schwer alles wahrzunehmen. Dass man gesagt bekommt, es wird eine Obduktion von Lydia gemacht und trotzdem nicht versteht, warum man sich nicht verabschieden darf. Man denkt einfach nicht soweit. Ich wollte, dass man ein Tuch auf ihren Kopf legt, dort, wo die Verletzungen sind. Einfach nur, dass wir uns verabschieden können. Aber die Wahrheit ist doch, dass selbst dieses Tuch nichts gebracht hätte. Denn die Obduktion war doch nicht nur am Kopf. Das hat man in dem Moment einfach nicht gesehen. Und dieser Gedanke und das Wissen, dass man dann einen geschundenen, ausgenommenen, gebrochenen Körper zum Bestatten bekommt, hat mir Alpträume bereitet und schlaflose Nächte.

Was ein Wahnsinn, und nun stellt er sich vor Gericht als Opfer dar. Und es wurde Schuldumkehr betrieben vom Feinsten. Klar, das tatsächliche Opfer kann sich ja nicht mehr wehren. Er hat sie doch erst ins Grab gebracht. Die Art und Weise war unglaublich. Nach jedem Prozesstag waren wir fertig. Diese Tage haben so gezehrt und wütend und zornig gemacht. Man konnte nicht mehr richtig schlafen, die Gedanken kreisten immer um dieses Thema. Meine Mutter, vorneweg im Kampf gegen den Mörder. Die Geschwister mit Partnern hinter ihr. Wir waren jeden einzelnen Prozesstag vor Ort. Und es gab Menschen, die das nicht verstanden haben. Es war ja keine Pflicht. Doch, für uns war es das.

Das Schlimmste kam dann noch, als seine Verteidigerin Bilder zeigte von meinem verstorbenen Cousin. Er war Lydias einziges Kind und wurde im Alter von 13 Jahren an der Schule auf dem Heimweg totgefahren. Meine Tante und ich sahen uns an und schüttelten nur noch den Kopf. Mein Cousin ist 1983 ums Leben gekommen. Und nun zeigt man dem Gericht die Bilder vom verstorbenen Sohn, wie er im Sarg liegt. Wir alle wussten, dass er solche Bilder hat, aber niemand hatte diese jemals gesehen. Aber das Gericht durfte sich jetzt diese Bilder anschauen. Und was hat das jetzt mit dem Mord an meiner Lydia zu tun? Sie wurde damals über Nacht zur alten Frau. Sie war gebrochen.

Es hat alles nichts gebracht, weder die Bilder von meinem verstorbenen Cousin noch sonst irgendwas. Er wurde im 2. Prozess zu einer lebenslangen Freiheitsstrafe wegen Mordes aus Heimtücke und unerlaubten Waffenbesitzes verurteilt. Und natürlich ging seine Verteidigung auch in Revision. Diese wurde allerdings zurückgewiesen. Über 3 ½ Jahre Kampf für Gerechtigkeit für unsere Lydia. Ich bin fast daran zerbrochen. Und ohne professionelle Hilfe hätte ich es nicht geschafft. Von meiner Familie bin ich die Einzige, die damit an die Öffentlichkeit geht, denn alle anderen können es nicht. Sie können nicht darüber reden aber sie unterstützen mich in allem, was ich tue in diesem Thema. Der

Schmerz sitzt immer noch sehr tief. Auch nach sechs Jahren ist es, als sei es gestern gewesen. Man findet lediglich einen Umgang damit, um weiterzumachen. Aber das braucht alles seine Zeit. Zeit zum Trauern, zum Kämpfen und zum Loslassen. Wir vergessen oder verzeihen dem Mörder nicht. Am Anfang war dieser unsagbare Hass von uns allen. Nichts Gutes haben wir dem Mörder gewünscht. Man ist kurz davor sich zu versündigen, so schlimme Gedanken kommen einem dabei. Heute sagen wir, er soll bis zu seinem Lebensende daran denken. Er sitzt hinter Gittern, wo er hingehört und hat keine Freiheit mehr, keine Dinge die er einfach so machen kann, wie und wann er es möchte. *Er muss nun fragen.*

Was mir immer wieder aufstößt ist, dass man bei diesem Prozess immer wieder in der Kindheit verblieben ist, von der Verteidigung. Es kann doch nicht sein, bloß weil man irgendwann mit 10 oder 11 Jahren einen Verlust erlitten hat, zum Mörder mutiert. Dass so etwas immer die Antwort auf so eine Tat ist. Genauso wenig, wie die Nationalität. Dies sollte keine Rolle spielen.

Und was, wenn ein Femizid-Opfer keine Hinterbliebene hat, die kämpfen? Nicht weil sie nicht wollen, sondern weil sie es einfach nicht können. Ich kann jeden verstehen, der so einen Kampf nicht auf sich nimmt. Es kann einen mehr als zerstören. Der Kampf für Lydia hat mich und meine gesamte Familie verändert. Ich mache meinen Mund auf und habe eine Selbsthilfegruppe für Betroffene und Angehörige von häuslicher Gewalt eröffnet. Meine Familie unterstützt mich auch dabei. Ich frage mich wie viele Femizide müssen noch passieren, bis unsere Regierung tätig wird. Wie viele Hinterbliebene oder auch Kinder müssen wieder lernen, im normalen Leben Fuß zu fassen, wenn die Mutter, Schwester, Schwägerin, Schwiegertochter, Freundin heimtückisch getötet wird? Wenn ein Femizid vollzogen wird ist es zu spät. Weit vorher muss etwas passieren, wie die Umsetzung der Istanbul-Konvention, denn: Jeder Femizid ist einer zu viel!

Von daher lasst uns zusammen aufstehen und laut werden, um endlich Gehör zu finden. Ich bin dankbar für meine Familie das wir zusammen gehalten haben in dieser schwierigen Zeit und meiner Mama, die Seite an Seite mit mir für Lydia gekämpft hat und mich zu der Frau erzogen hat, die ich heute bin.

Diana

Und alle die betroffen sind von häuslicher Gewalt und/oder Hinterbliebene sind von Femiziden: Holt euch Hilfe. Ihr schafft es sonst nicht alleine.

Eure Diana

Medial und juristisch: „Im Namen des Volkes" pro Senior-Mörder

Die Berichterstattung zur Rechtsprechung bei Femiziden gegen ältere Frauen und Seniorinnen ist markant und nahezu ausnahmslos täterzentriert. Darüber hinaus erfahren die betagten Gewalttäter „*Im Namen des Volkes*" regelmäßig ein auffallend niedriges Strafmaß, zumeist im nur einstelligen Bereich. Das ist so augenscheinlich, wie die Urteile, die vorwiegend auf Totschlag lauten. Es entsteht der Eindruck, dass Täter mit dem Eintritt in ihr Rentenalter automatisch von einer Strafmaßerleichterung profitieren. Man könnte auch formulieren: In Deutschland ist ein Femizid für Senioren, die mit ihrer Zeit nichts Besseres anzufangen wissen, eine durchaus abzuwägende Alternative zu einer regulären Scheidung. Der Hafen der Ehe ist lange schon nicht mehr sicher für Ehefrauen. Vielmehr wird das traditionelle deutsche Ehegelübde „*Bis dass der Tod uns scheidet*" gerade nach langjährigen Ehen zunehmend autokratisch vom eigenen Gatten übernommen. Und außerordentlich milde geahndet.

> Bereits vor Jahren, als ihr Ehemann die 77-jährige, schlafende E. am Heiligabend 2010 in Bayern umbrachte, titelte die Presse dazu „Ehehölle"[431] und stigmatisierte die Getötete so posthum als zumindest Mitverantwortliche an dem männlichen Gewaltverbrechen. E. hatte ihren fünf Jahre jüngeren, deutschen Ehemann über Jahre hinweg (auch) finanziell versorgt. In der Presse ist von der Obdachlosigkeit des Mannes vor dem Zusammentreffen mit E. zu lesen und auch davon, dass die als „Schwester E." bekannte Frau sozial sehr engagiert und um das Wohl ihres Gatten außerordentlich bemüht war.[432] Der Ehemann verletzte sie zunächst mit gezielten Messerstichen in Hals, Kopf und Brust, bevor er ihr mit einem Hammer den Schädel zertrümmerte.[433]

Einmal mehr blieb die Unfähigkeit eines mündigen Mannes, seine Gefühle erwachsen zu koordinieren und zu kontrollieren, medial und juristisch in Gänze unerwähnt. Der Umstand, dass dieses Tötungsdelikt durch das Mordmotiv der Heimtücke gekennzeichnet war, fand am zuständigen Landgericht keine Würdigung: Der Täter wurde lediglich wegen Totschlags zu neun Jahren Haft verurteilt. Dasselbe Gericht urteilte zehn Jahre später, im Jahr 2020, ähnlich befremdlich, als es einen hochbetagten Täter nach dem Femizid an seiner Ehefrau mit einer Bewährungsstrafe entließ:

II. Deutsche Femizide

> Nach über 70 gemeinsamen Ehejahren erstickte der Senior die 91-jährige M. im November 2019 in Bayern.

Das flankierende Pressenarrativ dazu lautete: *„Liebesdrama vor Gericht"*[434], *„aus Mitleid erstickt"*[435], *„aus Liebe getötet"*[436] und *„aus Verzweiflung erstickt"*[437]. Diese Darstellungen sind umso widersinniger, als gleichzeitig berichtet wird, dass M. schwer pflegebedürftig war: Wem darf eine Schutzbefohlene, d. h. völlig wehrlose Frau mehr als jeder anderen Person vertrauen, als dem Mann, der ihr die Fürsorge *„in guten, wie in schlechten Tagen"* versprochen hat? Auf wen sollte sie sich nach 70 gemeinsamen und als glücklich ausgewiesenen Jahren mehr verlassen können, als auf ihren Ehemann? Die Berichterstattung zu diesem Fall gibt wieder, dass die Pflegebedürftige in Kürze in ein Pflegeheim überwiesen worden wäre, d. h. ihre adäquate Versorgung war gesichert. Der Täter allein ist derjenige, der mit der Lösung, zu Gunsten von M. und der damit einhergehenden, unmittelbar bevorstehenden Trennungssituation nicht zurechtkommen konnte oder/und wollte. Der dem Fall vorsitzende Richter am zuständigen Landgericht klassifizierte den gewaltsam herbeigeführten Erstickungstod trotz M.'s Hilflosigkeit nur als Totschlag.[438] Im Anschluss an das Gerichtsverfahren erfuhr die Tatsachenverdrehung zum Nachteil der Getöteten eine weitere Steigerung: Der Unternehmer Fabian Holler erklärt das Tötungsdelikt kurzerhand zu *„Sterbehilfe"* und sammelte öffentlich Spendengelder ein, sodass der Gewalttäter nicht einmal die verhängte Geldbuße leisten musste.[439]

> „Jetzt hat sie keine Schmerzen mehr" lautete das Zitat eines Täters, das die „Märkischer Zeitungsverlag GmbH & Co. KG" als tatrelativierende Überschrift einsetzte:[440] Eine 70-Jährige wurde im August 2022 in Nordrhein-Westfalen von dem Mann getötet, mit dem sie zuvor 49 gemeinsame Ehejahre verbracht hatte. Der Täter leugnete zunächst seine Tatbeteiligung und beteuerte, dass er seine Ehefrau nach dem Aufstehen leblos vorgefunden habe. Der zuständige Staatsanwalt gab seine Bewertung der Tat in der „Westfalenpost" wieder:
>
> > „Die 70-jährige Seniorin sei offenbar durch ein Kissen erstickt worden, welches ihr Ehemann ihr scheinbar über einen längeren Zeitraum ins Gesicht gedrückt habe. Zwar habe sich der Mann aus dem Ortsteil (...) dazu sowie zu weiteren Einzelheiten des Tötungsdeliktes bislang noch nicht weiter geäußert,

das Tatmittel sei aber direkt neben dem Leichnam der Frau aufgefunden worden, so (der Staatsanwalt) weiter. Auf den Lippen der Frau hätten sich Hundehaare befunden, die offenbar von dem Kissen stammten".[441]

Auch dieser Ehemann hat eigenmächtig über den Wert des Lebens seiner Frau entschieden und die auf Pflege Angewiesene, ggf. Schutzbefohlene, auf grausame Weise umgebracht. Ersticken ist eine sehr qualvolle Form des Tötens. Wörtlich hieß es in der den Täter zitierenden Berichterstattung zum Verfahren: *„Das ist doch kein Leben mehr, wenn man immer nur liegen bleibt".*[442] Auch in diesem Fall waren die Krankheitsgeschichte und die körperliche Unterlegenheit der Frau bei der Tatausübung relevant und auch in diesem Fall wurde das Tötungsdelikt erstinstanzlich relativiert: Das zuständige Landgericht, ebenfalls in Bayern, befand den Täter, auch unter Berücksichtigung seines fortgeschrittenen Alters, in einem minderschweren Fall des Totschlags für schuldig und verurteilte ihn zu fünf Jahren Haft. Im Zuge des Richterspruchs wurde der Haftbefehl bis zur Rechtskraft des Urteils aufgehoben, d. h. der Täter verließ den Gerichtsaal als freier Mann.

Der Rentner, der im März 2022 in Sachsen seiner zum Tatzeitpunkt 67-jährigen, schlafenden Ehefrau das Kopfkissen auf das Gesicht gedrückt, ihr Nase und eine Rippe gebrochen und sie letztlich erstickt hatte, wurde erstinstanzlich wegen krankheitsbedingter Schuldunfähigkeit freigesprochen. Im Oktober 2023 hob der Bundesgerichtshof dieses Urteil wegen Verfahrensfehlern auf.[443] Die Frage, ob der Täter/Töter zur Tatzeit schuldunfähig war oder nicht, ist gerichtlich immer noch nicht abschließend geklärt.

Von einer „Verzweiflungstat"[444] war zu lesen, als das Landgericht Berlin Mitte Februar 2023 einen Senior des Totschlags in einem minderschweren Fall für schuldig befand. Nach 40 Jahren Ehe war die 79-jährige, auf Pflege angewiesene O. im Mai 2022 von ihrem Mann erstickt worden. In seiner Einlassung vor Gericht beteuerte der Angeklagte, dass ein Leben ohne sie für ihn nicht infrage gekommen sei,[445] angeblich war sie die Liebe seines Lebens gewesen. Auch dieser Täter war außer Stande, eine Trennung zu ertragen, selbst, wenn sie für das Wohlergehen von O., die bettlägerig war und an Atemnot und Demenz litt, die notwendige und sinnvolle Maßnahme gewesen wäre. Der Vorsitzende Richter verurteilte ihn zu zwei Jahren Gefängnis auf Bewährung – auch dieser Täter ging als freier Mann aus dem Gericht. Der „Spiegel" beschreibt: „Er habe getötet, weil er seine kranke Frau habe erlösen wollen – und er habe aus Überforderung keinen Ausweg gesehen, hieß es im Urteil".[446]

Totschlag, so lautete auch der Schuldspruch, der am Landgericht Bremen gegen einen Mann erging, nachdem dieser seine pflegebedürftige Ehefrau nach langjähriger Ehe im März 2023 umgebracht hatte. Die 69-jährige, im Bett liegende Frau wurde von ihm erst gewürgt, dann mit einer CO_2-Kartusche auf den Hinterkopf geschlagen. Ein Sachverständiger bezeugte vor Gericht, dass die Frau hätte überleben können, wenn sie umgehend medizinisch versorgt worden wäre. Ohne Hilfe zu rufen, verließ der Senior stattdessen nach seinem Verbrechen die Wohnung und die Ehefrau blieb verletzt, hilflos und alleine zurück. Stunden später verblutete sie.[447] Die gegen den Täter verhängte Strafe beläuft sich auf sieben Jahre und neun Monate Haft.

Im Juni 2023 erwürgte ein Mann in Hessen nachts seine pflegebedürftige Ehefrau im Bett. Die „Hessenschau" berichtete zur Urteilsverkündung: „Die Richterin sprach am Freitag von einem ‚menschlichen Drama' mit dem schlimmsten Ausgang. Sie verwies darauf, dass die Belastungen von Angehörigen in der häuslichen Pflege ein gesellschaftliches Problem seien, das häufig verschwiegen werde".[448] Verurteilt wurde der Gewalttäter zu zwei Jahren und neun Monaten Haft wegen Totschlags. Die Richterin sprach von Verständnis für den Verurteilten, der mit der Situation körperlich und psychisch überlastet gewesen sei.

Im Juni 2023 brachte ihr Ehemann die 65-jährige K. nach 44 Ehejahren in Sachsen um. Dem Staatsanwalt zufolge trat der Gewalttäter gegen 7.45 Uhr im Schlafzimmer an seine noch schlafende Frau heran und schlug ihr mit einem Hammer dreimal auf den Kopf. Als die Attackierte versuchte, sich in Sicherheit zu bringen, griff er sie erbarmungslos weiter an, in der Gerichtsmedizin wurden insgesamt 23 Hiebe gezählt, der Kopf der Frau war bis zur Unkenntlichkeit zertrümmert. Obwohl die Strafkammer die Tat als Mord einstufte und obwohl die volle Schuldfähigkeit des Mannes anerkannt ist, wurde der Täter im Januar 2024 lediglich zu einer Haftstrafe von sechs Jahren verurteilt. Er rechtfertigte seine Tat damit, dass seine Frau zu sterben habe, damit sie nicht allein sei, wenn er sich suizidierte – was er schlussendlich nie getan hat.[449] Der Täter war den ehemaligen Kolleginnen und Kollegen der getöteten K., die viele Jahre in einem großen Supermarkt gearbeitet hatte, laut „Bild" als Kontrollfanatiker bekannt.[450]

Im November 2023 wurde die bereits verwesende Leiche einer 64-jährigen, bettlägerigen Frau in Nordrhein-Westfalen gefunden. Ihr Ehemann hatte die Frau

Wochen zuvor erwürgt und ihre Leiche in der gemeinsamen Wohnung liegen lassen.

Der Gewalttäter konnte sich vor Gericht angeblich nicht an sein Verbrechen erinnern, sehr exakt allerdings an sein „Ehe-Martyrium".[451] Das Landgericht Krefeld verurteilte ihn wegen Totschlags in einem minderschweren Fall zu einer vierjährigen Haftstrafe. Der „WDR" berichtete dazu: „Die Richter hielten dem Mann zugute, dass er jahrelang von seiner bettlägrigen, thrombosekranken und schwer übergewichtigen Frau tyrannisiert, erniedrigt, beleidigt und geschlagen worden sei und ‚ein weiterer Vorfall am Tattag bei dem 66-Jährigen das Fass zum Überlaufen gebracht hat'."[452] Ob dem Täter, der das „Täter-Opfer-Umkehr-Narrativ" als Verteidigungsstrategie nutzte, im Prozessverlauf seitens der Kammer die gleiche Frage gestellt wurde, wie sie von Gewalt betroffene Mädchen und Frauen seit Jahrzehnten ertragen müssen: „Warum sind Sie nicht einfach gegangen?" ist nicht bekannt.

Einen Tag, nachdem Anfang September 2023 in Sachsen seine 71-jährige, schwer kranke, Frau umgebracht wurde, titelte die sächsische „Tag24": „Familientragödie in Sachsen! Tötete der Rentner (85) aus purer Verzweiflung?".[453]

Ende September 2023 erschoss in Baden-Württemberg ein Rentner seine 84-jährige Partnerin.[454] Die Anklageschrift lautete auf Totschlag. Der Fall bildet eine seltene Ausnahme: Das Landgericht Ravensburg verurteilte den betagten Gewalttäter erstinstanzlich wegen Mordes zu einer lebenslangen Freiheitsstrafe.[455]

Als ein Rentner im November 2023 in Schleswig-Holstein seine 80-jährige Ehefrau U. mit einem Messer attackiert und lebensgefährlich verletzt, nutzen „Bild" und „Hamburger Abendblatt" wieder die realitätsverfälschenden Begrifflichkeiten „Tragödie"[456] „Ehedrama" und „Verzweiflungstat".

Die Herleitung zu dem Verbrechen erfolgt, indem ausschließlich die Perspektive des Täters gespiegelt wird: „... *könnte mit der Situation Zuhause überfordert gewesen sein und daher aus Verzweiflung zum Messer gegriffen haben. Der mögliche Plan: Gemeinsam mit seiner Frau aus dem Leben scheiden*".[457] Die Sicht von U., die medizinischen Konsequenzen, die sie in Folge des Attentats zu tragen hat sowie ihre künftige, berechtigte Angst vor dem Mann, mit dem sie jahrzehntelang das Leben geteilt hat – all das findet keine Berücksichtigung. Ein Haftbefehl wegen versuchten Totschlags und gefährlicher Körperverletzung wurde erlassen. Mit Auflagen versehen wurde dieser allerdings direkt außer Vollzug gesetzt. Anders formuliert: Nach Abschluss seiner medizinischen Versorgung war der Täter, der Presse zufolge, bis zum Prozessbeginn ein freier Mann, der Haftverschonung genoss[458] – obwohl der Tatvorwurf der Staatsanwaltschaft Itzehoe in diesem Fall versuchter Mord aus Heimtücke lautete.[459]

> Wegen heimtückischen Mordes musste sich ein Rentner in Nordrhein-Westfalen vor Gericht verantworten. Er hatte seine 81-jährige Ehefrau im November 2023 mit insgesamt 20 Schnitt- und Stichverletzungen im Hals-, Brust- und Bauchbereich erstochen. Über seine Verteidigung stigmatisierte er sein Opfer, indem er behauptete, sie habe ihm die Vaterschaft für die Tochter zugemutet und über 63 Jahre hinweg verschwiegen, dass ein anderer Mann, „jünger, schöner und reicher"[460], der leibliche Vater sei.
>
> Ein Vaterschaftstest belegte, dass das Storytelling des acht Jahre älteren Mannes ausschließlich seiner Phantasie entsprach. Aber der Täter hatte Erfolg damit: Die Schwurgerichtskammer ging von einer Messerattacke im „Eifersuchtswahn" aus. Der tödliche Angriff erfolgte, während die Ehefrau mit einer Freundin telefonierte, dennoch erkannte das zuständige Landgericht die Arg- und Wehrlosigkeit der Getöteten nicht an. „Damit ist das Mordmerkmal der Heimtücke nicht erfüllt" wurde der Vorsitzende Richter zitiert. Auch die Bitte der Verteidigung, u. a. das hohe Alter des Gewalttäters zu berücksichtigen, mündete in einer Verurteilung wegen Totschlags und einem Strafmaß von lediglich fünf Jahren und vier Monaten.[461]
>
> Am Landgericht Berlin wurde im Juni 2024 der Femizid, der gegen die pflegebedürftige, 59-jährige B. ausgeführt wurde, verhandelt. Die Strafverteidigung fußte auf der Argumentation, dass der betagte Gewalttäter mit der Pflege seiner Frau überfordert gewesen sein soll. Er hatte seiner Frau B. im Dezember 2023 nach 26, dem Täter zufolge wundervollen Ehejahren, mit 13 Hammerschlägen den Schädel eingeschlagen, mit einem Staubsaugerkabel die Luft abgedrosselt und mit einem Küchenmesser 18-mal in den Oberkörper gestochen.[462]
>
> In der offiziellen Meldung zur Anklageerhebung durch die Staatsanwaltschaft Berlin hieß es wörtlich: „Im Jahr 2022 erlitt die Frau einen Schlaganfall und war deshalb rechtsseitig gelähmt. Der Mann soll sich, zwar teilweise mit Unterstützung eines Pflegedienstes, aber hauptsächlich alleine um seine Ehefrau und zudem um den Haushalt gekümmert haben. Damit soll er sich zunehmend überfordert gefühlt haben".[463] Die Staatsanwaltschaft plädierte auf heimtückischen Mord, medial allerdings wurde Mitleid für den Täter, nicht für sein Opfer erzeugt:

„Jeden Verhandlungstag wird der Angeklagte im Rollstuhl, in dem er kauernd zu versinken scheint, in den Saal geschoben. Ein kleiner Mann mit Glatze, Brille, zusammengepressten Lippen und gefalteten Händen, der wesentlich älter aussieht, als er mit seinen 72 Jahren ist." Der Fokus der medialen Berichterstattung liegt auf dem Krankheitsbild des Gewalttäters: Er habe zwei Schlaganfälle relativ gut überstanden, den letzten vor drei Jahren. Zudem leide er an einer schweren, unheilbaren Lungenerkrankung im Endstadium sowie an beginnender Demenz. Er sei seit 23 Jahren Alkoholiker. Nach dem gewaltsam herbeigeführten Tod der Frau habe er sich laut eigener Aussage zwei große Flaschen Jägermeister aus einem nahegelegenen Supermarkt geholt. Danach sei er noch einmal zum Kiosk gegangen, um sich zwei Taschenflaschen Minzlikör zu kaufen. Die leeren Flaschen hätten noch auf dem Wohnzimmertisch gestanden, als die Polizei kam. Seit dem Femizid allerdings sei er trocken. Lautet die zugrundeliegende, mediale Kernbotschaft an die breite Öffentlichkeit allen Ernstes, dass die tödliche Gewaltausübung des Täters/Töters sich im Ergebnis als therapeutisch gute Maßnahme erwies?[464] Der Vorsitzende Richter wird in der Urteilsverkündung in der „BZ" mit folgenden Worten zitiert: ‚‚Und im Grunde zeigen Sie keine Reue', sagt Richter (...) erschüttert. ‚Sie schlugen starrsinnig weitere Hilfsmöglichkeiten aus. Ehrlich, das macht mir Angst für meine Tätigkeit in den nächsten Jahren. Auch in schlechten Zeiten entledigt man sich nicht des Ehepartners, indem man mordet!'."[465] Dennoch zeigte die auf Strafmaßminderung abzielende Standardverteidigung Alkohol, Alter, Überforderung und Verzweiflung Wirkung im Sinne des betagten Täters: Das Urteil lautete zwar auf heimtückischen Mord, der Mörder allerdings erhielt eine Freiheitsstrafe von lediglich neun Jahren.[466]

„Tragödie im Reihenhaus: 77-Jähriger tötet Ehefrau in Hamburg", so lautet im August 2024 die Überschrift im „Hamburger Abendblatt", nachdem die 65-jährige H., Mutter zweier Töchter, um kurz vor 5.00 Uhr am Morgen in Hamburg von ihrem Mann erstochen wurde, nach 40 Ehejahren mit insgesamt 82 Messerstichen.[467] Das Urteil des Landgerichts lautet auf Totschlag und sieben Jahre Haft.

Gerade bei Tötungsdelikten gegen Seniorinnen arbeiten die Medien nach wie vor mit einem Realitätsverfälschenden Vokabular zu Gunsten des Täters. Ob *„aus Liebe"*[468], *„aus Überforderung"*[469], *„aus Verzweiflung"*[470], *„Pflegedrama"*[471] etc. – keine dieser Ausweisungen wird den geschlechtsspezifischen Verbrechen gerecht, über die sich immer und immer wieder der hegemoniale, männliche Anspruch auf Macht und Kontrolle manifestiert. Femizide sind das Zeugnis von Männern, die außer Stande sind, ihre Gefühlswelt erwachsen zu koordinieren und zu kontrollieren – diese Männer haben sich nicht im Griff – sie haben ein Defizit.

Bei den angeführten Gerichtsverfahren kam eine Strafmaßverschärfung nach „*Artikel 46 – Strafschärfungsgründe*" der Istanbul-Konvention nicht zum Tragen. Daraus leitet sich die Frage ab, ob die allesamt männlichen Richter diese nicht in Betracht gezogen haben, weil sie die aus dem Gesetz resultierenden Verpflichtungen nicht kannten bzw. kennen, oder ob sie diese nicht kennen wollten bzw. wollen. Im Oktober 2022 stellt die Europaratskommission GREVIO, die die Überprüfung der Umsetzung der Istanbul-Konvention verantwortet, im Bericht zu Deutschland fest, dass „*es viele Initiativen zur Schulung verschiedener Berufsgruppen auf der Grundlage von Projekten oder anderen Initiativen gibt, die überwiegend in der Verantwortung der Bundesländer liegen. Einige Berufsgruppen erhalten ein gewisses Maß an Erstausbildung oder Fortbildung zu Themen im Zusammenhang mit dem Übereinkommen von Istanbul. GREVIO ist jedoch der Ansicht, dass es mehrere Berufsgruppen gibt, die eine systematischere und umfassendere Ausbildung benötigen, um ein umfassenderes Verständnis der verschiedenen Formen von Gewalt gegen Frauen, ihrer geschlechtsspezifischen Natur und Dynamik sowie ihrer Zusammenhänge mit der Ungleichheit von Frauen und Männern zu erlangen. Es handelt sich dabei um Richter, Angehörige der Strafverfolgungsbehörden, Angehörige der Gesundheitsberufe und Sozialarbeiter, einschließlich der für Jugendhilfe/Kinderschutz zuständigen Personen, sowie um diejenigen, die sich mit Asylverfahren befassen. Von besonderer Bedeutung ist die Schulung all jener, die direkt mit Opfern geschlechtsspezifischer Gewalt zu tun haben.*"

Weiter wird in diesem Bericht festgestellt: „*Während Richter grundsätzlich zur Fortbildung verpflichtet sind, können sie nach herrschender Auffassung nicht zur Teilnahme an spezifischen Fortbildungsmaßnahmen verpflichtet werden, da dies mit ihrer richterlichen Unabhängigkeit unvereinbar wäre.*"[472]

Der Bund sieht sich (einmal mehr) nicht in der Verantwortung: „*Um den Vorgaben aus Art. 15 Abs. 1 der Istanbul-Konvention zu entsprechen, bedürften insbesondere Richterinnen und Richter, Staatsanwältinnen und Staatsanwälte*

*sowie Mitarbeitende der Gesundheits- und Sozialdienste eines breiter aufge-
stellten und systematisch verankerten Schulungs- und Fortbildungsprogramms.
Dies sei insbesondere notwendig, um Geschlechterstereotypen und Verge-
waltigungsmythen abzubauen, die in der Justiz, bei den Strafverfolgungsbehörden und in vielen Gerichtsverfahren immer noch bestünden. Allerdings fällt
die Richterausbildung in den Zuständigkeitsbereich der Länder, so dass sich
auch die Ausbildungsinhalte in den einzelnen Bundesländern unterscheiden.
Hinsichtlich der Verpflichtung zu bestimmten Fortbildungen für Richterinnen
und Richter weist die Bundesregierung in ihrer Stellungnahme zum Basisbericht
vom Oktober 2024 darauf hin, dass eine solche die richterliche Unabhängigkeit
beeinträchtigen könnte"*, so ist es im Bericht des wissenschaftlichen Dienstes
des Deutschen Bundestags *„Umsetzungsstand der Istanbul-Konvention in
Deutschland, Österreich, Schweden und Spanien"* aus dem März 2024 wörtlich
nachzulesen.[473]

Erniedrigung und Entwertung im Töten

Ein Femizid ist immer der gewaltsam durchgesetzte Anspruch auf Macht und
Kontrolle über die betroffenen Mädchen und Frauen. An vielen Femiziden ist
ablesbar, dass Täter in ihrer Wut darüber, dass ihr egozentrisches Werteve-
ständnis nicht allgemeingültig ist, mit absolutem Vernichtungswillen handeln.
Die Tötungsdelikte stehen mit ihrer exzessiven Brutalität für ein Auslöschen,
das weit über die eigentliche Tötungshandlung hinausgeht – sie bilden nied-
rigste Instinkte und hemmungslose Eigensucht ab: Rache, Destruktion,
Sadismus oder/und Mordlust. Diese Männer vollstrecken den Tod so, dass das
Leben und das Andenken an die Frauen, die versuchten, sich der Gewaltausübung zu entziehen, über den Tod hinaus beschädigt wird.

Ein sich stetig wiederholendes Kennzeichen dieser bestialischen Hinrichtungen sind neben dem Übertöten auch begleitende sexuelle Gewaltakte
oder/und, für alle sichtbar, der Vollzug im öffentlichen Raum. In Anlehnung an
den mittelalterlichen Pranger bzw. Scheiterhaufen werden Betroffene so der
allgemeinen Verachtung ausgesetzt.

II. Deutsche Femizide

Außer Stande, das eigene Verhalten zu reflektieren, bleibt die als Besitz eingestufte (Ex-)Frau in der Interpretation der Täter die allein Verantwortliche: Die Abtrünnige, die Kindesentführerin, die Geldgierige, die Promiskuitive, die Verräterin, die Betrügerin, die Illoyale – unabhängig von der Zuschreibung einer (vermeintlichen!) Schuld reicht den Männern das Töten als einzige Form der Bestrafung nicht mehr aus. Stattdessen wählen sie die plakative Grausamkeit, um ihre Hybris wieder herzustellen, ganz so, als ob jede der Frau zusätzlich zugefügte Verwundung das eigene Selbstbildnis rehabilitieren bzw. stabilisieren könnte.

Seit Juni 2019 wurde die zum Tatzeitpunkt 35-jährige A. in Nordrhein-Westfalen vermisst. Ihr damaliger Partner geriet schnell unter Verdacht, auch, weil er die Kindergärtnerin in den Monaten vor ihrem Verschwinden gestalkt hatte und extreme Täuschungsmanöver nutzte, um sie weiterhin an sich zu binden. Die Leiche von A. wurde erst knappe zwei Jahre nach dem Prozess aufgefunden, am 13. März 2022, eingemauert hinter einer Beton-Zwischenwand. Zuvor hatte er sie mit einer über den Kopf gestülpten und verschnürten Plastiktüte erstickt und dann, sexuell erregt, auf die Getötete uriniert, so belegten es Fotos auf seinem Computer.

Das zuständige Landgericht führte in seiner Urteilsbegründung unmissverständlich aus: „Auch nach der Tat ging es noch um Bestrafung, Demütigung und Erniedrigung".[474] Unfähig, damit umzugehen, dass eine Partnerin sich von ihm abwendete, hatte der Mörder nicht nur A. umgebracht. Seine Ex-Freundin C. schlachtete er schon im Jahr 1998 mit 126 Messerstichen regelrecht ab und wurde damals für diese Tat wegen Totschlags zu 11 Jahren Haft verurteilt.[475]

Am helllichten Tag tötete ihr getrenntlebender Ehemann die 52-jährige S. in Nordrhein-Westfalen auf offener Straße. S. musste unmittelbar vor ihrem Tod mit ansehen, wie ihr Noch-Ehemann ihren Bruder erschoss.[476] Nach 35 Jahren Ehe machte der Schütze die vier gemeinsamen, volljährigen Kinder im Juni 2021 zu Halbwaisen, indem er ihrer Mutter, die ihm den Rücken zuwandte, u. a. in den Hinterkopf schoss. S. hatte sich bereits Jahre vor dem Femizid trennen wollen. Der spätere Täter übte jedoch u. a. mit Suizidandrohungen und Stalking so massiven Druck auf seine Ehefrau aus,[477] dass sie ihren Peiniger und die Situation schließlich bis zur Volljährigkeit ihres jüngsten Kindes erduldete.

Zu diesem Mord lehnte das zuständige Landgericht den Verteidigungsversuch „Verzweiflung" ab und erkannte sowohl den Hinrichtungs-Charakter der Tat als auch die besondere Schwere der Schuld des Angeklagten an.[478]

Auch der Femizid gegen Z. wurde am helllichten Tag und auf offener und belebter Straße vollzogen: Vor Zeugen erstach ein Gewalttäter im April 2022 in Berlin seine Ehefrau. Z., die Mutter der sechs gemeinsamen Kinder, hatte sich, so die Presseberichte, mit ihrer Ankunft in Deutschland im Jahr 2020 zunehmend emanzipiert, den gewalttätigen Ehemann vor dem Femizid zweimal bei der Polizei angezeigt und sich entschieden, ihn zu verlassen: „Zuvor setzte es für Z. (…) mehrfach Fausthiebe auf die Brust, Stockschläge, Würgegriffe und Morddrohungen, als sie erstmals vom gemeinsamen Konto Geld abgehoben hatte und die Trennung einleitete", beschreibt es ein Artikel zur Prozessberichterstattung der „Berliner Morgenpost".[479] Z. ist mit durchtrennter Kehle auf einem Bürgersteig in Berlin verblutet. Der Altersunterschied der Eheleute betrug 12 Jahre.

Das Landgericht in Berlin verurteilte den Gewalttäter wegen Mordes zu einer lebenslangen Haftstrafe.[480] Zur Urteilsbegründung ist zu lesen, dass die Strafkammer die Gründe nicht in psychischen Problemen des Angeklagten sah, „sondern in einer gekränkten Männlichkeit. Dies sei ‚ein klassischer Femizid', erklärte der Vorsitzende Richter in seiner Urteilsbegründung am Montag. 13 Messerstiche mit einem Jagdmesser sah die Strafkammer als Zeichen eines ‚unbedingten Vernichtungswillens'."[481]

Im November 2022 tötet ihr Freund die zum Tatzeitpunkt 23-jährige I. mit 50 Messerstichen und Schnitten in Rheinland-Pfalz. I. war die Mutter der beiden gemeinsamen Söhne.[482]

Das Landgericht Frankenthal verurteilte den Gewalttäter wegen Totschlags mit verminderter Schuldfähigkeit zu sechs Jahren Haft.[483] Die Berichterstattung von „SWR" nahm darauf Bezug: „Laut Gericht ist davon auszugehen, dass der 23-jährige Mann zur Tatzeit vermindert schuldfähig war und im Affekt gehandelt hat, als er auf seine gleichaltrige Lebensgefährtin einstach. Dass der Mann psychisch krank und damit schuldunfähig ist, schloss die Kammer aber aus".[484] Die Vorsitzende Richterin wurde im Zuge ihrer Urteilsbegründung von „Bild" zitiert: „‚Das Nachtat-Verhalten spricht für eine enorme psychische Belastung, Reue und Verzweiflung', so die Richterin. Denn der Angeklagte verübte nach der Tat fünf Selbstmord-Versuche: ‚Das ist wohl kaum das Verhalten eines eiskalten Killers. Man muss wohl von einer enormen Erregung, vielleicht nach einem Streit oder einer massiven Kränkung ausgehen, doch dies werden wir wohl nie erfahren'."

II. Deutsche Femizide

Im August 2023 erschoss ein Senior am helllichten Tag und im öffentlichen Raum in Niedersachsen seine Ex-Ehefrau, bevor er ihr Auto in Brand steckte, so dass die sich ausbreitenden Flammen die Leiche der 47-Jährigen weiter beschädigten. Der Altersunterschied des früheren Ehepaares betrug 30 Jahre, „Bild" berichtete zu dem Femizid, dass die Frau Jahre nach der Trennung einen neuen Partner gefunden habe.[485] Auch dieser Täter hat sich suizidiert.

Im August 2023 tötete ein Deutsch-Amerikaner seine Vermieterin in Rheinland-Pfalz, indem er sie mit 75 Messerstichen regelrecht abschlachtete und anschließend zerstückelte. Den Hund der 80-jährigen erstach er ebenfalls.[486] Erst die Rauchentwicklung, die entstand, als er versucht, die Leichenteile im gemeinsam bewohnten Haus zu verbrennen, alarmierte die Nachbarschaft, die umgehend einen Einsatz auslöste.

Zehn Tage später, im August 2023, wurde ein besonders grauenvoller Femizid mit Gewalthistorie publik. Auf einem Feldweg in Nordrhein-Westfalen, fand ein Landwirt zufällig die Leiche der als vermisst gemeldeten, 23-jährigen C. Ihr Expartner, der wegen häuslicher Gewalt gegen sie bereits polizeibekannt war, hatte die zweifache Mutter gezwungen, einen Bekannten oral zu befriedigen – im öffentlichen Raum und vor den Augen der beiden gemeinsamen, minderjährigen Kinder. Während der erzwungenen Demütigung durchtrennte der Gewalttäter erst ihre Kehle, dann stach er 29-mal auf sie ein. Der „Westfalenpost" zufolge sagt der Leiter des Duisburger Instituts für Rechtsmedizin im Prozess aus, dass der Körper der Getöteten nur so übersät war mit tiefen Schnitten und Stichen.[487]

Im Februar 2024 tötete ein Mann seine 50-jährige Ehefrau Y., eine dreifache Mutter, in Nordrhein-Westfalen in ihrem Ladenlokal mit insgesamt 27 Messerstichen.[488] Wegen seines „krankhaften Eifersuchtswahns" ging das zuständige Landgericht von einer verminderten Schuldfähigkeit aus und sah von der Verhängung einer lebenslangen Haftstrafe ab.

Im Oktober 2024 musste sich ein Mann in Nordrhein-Westfalen vor Gericht verantworten, die ursprüngliche Anklage der Staatsanwaltschaft lautete auf Mord. Der bereits wegen Drogendelikten Aktenkundige gestand, seine Bekannte J. mit mehr als 135 Messerstichen getötet und in einer mit Wasser gefüllten Badewanne entsorgt zu haben. Die Leiche der zum Tatzeitpunkt 31-jährigen Mutter eines einjährigen Sohnes, wurde erst Wochen nach der Tat, mit zusätzlichen Quetsch- und Risswunden, geborgen.[489] Das Mordmerkmal der besonderen Grausamkeit sei nicht verwirklicht, so die Anklage, nachdem der Angeklagte aussagte, J. die meisten Verletzungen erst nach ihrem Tod zugefügt zu haben. Er wurde wegen Totschlags verurteilt.

Auch ich habe meine Gewalterfahrungen aufgeschrieben. Weil meine Geschichte und mein Kampf aber noch andauern, kann ich sie in diesem Buch nicht teilen.

Marker und Risiken

Femizide haben Frühwarnsignale, sogenannte Marker. Es gibt Warnsignale, die hellhörig machen sollten, weil sie gelegentlich sichtbar werden. Die Freude am Quälen von Tieren beispielsweise. Darüber hinaus, und das macht belastbare Studiendaten so wichtig, gibt es Marker, die signifikant oft auftreten, d. h. dass sie weit überproportional als regelmäßig wiederkehrende Risikofaktoren im Kontext Femizide erkannt und dokumentiert sind.

Eine Trennung ist ein Marker, selbst wenn sie lange zurückliegt

Eine Trennung kann für eine Frau lebensgefährlich sein, besonders dann, wenn der Täter den Verlust von seiner Macht und seiner Kontrolle befürchtet. Die Gefahr ist sehr real,

* wenn er die (Ex-)Frau zu seinem Besitz erklärt;
* wenn er auf autokratischer Einflussnahme und Steuerung der Frau beharrt;
* wenn er gesellschaftlich oder/und finanziell von ihr abhängt;
* wenn er die Erwiderung oder/und Befriedigung seiner Gefühle oder/und sexuellen Begierden als ihre Bringschuld erachtet;
* wenn er Waffen zur Gewaltandrohung bzw. -ausübung nutzt bzw. zur Verfügung hat.

Trennung ist in etlichen Fällen auch dann ein relevantes Kriterium, wenn das Zusammenleben aufgelöst und sie oder er den gemeinsamen bzw. gewohnten Haushalt verlassen und künftig in einem Heim, einer Pflege- oder Senioreneinrichtung oder einer Psychiatrischen Klinik untergebracht werden sollen. Die Gefährdung der Frau potenziert sich insbesondere dann, wenn der Täter seine Existenz nur in Abhängigkeit von ihr gesichert weiß, bspw. wenn sie alleine das Haushaltseinkommen erwirtschafte oder ein Gerichtstermin bzw. seine Obdachlosigkeit bevorsteht, anlässlich dessen ihr Handeln bzw. ihre Aussage Nachteile für ihn birgt.

Im Oktober 2024 musste sich ein deutscher Staatsbürger vor einem Landgericht in Hessen wegen Mordes verantworten, weil die Staatsanwaltschaft ihm vorwarf, seine Lebensgefährtin nach zwanzig gemeinsamen Jahren im Mai 2024 mit einem Baseballschläger zu Tode geprügelt zu haben, nachdem er von ihren Trennungsabsichten erfahren hatte. Die Prozessberichterstattung der „FAZ" beschrieb die Situation: „Nach den Worten von Staatsanwältin (…) gab es bei dem Paar schon seit zwei Jahren Streit, auch über Geld. Die Frau sei die Hauptverdienerin der Familie mit einem Sohn gewesen. Der Mann habe Affären gehabt und eine offene Beziehung gewollt, die Frau sei darüber betrübt und verzweifelt gewesen, habe sich trennen wollen."[490] Während der gemeinsame, 16-jährige Sohn sich an diesem Samstag außer Haus aufhielt, schlug der Gewalttäter die zum Tatzeitpunkt 54-jährige Mutter mit elf gegen den Kopf und das Gesicht ausgerichteten Keulenschlägen tot. Im Artikel der „FAZ" wird weiter beschrieben, dass aus dem Gutachten der Rechtsmedizin die Brutalität der Gewalttat hervorgehe. Demnach sei der Angriff überraschend gekommen, denn an der Leiche seien keine Abwehrverletzungen, wie bspw. Hautabschürfungen an den Armen, gefunden worden – das habe die Untersuchung ergeben. Der Gutachter habe von Scherben des Schädelknochens gesprochen, der mehrfach gebrochen worden sei. Die Kopfverletzung sei so massiv gewesen, dass Gehirnmasse ausgetreten sei.

Zur Urteilsbegründung, die Ende Oktober 2024 erging, habe der Vorsitzende Richter ausgeführt, dass der Mann von der Frau finanziell abhängig gewesen sei. Der Angeklagte sei nach der jahrelangen Beziehung emotional nicht mehr bei ihr gewesen, sondern bei seiner Geliebten. Er habe die Mutter seines Sohnes nicht mit Gewalt kontrolliert, sondern sie mit psychologischen Mitteln beeinflusst und ihr gutmütiges Wesen ausgenutzt. Bei der Vorführung beim Haftrichter nach seiner Festnahme habe der Angeklagte seine Partnerin als manipulativ und kontrollierend beschrieben, was ihn verraten habe, weil er damit ein Bild von seinem eigenen Verhalten in der Beziehung gezeichnet habe. Als die Frau sich schließlich doch von ihm emanzipiert und ihm das vermittelt habe, habe der Angeklagte das als „Kontrollverlust" erlebt, der ihn zu der Tat getrieben habe. Als sie sich trennen wollte, sei ihm klar geworden, dass er über sie nicht mehr bestimmen könne, so der Vorsitzende. Mit einer Trennung sei das bequeme Leben an ihrer Seite vorbei gewesen, und der Mann habe „seine Felle davonschwimmen" sehen.[491] Das Landgericht Darmstadt verurteilte den Gewalttäter wegen Mordes zu einer lebenslangen Freiheitsstrafe. Die besondere Schwere der Schuld stellte das Gericht nicht fest.

II. Deutsche Femizide

In einer Wohnung in Sachsen lauerte der 37-jährigen J. im Juni 2023 ihr getrenntlebender, neun Jahre älterer Ehemann auf. Er schoss der Frau mit einem Bolzen
aus einer Armbrust in den Mund. Als J. am Boden lag, stach er ihr mit einem
Messer mehrmals in den Hals, J. verblutete. Ihre 13-jährige Tochter lebt, so die
Presse, heute in einem Kinderheim.

Der „mdr" berichtete über das Verfahren: „Laut Anklage hatte sich die Frau
von dem Angeklagten getrennt und einen neuen Partner. Ihre Beziehung sei
zuvor von BDSM geprägt gewesen – ein Sammelbegriff sexueller Präferenzen
von Dominanz, Unterwerfung und Sadomasochismus. Der Angeklagte habe
seine Ehefrau als sein Eigentum angesehen und die Trennung nicht akzeptieren
wollen. ‚Sie sollte für das Abnehmen ihres Halsreifs als Symbol ihrer Stellung als
Sklavin und Dienerin und ihrem Wunsch, ein selbstbestimmtes Leben zu führen,
bestraft werden', hieß es in der Anklage".[492] Die Urteilsbegründung wurde ebenfalls vom „mdr" begleitet. Demnach habe der Vorsitzende Richter in der Urteilsbegründung gesagt, dass die Tat „sittlich auf unterster Stufe" stehe. Er habe
erklärt, dass der Täter seine Frau vernichten und über ihren Tod hinaus besitzen
wollte. Zudem habe der Mann veranlasst, dass sie auf ihrem Grabstein mit einem
„Sklavenring" am Hals abgebildet werde.[493]

Die Femizide, bei denen der Täter sich in seiner Eitelkeit gekränkt sieht, enden
überproportional häufig mit einer auf Herabwürdigung abzielenden Weise des
Tötens. Manche von ihnen in Kombination mit einer finalen Form des Sich-
einfach-nehmens: Vergewaltigung bzw. sexuelle Übergriffe gegen die bereits
Getötete. Rache ist der Treiber, mit dem die Täter ihren unbedingten Vernichtungswillen oftmals auch auf Angehörige und Vertraute der betroffenen Frauen
ausweiten. Sie üben ihre Form von Vergeltung in vielen Fällen noch in ihren
Gerichtsverfahren aus, indem sie die Getötete öffentlich in Misskredit bringen.
Die Gewalttäter legen auch damit die Unfähigkeit zur eigenen Impulskontrolle
offen, sie leugnen die mündige Verantwortung für ihre eigenen Handlungen –
über den Femizid hinaus.

Auf die Spitze trieb das ein Gewalttäter, der im Mai 2020 seine sechs Jahre
jüngere, psychisch kranke Freundin im sogenannten Schwitzkasten-Griff erstickt
hatte. Bevor er im Anschluss daran den Rettungsdienst rief, war die Polizei bereits
durch eine Nachbarin verständigt, da sie, der „AZ München" zufolge „Kampfge-
räusche und Hilfeschreie aus der Wohnung gehört" hatte.[494] Nachdem er wegen

fahrlässiger Tötung verurteilt worden war, forderte er eine Opferentschädigung für die psychischen Folgen seiner Tat. Das Geschehen, die Untersuchungshaft, das Strafverfahren und der darauffolgende Arbeitsplatzverlust hätten ihn „schwer traumatisiert", so der Täter. Am 24. Juli 2023 wurde publik, dass das zuständige Sozialgericht in Bayern diese Klage abwies.[495]

In Bayern brachte ein Gewalttäter im Mai 2020 seine sechsjährige Tochter J. und seinen achtjährigen Sohn J. um. Die zum Tatzeitpunkt 29-jährige Kindsmutter B. hatte die Polizei alarmiert, weil sie sich wegen des Verhaltens ihres Ex-Partners, dem Vater, der die Kinder an dem Wochenende betreute, sorgte – daraufhin entdeckten die Einsatzkräfte die Leichen der beiden Kinder. Vor Gericht gestand der vorbestrafte Gewalttäter ein, die beiden Kinder unter dem Vorwand, er spiele einen Polizisten, mit Kabelbindern gefesselt zu haben, bevor er ihnen Plastiksäcke überstülpte und sie dann erwürgte. Der Kindsmutter hinterließ er am Tatort die Botschaft „Ich hoffe, Du leidest sehr",[496] berichtet „BR24".

Weiter berichtet das gleiche Portal, dass die Frau bei ihrer Vernehmung über ihre problematische Beziehung zu dem Angeklagten berichtet habe. Demnach sei der 37-Jährige ihrer Aussage nach spiel-, alkohol- und drogensüchtig gewesen. Sie habe erklärt, dass er immer wieder finanzielle Probleme gehabt habe. Er soll damals ihr Ausbildungsgehalt und ihre Ersparnisse gestohlen und verspielt haben. Die Ex-Freundin des Angeklagten habe außerdem gesagt, dass es Tage gegeben habe, an denen sie nichts zu essen und nichts zu trinken gehabt hätten. Zudem soll der Angeklagte sie mit anderen Frauen betrogen und immer wieder geschlagen haben, wobei von Faustschlägen, Tritten und Haareziehen die Rede sei.[497] Bei seiner Verteidigung betonte der Gewalttäter laut „Bild": „J. und J. vor Vernachlässigung durch die getrenntlebende und angeblich dauernd Party machende Mutter habe schützen zu wollen".[498]

In seiner Gerichtsverhandlung berief sich ein Brandenburger, der seine von ihm getrenntlebende Ehefrau, die 40-jährige D., im Mai 2020 in Brandenburg mit einem Messer attackiert, schwer verletzt und schließlich vor den Augen seines minderjährigen Sohnes im Gartenteich ertränkt hatte, im April 2021 auf Notwehr. Seine 24 Jahre jüngere Frau hatte er im Rotlichtmilieu kennengelernt, der „Tagesspiegel" schrieb in seiner Prozessberichterstattung dazu: „Es ist ein leichtes Spiel für ihn, seine Frau zu dominieren und ein perfides System von Herrschaft und Knechtschaft zu etablieren".[499] Im selben Artikel wird weiter geschildert, dass D. auf der Flucht vor ihrem Mann gewesen sei. Demnach habe sie ihm nach Ostern, Mitte April, erzählt, dass sie ihn wegen eines anderen Mannes verlassen werde. Ihr Ehemann habe ihr ins Gesicht geschlagen. 25 Tage später, am 18. April, einem Samstag, seien Polizeibeamte gerufen worden, weil sich D. mit ihren Kindern und ihrer Tante im Auto auf dem Gelände einer Autofirma versteckt habe. Die Polizei habe in einem Fax an das Jugendamt die Drohung des Gewalttäters wiedergegeben, dass sie den Tag nicht überleben werde, wenn sie die neue Beziehung nicht beenden würde. Er würde sie wahrscheinlich töten. Zudem habe er angedroht, auch die zwölfjährige Tochter, den zwei Jahre älteren Sohn und ihren neuen Partner zu erschießen. Zu D. habe er gesagt, dass er bereits geträumt habe, sie zu töten, und dass er es auch tun werde, wenn es sein müsse. Die „Märkische Allgemeine" griff in ihrer Berichterstattung zum Prozess die diffamierende Verteidigungsstrategie des Gewalttäters auf: „Er beschreibt seine Frau als sexsüchtig, als drogensüchtig, als kriminell. Sie habe Autoschiebereien organisiert, Einbrüche fingiert, Versicherungen betrogen. Sie habe Sozialleistungen erschlichen und versucht, Corona-Hilfen einzustreichen. Sie habe beim Tod ihres Onkels nachgeholfen und den Hund vergiftet. ‚Sie hat auch mich regelmäßig vergiftet', sagt L. ‚Sie hat die Männer für ihre Zwecke benutzt. Sie hat mich wirtschaftlich, psychisch und physisch kaputt gemacht'."[500]

Im Januar 2023 tötete ihr deutscher Partner die 24-jährige S. in Baden-Württemberg, „weil sie ihm auf die Nerven ging", so beschreibt es „Bild".[501] Er gestand vor Gericht ein, S., als sie mit dem Rücken zur Wand stand, bis zur Ohnmacht gewürgt zu haben, bevor er sie mit dem Ladekabel einer Spielkonsole erdrosselte. S. war zweifache Mutter. Sie hatte mit dem Täter einen acht Monate alten Sohn, der während der Tat zugegen war. Nach dem Femizid entsorgte der Gewalttäter die Leiche von S., indem er sie vom Balkon herab in ein Gebüsch warf. Dort wurde sie erst vier Tage später entdeckt. Auch S.'s Katze hatte der Gewalttäter mit ein paar Tritten umgebracht, berichtet „RTL".[502] „In den Tagen zwischen der Tat und dem Leichenfund hatte er seinen Sohn eigenen Angaben nach bei seiner Mutter abgegeben und nach Ablenkung gesucht mit Freunden, Drogen und Alkohol." Im Verfahren beschuldigte der Gewalttäter S., sie hätte ihm ständig Vorwürfe gemacht – widerlegen konnte das niemand. Am zuständigen Landgericht hatte er mit seiner Strategie Erfolg: Die Mordanklage mündete im Juni 2023 in einer 13-jährigen Haftstrafe wegen Totschlags. Es bedurfte einer Revision durch den BGH [503] zur Feststellung: „Die Begründung, mit der das Landgericht die Mordmerkmale der Heimtücke und der niedrigen Beweggründe verneint hat, hält jeweils rechtlicher Überprüfung nicht stand".[504] Erst am 22. Oktober 2024 wurde der Mörder von S. nach vier Verhandlungstagen sowie 19 geladenen Zeuginnen und Zeugen vom Landgericht Konstanz zu einer lebenslänglichen Freiheitsstrafe wegen Mordes verurteilt. Im „Wochenblatt" war zur Urteilsfindung zu lesen: „Auch den Kontakt zu Bekannten und FreundInnen des Opfers nach der Tat mit dem Vorwurf, sie sei abgehauen und habe ihn sowie den Sohn zurückgelassen, führte das Gericht zu den niedrigen Beweggründen. Dies verleitete die Freundinnen wiederum zu einer Suchaktion am Abend nach der Tat. ‚Er hat das Opfer dadurch als schlechte Person dargestellt, obwohl diese gegensätzlich auch von einigen ZeugInnen als herzensguter Mensch bezeichnet wurde'. Der Vorsitzende Richter kommt im selben Artikel mit seiner Erklärung, dass das Leben von S. dem Täter selbst während der Tat egal gewesen sei zu Wort. Aus diesem Grund müsse man hier von Kaltblütigkeit sprechen. Das Gericht habe dies auch durch die Tatsache bekräftigt, dass der Angeklagte nach der Tat mit einem Freund in der Wohnung geraucht habe, obwohl S. dies vermutlich verboten habe. Außerdem habe er dem Opfer nie Geld gegeben, um sie und ihren Sohn zu unterstützen – viele Handlungen des Täters vor und nach der Tat ließen Rückschlüsse auf sein Verhalten zu".[505]

Ein Gewalttäter brachte im September 2023 in Niedersachsen eine dreifache Mutter um. An ihrem 31. Geburtstag schlug er sie gegen den Kopf und tötete sie anschließend mit über 22 Messerstichen. Zwei minderjährige Kinder, Sohn und Bruder der Getöteten im Alter von 13 und 15 Jahren, waren Augenzeugen des Verbrechens.[506] Die Verteidigung des (einzig) Tatverdächtigen argumentierte im Mai 2024, dass er aus Verzweiflung und Ausweglosigkeit gehandelt habe. Dem Femizid waren seitens des Angeklagten Einschränkungen, Kontrollverhalten, Schläge und Drohungen, dass er die Angehörigen der Frau töten würde, vorausgegangen. Sie hatte andere Vorstellungen vom Umgang mit den gemeinsamen Kindern und wollte eine Beziehungspause.[507] Bevor er von Justizbeamten in Handschellen aus dem Saal geführt wurde, stieß er der Presse zufolge Drohungen gegen den Vorsitzenden Richter aus.[508]

Anfang August 2023 brachte ein Mann in Baden-Württemberg seine Ehefrau und Arbeitskollegin L. um. Er zündete ihre Leiche im Nachbarhaus an, um das Verbrechen zu vertuschen und gefährdete damit 35 weitere, dort lebende Menschen. L., Mutter einer zum Tatzeitpunkt zweijährigen Tochter, hatte sich trennen wollen. „Bild" berichtete: „Während seine Feuerwehr-Kameraden löschten, soll K. den besorgten Ehemann gespielt haben. Laut Zeugenaussagen rief er bei Bekannten an, meldete aufgeregt, dass er seine Frau nicht auf dem Handy erreichen könne". Der Staatsanwaltschaft zufolge hatte er seine Frau bewusstlos geschlagen, erstickt und in den Keller getragen, in dem er dann den Brand legte.[509] Verurteilt wurde der Gewalttäter vor dem Landgericht Heilbronn zu 14 Jahren Haft wegen Totschlags, seine Verteidigung hatte auf Freispruch plädiert.[510]

Im Juli 2024 stellt das Landgericht Frankfurt an der Oder die besondere Schwere der Schuld des Mörders von D. fest. Nach Überzeugung des Gerichts hatte dieser seine zum Tatzeitpunkt getrennte, 32-jährige Frau im April 2020 in Brandenburg mit einem Kabelbinder bis zur Bewusstlosigkeit gedrosselt, sie dann vergewaltigt und schließlich in einen Fluss gestoßen. Der Täter/Töter meldete sie als vermisst und mimte in „Bild" den besorgten Ehemann,[511] bevor er sich ins Ausland absetzte. „Er habe ein übersteigertes Machtdenken und wollte seine Frau dafür bestrafen, dass sie einen neuen Freund hatte, so die Richterin", berichtete „rbb24" von der Urteilsverkündung.

Die Redensart *„Hunde, die bellen, beißen nicht"* verkehrt sich im Kontext einer Trennungsabsicht bzw. einer Trennung ins Gegenteil: Männer, die mit dem Tode drohen, um Ihren Willen zu erzwingen, sind eine latente und ernstzunehmende Gefahr für ihre direkte und weiter gefasste Umgebung.

Das traf auch auf den Vater zu, der sich im April 2024 im gemeinsamen Einfamilienhaus in Baden-Württemberg mit Benzin übergoss und, im Beisein seiner vier Kinder, damit drohte, sich anzuzünden. Den Einsatzkräften gegenüber begründete er sein Verhalten damit, dass die Trennungsabsichten der Mutter der Kinder seine Kurzschlussreaktion ausgelöst hätten.[512]

Vor etlichen Zeugen attackierte ein Mann im Januar 2024 seine 35-jährige Ex-Partnerin mit Messerstichen. Er tat das am helllichten Tag mitten in einer bayrischen Innenstadt.[513] Die sechsfache Mutter der gemeinsamen Kinder wurde schwer verletzt, zufällig überlebt sie das Attentat. Ihr Gesicht und ihr Oberkörper allerdings bleiben lebenslang gekennzeichnet von den vielen Narben des heimtückischen Messerangriffs. Der zuständige Staatsanwalt hat im Zuge der Prozessberichterstattung erklärt, dass der Angeklagte mit dem Übergriff die Geschädigte bestrafen wollte, weil sie sich von ihm getrennt beziehungsweise die Beziehung mit ihm nicht wieder aufgenommen hatte. Er habe das Opfer für sein als schlecht empfundenes Leben verantwortlich gemacht. Der Mann sei voller Missgunst und Neid gewesen, weil seine Ex-Frau mit den Kindern glücklich gewesen sei, während er mittellos auf der Straße lebe. Diese Motive stünden nach allgemeiner sittlicher Wertung auf tiefster Stufe und seien besonders verachtenswert. Das Ziel des Angeklagten sei gewesen, die Frau zu verunstalten. Weiter wurde in dem Artikel von „In Franken" beschrieben, dass die Frau vor Gericht sehr gefestigt wirke. Sie habe von regelmäßigen Beleidigungen und Drohungen ihres Ex-Mannes nach der Trennung berichtet. Sie habe erzählt, dass er wieder zurückkehren wollte, damit er eine offizielle Adresse habe, und dass er ihr gesagt haben soll: „Oder du wirst sterben", falls sie ihm nicht helfe. Sie habe diese Drohungen aber nicht ernst genommen. Mit der späteren Attacke habe sie nach eigenen Angaben nicht gerechnet. Sie habe ihn angefleht, aufzuhören, doch er habe voller Hass immer wieder zugestochen, weil er nicht gewollt habe, dass sie glücklich sei.[514]

Einen Tag später, ebenfalls im Januar 2024, griff ein Gewalttäter in Niedersachsen seine getrenntlebende Frau an. Er lauerte der 33-jährigen Mutter seiner Kinder in der ehemals gemeinsamen Wohnung auf, überfiel sie dort hinterrücks und würgte sie, bevor er sie mit etlichen Messerstichen malträtierte. Erst als er Polizeisirenen wahrnahm, ließ er von der fünf Jahre jüngeren Frau ab, die ihn zuvor wegen seiner Gewalttaten gegen sich und die Kinder verlassen hatte. Die Kinder waren zur Tatzeit nicht im Haushalt und wurden der Obhut des Jugendamtes übergeben. Dass die Frau den Femizid-Versuch überlebte, ist purer Zufall.[515] Der „NDR" schrieb im Zuge der Prozessberichterstattung: „Der Angeklagte habe ihr unterstellt, sich mit anderen Männern getroffen zu haben. Laut Anklage wollte er die Frau deswegen bestrafen und töten."[516]

A. wurde am helllichten Tag im Februar 2024 leblos in einem Hinterhof in Nordrhein-Westfalen entdeckt. Der Täter, ihr getrennter Ehemann, hatte die 50-jährige Mutter seines zum Tatzeitpunkt 15-jährigen Sohnes, ungefähr ein Jahr nachdem sie ihn verlassen hatte, mit „multiplen Schnitt- und Stichverletzungen" getötet.[517] In der Prozessberichterstattung ist von 34 Messerstichen die Rede und auch davon, dass der Gewalttäter A. bereits weit vor dem Femizid physisch und psychisch gequält hat.[518] Die „Westfalenpost" beschreibt das Jahre währende Leiden von A. so: „Besonders die langjährige Hausärztin der Getöteten berichtet umfassend davon, was sie mitbekommen hat. Schon im Jahr 2015 öffnete sich (…) ihr das erste Mal; acht Jahre, bevor sie ihren Mann verließ. ‚Es war Thema, dass ihr Mann alles kontrolliert', erzählt sie im Zeugenstand. Der Angeklagte sei zu dem Zeitpunkt arbeitslos gewesen. ‚Sie hat alles gezahlt'. Neben der Arbeit habe die Finanzbeamtin sich allein um den Haushalt und den Sohn gekümmert. ‚Sie war sehr erschöpft und hat viel geweint'."[519]

II. Deutsche Femizide

Als ihr Ex-Partner der zum Tatzeitpunkt 34-jährigen G. im Juni 2024 in Berlin hinterrücks die Kehle aufschlitzte, saß die gemeinsame, 10-jährige Tochter im Nebenraum. In der Prozessberichterstattung der „Berliner Morgenpost" ist zum Tathergang zu lesen: „Weil sie ihn am Morgen (…) dreimal ‚in pampigem Ton aus dem Schlafzimmer geschickt' habe, von wo aus er auf den Balkon wollte, um zu rauchen, sei er schließlich wütend geworden, habe sich hineingesteigert und sie getötet. Danach habe er der Tochter, die nichts mitbekommen hat und dachte, die Mutter sei arbeiten gegangen, ein Frühstück gemacht und eine geraucht." In der Gerichtsverhandlung kommen auch die alarmierenden Attacken, die der Angeklagte vor dem Femizid gegen G. ausgeführt hatte zur Sprache: Er hatte G.'s Handy kontrolliert, ihre Unterwäsche mit Chlorbleiche getränkt, ihre Fahrradbremse gelockert, Aceton in ihre Augentropfen bzw. Chlorreiniger in ihre Zahnpasta gemischt sowie ihr den Reisepass entzogen.[520]

Auch in Sachsen wurde die Todesgefahr unterschätzt, die von einem Gewalttäter ausging: Dieser hatte seine Partnerin, die 30-jährige J., bereits vor der Tat überwacht. Als J. mit ihren beiden Kindern, einem gemeinsamen, vierjährigen Sohn und einer 10-jährigen Tochter aus einer früheren Partnerschaft, nach acht Jahren Beziehung aus der gemeinschaftlichen Wohnung ausziehen wollte, erschlug er sie. Sein zuvor ausgesprochenes Besitzdenken, dass, wenn er sie nicht haben könne, sie keiner kriegen solle, setzte er im Mai 2024 mit tödlicher Konsequenz um.[521] Dem Nachrichtenportal „Tag24" zufolge oblag nach dem Femizid nunmehr der Mutter des Gewalttäters das Sorge- und Aufenthaltsbestimmungsrecht von J's Kindern.[522]

Ganz ähnlich erging es J. in Nordrhein-Westfalen: Bei den Mülltonnen ließ ihr deutscher Ex-Freund sie liegen, nachdem er die 36-Jährige an einem frühen Morgen im August 2024 erstochen hatte.[523] „Bild" schrieb dazu: „Die junge Frau hatte Bekannten immer wieder erzählt, dass sie Angst vor ihrem Ex-Freund habe. Er sei über die Trennung nicht hinweggekommen, stelle ihr ständig nach, belästige sie. So soll er ihr auch schon gedroht haben."[524]

Im August 2024 nahm ein Gewalttäter in Berlin seiner früheren, 28-jährigen Ex-Lebensgefährtin mit etlichen Messerstichen das Leben. Die zweifache Mutter hatte den 17 Jahre älteren Gewalttäter schon vor dem Femizid wegen Stalkings angezeigt,[525] bzw. noch am Tag vor der tödlichen Attacke bei der Justiz Hilfe erbeten. Der Gewalttäter hatte zuvor sowohl ihr als auch ihren beiden Kindern mit dem Tode gedroht.[526]

Die Scheidung lag laut „Bild" bereits über fünf Jahre zurück, als ein Mann im September 2024 gestand, seine Ex-Frau, die Mutter der gemeinsamen vier Kinder, im öffentlichen Raum erschossen zu haben. Dem umgehend Inhaftierten wurde zur Last gelegt, dass er der 55-jährigen C. bei ihrer morgendlichen Gassi-Runde mit ihrem Hund in Schleswig-Holstein aufgelauert und sie mit drei Schüssen getötet hat.[527]

Das Risiko, dass eine Beziehung, Partnerschaft oder Ehe keinen Bestand hat, besteht immer. Der Marker Trennung zwingt uns daher, andere Präventionswege, als die Vermeidungsstrategie zu etablieren: Frauen, die aus einer Gewaltbeziehung ausbrechen, benötigen besonderen Schutz und Unterstützung, wenn sie sich trennen (wollen). Vor allem anderen müssen die Betroffenen über reichweitenstarke Bewusstseinskampagnen auf das Risiko *„letzte Aussprache"* hingewiesen werden, denn diese ist erwiesenermaßen vor der Ausführung von Femiziden regelmäßig eine extreme Gefährdungssituation für die betroffenen Mädchen und Frauen, sogar im Beisein unbeteiligter Dritter.

Im August 2019 erstach ein Gewalttäter die 22-jährige G. in Baden-Württemberg. G. hatte vor, nach der Trennung bei ihrem Ex-Freund lediglich ein paar Sachen abzuholen. Er tötete sie mit insgesamt 22 Messerstichen.[528] Der Altersunterschied zwischen der spanischen Studentin und dem deutschen Gewalttäter, der wegen Totschlags zu einer Haftstrafe von sieben Jahren und neun Monaten verurteilt wurde, betrug 7 Jahre.[529]

In Bayern erstach ein Gewalttäter seine 21 Jahre alte Ex-Freundin im Dezember 2019 bei einem „abschließenden klärenden Gespräch", so die „Süddeutsche".[530] Der Tatverdächtige habe erklärt, dass er seine Exfreundin aus Wut getötet habe, weil sie keinen Kontakt mehr zu ihm haben wollte, wird im Zusammenhang mit dem Femizid weiter berichtet.

Im August 2023 wurde S. im öffentlichen Raum umgebracht, sie starb auf dem Asphalt vor einer Toreinfahrt in Berlin. Das Magazin „Focus" beschreibt den Tathergang folgendermaßen: Vor der Tat hatten sich die Restaurant-Chefin und der Täter/Töter auf seinen Wunsch hin zu einer letzten Aussprache getroffen. Da die 61-Jährige Angst vor ihrem Ex-Freund und Geschäftspartner gehabt habe, wurde sie von einem Freund zu dem Treffen an der Toreinfahrt begleitet. Als das Gespräch nicht so verlief, wie es sich der Tatverdächtige vorgestellt hatte und S.

ihm erneut erklärte, dass sie nicht wieder mit ihm zusammenzukommen würde, zerschlug er eine Flasche, die er bei sich trug, und tötete sie.[531]

Dass ihr Ex-Partner sie erstochen hatte, wurde erst auf den zweiten Blick offensichtlich. A. wollte den Vater ihrer beiden Kinder im Juni 2024 ein letztes Mal in der vormals gemeinsamen Wohnung treffen, er sollte dort u. a. seine persönlichen Dinge räumen. Ihre Leiche wurde in Baden-Württemberg auf der Rückbank eines Autos gefunden. Der Fahrer war von der Autobahn abgekommen und in die Mittelleitplanke gerast. Der Versuch des Täters, sich zu suizidieren, misslang.[532]

In einer akuten Trennungsphase stellen diese letzten Treffen ein deutlich erhöhtes Risiko dar, attackiert oder/und getötet zu werden, unabhängig davon, ob ein öffentlicher oder ein privater Raum für das Zusammentreffen ausgewählt wurde.

Cristina

Meine zwei Leben: In Gedenken an meine Tochter Alisa

Einleitung

Ich lernte Kristina Wolff durch einen Artikel in der Zeitung „*Die Welt*" im Jahr 2020 kennen, zwei Jahre nach dem Tod meiner Tochter Alisa. Ich las ihn mit Erstaunen, denn er bestätigte, was ich selbst erlebt hatte: Deutschland, ein in vielerlei Hinsicht hoch entwickeltes Land, hält sich nicht an die Istanbul-Konvention, welche Opfer von geschlechtsspezifischer Gewalt schützt, und schaut weg, wenn Femizide ausgeführt werden.

Auf der Suche nach Datenquellen zu Femiziden, wie sie in Spanien öffentlich vorliegen, stellte sich heraus, dass es in Deutschland keine zuverlässigen oder offiziellen Datenbanken zu Femiziden seitens der Behörden, der Polizei oder anderer Institutionen gibt, was meine anfänglichen Vermutungen bestätigte. Erst seit 2015 werden Polizeistatistiken geschlechtsspezifisch ausgewertet und noch bis heute wird Gewalt gegen Frauen auch unter der Nomenklatur „*Partnerschaftsgewalt*" beleuchtet. Es ist wichtig, zu wissen, dass die Begriffe „*häusliche Gewalt*" oder/und „*Partnerschaftsgewalt*" in Deutschland häufig verwendet werden. Diese wurden in vielen anderen Koordinaten vom Feminismus verworfen, weil man berücksichtigt, dass sie die Geschlechterdimension unsichtbar machen. Kristina hatte aufgrund dieses Mangels selbst beschlossen, allen möglichen Quellen, insbesondere Polizei- und Zeitungsmeldungen sowie Medien und lokalen bzw. staatlichen Einrichtungen zu folgen und **Deutschlands erste Femizid Beobachtung** einzurichten.

Aus Neugierde beschloss ich, an die „*Welt*" zu schreiben und sowohl mit der Journalistin als auch mit Kristina in Kontakt zu treten. Nach ihrem Artikel bot ich an, meine Stimme im Namen derer zu erheben, die nicht mehr da sind.

Ich erzählte meinen persönlichen Fall von Kindstötung (Filizid) und die Umstände des Todes meiner Tochter im Jahr 2018. Mein Zeugnis führte dazu, dass ein Artikel in der „*Welt*" veröffentlicht wurde. Es war das erste Mal, dass ich meine Erfahrungen öffentlich schilderte und mich damit verletzlich machte. Aber vor allem begann ich, die unangenehme Wahrheit zu verinnerlichen, die in Deutschland nicht gehört und/oder gesehen werden soll. Sie ist zu beschämend, erschreckend, emotional und unverständlich. Die Kommentare zu dem Artikel waren verletzend, weit von der Realität entfernt und von einem Mangel an Informationen und Daten geprägt, ein Spiegelbild der heutigen deutschen Gesellschaft und Realität.

Mit diesem Buch und diesem Weg verfolge ich ein Ziel: **Dass es keine Opfer von Femizid oder von Stellvertretergewalt mehr gibt! Echte Daten ohne mögliche subjektive Interpretation darlegen. Denen eine Stimme geben, die nicht mehr da sind, und für sie kämpfen, damit sie nicht vergessen werden.**

Seitdem sind Kristina und ich in Kontakt und im Laufe der Jahre vergleichen wir, wie extrem unterschiedlich Deutschland und Spanien mit diesem wichtigen Thema umgehen.

Kristina und ich haben einen gemeinsamen Wunsch: Wir wollen, dass das Töten von Frauen und Kindern durch Männer aufhört. Weltweit. Jeden Tag sterben Frauen aufgrund von geschlechtsspezifischer Gewalt. Manchmal sterben sogar Kinder durch die Hand ihrer Väter. In Spanien gibt es sogar einen Begriff, um diese grausamen Taten zu beschreiben: „**Violencia Vicaria**", auf Deutsch „**Stellvertretergewalt**". Das ist eine Form von Gewalt, bei der eine Person in einer (Ex-)Beziehung beschließt, Kinder aus Rache oder Hass gegen die andere Person zu missbrauchen oder/und zu töten.

So erging es auch meiner Tochter Alisa, die nach einem langen Trennungs- und Scheidungsprozess von mehr als drei Jahren Opfer von „*Stellvertretergewalt*" wurde.

Der Tag ihres Todes: das Ende meines ersten Lebens

Am Samstag, den 14. Juli 2018, beschloss Alisas Vater, mein Exmann, nach einigen Wochen der Planung seines Selbstmordes, diesen auszuführen und dabei meine Tochter mit sich in den Tod zu reißen. Er hatte alles bis ins kleinste Detail geplant, im Stile eines guten Deutschen und vorausschauenden Menschen, der er nun mal war: Das Isolierklebeband, das die Fenster des Badezimmers, den Türrahmen und das Lüftungsgitter der Tür versiegelte, die Handtücher auf dem Boden, um keine Luft hereinzulassen, den Ventilator und die drei Einweg-Grill-Brenner mit Kohle, bereit entzündet zu werden, das sanfte Licht einer Quarzlampe, um eine *„gemütliche"* Atmosphäre zu schaffen, Kissen in der Duschkabine, um es *„bequem"* zu haben, den Warnhinweis an der Tür, das die Eintretenden von außen warnte: *„Erstickungsgefahr durch Kohlenstoffdioxid"*, die offene Balkontür, um den Zugang zum Haus zu erleichtern, und zwei Abschiedsbriefe, an seine beste Freundin und an seine Schwester.

Dieses Wochenende hatte er nicht zufällig ausgewählt. Nach dem Wechselmodell war es sein Wochenende mit Alisa. Außerdem hatte ich ihn darüber informiert, dass ich nicht in Deutschland sein würde, um die nötigen Formalitäten vor Ort in Spanien zu erledigen, dem Land, in das Alisa und ich im September umziehen wollten. Vier Wochen zuvor hatte ich nach einem langen Gerichtsverfahren und dem endgültigen Urteil des Oberlandesgerichts Karlsruhe das vollständige Aufenthaltsbestimmungsrecht erhalten. Ich konnte niemals ahnen, wie gefährlich es war, sie bei ihm zu lassen, und dass der Donnerstag, der 12. Juli 2018, der letzte Tag sein würde, an dem ich meine Tochter Alisa lebend sehen würde, als ich mich an diesem Donnerstagmorgen im Kindergarten von ihr verabschiedete.

Den wechselnden Umgangsregelungen mit ihrem Vater entsprechend ging ich am Montag, dem 16. Juli, wie jede Woche in den Kindergarten, um meine Tochter abzuholen. Aber Alisa war nicht dort, und niemand in der Kita hatte etwas Verdächtiges bemerkt. Sie hatten auch keinen Kontakt mit mir aufgenommen, da dies nicht Teil des üblichen Protokolls ist.

Ab dem Moment, als ich in ihren Kindergartenraum schaute und feststellte, dass sie nicht da war, und als ich mit ihrer Lehrerin sprach, wusste ich, dass etwas sehr Schlimmes passiert war. Ich informierte ihre Lehrerin darüber, dass sich mein Exmann in den letzten beiden einzigen Begegnungen, die wir hatten – eine mit den Anwältinnen und die andere, als er Alisa zwei Wochen zuvor abholte – seltsam verhalten hatte. Wir lebten seit drei Jahren nicht mehr zusammen und sahen uns nur selten. Deshalb hatte ich sie gebeten, Alisas Verhalten und Wohlbefinden im Auge zu behalten und mich zu informieren, falls sie etwas Auffälliges bemerkten.

Aber es war bereits alles zu spät. Der hektische Rhythmus der letzten 6 Wochen nach der Erlangung des Aufenthaltsbestimmungsrechts, das Verarbeiten der Situation und das Organisieren der nächsten Schritte hatten es mir unmöglich gemacht zu erkennen, dass mit ihm etwas wirklich nicht stimmte.

Ich fuhr mit einer bösen Vorahnung zu seinem Haus. Ich parkte mein Auto gegenüber und sah, dass seines in der Einfahrt stand – er war nicht weit weg, er musste zu Hause sein. Ich klingelte wie immer, obwohl ich noch einen Schlüssel zu dem gemeinsamen Haus hatte, aus dem ich vor 3 Jahren ausgezogen war, aber niemand öffnete mir. Ich rief von außen: *„Mach auf"*, aber niemand antwortete. Ich rief viele Male das Handy meines Exmannes an, die letzte WhatsApp-Nachricht vom Sonntag, dem 15. Juli, war ungelesen geblieben, und er ging auch nicht ans Telefon. Ich wusste, dass etwas nicht in Ordnung war, also kontaktierte ich seine engsten Freunde und fragte, ob sie ihn gesehen oder seit dem Wochenende etwas von ihm gehört hätten. Am selben Samstag sollte das Kindergarten-Sommerfest stattfinden, es war in letzter Minute um eine Woche vorverlegt worden – irgendeine Mutter oder ein Vater musste doch etwas wissen. Aber nichts. Weder Freunde noch Bekannte noch Eltern von Kindern aus ihrem Kindergarten wussten irgendwas. Ich rief meine Anwältin an und sagte ihr, dass Alisa nicht in den Kindergarten gegangen war und dass etwas nicht stimmte. Sie riet mir, noch etwas zu warten und dann die Polizei zu rufen, falls sie weiterhin nicht auftauchen würde. Ich rief erneut die Mütter von Alisas Freundinnen an, um herauszufinden, wann sie sie zuletzt gesehen hatten, und ob sie die beiden an diesem Wochenende gesehen hatten. Nichts.

Ich spürte, dass etwas sehr Schlimmes passiert sein musste, aber was? Ich wollte nicht länger warten, ich kletterte über das Eingangstor, betrat den Hof und klopfte an die Haustür. Niemand öffnete. Im Hof waren beide Fahrräder, seins und das meiner Tochter Alisa. Gott, wohin mögen sie gegangen sein? Ich ließ das Tor vom Hof offen und schaute von außen durch die Fenster. Es war niemand im Haus, so sah es zumindest aus. Ich kehrte zurück zur Terrasse und drückte gegen die Terrassentür – welche offen war, als wäre jemand zu Hause, also betrat ich das Haus durch die Küche.

Ich rief Alisas Namen, dachte in meiner Verzweiflung absurderweise, dass sie vielleicht Verstecken spielten. Nichts Seltsames in der Küche und im Esszimmer. *„Alisa, Prinzessin, wo bist du? Komm raus, Mama ist gekommen, um dich abzuholen."* Mein Verstand durchlief tausende Möglichkeiten, gute und weniger gute, auch ganz schlechte: sie sind Eis essen gegangen; er besucht mit ihr seine Mutter oder seine Schwester und sie sind noch nicht zurück; er macht mit ihr einen Wochenendurlaub, so wie ich vor ein paar Wochen, und sie sind noch nicht zurück; er ist ins Ausland gegangen und hat sie mitgenommen; sie sind in einem Krankenhaus, ohne jemanden kontaktieren zu können... tausend Gedanken, die mir durch den Kopf gingen, alle außer einem, der sich gleich bewahrheiten würde.

Ich ging von der Küche ins Badezimmer, und dort sah ich den Warnhinweis, wie in einem Horrorfilm. Ich übersetzte es mir, ich las es erneut, als wäre es ein Rätsel in einem Escape Room, das was ich da glaubte zu verstehen, konnte einfach nicht sein... Ich versuchte, die Türe zu öffnen und schaffte es nicht. Etwas blockierte die Tür von innen. Ich schrie seinen Namen und sagte ihm, er solle von der Tür weggehen. Ich konnte sie nicht öffnen, aber es heißt, dass man in extremen Situationen unerklärliche Kraft freisetzt, und genauso empfand ich es. Ich schrie so laut ich konnte, nahm alle meine Kräfte zusammen und drückte mit aller Macht gegen die Tür und den Körper, der auf dem Boden lag. Durch den Schlitz, den ich öffnen konnte, sah ich die Katastrophe, hielt meinen Atem an und stieß die Tür noch weiter auf, zog den Körper von ihm weg und steckte meinen Kopf in dieses 2,5 m² große Badezimmer – und dort sah ich sie. Sie saß inmitten von Kissen in der Duschkabine, als ob sie schlafen würde, aber mit offenen Augen. Der Schrecken und der Schmerz erfassten meinen ganzen Körper. Mein Verstand realisierte, was geschehen war. Das war doch nicht möglich... oder doch? *„Mein hübsches Mädchen, wir müssen hier raus."* Ich zog meinen Kopf aus der Tür, holte wieder Luft, drückte mit all meiner Kraft und versuchte sie zu greifen und in meinen Armen herauszuziehen. Mein Handy fiel dabei neben den Körper meines Ex – in Balasana-

Yoga Haltung, seine Lieblingspose zum Entspannen -, aber ich schaffte es, sie dort rauszuholen, ich weiß nicht wie.

Ich schloss sie in meine Arme und schrie, brach innerlich zusammen, nur ein Wort kam aus meinem Innersten heraus, aus dem ihr Leben einst hervorgegangen war: NOOOOOOOOOOOOOOOOOOOOOOO

Ich schrie so viel und so laut, wie ich konnte, mehrere Minuten lang, und ich machte mir in die Hose, angesichts dieses Horrors und der schrecklichen Gewissheit: Ich hielt meine Tochter tot in meinen Armen, leblos, kalt trotz der Hitze, die am 16. Juli herrschte, und still. Das Ende meines Lebens, ein zweifacher und sofortiger Tod. Ihrer und meiner.

Mein Gehirn schaltete auf Autopilot – es gibt ein Problem, such nach einer Lösung, Cristina! Nicht umsonst bin ich Projektmanagerin, so arbeite ich. Ich rief die Polizei und einen Krankenwagen, obwohl man eh nichts mehr machen konnte.

Mit meiner Tochter Alisa in den Armen holte ich das Festnetz-Telefon aus der Küche, mein Handy lag ja noch im Badezimmer, und rief die 112: *„112, wie kann ich Ihnen helfen?"* „Bitte schicken Sie einen Krankenwagen an diese Adresse, mein Exmann hat Selbstmord begangen und meine Tochter mit ihm getötet".

Ich wusste, dass ich von diesem Moment an in einen Strudel aus Papierkram, Fragen und fremden Menschen geraten würde. Mehr Schrecken, mehr Belastung – als ob ihr Tod allein nicht schlimm genug wäre.

Und während ich da warten musste, sprach ich die ganze Zeit mit meiner Tochter Alisa. Ich sah sie an, streichelte sie, umarmte sie, küsste sie, achtete auf alle Details – genau wie in den Momenten nach ihrer Geburt, ihre blonden Haare, ihre Augen, ihr Mund, ihr perfekter Körper, ihre Hände, jede Pore, jede Sommersprosse und jedes Detail ihres zierlichen 5-jährigen Körpers prägte ich mir ein.

Ich schaukelte sie, ich sagte ihr, wie sehr ich sie liebe, ich dankte ihr dafür, dass sie mir so viel gegeben hat, ich entschuldigte mich tausendmal dafür, dass ich sie an diesem Wochenende bei ihrem Vater gelassen hatte, dass ich nicht gemerkt hatte, dass sie in Gefahr war, dass ich den falschen Vater für sie ausgewählt hatte, dass ich sie nicht genug beschützt hatte, wie eine Mutter es mit ihrem Nachwuchs zu tun hat, für alles, was ich nicht intuiert oder gesehen hatte, dafür, dass sie während der Trennung von ihrem Vater leiden musste, dafür, dass ich nicht an ihrer Stelle war, dass ich nicht an ihrer Stelle gestorben bin, habe ich sie noch tausendmal um Vergebung gebeten. Ich verabschiedete mich innerlich.

Ich ließ sie für ein paar Augenblicke auf dem Sofa liegen und ging ins Badezimmer zurück, um nach meinem Handy zu suchen und auch, um die Leiche meines Ex anzuschreien. Warum hast du das getan? Ich schlug auf seinen Rücken ein, als ob er dadurch aufwachen würde und wir anfangen würden, uns zu streiten. Ich schrie immer wieder NOOOOOOOOO – dieser Horrorfilm war echt, und ich war mittendrin.

Ich ging zurück zu meinem Kind und nahm es wieder in meine Arme. Ich weiß nicht, wie viel Zeit so verging. Ich rief mit meinem Handy meine Anwältin und auch die beste Freundin meines Exmannes an, ich sagte ihnen, dass die Ungewissheit vorüber sei: Er hatte sie getötet und sich mit ihr umgebracht. Ich schaute auf den Schreibtisch im Wohnzimmer und sah die beiden Briefe, an seine beste Freundin, die ich gerade angerufen hatte, und an seine Schwester.

Die Nachbarin von nebenan kam mit ihrer Mutter. Sie hatten meine Schreie gehört. Der Krankenwagen kam. Ich sagte allen, dass sie tot war, dass man nichts mehr machen konnte. Ich wurde gebeten, sie noch in den Krankenwagen zu tragen, was ich tat. Ein junger Sanitäter unternahm Wiederbelebungsversuche, anstatt sie ruhig liegen zu lassen – ich bat ihn aufzuhören – ich schrie: „Sie ist tot, lass sie!"

Polizei und Feuerwehr kamen. Sie sperrten die Gegend ab, wegen all der Passanten und klatschmäuligen Nachbarn. In meinem Kopf ging es drunter und drüber, ich weiß gar nicht mehr genau, was in welcher Reihenfolge passierte. Irgendwann kam ein erfahrener Arzt und sagte mir, ich könne im Krankenwagen bleiben. Er fragte mich, wie es mir ginge. Ich wollte einfach nur bei ihr bleiben, ich wachte in den letzten Momenten über meine Prinzessin mit dem Erdbeergesicht. Die beste Freundin meines Exmannes und ihr Partner kamen, und wir teilten den Schmerz in diesem Krankenwagen, einen Moment lang hielten wir gemeinsam Totenwache, bis ihr Partner sie mitnahm. Bevor sie ging, fragte ich sie: *Glaubst du, dass ich mit einem Psychopathen zusam-*

mengelebt habe? Warum hat er das getan? Habt Ihr euch dieses Wochenende getroffen oder miteinander gesprochen?". Es gab keine klaren Antworten, zumindest nicht in meinem Kopf und meinen Erinnerungen.

Irgendwann im Krankenwagen schrieb ich den 3 Menschen, die mir am nächsten standen, über WhatsApp. Ich schickte ihnen eine unverblümte Nachricht: „Es ist etwas Schreckliches passiert. M. hat Alisa getötet und mit ihr Selbstmord begangen".

Ich wusste nicht, wie ich es meiner Familie beibringen sollte. Wie kann man das Grauen übermitteln, ohne noch jemanden zu zerstören? Es schien, als ob M. dieses Datum aus noch einem Grund ausgewählt hatte, wie ein „Geschenk": Der 16. Juli ist der Geburtstag meiner Mutter. Noch ein paar Stunden zuvor hatten wir miteinander gesprochen. Und am vorangegangenen Wochenende hatten wir gemeinsam gefeiert, ein Familienessen zum Ende der Strapazen der Schulanmeldung, der Wohnungssuche und der Erledigung anderer Umzugsformalitäten. Wie sollte meine Familie diese Tragödie bewältigen? Ein Tsunami an Trauer und Verzweiflung brach auf uns nieder.

Der Arzt teilte mir mit, dass Alisa aufgrund der Umstände ihres Todes zur Obduktion gebracht werden müsse, bevor sie an ein Bestattungsunternehmen übergeben werden könne. In meinem Wahn und meiner Aufgewühltheit bat ich ihn nur, sie nur nicht im selben Raum wie meinen Ex zu lassen. Ich wollte nicht, dass sie noch eine weitere Sekunde zusammen verbringen, eine absurde Bitte, als ob das etwas an dem ändern könnte, was geschehen war. Als ob man versucht zu verhindern, dass ihre Seelen zusammen wandern, mit dem verzweifelten Wunsch, dass sie nicht im Unbekannten zusammen sind. „Warum hat er nicht mich ausgewählt und mich umgebracht?"

Eine sehr freundliche Frau kam und sagte mir, sie sei vom Roten Kreuz, sie würde sich um mich kümmern und mir beistehen, solange ich das wünschte. Ich stieg aus dem Krankenwagen aus. Die Hitze. Ich erinnere mich an diese schwüle Hitze, meine Hose nass von Urin, meine verschwitzte Bluse, meine feuchten Sandalen. Und der Geruch, dieser Geruch, den ich stets präsent habe, wenn ich an diesen Tag denke. Der junge Sanitäter, dessen Wiederbelebungsversuche dazu geführt hatten, dass der Körper meiner Tochter alles erbrach, was sie zuletzt gegessen hatte. Ich wusch sie und verabschiedete mich erneut von ihr, bevor ich ausstieg.

Inzwischen war die Polizei zusammen mit der Feuerwehr im Haus: Mit ihren Werkzeugen hängten sie die Badezimmertür aus, die ich Minuten zuvor geöffnet hatte. Sie fragten mich, wie ich das geschafft hatte. Ich weiß es nicht, ich weiß es immer noch nicht.

Ich lief weiterhin auf Autopilot. Die Polizisten fragten mich, ob ich meine Aussage noch am selben Tag machen könne. Ich sagte ja, aber ich bat sie, meine Kleidung zu wechseln und kurz nach Hause gehen zu dürfen. Sie brauchten auch meine Kleidung, um zu prüfen, ob es irgendwelche Hinweise oder Anomalien gab, ganz so, als ob ich aktiv an der Ausführung dieser Gräueltat beteiligt gewesen wäre. Wie in der Serie „CSI" wurde ich in einem Polizeiauto zu meiner Wohnung begleitet, legte in meinem eigenen Zuhause meine Kleidung mit Handschuhen in eine Tasche und brachte sie zur Polizeistation. Im Auto rief ich meinen Chef an, dem ich zuvor eine Nachricht geschickt hatte, weil ich an diesem Nachmittag nicht wie geplant an einer Besprechung teilnehmen konnte, teilte ihm mit, dass ich bis auf Weiteres nicht zur Arbeit gehen würde, und schilderte ihm die Situation, als wäre ich ein Roboter: *„Mein Ex hat meine Tochter umgebracht und mit ihr Selbstmord begangen"*. Ich habe ihn nie gefragt, wie er das aufnahm, ich entschuldigte mich allerdings bei ihm für die Härte der Nachricht, ganz so, als ob der ehrliche Umgang damit zu viele Unannehmlichkeiten bereitete.

Ich wurde auf die Polizeiwache gebracht, um mit dem Chef der Kriminalpolizei zu sprechen. Die Frau vom Roten Kreuz war weiterhin bei mir.

In dieser Nacht wussten alle in meinem Umfeld, was passiert war. Meine beste Freundin aus Kindertagen nahm den erstmöglichen Flug, und ihre Umarmung im Namen aller, die in dieser Nacht, am 16. Juli, nicht dabei waren, war das Erste, was mich in die Realität zurückbrachte und mich wirklich spüren ließ, was passiert war. Ich werde das nie vergessen. Die Beileidsbekundungen nahmen kein Ende. Seltsamerweise (oder auch nicht) kamen nie welche von der Familie und dem Umfeld meines Exmannes.

Qualen des Wartens und bürokratische Abläufe, die ein Todesfall immer mit sich bringt – umso mehr, wenn es sich um einen gewaltsamen Tod handelt.

Die Obduktion bestätigte Ersticken durch Kohlenmonoxid, ohne exakte Bestimmung von Datum und Uhrzeit des Todes. Es konnte nur noch festgestellt werden, dass der Zeitpunkt des Todes zwischen dem 14. und 16. Juli lag. Damals wusste ich noch nicht, dass dies später zu einem Riesenproblem werden würde, das die bürokratischen Abläufe postmortal um ein Vielfaches verkompliziert.

Aufgrund der letzten auf WhatsApp gelesenen Nachricht weiß ich, dass Alisa in der Nacht zum Samstag, dem 14. Juli 2018, gestorben ist. Die Sprachnachricht, die ich zusammen mit ihrer Cousine am Morgen des Sonntags, dem 15. Juli, verschickt hatte, wurde nie abgehört.

Am Freitag, dem 20. Juli 2018, zelebrierten wir die Bestattung meiner Tochter Alisa. Von meiner engsten Familie konnten nur meine Eltern und mein Bruder kommen. Viele Mitarbeiter und auch Freunde, Nachbarn und Bekannte aus Deutschland, die sich von ihr verabschieden wollten, mit Musik, Essen und Ballons, denn Alisa mochte es überhaupt nicht, traurig zu sein. Ihre Asche und die Erinnerung an sie waren das Einzige, was ich mit nach Spanien nehmen konnte. Dort gab es eine weitere Abschiedszeremonie, an unserem Meer, Blumen, Ballons, Essen und Musik. Trotz der erneuten Anwesenheit von Freunden und meiner Familie war es dieses Mal noch schmerzhafter, Abschied zu nehmen, die schreckliche Realität wurde noch bewusster.

Mein erstes Leben: Wie ich zu einer gescheiterten Beziehung und Trennung kam

Um zu verstehen, was am 14. Juli 2018 geschah, muss ich in den Juli 2006 zurückgehen, als ich nach Deutschland zurückkehrte, um einen Job zu suchen.

Ich war nach neun Monaten Aufenthalt in Frankreich zurückgekommen und kannte das Land bereits, weil ich im Vorjahr ein sechs-monatiges Praktikum in Heidelberg absolviert hatte, dieser aufgrund der amerikanischen Militärbasen, des Hochschulwesens und der wissenschaftlichen Forschungseinrichtungen jungen und internationalen Stadt. Ich war 27 Jahre alt und hatte dank Stipendien, Praktika und Postgraduiertenjobs in fünf anderen europäischen Ländern gelebt. Ich sprach drei Sprachen fließend, eine vierte wäre nicht verkehrt. Darüber hinaus liegt die Stadt sehr nah an Straßburg, dem Herzen und dem offiziellen Sitz des Europäischen Parlaments, für mich beruflich sehr attraktiv. Der Arbeitsmarkt in Spanien war damals nicht vielversprechend, daher war ich, wie viele andere auch, Teil des „Brain-Drains", eine abgewanderte Fachkraft auf der Suche nach einer besseren Anstellung.

Während dieses Praktikums hatte ich mit zwei Personen in einer Wohngemeinschaft gelebt. Einer von beiden war ein eigenartiger und attraktiver Typ, 24 Jahre älter als ich, ein ziemlicher Hippie. Unkonventionell, in seinem Alter in einer WG zu wohnen, und ein typischer Deutscher war er auch nicht: Er war viel gereist und hatte im Ausland gelebt, auch in Südamerika. Er sprach ziemlich gut Französisch und Spanisch. Er mochte Musik, spielte tausend Instrumente, war fröhlich, lebhaft, kreativ, jugendlich und sportlich, idealistisch, umweltbewusst und sehr fleißig. Er war Schreiner und bearbeitete Holz auf wunderbare Weise, brachte Kindern und Erwachsenen bei, wie man Holz sägt und bearbeitet. Wie es in Deutschland normal ist, hatte er sein Elternhaus verlassen, als er gerade volljährig war. Er war nach Heidelberg gezogen, vor mehr als 25 Jahren. M. hatte in den vergangenen 20 Jahren zwei feste Partnerschaften gehabt, keine eigenen Kinder, und er war nie verheiratet gewesen. Er trug trotz seines Alters und des kulturellen Unterschieds keine allzu große Last mit sich herum. Mir gefiel seine Persönlichkeit, seine Energie. So begannen M. und ich im Juli 2006 eine Beziehung, ohne dass wir diese unbedingt so nennen mussten, und ohne zu hohe Erwartungen, wohl wissend, dass uns so einiges voneinander unterschied.

Zu sagen, dass es einfach war, wäre eine Lüge. Unsere Beziehung hatte immer Höhen und Tiefen, vor allem wegen meiner Angst, einen Fehler zu begehen, den tausend Zweifeln, die der große Altersunterschied in mir auslöste (die Frage nach den Zukunftsaussichten dieser Beziehung beschäftigte mich und meine enge Umgebung). Hinzu kam die Prägung durch zwei verschiedene Kulturen, räumlich nicht so weit entfernt, aber sehr unterschiedlich in ganz vielen wichtigen Dingen. Allerdings bauten wir unsere Beziehung auf der offenen Idee auf, es ein paar Jahre in Deutschland zu versuchen, bis ich die Sprache beherrschte und Berufserfahrung gesammelt hatte, um dann weitere gemeinsame Jahre in Spanien zu verbringen, wobei sein vielseitiger Beruf, seine Sprachkenntnisse und sein Wunsch, weiter zu reisen, kein Hindernis darstellten.

Rückblickend sieht man alles klarer, und die Beziehung war zum Scheitern verdammt. Neben diesen beiden großen Faktoren waren wir so unterschiedlich, wenn es darum ging, als Paar zu funktionieren. Die Kommunikation war sehr schwierig, und das lag nicht an der Sprache. Wir beide hatten einen starken Charakter und waren unnachgiebig, wenn wir uns stritten, kamen wir nicht auf eine reife und logische Weise zu einer Einigung, sondern es war alles emotional und übertrieben. Vor allem aber bestand seine Lösung bei Streitigkeiten darin, die Zeit verstreichen zu lassen und so zu tun, als wäre nichts geschehen. Das schuf eine Distanz, es machte mich sehr wütend und frustrierte mich. Ich bin logisch und praktisch, lösungsorientiert. Und vor allem bin ich eine Kommuni-katorin, das habe ich studiert, und jemanden nicht verstehen zu können, geht mir nicht in den Kopf.

Manchmal frage ich mich, was mit mir passiert war, dass ich nicht klar denken konnte. Ich fühlte mich, als hätte man mich unter Drogen gesetzt, um meinen Willen zu unterdrücken. Ich war nie so gewesen, ich hatte vorher zwei langfristige Beziehungen, beide waren stabil und respektvoll, kommuni-kativ, sie konnten unterschiedliche Meinungen aushalten, man konnte sogar wütend werden und gleichzeitig die Probleme durch Gespräche lösen. Mit M. war es oft sehr schwer zu reden, die Emotionen lagen immer blank, Höhen und Tiefen, extrem glücklich oder extrem traurig. Später dachte ich, dass mich dieser Umstand blind machte, wie wenn man an einer Sucht leidet.

Wir beendeten die Beziehung zwei Mal. Jeweils auf meine Initiative. Wir lebten mal zusammen, mal voneinander getrennt. Im Jahr 2010 dachte ich sogar darüber nach, nach Spanien zurückzukehren, es gab ein Stellenangebot, aus dem leider nichts wurde. Ich weiß nicht, wie oft meine Gedanken immer wieder in dieses Jahr zurückkehren, warum bin ich nicht gegangen? Es wäre so einfach gewesen, ein rechtzeitiges Ende dieser Beziehung...

Doch im Handumdrehen vergingen fünfeinhalb Jahre, mit Urlauben, Besu-chen und Reisen nach Spanien, damit er mein Umfeld kennenlernen konnte. Nach einem Ultimatum für unsere Beziehung (entweder wir lassen es oder wir gehen den nächsten Schritt) beschlossen wir, uns eine letzte Chance zu geben.

Im Jahr 2011 wurde eine Immobilie zu einem günstigen Preis angeboten, die wir besichtigten und schließlich gemeinsam zu gleichen Teilen kauften. Sie musste komplett renoviert werden, war aber in Anbetracht der Immobilienblase in Spanien und in Deutschland dennoch sehr günstig. M. hatte zunächst überlegt, das Haus alleine zu erwerben, war allerdings nicht solvent genug, so dass nur ein gemeinsamer Immobilienkredit in Frage kam. Dies ging nicht zuletzt dank meines Alters und der beruflichen Stabilität von uns beiden, denn zu diesem Zeitpunkt arbeitete ich bereits seit dreieinhalb Jahren in einem multinationalen Unternehmen. Ich hielt es für eine gute Investition, schließlich war die Miete fast so hoch wie die monatliche Hypothekenbelastung, und die Immobilie wäre in nur 12 Jahren unser Eigentum geworden.

Mit dieser Idee haben wir angefangen, ein gemeinsames Zuhause zu bauen, zumindest glaubte ich das. Es war aber eher sein Traum: SEIN Haus mit eigenen Händen renovieren und bauen. Nicht mein Ideal. Wenn es das gewesen wäre, hätte ich alle möglichen Handwerker gesucht und bezahlt, um die Renovierung so schnell wie möglich abzuschließen und diese Sorgen hinter uns zu lassen. Es brachte uns nur Kopfschmerzen, Staub und Unbehagen, tausend Ausgaben, Streit und einen Mangel an Zeit, die wir sonst anderweitig hätten genießen können. M. investierte all seine Gedanken und seine Energie in dieses Projekt, all seine Zeit und seine Prioritäten veränderten sich. Dieses Haus war der erste Schritt zum Ende unserer Beziehung.

Anderthalb Jahre später, nach sechs gemeinsamen Jahren, einer von meinem Umfeld halb akzeptierten Beziehung und einem halb renovierten Haus, erwachte in mir im Alter von 32 Jahren ein Mutterinstinkt. Ich wusste nicht wirklich, dass ich ihn hatte, ich mochte Kinder, ich dachte immer, dass ich irgendwann in meinem Leben Mutter werden würde, aber ich war immer sehr pragmatisch in dieser Hinsicht gewesen. In meinem näheren Umfeld gab es nur zwei oder drei Freundinnen, die bereits Mütter waren.

Ich sprach M. darauf an. Wir hatten nie ernsthaft darüber gesprochen, vor allem, weil er vorher keine Kinder hatte, warum sollte er jetzt welche haben? Wir sprachen darüber und diskutierten eine Weile, wir waren uns einig, dass wir bereit waren. Ohne groß darüber nachzudenken, wurde ich beim ersten Versuch schwanger.

Alisas Schwangerschaft verlief sehr schnell und reibungslos. Es war eine Zeit voller Liebe und Freude. Es war, als ob die Teile endlich zusammenpassten und wir ein für alle Mal gesund und glücklich zusammen sein konnten. Ich kümmerte mich um ihn und er kümmerte sich um mich, wie ein Tandem. Ich glaube, das war unsere schönste Zeit zusammen. Aber sie war nur von kurzer Dauer. Ich bin in diese absurde Falle getappt, in die so einige Paare tappen: Wenn wir vor dem Kinderkriegen Probleme hatten, warum sollten wir glauben, dass es mit einem Kind besser oder anders sein würde? Im Nachhinein ist alles so klar. Ich bereue es nicht, Alisa bekommen zu haben, aber hätte ich das alles verhindern können?

Alisa wurde am Sonntag, dem 31. März 2013, geboren, ein Osterhäschen. Ein wunderschönes blondes Mädchen mit dunklen Augen. Der Name Alisa bedeutet großes Glück, und genau das war sie auch. Weit weg von meiner Familie und Heimat fand ich die Mutterschaft schön, aber sehr einsam, lohnend, aber hart. Viele Mythen brachen, vor allem die, die ich über Mutterschaft und Korrelation mit glücklicher Familie hatte. Es war der zweite Schritt zum Ende der Beziehung. M. wurde Alisas Vater und hörte auf, mein Partner zu sein.

Als ich in Deutschland Mutter wurde, änderten sich alle Prioritäten. So, wie der Lampengeist beim Reiben erscheint, tauchten plötzlich Dinge auf, die zuvor unsichtbar waren. Und jetzt einen ganzen Raum dieses verdammten Hauses einnahmen: Das Wohl und die Erziehung meiner Tochter als meine absolute Priorität. Anmeldungen in Kindergärten noch während der Schwangerschaft (!); fehlende Plätze in Kindertagesstätten, die berufstätige Mütter entlasten; Mutterschutz und Elternzeit bis zu 12 Monaten; Rückkehr zur Vollzeitarbeit als Mutter – in Deutschland zum Teil mit Argwohn betrachtet; eine Nostalgie, die aus dem Nichts kam und entsteht, wenn man eine Familie in einer fremden Kultur und Sprache gründet, das Fehlen eines Familiennetzwerks, Lieder und Geschichten auf Spanisch, die man schon vergessen glaubte, Kindheitserinnerungen und gleichzeitig Pläne für die Zukunft, banale und nicht so banale Sorgen wie die finanzielle Situation oder die Rückkehr nach Spanien als Familie, die Sehnsucht nach einem Partner, der eine liebevolle Partnerschaft ebenso priorisiert wie die Liebe zum gemeinsamen Kind, die fehlende Zeit für das eigene Wohlbefinden, die nicht enden wollende Hausarbeit, die Suche nach einem unterstützenden Netzwerk unter anderen Müttern, Kolleginnen und auch Bekannten und Landsleuten. Eine 33-jährige Frau, viele Gedanken und überall Einsamkeit, eine große Einsamkeit.

Sich einsam zu fühlen, wenn man allein ist, macht Sinn, aber sich in Begleitung einsam zu fühlen ist sehr traurig und sinnlos.

Unsere Beziehung war immer noch nicht sehr konventionell: Wir hatten eine Tochter und waren nicht verheiratet. Der zweittraurigste Tag meines ganzen Lebens war der Tag meiner (Nicht-) Hochzeit im Juni 2014. Wir heiraten aus einer absurden Trägheit heraus, die besagt, dass man einen finanziellen Vorteil und mehr Sicherheit hat, wenn *„etwas passiert"*. Damit erhielte man zumindest mehr Schutz. Wir unterschrieben die Papiere, die uns im Rathaus zu Ehemann und Ehefrau erklärten, mit meiner Tochter als einziger Trauzeugin. Wir wollten es niemandem erzählen und keine große Feier machen. Ich wollte nie heiraten. Diejenigen, die mich kennen, wissen das: Ich bin weder katholisch, noch habe ich von weißen Kleidern aus Rüsch und Plüsch, von Ringen oder einer feierlichen Zeremonie fantasiert. Ich glaube, dass man mit der richtigen Person zusammen sein und sie lieben kann, bis zum Tode. Meine Großeltern waren für mich immer das beste Beispiel, bis zum letzten Tag einte sie eine bedingungslose Liebe, trotz eines Bürgerkrieges und tausend Entbehrungen, einschließlich des Todes eines erkrankten Kindes.

Absurd gekleidet, in einem grauen Kleid und rosa Blumenkaftan mit passendem Stirnband, hörte ich während der ganzen Zeremonie nicht auf zu weinen. Es dauerte nicht länger als 10 Minuten, aseptisch, kalt, grau und traurig, so wie der Rest, der von unserer Beziehung übrig war. Stattdessen hätten wir uns einfach den Draht von einer Sektflasche auf unsere Finger stecken sollen, uns zusammen mit unserer Tochter Alisa mit Konfetti bewerfen und dann zu dritt ein Picknick machen. Etwas Bedeutungsvolles, um einen glücklichen Tag in Erinnerung zu haben, denn wir sollten ja eine glückliche Familie sein.

Dies sagte ich M., der sich weder aktiv noch passiv in die vorher erforderlichen bürokratischen Abläufe eingebracht hatte, geschweige denn, dass er zumindest irgendein Detail oder eine Überraschung zur Feier dieses Tages vorbereitet hatte. Er verstand weder meine Traurigkeit noch meine Tränen.

Weil er nichts begriff, wurde er sogar sauer und fuhr uns direkt nach der Unterzeichnung der Papiere wieder nach Hause, während ich immer noch weinte und dann alleine mit dem Fahrrad eine Runde durch die Stadt fuhr. Ich verstehe bis heute noch nicht, warum wir geheiratet haben oder warum ich den Ehestand nicht direkt am nächsten Tag annullierte. Das zog später ein irrsinniges administratives und bürokratisches Chaos nach sich. Selber schuld.

Wieder keine Kommunikation. Wieder alles unter den Teppich kehren. Als sei nichts passiert. Als wäre alles „in Ordnung". Diese (Nicht-) Hochzeit war der dritte und letzte Schritt hin zum Ende unserer Beziehung.

Wir verbrachten die ersten anderthalb Jahre von Alisa damit, uns als „Familie" zu finden. Sie war idyllisch und utopisch. Es gab sie nicht. Es gab unterschiedliche Prioritäten. Vor allem fehlte es an Kommunikation, realen Visionen, Pragmatismus, Reife. Viele schmerzhafte Vorwürfe, die die Wunden vertieften und das Verständnis erschwerten. Ich rannte gegen eine Mauer. Aus Schweigen und Untätigkeit. Vor der Trennung schlug ich mehrmals vor, Hilfe zu suchen und zur Paartherapie zu gehen, ich organisierte Verabredungen zum Mittagessen oder irgendeinen Plan, um wieder als Paar Zeit miteinander zu verbringen, und nicht nur als Eltern und Mitbewohner. Ich stellte eine Haushaltshilfe ein, ich sprach mit vielen Freundinnen, um Lösungen zu finden, ich konsultierte seine besten Freunde. Ich unternahm große Anstrengungen, um diese Beziehung zu retten, die auseinanderdriftete und so viel Zeit und Mühe gekostet hatte. Es nützte nichts.

Im März 2015 besuchten uns meine Eltern, und für ihn zählten nur seine eigenen Prioritäten – allen voran die Renovierung des Hauses – so legte er für mein Empfinden und das meiner Eltern erneut einen Mangel an Respekt gegenüber meinen Eltern an den Tag. Er hatte das bereits mehrere Male zuvor getan. Dies führte zusammen mit unseren anderen, unüberwindbaren Problemen dazu, dass ich M. meinen Wunsch und meine Entscheidung zur Trennung mitteilte. Bis zu diesem Zeitpunkt wäre es schlichtweg eine Trennung und Scheidung zwischen zwei Personen gewesen, etwas, das allen Paaren im Leben passieren kann.

Für mich allerdings begann die Hölle. Ich lebe immer noch in ihr, aber es brennt immer weniger.

Was ist für mich die Hölle?

Eine nicht enden wollende Trennung; die Verleugnung der offensichtlichen Probleme, die wir als Paar hatten; sein nicht akzeptieren wollen meiner Entscheidung, mich von ihm zu trennen; die Vorwürfe und schmerzhaften Worte und Beleidigungen; die Fassungslosigkeit, wenn man erkennt, dass man die Person, mit der man zehn Jahre lang zusammengelebt hat, überhaupt nicht kennt, weil sie sich in jemand anderen verwandelt hatte; die Hindernisse, um in diesem neuen Lebensabschnitt voranzukommen; eine Trauer über das, was war, und das, was niemals sein wird.

Und wieder die Einsamkeit.

Suche nach echter Hilfe – welche jedoch ausblieb: Weder von den Einrichtungen, die Unterstützung bieten sollen, wenn Eltern sich scheiden lassen (Caritas, Fraueneinrichtungen, Elternberatungsstellen des Jugendamts, Psychologen und Berater in Kindergärten usw.), noch von den offiziellen Behörden (Sozialarbeiter, Richter, Anwälte, Staatsanwälte, Polizei usw.) oder dem eigenen, engen Umfeld (Familie, Freunde, Nachbarn, Arbeitgeber, Kollegen und Bekannte), weil sie sich nicht direkt einbringen können. Tausende unvorhersehbare zusätzliche Kosten sowie die psychologische Last, der im Kontext von geschlechtsspezifischer Gewalt keine Beachtung geschenkt wird, weil die Schäden nicht offensichtlich oder physisch sind. Aber sie sind so echt wie der Tod meiner Tochter.

Die Schäden sind genauso real: die ständige Angst vor Aggression, selbst wenn sie „nur" verbal in Form von Drohungen und Anschreien auftritt, die Auferlegung einseitiger Bedingungen mit der Verweigerung einer einvernehmlichen Trennung, die Angst vor psychologischen Folgen in der Entwicklung meiner Tochter Alisa, die wirtschaftlichen Auswirkungen, die Unkenntnis der Folgen von Sorgerechts- und Scheidungsverfahren, Isolation und Einsamkeit außerhalb des eigenen Umfelds. Stigmatisierung in der Gesellschaft hinsichtlich der „Zerstörung einer Familie" und verschiedene Irrtümer, wie zum Beispiel den, dass Frauen bei einer Trennung gegenüber Männern die besseren Karten haben usw.

Es sollte ausreichen, dass einer der Partner beschließt, die Beziehung nicht fortzusetzen, um sie unter Achtung und Respekt dieser Entscheidung beenden zu können. Oder?

Aber alles, was diese Entscheidung mit sich bringt, ist ein Gewicht, das viele Menschen und vor allem Frauen nicht tragen können. Insbesondere im Ausland und in einer Sprache, die nicht ihre Muttersprache ist. Und dabei hatte ich ja immerhin noch gewisse Vorteile: ich sprach die Sprache gut, hatte eine abgeschlossene Hochschulbildung, einen Vollzeitjob und finanzielle Stabilität – damit war es mir möglich, mich in der schwerfälligen und verwirrenden Bürokratie zurechtzufinden. Ich mag mir gar nicht vorstellen, wie das für jemanden mit schlechteren Ausgangsbedingungen ist.

Finanzielle Unabhängigkeit ist in einem Scheidungs- und Sorgerechtsprozess unabdingbar. Ganz besonders in Deutschland, wie ich selbst herausfinden musste. Leider scheint in den wenigsten Fällen eine gütliche Einigung zwischen den beiden Parteien erreicht zu werden, so dass man wohl oder übel Anwälte zu Rate ziehen muss, die dich ein Heidengeld kosten, obwohl sie ihre Arbeit nicht unbedingt immer gut machen. Auch bei Anwälten gibt es solche und solche – manche denken primär an ihre Stundensätze, andere zum Glück nicht.

Das erste, was sie dir beim ersten Termin sagen, ist: *„Sie sollten wissen, dass das geteilte Aufenthaltsbestimmungsrecht und Wechselmodell bei Scheidungsverfahren die Regel ist und Sie Ihr Kind nicht aus Deutschland mitnehmen können"*, als ob sie die *„Taliban"*-Mutter spielen wollten, ihr Kind entführen und es dem Vater für immer wegnehmen wollten.

Das war selbstverständlich nicht mein Anliegen, ich habe mir immer einen Vater für meine Tochter gewünscht, so habe ich es auch kommuniziert und ermutigt. Für mich können Paare, die sich einmal geliebt haben, weiterhin gemeinsam Eltern sein, immer das Wohl ihrer Kinder in den Mittelpunkt stellen, alle Konflikte des Paares außen vorlassen. Das kann man, wenn man will. Aber dafür braucht man beide Elternteile.

Um das Leben meiner Tochter Alisa möglichst komplikationsfrei gestalten zu können, mietete ich ab April 2015 eine Wohnung in der Nähe meines alten Hauses, für die ich zusätzlich zur Hälfte der Hypothek und der gemeinsamen

Kosten des Hauses aufkam. Das war die beste Entscheidung seit Jahren. Ich hatte die nötige Distanz zum Nachdenken und Überlegen, ob es das Richtige war, einen schrittweisen Übergang zu vollziehen, und von April bis August lebte ich zwischen den beiden Häusern.

Mittlerweile ging ich zur Paartherapie. Allerdings alleine, denn M. ließ sich nie im internationalen Frauenzentrum blicken, wo sie immerhin zehn kostenfreie Sitzungen mit verschiedenen Moderationswerkzeugen und Mediationsmechanismen anboten. So wäre es also möglich gewesen, sich auf einem nicht emotional vorbelasteten, neutralen Boden auszutauschen. Darüber hinaus empfahl mir eine Freundin eine andere Psychologin, die ebenfalls auf Paartherapie spezialisiert war und die ich wöchentlich aufsuchen sollte, diesmal gegen Bezahlung. M. tauchte zu keinem der Termine auf. Es war schwierig, eine Therapie alleine und in einer Sprache zu machen, die nicht meine Muttersprache ist, und die damit verbundenen Kosten zu tragen. Dennoch half es mir, zu erkennen, was das Richtige war.

Ende August 2015, nach dem letzten gemeinsamen Urlaub, in dem wir um Alisa Willen das Familientheater aufrecht erhielten, mit der Schwiegermutter, an der Nordsee, mit getrennten Schlafzimmern, wobei diese ganze unhaltbare Situation ad absurdum geführt wurde, nahm ich meinen Mut zusammen und teilte M. meine endgültige Entscheidung mit, mich von ihm zu trennen und auszuziehen.

Von August 2015 bis Juni 2016 versuchte ich alles Mögliche, um eine einvernehmliche Trennung zu erreichen, bei der wir uns als Erwachsene, Eltern und Partner von zehn Jahren über die wichtigsten Fragen einigen konnten: Besuchs- und Urlaubsregelungen mit unserer Tochter, Kommunikation und Entscheidungen über die Erziehung unserer Tochter als getrennte Eltern, gemeinsame Unterhaltskosten, gemeinsame Hypothekenkosten und Bedingungen für die gemeinsame Nutzung des Hauses. Ganz grundlegende Fragen. Leider war das nie möglich.

In Deutschland kann man sich erst scheiden lassen, wenn man ein Jahr von Tisch und Bett getrennt gelebt hat. Eine Zeit, um zu reflektieren und zu entscheiden, was richtig ist… Eine absurde und nutzlose bürokratische Vorgabe, weil sie einen ohnehin schwierigen Prozess weiter verzögert. Es ist eine Qual, den Status „*geschieden*" nicht schneller erlangen zu können, um voneinander unabhängig zu sein, insbesondere dann, wenn finanzielle Belastungen bei Banken oder die Haftung gegenüber amtlichen Institutionen eine Rolle spielen. Das sollte ich später herausfinden.

Von September bis April besuchte ich insgesamt vier verschiedene Zentren, die „*Elternberatung*" anboten, um ein gemeinsames Verständnis zu erreichen. Ich war auch bei einer Beratung vom Jugendamt, bei der ich eine sehr kompetente Frau traf (die letztlich am Oberlandesgericht das Ende der ewigen Bürokratie durchsetzen konnte). Ich hatte zunächst Angst, das Jugendamt einzuschalten, denn das bedeutete noch mehr Konflikt und Eskalation, es bedeutete das Eingreifen einer offiziellen Institution aus Mangel an Verständnis und gütlicher Einigung. Dennoch wendete ich mich in der Zeit der größten Spannung an diese Stelle, zu einem Zeitpunkt, an dem meine Nerven zum Zerreißen gespannt waren, nach den nicht enden wollenden Diskussionen und Schreiereien, bei denen die fehlende Akzeptanz der Trennung eine maßgebliche Rolle gespielt hat. Ich war am Ende und suchte verzweifelt nach Hilfe und Orientierung. Alle Anstrengung und Beratung waren zwecklos, denn M. weigerte sich, sich zu trennen. Er akzeptierte es schlichtweg nicht. Für ihn zerstörte ich „*unsere*" Familie.

Das Problem war, dass es sich bei diesen Beratungen und Besuchen in Elternberatungsstellen nicht um Mediationen im eigentlichen Sinne handelte, sondern um Interventionen zur Unterstützung zweier Eltern und Partner im Trennungskonflikt.

Eine weitere Sitzung, die ich mit der Psychologin der „*Elternberatung*" von Alisas Kindergarten im November 2015 arrangierte, brachte dasselbe Ergebnis: Nach diesem Treffen sagte die Psychologin, dass sie M. empfahl, psychologische Hilfe in Anspruch zu nehmen, um die Trennung zu akzeptieren (er machte ein riesiges Theater vor ihr und schrie mich an: „*Du zerstörst diese Familie*"), und sie empfahl uns auch, zu den offiziellen Elternberatungsstellen zu gehen, die wir bereits kannten, oder für eine echte Mediation zu bezahlen, um auf pragmatische und nicht emotionale Weise zu einer gemeinsamen Lösung zu kommen. Ich bat die Psychologin um einen schriftlichen Bericht mit ihrer Einschätzung. Sie verweigerte mir diesen, mit der Begründung, dass es sich um vertrauliche Sitzungen handelte. Nur im Fall von geschlechtsspezifischer Gewalt bzw. einer Anzeige bei der Polizei bzw. auf einen richterlichen Beschluss hin könne sie dieses Zeugnis ablegen. Es war das erste Mal, dass ich den Begriff *„geschlechtsspezifische Gewalt"* in direktem Zusammenhang mit meinen partnerschaftlichen Beziehungen hörte.

Diese Zeit erinnere ich als extrem angespannt, traurig und stressig. Meine Priorität galt Alisas Wohlbefinden. Sie war so klein und schon so klug. Sie brauchte nur Klarheit und Liebe. *„Papa und Mama haben dich sehr lieb, aber sie leben nicht mehr zusammen."* Und sie verstand.

Es ist so schwierig, die Trauer über eine gescheiterte Beziehung auszuhalten und gleichzeitig Stärke zum *„Nichtauseinanderfallen"* zu bewahren, weiter zu funktionieren, sowohl am Arbeitsplatz als auch in der Rolle der Mutter, parallel dazu eine nicht akzeptierte Trennung zu bewältigen und dabei immer ganz alleine zu sein. (Ja, deine Familie, Freunde und Kollegen sind eine Schulter, an die Du Dich lehnen kannst. Sie sind auch ein Ohr, das dir zuhört und dank ihnen kannst Du weitermachen, aber letztendlich bist du doch alleine).

Ich habe immer versucht, jegliche Art von Gespräch, Diskussion oder Meinungsverschiedenheit über Trennungsfragen vor Alisa zu vermeiden. Ich hielt sie da raus, aber Kinder haben eine Antenne, ein Gespür für so etwas. Sie wissen immer, wenn etwas nicht stimmt. Es war, wie gesagt eine sehr harte und schmerzhafte Zeit. Ich erspare mir hier weitere Details dazu, diese Wunde blutet noch immer.

Aber zusammenfassend kann man sagen, dass keiner dieser Besuche geholfen hat, wenn überhaupt, dann kam M. erzwungenermaßen und gab zum Folgetermin bereits wieder auf. Es half mir auch nicht, dass ich zwei Anwältinnen für eine professionelle Beratung konsultierte. Es handelte sich lediglich um Schritte, die befolgt werden mussten, um alle Anforderungen, alle *„Empfehlungen"* im Kontext eines Scheidungsverfahrens zu erfüllen. Erst dann kann die Trennung offiziell als nicht einvernehmlich eingestuft werden, und ein Richter muss für beide Parteien entscheiden.

Ich versuchte, die Situation auf andere Weise zu entschärfen, indem ich mich von den offiziellen Institutionen und den Anwälten abwandte und stattdessen die engen Freunde und Bekannten meines Ex aufsuchte. Wenn er mir schon nicht zuhörte, würde er vielleicht auf sie hören. Ich führte Gespräche mit seiner engsten Freundin und ihrem Partner, und ich bat sie um Hilfe bei der Suche nach einer freundschaftlichen Einigung, vor allem aber bei der Vereinbarung der Besuchs- und Umgangsregelungen für uns als Eltern, was dringend notwendig war. Ich setzte schriftliche Trennungsvereinbarungen in mindestens vier verschiedenen Versionen auf. Dokumente, die er las und als überzogen verschmähte, weil sie ihm zu viele Themen enthielten. Er kam seinerseits mit immer mehr Forderungen, erläuterte diese nicht und verzögerte ein ums andere Mal die Entscheidungen. Auch wenn wir dem Vertrauen dieses Freundespaares gemeinsam nicht gerecht wurden, so schien es, als ob diese Vermittlungsversuche in einem weniger aseptischen, angespannten, grauen, bürokratischen Umfeld dazu beitrugen, ein wenig voranzukommen. Ich schreibe, es schien so, denn auch wenn wir bei der Klärung einiger Punkte Fortschritte machten, stießen wir immer wieder auf dieselben zwei Themen, bei denen die Meinungen weit auseinander gingen: das gemeinsame Haus und die Erziehung unserer Tochter Alisa.

In dieser Zeit hielt M. durchgängig daran fest, die Trennung zu verweigern. Ebenso weigerte er sich, psychologische Hilfe anzunehmen und eine Mediation zu nutzen. Einmal – das obligatorische Trennungsjahr vor einer möglichen Scheidung war schon fast verstrichen – schlug er vor, eine Paartherapie zu besuchen. Er kam dann, wie immer, viel zu spät.

Es kam der 10. Juni 2016 – der Tag, an dem M. einen Unfall auf seinem Arbeitsweg hatte. Er war, wie immer, mit dem Fahrrad und ohne Helm unterwegs: Mutmaßlich hatte ihn ein Mann an einer Ampel aus einem Auto heraus niedergeschlagen. So dass er mit seinem Gewicht und dem des Fahrrads auf die linke Seite fiel und sich mit dem Sturz eine Schädelfraktur, ein intrakranielles Hämatom sowie mehrere gebrochene Rippen und Schürfwunden zuzog. Im Ergebnis bedeutete das mehrere Wochen im induzierten Koma und über sechs Monate Aufenthalt in verschiedenen Krankenhäusern und Rehabilitationszentren.

Dieser 10. Juni 2016 hat unser Leben geprägt. M. war am Rande des Todes. Er hatte Glück im Unglück und konnte wieder „*funktionieren*" – er musste alles neu erlernen, von den grundlegenden Lebensfunktionen bis zum Fahrradfahren.

Ich sage immer, dass ich mich aufgrund dieser Situation zweimal trennen und von vorne anfangen musste. Die genauen Folgen des Unfalls konnten nie bewiesen werden, aber ich möchte glauben, dass sie die nachfolgenden Taten sowie den Mord an Alisa extrem beeinflussten. Entweder das – oder, alternativ, denken zu müssen, dass ich mit einem Mann mit antisozialer Persönlichkeitsstörung zusammengelebt habe und es nie bemerkte. Mein Ex erinnerte sich an nichts, weder an den Unfall noch an die vorherige Situation zwischen uns. Außerdem war ich ohne vollzogene Scheidung nun diejenige, die für alle Entscheidungen und das Handeln alleine verantwortlich war. Sechser im Lotto. Immerhin hatte ich Zugang zu den Vollmachten für alle verwaltungsrelevanten Formalitäten (Banken, Versicherungen, usw.).

Doch trotz all der schlimmen Dinge wollte ich, dass ein Vater in Alisas Leben präsent ist. Seine Familie und sein engster Freundeskreis wurden in alle wichtigen Entscheidungen, die sein Leben betrafen, mit einbezogen und waren damit immer Teil seiner Genesung. Nach den ersten anderthalb Monaten gelang es mir, mich auf meine Tochter zu konzentrieren und ihren Vater während des langsamen Genesungsprozesses und der Rückkehr ins Leben so weit wie möglich bei ihr zu haben.

M. war nach meinem Empfinden und meiner Wahrnehmung nicht mehr dieselbe Person. Es gibt eine Reihe von kognitiven und neuropsychiatrischen Defiziten[533], die nach schweren, mittelschweren oder sogar milden Kopftraumata bestehen bleiben können, insbesondere bei Vorliegen erheblicher struktureller Verletzungen. Die häufigsten Symptome sind:

* Amnesie
* Verhaltensänderungen (z. B. Unruhe, Impulsivität, Enthemmung, mangelnde Motivation)
* Emotionale Labilität
* Schlafstörungen
* Beeinträchtigte intellektuelle Funktion.

Er zeigte alle diese Lehrbuchsymptome auf. Alle. Es verbesserte sich in einigen Bereichen, aber ich wiederhole: Er war nie mehr derselbe, wie ich ihn kannte. Alles überforderte ihn und er musste sich an seinen neuen Rhythmus und Zustand gewöhnen. Es war eine schreckliche Phase, in der all diese Verhaltensweisen bedeuteten, dass der Vater meiner Tochter ein völlig neuer Mensch war, mit dem man nicht ruhig und einvernehmlich über ernste Themen sprechen konnte, wie zum Beispiel über unsere Tochter und seine Fähigkeit, sich um sie zu kümmern. Nichts war wie zuvor. Um mich herum haben das alle bestritten. Alle betonten, er sei imstande, sich in sechs Monaten zu erholen, eine reine Zeitfrage. Aber niemand ging darauf ein, wie wichtig Alisas Stabilität war. Sie lebte schon seit Monaten nur noch bei mir, besuchte aber ihren Vater mit mir im Krankenhaus, wann immer dies möglich und er bei Bewusstsein war. In der Zeit der Genesung machte ich an seinen freien Wochenendtagen kurzzeitig wieder Pläne im Modus *„Eltern“*. Ich musste ihn daran erinnern, dass wir kein Paar mehr waren, sondern nur Alisas Eltern – wie ich schon sagte, eine erneute Trennung.

Als er das letzte Krankenhaus verließ, wurde im ärztlichen Entlassungsbericht dringend empfohlen, die neurologische und psychiatrische Therapie fortzusetzen, um neurologische Spätfolgen und das Trauma zu behandeln. M. befolgte nichts davon. Wenn er schon vorher nicht zum Psychologen gegangen war, weshalb sollte er es jetzt tun?

Den Neurologen suchte er nur auf, um die Medikamente zu erhalten, die nötig sind, um mögliche Folgen wie etwa epileptische Anfälle zu unterbinden, denn er wollte die ärztliche Erlaubnis zum Autofahren zurückbekommen. Weder der Arzt dieser Klinik, noch die Krankenkasse, die für die Wiedereingliederung am Arbeitsplatz sowie die Behandlungen aufkommt: NIEMAND konnte einen Besuch bei einem Therapeuten oder Arzt erzwingen. Am wenigsten war es seiner Familie, seinen Freunden oder mir als Ex-Partnerin möglich, auch seine Nachbarn, Bekannten und der Arbeitgeber konnten ich nicht dahingehend beeinflussen. Er war ein erwachsener Mann, es war einzig und allein seine Entscheidung. Ich habe mich schon immer gefragt, unter welchen Umständen man die Entscheidungshoheit bekommt, um psychiatrische Untersuchungen zu erzwingen.

Mit 37 Jahren klammerte ich mich einfach an das Leben, an meine Tochter Alisa und an die Liebe meiner Lieben, meiner Familie und meiner Freunde. Ich wollte einfach mit meinem Leben weitermachen, ohne für jemand anderen als meine Tochter und mich selbst verantwortlich zu sein.

Was dann in diesem Prozess der Trennung und Scheidung kam, war nichts im Vergleich zu der Zeit davor. Hölle, ich komme!

Plötzlich war ich *„die Böse"*, denn er war natürlich *„der Arme."* Er hatte einen Unfall und brauchte Zeit zum Genesen, während ich nur daran dachte, Papierkram zu erledigen und mich scheiden zu lassen (ein weiteres Jahr war in dieser Trennungsphase vergangen, die nie zu Ende gehen wollte). Ich galt als Hexe, die die Situation ausnutzen will. *„Gib ihm Zeit, warte ab!"* hieß es. Während meine Tochter in dieser Zeit, mit diesem neuen Vater, erneut unausgeglichen und labil wurde. Und ganz nebenbei darfst du auch noch diese und jene Kosten stemmen. Zu alldem musste ich mir sagen lassen: *„Scheidungsverfahren sind immer emotional, du musst verstehen, dass er so reagiert und euch anschreit, weint und ohne jegliche Rücksicht macht was er will."* Auch in Anwesenheit seiner 3-jährigen Tochter?!

Und in der Zwischenzeit versuchte ich zu funktionieren. Ruhe zu bewahren. Gesund zu bleiben. Alisas Stabilität und Wohlsein zu gewährleisten.

Während all der Zeit und des gesamten Prozesses ging komplett an mir vorbei, welche Art von Unterstützung und Kontakt M. von bzw. zu seiner Familie, Freunden und Kollegen hatte. Ich trennte mich von allem und jedem und bewahrte eine gesunde Distanz und Klarheit in meiner Rolle als Ex und allein verantwortliche Mutter seiner Tochter. Im November 2016 reichte ich offiziell die Scheidung ein. Ich wollte nicht länger als seine *„Ehefrau"* geführt werden und in seinen Themen verantwortlich sein müssen.

So vergingen zwei Monate, in denen er wieder nach Hause und in sein Leben zurückkehrte. Vergebliche Diskussionen über Alisas Erziehung und die Umgangsregelung, die er so beibehalten wollte, als wäre alles wie vorher. Erneut mehrere vergebliche Versuche meinerseits, die Gespräche wieder aufzunehmen und eine Einigung zu erzielen bzw. so wie vor dem Unfall zu versuchen, die noch offenen Fragen endgültig zu klären. Anfangs wurden Alisa und ihr Vater von einer dritten Person begleitet, wenn sie tagsüber gemeinsam etwas unternahmen. Aber M. bestand darauf, Alisa auch zum Übernachten bei ihm zu lassen. Das war ein verfrühter Schritt, den Alisa selbst nicht wollte, und ich noch viel weniger, weil ich M. bei der Kindsübergabe als labil und instabil wahrnahm.

Und diesmal ging ich zum Jugendamt, um die Situation zu erklären und mit der uns zugewiesenen Sachbearbeiterin offiziell die Besuchsregelung unter diesen neuen Bedingungen nach dem Unfall zu klären und Stabilität für meine Tochter herzustellen. Nach drei oder vier Gesprächen dort wurde sein Verhalten als im Rahmen eingestuft, angesichts der Spannungen durch die Scheidung, und es wurde weiterhin die Norm durchgesetzt: dem geteilten Aufenthaltsbestimmungsrecht und Wechselmodell Vorzug zu geben und die Eltern die Besuchsregelungen vereinbaren zu lassen. Eine neurologische Begutachtung zu den medizinischen Folgen des Unfalls von M. hat man im Jugendamt zu keiner Zeit erwogen. Alisa war sein Rettungsring.

Am 10. Dezember 2016 unterzeichneten wir die Scheidungspapiere, und noch am selben Tag gab M. vor derselben Richterin zu Protokoll, dass er mit dieser Trennung nicht einverstanden sei und dass er, falls ich diese Entscheidung revidieren würde, wieder Mann und Frau sein wolle. Das Urteil betraf nur die offizielle Trennung. Alle anderen Fragen – Sorgerecht, Finanzen usw. – sollten nach Möglichkeit einvernehmlich oder in einem späteren Verfahren entschieden werden.

Ein weiteres unverständliches und nutzloses Verfahren, Bürokratie und Kosten, viele, viele Kosten. Warum nicht erzwingen, dass die Fragen in einem einzigen Verfahren entschieden werden? Wieder so viel Einsamkeit. Eine Verantwortung, die niemand anderes als ich übernehmen musste. So war es nun mal.

An all diese Menschen: Jugendamtsmitarbeiter, Diplom-Sozialarbeiter, Juristen, Verantwortliche von Frauenhäusern, sozialen und katholischen Einrichtungen, die Elternberatung anbieten, Richter, Polizisten, Leiter von Kindergärten und Schulen usw. **Danke für nichts**. Sie verhalten sich wie bloße Bürokraten ohne jedwede Empathie und ohne Bewusstsein für den Schutz der Opfer, der Schwächsten: der Kinder. Und gleichzeitig sind Sie selbst auch Opfer des Mangels an Ausbildung und Investitionen, die notwendig sind und doch nicht so getätigt werden, wie es in der Istanbul-Konvention steht, die Deutschland 2014 gemeinsam mit allen anderen EU-Ländern unterzeichnet hat.

Es gibt Ausnahmen, sehr wenige, sehr tüchtige Menschen mit viel Herz und Willen, die auf die gleichen administrativen Hindernisse und Mauern stoßen wie diejenigen von uns, die diesen Prozess durchleiden müssen. Aber ihnen bleibt auch nichts anderes übrig als zuzuschauen und von der anderen Seite zu nicken, weil es an Kohärenz mangelt. Sie machen ihre Arbeit so gut sie können, ohne große Möglichkeiten, in diese administrativen Prozesse der Scheidung und des Sorgerechts einzugreifen.

Ohne die Liebe meiner Familie und meiner Freunde hätte ich das nicht durchstehen können. Ihnen allen danke ich dafür, dass sie mich geliebt haben, mir zugehört und mir beigestanden sind, dass sie mich nicht auch verurteilt haben, sondern mir einfach ein bisschen von diesem Gefühl der Einsamkeit, von dieser Hölle abgenommen haben.

Es folgten sinnlose und überzogene Besuche bei der Elternberatung der Caritas, ich glaube insgesamt drei, ohne viel Erfolg. M. schien mir mit der Situation jedes Mal total überfordert. Im März 2017 fand noch eine Verhandlung statt, um die Fragen der Elternschaft und des Sorgerechts für Alisa zu klären, um endlich Stabilität für alle Beteiligten zu schaffen. Das Haus und die Finanzthemen wurden in der Verhandlung ausgeklammert – zu komplex, um sie zu klären, er brauchte viel mehr Zeit. Dieselbe Richterin, dieselben Anwältinnen, und in diesem Fall eine weitere Jugendamtsmitarbeiterin – Diplompädagogin und Sozialarbeiterin und ihr Verfahrensbeistand – die die Interessen meiner Tochter wahrnehmen sollten. Wir, Mutter und Vater, wurden von den beiden bei drei Gelegenheiten befragt. Einmal in jedem unserer Häuser separat, um das Wohl des Kindes zu gewährleisten. Im Beisein von Alisa wurde sowohl im Jugendamt als auch zu Hause überprüft, wie sie mit jedem ihrer Elternteile zusammenlebte und wie das damals 3-jährige Mädchen reagierte – diese Tortur blieb ihr nicht erspart. Außenstehende treffen in diesen einstündigen Terminen Entscheidungen und urteilen darüber, was das Beste für dich ist, weil es nicht möglich ist, eine Einigung zwischen den beiden Parteien zu erzielen. Diese Verhandlung war ein weiteres Zeichen dafür, dass ich schon fast Opfer geschlechtsspezifischer Gewalt war: Sie hielten das geteilte Aufenthaltsbestimmungsrecht und das Wechselmodell für möglich und notwendig und ignorierten dabei die früheren Bedingungen von Alisas Erziehung und die Verhaltensweisen nach dem Unfall – der Stabilität und dem Wohlergehen meiner Tochter wurde keine Priorität eingeräumt. Sie ignorierten seine mangelnde Kooperationsbereitschaft bei der Suche nach einer Einigung vor und nach dem Unfall und alle meine Bemühungen, Alisa trotz der Umstände in seinem Leben präsent zu halten. Meine Anwältin vermied es aktiv, das Alter von M., die Folgen des Unfalls und das Fehlen einer neuropsychiatrischen Folgetherapie in irgendeiner Weise zu betonen, damit dieses Argument nicht gegen uns verwendet würde (?!), und sie fügte in ihren Ausführungen auch hinzu, dass nicht beabsichtigt war, sofort nach Spanien zurückzukehren, dass dies allerdings Teil der Pläne der Familie vor der Scheidung war und in früheren Gesprächen thematisiert worden war.

Dieses Missmanagement, die Empfehlungen der beiden Jugendamtsmitarbeiterinnen, dem geteilten Aufenthaltsbestimmungsrecht und dem Wechselmodell den Vorrang zu geben, und der Druck der Anwältinnen verwirrte mich vollends, und ich war mir über die Konsequenzen nicht im Klaren, als ich zuließ, dass die Richterin wegen fehlender gütlicher Einigung folgendes Urteil fällte: Sie erzwang ein geteiltes Aufenthaltsbestimmungsrecht mit einem Verhältnis von 40 für den Vater / 60 für die Mutter, die Teilung der Kosten für Alisas Unterhalt und die Empfehlung – nicht Verpflichtung –, eine Einigung über die restlichen offenen Fragen zu erzielen, diesbezüglich wieder eine Einrichtung unserer Wahl zu besuchen, um uns bei den späteren Vereinbarungen zu unterstützen. Und ansonsten kommen Sie schon zurecht, Sie sind erwachsen. Weiter geht es im Hamsterrad der sinnlosen Bürokratie. Wenigstens konnte ich anregen, mit der Expertin, die ich anfangs konsultiert hatte, zur Elternberatung des Jugendamts zu gehen (Mediation findet in privaten Zentren statt und kostet ziemlich viel). Ich werde nie den triumphierenden Gesichtsausdruck meines Ex und der Jugendamtsmitarbeiterin – Frau W. – vergessen, als hätten sie einen Sieg eingefahren, und wie sie sich zu dieser Entscheidung beglückwünschten. Mit diesem Urteil wurde ein Präzedenzfall geschaffen, der nicht mehr rückgängig gemacht werden kann.

Erst am nächsten Tag, als ich nach der ersten Panikattacke meines Lebens auf dem Badezimmerboden saß, erkannte ich die Realität. Mein Leben war von jemand anderem bestimmt worden. Eine Verurteilung für mich und für meine Tochter. Und wieder eine Menge Einsamkeit, Hilflosigkeit, Angst und Traurigkeit. Zumindest wusste ich mehr oder weniger, woran ich war, und meine Tochter wusste es auch.

In den folgenden Monaten hatten wir eine gewisse Stabilität, ich hörte auf, mich mit aussichtslosen Dingen (Haus und Finanzen) herumzuschlagen und konzentrierte mich darauf, für mich und Alisa zu sorgen. Bei den Besuchen in der Beratungsstelle des Jugendamtes bemerkte ich auch, wie weit M. für mein Verständnis davon entfernt war, pragmatische Entscheidungen zu wichtigen Fragen der Erziehung von Alisa treffen zu können (z. B. allein im eigenen Bett schlafen, Urlaubsregelung, gesunde Ernährung, Fragen der Kinderbetreuung und Erziehung usw.), wie fassungslos und aufgebracht er war, wie er oft laut wurde und vor allem wie unfähig er war, sich einer Realität zu stellen, die er nicht sehen wollte. Und dieses Mal sagte (oder wie er meinte „*aufzwang*“) ihm dies alles nicht ich, sondern eine Außenstehende, eine Expertin für Familienkonflikte, die seit mehr als 20 Jahren in diesem Bereich und in der Eltern- und Erziehungsberatung in Schulen tätig ist.

Trotz der schriftlichen „*Empfehlung*“ der Richterin kam M. nach dem dritten der erzwungenen Besuche, welche aufgrund seiner mangelnden Verfügbarkeit über einen langen Zeitraum verteilt waren, nicht mehr und führte für mich absurde Ausreden an. Und nichts geschah. Dieser dritte Besuch war das dritte Anzeichen dafür, dass ich kurz davor war, Opfer geschlechtsspezifischer Gewalt zu werden, die einzige Bedrohung, die mir je widerfahren ist, auf die ich nicht schlagkräftig reagieren konnte.

Wie ich schon sagte, hatten wir dank des Ergebnisses des Verfahrens und der vor dem Unfall getroffenen Vereinbarung Fortschritte gemacht, aber bei diesem dritten Termin sprachen wir auch über das gemeinsame Haus und die Grundschuld sowie über ein zukünftiges Leben in Spanien mit Alisa. Wir begannen mit Letzterem, dem Schwierigsten. Als Familie hatten wir geplant, in Spanien zu leben, aber wir waren keine Familie mehr und offensichtlich hatte sich alles geändert. Ich stand in engem und regelmäßigem Kontakt mit meiner

Cristina

Familie und einem großen Freundeskreis, wir flogen vier bis sechs Mal im Jahr nach Spanien und bekamen auch das ganze Jahr über Besuch von dort. In den letzten beiden Jahren wurde offensichtlich, dass die geografische Abgeschiedenheit das Fehlen eines Netzwerks aus Familie und Freunden mit sich brachte, welches wiederum Alisas Entwicklung und unserem Wohlergehen zugutekommen würde. M. verweigerte sich dem nicht komplett, er wusste, dass ich immer wieder nach Spanien zurückkehren würde, aber Alisa mit nach Spanien zu nehmen wollte er nicht akzeptieren. *„Geh, wenn du willst, aber allein."* Ohne meine Tochter kam ein Umzug nach Spanien natürlich nicht in Frage. Unsere Tochter war zweisprachig aufgewachsen, denn M. und ich sprachen mit ihr Deutsch und Spanisch, jeder von uns in seiner jeweiligen Muttersprache. Es gibt deutsche Schulen in Spanien, und da M. sich dem Rentenalter näherte, hätte das in ein paar Jahren in Betracht gezogen werden können. Mehr gibt es dazu nicht zu sagen.

In den verbleibenden 10 Minuten des Treffens sprachen wir über das Haus. Es ging darum, die Optionen auszuloten und zu besprechen, was wir tun sollten. Er wohnte weiterhin in dem gemeinsamen Haus, ich wollte, dass er entweder meine Hälfte nach einer offiziellen Bewertung zum Marktpreis kauft und die Grundschuld auf seinen Namen umschreiben lässt, oder eben, dass wir das Haus an einen Dritten verkaufen, die Grundschuld vollständig tilgen und den Gewinn auf uns aufteilen, um das Thema Haus aus der Welt zu schaffen. Ich hatte bereits ein offizielles Wertgutachten für das Haus erstellen lassen, welches ich selbst bezahlt hatte, er hingegen wollte nichts von einem Verkauf wissen. Wir konnten nicht nur nicht darüber reden, sondern das Gespräch endete mit einem verheerenden Satz: **„Wenn ich das Haus verkaufen muss, hänge ich mich an einem Balken im Keller auf."**

Ich reagierte mit absoluter Beunruhigung, Verwirrung, Angst und Hilflosigkeit. Meinte er es ernst? Was sollte diese Drohung? Hatte er seinen Verstand verloren?

All dies geschah vor den Augen der Expertin, die für das Jugendamt arbeitet. Sie warnte ihn, dass diese Aussage etwas sehr Ernstes sei und dass sie zeige, dass er nicht stabil sei und sie ihn nicht aus dem Zimmer lassen könne, da er eine Gefahr für sich selbst darstelle und vor allem nicht in der Lage sei, für ein Kind zu sorgen. Er versuchte, den Satz zurückzunehmen: *„Ich meine das nicht ernst, sie setzt mich unter Druck.“* Die Dame fragte ihn erneut, ob er es ernst meine. Und sie fragte auch mich. Woher sollte ich das wissen!? Inmitten all dieser Verwirrung war der Termin zu Ende, und er ging. Ich wandte mich an die Dame und fragte sie: *„Was sollen wir jetzt tun?“* Sie empfahl mir, zur Polizei zu gehen, wenn ich irgendwelche Hinweise hätte oder um das Wohlergehen meiner Tochter und meiner Person fürchtete. Ich fragte sie, ob es dafür kein Protokoll gäbe. Sie sagte mir, dass sie den Vorfall schriftlich in ihre Akten aufnehme, und dass sie bei einer förmlichen Anzeige bei der Polizei angeben könne, was passiert sei, aber ohne eine Anzeige würde der Vorfall unter uns bleiben. Sie empfahl mir, zur Polizei zu gehen, wenn ich um sein Leben, meins oder das meiner Tochter fürchtete. Wieder wurde ich allein gelassen.

Was sollte ich tun? Es war das erste Mal, dass M. mit so etwas gedroht oder eine gewalttätige Seite gezeigt hatte, geschweige denn eine selbstmörderische. Ich ging hinunter auf die Straße, dort wartete er mit seinem Fahrrad auf mich, mit einer Miene, die den Ernst der Lage verdeutlichte. Ich sagte ihm, dass er psychologische Hilfe und vor allem jemanden bräuchte, der ihn sowohl bei der Kindeserziehung als auch bei den Finanzen unterstützt. Ich sagte ihm, dass ich das Thema so nicht auf sich beruhen lassen könne. Ich war sowohl entsetzt als auch verwirrt. Wenn diese Frau ihn gehen lässt, heißt das, dass das dann gar nicht so schlimm war!? Wenn sie nicht die Polizei ruft, hatte er es dann einfach im Eifer des Gefechts gesagt, nicht weiter tragisch, eine unüberlegte Dummheit? Sollte ich die Polizei rufen? Ich ging mit Angst im Leib und vor allem sehr verwirrt und verängstigt zur Arbeit zurück.

Ich war auf der Suche nach einer anderen Anwältin, meine letzte Anwältin nahm nicht mehr aktiv Kontakt mit mir auf, um die restlichen offenen Fragen zu klären, und ehrlich gesagt hatte der Ausgang des Prozesses mir letztendlich das Vertrauen in ihre Kompetenz genommen. Ich wusste nicht, was ich tun sollte, und hatte keine Kraft mehr.

Ich informierte ein ihm sehr nahestehendes befreundetes Paar, und er sprach auch mit ihnen. Der Grundtenor war, dass er Hilfe brauchte und dass ich zu viel Druck auf ihn ausübte, er brauchte mehr Zeit, er war überfordert. Seine Freunde beschlossen, weiter zu vermitteln, und wir trafen uns in den nächsten Wochen einige weitere Male bei ihnen zu Hause, um über die anstehenden Dinge zu sprechen.

Es gelang uns, das Thema Spanien anzusprechen, wobei M. mir seine Bedingungen unterbreitete, zu denen er Alisa mit mir nach Spanien gehen lassen würde. Auch die Frage des Hauses konnten wir so in einer entspannteren Atmosphäre ansprechen. Seine Freundin war bereit, mir die Hälfte des Hauses abzukaufen und sich dann mit M. zu einigen. Diese Option wurde nicht weiter erörtert.

Es gab keine weiteren Besuche bei der Elternberatung des Jugendamtes und keine Folgemaßnahmen. Auch meine Anwältin und die Prozessbegleiterin haben nichts weiter unternommen.

Am Ende des Jahres wurde mir ein Jobangebot gemacht, das ich nicht ablehnen konnte: Mir wurde eine neue Stelle angeboten, eine Beförderung mit der Option, nach Spanien zu ziehen. Wenn es jemals einen Zeitpunkt gab, zu versuchen zurückzugehen, dann jetzt oder nie. Alisa war noch nicht in der Grundschule, sie hatte ein Jahr Zeit, sich im letzten Kindergartenjahr an eine deutsche Schule anzupassen.

Ich besuchte eine neue Anwaltskanzlei, fand eine Anwältin, die eine ähnliche Scheidung wie ich durchgemacht hatte, fand auf der anderen Seite etwas mehr Empathie und Proaktivität. Ich brachte den Fall und die früheren Urteile zu ihr und wir reichten einen neuen Antrag auf vollständiges Sorgerecht auf der Grundlage der neuen Bedingungen ab 2018 ein.

Es brach das dritte Jahr seit der Trennung an. Eine neue Verhandlung fand mit derselben Richterin, Prozessbegleitern und auch derselben Anwältin von M. statt. Die Richterin entschied im Februar 2018, den Antrag abzulehnen, und am 21. Mai 2018 wurde der Fall vor dem Oberlandesgericht in Karlsruhe verhandelt. Die gekonnte Argumentation meiner Anwältin, zusammen mit der Aussage der Mitarbeiterin der Elternberatung des Jugendamts über diesen dritten Termin, und das Leugnen der von ihr geschilderten Ereignisse seitens M., wie auch die Existenz des Dokuments mit seinen Bedingungen dafür, dass Alisa mit mir in Spanien leben darf, waren ausschlaggebend dafür, dass die drei Richter mir das volle Aufenthaltsbestimmungsrecht für Alisa gewährten und mir die Möglichkeit gaben, nach Spanien zu ziehen, natürlich unter Einhaltung der daraus resultierenden Besuchsregelungen mit ihrem Vater in Deutschland und dem Kontakt mit ihm von Spanien aus.

Es war schwer für mich, das zu verarbeiten. Für ihn war es noch schwieriger.

Ab dem 1. Juni lief der Countdown, genau gesagt zwei Countdowns: Ich musste den Umzug organisieren, den Start in ein neues Leben und tausend andere Dinge, bevor ich im September 2018 einen Lebensabschnitt von dreizehn Jahren hinter mir lassen würde.

M. plante seinen Selbstmord und den Mord an meiner Tochter in sechs Wochen.

Diese Zeit war turbulent und belastend: die Absprache vieler Details mit den Anwältinnen und vor allem die Frage, wie man es Alisa sagen sollte (M. beschloss einseitig, es ihr schonungslos zu sagen und hielt sich nicht an das, was mit der Jugendamtsmitarbeiterin vereinbart worden war), die Anmeldung an der deutschen Schule (die von ihrem Vater freiwillig unterschrieben wurde) und die Unterredungen mit der Direktorin und der Lehrerin in Spanien, der Abschied aus dem Kindergarten, die Suche nach einer Wohnung in Spanien, die administrative Abwicklung der Übertragung des deutschen Arbeitsvertrags ins spanische Recht, die Kündigung meiner Wohnung und die Suche nach einem Nachmieter, der Umzug, die Verhandlungen mit den Banken und so weiter, tausend und eine andere Frage im Zusammenhang mit dem Ende des Schuljahres und den Sommerferien.

Alles, aber auch alles, für nichts und wieder nichts. Der 14. Juli kam – und zerstörte alles, wie ein Tsunami. M. hat bekommen, was er wollte, und er hat es sich nicht einmal richtig getraut. Er schaffte es, mir alles zu nehmen, was ich liebte, alles, wofür es sich zu kämpfen lohnte, und neben Alisa brachte er auch mich um.

Mein zweites Leben: Trauer, Wiedergutmachung und Wunder, aber ohne dich.

Trauer

Kommen wir noch einmal auf die Definition von Stellvertretergewalt zurück: Im Kontext der geschlechtsspezifischen Gewalt gegen Frauen ist dies eine **Form der Gewalt, bei der ein Elternteil seine Tochter oder seinen Sohn mit dem Ziel angreift, der Mutter Schmerzen zuzufügen.**

Der Tod meiner Tochter Alisa war so traumatisch, dass ich monatelang auf Autopilot lief. Wut und Schuldgefühle waren der Treibstoff, der mich am Laufen hielt. Ich hörte nicht auf zu arbeiten, um etwas zu haben, an dem ich mich festhalten konnte, etwas, das „normal" war, und auch das einzig Positive an meinen dreizehn Jahren in Deutschland.

Das Jahr nach Alisas Tod war noch schwieriger als ihr Tod selbst. Absolute Funkstille von denen, die ihm nah standen, kein Brief, keine E-Mail, kein Wort. Ich erhielt eine Beileidspostkarte von einer Mitarbeiterin des Jugendamts und sogar von einem Richter in Karlsruhe, aber nichts von seiner Familie oder seinen Freunden. Nur das befreundete Paar, dessen Vertrauen ich so strapaziert hatte, beides liebevolle „Paten" meiner Tochter, die sie tot im Krankenwagen gesehen hatten und bei mir gewesen waren, wurde eingeladen und kam, um sich zu verabschieden. Ich wollte auch sonst keinen da haben und habe auch niemanden, der M. nahe stand, über die Bestattung meiner Tochter fünf Tage nach ihrem Tod informiert, noch hat mich jemand angerufen oder gefragt.

Mehr Anwälte mit den damit verbundenen Kosten und mehr Aufgaben, die nicht von Anwälten erledigt werden können: Stundung der Kreditratenzahlungen bei den Banken, Begleichung von Rechnungen (einschließlich der der Feuerwehr, die am 16. Juli in das Haus eindrang), Abstimmung der Hypothekenzahlung mit den Erben von M. (die Autopsie ergab kein Datum und keine Uhrzeit des Todes, so dass nicht bewiesen werden konnte, wer zuerst gestorben war, und seine Verwandten mussten entscheiden, ob sie das Erbe annehmen oder nicht, monatelanger Papierkram und Verzögerungen). Jede Menge Aufwand für den Verkauf des Hauses (eine Nachbarin schrieb mir und bat mich, vor dem Verkauf irgendwas an der Terrasse umzubauen, Zustellung der Fotos und des Wertgutachtens an den Immobilienmakler), Reise nach Deutschland, um einem Notar eine Vollmacht zu erteilen, Übergabe meiner Schlüssel an den Immobilienmakler und letzter Besuch im Haus, um mich zu verabschieden und mit den Wänden zu sprechen, tausende Gespräche mit den Anwälten usw.

Ein nicht enden wollender Prozess, der nichts anderes bewirkt hat, als die Wut über die Ungerechtigkeit und den Mangel an Empathie und Unterstützung für die Opfer immer wieder neu zu entfachen.

Das administrative Klein-Klein verdeutlichte noch einmal, dass das, was Alisa und ich bereits bei der Scheidung durchgemacht hatten, ebenso unfair, ungerecht, unmenschlich und unempathisch gewesen war. Die Wut steigerte sich, aber auch der Ansporn, weiterzumachen.

Ich habe mich immer gefragt, was eine Frau tun würde, die nicht über das unterstützende Umfeld, die entsprechenden Sprachkenntnisse, das Geld für nutzlose Gehilfen im Dickicht der Bürokratie und die Schutzschicht verfügt, welche mir die Wut gibt, die ich in mir trage. Denken Sie an all die hilflosen Frauen in diesen Situationen. Ich wollte einfach nur gegen die Ungerechtigkeit kämpfen und bin dankbar, dass ich es geschafft habe, sonst wäre ich wohl gestorben oder in endloser Leere versunken.

Zu Alisas sechstem Geburtstag schickte ich eine Reihe von Postkarten an die Richterin, die Anwältinnen, die Jugendamtsmitarbeiterinnen und andere meiner Ansicht nach wichtigen Personen, um sie daran zu erinnern, dass Alisa ihren Geburtstag nicht feiern konnte, weil sie das Opfer eines sinnlosen und ungerechten Mordes geworden war. Dass sie nicht vergessen werden soll, steht im Vordergrund meiner Trauer, es geht mir nicht aus dem Sinn. Ich möchte nicht, dass sie und all die vielen, die seit Alisas Tod Opfer von Stellvertretergewalt geworden sind, vergessen werden. Am ersten Jahrestag von Alisas Tod versuchte ich, einen Nachruf mit einer persönlichen Botschaft in die Heidelberger Lokalzeitung zu setzen, mit dem Wortlaut *„Nicht ein Opfer mehr, stoppt den Femizid"*, aber selbst das wurde zensiert, und es hat mir die Augen geöffnet, wie viel noch zu tun ist.

Seit dem Tod von Alisa durch ihren Vater gibt es leider weiterhin jede Woche Berichte über Frauen, die von Männern getötet werden, und über Kinder, die von ihren Vätern getötet werden. Aber die Menschen schauen weiterhin weg. Solange man nicht selbst betroffen ist, ist diese Wahrheit zu unangenehm, um ihr ins Gesicht zu sehen und darüber zu sprechen. In Deutschland, in Spanien und in jedem anderen Land der Welt.

In Deutschland ist Gewalt gegen Frauen eine weitaus häufigere, wiederkehrende und tödliche Form der Gewalt als dschihadistischer Terrorismus oder rechtsextreme Anschläge. Nahezu täglich wird eine Frau getötet, die meisten von ihrem Partner oder Ex-Partner. Deutschland hat ein ernsthaftes Gewaltproblem. Die Journalistin Silke Fokken vom Wochenmagazin Spiegel beschrieb die Situation perfekt. Gewalt gegen Frauen, sagte sie, *„passt nicht zum Selbstverständnis unserer Gesellschaft"*. Theoretisch haben Frauen und Männer die gleichen Rechte, dennoch werden so viele Frauen geschlagen, vergewaltigt und misshandelt. *„Trotz dieser Situation regt sich seit Jahren niemand auf"*, sagte sie und betonte: *„Gewalt gegen Frauen kann man nicht abschieben"*, verwies auf Deutsche, die ihre Frauen misshandeln und widersprach damit der in der Gesellschaft weit verbreiteten These, dass dies nur in ausländischen oder armen Familien passiere.

Die wachsende Tendenz zu rechtsextremen Regierungen und Parteien in europäischen Ländern und weltweit ist ein Alarmsignal, das wir alle beachten müssen. Die Mittel zur Bekämpfung geschlechtsspezifischer Gewalt sind bereits in vielerlei Hinsicht unzureichend, angefangen bei der Nichteinhaltung der Istanbul-Konvention – aber noch gravierender ist, dass deren bloße Existenz geleugnet und ignoriert wird. Es werden Falschmeldungen und Fake News in die Welt gesetzt, die Wahrheit wird verdreht, alles ist eine Erfindung von Feminazis und Roten, ein Begriff, der in Spanien häufig verwendet wird. Stellen Sie sich vor, diese rechtsextremen Parteien würden ein Land wie Deutschland regieren? Oder Spanien? Das ist gar nicht so weit hergeholt. Und ich habe Angst. Nicht um mich, sondern um zukünftige Frauen. Wenn ich die Nachrichten lese, werden diese Wut und dieser Schmerz nur noch größer. Ich lese Nachrichten, die mich denken lassen, dass der Tod meiner Tochter umsonst war.

Der Tod selbst und der Umgang damit ist ein Thema, das uns nicht beigebracht wird, weder in der Schule, noch zu Hause, noch in der Gesellschaft, und während dieser ganzen Zeit wurde mir verdeutlicht, dass es ein Tabu ist. Und jeder Mensch geht anders mit der Trauer um. Die Religion hat einen großen Einfluss auf die Vorstellung vom Tod, persönliche Erfahrungen noch mehr. Selbst unter Mitgliedern derselben Familie, die auf dieselbe Weise erzogen wurden, wird Trauer unterschiedlich erlebt. So wie jeder von uns anders ist, ist auch der Tod etwas sehr Persönliches. Das Tabu des Todes in Verbindung mit dem Tabu der geschlechtsspezifischen Gewalt macht dies zu einem höchst brisanten Thema.

Alisas Tod hat eine große Trauer ausgelöst: bei ihren Großeltern, Tanten, Onkel, Cousins und Cousinen, Freunden, Kindergartenkameraden, Nachbarn, Bekannten, und alle erlebten eine andere Art von Trauer als ich. Ich spreche sehr oft über Alisa, ich habe sie in die Frau integriert, die ich heute bin, damit sie niemand vergisst. Das ist mir nicht gelungen.

Dieses Buch ist ein Schritt, den ich tun musste, um weiter zu heilen und mit meiner Trauer fertig zu werden. Es hat mich 6 Jahre gekostet.

Wiedergutmachung

Der Schmerz, ein Kind zu verlieren, ist so tief, dass es keine Worte gibt, um ihn zu beschreiben, aber ein Kind auf diese Weise zu verlieren, ist so traumatisch, dass die grundlegendsten und tierischen Instinkte einsetzen, um weiterzuleben, ohne diesen unerträglichen Schmerz zu fühlen: heulen, schreien, seufzen, beißen, weinen, schlagen, rennen, essen, trinken, schlafen, ficken, atmen, schlagen usw. ... was auch immer notwendig ist, u. a. Leben zu bleiben, ohne mehr zu fühlen. Es gibt nur eine Medizin: die Liebe.

Ich wollte einfach nicht zulassen, dass M. sein Ziel erreicht. Ich fühle nur Hass und so viel Wut. Und deshalb wollte ich weiterleben, aber das war nur dank der Liebe meiner Lieben möglich.

Im September 2018 wurden in Spanien zwei Mädchen, Nerea und Martina, im Alter von 2 und 6 Jahren, ebenfalls von ihrem Vater getötet. Ihre Mutter wandte sich an die Presse und gewann einen Prozess gegen den Staat, weil dieser ihre Töchter nicht geschützt hatte, obwohl sie Beweise hatte und Anzeige wegen Morddrohungen erstattet hatte.

Stellen Sie sich vor: Ich hatte keine Anzeige erstattet, sie schon. Und trotzdem akzeptierten die Ämter und Richter eine Besuchsregelung. Am ersten Wochenende, an dem er konnte, tötete er sie und sich selbst mit ihnen. Ein Missbrauchstäter kann kein guter Vater sein. Eine Anzeige sollte ausreichen, um die Kinder zu schützen. Sie sind die eigentlichen Opfer dieser

Gräueltaten, ob sie sie nun selbst erleiden oder miterleben müssen, wie ihren Müttern Gewalt angetan wird.

Ich habe Kontakt zur Mutter von Martina und Nerea aufgenommen – wir sind in einer ähnlichen Situation und sind Freundinnen geworden. Sie gewann den Prozess gegen den spanischen Staat wegen Fahrlässigkeit und Nichteinhaltung der Istanbul-Konvention, welche den Staat dazu verpflichtet, ihre beiden Töchter und sie selbst zu schützen. Die Entschädigung und das Urteil zu ihren Gunsten werden ihr ihre Töchter nicht zurückgeben. In sechs Jahren hat sie all ihren Schmerz in ein wunderbares Projekt verwandelt: *„El Latido de las Mariposas"* (Der Herzschlag der Schmetterlinge, https://latidomariposas. com/material-proyecto), welches das Problem sichtbar machen will und sowohl in Schulen als auch in Seniorenzentren vermitteln soll, welche positiven Werte gefördert werden müssen, um gegen geschlechtsspezifische Gewalt zu kämpfen. Ihr Projekt verwandelt Schmerz in Hoffnung, verwandelt ihre Wut in Taten. Ich bewundere sie.

Die Wahrheit ist, dass es ohne Therapie und Liebe nicht möglich ist, weiterzuleben. Wut und Schuldgefühle sind der Treibstoff, der dich antreibt, aber am Ende verbrennen sie dich innerlich.

Jeder in meinem Umfeld weiß, dass ich ganz natürlich über Alisas Tod spreche. Auch wenn es ein schwer zu verdauendes und unangenehmes Thema ist. Obwohl ich mich emotional entblöße. Trotzdem möchte ich nicht, dass wir sie vergessen. Nur wenn wir uns an sie erinnern, bleibt sie am Leben.

Ich bin immer noch regelmäßig in Therapie. Denn ehrlich gesagt habe ich innerlich tausend alternative Enden für mein voriges Leben durchgespielt. Ich bin alle möglichen Details mehrmals im Geiste durchgegangen, auf der Suche nach Hinweisen, die auf die eine oder andere Weise eine Tragödie angekündigt haben könnten. Wie man sie hätte vermeiden können? Mein Verstand hat millionenfach *„Was wäre wenn?"* aufgeworfen ... Schuldgefühle. Was wäre, wenn ich Anzeige erstattet hätte? Wenn ich nicht vor Gericht gegangen wäre? *„Was wäre wenn"* auf zehntausend Arten. Dabei gehe ich zurück bis zum Moment des Kennenlernens: Wenn ich nicht 2005 mit ihm in eine WG gezogen wäre, hätte ich ihn nie kennengelernt. Und wenn ich dies und jenes nicht getan hätte. Und wenn ich nicht ...

Und auch tausend Zweifel: Was hat er an jenem Tag gesagt, als er Alisa abholte, was könnte ich gesagt haben, das seinerseits zu dieser fatalen Entscheidung führte, was hat ihn dazu gebracht, seine Pläne zu ändern (in dem danach verfassten Brief an seine Schwester wird ersichtlich, dass er zunächst nur Selbstmord begehen wollte und Anweisungen hinterließ, damit Alisa seine Sachen erhalten würde)? Auch mein Unterbewusstsein ist tausendmal zu diesem Tag zurückgekehrt, bewusst und unbewusst, freiwillig oder unfreiwillig, fast zwanghaft.

Die Wahrheit ist, dass es keine Wiedergutmachung gibt. Alisa ist tot. Ich weiß auch nicht, ob M. sie bei einer anderen Gelegenheit umgebracht hätte, bei einem Besuch, im Urlaub, oder vielleicht auch mich. Das sind reine Spekulationen. Es bleibt mir nichts anderes übrig, als es zu akzeptieren und ihrer stets zu gedenken. Im Zuge dieser Erfahrungen habe ich mich auch der Esoterik und der Religion zugewandt, auch ohne gläubig zu sein: Leben wir in einem anderen Leben weiter, und ist ihr Geist reinkarniert worden? Es gibt eine ganze Welt, ein wahres Geschäft rund um den Tod und die Ängste, die der Verlust auslöst.

Ich denke auch an die Frage der psychischen Gesundheit: Depressionen und andere Krankheiten. Hatte M. eine Psychopathie oder war er nur paranoid oder depressiv? Und wenn ja, was heißt das dann? Rechtfertigt das etwa all seine Taten?

Ich lebe mit Schuldgefühlen. Und die Wut verwandelt sich in Taten. Wie die von Nerea und Martinas Mutter mit ihrem Projekt. Wie dieses Buch, in dem ich mich emotional entblöße und alle Einzelheiten über den Tod meiner Tochter und meine Scheidung erzähle. Ich habe an zwei Artikeln und einem Radiointerview mitgewirkt. Mein Beitrag gegen Stellvertretergewalt besteht darin, sie sichtbar zu machen. Die Stimme zu erheben. Diese unbequeme und doch so reale Wahrheit auszusprechen, in der Hoffnung, dass sie jemandem hilft, sich nicht allein zu fühlen. Um einen weiteren Todesfall oder eine weitere Gewalttat zu verhindern, wenn auch nur der kleinste Hinweis auf Gewalt oder Bedrohung wahrgenommen wird. Es geht darum, das Bewusstsein all jener Menschen zu schärfen, die in all diese Prozesse von Trennung und Scheidung, aber auch von geschlechtsspezifischer Gewalt und Stellvertretergewalt involviert sind.

Keiner wird mir Alisa zurückgeben. Aber andere Frauen und Kinder können vor dem Tod bewahrt werden.

Wunder

„Meine Beziehung zum Universum hat sich durch Arthurs Tod völlig verändert. Ich gebe zu, dass ich, wenn ich eine Art kosmischen Deal machen und in mein altes Leben zurückkehren könnte, dies tun würde, aber leider ist so ein Deal nicht möglich", sagt Nick Cave.

Ich sehe das wie Nick Cave, der ebenfalls einen Sohn verloren hat. Ich mag dieses zweite Leben. Ob mehr oder weniger als das erste, kann ich nicht sagen. Es ist anders. Aber es ist auf jeden Fall ein verdammtes Wunder. In jeder Hinsicht.

Meine Wunden sind unsichtbar, aber ich sehe mich auch als Überlebende von geschlechtsspezifischer Gewalt. Ja, ich bin eine Überlebende. Ein großer Teil der Arbeit und der Mühen liegt bei mir. Der andere Teil ist nur dank derer, die mich lieben, möglich. Von hier aus danke ich euch, dass ihr mich nicht fallen lasst, dass ihr mich so liebt, wie ich bin, dass ihr euch mit mir weiterhin an Alisa erinnert, dass ihr mich in Ruhe lasst, wenn ich es brauche, wenn ich für niemanden da sein kann, und auch, dass ihr mich umarmt, wenn ich zurückkomme, um noch lieber wieder da zu sein. Um weiterzuleben. Trotz der Schuld, der Wut und des Schmerzes.

DANKE AN EUCH ALLE. DANKE an die *„Trutxi-Family"*.

Allen Frauen, die von geschlechtsspezifischer Gewalt und Stellvertretergewalt betroffen sind, sage ich: Ihr seid nicht allein, sucht Hilfe und Liebe bei allen, die euch guttun und euch unterstützen können. Das Gleiche gilt für alle Familienmitglieder und Freunde von Opfern.

Ich hoffe, dieses Zeugnis kann jemandem helfen, jemanden retten.

Ich habe zweimal versucht, Alisa in Deutschland eine Schmetterlingsstatue und eine Gedenktafel im Namen meiner Tochter aufzustellen, einmal auf dem Spielplatz ihres Kindergartens und einmal in einem Park, in den wir regelmäßig gingen – beide Male ohne Erfolg, weil die deutsche Gesellschaft dazu nicht bereit ist. Müssen wir am Ende etwas Ähnliches wie die Stolpersteine installieren, damit wir all diese ermordeten Frauen und Kinder nicht vergessen?

An alle deutschen Institutionen:
Es kann nie genug investiert werden, um diesen Tsunami an unnötigen Todesfällen zu stoppen und sich vor allem für Sichtbarkeit und Prävention einzusetzen. Nicht ein Opfer mehr! Keine weiteren Femizide! Keine weiteren Kindermorde!

II. Deutsche Femizide

Altersunterschied

Gerade im Zuge von Femiziden, denen eine Trennung bzw. eine Trennungs-absicht vorausging, spielt der Altersunterschied eine signifikante Rolle: Fünf Jahre Altersdifferenz oder mehr (in beide Richtungen) sind ein seit 2019 jähr-lich belegter Marker, der konstant bei mehr als 50 Prozent aller durch das F.O.C.G. dokumentierten Fälle auftrat.

Im Oktober 2022 schlug ein Mann in Bayern seiner 46-jährigen Ehefrau den Kopf mit einem Hammer ein. Der Altersunterschied des Paares belief sich auf 12 Jahre. Das Augsburger Landgericht verurteilte den Gewalttäter im Oktober 2023 wegen Totschlags zu neun Jahren Freiheitsstrafe.

Der „Bayerische Rundfunk" berichtet Folgendes: „Zur Urteilsverkündung zitiert der Vorsitzende Richter (…) ein Büchlein von Loriot, „Männer und Frauen passen einfach nicht zueinander", dies treffe leider auf das Verhältnis vom Ange-klagten und seiner Ehefrau zu".[534] Weiter wird beschrieben: „Einen Mord sehen wir nicht", so der Richter, es gebe keine Hinweise auf niedere Beweggründe oder Heimtücke (…). Das Gericht sieht es jedoch als erwiesen an, dass der Mann vor allem aufgrund seiner depressiven Erkrankung und samt Suizidversuchs nur eingeschränkt schuldfähig ist."

Anfang Februar 2023 tötete ein Mann in Schleswig-Holstein seine Ex-Frau, nachdem sie sich hatte scheiden lassen, mit 54 Messerstichen. Der Deutsche ließ die Leiche der zum Tatzeitpunkt 42-jährigen T., Mutter der beiden gemeinsamen minderjährigen Söhne, im öffentlichen Gelände liegen. Erst zehn Tage nach dem Femizid wird sie von Spaziergängern gefunden. Der Altersunterschied von Opfer und Täter beträgt 18 Jahre. Medial wird publiziert, dass der Täter schon seit mehreren Jahren Drohungen und physische Gewalt gegen T. angewandt hat.[535]

Anfang August 2023 erstach ein Mann in Brandenburg seine 10 Jahre jüngere Ehefrau, die 48-jährige M., Mutter der gemeinsamen, zum Tatzeitpunkt 12-jährigen Tochter. In der Presse ist zu lesen, dass der Gewalttäter in den Jahren vor dem Femizid aufgrund seiner Arbeitsunfähigkeit vorwiegend zu Hause saß.[536] Laut der Prozessberichterstattung von „rbb24" zur Urteilsverkündung soll der Auslöser für die Tat ein Streit mit seiner Frau über die Unordnung im Haus gewesen sein. Die Verteidigung gab an, dass der Angeklagte wütend war, weil er von seiner Frau ausgelacht wurde. Nach eigenen Angaben geriet er dabei außer Kontrolle und stach mit einem Küchenmesser auf seine Frau ein. Die Obduk-tion stellte zwölf Stichverletzungen, unter anderem in Herz und Lunge fest. Das zuständige Landgericht verurteilte den Täter zu einer Haftstrafe von acht Jahren und sechs Monaten wegen Totschlags.[537]

Im Dezember 2023 brachte ein Gewalttäter in Hessen seine 21 Jahre jüngere Ex-Freundin mit mehr als zwölf Messerstichen und -schnitten in den Hals, in die Brust, den Rücken, die Arme und Beine um. Die Berichterstattung der „VRM" schilderte den Vorfall folgendermaßen: In der Darstellung des Angeklagten geriet die Frau am Tag des Geschehens ohne ersichtlichen Grund außer Kontrolle, nachdem sich das ehemalige Paar zuvor unterhalten hatte. Er habe versucht, seine frühere Partnerin zu beruhigen, doch ihm gelang dies nicht. Stattdessen hätte die Frau um sich geschlagen und ihre Aggression auch gegen ihn gerichtet. Dadurch kam es zu einer Eskalation, die letztlich zum Tod der Frau führte.[538]

Bei einem „letzten Treffen" im Mai 2024 sollte eine Schlüsselrückgabe vollzogen werden. Stattdessen erwürgte ihr 36 Jahre älterer Ex-Freund und Arbeitskollege die 19-jährige M. Danach entsorgt er ihre Leiche im Kofferraum eines Autos, das er dann in einem öffentlichen Parkhaus in Bayern abstellte.[539]

Ende Juni 2024 schlug ein Ehemann seine 45-jährige Frau in Berlin tot. Er war 14 Jahre älter, als sie und er vollzog den Femizid im Beisein ihrer Kinder.[540]

In Hessen stach ein Lehrer Anfang August 2024 auf seine 14 Jahre jüngere Ex-Geliebte A. und deren Lebensgefährten ein. Die 19-jährige Abiturientin, die sich von ihm getrennt hatte, erlag am Tatort, ihrem Zuhause, den Verletzungen, während sich der von seiner Ehefrau getrenntlebende deutsche Täter suizidierte.[541]

Anfang August 2024 tötete ein Mann seine 35-jährige Ex-Frau in Nordrhein-Westfalen, er war neun Jahre älter, als sie.[542]

In Rheinland-Pfalz erstach ein deutscher Gewalttäter Ende August 2024 seine sechs Jahre jüngere Ehefrau U., sein anschließender Versuch, sich zu suizidieren, misslang.[543]

Im September 2024 versuchte ein Gewalttäter in Berlin seine getrenntlebende Ehefrau mit Messerstichen umzubringen. Er lauerte ihr auf und stach, vor den Augen der beiden gemeinsamen Söhne im Alter von fünf und sechs Jahren, hinterrücks und auf offener Straße auf die 29-jährige Kindsmutter T. ein. Diese überlebte das Attentat ihres 22 Jahre älteren Mannes rein zufällig, weil ein couragierter Zeuge umgehend helfend eingegriffen hat.[544]

In Baden-Württemberg wurde ein Mann inhaftiert, weil er unter Verdacht steht, seine 11 Jahre jüngere Ehefrau Mitte September 2024 mit einem Fleischermesser umgebracht zu haben.[545]

II. Deutsche Femizide

Ebenfalls Mitte September 2024 wurde ein 56-Jähriger in Bremen inhaftiert. Er steht unter dringendem Verdacht, seine 19 Jahre jüngere Ehefrau, Monate nach ihrer Trennung, mit Messerstichen lebensgefährlich verletzt zu haben. Die Attackierte überlebte rein zufällig.[546]

Anfang September 2024 wurde die 25-jährige N. in Baden-Württemberg zunächst vermisst. Knappe drei Wochen später fand man ihre Leiche. Ihr 20 Jahre älterer Verlobter, mit dem sie eine gemeinsame Tochter im Alter von einem Jahr hat, ist dringend tatverdächtig und wurde verhaftet.[547]

Ende September 2024 wurde in Niedersachsen ein einschlägig polizeibekannter Mann verhaftet, der unter dringendem Tatverdacht steht, seine fünf Jahre ältere Freundin N. erstochen zu haben.[548]

Ende September 2024 wurde in Baden-Württemberg ein Mann inhaftiert, der beschuldigt wird, eine 11 Jahre ältere Frau umgebracht zu haben.[549]

Femizide, bei denen zwischen Täter und Opfer ein großer Altersunterschied liegt, gehen häufig mit dem Suizid der Täter einher. In den Fällen, in denen die Gewalttäter sich gerichtlich für ihr Verbrechen gegen die (Ex-)Frau verantworten müssen, ist in der Verteidigung auffällig oft von *„Provokation"* die Rede. Aber auch *„Verzweiflung"* wird angeführt. Wobei offenbleibt, ob diese Vokabel auf das BGH-Urteil aus dem Jahr 2008[550] referenziert und anstrebt, eine Mordanklage zum Totschlag aufzuweichen, oder, ob die Männer das Verlassenwerden als Ende ihres Selbstwertes definieren und dafür die (Ex-)Frau verantwortlich machen. Während sie ihre Lebensmitte, bzw. ihre Midlife-Crisis bzw. ihr gesetztes Alter spüren, häufig einhergehend mit gesteigerter Aggression, Depression, gesundheitlichen Einschränkungen oder/und Substanzmissbrauch, darf es der jüngeren (Ex-)Frau gar nicht zustehen, einen selbstbestimmten Lebenswillen zu haben: In der Ohnmacht verhaftet, das nahende Lebensende anerkennen zu müssen, wird bedingungslose Solidarität vorausgesetzt.

Zu etlichen Femiziden ist medial kolportiert, dass die Täter zudem arbeitslos, introvertiert, aggressiv oder/und bereits pensioniert waren, wohingegen die von ihnen getöteten Frauen noch äußerst aktiv im gesellschaftlichen Leben integriert waren.

Kinder: Sorge- und Umgangsrecht

Wenn sich Paare trennen, gibt es viele Dinge zu regeln und wenn Kinder involviert sind, fällt entsprechend mehr Klärungsbedarf an, nicht ausschließlich privat, sondern auch behördlich. Dass damit viel neues Konfliktpotential verbunden ist, ist auch von Trennungen in gewaltfreien Beziehungen bekannt.

Gewalttäter leben häufig aufeinanderfolgende und sich wechselseitig bedingende, toxische Sequenzen. Viele von ihnen verwandeln ihre intrinsischen Minderwertigkeitsgefühle über die Gewaltausübung in ein reales Machtgefälle zu ihren Gunsten. In der Folge ist das häufig mit viel Scham verbunden: Konzentrierter als zuvor spüren die Täter neben ihren Komplexen die Selbstverachtung aufgrund ihrer (anteilig unkontrollierten) Gewalthandlungen.

Im Zuge dessen wird projiziert: Die meisten Gewalttäter sind außer Stande, die Ursache einer Trennung (zumeist ihre Gewalt) mit einem Perspektivwechsel zu reflektieren und ihr Verhalten zu ändern. Stattdessen kompensieren sie ihren subjektiv empfundenen Besitz- bzw. Statusverlust, indem sie die sich Trennende der Verletzung ihres Seins bzw. ihrer Eitelkeit beschuldigen: Die Handlung der Frau wird zur Ursache der Wut auf sich selbst deklariert: *„Wenn Du nicht ..."* – das Negieren der eigenen Mündigkeit.

Besonders aggressiv reagieren Gewalttäter auf Frauen, die auf den Moment der Trennung vorbereitet sind. Die prekäre Situation des deutschen Hilfesystems ist allgemein bekannt, tagtäglich erreichen uns Meldungen zur Überbelastung von Frauenhäusern bzw. zu fehlenden Schutzplätzen sowie der Abweisungen, die im Zuge dessen ausgesprochen werden müssen. Eine Flucht vor einem Gewalttäter ist in der Regel geplant, im ersten Schritt bspw. mit einer Tasche voll überlebenswichtiger Utensilien, wie Bargeld und den Ausweisen der Kinder. Viele Gewalttäter sind überrascht. Im Verlassenwerden wird Ihnen klar, dass die Frau ihre Flucht schon vorbereitet hat, trotz ihrer Machtdemonstration(en).

Die Gewaltbetroffenen starten damit, das umzusetzen, was sie sich in reiflicher Abwägung vorgenommen haben. Zeitgleich beginnt für den Zurückgelassenen häufig die Erkenntnis, wie abhängig, bzw. anteilig überfordert er selbst mit der neuen Situation und den kleinsten Alltagsfragen ist. Auch die

II. Deutsche Femizide

Herausforderungen, die mit der Veränderung einhergehen, werden zum Nachteil der (vermeintlich!) schuldigen (Ex-)Frau ausgelegt.

Im Juli 2022 schoss ein Mann seiner getrenntlebenden Ehefrau R. in die Stirn. Nach dem Kopfschuss wird R. in einem Auto auf einem Parkplatz in Baden-Württemberg gefunden, weil Angehörige sich sorgten. Die 32-jährige R. hatte geplant, ihren gewalttätigen Ehemann mit ihren beiden Töchtern, 8 und 2 Jahre zu verlassen und in die Niederlande zu fliehen,[551] war aber nach der „letzten Aussprache" über die elterliche Sorgepflicht über die gemeinsamen Töchter nicht zurückgekommen.[552] Am zuständigen Landgericht wurde der Gewalttäter, der zunächst in die Türkei geflüchtet war, vom Vorsitzenden Richter mit Feststellung der besonderen Schwere der Schuld wegen Mordes an seiner Frau zu lebenslanger Haft verurteilt.[553]

In Baden-Württemberg erstach ein Mann Anfang Juni 2023 seine 36-jährige Ex-Partnerin. Das ehemalige Paar hat drei gemeinsame Kinder, die beiden jüngeren Söhne im Alter von zwei und drei Jahren waren während des Femizids in der Wohnung, nicht so die 14-jährige Tochter.[554] Der „Mannheimer Morgen" schrieb zu dem Verbrechen: „Obwohl es bereits vor der Tat gewaltsame Übergriffe des Mannes auf die Frau gegeben hatte, war diese mit ihrem ehemaligen Partner weiter in Kontakt – unter anderem wegen der Kinder. Der Vater hatte für die Kinder das Sorge- und Umgangsrecht und so weiter Zugriff auf die Familie".[555]

Im Juni 2024 wurde der Prozess eröffnet, um den Femizid gegen die zum Tatzeitpunkt 38-jährige M. juristisch aufzuarbeiten. Der Mörder war im Januar 2024 in Niedersachsen gewaltsam in die Wohnung eingedrungen, in der sich seine ehemalige Lebensgefährtin mit ihren beiden minderjährigen Kindern, dem 11-jährigen Sohn und der vier Monate jungen, gemeinsamen Tochter aufhielt. M. konnte noch die Polizei alarmieren, bevor ihr Ex sie vor den Augen ihrer beiden Kinder mit mehreren Messern tötete.[556] Diesen Femizid beurteilte das Landgericht als Mord aus Heimtücke. Der Gewalttäter hatte M. mit insgesamt 36 Messerstichen umgebracht.[557] Sein Versuch, die Verurteilung zu einer lebenslangen Haftstrafe über ein Revisionsverfahren abzumildern scheiterte beim BGH.[558]

Anfang November 2024 erstach ein Mann in Nordrhein-Westfalen seine getrenntlebende Ehefrau. Die 31-jährige war die Mutter seiner drei Kinder, im Alter von drei, vier und sechs Jahren. „Bild" berichtete: "Der Täter stach mit einem 30 Zentimeter langen Fleischermesser auf sie ein – vor den Augen der Kinder!".[559] Im selben Artikel wird beschrieben, dass die Frau vor dem, wegen häuslicher Gewalt mehrfach polizeibekannten Gewalttäter zusammen mit ihren Kindern in eine eigene Wohnung gezogen war. Nach dem Femizid gelang es dem Gewalttäter, über die Autobahn zu fliehen: Die Gefährdung der Allgemeinheit, die von ihm ausging, konnte, der Presse zufolge, erst im mehr als 350 Kilometer entfernten Bayern beendet werden.

Im Zeitraum vom 28. Februar bis zum 7. April 2024 hat die Organisation Terre des Femmes Erkenntnisse aus einer bundesweiten Umfrage zum Thema *„Nachtrennungsgewalt und institutionelle Gewalt bei Gewaltbetroffenheit in Umgangs- und Sorgerechtsangelegenheiten"* veröffentlicht. Im Rahmen der Studie sind 848 Frauen im Durchschnittsalter von 44 Jahren befragt worden, die alle getrennt leben von ihrem Ex-Partner und Vater ihres Kindes bzw. ihrer Kinder. Eine Schlüsselerkenntnis der Evaluation lautete: *„Partnerschaftsgewalt umfasst meist mehrere Gewaltformen gleichzeitig. 94 Prozent der Befragten erlebten psychische Gewalt. Jeweils 60 Prozent gaben an, von körperlicher und finanzieller Gewalt betroffen zu sein".*[560]

In Deutschland regelt § 1684 des Bürgerlichen Gesetzbuches (BGB) das Umgangsrecht. Zum *„Umgang des Kindes mit den Eltern"* heißt es im ersten Absatz: *„Das Kind hat das Recht auf Umgang mit jedem Elternteil; jeder Elternteil ist zum Umgang mit dem Kind verpflichtet und berechtigt".*[561] Diese Regelung schützt einen gewalttätigen Elternteil (zumeist den Vater), denn dieses Recht kann auch gegen den erklärten Willen des Kindes bzw. der Kinder durchgesetzt werden. Vielfach lautet die Zielsetzung gewalttätiger Väter, das eigene Umgangsrecht über den Gewaltschutz von Mutter und Kind(ern) zu stellen. Dem entsprachen deutsche Familiengerichte in den vergangenen Jahren regelmäßig, indem sie *„zum Kindswohl"* das sogenannte *„Wechselmodell"*, das den Kindsaufenthalt bei beiden Elternteilen regelt, angeordnet haben. Dabei ist das Modell zunehmend in Verruf geraten: Gewalttäter nutzten und nutzen es immer noch als Instrument der Gewaltausübung gegen Mütter und ihre Kinder. Der Kindsmutter wird eine bewusst manipulative Entfremdung des Kindes vom Vater unterstellt, eine angeblich vorliegende *„Bindungsstörung"*, das sogenannte Parental Alienation-Syndrom (PAS).

Mütter haben es extrem schwer, argumentativ dagegen anzukommen, denn sie müssen der Wohlverhaltenspflicht entsprechen, die ebenfalls im BGB in § 1684 geregelt ist: „*(2) Die Eltern haben alles zu unterlassen, was das Verhältnis des Kindes zum jeweils anderen Elternteil beeinträchtigt oder die Erziehung erschwert. Entsprechendes gilt, wenn sich das Kind in der Obhut einer anderen Person befindet*".[562] Konkret bedeutet das, die Kindsmutter geht ein Risiko ein, wenn sie ihre Erfahrung von Häuslicher Gewalt durch den Kindsvater am Familiengericht thematisiert, denn die strafrechtlichen, komplett abgegrenzten Verfahren gegen den gewalttätigen Vater, bleiben an Familiengerichten unberücksichtigt. Im Zuge der „*PAS-Strategie*" müssen sich Mütter an deutschen Familiengerichten immer wieder vorhalten lassen, dass ein prügelnder Ehemann eventuell kein geeigneter Partner, aber deswegen noch lange kein schlechter Vater sei.

Eigentlich regelt unser Grundgesetz in Artikel 6 Absatz 4: „*Jede Mutter hat Anspruch auf den Schutz und die Fürsorge der Gemeinschaft*".[563] Zudem untergräbt die gängige Praxis die Vorgaben der Istanbul-Konvention, die in „*Artikel 31 – Sorgerecht, Besuchsrecht und Sicherheit*" unzweideutig formuliert sind:

„*1 Die Vertragsparteien treffen die erforderlichen gesetzgeberischen oder sonstigen Maßnahmen, um sicherzustellen, dass in den Geltungsbereich dieses Übereinkommens fallende gewalttätige Vorfälle bei Entscheidungen über das Besuchs- und Sorgerecht betreffend Kinder berücksichtigt werden.*

2 Die Vertragsparteien treffen die erforderlichen gesetzgeberischen oder sonstigen Maßnahmen, um sicherzustellen, dass die Ausübung des Besuchs- oder Sorgerechts nicht die Rechte und die Sicherheit des Opfers oder der Kinder gefährdet."[564]

Kritik an den gängigen Wechselmodellentscheiden kommt nicht nur von den Gewaltbetroffenen Müttern, sondern auch von GREVIO. So wird die deutsche Regierung im Bericht der Kommission des Europarats bereits im Jahr 2022 aufgefordert, aktiv zu werden (übersetzt): „*Alle relevanten Fachleute sollen sich bei der Entscheidung über das Sorgerecht und das Besuchsrecht der negativen Auswirkungen von Gewalt eines Elternteils gegen den anderen auf die Kinder bewusst sein und die Gewalt eines Elternteils gegen den anderen berücksichtigen. Alle relevanten Fachleute sollen sich bei der Entscheidung über das Sorgerecht und das Besuchsrecht des Fehlens einer wissenschaftlichen Grundlage für die sogenannte „elterliche Entfremdung" und ähnliche Konzepte bewusst sein. Alle relevanten Fachleute sollen zu der Entscheidung über das Sorgerecht und das Besuchsrecht ein Verfahren einführen, mit dem die Fälle auf eine Vorgeschichte von Gewalt eines Elternteils gegen den anderen Elternteil zu überprüfen sind. Zudem sollen alle relevanten Fachleute bei der Entscheidung über das Sorgerecht und das Besuchsrecht feststellen, ob sie [Anm.: die Vorgeschichte von Gewalt eines Elternteils gegen den anderen Elternteil] angezeigt wurde, auch bei Fällen die zur außergerichtlichen Einigung verwiesen werden."*

„*Alle relevanten Fachleute*" meint auch Sozialarbeitende, Jugendamtsmitarbeitende, Mitglieder der Judikative, Gerichtssachverständige sowie Kinderpsychologinnen und -psychologen. Um für die beteiligten Fachleute die Rahmenbedingungen sicherzustellen, sind die deutschen Behörden aufgefordert, überall dort, wo es nötig ist, geeignete Maßnahmen, einschließlich gesetzgeberischer Maßnahmen, zu ergreifen und spezielle Schulungen und geeignete Richtlinien bereitzustellen.

Die Regierung der Bundesrepublik Deutschland hat dieser Vorgabe zu keiner Zeit entsprochen – ebenso wenig den weiteren Aufforderungen

„a. die Zusammenarbeit zwischen Familiengerichten und Fachdiensten zu verbessern, die Opfer und ihre Kinder in Verfahren zum Sorgerecht und Besuchsrecht unterstützen;

b. Maßnahmen zu ergreifen, um sicherzustellen, dass Verfahren und Entscheidungen in solchen Fällen die Sicherheit von Frauen, die Opfer von Gewalt in Paarbeziehungen geworden sind, nicht gefährden, insbesondere dadurch, dass ihr Wohnort nicht bekannt gegeben wird".[565]

Stattdessen wurde an deutschen Familiengerichten innerhalb der letzten Jahre ein Standard etabliert, den zwischenzeitlich sogar die Sonderberichterstatterin der Vereinten Nationen zu Gewalt gegen Frauen und Mädchen, ihre Ursachen und Folgen, Reem Alsalem, in ihrem Bericht vom 13. April 2023 an die 53. Vollversammlung der Vereinten Nationen kritisch hervorhebt: *„Deutschland hat die Rechtsvermutung eingeführt, dass der Umgang zwischen beiden Elternteilen im Allgemeinen dem Wohl des Kindes dient, hat aber eine Wohlverhaltensklausel hinzugefügt, nach der jeder Elternteil jede Handlung unterlassen* *muss, die die Beziehung des Kindes zum anderen Elternteil beeinträchtigt und auch eine positive Einstellung zum Umgang fördern muss. Diese Vermutung wirkt sich jedoch Opfer häuslicher Gewalt insofern benachteiligend aus, als ein Mangel an wahrgenommener Bindungstoleranz, die sich aus der Gewalt ergibt, die Zuweisung des Sorgerechts beeinflussen kann".*[566] Konkret bedeutet die Wohlverhaltenspflicht bspw. auch, dass gewaltbetroffenen Frauen, sofern sie einer Mediation zum gemeinsamen Umgang nicht zustimmen, weil sie ihrem Peiniger nicht begegnen, geschweige denn, ihm gegenübersitzen wollen, das Wohlverhalten und häufig in Konsequenz dessen auch das Sorgerecht abgesprochen wird.

Im selben Bericht ist zu lesen: *„von Fällen, in denen Kinder dem primären Betreuer* [Anm. zumeist der Mutter] *entzogen und gezwungen wurden, beim Täter-Elternteil zu wohnen, gegen den sie sich wehren. Darüber hinaus wurde in den Beiträgen darauf hingewiesen, dass polizeiliche Kinderschutzdienste Umgangs- und Sorgerechtsanordnungen in Fällen durchgesetzt haben, in denen das Kind dies eindeutig nicht wollte, was sowohl das Kind als auch die Mutter traumatisierte."*

Der Report der Menschenrechtlerin Reem Alsalem belegt den eklatanten, strukturellen Missstand: *„Frauen haben berichtet, dass ihnen von ihren Rechtsvertretern geraten wurde, keine Anschuldigungen wegen häuslicher Gewalt vorzubringen, da dies gegen sie wirken würde. Untersuchungen und Stellungnahmen, u. a. aus Deutschland und dem Vereinigten Königreich, zeigen, dass Frauen von Gerichten und ihren Anwälten unter erheblichen Druck gesetzt werden, einer Umgangsregelung zuzustimmen oder an einer Mediation teilzunehmen, in einigen Fällen ohne jegliche Bewertung der Belange des Kindeswohls oder Einholung der Meinung der Kinder."*

Bereits im Juli 2023 ist die *„Gefährdung gewaltbetroffener Mütter und Kinder durch die familiengerichtliche Praxis der Vermeidung von Eltern-Kind-Entfremdungen"* auf höchster politischer Ebene bekannt, Benjamin Strasser, der Parlamentarische Staatssekretär im Bundesministerium der Justiz beantwortete eine Anfrage seitens der Abgeordneten Gökay Akbulut (Partei DIE LINKE) folgendermaßen: *„Hinter dem wissenschaftlich nicht unumstrittenen Begriff der Eltern-Kind-Entfremdung steht das Phänomen, dass das Kind einen*

Elternteil ablehnt. Auch in solchen Fällen ist es stets eine Frage des Einzelfalls, ob und in welchem Umfang Umgang beschränkt oder ausgeschlossen werden muss (vergleiche § 1684 Absatz 4 Satz 1 und 2 BGB). Auch bei den sorgerechtlichen Vorschriften muss häusliche Gewalt zwischen den Elternteilen beachtet werden (§ 1626a Absatz 2 Satz 1, § 1671 Absatz 1 und 2 BGB), da sich diese erheblich auf das Kindeswohl auswirken kann, wobei bei einer Gefährdung des Kindeswohls als ultima ratio auch eine Entziehung der elterlichen Sorge nach § 1666 BGB in Betracht zu ziehen ist. Es ist geplant, durch die Umsetzung des Koalitionsvorhabens die Familienrichterinnen und Familienrichter für Anhaltspunkte von Gewalt, deren Ermittlung und Einordnung weiter zu sensibilisieren."[567]

Ergebnisse zu diesem angekündigten Planvorhaben stehen nach wie vor aus. Auch die Termine zum beaufsichtigten Umgang oder der Kindsübergabe an den Vater fallen unter die Wohlverhaltenspflicht, der sich eine Mutter zu fügen hat, obwohl die Kindsübergaben nach wie vor ein Hochrisikofaktor für Mutter und Kind(er) sind – selbst dann, wenn qualifizierte Aufsichtspersonen zugegen sind.

> „Er habe seine Frau nicht nur getötet, sondern vor den Augen der fünf Kinder ‚massakriert und abgeschlachtet'", so wertete der zuständige Richter in seiner Urteilsbegründung am Landgericht im Oktober 2023 die Tat eines Vaters, der seiner getrenntlebenden Ehefrau N. mit elf Messerstichen das Leben nahm.[568] Der Gewalttäter war bereits vor dem Femizid gewalttätig gegen N. Im Februar 2023 erstach er die 33-Jährige im Zuge einer Kindsübergabe in einem Mutter-Vater-Kind-Heim in Sachsen. In diesem hatte sie zum Tatzeitpunkt schutzsuchend mit ihren Kindern gelebt. Die Schutzeinrichtung veröffentlichte ein Statement zu dem Femizid: „Da von ihm eine große Gefahr ausging, waren N. (…) und ihre Kinder über mehrere Monate hinweg (…) in einem sicheren und anonymen Frauenschutz sowie in einer Jugendhilfeeinrichtung untergebracht. Ende September stellte sie mit unserer Unterstützung einen Eilantrag auf ein Kontakt- und Näherungsverbot nach dem Gewaltschutzgesetz. Dieses wurde kurz darauf bis in das Frühjahr 2023 für den mutmaßlichen Täter ausgesprochen. Die Sicherheit und der Schutz von N. (…) wurden somit rechtlich untersetzt. Dann zog sie gemeinsam mit ihren Kindern in eine Mutter/Vater-Kind-Einrichtung, die genügend Platz und weiterführende Unterstützung für sie bot. Im Dezember 2022 kam es auf Antrag des mutmaßlichen Täters, zu einer Anhörung im Fami-

liengericht (…), den Gewaltschutzbeschluss betreffend. Der Anwalt von N. (…) informierte das Gericht an dem Tag, dass er erkrankt sei und bat um ihre Zustimmung, die Anhörung verschieben zu lassen. N. (…) wollte den Termin der Anhörung trotzdem wahrnehmen und bat eine Mitarbeitende des Jugendamtes sowie eine Mitarbeiterin unseres Vereins, um Begleitung zum Familiengericht. Unserer Bitte an der Anhörung als fachliche Unterstützerinnen für N. (…) teilzunehmen, lehnte der Anwalt des Täters ab und die verhandlungsführende Richterin gab dem statt. Somit wurden wir aus dem Verfahren ausgeschlossen. N. (…) musste sich daraufhin allein mit ihrer Dolmetscherin, dem gegnerischen Anwalt und der Familienrichterin im Gericht dem Verfahren stellen. Im Ergebnis dieser Anhörung wurde vermeintlich einvernehmlich entschieden, dass der Täter einen Anspruch auf Umgang mit seinen Kindern hat. Gleichzeitig wurde der bestehende Gewaltschutzbeschluss durch das Familiengericht aufgehoben." [569]

Im Zuge der umgangsrechtlichen Visite[570] tötete der Gewalttäter N. mit 11 Messerstichen, die Kinder waren zum Tatzeitpunkt im Alter von vier Monaten bis 12 Jahre.[571] „Die unglaubliche Rechtfertigung des Mörders: ‚Ich nenne es einen Unfall, wie ein Autounfall. Es war vielleicht Schicksal'",[572] berichtet "Bild" zum Verfahren und in der Berichterstattung des „mdr" ist zu lesen: „Sein Anwalt hatte von einem ‚emotionalen Ausbruch' gesprochen, nachdem seinem Mandanten die Familie als wichtiger Halt im Leben weggebrochen sei." [573]

Zwischenzeitlich ist die Dringlichkeit gegensteuern zu müssen derart offensichtlich, dass im Bundesjustizministerium nachgearbeitet wurde – zumindest in Form einer erneuten, sehr vagen Ankündigung im Januar 2024 über die „*Legal Tribune Online*": „*Familiengerichte sollen in Umgangs- und Sorgeverfahren dazu verpflichtet werden, den Schutz vor häuslicher Gewalt in den Blick zu nehmen. Unter anderem soll klargestellt werden, dass das Familiengericht in Umgangsverfahren etwaige Anhaltspunkte für häusliche Gewalt gegenüber dem Kind und/oder dem anderen Elternteil und deren Auswirkungen umfassend und systematisch ermittelt und eine Risikoanalyse vornimmt. Ein gemeinsames Sorgerecht soll künftig nicht nur bei Gewalt gegenüber dem Kind, sondern auch bei Partnerschaftsgewalt regelmäßig nicht in Betracht kommen.*"

Konkreter allerdings als: „*Mit dem Abschluss des Gesetzgebungsverfahrens rechnet das Ministerium bis 2025*",[574] wurde der ehemalige Justizminister Buschmann nicht. Weitere Zeitverzögerungen oder/und Einschränkungen kommen im Zuge der wechselnden Verantwortlichkeiten nach der Bundestagswahl im Februar 2025 auf.

Auch die Zentrale Informationsstelle Autonomer Frauenhäuser (ZIF) ordnete das ministeriale Vorhaben in einer Presseerklärung vom 16. Februar 2024 erfahrungsbedingt pessimistisch ein: *„Die geplante Gesetzesreform muss jedoch auch solchen Elternkonstellationen gerecht werden, in denen ein Elternteil (in der Regel der Vater) gewalttätig gegenüber dem anderen Elternteil (in der Regel der Mutter) ist und/oder war. Bei diesen asymmetrischen Machtverhältnissen zwischen den Eltern sieht die ZIF die Gefahr, dass das Reformvorhaben zum Recht des Stärkeren, also des gewalttätigen Vaters führt. Die weitreichenden Regelungen zu Vereinbarungen über das Sorge- und Umgangsrecht dürfen nicht die Fortschritte bei der Umsetzung der Istanbul-Konvention konterkarieren.“* [575]

Über die berechtigten Bedenken hinaus bedeutet das weitgesteckte Zeitfenster zur Gesetzesnovelle ein sicheres Todesurteil für etliche Frauen und Kinder bei künftigen Betreuungs- oder/und Kindsübergabeterminen.

In Hessen brachte ein Mann im Februar 2019 seine achtjährige Tochter um. In der offiziellen Polizeimeldung wurde zu dem Filizid Folgendes berichtet: „Die im Main-Taunus-Kreis wohnhafte Mutter des Kindes hatte die Polizei am Sonntagabend verständigt, weil das Kind nach einem Ausflug mit ihrem Vater nicht zurückgekehrt war. Als das Mädchen am nächsten Morgen auch nicht in der Schule erschien, leitete die Polizei umfangreiche Suchmaßnahmen nach den beiden Vermissten ein." [576]

In Nordrhein-Westfalen schnitt ein Mann im März 2019 seinen beiden Kindern, einem zweijährigen Mädchen und einen Jungen im Alter von einem Jahr, die Kehlen durch. „BILD" berichtet zu den Kindstötungen: „Die Frau habe Mitte Januar Kontakt zur Polizei aufgenommen, weil sie eine Trennung plante und sich für diesen Fall vor der ‚Aggressivität ihres Lebensgefährten' fürchtete. Es habe ein persönliches Beratungsgespräch mit einem Sachbearbeiter für häusliche Gewalt stattgefunden."[577]

Im August 2019 warf ein Mann seinen 9-jährigen Sohn auf der Autobahn von einer ca. 50 m hohen Talbrücke. Die getrenntlebende Kindsmutter J., mit Sorgerecht, ging davon aus, dass Vater und Sohn den Geburtstag des gemeinsamen Kindes nachfeiern würden.[578]

II. Deutsche Femizide

Kurz vor Weihnachten 2020, im Dezember, verließ ein Mann in Thüringen gemeinsam mit seinem 5-jährigen Sohn sein Zuhause in unbekannte Richtung. Zwölf Tage lang galten beide als vermisst, eine öffentliche Suche wurde gestartet. Schließlich fand man beide in einem Waldstück auf, die Obduktion bestätigte, dass der Vater den Fünfjährigen umgebracht hatte.[579]

Im Januar 2021 verbrannte ein Vater in Rheinland-Pfalz seine beiden Kinder, eine Fünfjährige und ihren dreijährigen Bruder, im Auto. „Bild" schrieb dazu: „Eine Bekannte der Familie vermutet: ‚Die Mutter der Kinder hatte sich von dem Vater getrennt, was die Tragödie wohl ausgelöst hat'."[580]

Im April 2021 tötete ein Vater seine zum Tatzeitpunkt fünfjährige Tochter. Nach einem gemeinsamen Wochenende mit ihm in Brandenburg wollte die Kindsmutter das Kind abholen. Sie ist vom Vater mit einem USB-Kabel erdrosselt worden. „Schönen Dank, dass du mein Leben kaputt gemacht hast",[581] so wurde die letzte Kurznachricht des Gewalttäters an die Kindsmutter, seine Ex-Frau C. im Zuge des Gerichtsberichterstattung in der „Berliner Zeitung" zitiert.

Erst im zweiten Rechtsgang beim Landgericht nach Zurückverweisung durch den BGH erkannte das Gericht die Niedertracht des Filizids gegen die arg- und wehrlose Minderjährige als Mord an. Mehr, als zwei Jahre nach dem Verbrechen wurde auch das Rachemotiv des Angeklagten gegen seine Exfrau berücksichtigt und der Kindsmörder im August 2023 zu einer lebenslangen Haftstrafe verurteilt.[582]

Auch der Filizid gegen einen 7-Jährigen Mitte September 2023 war so nur möglich, weil sich der Junge am Tat-Wochenende zu Besuch bei seinem von der Kindsmutter getrenntlebenden Vater aufhielt. Die Mutter des Jungen hatte bereits vor der Tötung des Kindes ein Kontaktverbot gegen ihren Exmann erwirkt.[583]

In Brandenburg hat der bereits polizeibekannte, gewalttätige Ex-Partner einer Kindsmutter im Juni 2024 seine 14-jährige Stieftochter erstochen. Sie starb am helllichten Tag und auf offener Straße.[584]

Stalking, Schwangerschaft, Prostitution und Vulnerabilität

Stalking ist ein Marker. Immer wieder wird im Nachgang an einen Femizid offenkundig, dass die Getötete lange zuvor versucht hat, sich gegen die Bedrohung, die von ihrem Verfolger ausgeht, zu wehren.

Schon im Oktober 2019 warnt der international operierende Cybersicherheitsanbieter „Kaspersky" deutlich vor einem massiven Anstieg der Nutzung von Stalkerware:[585] „In Deutschland gab es sogar einen Anstieg um 79 Prozent; damit ist die Bundesrepublik europaweit am häufigsten von potenziellen Stalkerware-Installationen betroffen."[586]

Ende Oktober 2019 lauerte ein Gewalttäter in Baden-Württemberg seiner 33-jährigen Ex-Freundin S. im Hausflur auf, schlug sie mit einem Hammer nieder und tötete die wehrlos am Boden liegende mit insgesamt 18 Messerstichen.[587] Als die Freundin von S. versuchte, helfend einzugreifen, wurde auch sie von dem Gewalttäter attackiert und verletzt. S. hatte sich ein halbes Jahr vor dem Femizid von dem Deutschen getrennt und wurde seitdem von ihm gestalkt und bedroht:[588] „Er habe ihr permanent aufgelauert und habe sogar eine Arbeitsstelle in ihrer Firma angenommen, um ihr nahe zu sein", so wird es in „Mannheim24" beschrieben.[589]

Den Femizid gegen die 23-jährige S. in Niedersachsen vollstreckte ihr Stalker, nachdem er sie knapp zwei Jahre lang verfolgt und terrorisiert hatte. Er flog ihr nach Barcelona hinterher und stand immer wieder unangekündigt vor ihrer Türe. Über eine Spionage-App auf ihrem Handy hörte er ihre Telefonate ab, sah sich ihre Fotos an und verfolgte ihren jeweiligen Aufenthaltsort. Weil S. ihren Stalker nicht in Verdacht hatte, erstattete sie bei der Polizei Anzeige gegen Unbekannt. Im Januar 2020 erstach der deutsche Gewalttäter S. in ihrem Badezimmer mit einem Klappmesser.[590]

Im August 2021 reagierte die deutsche Gesetzgebung auf die technischen Möglichkeiten der Nachstellung und überarbeitete einzelne Tatbestandsmerkmale. Erklärtes Ziel sei es, den Opferschutz zu verbessern und „die Strafbarkeitsschwelle herabzusetzen: In § 238 Absatz 1 StGB wurden der Begriff ‚beharrlich' durch den Begriff ‚wiederholt' und das Merkmal ‚schwerwiegend' durch das Merkmal ‚nicht unerheblich' ersetzt. Zudem wurde § 238 Absatz 2 StGB von einer Qualifikationsvorschrift in eine Regelung besonders schwerer Fälle umgestaltet und ergänzt".[591]

Die Journalistin Sonja Peteranderl kritisierte dazu: „Zuvor musste nachgewiesen werden, dass Betroffene ‚schwerwiegend' eingeschränkt wurden, etwa durch einen Job- oder Wohnortwechsel. Auch spezielle Cyberstalking-Formen

*wie die Überwachung mit Spy-Apps werden von dem Gesetz nun umfasst –
Tracker wie Apples AirTags werden jedoch nicht genannt. Diese kamen im gleichen Jahr auf den Markt, in dem das Gesetz verändert wurde*".[592] Die ursprünglich als Hilfestellung konzipierten Geräte, die das Wiederfinden verlegter
Gegenstände erleichtern sollten, den Schlüssel oder das Handy bspw., werden
von Stalkern regelmäßig zweckentfremdet.

> Anfang April 2022 erschoss ihr Freund die 22-jährige A. in Hamburg.[593] Die junge
> Schweizerin hatte sich dort zur Musicaldarstellerin ausbilden lassen wollen. Ihr
> Ex-Freund hatte sie vor dem Femizid monatelang gestalkt. „Als sie ihm vergan-
> genen November klipp und klar sagte, dass sie nichts von ihm will, stand er drei
> Tage später vor ihrer Wohnungstür in Hamburg und belästigte und bedrohte sie",
> so wird die Mutter von A. in „20min" zitiert.[594] Auch dieser Gewalttäter suizi-
> dierte sich nach dem Femizid und entzog sich damit seiner Gerichtsverhandlung.

Ebenfalls im April 2022 warnten die beiden Juristinnen, Lena Leffer und
Michelle Weber, in ihrem Beitrag für die „*Legal Tribune Online*" vor einer
vorhersehbaren Strafbarkeitslücke: „*Bereits der Gesetzgeber sieht lediglich
Sachverhaltskonstellationen erfasst, bei welchen der Täter Passwörter errät,
sich durch Hacking-Methoden bzw. Stalking-Ware Zugang zu dem Gerät oder
Nutzerkonto des Opfers verschafft oder virtuell in E-Mail- oder Social-Media-
Konten des Opfers eindringt. Dabei hat der Gesetzgeber zwar das Infiltrieren
eines opfereigenen Nutzerkontos oder Gerätes von außen bedacht, nicht aber
die Datenerlangung durch ein externes, dem Opfer untergeschobenes Gerät.*"[595]

> Ihr Ehemann stalkte die 28-jährigen M., die sich zum Jahresbeginn 2022 von
> ihm getrennt hatte. Er verfolgte sie seitdem, laut Presse, „ununterbrochen".
> Zudem hatte er sie mehrfach geschlagen und mit dem Tode bedroht.[596] In
> „Bild" beschrieb M.'s Freundin den gelebten Alptraum so: „Er versteckte sich im
> Hausflur, tauchte beim Einkaufen und auf dem Spielplatz auf, wartete bei ihrer
> Mutter, beobachtete sie vor dem Haus. Das war Psycho-Terror. M. (…) hatte pani-
> sche Angst, informierte auch mehrmals die Polizei. Im November wäre deshalb
> auch ein Prozess gewesen."[597] Als M. Ende Oktober 2022 in Hessen nach Hause
> kam, lauerte ihr Mörder bereits an der Haustür, griff sie von hinten an und tötete
> sie auf offener Straße mit insgesamt 41 Messerstichen und -schnitten.[598] M.

hatte den Vater ihres zweijährigen Sohnes, ihren Noch-Ehemann und Stalker, vor dem Femizid drei Mal angezeigt,[599] der entsprechende Verhandlungstermin war bereits anberaumt gewesen.[600] Der Altersunterschied des Paares betrug sechs Jahre.[601] In seiner Urteilsbegründung erkannte das zuständige Landgericht zwar das Mordmerkmal der Heimtücke an. Niedrige Beweggründe sowie eine besondere Schwere der Schuld wertete die Kammer allerdings als nicht gegeben.[602]

Anfang März 2023 vergewaltigte und tötete ein Bekannter die 19-jährige M. im öffentlichen Raum in Niedersachsen.[603] Sie hatte keine Kenntnis davon, dass der Mann, dem sie vertraute, wegen Stalkings und wegen einer weiteren Vergewaltigung bereits polizeibekannt war:[604] „Gegen den mutmaßlichen Mörder (…) ist in der Vergangenheit auch wegen Stalkings ermittelt worden. Das Verfahren wegen Nachstellung sei 2020 nach Abschluss einer erzieherischen Maßnahme durch die Staatsanwaltschaft eingestellt worden, sagte ein Sprecher der Staatsanwaltschaft Osnabrück. Bei der jungen Frau, der er vor drei Jahren nachgestellt haben soll, handele es sich nicht um die getötete 19-Jährige", so berichtet „Bild".[605]

In Rheinland-Pfalz wird ein Mann des Mordes beschuldigt.[606] Anfang Dezember 2023 soll er seine Frau, die er zuvor regelmäßig kontrolliert und gestalked hatte, im Waschkeller eines Zweifamilienhauses mit insgesamt 16 Messerstichen getötet haben. Der Anklage zufolge hatte er seine Frau von hinten so heftig attackiert, dass diese zu Boden fiel und der massiven Gewalt wehrlos ausgeliefert war. Entsprechend wurde im Abschlussplädoyer eine Verurteilung wegen Mordes mit einer lebenslangen Freiheitsstrafe und der Feststellung der besonderen Schwere der Schuld gefordert.[607] Einem Schuldspruch durch das Landgericht Zweibrücken entzog sich der Gewalttäter und Vater des gemeinsamen, zum Tatzeitpunkt dreijährigen Sohnes qua Suizid.[608]

Mitte Februar 2024 lauerte ein polizeibekannter Gewalttäter seiner getrenntlebenden Ehefrau W., der Mutter seiner beiden Töchter, in Niedersachsen auf. Er erstach sie. W. hatte sich nach etlichen Gewalterfahrungen und Vergewaltigungen sowie einer Flucht in ein Frauenhaus von ihrem Peiniger getrennt.[609] Der acht Jahre ältere Täter/Töter hätte sich der 41-Jährigen nicht nähern dürfen: Nachdem er sie gestalked, mit Anrufen und Textnachrichten belästigt, sowie schriftlich mit dem Tode bedroht hatte, erstattete die Geschädigte Anzeige. Die „Zevener Zeitung" berichtet vom Prozess: „In einem Polizeibericht wurde vermerkt, dass sie ‚große Angst' gehabt habe und sich ‚nicht mehr frei bewegen' konnte. Einen Monat vor dem Tötungsdelikt ordnete ein Familiengericht an, dass sich der Ehemann seiner Frau nicht näher als 100 Meter nähern dürfe".[610] In der „Hamburger Morgenpost" wird die Verteidigungsstrategie des wegen Mordes Angeklagten beschrieben: „In einer von seiner Verteidigerin vorgelesenen Erklärung heißt es, er habe auf sie in einer ‚tragischen Kurzschlussreaktion' eingestochen. ‚Er war wie in Ekstase und nicht bei Sinnen', sagte die Anwältin".[611]

Die Länder Bayern, Hamburg, Saarland und Mecklenburg-Vorpommern setzten sich für eine weitere Verschärfung des Strafrechts gegen Stalking ein. Ihnen ist der Impuls zu verdanken, der auf der Herbstkonferenz der Justizministerinnen und Justizminister (JuMiKo) 2023 in Berlin unter „*TOP II.9 – Strafbarkeitslücke bei der heimlichen Überwachung mittels Bluetooth-Trackern und anderen Eingriffen in das Recht auf informationelle Selbstbestimmung durch Privatpersonen schließen*" folgender Beschluss gefasst wurde:

„*1. Die Justizministerinnen und Justizminister haben sich mit dem strafrechtlichen Schutz vor unbefugter Erhebung und Verarbeitung personenbezogener Daten durch Privatpersonen befasst.*

2. Sie stellen fest, dass die fortschreitende Digitalisierung insoweit Gefahren für die Persönlichkeitsrechte des Einzelnen verstärkt hat. Insbesondere seit der Einführung der Technologie von neuartigen Bluetooth-Trackern (sog. Air/SmartTags) zur Erleichterung der Suche nach leicht verlegbaren Gegenständen sind zunehmend auch missbräuchliche und kriminelle Nutzungen dieser Tracker – vor allem zur Ortung und Überwachung von Personen – zu verzeichnen.

3. Die Justizministerinnen und Justizminister sind sich darin einig, dass gegen solche erheblichen Eingriffe in das Recht auf informationelle Selbstbestimmung zur Gewährleistung eines konsequenten Opferschutzes auch mit den Mitteln des Strafrechts vorgegangen werden muss. Allerdings wird gerade das Phänomen des unbemerkten Einsatzes technischer Mittel zu Zwecken der Überwachung weder durch die bestehenden Straftatbestände des Strafgesetzbuchs noch durch solche des Nebenstrafrechts, etwa § 42 Bundesdatenschutzgesetz (BDSG), ausreichend strafrechtlich erfasst.

4. Die Justizministerinnen und Justizminister bitten daher den Bundesminister der Justiz, gegebenenfalls unter Einbindung der Bundesministerin des Innern und für Heimat, den konkreten strafgesetzgeberischen Handlungsbedarf zu prüfen und einen entsprechenden Regelungsvorschlag zu unterbreiten, um die aufgezeigte Strafbarkeitslücke zu schließen. Dabei sollte sich die Prüfung auch darauf erstrecken, ob und wie eine Modifikation und Überführung von § 42 BDSG in das Strafgesetzbuch zu Verbesserungen beim Schutz personenbezogener Daten vor Missbrauch führen kann".[612]

Laut der Polizeilichen Kriminalstatistik gab es bei den angezeigten Fällen von Stalking einen Anstieg um acht Prozent auf 23.156 im Jahr 2023 (21.436 im Jahr 2022) – in einem Fall mit Schusswaffengebrauch. Der Anteil der mit dem Tatmittel Internet begangenen Fälle lag bei 16,3 Prozent,[613] d. h. alleine im Hellfeld sind knapp 4.000 Betroffene bekannt. *„Dabei ist zu beachten, dass insbesondere der Bereich Cybercrime oftmals ein großes Dunkelfeld aufweist, da die Taten oft nicht angezeigt oder teilweise auch nicht bemerkt werden. Insofern bildet die PKS hier nur einen kleinen Teil der tatsächlichen Kriminalität ab"*, so beschreibt das Bundeskriminalamt die Aussagekraft der eigenen Daten.

Das Problem der digitalen Gewaltausübung beeinträchtigt auch den Arbeitsalltag der Mitarbeitenden in Frauenhäusern und Schutz- und Beratungseinrichtungen. Das ist u. a. an der Fortbildungsreihe *„Handlungssicher gegen digitale Gewalt"* ablesbar, die im Zeitraum von Februar bis September 2024 vom Verein Frauenhauskoordinierung aufgesetzt wurde. Geschult wurden dort u. a. *„Schutz vor Ortung und Überwachung im Frauenhaus"*, *„Schutz vor Ortung und Überwachung in Fachberatungsstellen"* sowie *„Psychosoziale Aspekte in der Beratung von Cyberstalking-Betroffenen und zur Unterstützung bei bildbasierter sexualisierter Gewalt in den sozialen Medien"*.[614]

Auf eine im Juli 2024 an das Bundesjustizministerium gerichtete Nachfrage, wie sich der Bund zur Beschlussfassung der JuMiKo positioniert, erfolgte die Rückmeldung: *„Die von der Justizministerkonferenz erbetene Prüfung, ob im Zusammenhang mit der heimlichen Überwachung mittels Bluetooth-Trackern und anderen Eingriffen in das Recht auf informationelle Selbstbestimmung durch Privatpersonen ein konkreter strafgesetzgeberischer Handlungsbedarf besteht, ist noch nicht abgeschlossen"*.[615]

Im Gegenzug zum deutschen Habitus des endlosen Aussitzens hat es in Österreich am 27. Mai 2024 ein bahnbrechendes Urteil *„Zur Haftung des Bundes für die Unterlassung von Maßnahmen zur Gefahrenabwehr"* durch den Obersten Gerichtshof (OGH) gegeben. Geklagt hatte eine Gewaltbetroffene, die nach einem Femizid-Versuch ihres Ex vom Staat Schadensersatz geltend machte: *„Bereits rund zwei Wochen vor der Tat hatte es nach einem wieder-holten gewaltsamen Übergriff durch den Täter einen Polizeieinsatz gegeben, im Zuge dessen die Polizeibeamten eine Anzeige wegen fortgesetzter Gewaltaus-übung und Körperverletzung gegen den Täter aufgenommen, aber weder ein Betretungs- und Annäherungsverbot erlassen noch Kontakt mit der (Journal-) Staatsanwaltschaft aufgenommen hatten."* In den Vorinstanzen wurde ihre Klage abgewiesen, der OGH jedoch erkannte die staatliche Mitschuld an: *„Betretungs- und Annäherungsverbote nach § 38a Sicherheitspolizeigesetz dienen dem Schutz des Gefährdeten. Das schuldhafte Unterlassen solcher Anordnungen kann daher Amtshaftungsansprüche begründen"*.[616]

Ob wir uns sicher fühlen, oder nicht, steht immer auch im Zusammen-hang mit unserer körperlichen Verfassung. Anders formuliert: Die Option, im Ernstfall fliehen zu können, ist bereits mit einem eingegipsten Fuß stark einschränkt. Das gleiche gilt für andere Krankheitsbilder. Ebenso für Kinder, Beeinträchtigte oder/und Behinderte, Schwangere und ältere Menschen, die ggf. noch nicht die körperlichen Voraussetzungen bzw. nicht mehr über die nötigen Energiereserven verfügen, um sich in einer Akutsituation eigen-ständig in Sicherheit bringen zu können.

Umso alarmierender ist ein Bericht in der *„New York Times"* aus dem Dezember 2023, in dem die Autorin Kashmir Hill in ihrem Artikel „Ihr Auto verfolgt Sie. Missbrauchende Partner vielleicht auch."[617] von mehreren Fällen in den U.S.A. berichtet, in denen die Technologie des Autos zum Nachteil von Frauen verwandt wurde. Möglich ist das durch die vernetzten Dienste für das Auto, die über eine Smartphone-App zugänglich sind. In einem Fall wird geschildert, wie der Gewalttäter seine Ex-Frau über die *„Mercedes me"*- App stalkt. Im Vertrauen darauf, dass das Auto ein geschützter Raum, ein privater Rückzugsort und auch eine Fluchtoption ist, kommen Betroffene häufig nicht auf den Gedanken, dass die Software, die die Auto-Daten ausliest, vom (Ex-) Partner als bedrohliches Stalking-Instrument missbraucht werden kann. In Deutschland scheint es für diese Form der heimlichen Überwachung noch kein Bewusstsein in der Breite zu geben, denn Mercedes bewirbt seine *„Mercedes me"*-App hierzulande ganz offen so: *„Mit der geografischen Fahrzeugüber-*

wachung werden Sie benachrichtigt, wenn Ihr Mercedes-Benz in ein von Ihnen definiertes Gebiet fährt oder dieses verlässt".[618]

Auch eine Schwangerschaft gehört zu den markanten Risikofaktoren, sie macht Mädchen und Frauen angreifbar, physisch und psychisch. Die Daten des F.O.C.G. belegen zudem, dass Gewalttäter nicht nur gegen die Frauen, sondern gnadenlos auch gegen das ungeborene Leben vorgehen.

Im September 2024 war in einer Polizeimeldung aus einem Präsidium in Nordrhein-Westfalen folgendes zu lesen: „Einem 24-jährigen (…) wird vorgeworfen, dass er versucht habe, seine Ehefrau zu töten, und einen Schwangerschaftsabbruch herbeigeführt zu haben". Das versuchte Tötungsdelikt, dessen der Syrer beschuldigt wird, misslang insofern, als das die Geschädigte den Anschlag zwar überlebte. Allerdings verlor die 23-jährige Frau wenige Tage nach dem Anschlag auf ihr Leben das ungeborene Kind und liegt seit August 2024 im Koma. [619]

Im August 2024 führte die Gewaltausübung eines Mannes in Sachsen-Anhalt wieder einmal zur Notwendigkeit eines Sondereinsatzkommandos (SEK) der Polizei. Der Täter hatte seine schwangere Partnerin „mehrfach geschlagen, bedroht und in der Wohnung eines Mehrfamilienhauses gegen ihren Willen festgehalten", so berichtete „Bild".[620] Der „Mitteldeutsche Zeitung" zufolge, hatte er der 23-jährigen Frau zudem mit dem Tod gedroht.[621] Wenige Stunden, nachdem die massiv Gewaltbetroffene verletzt befreit und zur medizinischen Versorgung in eine Klinik eingeliefert werden konnte, war der Gewalttäter wieder auf freiem Fuße, denn, so die Polizei: „Es gebe keine Anhaltspunkte für den Verdacht, dass er sich dem Verfahren entziehen wolle".[622]

Ein Landgericht in Bayern verurteilte die beiden Mörder von A., deren Leiche bis heute nicht gefunden wurde, im Juli 2024 zu lebenslanger Haft: Sowohl ihrem Ex-Lebensgefährten als auch dessen Geschäftspartner und mitausführendem Komplizen, wurden die besondere Schwere der Schuld bescheinigt. A. hatte sich bereits im März 2022 von ihrem arbeitslosen Partner, der seinen überzogenen Lebensstandard vorwiegend mit ihrem Geld finanzierte, getrennt. Sie gilt seit Anfang Dezember 2022 als vermisst. Kurz vor ihrem Verschwinden hatte sie einen Finanzbetrug ihres Ex-Partners angezeigt, die entsprechende Gerichtsverhandlung stand unmittelbar bevor. Zum Zeitpunkt ihrer Ermordung war die 39-jährige Bankmanagerin von ihrem neuen Lebensgefährten im achten Monat schwanger. In der Prozessberichterstattung des „BR" ist dazu zu lesen: „Da A. (…) zum Zeitpunkt ihres Todes hochschwanger war, käme die Tat einem Doppelmord nahe, sagte der Vorsitzende Richter. Ihr ungeborener Sohn sei bei einer Frühgeburt überlebensfähig gewesen. Das Pflegekind der Verschwundenen leide bis heute unter dem Verlust der Mutter. ‚Sie wacht nachts auf, weint, ruft nach der Mama, nach A. (...)', so der Richter".[623] Beide Mörder haben gegen ihre Verurteilung Revision eingelegt, beide erfolglos.

Im April 2024 verletzte ihr Partner eine 28-jährige Frau in einer Wohnung in Nordrhein-Westfalen schwer mit einem Messer. Ermittelt wurde gegen den Gewalttäter wegen „gefährlicher Körperverletzung in Tateinheit mit versuchtem, besonders schwerem Schwangerschaftsabbruch".[624] Durch puren Zufall überlebte die werdende Mutter diese Messerattacke.[625]

In einer Tankstelle in Bayern beleidigte und bedrohte ein Mann im Februar 2024 seine 26-jährige Ex-Freundin. Er bespuckte sie, stieß sie bei ihrem Fluchtversuch zu Boden und entriss ihr das Handy, mit dem sie einen Notruf absetzen wollte. Dann attackierte er die Schwangere hinterrücks mit einer mitgebrachten Fleischergabel und verletzte sie.[626] „Bild" berichtet dazu: „Er ist offenbar schon mehrmals wegen Gewalttaten gegen Frauen polizeilich aufgefallen".[627]

Ende Oktober 2023 lauerte ein Mann seiner Freundin J. in Nordrhein-Westfalen auf und erstach die 35-Jährige auf offener Straße. J. war im vierten Monat schwanger von ihm: Sie und ihr ungeborenes Kind, starben nach dem Messerangriff auf dem kalten Asphalt.[628] Die 21. Große Strafkammer am zuständigen Landgericht sah das Mordmerkmal der Heimtücke als nicht erfüllt an. Verurteilt wurde der bereits vorbestrafte, ursprünglich wegen Mordes Angeklagte, zu einer 12-jährigen Haftstrafe wegen Totschlags. J. hinterließ eine Tochter und einen Sohn (zum Tatzeitpunkt laut Presse 12 und 16 Jahre) aus einer früheren Beziehung.[629]

Mitte September 2023 wurde die Polizei zu einem Einsatz gerufen, weil ein Mann in Berlin seine schwangere Partnerin gezielt und mehrfach gegen ihren Kopf und ihren Babybauch geschlagen hatte.[630]

In Hessen tötete ein Mann Anfang 2023 die 37-jährige Freundin seines Vaters, indem er mit einem Fleischermesser 14-mal auf ihren Brust- und Bauchbereich einstach. Die werdende Mutter war im sechsten Monat schwanger, als sie verblutete und auch ihr ungeborener Fötus verstarb.[631]

Auch Prostitution ist ein Hochrisikofaktor. Anlässlich der 56. Tagung des UN-Menschenrechtsrates im Juli 2024 wurde der Bericht *„Prostitution und*

Gewalt gegen Frauen und Mädchen" veröffentlicht. Die Autorin, UN-Sonderberichterstatterin zu Gewalt gegen Frauen und Mädchen, ihre Ursachen und Folgen, Reem Alsalem, stellt darin klar, dass die Begriffe *„Sexarbeit"* und *„Sexarbeiterin" „im internationalen Recht weder anerkannt noch definiert sind. Darüber hinaus stellen sie Prostitution fälschlicherweise als eine Tätigkeit dar, die genauso wertvoll und würdig ist wie jede andere Arbeit; sie unterschlagen die schweren Menschenrechtsverletzungen, die das Prostitutionssystem kennzeichnen, und vermitteln ein irreführendes Bild von den Opfern und dem, was sie erleben".*[632]

Weiter führt Reem Alsalem an: *"Frauen und Mädchen, die mit vielfältigen und sich überschneidenden Formen von Diskriminierung und Ungleichheit konfrontiert sind, gehören zu denjenigen, die am ehesten in die Prostitution einsteigen, ihr nachgehen oder in ihr verbleiben und somit am stärksten Gewalt ausgesetzt sind. Behinderung, Alter, soziale Schicht, Rasse oder ethnische Zugehörigkeit, Migrations- und Rechtsstatus, sexuelle Orientierung und Geschlechtsidentität sind Faktoren, die das Risiko, in die Prostitution einzusteigen, erhöhen. Infolgedessen haben prostituierte Frauen und Mädchen oft einen irregulären Status und keinen Zugang zu wirksamer Unterstützung, Schutz, Dienstleistungen oder Möglichkeiten zur Sicherung des Lebensunterhalts. Viele sind obdachlos oder haben eine unsichere Unterkunft, aus der sie häufig vertrieben werden. Viele von ihnen leiden unter Armut, hatten eine schwierige Kindheit, leben in ärmlichen Verhältnissen und nehmen Drogen, haben nur eine begrenzte oder gar keine Ausbildung und müssen gleichzeitig für ihre Familien sorgen. Viele werden mit fiktiven oder lukrativen Jobangeboten oder finanziellen Anreizen im Austausch für sexuelle Handlungen getäuscht. Eine große Mehrheit war in jungen Jahren Opfer von sexueller und körperlicher Gewalt, hat eine Vorgeschichte von sexuellem und körperlichem Missbrauch, Vernachlässigung oder Misshandlung, einschließlich Inzest. Alle diese Bedingungen erhöhen das Risiko von Ausbeutung, sexuellen Übergriffen und Nötigung".*

Dem Einkauf von sexuellen Handlungen liegt ein Machtgefälle zugrunde, das zum einen auf Geld (= Macht), zum anderen vielfach auf der körperlichen Überlegenheit (= Kontrolle) der Käufer oder/und Zuhälter basiert. Auch wenn die *„Leistung"* im Vorfeld besprochen und ggf. durch Vereinbarungen oder ein Code-Wort eingegrenzt wurde: In der Regel haben Mädchen und Frauen, deren Grenzen von Freiern oder/und Zuhältern überschritten werden, keine Chance, ihre Rechte, ihre körperliche Unversehrtheit oder ihre Sicherheit durchzusetzen. Tötungsdelikte gegen Prostituierte sind auffallend häufig gekennzeichnet von Verurteilungen wegen Totschlags, nicht wegen Mordes.

Ende November 2021 erwürgte ihr Lebensgefährte die zum Tatzeitpunkt 25-jährige L. in Bayern. Anschließend entsorgte er ihre Leiche im öffentlichen Raum, am See und zündete diese an. Die verscharrte Leiche von L. wurde nach Monaten zufällig, bereits skelettiert, von einem Spaziergänger mit Hund entdeckt. L. hatte mit dem Gewalttäter zwei gemeinsame Kinder im Alter von vier und sechs Jahren. In seiner Verteidigung führte der Täter/Töter an, er habe nicht gewollt, dass L. sich prostituierte. Unter der Vorsitzenden Richterin wurde der Täter am Landgericht München wegen Totschlags zu zwölf Jahren Haft verurteilt.[633]

Die Leiche der 35-jährigen Altenpflegerin und Gelegenheitsprostituierten S. wurde Mitte Mai 2022 zufällig von einer Spaziergängerin entdeckt. Einer ihrer Freier, ein Familienvater Anfang 30, hatte sie erwürgt und nackt im Wald entsorgt. Die Prozessberichterstattung des NDR dazu: „Der Angeklagte hatte sich mit der Frau an jenem Abend aus· Frust verabredet. Er hatte seinen Job verloren und Streit mit seiner Freundin. Eigentlich hätte er die Wohnung gar nicht verlassen dürfen, er war mit Corona infiziert. Doch er ging erst zum Biertrinken zu einem Freund, dann verabredete sich übers Internet zum Sex mit der Gelegenheitsprostituierten".[634] In einem Artikel des „Hamburger Morgenblatt" wurde die Tat vom Vorsitzenden Richter am Landgericht Hamburg so bewertet, dass sie eine Folge eines „fatalen, durch nichts zu rechtfertigenden Gewaltausbruchs" sei, wobei die Tat aus dem Nichts gekommen sei. Weiter habe der Richter erklärt, dass der Täter die Frau aus einem „Impulskontrollverlust" heraus an den Armen gepackt, ihr den Mund zugehalten und sie schließlich gewürgt habe, bis sie sich nicht mehr gerührt habe. Die Frau habe sich zuvor verzweifelt gegen die Gewalt des Mannes gewehrt, doch sei sie dem 1,88 Meter großen und damals 140 Kilogramm schweren Mann körperlich deutlich unterlegen gewesen und schließlich erstickt.[635] Der Gewalttäter stellte sich selbst als Opfer dar, seine Verteidigung forderte einen Freispruch wegen Notwehr. Die Verurteilung durch das Gericht erging wegen Totschlags zu neun Jahren Haft unter Berücksichtigung einer verminderten Steuerungsfähigkeit des Gewalttäters. Dazu lautete die Einordnung im „NDR"-Artikel: „Das Gericht minderte die Strafe etwas, weil er in einem – so die juristische Formulierung – ‚affektiven Impuls' gehandelt habe."

Anfang September 2022 erschlägt ihr Freier eine 27-jährige Frau in Berlin mit einer Axt.[636]

Ende Oktober 2022 wurde die zum Tatzeitpunkt 27-jährige A., verheiratete Mutter von Zwillingen, in Hessen vermisst gemeldet. Sie hatte eine Ausbildung zur Altenpflegerin gemacht und am Wochenende in einem Club als Animierdame und Prostituierte gearbeitet. „Bild" schrieb über ihren 17 Jahre älteren Mörder: „Nach mehreren Treffen soll der Beschuldigte der Frau seine Liebe gestanden, sie für sich beansprucht haben. Obwohl die Frau ihm zu verstehen gegeben hatte, dass sie es ‚langsam angehen' wolle, soll der Mann sich besitzergreifend und eifersüchtig verhalten, ihr nachgestellt haben".[637] Im Zuge der Prozessberichterstattung berichtete „n-tv", dass die Staatsanwältin erklärt habe, das Opfer habe sich geweigert, dem Mann zuliebe die Prostitution aufzugeben. Aus einem Mix aus Kontrollwahn, Besitzdenken und Eifersucht habe der Mann gehandelt und A. in seiner Wohnung zunächst mit einem Messer verletzt und sie anschließend erwürgt.[638] Trophäengleich bewahrte er A.'s Leiche mehr als ein halbes Jahr lang dort auf.[639]

Dieser Mörder war polizeibekannt, bereits 2005 stand er in Hessens Landeshauptstadt vor Gericht. Dazu berichtet die „FAZ": „der Fall weist viele Parallelen zum aktuellen Verfahren auf. Auch damals hatte er sich in eine Prostituierte verliebt, die er im Bordell kennenlernte. Als die Frau ihm nach einigen Wochen sagte, sie wolle nur eine Freundschaft, weil sie lesbisch sei, konnte er das nicht akzeptieren. (…) Er fuhr zu ihrer Wohnung (…) und trat die Tür ein. Dann stach er auf die Frau ein und stieß sie aus dem Fenster. Schwerverletzt überlebte sie den Sturz aus neun Metern Höhe. Weil damals ein Gutachter im Prozess am Landgericht (…) den Mann nicht für schuldfähig erklärte, wurde er im Maßregelvollzug in einer forensischen Psychiatrie untergebracht. (…) 2008 wurde er schließlich entlassen und stand fünf Jahre lang unter Führungsaufsicht".[640]

Ein deutscher Freier tötete die zweifache Mutter M. Anfang November 2022 in einem Hotel in Sachsen. Er tötete sie mit vier Messerstichen in Hals und Oberkörper und ließ sie verbluten. Die „Leipziger Volkszeitung" berichtete von der Urteilsverkündung: „Unklar blieb aus Sicht des Gerichts das Motiv. Während die Staatsanwaltschaft von Wut ausging, weil M. (…) seinen Wunsch nach Heirat ablehnte, vermuteten die Richter eine tiefe Kränkung und Demütigung. Sein ganzes Leben lang habe sich D. (…) nach einer Beziehung gesehnt und auch schon vorher Kontakte im Prostituiertenmilieu unterhalten".[641]

In Berlin wurde Mitte April 2023 in einem Bordell eine Frauenleiche entdeckt. Ein ehemaliger Profiboxer hatte die 55-jährige Prostituierte totgeschlagen und -getreten.[642] Das Landgericht Berlin verurteilte den Gewalttäter wegen Raubes mit Todesfolge zu sieben Jahren Haft. Bei „rbb24" war dazu zu lesen: „Geplant gewesen sei, die Frau nicht erheblich zu verletzen. Der ehemalige Thaiboxmeister habe der 55-Jährigen aber mehrere Verletzungen zugefügt und leichtfertig den Tod des Opfers verursacht. Die Frau starb in der Folge im Wohnungsbordell. Mordmerkmale sahen die Richter nicht. Die beiden nicht vorbestraften Männer seien ‚nicht die skrupellosen Gewaltverbrecher', hieß es".[643]

In Hessen stach ein 13-Jähriger Anfang Oktober 2023 mit einem Messer auf eine 25-jährige Frau ein und verletzte sie schwer. Der minderjährige Gewalttäter ist zum Tatzeitpunkt noch strafunmündig, kann für seine Tat also nicht belangt werden. Der „SWR" berichtete zu dem Femizidversuch: „Hintergrund des Treffens war laut den Ermittlern eine „sexuelle Beziehung" des 13-Jährigen zu der 25-jährigen Frau. Die Staatsanwaltschaft Darmstadt schließt nicht aus, dass die Frau eine Prostituierte ist. Wie die Staatsanwaltschaft (…) auf SWR-Anfrage mitteilt, prüft sie derzeit, ob sich auch die Frau strafbar gemacht haben könnte, und zwar wegen eines Sexualdeliktes".[644]

Ende November 2023 wurde in Rheinland-Pfalz eine gewaltsam getötete 31-jährige Frau aufgefunden. Ihr Schicksal beschrieb der „SWR" so: „Die Frau war laut Staatsanwaltschaft offenbar als Prostituierte tätig und wies bei Eintreffen des Notarztes schwerste Verletzungen am ganzen Körper auf. Nach dem vorläufigen Ergebnis der Obduktion müsse davon ausgegangen werden, dass sie über einen längeren Zeitraum immer wieder massiv misshandelt und ‚regelrecht zu Tode gequält' worden sei".[645] Im selben Artikel äußerte sich der Leitende Staatsanwalt dahingehend, dass die sichergestellten Fotos wie auch das äußere Erscheinungsbild des gequälten Opfers selbst für erfahrene Ermittler verstörend seien und eine menschenverachtende Grausamkeit, die erschütternd und abstoßend ist, offenbaren.

Im Juni 2024 übergoss ein Gewalttäter in Schleswig-Holstein seine 26 Jahre jüngere Ex-Ehefrau mit einer Flüssigkeit und fügte ihr so großflächige Verätzungen, vor allem im Gesicht und am Oberkörper zu.[646] „Bild" schrieb, dass die 26 Jahre jüngere Frau kurz vor dem Säureanschlag nach Kiel gezogen war, wo sie in einem Eros-Center der Prostitution nachgegangen sei.[647] In Italien werden

Säureattentate seit 2019 nach dem „Codice Rosso" besonders hart bestraft – in Deutschland hingegen beläuft sich der Vorwurf der Anklage bislang nur auf schwere Körperverletzung.[648]

Seit Anfang August 2024 galt die 33-jährige K. in Bayern als vermisst. Die Polizei bat öffentlich um Hinweise aus der Bevölkerung, sie ging von einem Gewaltverbrechen aus. K. war als Prostituierte tätig. Wenige Tage später wurde Haftbefehl gegen einen von K.'s Freiern, einen 73-jährigen Deutschen, ausgestellt.[649] Der Senior ist bereits wegen 21 weiterer Delikte vorbestraft.[650] Gegen ihn wurde bereits im Jahr 1994 ermittelt, schon damals geriet er unter den polizeilichen Verdacht, in das Verschwinden der damals 32-jährigen S. aus Bayern involviert zu sein.[651]

Selbst die flammende Befürworterin legaler Prostitution, die unter dem Pseudonym Salomé Balthus arbeitende Hanna Lakomy, erkannte im Juni 2024 die jobbedingte Gefahr an, der auch sie sich kontinuierlich aussetzt: *„Ich habe einen gefährlichen Beruf. Ich habe einige ehemalige Kunden, Stalker; dem einen oder anderen davon halte ich es für möglich, er könnte eines Tages mein Mörder werden",*[652] so schrieb sie in ihrer Kolumne in der *„Berliner Zeitung".*

Besonders vulnerabel – und damit besonders gefährdet – sind Frauen, die aufgrund einer oder mehrerer Eigenschaften leicht in ein Abhängigkeitsverhältnis zu ihren Peinigern geraten können. Dazu gehören Mädchen und Frauen mit Migrationsgeschichte und Fluchterfahrung, von Obdachlosigkeit Betroffene, Mädchen und Frauen in prekären finanziellen Lagen (oft Studentinnen oder/und Alleinerziehende), aber auch Mädchen und Frauen mit Beeinträchtigung bzw. Behinderung.

Auf eine im Juni 2024 an die Sozialministerien aller 16 Länder gerichtete Anfrage danach, wie viele rollstuhlgerechte Schutzplätze jeweils für von Gewalt betroffene Frauen vorgehalten würden, reagierten Baden-Württemberg, Niedersachsen, Sachsen, Berlin, Brandenburg, Schleswig-Holstein, Hamburg, Mecklenburg-Vorpommern und das Saarland nicht.

Bremen hält laut Eigenauskunft 24 Plätze vor (entspricht 3,5 auf 100.000 Einwohnerinnen), Sachsen-Anhalt vier Plätze (entspricht 1,8 auf 100.000) und Rheinland-Pfalz ebenfalls vier (entspricht 1,2 auf 100.000).

Die Antwort aus dem Ministerium für Kinder, Jugend, Familie, Gleichstellung, Flucht und Integration des Landes Nordrhein-Westfalen lautete: *„die von Ihnen angefragte Information kann ich Ihnen leider nicht zur Verfügung stellen"*.

Das Bayerisches Staatsministerium für Familie, Arbeit und Soziales schrieb zurück: *„Die Anzahl der rollstuhlgerechten Plätze in den staatlich geförderten Frauenhäusern ist dem StMAS nicht bekannt"*. [653]

Hessens Ministerium für Arbeit, Integration, Jugend und Soziale reagierte so: *„Die Anzahl der rollstuhlgerechten Schutzplätze für von Gewalt betroffene Frauen wird im Rahmen der hessischen Landessozialberichterstattung nicht erhoben"*.

Auch aus dem Thüringer Ministerium für Arbeit, Soziales, Gesundheit Frauen und Familie kam eine Rückmeldung: *„noch keine rollstuhlgerechten Plätze vorhanden"*.

Viele Straftaten gegen beeinträchtigte oder behinderte Mädchen und Frauen geschehen abseits jeder Wahrnehmung und Statistik, weil die Betroffenen schlichtweg keine Flucht- oder/und Anzeigeoption haben.

Ende Mai 2024 wurde an einem Amtsgericht in Brandenburg der Straftatbestand „Gefährliche Körperverletzung" verhandelt. Seit einem schweren Verkehrsunfall im Jahr 2021, bei dem sie ein schweres Schädelhirntrauma erlitten hatte, ist A. schwerbehindert. Sie bezeugte unter Tränen und am ganzen Körper zitternd, dass ihr Exfreund, den sie seit Jugendtagen kennt, sie Mitte April 2023 so lange mit ihrem Schlüsselhalsband gewürgt hat, bis ihr die Luft wegblieb. Selbst, als sie am Boden lag, ließ er nicht von ihr ab, sondern schlug mit seinen Fäusten gegen ihren Kopf und zog sie an den Haaren. Schließlich nahm er ihr das Handy ab, wohlwissend, dass sie ohne dieses kaum lebensfähig sei. Ihr Peiniger hingegen stellte sie als „schwierig" dar und behauptete, sie habe Impulskontrollstörungen, werde dann handgreiflich und ausfallend, sodass er sich vor ihr schützen müsse.[654]

Im März 2024 wurde C. das letzte Mal in ihrer Wohnung in Sachsen gesehen, seitdem gilt die unter Depressionen leidende Frau als vermisst. Die Suche nach der 43-Jährigen mit Fährtenhund, Helikopter und per Öffentlichkeitsfahndung blieb bislang erfolglos. „Bild" berichtete zu dem Fall: „Nun sagt Oberstaatsanwalt (...): „Die Staatsanwaltschaft (...) und die Polizeidirektion Dresden ermitteln in diesem Sachverhalt aufgrund eines bestehenden Anfangsverdachts wegen des Verdachts des Totschlags gegen Unbekannt".[655]

Ende Februar 2024 wurde die Leiche einer 22-jährigen Frau auf einem Außenge-lände einer Behinderteneinrichtung in Nordrhein-Westfalen entdeckt. Sie hatte in eben dieser Einrichtung gearbeitet und war nicht, wie erwartet, von dort nach Hause gekommen. Unter dringendem Tatverdacht steht ihr fünf Jahre älterer Arbeitskollege.[656]

Die 18 Jahre junge J. wurde erschlagen aufgefunden, ihre nackte Leiche war im öffentlichen Raum liegengelassen worden. J. lebte in einer Einrichtung für Behinderte in Mecklenburg-Vorpommern, bevor sie seit Anfang Dezember als vermisst galt. „Bild" berichtete: „‚Die junge Frau starb durch stumpfe Gewalt, wies aber auch mehrere Stichverletzungen auf', Opfer und Täter kannten sich. ‚Eine Verbindung bestand durch die Behinderteneinrichtung', so die Polizeisprecherin".[657]

Merkmale einer besonderen Vulnerabilität sind neben den bereits angeführten auch die illegale Ausbeutung, bspw. im Zusammenhang mit Menschenhandel oder/und Zwangsarbeit. Je schwächer die Position der Frau im Beziehungs-gefüge ist, desto gefährdeter ist sie insbesondere dann, wenn sie sich dem Machtgefälle, d. h. der männlichen Dominanz widersetzt. Eine sich zuneh-mend häufiger abzeichnende Form der Gewaltausübung in Deutschland sind Entführungssituationen bzw. eine rechtswidrige Freiheitsberaubung unter Todesandrohungen gegen die betroffenen Frauen und ihr(e) Kind(er). Die Gefährdungslage der Betroffenen ist direkt mit der Quantität ihrer Vulnerabi-litätsmerkmale verknüpft.

In Niedersachsen entführte ein Gewalttäter Ende August 2023 seine 31-jährige Ex-Freundin nach Hamburg. Die „Morgenpost" beschrieb den Freiheitsentzug folgendermaßen: „Er soll direkt ein Messer gezückt und seine Ex-Freundin auf die Rückbank seines Autos gedrängt haben, in dem zwei seiner Begleiter saßen. Schon im Auto sei er auf sie losgegangen, habe ihr in den Arm gebissen und so fest mit dem Finger in ihr linkes Auge gedrückt, bis es blutete".[658] In Hamburg wurde die Frau fünf Tage lang misshandelt, mit dem Tode bedroht und vergewal-tigt. Der bereits wegen Körperverletzung und anderer Gewaltdelikte, u. a. Verge-waltigung, einschlägig vorbestrafte Täter tätowierte der Frau gegen ihren Willen seinen Namen ein. „Sie haben sie wie ein Stück Vieh auf einer Ranch in Texas mit einem Brandzeichen versehen", wird der Vorsitzende Richter in der Prozessbe-richterstattung bei „T-online" zitiert.[659] Im Bericht von „Fokus" wurde erwähnt, dass der Angeklagte die 21-Jährige nach der Ankunft in Hamburg zunächst in der Wohnung eines Freundes festgehalten haben soll. Dort habe sie sich auf einen Stuhl setzen müssen, so die Anklage. Anschließend habe er ihr mit dem Fuß so heftig in die linke Gesichtshälfte getreten, dass sie vom Stuhl gefallen sei. In seiner Wohnung an der Elbchaussee habe der Angeklagte der erheblich verletzten und verängstigten Frau Messer und Pfefferspray vorgehalten und ihr damit klargemacht, dass Fluchtversuche zwecklos seien. Es wurde außerdem berichtet, dass sie sich ausziehen und auf das Bett legen musste. Mindestens drei bis vier Mal habe er sie vergewaltigt. Zudem habe er gedroht, sie mit den Füßen in der Wohnung aufzuhängen, sie mit heißem Wasser zu übergießen, ihr die Gliedmaßen abschneiden und ihr eine Machete in den Kopf rammen zu wollen. Laut eines weiteren Anklagepunktes habe er der 21-Jährigen die Hände gefesselt und sie mit Klebeband geknebelt. Danach habe er sie mit einem Ledergürtel geschlagen. Bei einer weiteren Tat habe er sie so stark gewürgt, dass sie die Orientierung verloren habe. [660] Das Landgericht Hamburg verurteilte diesen Täter wegen Vergewaltigung, Körperverletzung, Freiheitsberaubung, Nötigung und Bedrohung zu neun Jahren Haft mit anschließender Sicherungsverwahrung.[661] Im Artikel der „Morgenpost" zur Urteilsverkündung wurde ausgeführt: „Den Angeklagten beschrieb der Richter in seiner Urteilsbegründung als ‚rücksichtslos, parasitär, manipulativ'. Im Dezember 2022 hatten J. (…) und die junge Frau sich kennengelernt, kurze Zeit prostituierte sie sich für ihn. Als sie merkte, dass er sie nur ausnutzte, hörte sie wieder auf. Dadurch kam es zum Streit und später auch zur Trennung".[662]

Nachdem sich im November 2023 ein bewaffneter Vater mit seinem Kind und der Kindsmutter in einem Haus verschanzte, kam es in Brandenburg zu einem 36 Stunden dauernden Großeinsatz, an dem laut Innenministerium insgesamt 270 Kräfte beteiligt waren – unter anderem auch die GSG 9. Dass Mutter und Kind das Haus unbeschadet haben verlassen können, grenzte an ein Wunder, denn der Gewalttäter aus dem Reichsbürgermilieu feuerte mit einer Maschinenpistole auf die Einsatzkräfte.[663] Für die Schusswaffen lag keine Lizenz vor, „Vor Ort wurden auch Handgranaten, ein Sturmgewehr, Maschinenpistolen, zwei weitere Pistolen und sonstige Waffen gefunden, dazu Munition" wird im selben Artikel des „rbb" berichtet.

Im Januar 2024 wurde ein Deutscher vom Landgericht Hamburg zu 13 Jahren Haft verurteilt, weil er seine Ex-Partnerin zweimal entführt und bedroht hatte. Mitte April 2020 lockte der Gewalttäter die damals 39-Jährige in Hamburg in sein Auto, fuhr mit ihr in einen Wald in Niedersachsen, um sie dort mit Schlägen und Todesdrohungen zur Fortsetzung der 23-jährigen Beziehung zu zwingen, obwohl sie sich trennen wollte. Er schüchterte sie ein. Dennoch erstattete sie Strafanzeige. Nur sechs Tage später lauerte er ihr unter Mithilfe seines Sohnes und dessen Freundes auf und entführt sie erneut. Dazu schrieb die „Morgen-post": „Am (…) 2020 sollen die drei Männer der Frau in der Tiefgarage ihrer Wohnung aufgelauert haben. Die 39-Jährige sei in Begleitung des gemeinsamen Sohnes gewesen. Der damals 18-Jährige habe sich vor seine Mutter gestellt. Die Angeklagten sollen ihn zu Boden geschlagen und mit der Frau davonge-fahren sein. Nach sechs Tagen befreite die Polizei die Frau (…) und nahm den 54-Jährigen fest".[664]

Der Geistesgegenwart eines Zeugen war es zu verdanken, dass die von einem Gewalttäter gestartete Entführung seiner Ex-Ehefrau Ende Juli 2024 in Bayern scheiterte. Nachdem er die 51-Jährige bewusstlos geschlagen und in seinen Kofferraum verfrachtet hatte fuhr er mit seinem Auto los. Die Zeugenan-gaben bei der Polizei führten zu einem sofort ausgelösten Großeinsatz und nur wenige Minuten nach dem Notruf zu einer vorläufigen Festnahme des Gewalt-ausübenden, während die befreite Schwerverletzte medizinisch versorgt werden konnte.[665]

Nach einem Gewalttäter wurde ab Mitte August 2024 in Baden-Württemberg gefahndet, u. a. mit einem Polizeihubschrauber. „Eine Frau aus Köln war nach Gewalterfahrungen durch ihren Ex-Ehemann zu ihren Eltern (…) umgezogen. Der Mann war offenbar am Mittwoch (…) angereist und hat die Frau (…) aufge-sucht", so berichtete die „Badische Zeitung" zu dem Femizidversuch.[666] Der bereits mehrfach wegen Häuslicher Gewalt polizeilich in Erscheinung Getretene überraschte seine fünf Jahre jüngere Ex-Frau trotz eines bestehenden Annähe-rungsverbots am Abend, schlug auf sie ein, trat sie und fügte ihr mit einem Messer Verletzungen zu. „Die 39-Jährige musste danach in einer Klinik versorgt werden". [667]

In Sachsen-Anhalt wurde im September 2024 ein Mann verhaftet, nachdem er, gemeinsam mit einem Komplizen, versucht hatte, seine Frau zu entführen.[668]

II. Deutsche Femizide

Waffenbesitz und Substanzmissbrauch

Seit Beginn der Femizid-Analysen durch das F.O.C.G., seit Januar 2019, ist der am häufigsten verwandte Modus Operandi im Kontext deutscher Femizide durchgängig das Erstechen, sei es mit Messer(n) oder anderem/n Stichwerkzeug(en). Dem folgen Angriffe auf die Luftzufuhr an zweiter Stelle, d. h. das Erwürgen, Erdrosseln oder Ersticken. An Position drei der Tötungsarten steht, seit Jahren unverändert, der Einsatz von Schusswaffen. Erst dann folgen Tötungsdelikte durch Erschlagen. Diese Reihenfolge in der Art des Tötens ist seit sechs Jahren unverändert.

Mit dem Ziel, jemand anderen einzuschüchtern, kann ein Gebrauchsgegenstand, wie ein Messer leicht zweckentfremdet werden, bspw. in dem es, verbale Drohungen verstärkend, direkt auf eine andere Person ausgerichtet wird.

Im Unterschied dazu handelt es sich bei Schusswaffen um Instrumente, die zu keinem anderen Zweck, als zum fokussierten Verletzten oder/und Zerstören produziert wurden – seien es Zielkarten, Wurfscheiben, Tonformen, Tiere oder Menschen. Mädchen und Frauen müssen dafür sensibilisiert werden, dass Waffenbesitz immer eine lebensbedrohliche Gefahr bedeutet, insbesondere dann, wenn die Schusswaffe(n) im Haushalt gelagert bzw. gesammelt wird bzw. werden. Denn trotz rigider Schutzverordnungen und Gesetze steigt die Zahl deutscher Femizide, bei denen die Gewalttäter Schusswaffen als Tötungsinstrument nutzen, kontinuierlich an.

Neben der Verlagerung in den öffentlichen Raum ist hierzulande ein weiterer Trend bei den gezielten Tötungen von Frauen feststellbar: Die Zahl der Femizide, bei denen Täter bereits vor ihren auffallend brutalen Gewalttaten auffällig bzw. polizeibekannt bzw. aktenkundig waren, steigt rapide an.

Alle drei Kriterien treffen bspw. zu auf die Femizide von Lautlingen im Juli 2024 (Baden-Württemberg), von Scheeßel/Bothel im März 2024 (Niedersachsen) und von Mörfelden-Walldorf (Hessen) im Januar 2024.

Ebenso auf den Femizid vom September 2023 in Nordrhein-Westfalen, bei dem ein Gewalttäter die obdachlose, 57-jährige M. in aller Öffentlichkeit mit einem Kopfschuss tötete – der vorbestrafte Gewalttäter war legal im Besitz scharfer

Waffen, in „Bild" wurde die zuständige Staatsanwältin dazu zitiert: „Wir haben mehrere Waffen sichergestellt, darunter auch die mutmaßliche Tatwaffe".[669]

In Niedersachsen vollzog ein Jäger im Mai 2023 eine öffentliche Hinrichtung gegen seine zum Tatzeitpunkt Noch-Ehefrau. Der Gewalttäter verfügte über eine waffenrechtliche Erlaubnis. Er war 15 Jahre älter als die 58-Jährige K., die er auf offener Straße erschoss.[670] Einem Online-Jagdmagazin zufolge hatte K. erst kurz zuvor eine Krebserkrankung überstanden. Das Interessenvertretende Magazin positionierte sich anlässlich des Femizids gegen K. außerordentlich deutlich: „Die erschreckenden Meldungen über Jagdunfälle und Tötungsdelikte mit Jagdwaffen zeigen: Es ist höchste Zeit, die Hobbyjagd abzuschaffen! Tödliche Schusswaffen gehören nicht in die Hände von Hobby-Jägern, die damit völlig unkontrolliert umgehen können!".[671]

Auch bei dem im öffentlichen Raum ausgeführten Femizid gegen die 50-jährige A. im März 2023 in Hessen verfügte der Gewalttäter, der zudem den gemeinsamen Hund erschoss, „Bild" zufolge über eine Waffenbesitzkarte.[672]

Jeweils von ihrem (getrennten) Ehemann bzw. Lebensgefährten erschossen wurden

* in Schleswig-Holstein im September 2024 eine 55-Jährige [673]
* in Bayern im Januar 2024 eine 85-Jährige[674]
* in Bayern im Oktober 2023 eine 81-Jährige[675]
* in Nordrhein-Westfalen im Oktober 2023 eine 73-Jährige und der Familienhund[676]
* in Baden-Württemberg im September 2023 eine 84-Jährige[677]
* in Nordrhein-Westfalen im September 2023 eine 50-Jährige[678]
* in Nordrhein-Westfalen im September 2023 eine ca. 70-Jährige[679]
* in Niedersachsen im August 2023 eine 44-Jährige[680]
* in Brandenburg im Juli 2023 eine 82-Jährige[681]
* in Berlin im Juni 2023 eine72-Jährige[682]
* in Bayern im Mai 2023 eine78-Jährige[683]
* in Brandenburg im Mai 2023 eine 40-Jährige[684]
* in Rheinland-Pfalz im März 2023 eine 59-Jährige[685]
* in Sachsen-Anhalt im März 2023 eine 59-Jährige[686]
* in Rheinland-Pfalz im Februar 2023 eine 48-Jährige[687]

II. Deutsche Femizide

Ende Oktober 2023 erschoss ein Sohn seine 69-jährige Mutter in Berlin.[688]

Beim Femizid im Saarland gegen eine 43-jährige Frau Mitte Januar 2024 war der Täter, der eine Schrotflinte verwendete, Mitglied eines Schützenvereins.[689]

Teilweise lebensgefährlich verletzt haben Anfang Juni 2024 zwei Frauen und zwei Männer in Nordrhein-Westfalen[690] und Ende April 2024 eine Frau in Bayern[691] jeweils die Schüsse eines bereits auffälligen Gewalttäters überlebt.

In Baden-Württemberg bedrohte ein 53-Jähriger im Mai 2024 seine ehemalige, 12 Jahre jüngere Partnerin. Ein Spezialeinsatzkommando nahm den Gewalttäter fest, davon ausgehend, dass er im Besitz einer Schusswaffe sei und die Frau damit bedrohte, um sie am Verlassen der Wohnung zu hindern.[692]

Die unbefugte Nutzung seiner Dienstwaffe diente einem Gewalttäter in Hessen dazu, seine zum Tatzeitpunkt 23-jährige Lebensgefährtin G. Mitte Mai 2024 zu erschießen.[693]

Im Juli 2024 erschoss ein Mann in Rheinland-Pfalz seine 84-jährige Ehefrau.

Teile der Presse vernebelten den Femizid, indem sie den Täter nicht als Verursacher des Verbrechens benannten. „Tag 24" titelte: „Polizei steht vor Rentner-Rätsel: Hat 88-Jähriger seine Ehefrau erschossen?" und beschrieb das geschlechtsspezifische Tötungsdelikt als „Beziehungstat".[694] Die Headline der „Zeit" ließ Raum für Spekulationen zu eventuell beteiligten Dritten: „Polizei findet schwerverletztes Ehepaar – Frau stirbt". Auch die „DIE RHEINPFALZ" blieb vage: „(…) 84-Jährige tot, Ehemann schwer verletzt".[695]

Dabei ließ die offizielle polizeiliche Mitteilung keinen Zweifel an der Täterschaft des betagten Gewalttäters: „Nach den bisherigen Ermittlungen gehen Staatsanwaltschaft und Polizei davon aus, dass der Mann seine Frau mittels einer Schusswaffe tödlich verletzte und anschließend sich selbst Verletzungen zufügte".[696]

Auch dieser Täter hat sich im Anschluss an die Tötung seiner Frau qua Suizid der gerichtlichen Aufarbeitung entzogen.[697]

Anfang Oktober 2024 rückte in Nordrhein-Westfalen ein Sondereinsatzkommando wegen einer Gefahrenlage aus: In einem Mehrfamilienhaus hatte ein Gewalttäter seine 69-jährige Ehefrau R. erschossen. Diese hatte bereits vor dem Femizid Angst vor ihrem Mann, den „Bild" als „Waffennarr" beschrieb.[698]

Auch zu diesem Femizid wurde nicht über das Leid der getöteten Frau berichtet, sondern lediglich den Befindlichkeiten des Todesschützen, der sich qua Suizid seiner Verantwortung vor Gericht entzog, mit posthumer Fürsorge Rechnung getragen: „Depressiv? Hier bekommen Sie Hilfe.

Wenn Sie selbst depressiv sind, Selbstmord-Gedanken haben, kontaktieren Sie bitte umgehend die Telefonseelsorge (www.telefonseelsorge.de). Unter der kostenlosen Hotline 0800-1110111 oder 0800-1110222 erhalten Sie Hilfe von Beratern, die Auswege aus schwierigen Situationen aufzeigen können."

Schusswaffen werden immer wieder auch situativ gegen unbekannte Frauen eingesetzt.

So wurde im April 2024 eine 72-jährige, an einer Ampel wartende Frau in Nordrhein-Westfalen angeschossen und schwer verletzt.[699]

Im Straßenverkehr in Bayern bremste ein Gewalttäter Anfang November 2023 eine Frau aus und bedrohte sie mit einer Faustfeuerwaffe. Die Polizei sicherte in der Täterwohnung weitere Schuss-, Hieb- und Stoßwaffen sowie Munition.[700]

In Nordrhein-Westfalen hatte sich ein 74-jähriger Gewalttäter lärmbelästigt gefühlt und verletzte eine 19-jährige Frau Mitte Mai 2023, Christi Himmelfahrt, durch Schüsse schwer.[701]

In Berlin schoss ein polizeibekannter Gewalttäter im März 2023 auf seine 36-jährige Schwester, die rein zufällig unverletzt blieb.[702]

Bei der Vielzahl von Tötungsdelikten, die mit Schusswaffen im öffentlichen Raum vollzogen werden, wäre eine politische Reaktion angemessen – wenigstens ein öffentliches Signal, so, wie es staatliche Repräsentantinnen und Repräsentanten von Landes- oder Bundesebene gerne versuchen zu senden, wenn sie im direkten Anschluss an eine Umweltkatastrophe, wie bspw. die Überschwemmungen im Ahrtal, oder an einem Angriff auf die Innere Sicherheit, wie bspw. den Attacken gegen die Hilfs- und Einsatzkräfte in der Silvesternacht zum Jahreswechsel 2022/2023 in Berlin, medienwirksamen ihre punktuelle Anteilnahme demonstrieren.

Bei Femiziden ist der Sachverhalt anders gelagert. Nicht zu einem einzigen der vom F.O.C.G. dokumentierten Fälle gab es am Tatort bzw. an der Örtlichkeit des geschlechtsspezifischen Verbrechens seitens der politisch Verantwortlichen ein Signal von Empathie. Keinerlei Bekundung von Trauer, kein öffentliches Mit-Leiden geschweige denn eine Entschuldigung für das Staatsversagen bei der geschlechtsspezifischen Gewaltbekämpfung oder eine reichweitenstarke Benennung und Ächtung der strukturellen, tradierten, männlichen Gewalt – DER Ursache.

Obwohl Bundesinnenministerin Nancy Faeser schon im Januar 2023 ankündigte, das Waffenrecht verschärfen zu wollen, so ist es letztlich erst die tödliche Messerattacke gegen den diensthabenden Mannheimer Polizisten Rouven L. vom 31. Mai 2024, anlässlich der Bewegung in die politische Diskussion um die Verschärfung des deutschen Waffenrechts kommt.

Im Beschluss des Bundesrates vom 14. Juni 2024 *„Entschließung des Bundesrates ‚Messerkriminalität wirksam bekämpfen und Novelle des Waffenrechts zügig voranbringen‘‘‘*[703] ist dazu kritisch festgehalten: *„Der Bundesrat bedauert, dass die vom BMI angekündigte Novelle des Waffenrechts sich nach mehr als einem Jahr immer noch in der Abstimmung innerhalb der Bundesregierung befindet. Mit der geplanten Novelle soll u.a. die Überprüfung der Zuverlässigkeit und der persönlichen Eignung von Waffenbesitzerinnen und Waffenbesitzern verbessert sowie der Umgang mit SRS-Waffen, Armbrüsten und halbautomatischen Schusswaffen strenger reglementiert werden. Der Bundesrat bittet die Bundesregierung, die weiteren Schritte des Gesetzgebungsverfahrens nunmehr zeitnah einzuleiten“.*[704]

Die im August 2024 an das Bundesministerium des Inneren gerichtete Anfrage nach dem Status quo zu den weiteren Schritten des Gesetzgebungsverfahrens wurde folgendermaßen beantwortet: *„Die Prüfung des Bundesinnenministeriums der Vorschläge der Entschließung des Bundesrats vom 14.06.2024 (Bundesrat-Drucksache 263/24) wird zeitnah abgeschlossen“.*[705] Auf die nachgeschobene Bitte um Konkretisierung kam folgende Reaktion: *„Da Regelungen dazu derzeit in regierungsinterner Prüfung sind, können keine weiteren Aussagen getroffen werden“.*

Indem Gewaltbetroffene Mädchen und Frauen völlig im Unklaren darüber gelassen werden, wann wirkmächtige Ergebnisse in welchem Umfang erwartet werden dürfen, setzt der Bund seine etablierte Taktik von inhaltsferner Kommunikation fort.

Wenn Femizide vor Gericht verhandelt werden, fällt auf, dass die deutsche Rechtsprechung den Umgang mit Bewusstseinserweiternden Substanzen geschlechtsspezifisch unterschiedlich auslegt.

Seit langem wäre zu überprüfen, ob sich die aktive Entscheidung mündiger Erwachsener, Alkohol, Narkotika, psychotrope Substanzen oder Produkte mit ähnlicher Wirkung zu konsumieren, strafmaßmildernd auswirken darf: Jenseits der deutschen Grenzen wird der missbräuchliche Substanzkonsum vor einer Straftat in etlichen Ländern automatisch als strafmaßverschärfender Umstand ausgelegt. In Groß-Britannien werden Akteure mit einer höheren Schuldhaftigkeit beurteilt, wenn die *„Begehung einer Straftat unter dem Einfluss von Alkohol oder Drogen"*[706] vollzogen wurde. Britische Gerichte berücksichtigen, dass Handlungen nach Substanzkonsum bzw. -missbrauch weniger kontrolliert und damit gefährlicher sind. Auch Portugal ahndet Intoxikation zum Nachteil, nicht wie in Deutschland zum Vorteil des Straftäters: *„Trunkenheit und Berauschung – Wer sich zumindest fahrlässig durch die Einnahme oder den Genuss von alkoholischen Getränken oder giftigen Stoffen in einen Zustand der Unzurechnungsfähigkeit versetzt und in diesem Zustand eine typische rechtswidrige Tat begeht, wird mit Freiheitsstrafe bis zu 5 Jahren oder mit Geldstrafe bis zu 600 Tagessätzen bestraft".*[707]

Im Oktober 2024 musste sich ein Mann vor einem Landgericht in Nordrhein-Westfalen verantworten, weil die Staatsanwaltschaft ihm einen Mordversuch vorwarf. In Reaktion darauf, dass die zum Tatzeitpunkt 27-jährige Frau seine Annäherungsversuche im April 2024 abwehrte, habe er die Ukrainerin zunächst gegen ihren Willen eingesperrt und danach mehrfach massiv am Hals gewürgt und mehrere Treppenabsätze hinuntergestoßen, so die Anklage. Die Verteidigung indes präsentierte im Prozess ein eigenes Narrativ, um eine Strafmaßmilderung zu erzielen: „Über seine Verteidiger ließ der 29-Jährige erklären, dass die Situation sich völlig anders dargestellt habe. Nach dem zufälligen abendlichen Kennenlernen am Detmolder Bahnhof sei die Frau mit ihm in seine Wohnung gegangen und habe ihn dort attackiert. Er habe sie darauf hin hindern wollen, abzuhauen und sie lediglich festgehalten".[708] Das Narrativ wurde über ein psychiatrisches Gutachten, demzufolge der Beschuldigte zum Tatzeitpunkt erheblich alkoholisiert und dadurch in seiner Steuerungsfähigkeit eingeschränkt gewesen sei, gestützt.

In Bayern wurde gegen einen Polizeibekannten von einem Amtsgericht ein weiterer Haftbefehl erlassen, weil er im dringenden Verdacht stand, im September 2024 seine Ex-Freundin im öffentlichen Raum attackiert zu haben, indem er mit seinem Pkw absichtlich gegen ihr geparktes Fahrzeug fuhr. Durch die Kollision der Autos wurde ein Metalltor aus seiner Verankerung gerissen, es stürzte auf die Ex-Freundin, die hierdurch eine Armfraktur erlitt und in einer Klinik medizinisch versorgt werden musste. Aus der offiziellen Polizeimeldung ging hervor: „Im Zuge der Sachverhaltsaufnahme stellte sich heraus, dass der 38-Jährige unter dem Einfluss von Betäubungsmittel stand und nicht im Besitz einer Fahrerlaubnis ist, weshalb durch die Staatsanwaltschaft (…) eine Blutentnahme angeordnet wurde. Zudem wurden beim Abgleich seiner Daten im polizeilichen Fahndungsbestand zwei offene Haftbefehle festgestellt".[709] Der Altersunterschied des vormaligen Paares beträgt 11 Jahre.

Im September 2024 griff ein Gewalttäter in Berlin eine Frau gezielt auf einer Rolltreppe am U-Bahnhof an. Als diese sich gegen seinen sexuellen Übergriff wehrte, trat ihr der Gewalttäter mit voller Wucht in's Gesicht. „T-Online" berichtete zu dem Verbrechen: „Zu weiteren Übergriffen sei es nur deshalb nicht gekommen, weil die Begleiter des Treters dazwischengegangen seien. ‚Nur mit Mühe' hätten sie ihn von weiteren Attacken abhalten können, schreibt die Polizei in ihrer Mitteilung".[710]

Während die verletzte 22-Jährige in einer Klinik behandelt werden musste, flohen der Attentäter und seine Begleiter vom Tatort. Eine Alkoholkontrolle nach seiner Ingewahrsamnahme ergab laut Polizei 2,2 Promille. Die Überschrift des Artikels lautete verständnisheischend im Sinne des Täters: „Betrunkener tritt Frau mit voller Wucht ins Gesicht" anstelle von: „Gewalttäter tritt Frau mit voller Wucht ins Gesicht".

Auch diese Angriffe erfolgten am helllichten Tage und im öffentlichen Raum, auch diese Attacken hätten tödlich enden können.

Dass Substanzmissbrauch enthemmt, das Urteilsvermögen herabsetzt und darüber hinaus die Gefühlszustände Erregung, Aggressivität und Wut steigern kann, ist eine belegte Binsenweisheit.[711] Entsprechend erhöht ist die Wahrscheinlichkeit, in Folge des Rauschs, der durch sogenannte **psychotrope Substanzen, insbesondere durch Alkohol, hervorgerufen wird**, Straftaten zu begehen, bspw. Körperverletzungs- und/oder Tötungsdelikte. So hat das Bundesamt für Gesundheit (BAG) der Schweiz den Zusammenhang zwischen häuslicher Gewalt und Alkoholkonsum öffentlich aufbereitet: „*Der Konsum von Alkohol erhöht nachweislich das Risiko, als Opfer oder Täter mit Gewalt in*

Berührung zu kommen. Diese Dualproblematik von Gewalt und Alkohol zeigt sich auch im privaten Bereich. So haben Männer, die eine Gewaltberatungsstelle aufsuchen oder an einem Lernprogramm gegen häusliche Gewalt teilnehmen, häufig neben dem Gewalt- auch ein Alkoholproblem. Ungefähr die Hälfte der von Gewalt betroffenen Frauen berichten von einem problematischen Alkoholkonsum in der Beziehung, wobei es mehrheitlich der Mann ist, der trinkt".[712]

Im April 2021 wurden in Nordrhein-Westfalen zwei Frauen in der Wohnung eines Mehrfamilienhauses mit Messerstichen attackiert. Die 64-jährige Ex-Lebensgefährtin des Täters D. erlag ihren Verletzungen noch am Tatort, ihre 84-jährige Mutter I. verstarb nach einem mehr als zwei Monate währenden Überlebenskampf im Krankenhaus an den Folgen des Attentats. Die schwer verwundeten Frauen wurden von einer Tochter D.'s aufgefunden, sie erlitt in Folge des Verbrechens einen Nervenzusammenbruch und musste zwei Monate in einer Klinik behandelt werden.

Der arbeitslose Täter/Töter hatte die Tat im Vorhinein mehrfach angekündigt, auch deswegen wurde eine Affekthandlung ausgeschlossen. Trotz seiner mehr als vier Promille Alkohol im Blut galt der Angeklagte als voll schuldfähig. Dennoch verurteilte das zuständige Landgericht[713] den Gewalttäter Ende Februar 2022 lediglich wegen zweifachen Totschlags.[714]

Ende März 2021 erstach ihr Bekannter V. in Bayern. Die Getötete hatte dem späteren Gewalttäter sowohl eine Arbeit als auch eine Wohnung in Deutschland beschafft. Mit drei verschiedenen Messern und insgesamt 34 Stichen brachte ihr alkoholisierter Lebensgefährte die zum Tatzeitpunkt 35-jährige Mutter um, zwei der Messer brachen von der Wucht seiner Stiche ab.

Das zuständige Landgericht wertete die Tat, die 33-mal hätte eingestellt werden können, im Juni 2022 als Totschlag und verurteilte den Angeklagten zu sieben Jahren und sechs Monaten mit der Unterbringung in einer Entziehungsanstalt zur Suchttherapie. Der Vorsitzende Richter erwähnte mehrfach den übermäßigen Alkoholkonsum des Angeklagten. „All dieser ‚Wut und Zorn', so der Vorsitzende Richter, hätte sich dann in der Nacht (…) unter Alkoholeinfluss Bahn gebrochen und im Affekt zu einer Tat geführt, bei der ein ‚absoluter Tötungswille' erkennbar sei", so zitierte der „Bayerischer Rundfunk" aus der Urteilsbegründung.[715]

Mitte Oktober 2023 würgte ihr Lebensgefährte eine Mutter unter Alkoholeinfluss bis zur Bewusstlosigkeit. Mit ihm hat sie zwei gemeinsame Kinder. Dass sie überlebte, ist allein dem Zufall geschuldet. Bei dem versuchten Tötungsdelikt war der vierjährige Sohn Augenzeuge, sein jüngerer, zweijähriger Bruder hielt sich laut weinend in der direkt angrenzenden Wohnstube auf.

Der zuständige Amtsrichter in Sachsen-Anhalt verurteilte den Angeklagten zu acht Monaten Freiheitsstrafe, die für drei Jahre zur Bewährung ausgesetzt wurden. Als Bewährungsauflage wurde eine, vorzugsweise stationäre, Alkohol-therapie angeordnet.[716]

In Baden-Württemberg ging ein Gewalttäter kurz vor Heiligabend 2023 mit Hammer und Messer bewaffnet und, laut Pressemeldung, mit klarer Tötungsab-sicht auf seine 70-jährige Nachbarin los und verletzt sie mit 20 Messerstichen so schwer, dass sie kurz darauf verstarb. Am gleichen Tag attackierte er eine weitere Frau und deren Partner und verletzte auch diese beiden, bevor ein couragierter Zeuge eingreifen konnte.

Die Prozessberichterstattung des „SWR" schrieb dazu: „Laut Staatsan-waltschaft hat der Beschuldigte aus ,reiner Mordlust' getötet".[717] Obwohl der Wiederholungstäter an einem einzigen Tag gleich zwei Tötungsdelikte gezielt gegen Frauen vollstreckte, wurde (einmal mehr) die Krankheit anstelle der misogynen Prägung des Täters zum Mittelpunkt der juristischen und medialen Betrachtung erkoren: „Der Anklage zufolge leidet der Mann an einer paranoiden Schizophrenie und ist derzeit in einem psychiatrischen Krankenhaus unterge-bracht. Wegen dieser Erkrankung habe der Mann, so die Anklage, die Taten wohl ,im Zustand erheblich verminderter Schuldunfähigkeit' begangen. Die Behörde möchte in dem Prozess erreichen, dass der Mann dauerhaft in einer Psychiatrie untergebracht wird".[718] Auch in diesem Fall gab es einen Zusammen-hang zwischen einer „verminderten Schuldfähigkeit" und Drogenmissbrauch: „Nach dem Abitur hat der Angeklagte angefangen Betriebswirtschaftslehre in Ludwigshafen zu studieren. Er brach ab und rutschte nach seinen Angaben in die Arbeitslosigkeit. Später habe er Drogen genommen – darunter Marihuana, Speed und Heroin. Zum Tatzeitpunkt ist der Drogenkonsum leider ausgeartet, sagte der Angeklagte. In seinem ,Drogenwahn' wollte er, wie er selbst sagte, Gerechtigkeit für den frühen Tod seiner Mutter", so beschrieb es der „SWR".[719]

In Schleswig-Holstein schoss ein Gewalttäter Anfang August 2024 seine 39-jährige Partnerin an und verletzt sie schwer. Im „Hamburger Abendblatt" wurde dazu Folgendes berichtet: „Ein Atemtest habe einen Alkoholwert von 2,5 Promille ergeben. ,Es gab auch Hinweise auf zusätzlichen Konsum von Betäubungsmitteln', sagt die Polizeisprecherin. Die Staatsanwaltschaft Lübeck ordnete deshalb die Entnahme einer Blutprobe bei dem Hamburger an. Mangels Haftgründen sei der 38-Jährige nach der Feststellung seiner Personalien und dem Abschluss der polizeilichen Maßnahmen aus dem Gewahrsam entlassen worden.".[720]

Unberücksichtigt blieb der Aspekt, dass der Schuss rein zufällig nicht tödlich war, ebenso, wie die Gefahr, die von dem Gewalttäter für unbeteiligte Dritte ausging.

Der Blick auf die signifikant hohe Zahl von Angeklagten in Deutschland, die, auch über mehrere Instanzen hinweg versuchen, ihre selbst herbeigeführte Intoxikation bei der Strafzumessung strafmildernd geltend zu machen, erfordert eine Überprüfung der sogenannten verminderten Schuldfähigkeit. Auch die aktuelle, gesellschaftliche und rechtliche Neugestaltung zum Umgang mit Cannabis sollte, insbesondere mit Fokus auf dem geschlechtsspezifischen Faktor, überprüft werden: Der Konsum und/oder Missbrauch **psychotroper Substanzen wird deutlich mehr Männern als Frauen zugeschrieben.**[721]

Im Februar 2021 werden in Hamburg die Leichen von zwei Frauen entdeckt: Der Gewalttäter hatte zuerst seine 24-jährige Ex-Freundin T., dann seine 53-jährige Mutter K., umgebracht. T. hatte er der Presse zufolge in der Badewanne erdrosselt und ihr zusätzlich mit einem Messer einen langen, tiefen Schnitt in ihren Hals zugefügt. Seine Mutter K. tötete der Gewalttäter mit insgesamt 63 Messerstichen in ihre Brust und ihren Bauchbereich, etliche davon hinterrücks. „Dann fuhr ihr Sohn los und kaufte sich etwas zu essen" berichtete das „Hamburger Abendblatt".[722] Der Täter versuchte, seine Spuren zu verwischen, indem er begann das Blut in den Zimmern mit Farbe zu überpinseln und den Leichnam von T. mit Messer und Beil zu zerteilen und ihn in geschmolzener Kernseife aufzulösen.[723]

Das Landgericht Hamburg beurteilte den Täter als schuldunfähig und erläutert im Zuge der Urteilsverkündung die Fragestellung, wie es dazu kommen konnte, dass ein Mensch, der vorher tatsächlich noch nie gewalttätig war, plötzlich derartigen Taten begeht: „Doch der Grund dafür sei offensichtlich: die paranoide Schizophrenie des Beschuldigten, ‚ausgelöst durch regelmäßigen Konsum von Cannabis' und anderen Drogen im Jugend- und Heranwachsendenalter. ‚Der Konsum der angeblich doch so harmlosen Droge Cannabis ist – in Verbindung mit einer gewissen genetischen Disposition, von der man nicht weiß, ob man sie hat – dafür verantwortlich, dass ein bislang völlig unbestrafter, unauffälliger

II. Deutsche Femizide

Mensch eine Schizophrenie und damit einhergehend Wahnvorstellungen entwickelt', so die Richterin".[724]

In seiner Gerichtsverhandlung an einem Landgericht in Baden-Württemberg nutzte ein 21-Jähriger seinen Alkohol- und Drogenkonsum zur Verteidigung, nachdem er im Januar 2024 mit 100 km/h statt der erlaubten 30 km/h durch ein Innenstadtgebiet in Baden-Württemberg gerast war. Er verlor dabei die Kontrolle über seinen BMW, überschlug sich, beschädigte eine Bushaltestelle und einen Zaun und erfasste die 72-jährige Passantin E., die so schwer verletzt wurde, dass sie gut einen Monat später, immer noch im Krankenhaus liegend, verstarb.

Der Angeklagte besaß keinen Führerschein und hatte seinem Vater die Autoschlüssel unbefugt entwendet. Noch unmittelbar vor der Kollision hatte er nicht nur sämtliche Polizeiwarnsignale, d. h. Lichthupe, akustische Hupe, Blaulicht und das Haltesignal „Stopp Polizei" ignoriert, sondern stattdessen sein Fahrzeug noch weiter beschleunigt. Im Prozess gab der, wegen Mordes in Tateinheit mit einem verbotenen Kraftfahrzeugrennen mit Todesfolge, Angeklagte an, er habe Autofahren üben wollen und, so berichtet es „Die neue Welle": „Er denke, dass es besser gewesen wäre, gar nicht erst ins Auto zu steigen".[725] Die Prozessberichterstattung schilderte weiter: „Am Tag der Tat stand der Angeklagte unter dem Einfluss von Cannabis. Das bestätigte laut Staatsanwaltschaft ein Bluttest. Der 21-Jährige selbst gab an, einige Stunden vor Fahrtantritt einen Joint geraucht zu haben. Von dem habe er aber nichts mehr gespürt. Bei einer Befragung am ersten Prozesstag räumte er ein, im Januar oft mehrere Joints täglich geraucht zu haben". Nach Jugendstrafrecht wurde der Angeklagte vom zuständigen Landgericht lediglich zu einer dreieinhalbjährigen Haftstrafe, u. a. wegen fahrlässiger Tötung, verurteilt.[726]

Eine 23-Jährige überlebte das öffentliche Attentat gegen sie rein zufällig. An einem Abend Mitte Februar 2024 lauerte ihr Ex-Freund ihr vor einem Restaurant in Nordrhein-Westfalen auf, griff sie mit einem Messer an und verletzte sie schwer: Mit Stichverletzungen am Oberkörper und im Gesicht musste sie in einem Krankenhaus behandelt werden. Aus der Prozessberichterstattung von „Radio Köln" ging hervor, dass die Verteidigung Drogenabusus zur Relativierung des Tötungsvorhabens anführte: „Der 29 Jahre alte Angeklagte gab den Angriff auf die Frau zu, er habe unter starkem Drogeneinfluss gestanden. Wie das Messer in seine Hand gekommen sei, könne er nicht sagen, erklärte er am ersten Prozesstag".[727]

Tätern/Tötern wird ihr Substanzmissbrauch im Rahmen der Gerichtsverfahren als strafmilderndes Verteidigungsargument zugestanden. Nicht zum ersten Mal fiel im Juni 2024 die Beurteilung des gleichen Umstands bei einem Opfer, einer getöteten Frau, ebenfalls täterorientiert aus.

Im August 2023 erstach ein Gewalttäter seine 41-jährige Lebensgefährtin in Mecklenburg-Vorpommern.

In seinem Urteil befand das Landgericht Neubrandenburg den Gewalttäter des Totschlags in einem minderschweren Fall für schuldig. Der vorsitzende Richter wurde im „Nordkurier" indirekt zitiert: „Die Beweisaufnahme habe ergeben, dass die Frau mehr Alkohol trank, als ihr guttat, sagte Richter (…). Unter dem Einfluss des Alkohols sei sie immer öfter aggressiv geworden, habe manchmal Männer grundlos oder aus nichtigem Grund geohrfeigt oder sie geschlagen. Das hätten etliche Zeugen berichtet".[728] Als das Urteil Rechtskraft erlangte, zitierte der „Nordkurier" Mitte August 2024 erneut: „'Es war eine Beziehungstat und die 41-jährige Frau – das spätere Opfer – hatte das Messer zuerst in der Hand', hatte Richter (…) in der Urteilsbegründung erläutert. Der Prozess war hinter verschlossenen Türen abgehalten worden".[729]

Der Gewalttäter wurde zu einer Haftstrafe von lediglich fünf Jahren und 10 Monaten verurteilt.[730]

III. Fehlende Korrektive aufgrund von Tradition und Struktur

Die Istanbul-Konvention beschreibt bereits in der Präambel die Wechselwirkung von Gewalt gegen Frauen und fehlender Gleichberechtigung[731] – das eine bedingt das jeweils andere.

Im Jahr 2015 haben die Vereinten Nationen die Agenda 2030 verabschiedet.[732] Mit ihr als Kompass sollen weltweit 17 sehr ambitionierte Nachhaltigkeitsziele – die sogenannten Sustainable Development Goals (SDGs) verwirklicht werden. Die Herausforderungen für alle Staaten der Weltgemeinschaft besteht darin, aktiv und sektorenübergreifend für soziale, ökonomische und ökologische Verbesserungen zu sorgen, um, so verlangt es auch die WHO: *„unsere Welt zu verändern. Sie* [Anm.: die SDGs] *sind ein Aufruf zum Handeln, um Armut und Ungleichheit zu beenden, den Planeten zu schützen und sicherzustellen, dass alle Menschen Gesundheit, Gerechtigkeit und Wohlstand genießen. Es ist wichtig, dass niemand zurückgelassen wird".*[733]

Ziel Nummer fünf, die *„Gleichstellung der Geschlechter"* hat zum Ziel, dass alle Mädchen und Frauen ihr Recht auf Chancengleichheit und Selbstbestimmung wahrnehmen können. Das ist gerade auch in Deutschland wichtig, denn die Daten der offiziellen, Polizeilichen Kriminalstatistik belegen seit Jahren, dass Mädchen und Frauen die in Deutschland am stärksten von tödlicher Gewaltausübung betroffene Personengruppe sind.

Ziel Nummer fünf ist in einzelne Teilziele untergliedert, von denen die beiden ersten lauten: *„Alle Formen der Diskriminierung von Frauen und Mädchen überall auf der Welt beenden"* und *„Alle Formen von Gewalt gegen alle Frauen und Mädchen im öffentlichen und im privaten Bereich einschließlich des Menschenhandels und sexueller und anderer Formen der Ausbeutung beseitigen".*[734]

Diesen beiden Vorgaben steht ein umfassender Katalog an staatlich getragenem Unrecht gegenüber: Am augenscheinlichsten sind nach wie vor die ungleiche Bezahlung von Männern und Frauen in vielen Berufen und Bereichen, das geschlechtsspezifische Armutsrisiko, der am männlichen Geschlecht ausgerichtete Medizinsektor sowie die deutlich überproportionale Besetzung von Männern in Schlüsselpositionen, insbesondere in den Feldern Politik und Wirtschaft.

Um den Status der jeweiligen Zielerreichung der SDGs in der Staatengemeinschaft zu überprüfen, werten die Vereinten Nationen regelmäßige Abfragen aus.[735] Die Antworten der Bundesregierung fielen, entsprechend der nationalen Defizite, auch im Jahr 2022 sehr ernüchternd aus:[736]

„Gibt es Quoten für Frauen (reservierte Sitze) oder Quoten für Frauen auf den Kandidatenlisten für das nationale Parlament?" Antwort der Bundesregierung: *„Nein. Es konnten keine anwendbaren Bestimmungen gefunden werden."*

„Gibt es Gesetze, die ausdrücklich die Erstellung und/oder Verbreitung von Geschlechterstatistiken vorschreiben?"

Antwort der Bundesregierung: *„Nein. Es konnten keine anwendbaren Bestimmungen gefunden werden."*

Sehr bezeichnend im Zuge der geschlechtsspezifischen Gewaltbekämpfung ist die Frage: *„Hat die Aussage einer Frau vor Gericht die gleiche Beweiskraft wie die eines Mannes?".* Sie wurde von der Bundesregierung mit dem Verweis auf fehlende Einschränkungen anstelle von ggf. existenten Vorgaben beantwortet: *„Ja. Es konnten keine Einschränkungen gefunden werden."*

Besonders irritierend ist die Antwort auf die Erhebungsfrage: *„Gibt es einen nationalen Aktionsplan, eine Politik oder Strategie zur Bekämpfung von Gewalt gegen Frauen, die von einem nationalen Mechanismus überwacht wird, der den Auftrag hat, die Umsetzung zu überwachen und zu überprüfen?"*

Der Verweis der Bundesregierung auf den zweiten *„Aktionsplan der Bundesregierung zur Bekämpfung von Gewalt gegen Frauen"* aus dem Jahr 2012[737] als einzige Handlungsanleitung, belegt auch international, dass die Bundesrepublik Deutschland bei der Bekämpfung von Gewalt gegen Frauen auf dem Status quo dessen stehengeblieben ist, was ganze sechs Jahre vor der Rechtsgültigkeit der Istanbul-Konvention deutscher Standard war.

Zwar gibt es (zumindest) im Bundesministerium für wirtschaftliche Zusammenarbeit (BMZ) Bewusstsein für den dringend notwendigen Handlungsbedarf, denn auf der Ministeriumseigenen Webseite wird der Einsatz für *„ein Leben frei von sozialer, physischer, psychischer und struktureller Gewalt"* befürwortet. Allerdings bezieht sich dieser Einsatz mitnichten auf den Schutz der in Deutschland beheimateten Mädchen und Frauen, sondern auf einen seit 2001 gepflegten *„Generationendialog"* in den Ländern in Burkina Faso, der Demokratischen Republik Kongo, Guinea, Kenia, Lesotho, Mali, Mauretanien, Namibia, Nepal, Pakistan, Sierra Leone und Jemen.[738]

Deutschland bestellt seine globale Außendarstellung seit 2021 auch über eine sogenannte *„feministische Außenpolitik"*, die auf der Homepage des Bundesaußenministeriums folgendermaßen definiert wird: *„Frauenrechte sind ein Gradmesser für den Zustand von Gesellschaften"*.[739] Das Wissen um die fehlende Gleichstellung und Gleichberechtigung ist in den Bundesministerien Deutschlands verankert, führt im Inland jedoch zu keinerlei spürbarem Richtungswechsel, ganz im Gegenteil: Am 8. März 2024, dem internationalen Frauentag, ist es niemand anderes, als Bundesfrauenministerin Lisa Paus, die in der überregionalen Presse *„angesichts der weiterhin bestehenden Missstände vor einer ‚Renaissance alter Rollenbilder', die Deutschland und andere Länder derzeit erlebten"* warnt.[740] Frau Paus war diejenige, die das Ministerium anführte, in dessen Zuständigkeit Frauen gehören – niemand sonst.

Zu alledem passt auch, dass es auch für die Besetzung des Amtes der Gleichstellungsbeauftragten keine einheitliche und schon gar keine wertschätzendes Prozessdefinition gibt: Die Stadt- und Landkreise sowie Gemeinden in Baden-Württemberg bspw. müssen erst ab einer Einwohnerzahl von 50.000 eine hauptamtliche Gleichstellungsbeauftragte bestellen und in den Gemeinden in Rheinland-Pfalz hängt die Stellenbesetzung oftmals vom politischen oder/und persönlichen Gusto der jeweiligen Bürgermeister ab.

Viele dieser Stellen werden in tarifliche Gehaltsklassen eingruppiert, die, dem gegenübergestellten Anforderungskatalog nicht ansatzweise gerecht werden. Verlangt wird in der Regel ein abgeschlossenes wissenschaftliches Hochschulstudium (Uni-Diplom/Master) der Gesellschafts-, Geistes- oder Rechtswissenschaften und einschlägige und mehrjährige Berufserfahrung und

III. Fehlende Korrektive aufgrund von Tradition und Struktur

geschlechterpolitisches Wissen, insbesondere im Bereich Gewaltprävention und -schutz sowie Politik-, Verwaltungs-, Führungs-, Gender- und Interkulturelle Kompetenz, Resilienz und Flexibilität. Häufig ist die Joboption zudem nur als Halbtags- oder gar als 30 %-Stelle ausgeschrieben. Damit kann weder die angestrebte inhaltliche Zielsetzung erfüllt werden, noch ist ein selbstbestimmtes Leben auf Basis allein dieses Einkommens möglich.

Darüber hinaus finden sich regelmäßig Stellenausschreibung zur ehrenamtlichen Gleichstellungsbeauftragten, der dann ein ähnliches Erwartungsspektrum angetragen wird – im besten Fall gegen eine geringfügige monatliche Aufwandsentschädigung. Diese Stellen-„*Angebote*" werden vorrangig im ländlichen Raum ausgeschrieben, dann gerne verknüpft mit dem Hinweis auf die Bereitstellung und Nutzung des eigenen Fahrzeugs zur Erfüllung der Aufgaben sowie der persönlichen Flexibilität und Einsatzbereitschaft an Abend- und Wochenend- oder/und Feiertagsstunden.

Die niedersächsische Gemeinde Dissen am Teutoburger Wald suchte ab März 2024 für ganze 210 Euro pro Monat eine ehrenamtliche Gleichstellungsbeauftragte, zu deren Kernaufgaben folgendes zählen sollte:

* Verwirklichung der Gleichberechtigung von Frauen und Männern
* Information und Beratung von Bürgerinnen und Bürgern, Einwohnerinnen und Einwohnern in Gleichstellungsfragen unter Ausschluss von Rechtsberatungen
* Aufarbeitung geschlechterspezifischer Probleme und
* Erarbeitung von Konzepten, um die Chancengleichheit der Geschlechter in allen gesellschaftlichen Bereichen zu verwirklichen
* Kontaktpflege zu Verbänden, Unternehmen und Gewerkschaften, Frauengruppen und Frauenverbänden zwecks Erfahrungsaustauschs und Zusammenarbeit in geschlechterspezifischen Fragestellungen
* Ausarbeitung von Empfehlungsbeschlüssen für Ausschüsse und Rat
* Stellungnahmen zu Ausschuss- und Ratsvorlagen, die geschlechterspezifische Themen berühren
* Teilnahme an Ausschusssitzungen
* Beteiligung an Personalangelegenheiten der Stadt.

On top wurden neben Interesse an Themen der Gleichstellung und Gleichberechtigung, auch Geschick im Umgang mit Menschen und Mitarbeiter*innen, Überzeugungsstärke auch bei konfliktträchtigen Gesprächen sowie Einsatzbereitschaft, z. B. wegen Sitzungsteilnahmen in den Abendstunden vorausgesetzt.[741]

Auch auf der Insel Helgoland (Schleswig-Holstein) wertete man die Frau, die die Stelle der Gleichstellungbeauftragten mit Ergebnissen erfüllen soll, ab: *„Die Gleichstellungsbeauftragte trägt zur Verwirklichung der Gleichberechtigung von Frauen und Männern in der Gemeinde bei. Sie ist dabei insbesondere in folgenden Aufgabenbereichen tätig:*

* *Einbringen frauenspezifischer Belange in der Arbeit der Gemeindeverwaltung, hierbei insb.;*

  » *Mitwirkung bei Einstellungsgesprächen und personellen und organisatorischen Verwaltungsangelegenheiten*
  » *Abstimmung des Frauenförderplans mit der Personalabteilung*
  » *Maßnahmenentwicklung zur Verbesserung der Vereinbarkeit von Familie und Beruf*
  » *Zusammenarbeit mit dem Personalrat*
  » *Beratung von Kolleginnen und Kollegen*

* *Einbringen frauenspezifischer Belange in der Arbeit der politischen Gremien, hierbei insb.:*

  » *Prüfung von Verwaltungsvorlagen auf ihre Auswirkung auf Frauen und Einbringung frauenspezifischer Belange*
  » *Förderung von Frauen in der Politik*

* *Unterstützung der Bürgerinnen und Bürger hinsichtlich frauenspezifischer Belange, hierbei insb.:*

  » *Beratung bei Benachteiligungen am Arbeitsplatz, der Arbeitssuche oder der Familie*
  » *Anbieten von Sprechstunden und Beratung für hilfesuchende Frauen*
  » *Mitarbeit an Initiativen zur Verbesserung der Situation von Frauen in der Gemeinde.*

Die Gleichstellungsbeauftragte ist ehrenamtlich tätig. Sie erhält nach Maßgabe der Entschädigungsverordnung eine Aufwandsentschädigung in Höhe des Höchstsatzes der Verordnung. Zur Zeit beläuft sich dieser auf 252,- € monatlich. Darüber hinaus erhält die Gleichstellungsbeauftragte für die Teilnahme an Sitzungen der Gemeindevertretung und der Ausschüsse ein Sitzungsgeld in Höhe des Höchstsatzes der Verordnung; zur Zeit beläuft sich dieser auf 24,- €".

Noch weniger wert ist die gleichstellungspolitische Arbeitsleistung in der Gemeinde Jade (Niedersachsen). Für 250 Euro monatlich wird dort eine *„engagierte und durchsetzungsfähige Frau"* mit der Bereitschaft, sich mit Rat, Verwaltung und den Einwohnerinnen bzw. den Einwohnern für die Gleichstellung in der Gemeinde Jade einzusetzen, gesucht. Freude an der Arbeit mit unterschiedlichsten Menschen, Verhandlungsgeschick, Einfühlungsvermögen und die Fähigkeit, selbständig arbeiten zu können, werden vorausgesetzt bei der engagierten und durchsetzungsfähigen Frau, die ab dem Jahr 2025 in der Verantwortung steht *„an der Verwirklichung der Gleichstellung von Frauen und Männern im Rahmen der kommunalen Zuständigkeit mitzuarbeiten".* Das zu leistende Aufgabengebiet erstreckt sich *„auf alle gemeindlichen Vorhaben, Entscheidungen, Programme und Maßnahmen, die Auswirkungen auf die Gleichberechtigung der Geschlechter und die Anerkennung der gleichwertigen Stellung von Frauen und Männern in der Gesellschaft haben",* so lässt es der dortige Bürgermeister vermitteln.

Das Unterwandern der Mindestlohngrenze tritt im Rechts- und Sozialstaat nicht als Ausnahme, sondern in steter Regelmäßigkeit auf und zwar unter dem Deckmantel *„ehrenamtlich".* Es gibt sogar Gemeinden, die ihrer Gleichstellungsbeauftragten zusätzlich die Leistungen *„Integration von Menschen mit Fluchthistorie", „Suchthilfe"* oder *„Vorbereitung, Organisation, Prüfung und Unterstützung bei Wahlen"* zuschreiben.

Immer wieder auf's Neue befremdet in diesem Zusammenhang auch die Haltung der männlichen Vorgesetzten. Seit dem Jahr 2006 misst das Weltwirtschaftsforums (WWF) die Fortschritte auf dem Weg zur Geschlechterparität in vier Bereichen: Wirtschaftliche Chancen, Bildung, Gesundheit und politische Führung. Das Benchmarking des WWF aus dem Juni 2024 belegt, dass Deutschland in Sachen Gleichstellung in der internationalen Rangliste von

2023 zu 2024 einen Platz verlor und, dass es bis zur globalen Gleichstellung von Mädchen und Frauen noch weitere 134 Jahre dauern wird.[742] Da ist es geradezu grotesk, dass männliche Vorgesetzte als Qualifikation zur Besetzung der Position der Gleichstellungsbeauftragten von den Bewerberinnen weiterhin „*Verständnis*", „*Einfühlungsvermögen*" oder gar „*Konzilianz*" (zu Gunsten ihrer eigenen, männlichen Privilegien) einfordern.

Dennoch wird auch bundesweit immer wieder vorausgesetzt, dass Frauen devot und selbstverständlich die erforderliche „*Care-Arbeit*" leisten. In der Form, in der sie das seit Jahrhunderten bis heute tun und auch in der Corona-Pandemie taten: Maskennähen, Kinderbetreuung und Kranken- und Altenpflege, im Job ebenso, wie im Homeoffice.

Die tradierte Praxis ändern? Nein.

Weiterhin: Möglichst unbegrenzt, inhaltlich und zeitlich. Und am besten, wie gewohnt unbezahlt.

Politik

Die Behauptung, Gewalt gegen Frauen sei ein „*Frauenthema*" ist auch dahingehend falsch, dass sie Männer, unter Berücksichtigung des Gender Pay Gaps, deutlich teurer zu stehen kommt. Im Oktober des Jahres 2021 publizierte das European Institute for Gender Equality (EIGE) einen europäischen Vergleich zu den jährlichen, geschlechtsbasierten Kosten. Untersucht wurden unterschiedliche Kostenpositionen, die entstehen, wenn häusliche Gewalt angewandt wird: Einsatzkräfte und -mittel, wirtschaftliche Ausfälle, Belastung der Sozialsysteme etc. Deutschland nimmt im Vergleich der 27 EU-Länder mit einer Gesamtsumme von jährlich mehr als 68 Milliarden Euro sowie, bei geschlechtsspezifischer Gewalt gegen Frauen, mit einem Anteil von mehr als 53 Milliarden Euro mit deutlichem Abstand den traurigen Spitzenplatz Europas ein.[743] 53 Milliarden Euro pro Jahr – das sind Kosten in Höhe von ca. 148 Millionen Euro pro Tag. Neben den anhaltenden, tödlichen Menschenrechtsverletzungen hierzulande sollte die unfassbare Summe von ca. 148 Millionen Euro pro Tag die nationale Politik zum Gegensteuern bewegen.

Eigentlich.

Am 6. Juni 2024 schreibt der „*Tagesspiegel*": „*Vor wenigen Tagen wurde eine Kostenstudie veröffentlicht, die das Familienministerium beauftragt hat. Demnach wurden im Jahr 2022 für das gesamte Hilfssystem aus Frauenhäusern und Beratungsstellen 270,5 Millionen Euro ausgegeben. Davon trugen die größten Anteile die Länder (rund 110 Millionen) und die Kommunen (rund 69 Millionen Euro). Der Rest verteilt sich auf mehrere Quellen, der Bund ist nur mit rund 13 Millionen Euro beteiligt*".[744]

Es bedarf keiner wissenschaftlichen Ausbildung, um zu begreifen, dass ein Schaden von 148 Millionen Euro am Tag ganz sicher nicht über einer Investition von 13 Millionen Euro im Jahr zu beheben ist.

Auch die Istanbul-Konvention fordert von den Staaten, die das europäische Gewaltschutzgesetz ratifiziert haben, ein aktives Handeln sowie die Bereitstellung finanzieller Mittel ein, um die erforderlichen Korrekturen adäquat abzusichern. Wörtlich heißt es in „*Artikel 8 – Finanzielle Mittel*": „*Die Vertragsparteien stellen angemessene finanzielle und personelle Mittel bereit für die geeignete Umsetzung von ineinandergreifenden politischen und sonstigen Maßnahmen sowie Programmen zur Verhütung und Bekämpfung aller in den Geltungsbereich dieses Übereinkommens fallenden Formen von Gewalt, einschließlich der von nichtstaatlichen Organisationen und der Zivilgesellschaft durchgeführten".*[745] Diese völkerrechtliche Verpflichtung wäre seit dem I. Februar 2018 von der Bundesregierung Deutschlands konsequent umzusetzen.

Eigentlich.

Als Bundeskanzler Olaf Scholz am Abend des 6. November 2024 seinen Finanzminister entließ, mahnte er für Deutschland Sicherheit an: Bezahlbare Energiekosten, Support der Automobilindustrie, Prämien für Investoren sowie die Unterstützung der Ukraine. *„Ich halte stets das Wohl unseres ganzen Landes im Blick"*, sagte er wörtlich in seiner Presseerklärung.[746]

Das Wohl von Gewaltbetroffenen Mädchen und Frauen gehörte einmal mehr nicht dazu.

In einer freiheitlichen Demokratie gilt das Mehrheitsprinzip und die Mehrheit aller Deutschen ist weiblich

Finanzmittel

Die immer wieder gestellte Frage, weshalb sich an dem desaströsen Zustand nichts ändert, lässt sich einfach beantworten: Die Mittel, die notwendig sind, sind beträchtlich. Sie werden nicht bereitgestellt. Weder genügend Sachmittel, noch eine ausreichende Personaldecke, geschweige denn adäquate Etats, um den Gewaltschutz für betroffene Mädchen und Frauen umfassend abzusichern. Nicht auf Seiten des Bundes, nicht von den Ländern geschweige denn von den Kommunen.

Das Gegenteil ist der Fall: Seit Jahrzehnten rauschen häusliche Gewalt und Femizide durch den Rechts- und Sozialstaat Deutschland und zeitgleich werden die Mittel der öffentlichen Hand so massiv gekürzt, dass weder eine effiziente Ursachenbekämpfung, noch ein wirksamer Schutz nach erfolgter Gewalterfahrungen gewährleistet werden kann.

Im Wechsel von 2019 zu 2020 startete die damalige Bundesfrauenministerin, Franziska Giffey, eine Etatkürzung, die nur bei sehr genauer Betrachtung als solche erkennbar ist. Ihr Ministerium war im Haushaltsjahr 2019 zwar finanzstark: *„Der Etat des Bundesministeriums für Familie, Senioren, Frauen und Jugend (BMFSFJ) für das Jahr 2019 wird mit rund 10,45 Milliarden Euro so groß sein wie nie. Der Haushaltsausschuss des Deutschen Bundestages hat in seiner Sitzung am 8. November 2018 den Haushalt für das Haushaltsjahr 2019 abschließend beraten und für wichtige Vorhaben nochmals 141 Millionen Euro zusätzlich zum Haushaltsentwurf der Bundesregierung zur Verfügung gestellt".*[747]

Von ihren insgesamt 10,45 Milliarden Euro allerdings, stellte Ministerin Giffey lediglich 6,1 Millionen Euro zum Schutz von Frauen vor Gewalt bereit. Diese knapp 0,06 Prozent ihres Gesamthaushaltes waren schon damals unverhältnismäßig wenig, denn eine wissenschaftliche Studie der Brandenburgischen Technischen Universität Cottbus-Senftenberg, unter Leitung von Prof. Dr. rer. pol. Sylvia Sacco, hatte den ökonomischen Schaden für Deutschland, der aus häuslicher Gewalt resultiert, bereits im November 2017 auf 3,8 Milliarden Euro pro Jahr beziffert.[748] Ein volkswirtschaftlicher Schaden in Höhe von 3,8 Milliarden Euro jährlich ist nicht mit einem Budget von 6,1 Millionen Euro in den Griff zu bekommen.

Der Haushalt des BMFSFJ wurde für das Jahr 2020 um rund 15 Prozent erhöht, *„Rekordhaushalt 2020: 12 Milliarden für Familien und mehr Zusammenhalt"* titelte das Ministerium selbst.[749]

Die Zahlen von Gewalt gegen Frauen in Deutschland stiegen damals (und steigen noch) stringent an, das wusste auch Ministerin Giffey, als sie im Zuge der Vorstellung der PKS-Daten für das Jahr 2018 am 25. November 2019 eine Bankrotterklärung zu ihrer hauseigenen Verantwortung abgab: *„Die neuen Zahlen des BKA sind nach wie vor schockierend".*[750]

In Konsequenz auf die *„schockierenden Zahlen"* wäre die naheliegendste Maßnahme, den Etat zur Bekämpfung von Gewalt gegen Frauen aufzustocken – Frau Giffey allerdings ging den entgegengesetzten Weg: Im ersten Schritt weitete sie das Ausgabenfeld aus: Die Gelder sind seit 2020 nicht nur für die von Gewalt betroffenen Frauen vorgesehen, sondern auch für die mitbetroffenen Kinder einzusetzen. Um die Mehrbedarfe absichern zu können, hätte die Finanzierung im Gewaltschutz für Frauen ebenfalls aufgestockt werden müssen. Stattdessen kürzte Franziska Giffey den entsprechenden Haushaltstitel ein. Im Jahr 2020 beginnend, standen lediglich noch 5 Millionen Euro bereit, d. h. sie setzte eine Kürzung um satte 18 Prozent durch.

Die Nachfrage zur Finanzplanung des Bundesministeriums durch das Politmagazin „ZWD" im Jahr 2020 wurde mit der lapidaren Reaktion „*Der Betrag von 5,0 Millionen Euro sei ,auskömmlich', sagt das BMFSFJ*"[751] beantwortet.

Unter „*auskömmlich*" fiel im BMFSFJ im Jahr 2019 auch die hausinterne Personalplanung. Eine schriftliche Anfrage danach, welche Anzahl und welcher Stellenumfang im BMFSFJ zur Bearbeitung und Koordinierung der Umsetzung der Istanbul-Konvention vorgesehen sei, beantwortete der damalige Parlamentarische Staatssekretär Stefan Zierke: „*Vorgesehen sind 0,75 Personalstellen im höheren Dienst sowie eine 0,15 Personalstelle im gehobenen Dienst zur Bearbeitung und Koordinierung der Umsetzung der Istanbul-Konvention im BMFSFJ. Eine personelle Verstärkung im genannten Bereich ist derzeit nicht möglich*".[752] Nicht einmal eine volle Stelle zur Umsetzung eines völkerrechtlichen Abkommens.

In Schritt zwei führte Ministerin Giffey die Initiative „*Stärker als Gewalt*" ein, u. a. mit zwei separaten Strängen: Dem Innovationsprogramm und dem Investitionsprogramm. Das Innovationsprogramm ist im Zuge der Gewaltbekämpfung das relevantere, denn es subventionierte von 2020 bis einschließlich 2022 Vereine, Initiativen, Projekte, Kampagnen und Plattformen im Hilfesystem mit insgesamt 5 Millionen Euro im Jahr: Die (in 2019/2020 um 1,1 Millionen Euro gekürzten) Mittel des Innovationsprogrammes waren vorgesehen für die aktive Bekämpfung von Gewalt gegen Frauen.

Das Investitionsprogramm hingegen stellte Mittel ausschließlich zur Finanzierung von Neu- bzw. Umbauten von Frauenhäusern bzw. Schutzräumen bereit, von 2020 bis einschließlich 2023 jährliche 30 Millionen Euro. Was auf den ersten Blick viel erscheint, entpuppt sich schnell als Tropfen auf dem glühenden Stein, denn die Gelder waren (und sind nach wie vor) dringend erforderlich, um mit baulichen Nachbesserungen in Frauenhäusern bzw. Schutzräumen zumindest die Minimalanforderung von behindertengerecht zu erfüllen. Da die Einrichtungen zu einem nicht unerheblichen Teil in Immobilien der öffentlichen Hand verortet sind, ist ohnehin fraglich, inwiefern die Budgets eher dem Erhalt der Liegenschaften, bzw. der Wertsteigerung selbiger als dem Frauenschutz zugutekommen.

Die Kommunikationsstrategie des BMFSFJ zu den Einsparmaßnahmen mündete in einer realitätsverfälschenden Darstellung der damaligen Staatssekretärin Juliane Seifert, als sie anlässlich einer Pressekonferenz am 27. Mai 2021[753] von einer staatlichen Mittelbereitstellung in Höhe 171 Millionen Euro fabulierte.[754] Diese wurde im BMFSFJ wie folgt zusammengestellt:

2019 Mittel zur Bekämpfung von Gewalt gegen Frauen	6,1 Millionen Euro
2020 (Bundesinnovationsprogramm für konkrete Maßnahmen und Aktionen)	5,0 Millionen Euro
2020 (Bundesinvestitionsprogramm bzw. „Baugeld")	30,0 Millionen Euro
2021 (Bundesinnovationsprogramm für konkrete Maßnahmen und Aktionen)	5,0 Millionen Euro
2021 (Bundesinvestitionsprogramm bzw. „Baugeld")	30,0 Millionen Euro
2022 (Bundesinnovationsprogramm für konkrete Maßnahmen und Aktionen)	5,0 Millionen Euro
2022 (Bundesinvestitionsprogramm bzw. „Baugeld")	30,0 Millionen Euro
2023 (Restbeträge des Bundesinvestitionsprogramms bzw. „Baugeld")	30,0 Millionen Euro
2024 (Nicht abgerufene „Baugeld"-Beträge aus 2020 erneut addiert)	30,0 Millionen Euro
	171,1 Millionen Euro

Grafik 6 – eigene Darstellung

Dass die im Jahr 2020 wegen zu hoher Antragshürden nicht abgerufenen Beträge (des jährlichen 30 Millionen-Kontingents vom Investitionsprogramm) einfach zum Gesamtbetrag 2024 neu hinzuaddiert wurden, verschwieg die

Staatssekretärin bei ihrer öffentlichen Phantomrechnung. In der freien Wirtschaft wird so etwas als Bilanzierungsverstoß bezeichnet.

Auf die insolente Bewertung der eigenen, angeblich erfolgreichen Arbeitsergebnisse des BMFSFJ haben auch die drei großen Dachverbände deutscher Frauenhäuser (ZIF[755], FHK[756] und bff[757]) in einer gemeinsamen Presseerklärung reagiert: *„Laut BMFSFJ ist das Ziel des Bundesförderprogramms ‚bekannte Lücken im Hilfesystem für gewaltbetroffene Frauen und ihre Kinder zu schließen und den bedarfsgerechten Ausbau des Hilfesystems in Deutschland weiter voranzubringen'. Dieses Ziel wird aus Sicht der Frauenhäuser flächendeckend verfehlt und es mangelt am Willen der Zuständigen die benannten Missstände zu beheben. (...) Fakt ist aber, dass die Beantragung mit großen Hürden verbunden ist, das Programm die strukturellen Lücken der Frauenhilfestruktur nicht schließt und das Geld akut gewaltbetroffenen Frauen nicht unmittelbar zu Gute kommt".*[758]

Am 10. Juni 2021 stimmte der Deutsche Bundestag über sechs Anträge aus verschiedenen Parteien zum Gewaltschutz von Frauen ab. Jede der sechs Eingaben ist Teil der Mindestanforderungen, die von der Istanbul-Konvention vorgegeben werden. Dennoch wurden alle sechs Anträge, auch mit den Stimmen der jetzt in einer Koalition vertretenen Regierungsparteien, SPD, BÜNDNIS 90/Die Grünen und FDP, abgelehnt – mehr als drei Jahre, nachdem die Istanbul-Konvention für Deutschland rechtsbindend ist.

Die Anträge lauteten:

* „Frauenhäuser als Teil des staatlichen Schutzauftrages wahrnehmen",
* „Infrastruktur für Betroffene häuslicher Gewalt in Deutschland krisenfest aufstellen",
* „Gewalt an Frauen und Mädchen systematisch bekämpfen – Grundlagen zur erfolgreichen Umsetzung der Istanbul-Konvention schaffen",
* „Femizide in Deutschland untersuchen, benennen und verhindern",
* „Verantwortung für Frauen in Frauenhäusern übernehmen",
* „Beratungsangebote für gewaltbetroffene Frauen stärken".[759]

Parallel zur politischen Verweigerungshaltung zeichneten sich die bis heute fortwährenden, Einsparungen im Hilfesystem sehr deutlich ab, insbesondere während der Pandemie COVID-19. So mangelte es bspw. in der Hochphase von Corona in den Schutzeinrichtungen flächendeckend an Hygieneartikeln (Masken, Tests, Einweghandschuhe, Schutzanzüge, Desinfektionsspray etc.) und Laptops, um Kindern die Teilnahme am Distanz-Schulunterricht zu ermöglichen. Aufgrund katastrophaler Arbeitsbedingungen streikten die Angestellten des Bundesamts für Familie und zivilgesellschaftliche Aufgaben – exakt die Menschen, die das Hilfetelefon bedienten, so dass selbiges phasenweise überhaupt nicht zu erreichen war.[760] Aufgrund vorheriger Gespräche absolut unerwartet, wurde auch die Finanzierung für die Bundeskonferenz der Interventionsstellen, die für den März 2022 geplant und anteilig schon organisiert war, kurzfristig durch das BMFSFJ aufgekündigt.[761]

Die Umsetzung der Istanbul-Konvention ist in keinem der Haushaltspläne ausgewiesen, nicht in 2019, in 2020, in 2021, in 2022, in 2023, in 2024 oder in 2025. Sie wird weder erwähnt, geschweige denn ist sie budgetiert. Stattdessen lief das Bundesinnovationsprogramm zum Jahresende 2022 ohne Anschlussfinanzierung aus.

Darüber hinaus wurde das Bundesinvestitionsprogramm ab 2023 aufgeweicht, die Mittel nicht mehr zweckgebunden ausschließlich für Neu- und Umbauten der Frauenhäuser und Schutzeinrichtungen vergeben: *„Aus dem Titelansatz können auch Ausgaben des Bundes finanziert werden für die Verwaltung, die Öffentlichkeitsarbeit, die wissenschaftliche Begleitung und die Evaluation des Bundesinvestitionsprogramms ‚Gemeinsam gegen Gewalt an Frauen‘."*[762]

Im Zuge eines Vor-Ort-Termins im Frauenhaus in Cottbus, den Bundesfrauenministerin Lisa Paus und Bundesbauministerin Klara Geywitz im Januar 2024 gemeinsam realisierten, wurde offenkundig, wie zurückhaltend der Bund das Bundesinvestitionsprogramms real angewandt hat. Das Zitat von Ministerin Paus auf den Seiten des BMFSFJ lässt keine Zweifel offen: *„Darum bin ich froh, dass wir mit Mitteln aus unserem Bundesförderprogramm ‚Gemeinsam gegen Gewalt an Frauen‘ bundesweit bereits Baumaßnahmen an 70 Frauenhäu-*

sern und Beratungsstellen für gewaltbetroffene Frauen mit insgesamt rund 83 Mio. Euro finanziell fördern konnten".[763]

Im Zeitfenster 2020 bis 2022, so war die Planung, die diesem Programm zugrunde lag, hätten 90 Millionen Euro in Aus-, Um- und Neubauten von Frauenhäusern und Schutzplätzen investiert sein müssen – 30 Millionen pro Jahr. Am 22. Januar 2024, an dem die Ministerin ihren Frohsinn kundtat, hätten es, der BMFSFJ-Rechnung zufolge, bereits 120 Millionen Euro sein müssen, die der Bund als geleisteten Invest hätte belegen müssen. Ministerin Paus sprach den staatlichen Offenbarungseid öffentlich aus: In ihrer Verantwortung war zum Zeitpunkt ihrer Äußerung bereits ein Rückstand auf Seiten des Bundes in Höhe von mindestens 7 Millionen Euro immer noch nicht bereitgestellter Gelder zu verzeichnen.

Der Etat des Bundesministeriums für Familien, Senioren, Frauen und Jugend (BMFSFJ) betrug für 2024 rund 13,9 Milliarden Euro und wird im Jahr 2025 um knappe drei Prozent auf insgesamt rund 14,4 Milliarden Euro ansteigen. Positionen zur Umsetzung der Istanbul-Konvention oder Mittel, die für die Bekämpfung von Gewalt gegen Frauen bereitstehen, sind in der Haushaltsplanung für 2025 nicht aufgeführt, die staatlichen Mittel im BMFSFJ sind wie folgt verplant:

Bereich	Betrag in Prozent (in Tausend Euro)	Anteil (in Prozent)
Gesetzliche Leistungen für die Familien	13.195.228	91,36 %
Kinder- und Jugendpolitik	579.499	4,01 %
Stärkung der Zivilgesellschaft, Familien-, Gleichstellungs- und Seniorenpolitik	417.755	2,89 %
Bundesamt für Familie und zivilgesellschaftliche Aufgaben	128.237	0,89 %
Bundesministerium	117.415	0,81 %
Sonstige Bewilligungen	90.449	0,63 %

Grafik 7 – Datenquelle: Bundesministerium der Finanzen Deutschland

„*Ausgaben nach § 8 Abs. I des Unterhaltsvorschussgesetzes*", die vorwiegend bei zahlungsunwilligen Vätern anfallen, schlagen mit 10 Prozent, d. h. mit mehr als 1,3 Millionen, an dritter Position der gesetzlichen Leistungen für die Familien zu Buche.[764] Das „*Bundesprogramm zur Förderung von Innovationen im Hilfesystem zur Unterstützung gewaltbetroffener Frauen mit ihren Kindern – Bau, Modernisierung und Sanierung*" ist für 2025 mit 0,00 Euro ausgewiesen. Damit wird die durch Gewalt gegen Mädchen und Frauen verursachte Kostenspirale zusätzlich befeuert, in vielerlei Hinsicht.

Aufgrund wissenschaftlicher Studien wissen wir, dass vorgelebte Verhaltensmuster von Kindern und Jugendlichen übernommen werden, auch in Gewalthaushalten ist das belegt. Das wird in den kommenden Generationen dazu führen, dass die Kosten weiter explodieren, die anfallen, wenn wieder ein SEK[765] bzw. ein UKS[766] angefordert, Hundertschaften von Einsatz-, Rettungs- und Hilfskräften gebraucht, Hunde, Drohnen, Taucher und Helikopter eingesetzt und Streckenabschnitte der Bahn oder/und Autobahnen sowie ganze Stadtteile abgeriegelt werden müssen.

> Als bspw. im Mai 2024 ein Gewalttäter einer fünf Jahre jüngeren Frau öffentlich in den Bauch schoss und sie damit lebensgefährlich verletzte, wurden allein die Arbeitsstunden, die von der Polizei in Sachsen-Anhalt zu leisten waren, um den Flüchtigen zu fassen, in „Tagesschau" auf 3.500 beziffert, „Bei der Festnahme half demnach nun auch eine Spezialeinheit des Landeskriminalamts".[767] Bereits vor der Verhaftung, die vier Monate nach Tatausführung erfolgen konnte, kamen, der Presse zufolge, Drohnen zum Einsatz, wurden Abriegelungen im Stadtgebiet vorgenommen und Polizeischutz angeordnet.

Zu den benannten Kosten sind immer auch die gesamtgesellschaftlichen Belastungen in Form von Arbeitsausfällen der Geschädigten, Behandlungskosten und zusätzliche Belastungen für die Sozialsysteme zu addieren und in jedem einzelnen Fall, in dem ein Täter nach seinem Gewaltausbruch konsequenzfrei weitermachen darf, wird das toxische Verhaltensmuster auf ein Neues multipliziert.

III. Fehlende Korrektive aufgrund von Tradition und Struktur

Die staatliche Angebotspalette für Täter

Wenn von Gewalt betroffene Frauen sich in einer Akutsituation entscheiden, vor ihren gefährlichen Männern zu fliehen, dann haben sie nur selten eine Chance auf einen Frauenhausplatz in ihrem direkten Umfeld. In den meisten Fällen aufgrund des Schutzplatzmangels. In etlichen Fällen jedoch, wird eine Distanz zwischen Täter und Opfer ganz bewusst erzeugt. Das deutsche Schutzdefizit trifft diejenigen, die darauf angewiesen sind, in aller Härte, denn für einen Platz in Sicherheit müssen die Frauen nicht nur ihr gewohntes Leben abrupt aufgeben, vielmehr entstehen ihnen durch die Anreise zum Frauenhaus oder einer Schutzwohnung hohe Kosten. Während uniformierte Polizeivollzugsbeamtinnen und -beamte sowie Bundeswehrsoldatinnen und -soldaten die Beförderungsleistungen der Bahn unentgeltlich in Anspruch nehmen dürfen, müssen die vor der männlichen Gewalt fliehenden Frauen den vollen Preis bezahlen, jedes Kind mehr wird zum zusätzlichen Kostenfaktor, d. h. zu einer weiteren Hürde.

Auch in nahezu allen Frauenhäusern sind Kinder ein relevanter Kostenpunkt: *„Ein bundesweiter, einheitlicher und verbindlicher Rechtsrahmen für die Finanzierung von Frauenhäusern existiert nicht. Rechtsvorschriften und Finanzierungsbeiträge für Frauenhäuser unterscheiden sich von Bundesland zu Bundesland"*, so beschreibt es der Wissenschaftliche Dienst des deutschen Bundestags in seiner Dokumentation *„Informationen zur Finanzierung von Frauenhäusern in Deutschland"* im Mai 2023.[768] Dieser, vom Hilfesystem seit Jahrzehnten kritisierte *„Flickenteppich"* in der Finanzierung des Gewaltschutzes hat für die betroffenen Frauen sehr weitreichende Folgen, denn die Höhe der von ihnen selbst zu stemmenden Kosten hängt davon ab, in welchem Bundesland sie Schutz finden. In einer Akut- und Ausnahmesituation ist die Empfängerin von Sozialbezügen noch am besten aufgestellt: In ihrem Fall ist von Beginn an klar, dass der Staat die Frauenhaus-Tagessätze übernimmt. Die Tagessätze variieren von Bundesland zu Bundesland zwischen 6 und 109 Euro pro Tag und pro Person.[769] Dabei beinhalten die monatlichen Fixkosten in Höhe von 180 bis zu 3.270 Euro pro Person keine Lebenshaltungskosten.

Für viele Frauen, insbesondere für Mütter mit mehreren Kindern, Studentinnen und/oder Frauen mit ungeklärtem Aufenthaltsstatus sind diese

Summen schlichtweg nicht leistbar, die „*FAZ*" konkretisierte das im Juli 2024: *„Die Höhe der Beiträge unterscheidet sich von Kommune zu Kommune. In Rheinland-Pfalz müssen Selbstzahlerinnen zwischen sechs und zwölf Euro zahlen, während ein Aufenthalt in Baden-Württemberg bis zu 109 Euro pro Tag kostet. Ein Tag im Frauenhaus in Stuttgart kostet 66 Euro pro Person. Für eine Frau mit zwei Kindern sind das rund 1.400 Euro pro Woche, dabei müssen die Frauen oft mehrere Monate dortbleiben. Häufig müssen sie ihre Miete weiterzahlen, weil sie unerwartet fliehen mussten".*[770] Gerade für Frauen, die ein festes Arbeitsverhältnis haben, bedeuten die Tagessätze, ggf. zuzüglich bestehender Mietforderungen, eine Existenzgefährdung, denn, abseits der finanziellen Belastung nimmt auch der wohlwollendste Arbeitgeber einen Ausfall auf unbestimmte Zeit nicht öfter, als zweimal hin, ohne in der Konsequenz arbeitsrechtliche Schritte gegen seine Arbeitnehmerin einzuleiten: Der Arbeitsplatzverlust droht.

Zu alldem hinzu kommen Umzugs-, ebenso wie Anwalts- und Gerichtskosten. Als sei das nicht belastend genug, müssen die Frauen die Neuorganisation ihres eigenen Lebens sowie das ihrer Kinder mit Wohnungs- und ggf. Arbeitsplatzsuche sowie Aufnahmen im Kindergarten bzw. der -Tagesstätte oder/und Schule vorantreiben. Aufenthalte in Frauen- und Schutzeinrichtungen sind als temporäre Übergangslösung konzipiert. Dass in vielen deutschen Städten dauerhaft hoher Wohnungsmangel herrscht, erschwert die Situation für Gewaltbetroffene Frauen um ein Vielfaches: Welcher Vermieter entscheidet sich in der für ihn komfortablen Situation von fehlendem Angebot und überbordender Nachfrage zu Gunsten einer Frau mit Kind(ern), die aufgrund ihrer Gewalthistorie ggf. einen Gewalttäter an bzw. in die Wohneinheit bringt oder/und keinen geregelten Einkommensnachweis vorweisen kann oder/und von der latent zu befürchten ist, dass sie ad hoc erneut fliehen muss?

Im gleichen Atemzug, in dem Frauen auf der Flucht gezwungen sind, ihre Existenz mit ihren eigenen Finanzen zu sichern, offeriert der deutsche Staat den gewalttätigen Kostenverursachern ein sehr breit gefächertes Angebot. Täter werden trotz ihrer Schuld nicht mit einer grundlegend neuen, existenzbedrohenden und weiterhin latent unsicheren Lebenssituation konfrontiert. Im Fall, dass die Ausübung häuslicher Gewalt in der Ingewahrsamnahme des

Täters mündet, können die Täter Ansprüche auf Sport, Arbeit, Seelsorge, Therapie und Bildung sowie auf Prozesskostenhilfe und auf Pflichtverteidigung geltend machen. Alles Bezüge durch die öffentliche Hand.

Diese hat bspw. auch Magnus Gäfgen, der sich heute Thomas David Lukas Olsen nennt, in Anspruch genommen. Der im Jahr 2003 rechtskräftig zu einer lebenslangen Freiheitsstrafe mit Feststellung der besonderen Schwere der Schuld verurteilte Kindsmörder legte in seiner Haftzeit das Erste juristische Staatsexamen ab und klagt sich stetig durch die Instanzen, bis hin zum Europäischen Gerichtshof für Menschenrechte.

Auch nach der Haftentlassung steht den Gewalttätern staatliche Unterstützung zu: Resozialisierungsmaßnahmen und Bewährungshilfen, ggf. auch flankierende Therapieprogramme, wobei Täterarbeit selten verpflichtend, sondern überwiegend auf freiwilliger Basis erfolgt.

Die derzeitige Auslegung des Umgangsrechts kommt Tätern ebenfalls zu Gute: Selbst, wenn das eigene Kind den Umgang mit einem Elternteil, bspw. dem gewalttätigen Vater, ablehnt, führt das nicht zwingend zu einer Versagung des Umgangsrechts.[771] *„Insbesondere bei jüngeren Kindern, die zu einer eigenen abgewogenen Willensbildung noch nicht fähig sind, ist es grundsätzlich die Pflicht des Elternteils, bei dem das Kind lebt, das Kind zu er mutigen, den Kontakt zum umgangsberechtigten Vater oder zur umgangsberechtigten Mutter zu pflegen"*, so definiert es das Justizministerium Deutschlands. Der dann folgende Passus ist wesentlich: *„Das Umgangsrecht gibt dem berechtigten Elternteil in erster Linie die Befugnis, das Kind in regelmäßigen Abständen zu sehen und zu sprechen. Zum Umgang gehören neben den persönlichen Begegnungen auch der Brief und Telefonkontakt sowie Kontakt mithilfe moderner Kommunikationsmöglichkeiten wie Videotelefonie und soziale Medien"*. Diese Auslegung des Umgangsrechts, die die Gewaltausübung gegen die Mutter in Gänze außer Acht lässt, weil sie von den Familiengerichten abgespalten in separat geführten Strafprozessen beurteilt wird, sorgt regelmäßig dafür, dass gewalttätige Väter in kürzester Zeit den Aufenthaltsort ihrer Kinder, d. h. damit auch der geflüchteten (Ex-)Frauen erfahren – und, von staatlicher Gesetzgebung und Rechtsprechung unterstützt, im wahrsten Wortsinn, erneut zuschlagen können. In Deutschland wird das Umgangsrecht eines gewalttätigen Vaters in tausenden, belegten Fällen immer noch als höheres Rechtsgut als das Grundrecht auf Leben und körperliche Unversehrtheit von Mutter und Kind(ern) gewertet. Auf Grund dieses strukturellen Missstandes beginnt für viele Frauen die Flucht vor ihrem Peiniger aufs Neue, ein ums andere Mal.

Flickenteppich Bundesrepublik Deutschland

Die unterschiedlichen Finanzierungsmodalitäten der Länder für die Schutz-plätze in Frauenhäusern sind ein Problem, das auch dann zur Hürde wird, wenn die Grundlage zur Finanzierungshilfen geklärt werden muss: Gelten die Parameter aus dem Bundesland, aus dem die Geschädigte kommt, oder werden die Kriterien angewandt, aus dem Land, in das die Betroffene geflohen ist? Sich in einer akut lebensbedrohlichen Situation mit derartigen Fragestel-lungen auseinandersetzen zu müssen, nur, weil der Staat seine Schutzpflicht negiert, ist unzumutbar. Als einzige Bundesländer übernehmen derzeit Berlin, Bremen und Schleswig-Holstein die anfallenden Tagessatz-Kosten für einen Frauenhausaufenthalt.[772] In allen anderen Ländern und Kommunen steht die Finanzierung von Frauenhäusern auf Treibsand: Die Trägerschaften werden über Gelder der öffentlichen Hand mitfinanziert. Diese sind freiwillig und damit immer auch in Abhängigkeit der jeweiligen Haushaltslage, sie sind jederzeit reduzierbar bzw. können ganz eingestellt werden. Ein Szenario, das im Zuge der momentan erstarkenden, rechten Parteien zunehmend beängs-tigend ist. Die Gefahr dieser (weiteren) Mittelkürzung ist dauerpräsent: Zum einen, weil sie top-down (über das BMFSFJ) vorgelebt wird, zum anderen, weil die Bedarfe nach Jahrzehnten des Wegsehens bzw. Kaputtsparens mittlerweile überbordend sind.

Innerhalb der letzten Jahre hat ein extremer Fachkräftemangel den ganzen Sektor erreicht und führt regelmäßig dazu, dass Praktikantinnen mit Aufgaben betraut werden, die ihre Kompetenzen deutlich übersteigen. Der Druck, der mit der steten und existenziellen Bedrohung der Trägervereine einhergeht, führt zu einer abnehmenden Solidarität unter denjenigen, die im Hilfesystem arbeiten. In Sorge vor Stellenkürzungen werden Informationen zurückgehalten und viele Einrichtungen bleiben im klein-klein der eigenen Trägerschaft verhaftet, anstatt den Missstand geeint bottom-up anzuprangern.

Die genannten Unsicherheiten erlauben es weder den Trägervereinen, noch den Arbeitnehmerinnen zukunftsorientiert, d. h. langfristig und nachhaltig zu planen und zu handeln. Der siechende Zustand des rundum maroden Systems führt zu großer Unzufriedenheit unter denen, die sich trotz allem weiterhin im Gewaltschutz engagieren einerseits und zu einer überdurchschnittlichen Fluktuation der Mitarbeitenden andererseits.

Unter gegebenen Umständen erscheint es geradezu wie Hohn, wenn Frauenhäuser, bspw. anlässlich der Berichterstattung zum Femizid gegen die 30-jährige, dreifache Kindsmutter S. vom November 2024 in Nordrhein-Westfalen in der *„Bild"* folgendermaßen beworben werden: *„Frauenhäuser bieten Schutz und helfen, ein neues Leben zu beginnen. Hier* [Anm: Verlinkung zur Frauenhauskoordinierung] *finden Sie ein passendes Frauenhaus für Ihre Bedürfnisse".*[773] Eine Mähr des Springer-Verlags, die suggeriert, dass es sich bei der Wahl eines Frauenhausplatzes um eine ähnliche Wunschbefriedigung geht, wie bei der Suche nach dem passenden Urlaubshotel. Sie ist widerlegt, u. a. auch durch die Berichterstattung, die zum Ist-Zustand der Frauenschutzeinrichtungen in Hamburg erfolgte: *„Für die dringend erforderliche Sanierung der Hamburger Frauenhäuser will Rot-Grün knapp 1,4 Millionen Euro zur Verfügung stellen. In den sechs Häusern sollen damit unter anderem Heizungsanlagen und Elektrik erneuert, neue Küchen und Bäder eingebaut, Schimmelbefall bekämpft und neue Spielanlagen für Kinder angeschafft werden, wie aus einem gemeinsamen Antrag der Regierungsfraktionen hervorgeht",* so beschrieb *„ZEIT"* am 29. Oktober 2024 den desolaten und anteilig menschenunwürdigen Zustand innerhalb der Schutzeinrichtungen.[774] Parallel dazu ist eine sehr irritierende Form von Kommunikation erkennbar: Jedes noch so herablassende Staatsalmosen wird von den Repräsentantinnen des Hilfesystems in offiziellen Stellungnahmen mit schmeichelnden *„Wir begrüßen, ..."*- Formulierungen goutiert, obwohl die Regierungsverantwortlichen ununterbrochen weitere Repressalien bzw. finanzielle Daumenschrauben durchsetzen.

Auf Seiten der Einrichtungen und Trägervereine wird kontinuierlich darauf verwiesen, man habe bereits so viel erreicht. Aufrichtige Reflexion hingegen wäre das Eingeständnis, dass alle ergriffenen Maßnahmen bis heute nicht einmal dazu ausreichen, den Status quo der tödlichen Gewalt gegen Mädchen und Frauen auf gleichbleibendem Niveau halten zu können: Jahr für Jahr erleben wir eine kontinuierliche Ausweitung des Missstandes, einen verstetigten Anstieg der geschlechtsspezifischen Gewaltausübung.

Immer wieder bzw. immer öfter rufen auch private bzw. privatwirtschaftliche Organisationen zur Unterstützung von Frauenschutzeinrichtungen auf: Laufveranstaltungen[775] und reichweitenstarke Kampagnen zum Zweck der Mitteleinwerbung[776], Spendenaufrufe oder Kleinkredite durch die Zivilgesellschaft[777] sind kein probates Mittel, um die Verweigerung der Bundesregierung zu kompensieren. Es ist und bleibt die Aufgabe des Staates, den Schutz für Gewaltbetroffene Mädchen und Frauen zu sichern.

Der Ehrlichkeit und Vollständigkeit Rechnung tragend, muss ein Aspekt ergänzt werden, der die weit verbreitete, devote Passivität vieler Frauen in Deutschland wohlwollend aufnimmt: Welcher Finanzminister bewegt sich auch nur ein Mü, solange das System irgendwie noch läuft?

Verantwortung und fehlende Zielgruppenausrichtung

In ihrer Eigenauskunft vom August 2018 hat die Bundesregierung die Zuständigkeit für die Umsetzung der Istanbul-Konvention bei folgenden vier Ministerien festgesetzt: Unter Federführung des BMFSFJ werden auch das Bundesministerium des Innern (BMI), das Bundesministerium der Justiz und für Verbraucherschutz (BMJV) und das Bundesministerium für Gesundheit (BMG) als verantwortlich benannt.

Während ihrer Amtszeit als Bundesfrauenministerin führte Franziska Giffey im September des Jahres 2018 einen „Runden Tisch" ein. Die Repräsentantinnen von Bund, Ländern und Kommunen trafen sich über knapp drei Jahre hinweg ganze fünf Mal, bevor die damalige Staatssekretärin im BMFSFJ, Juliane Seifert, die Ergebnisse am 27. Mai 2021 öffentlich als gemeinsamen Arbeitserfolg ausgab: De facto gab es für Gewaltbetroffene Frauen nicht mehr, als eine auf zweieinhalb DIN A4-Seiten verteilte Aneinanderreihung von Eigenlob einerseits[778] und ein weitere dreieinhalb DIN A4-Seiten umfassendes, sogenanntes *„Positionspapier"* andererseits.

In letzterem wird angeführt: *„Um künftig bundesweit einen bedarfsgerechten und niedrigschwelligen Zugang zu Schutz und Beratung zu gewährleisten, sprechen sich die Mitglieder des Runden Tisches mehrheitlich für die Schaffung eines bundesweit einheitlichen Rahmens durch eine bundesgesetzliche Regelung unter Berücksichtigung der folgenden Punkte aus: Ziel der bundesgesetzlichen Regelung ist es, den Zugang zu Schutz und Beratung bei geschlechtsspezifischer und häuslicher Gewalt bundesweit zu verbessern und einen einheitlichen Rahmen für die verlässliche finanzielle Absicherung des Hilfesystems zu schaffen. Gewaltbetroffene Personen sollen unabhängig davon aus welchen Kommunen oder Bundesländern sie kommen, bundesweit und entsprechend ihrem individuellen Schutz- und Beratungsbedarf Hilfeeinrichtungen in Anspruch nehmen können. Mit einer bundesgesetzlich verankerten Regelung des Zugangs zu Schutz und Beratung bei Gewalt geht die staatliche Verpflichtung einher, eine hinreichende Infrastruktur in diesem Sinne bereitzustellen".*

Der Einleitung folgen im Text nicht etwa klar definierte Ziele, die mit Zeitschienen, Etat und namentlicher Hinterlegung der verantwortlichen Akteurinnen und Akteure gesichert werden, sondern eine Vielzahl von unverbindlichen Konjunktiven: *„soll"* und *„sollte"*. Parallel dazu werden die Mittel im Hilfesystem weiter gekürzt, obgleich die amtierende, regierende Parteien-Koalition aus SPD, BÜNDNIS 90/Die Grünen und FDP die gemeinsame Schutzverpflichtung vertraglich fixiert hat: *„Die Istanbul-Konvention setzen wir auch im digitalen Raum und mit einer staatlichen Koordinierungsstelle vorbehaltlos und wirksam um. Wir werden das Recht auf Schutz vor Gewalt für jede Frau und ihre Kinder absichern und einen bundeseinheitlichen Rechtsrahmen für eine verlässliche Finanzierung von Frauenhäusern sicherstellen. Wir bauen das Hilfesystem entsprechend bedarfsgerecht aus. Der Bund beteiligt sich an der Regelfinanzierung".*[779]

Ende November 2024 bspw. sieht sich der Dachverband der Migrantinnenorganisationen (DaMigra), existenziell bedroht und veröffentlicht auf der Homepage einen Brandbrief: *„Sehr geehrte Verantwortliche in Politik und Verwaltung, mit tiefem Bedauern und großer Sorge wenden wir uns an Sie,* *um auf eine Krise hinzuweisen, die unmittelbare und weitreichende Folgen für die Existenz von DaMigra, unsere Standorte und vor allem für geflüchtete und migrierte Frauen in Deutschland haben wird. Die Bundesregierung hat mitgeteilt, dass aufgrund einer vorläufigen Haushaltsführung keine neuen Projekte bewilligt werden können und das laufende Interessensbekundungsverfahren aufgehoben wird. Dies bedroht nicht nur unsere Arbeit und das Vertrauen in den gesellschaftlichen Fortschritt, den wir gemeinsam erreicht haben, sondern gefährdet unsere Existenz".*[780]

Bereits im September 2020 erarbeiteten die drei Dachverbände „bff"[781], „Der Paritätische"[782] und die „ZIF"[783] ein gemeinsames Eckpunktepapier zur Finanzierung des Frauen-Unterstützungssystems: *„Die Finanzierung der Hilfestrukturen zur Prävention und zur Verhinderung von sexualisierter und häuslicher Gewalt an Frauen und Mädchen ist eine gesamtgesellschaftliche Aufgabe, an der sich alle staatlichen Ebenen beteiligen müssen, d. h. Bund, Länder und Kommunen. Bisher sind die Strukturen unterfinanziert und die Versorgung weist Lücken auf, mehr finanzielle Mittel und bessere Regelungen der Förderung sind dringend geboten. Für die Einrichtungen und Träger hat eine einzelfallunabhängige, nachhaltige, dauerhafte und verlässliche Finanzierung als staatliche Leistung oberste Priorität. Es bedarf eines bundesweit einheitlichen Rahmens, der die bestehenden Strukturen der Länder berücksichtigt und eine auskömmliche Finanzierung des Gewaltschutzes in ganz Deutschland sicherstellt".*[784]

Über die letzten Jahre hinweg gibt es konstant Meldungen zu Polizeibeamten, Bundeswehrsoldaten und anderen (anteilig ehemaligen) Staatsdienern, die das Leben ihrer (Ex-)Partnerinnen auslöschten. Nicht selten richten sich die Waffenkundigen im Anschluss an ihr Verbrechen mit ihrer Dienstwaffe selbst.

Anfang September 2024 schoss ein früherer Bundespolizist in Nordrhein-Westfalen mehrfach auf seine Freundin und verletzte sie schwer. Dass sie überlebte, ist dem Zufall zu verdanken.[785]

Mit seiner Dienstwaffe hat ein Bundespolizist in Hessen Mitte Mai 2024 seine 23-jährige Lebensgefährtin G. erschossen.[786]

Ende Januar 2024 nahm ein früherer Soldat in einer Starbucks-Filiale in Baden-Württemberg mehrere Geiseln, mindestens fünf davon sind Mädchen und Frauen: Mit zwei Waffenattrappen, Messern, Äxten und einer Machete bedrohte der Gewalttäter das Leben von M. (31), K. (22), J. (22) sowie zwei Mädchen im Alter von 13 und 14 Jahren.[787] Auch seinem Gewaltexzess ging „BILD" zufolge eine „Sinnkrise" und laut „dpa" mehrfache Äußerungen zu „Suizidabsichten"[788] voraus, in deren Kontext die Trennung, die seine Ehefrau vollzogen hatte, angeführt wird.[789]

Ein anderer Bundeswehrsoldat stach im Dezember 2022 in Rheinland-Pfalz seine Ex-Freundin mit 23 Messerstichen ab und fuhr anschließend, mit dem Vorhaben sich zu suizidieren, mit der Leiche der 21-jährigen Soldatin weiter auf der Autobahn 3, einer der Hauptverkehrsschlagadern in Deutschland.[790]

Ende Mai 2022 tötete ein pensionierter Polizist seine 71-jährige Frau in Brandenburg[791] und in Baden-Württemberg erschoss Mitte Februar 2022 ein Beamter des Landeskriminalamtes seine 58-jährige Frau in aller Öffentlichkeit mit seiner Dienstwaffe, nachdem er sie schon vor diesem Femizid massiv bedroht hatte.[792]

In Schleswig-Holstein entkam eine 37-jährige Frau Anfang Januar 2022 nur sehr knapp den Tötungsabsichten von ihrem Ex, einem Ausbilder der Bundespolizei, der mit seiner Dienstwaffe achtmal auf sie schoss, bevor er sich suizidierte – ihr Überleben ist dem puren Zufall geschuldet.[793]

Im Mai 2021 überlebt eine 38-jährige Frau in Sachsen zufällig das „russische Roulette" ihres Exfreundes, einem Polizisten – weil seine Waffe nicht geladen war.[794]

Sie hingegen überlebt den Anschlag ihres Mannes nicht: Ebenfalls in Sachsen erschoss der pensionierte Leiter der Abteilung Soziales eines Landratsamts Mitte April 2021 seine 79-jährige, hilfsbedürftige Frau D. mit einem gezielten Kopfschuss.[795] Der Gewalttäter war bereits vor der Tat in der Nachbarschaft bekannt dafür, seine Frau vor Dritten ungeniert und cholerisch angeschrien zu haben.[796]

In Nordrhein-Westfalen löschte ein Bundeswehrsoldat im Februar 2021 seine ganze Familie aus. Seine 37-jährige Frau J., seine beiden Töchter M. (vier Jahre) und A. (ein Jahr) sowie seine 77-jährige Schwiegermutter G. werden nach einem Hausbrand erstochen aufgefunden.[797]

Die damalige Bundesfrauenministerin Paus kündigte im Jahr 2023 erstmals „Eckpunkte für ein Gewalthilfegesetz" an: „Gewalt verhindern, Ursachen bekämpfen, ja, das ist ein dickes Brett, das wir zu bohren haben. Wir bohren an insbesondere vier Stellen: erstens die tatsächliche Dimension erfassen, zweitens präventiv handeln, drittens Täter bestrafen und viertens Frauen Schutz und Hilfe bieten. Deshalb erarbeite ich gerade ein Gesetz, das Frauen das Recht auf

Schutz und Beratung gibt, kompetent und zuverlässig, egal ob in der Stadt oder auf dem Land".[798] Die *„Zeit"* zitiert sie ebenfalls: *„Mein Konzept sieht vor, dass wir erstmals in Deutschland einen Rechtsanspruch auf Schutz und Beratung bei geschlechtsspezifischer und häuslicher Gewalt einführen".*[799]

Mehr als drei Jahre nach Veröffentlichung des unter Franziska Giffey verfassten *„Positionspapiers"* lag der Referentenentwurf zu der Gesetzesnovelle erstmalig Ende November 2024 vor. Im internationalen Kontext legt das BMFSFJ viel Wert auf Sichtbarkeit der eigenen (vermeintlichen) Vorbildrolle in Sachen Frauenrechte – auch, um so der digitalen Selbstdarstellung der Bundesregierung gerecht zu werden, die betont, sich für die Rechte von Frauen stark zu machen: *„in Deutschland und auf der ganzen Welt".*[800]

Auf der Webpräsenz der Bundesregierung allerdings beschränkt Ministerin Paus sich auf den verbalisierten Blick Richtung Kriegs- und Konfliktgebiete, fernab ihres eigenen Handlungsauftrags: *„Sexualisierte Gewalt, vor allem gegen Frauen, wird in Konflikten seit langem weltweit von Terroristen und in bewaffneten Konflikten systematisch und als taktische Waffe genutzt. Wir ordnen deshalb sexualisierte Gewalt klar als Kriegsverbrechen und Verbrechen gegen die Menschlichkeit ein".*

Es irritiert, wie Ministerin Paus die mit dem Amt einer Bundesfrauenministerin verknüpfte Verantwortung rhetorisch weit abseits ihrer eigenen Person bzw. ihrer politischen Rolle verortete, bspw. im Interview mit *„Bunte"* im Mai 2023: *„Bei uns in Deutschland spielt Gewalt gegen Frauen im Umgangs- und Sorgerecht kaum eine Rolle, das finde ich unmöglich. Gerade der Moment, wenn der Mann die Kinder übernimmt, kann hochgefährlich sein. Die derzeitigen Regelungen funktionieren da im Ernstfall nicht. Frauen und die Kinder müssen besser geschützt werden"*[801] oder auch anlässlich der Bundeskonferenz zur Präsentation der Statistik zu Häuslicher Gewalt: *„Wir brauchen dringend ein flächendeckendes, niedrigschwelliges Unterstützungsangebot bestehend aus sicheren Zufluchtsorten und kompetenter Beratung."*[802] In Reaktion auf zwei direkt aufeinanderfolgende Femizide Ende August 2024 in Berlin wird Lisa Paus in der *„Berliner Morgenpost"* zitiert: *„Es muss sofort etwas passieren"*[803] und die Headline der *„Zeit"* lautete: *„Lisa Paus fordert mehr Geld für Schutz von Frauen".*[804]

Ähnlich verhält es sich bei der Durchsetzung der Gleichberechtigung nach dem *„Gesetz für die gleichberechtigte Teilhabe von Frauen und Männern an Führungspositionen in der Privatwirtschaft und im öffentlichen Dienst."* Diesem Gesetz zufolge sind Unternehmen in Deutschland bereits seit dem 1. Mai 2015 verpflichtet, den Frauenanteil in Führungsebenen auf 30 Prozent zu erhöhen. Obwohl die Zielgröße von 30 Prozent immer noch 20 Prozent unter dem *„Gleich"* von *„Gleichstellung"* liegt, berichten die Medien auch im Juli 2024 von der flächendeckenden Ignoranz der Firmen aus der Privatwirtschaft, dem öffentlichen Dienst des Bundes sowie Unternehmen mit unmittelbarer Mehrheitsbeteiligung des Bundes. Der *„Spiegel"* schreibt dazu: *„Mehr als die Hälfte der Unternehmen, die überhaupt eine Zielangabe zu Frauen in ihren Vorständen machte (53 Prozent), setzte sich dem Bericht zufolge die Zielgröße null – also das Ziel, keine einzige Frau im jeweiligen Unternehmensvorstand zu haben"*.[805]

Am 25. August 2024 erklärt Lisa Paus dazu über die *„dpa"*: *„Die Bundesregierung will vorerst keine weiteren Konzerne zu einer Frauenquote verpflichten. Das teilte Bundesfamilienministerin Lisa Paus (Grüne) der dpa auf Nachfrage mit. ,Im Koalitionsvertrag der Ampel sind zunächst keine weiteren Schritte vorgesehen', erklärte Paus. Deshalb werde es nach aktuellem Stand keine Ausweitung der bislang geltenden Vorgaben geben"*.[806]

Auf den Internetseiten der Bundesrepublik Deutschland wird Margit Gottstein, Staatsministerin im BMFSFJ, anlässlich der Präsentation des Neunten Staatenberichts zur Gleichstellungspolitik der Bundesrepublik Deutschland zitiert, vor dem CEDAW-Komitee der UN in Genf äußerte sie: *„Wir haben das Jahrzehnt der Gleichstellung ausgerufen und wollen bis 2030 echte Fortschritte erreichen. Diese Bundesregierung ist die erste, die die Umsetzung der Frauenrechtskonvention in ihrem Koalitionsvertrag verankert hat. Wir bekennen uns damit ausdrücklich zu diesem wichtigen Abkommen"*.[807] Ein vertragliches Bekenntnis allein bedeutet noch keine reale Verbesserung der Bekämpfung der Vielzahl gravierender Menschenrechtsverletzungen zum Nachteil von Mädchen und Frauen.

Laut Eigenauskunft der Regierung wären neben dem BMFSFJ auch andere Ministerien in der Verantwortung dafür, die Istanbul-Konvention umzusetzen: Anlässlich der Bundespressekonferenz zur Präsentation der offiziellen

Statistik zu Häuslicher Gewalt im Juni 2024 versprach Bundesinnenministerin Nancy Faeser den Gewaltbetroffenen Mädchen und Frauen in Deutschland Anlaufstellen in Bahnhöfen, bei denen die Bundespolizei an sieben Tagen die Woche, rund um die Uhr, Hilfe anbietet. Das Versprechen löste sie im August 2024 mit der Eröffnung einer solchen ersten Anlaufstelle am Berliner Ostbahnhof ein, eine weitere ist für den Hauptbahnhof in Köln in Planung. Beide sind Teil eines Pilotprojekts, das jedoch nur Betroffenen in den westdeutschen Ballungszentren Berlin und Köln zugutekommt. Zudem greift auch diese Maßnahme erst nach einer Gewalterfahrung, nicht präventiv.

Ministerin Faeser wird in einem Bildzitat zur Eröffnung der ersten Station in Berlin so wiedergegeben: *„Niemand sollte sich schämen, Opfer von Gewalt geworden zu sein. Wir wollen deshalb die Hemmschwelle für Betroffene senken, Hilfe zu suchen und Anzeige zu erstatten".*[808] Sie ignoriert damit, dass es nicht nur die Scham ist, die Frauen davon abhält Täter anzuzeigen, sondern der unzureichende staatliche Schutz vor, während und auch nach der Flucht vor ihrem Peiniger.

Im Bundesgesundheitsministerium fühlt man sich nicht zuständig, kein Bundesgesundheitsminister hat sich ernstzunehmend der Umsetzung der Istanbul-Konvention angenommen. In Konsequenz dessen positionierte auch Minister Karl Lauterbach sich nicht ein einziges Mal öffentlichkeitswirksam gegen Gewalt gegen Frauen bzw. Femizide. Geschweige denn, dass er sein Ministerium mit der Thematik befasste. Sein Vorgänger Jens Spahn hatte im Jahr 2019 zumindest verbal den Vorstoß gemacht, die Kosten der medizinischen Versorgung von Opfern sexualisierter Gewalt und Vergewaltigten staatlich abzusichern[809] – allerdings ohne das erforderliche Durchsetzungsvermögen: *„Vergewaltigungsopfer, die keine Anzeige erstatten wollen, müssen nämlich damit rechnen, dass sie die Kosten für die vertrauliche Spurensicherung im Rahmen einer medizinischen Versorgung selbst zahlen müssen. Diese können sich auf bis zu mehrere Hundert Euro belaufen"*[810], so beschrieb das „Ärzteblatt" den deutschen Ist-Zustand im Jahr 2021. Dabei sollten gesetzliche Krankenversicherungen bereits seit dem 1. März 2020 die Finanzierung der vertraulichen Spurensicherung für Betroffene von sexualisierter und körperlicher Gewalt absichern. Das Gesetz, das die Bundesländer dazu verpflichtet, die vertrauliche Spurensicherung flächendeckend zu ermöglichen, indem ausreichend niedrigschwellige Angebote bereitgestellt werden, wird nach wie vor nicht in allen Ländern umgesetzt.[811] In der Folge bedeutet das einen großen Unterschied für Gewaltbetroffene Mädchen und Frauen, welcher staatliche Versorgungsrahmen ihnen in Abhängigkeit ihres Wohnortes in Deutschland zugestanden wird. Die Passivität im deutschen Bundesgesundheitsministerium ist verheerend. Gerade im Gesundheitswesen stehen viele Stakeholder bereit, die von der wirksamen Bekämpfung des Leidens von Frauen bzw. Patientinnen stark profitieren könnten – nicht zuletzt deswegen, weil der Bereich Medizin und Pflege überproportional von Frauen, d. h. von sehr vielen Betroffenen, getragen wird.

Unter Marco Buschmann erfuhr das BMJ sehr viel Beachtung zu Entscheidungen, die eine deutlich ablehnende Haltung des vormaligen Bundesjustizministers gegen die Bekämpfung von Gewalt gegen Mädchen und Frauen beurkunden: Von der Blockade eines europäisch vereinheitlichten Straftatbestands der Vergewaltigung, bis zum ministerialen Widerstand gegen die Einführung der elektronischen Fußfessel zur Überwachung von Gewalttätern.

Noch vor der Amtszeit von Marco Buschmann, entschied das Bundesjustizministerium, die App des Vereins *„Gewaltfrei in die Zukunft"* zu unterstützen.[812] Im Schulterschluss fördert nun auch das Bundesinnenministerium dieses Vorhaben, von Oktober 2023 bis Ende 2026 mit insgesamt rund 3,7 Millionen Euro.[813] Die App bietet Betroffenen von Häuslicher Gewalt *„einen niedrigschwelligen Zugang zu Informationen und Unterstützungsangeboten und soll als Brücke in das bestehende Hilfenetzwerk dienen"*[814] – vorgeblich.

Das Pilotprojekt, das man aktuell in der Region Hannover und im Land Berlin unterstützt, wird zwar regelmäßig öffentlich als Leuchtturm-Maßnahme angeführt, kommt aber seit Jahren nicht ans Laufen. Die Applikation soll einen vor Gewalttätern geschützten Raum anbieten, so lautet die Argumentation dafür, dass Betroffene den Zugang zur Anwendung ausschließlich über das Hilfesystem erlangen können: *„Wir bieten eine geschützte App an, deren Verteilung geheim bleibt"*, so lässt Vereinsgründerin, Stefanie Knaab wissen.[815] Geheim ist das Gegenteil von niedrigschwellig. Sowohl der Verein als auch der Bund betreiben ein derart reichweitenstarkes Marketing zu der App, dass es naiv ist, weiterhin anzunehmen, Gewalttäter hätten keine Kenntnis von diesem Instrument. Seit mehreren Jahren werden zur technischen Entwicklung dieser App die Daten Gewaltbetroffener Frauen abgefragt, ein gerichtsfestes Gewalttagebuch soll über die Software erstellt und geführt werden können. Vielmehr: sollte. Bis dato ist nicht ein einziger Prozess bekannt, bei dem ein solches Gewalttagebuch die Zeugenaussage einer Betroffenen erfolgreich untermauerte. Da dem Pilotprojekt eine Vollfinanzierung aus Mitteln der öffentlichen Hand zugrunde liegt, stellen sich folgende Fragen:

* Weshalb fängt man in Deutschland bei null an, anstatt das Wissen, die Erfahrung und die bereits etablierten Techniken aus anderen Ländern zu nutzen?

* Wie ist sichergestellt, dass die – bis heute – ergebnisfreien Abfragen bei den Gewaltbetroffenen nicht zu Retraumatisierungen bzw. zu sekundären Viktimisierungen führen?

* Wie sieht die Zeitschiene aus: Wann erfolgt der flächendeckende Einsatz auf Bundesebene?

* Auf wie viele Millionen Euro belief bzw. ggf. beläuft sich die unterstützende Investition des Bundesjustizministeriums über welchen Zeitraum?

* Wann werden welche Ergebnisse erreicht sein?

Käme die App eines Tages tatsächlich zur praktischen und flächendeckenden Anwendung, so wäre sie ein weiteres Werkzeug in einem überbordenden Pool an Webseiten, Informationsplattformen, Flyern, Foldern und QR-Codes. Im „Land der Ingenieure" müssen Gewaltbetroffene Frauen eine irrsinnige Recherchearbeit leisten, um die Funktionsweisen, Aufgabengebiete, Spezialisierungen, Finanzierungsauflagen und -optionen sowie die Zuständigkeiten innerhalb des staatlichen Hilfesystems auch nur ansatzweise überblicken zu können.

Die sperrige Telefonnummer 0800-0116016 war in Deutschland lange Jahre der Weg zu einer ersten Hilfestellung. Während die Notrufnummer für gewaltbetroffene Frauen in Spanien schlicht 016 lautet, gilt es in Deutschland schon als Errungenschaft, seit September 2023 „*nur*" noch sechs Ziffern, die 116016, wählen zu müssen, um Telefonberatung zu erhalten.[816]

Im Jahr 2011 wurde die Istanbul-Konvention erstmalig zur Unterzeichnung ausgelegt und die Türkei war der Erstunterzeichner-Staat. Sie ist zwischenzeitlich als erste und einzige Nation aus dem europäischen Gewaltschutzabkommen ausgetreten. Davon ungeachtet wurde in der Türkei bereits im Jahr 2018 die landesweite Notruf-App „*KADES*"[817] aufgesetzt, über die eine in Gefahr befindliche Frau bei der Polizei einen Alarm auslösen kann.

In Deutschland hingegen wird Gewaltbetroffenen Mädchen und Frauen auch sechseinhalb Jahre nach Unterzeichnung der Istanbul-Konvention ein regelrechter Dschungel an Informationsquellen zugemutet. Das mag im ersten Eindruck wirken, wie eine gut aufgestellte Hilfsstruktur, spiegelt jedoch das exakte Gegenteil: Unterstützungsangebote, die, im sich verschärfenden Verteilungskampf um die knapper werdenden Ressourcen, untereinander konkurrieren. Das Zitat einer seit Jahrzehnten im Hilfesystem Engagierten lautet: „*Mit unserem Hilfetelefon bewerben wir ein System, das kurz vor dem Kollaps steht und das den realen Anforderungen schon lange nicht mehr gerecht werden kann*". Besonders prekär stellt sich dabei die Situation im ländlichen Bereich dar, wo eine zusätzlich erschwerende Zugangshürde Erreichbarkeit heißt. Gerade hier droht betroffenen Mädchen und Frauen in ihrer prekären Situation eine weitere Gefahr.

In der Bundesrepublik Deutschland ist für jede Packung Käse eine lückenlose Kühlkette nachzuweisen, d. h. alle Lebensmittel- und Logistikunternehmen mussten ein belastbares Qualitätsmanagement etablieren. Ein Frauenhaus hingegen kann jeder eröffnen – und zwar ganz ohne Qualifikationsnachweis.

Bei dem „*Frauenschutzzentrum/Frauenschutzhaus Dresden Sachsen Ost e.V.*" handelt es sich um eine solche Einrichtung.[818] Mit Wissen des Sächsischen Staatsministeriums der Justiz und für Demokratie, Europa und Gleichstellung (SMJusDEG) werden die dortigen Bestrebungen, gezielt unter den Vulnerabelsten (Obdachlose Frauen und Transfrauen) „*zu fischen*", nicht nur toleriert, sondern sogar beworben.[819] Solange keine öffentlichen Mittel beantragt und bewilligt würden, läge diese Einrichtung nicht im Zuständigkeitsbereich des Ministeriums SMJusDEG, so die Reaktion der dortigen Referentin für Gewaltschutz und häusliche Gewalt im Kontext eines Polizeieinsatzes wegen Freiheitsentzug in ebendiesem „Frauenschutzzentrum". Auch die Abgeschlossenheit der Einrichtungen nach Außen ist gefährlich: Strikt abgeriegelte Systeme sind immer ein idealer Nährboden für Gewalt – auch in Frauenhäusern und Schutzeinrichtungen. Gewaltausübung im Hilfesystem kann unter den gegebenen Rahmenbedingungen von permanenter Überlastung, abnehmender (politischer, gesellschaftlicher und monetärer) Wertschätzung sowie der chronischen Unterfinanzierung nicht ausgeschlossen werden. Ein weiterer Grund, der zu einer unverzüglichen Einführung eines Qualitätsmanagements mit klaren Richtvorgaben für die Frauenhäuser und Schutzplätze führen müsste.

Für Gewaltbetroffene Mädchen und Frauen ist es äußerst relevant, wohin sie sich wenden, denn je nachdem, wer ihr Ansprechpartner ist, können bspw. ihre Aussagen vertraulich behandelt werden oder führen unmittelbar zur Strafverfolgung: Von Betroffenen in einer Akutsituation stante pedes diese Unterscheidung zu erwarten, ist überfordernd, d. h. nicht zumutbar.

In Hessen wird seit 2011 das sogenannte „Marburger Modell" implementiert. Es soll die Zusammenarbeit von Polizei, Staatsanwaltschaft und Gerichten in Fällen häuslicher Gewalt optimieren: „Nach einem Vorfall von häuslicher Gewalt benachrichtigt die gerufene Polizei die Gerichtshilfe. Es kommt umgehend zu intensiven Gesprächen mit den Opfern, die über ihre aktuelle familiäre und häusliche Situation, den Beziehungsverlauf und die wirtschaftliche Situation berichten können. Auch wird der Tathergang besprochen. Es erfolgt eine Vermittlung an spezialisierte Fach- und Beratungsstellen, etwa an die Ehe- und Familienberatung. Auch die Ausarbeitung eines Notfallplans sowie die Begleitung zur Vernehmung bei der Polizei werden angeboten. Dies alles findet auf freiwilliger Basis statt".[820] Was sich auf den ersten Blick liest, wie eine große Hilfe, kann zum Boomerang für Betroffene in einer Notsituation werden, denn die hinzugezogene Repräsentantin der Gerichtshilfe hat keine neutrale Rolle: Im Gegensatz zur Vertreterin der Interventionsstelle, ist sie verpflichtet, die Information mit der Justiz zu teilen – unabhängig vom Willen der Gewaltbetroffenen bzw. Geschädigten. Hinzu kommt, dass das Beratungsangebot bereits von den Interventionsstellen abgedeckt wird und diese der Gerichtshilfe sehr skeptisch gegenüberstehen: Einerseits, weil ein konkurrierendes Wirken befürchtet wird, andererseits, weil eine Informations-überflutung durch unterschiedliche Absender, insbesondere in einer Akutsituation, als extrem verunsichernd bewertet wird.

Der Angebotsfächer an großen und kleinen Vereinigungen, staatlichen Instanzen und privaten Hilfsoptionen ist in Deutschland zwar quantitativ überwältigend, qualitativ jedoch sehr übersichtlich aufgestellt. Auch das ist ein Vorteil für die Täter, denn freiwillig setzt sich keine Frau mit dem deutschen Hilfesystem und dessen undurchsichtigem Geflecht auseinander. Mädchen und Frauen, die die Nummer des Hilfetelefons kennen, die um die URL *„we we we punkt frauenhaus minus suche punkt de"* wissen, oder die den Namen der Opferschutzbeauftragten ihrer Stadt kennen, diese Mädchen und Frauen haben bereits (mindestens) eine Gewalterfahrung hinter sich. Ihnen würde es helfen, wenn Gewalt, die sich gezielt gegen das weibliche Geschlecht richtet, nicht tabuisiert, sondern als gesamtgesellschaftliches Problem anerkannt und entsprechend ernst genommen würde. Im Mai 2024 wurde in Griechenland die Handy-App *„Panic Button"* eingeführt, mit der die Betroffenen von (Häuslicher) Gewalt landesweit sofort die Polizei alarmieren können: *„Die App funktioniert wie ein stiller Alarm; der Angreifer nimmt die Benachrichtigung der Polizei, die vom Opfer ausgeht, nicht wahr".*[821] In dem Moment, in dem alle Handys bereits in den Werkseinstellungen mit einer solchen App ausgerüstet wären, würde die Wahrnehmung in der Bevölkerung eine völlig andere sein als heute: Es wäre standardisiertes Allgemeinwissen, die Anlaufstellen und das Hilfsangebot zu kennen – auch abseits einer Akut-, bzw. Notsituation.

Die Vodafone-Stiftung bspw. setzt seit mehr als 10 Jahren Technologie ein, um bis heute bereits über 2,6 Millionen Menschen, die von häuslicher Gewalt, Missbrauch und Hassverbrechen betroffen sind, mit Beratung, Unterstützung und Aufklärung zu versorgen.[822] Im Jahresreport von #HeForShe[823] 2023 wird explizit die nachhaltige Wirkung von *„Bright Sky"* gewürdigt, der mobilen App, die die Vodafone-Stiftung denjenigen offen und kostenfrei anbietet, *„die sich Sorgen machen, dass eine ihnen bekannte Person von häuslicher Gewalt betroffen ist".*[824] Die App ist nicht neu, sondern *„inzwischen in 13 Ländern Europas, Nordamerikas, Ozeaniens und Afrikas verfügbar – über sie wurden*

bereits mehr als 60.000 Tagebucheinträge eingereicht, 100.000 Dienstver-
zeichnisse genutzt und 400.000 Leitfäden abgerufen".

Es ist nicht nachvollziehbar, weshalb die Bundesregierung bis heute auf
ein Startup setzt, das ursprünglich nicht einmal auf eine Vernetzung in die
Hilfestruktur zugreifen und das keinerlei Programmier-Know-how vorweisen
konnte. Stattdessen hätten die Erfahrungswerte eines global renommierten
Netzbetreibers, der die relevanten Inhalte seit langem funktionstüchtig in den
alltäglichen Handy-Gebrauch implementiert hat[825] ausgebaut werden können
– zum vehementen Nachteil von Betroffenen und der Steuerzahlenden Bevölkerung wurde auf Expertise verzichtet: Für die Bevölkerung, für Betroffene und
auch für Angehörige, Kolleginnen und Kollegen sowie Arbeitgebende wäre
es extrem hilfreich gewesen, sich in ein und derselben App neben der Kern-
funktion *„Hilfe im Notfall"* auch zum Unterstützungsangebot orientieren zu
können – strukturiert, priorisierend und individuell, d. h. über die GPS-Daten
zu den Optionen und Hilfestellungen der ortsnahen Organisationen. Die
Antwort aus dem Referat Öffentlichkeitsarbeit und Bürgerdialog des Bundesministeriums der Justiz vom 9. Juli 2024 rundet das bis hierhin gezeichnete
Bild stimmig ab: *„Für die Konferenz der Justizministerinnen und Justizminister,*
die am 5. und 6. Juni in Hannover stattfand und an der der Bundesminister der
Justiz wie üblich als Gast teilnahm, hatte Mecklenburg-Vorpommern das Thema
‚Tötung aus Motiven, die geschlechtsspezifisch oder gegen die sexuelle Orien-
tierung gerichtet sind' angemeldet. Ein Beschluss wurde dazu nicht gefasst".[826]

Auch die großen Kirchen in Deutschland interessieren sich nicht für die
jährlich zunehmende Gewalt gegen Mädchen und Frauen. Vielleicht ist man/
Mann innerhalb der eigenen Struktur noch zu sehr mit den sexuell motivierten
Straftaten kirchlicher Repräsentanten beschäftigt – eine klare Verurteilung der
strukturell bedingten, tradierten, überproportional männlichen und viel zu
häufig tödlich endenden Menschenrechtsverletzungen, der deutschen Femizide, liegt seit Jahren und bis heute nicht vor. Weder seitens der evangelischen,
der katholischen oder der orthodoxen Kirche. Weder seitens der Muslime oder
der Buddhisten noch seitens des Judentums oder anderer Religionen. Stattdessen werden die Tötungsdelikte, die Männer in Deutschland Jahr für Jahr

gegen Hunderte Mädchen und Frauen vollstrecken, im Gleichklang mit der Bundesregierung reaktionsfrei hingenommen.

„Von November 2020 bis Mai 2021 hatte Deutschland den Vorsitz im Minis-terkomitee des Europarats inne. Das Bundesfamilienministerium nutzte den Vorsitz, um den Schutz von Frauen vor Gewalt und die Rechte von Minderheiten europaweit zu thematisieren und voranzutreiben"[827] – so lautet die selbstge-fällige Betrachtung auf der Internetseite des BMFSFJ. Spürbar verbessert hat der deutsche Vorsitz die Situation für Gewaltbetroffene Mädchen und Frauen nicht, weder in Deutschland noch sonst wo. Das mag daran liegen, dass sich das deutsche Bundesfrauenministerium anlässlich des zehnjährigen Jubi-läums der Unterzeichnung der Istanbul-Konvention darauf beschränkte, eine Konferenz zur Stärkung und Umsetzung der Istanbul Konvention abzuhalten, in der andere Länder, die noch keine Vertragsstaaten der Istanbul-Konvention sind, aufgefordert wurden, dem Abkommen beizutreten.

Am 1. Januar 2022 übernahm Deutschland die Präsidentschaft der Gruppe der Sieben (G7). *„Treffen der G7-Gleichstellungsministerinnen und -minister – Bis zum 31. Dezember 2022 wird die Bundesministerin für Familie, Senioren, Frauen und Jugend, Lisa Paus, den Arbeitsprozess der G7-Gleichstellungs-ministerinnen und -minister ausrichten und leiten"*[828], weist die deutsche G7-Webseite aus. Spürbare Verbesserungen zur Prävention und dem Schutz vor geschlechtsspezifischer Gewalt zu Gunsten Gewaltbetroffener Frauen? Fehlanzeige.

Im Jahr 2023 ließ Bundesaußenministerin Annalena Baerbock eine Nationale Sicherheitsstrategie entwickeln, die sie mit folgenden Worten im Bundestag präsentierte: *„Diese Strategie ist nicht nur ein Arbeitsplan; diese Strategie ist ein Spiegel. Sie spiegelt ein neues Verständnis in unserem Land, wie wir im Zuge von Russlands brutalem Angriffskrieg gegen die Ukraine und gegen die europäische Friedensordnung über Sicherheit denken, nämlich nicht mehr nur als Sicherheit durch Militär und Diplomatie, wozu es früher Weißbü-cher vom Verteidigungsministerium und vom Auswärtigen Amt gegeben hat, sondern Sicherheit als integrierte Sicherheit für all unsere Lebensbereiche"*.[829] In dem mit glühender Nadel an den Bundesländern vorbeigestrickten *„Spiegel"* stellt Ministerin Baerbock im Vorwort fest: *„Gewalt gegen Frauen nimmt zu.*

Frauenrechte und die Rechte verletzlicher Gruppen sind ein Gradmesser für den Zustand unserer Gesellschaften und damit unserer Sicherheit. Integrierte Sicherheit bedeutet, dass wir die individuellen Sicherheitsbelange von Menschen in den Fokus rücken". Den strategischen Auftrag allerdings belässt sie bei der deutschen Auslandsarbeit: *„Die Bundesregierung wird dabei die Interessen von Frauen und benachteiligten Bevölkerungsgruppen im Sinne einer feministischen Außen- und Entwicklungspolitik besonders berücksichtigen".*[830]

Bemerkenswert: Eine nationale Sicherheitsstrategie, die für alle gilt, außer für die kontinuierlich in ihrer Sicherheit bedrohten Mädchen und Frauen, die in der Verfasser-Nation die Mehrheit der Bevölkerung ausmachen. Misogynie ist es, mit der ein solch exklusives Dokument *„Integrierte Sicherheit für Deutschland"* benannt wird.

Der Standort Deutschland, genau gesagt München (Bayern) ist auch bekannt für die dort jährlich ausgetragene Münchner Sicherheitskonferenz, MSC. Die MSC wird auf ihrer Homepage als *„das weltweit führende Forum für Debatten zu den drängendsten internationalen Sicherheitsrisiken"* ausgewiesen und jedes Jahr von mehreren Hundert hochrangigen, internationalen Entscheidungsträgerinnen und -trägern aus Politik, Wirtschaft sowie internationalen (Hilfs-)Organisationen frequentiert. Im Februar 2024 trafen in München unter vielen anderen Prominenten mehr auch Tedros Adhanom Ghebreyesus, Generaldirektor der WHO; Bundesaußenministerin Annalena Baerbock, Ban Ki-moon, ehemaliger Generalsekretär der Vereinten Nationen, Zeid Ra'ad Al Hussein, Präsident und Vorstandsvorsitzender des International Peace Institute und ehemaliger Hochkommissar der Vereinten Nationen für Menschenrechte sowie Dita Charanzová, Vizepräsidentin des Europäischen Parlaments ein, um über Sicherheitsfragen zu konsultieren.[831]

Zu den einflussreichen Gästen zählte auch António Guterres, der amtierende UN-Generalsekretär, der seine Botschaft zum Internationalen Tag zur Beseitigung von Gewalt gegen Frauen, dem 25. November 2023, mit dem Hinweis auf die Dringlichkeit der geschlechtsspezifischen Gewaltkrise gegen das weibliche Geschlecht verknüpft hatte: *„Gewalt gegen Frauen ist eine schreckliche Verletzung der Menschenrechte, eine Krise der öffentlichen Gesundheit und ein großes Hindernis für eine nachhaltige Entwicklung. Sie hält sich hartnäckig,* *ist weit verbreitet – und verschlimmert sich weiter. Von sexueller Belästigung und Missbrauch bis hin zu Femizid – die Gewalt nimmt viele Formen an"*.[832]

Die Themenagenda der MSC sah im Jahr 2024 für das hochkomplexe, globale Sicherheitsrisiko, das Misogynie und Gewalt gegen Frauen ausstrahlen, lediglich ein 45-minütiges *„Spotlight – Sexuelle Gewalt als Waffe"* vor.[833]

Marianne

Ist meiner Tochter etwas passiert?

Die Zeitungen titelten von der Chronik eines angekündigten Mordes
Ich klage an: Warum konnte man das Leben meiner Tochter nicht schützen?
Es war der 28. Juli 2017.
Ich komme gegen 13.00 Uhr von Freunden, es war ein Freitag. Dort verabschiedete ich mich mit den Worten „Anne kommt übermorgen aus Teningen/Brsg. mit Noah, ihrem Sohn, wenn nichts dazwischenkommt".

Es sollte der Besuch meiner Tochter mit ihrem Sohn, meinem Enkel, bei mir und ihrer Familie im Norden werden.

Nun stehe ich vor meiner Haustür und zwei fremde Männer warten mit ernstem Gesicht auf mich. Sie wiesen sich als Polizisten in Zivil aus, ich scherzte noch, sie blieben verdächtig zurückhaltend. Dann meine bange Frage: **„Ist meiner Tochter etwas passiert?"**

Die beiden Männer sagten nichts, forderten mich auf zunächst ins Haus rein zu gehen, in diesem Moment bekam meine Frage schon eine angstbesetzte Gewissheit, die dann im Haus zur Bestätigung werden sollte.
Was ist geschehen?
Anne wollte morgens zur Arbeit fahren, es sollte ihr letzter Arbeitstag vor ihrem zweiwöchigen Urlaub sein. Es war geplant, dass sie am Sonntag mit Noah aus Freiburg im Breisgau zu mir kommt. Es wäre das erste Mal geworden, dass der 4-jährige Enkel Noah mit seiner Mutter ihre Herkunftsfamilie besucht hätte. Wir freuten uns schon so sehr, planten die Tage.

* Endlich zusammenkommen können!
* Endlich etwas ganz Normales, wie alle Familien, leben zu dürfen!

Drei Monate hatte sie Zeit eine Freiheit mit eigenen Entschlüssen leben zu dürfen. So auch mit ihrem Kind einen Familienbesuch angehen zu können. Zuvor hatte der Vater des Kindes, ihr ehemaliger Partner, dies untersagt.

Es sollte anders kommen!

An diesem Morgen setzte der Kindsvater, ich nenne ihn E., sein ange-kündigtes Vorhaben – *„er könne nicht zulassen, dass Mutter und Kind zu mir kämen"* -, um.

Mit einem langen ca. 24 cm langen Küchenmesser stach er auf Anne ein, mindestens 15x in die Brust zählte die Gerichtsmedizin. Alle großen Organe wurden getroffen. Zwei Stiche in den Hals, diagonal zum zarten Körper des 4-Jährigen, töteten Noah.

Der Mörder, kreidebleich im Gesicht, berichteten Zeugen, stieg über seinen toten Sohn hinweg aus der eingeschlagenen Scheibe des Autos, setzte sich in seinen Wagen, versuchte nach Hause zu fahren. Zehn Minuten später nahm die Polizei ihn fest. Er wehrte sich nicht.

Vorgeschichte mit Kennenlernen

Anne und ihr späterer Mörder hatten sich 2009 auf einer Fortbildungs-maßnahme für Pflegedienstleitungen kennengelernt. Sie war 31 Jahre alt, frisch geschieden von ihrem langjährigen Partner und sehr empfänglich für Anerkennung und Lob. Für E. war sie die Größte, die Beste, sie half ihm in allen Belangen, wurde wichtig für ihn.

Er, 44 Jahre alt, kam Anfang 2001, also 8 Jahre zuvor, aus Algerien nach Deutschland. Seine Asylanträge in dem Jahr wurden immer wieder abgewiesen. Zu den Ausweisungsterminen erschien er nicht. Ende des Jahres konnte er aufgrund einer Eheschließung mit einer deutschen Frau bleiben. Nach 8 Jahren erhielt er trotz mehrmaliger Diebstahldelikte und justiziabler Strafe die deut-sche Staatsbürgerschaft. Die beiden Eheleute trennten sich nach 1 1/2 Jahren wieder, die Scheidung erfolgte nach seiner Einbürgerung. Dies alles erfuhr ich später in der Kriminalakte.

Meine erste Begegnung mit dem neuen Partner meiner Tochter verlief zurückhaltend. Ich dachte nur, was will dieser Mann von meiner Tochter? Spontan ging mir an dem Abend der Vergleich mit dem Bild einer Raubkatze im tiefen Gras sitzend, das Opfer im Visier, durch den Kopf.

Er zog zu ihr in die Wohnung in Freiburg. Sie beschlossen gemeinsam beruflich etwas aufzubauen. Wollten einen Pflegedienst gründen. Anne arbeitete zu dem Zeitpunkt als leitende Kraft in einem privaten Pflegedienstbetrieb. Er machte Pläne für eine Selbständigkeit, schien ständig Verhandlungen zu führen. Es zog sich zeitlich hin, man wurde stutzig. Auf die Frage, ob er nicht selber mal hospitieren und Praxis gewinnen möchte, solange noch nichts Eigenes aufgebaut sei, war die Antwort: Er würde nicht mehr für jemanden arbeiten, sondern sein eigener Chef sein, das ging ca. 3 Jahre so. Seinen Lebensunterhalt bezog er vom Sozialamt.

So war Anne also der Verdiener, bestritt die großen Kostenpunkte der Wohn- und Lebensgemeinschaft. Die Partnerschaft zwischen den beiden sollte sich schwierig gestalten. Alles was Anne unternahm, auch Telefonate, wurde von ihm kontrolliert. Beispielsweise musste sie sich gleich zu Beginn eine neue Handynummer zulegen, um für bestimmte Personen nicht mehr erreichbar zu sein. Gerade auch männliche Kontakte, sei es zu ihrem früheren Partner oder zu männlichen Kollegen wurden problematisch!

Auffällig war schon seine große Überempfindlichkeit gegenüber Fragen. Selbst harmlose, unbedeutende Überlegungen wurden, schnell mit Diskriminierungs- und Rassismusvorwürfen goutiert.

Mutterschaft/Partnerschaft

Nach 3 Jahren Partnerschaft äußerte Anne gegenüber einer Freundin sich trennen zu wollen. Eine unbeabsichtigte Schwangerschaft, die viel zu spät bemerkt wurde, änderte ihre Pläne. Die Ereignisse überschlugen sich. Das Kind musste nach 7 Monaten per Kaiserschnitt geholt werden. Noah war ein zartes Kind, kam mit 1600 g auf die Welt.

Alles begann mit großen Schwierigkeiten. Der Säugling hatte sich mühsam ins Leben gekämpft. Sorgte schon gleich in den ersten Monaten mit Krankheiten und Operationen für Aufregung.

Wir, ihre Familie, waren mit 800 km Entfernung zu weit weg, haben zu wenig mitbekommen, wurden abgewehrt. Der Mann an ihrer Seite entwickelte sich nun mit der Rolle als Vater immer mehr zum autoritären, bestimmenden Partner, beschränkte sie zunehmend mehr, ohne ihr eine Hilfe zu sein. Die Besuche der gesetzlich eingesetzten Hebamme wurden von ihm abbestellt, da sie sowieso nur unnötige Gespräche führen würden. Kontakte wurden immer mehr eingeschränkt, gemeinsame Freunde gab es nur wenige. Anne versuchte ihre Lage zu meistern, schien enorm viel erdulden zu können.

Sein Einfluss Anne zu isolieren, sie von Familie und alten Freunden zu trennen, schien Erfolg zu haben. Ich, ihre Mutter, durfte bei Besuchen nicht mehr in die gemeinsame Wohnung. Sollte auch das Kind nicht sehen. Er machte mich zu einer Feindin. Was er gegen mich hätte? *„Ich stelle zu viele Frage"*, war Annes Antwort, z. B. kurze Zeit vor der Geburt des Kindes wie er denn die deutsche Staatsbürgerschaft erhalten hätte.

Darauf bekam ich folgende SMS von ihm: *„Der Krieg wirdest haben, du kannst dich drauf verlassen. dich kann nur Tod ändern, von dein Fehlern hast nichts gelernt und werdest du nie lernen dafür bist du blood, zu krank dich kann man nur mit ein Hammer oder ein Kugel in Kopf hilfen und alles was du über mich wissen willst du kannst mir aus den Arsch lecken. Du magst mich nicht und ich hasse dich, Ich werde alle mir zur verfügung stehende Kräfte in Anspruch nehmen um deine Psychopathische Träume zu verhindern, kannst du dich drauf verlassen, bei mir möchte ich dich nie wieder sehen. Dino"*

Anne fing nach einigen Monaten Mutterschutz wieder an zu arbeiten. Ich wollte sie besuchen. Nicht ahnend, dass so viel Feindschaft von seiner Seite zwischen uns zu existieren schien.

Auf dem Weg zu ihr erreichte mich eine SMS-Nachricht: *„Anne hat dir ausdrücklich deine ungewünschter Besuch mitgeteilt, du denkst du musst deine Rechte und Pflichte ausüben, du kannst weiter Träumen die Zeit mit Noah zu geniessen, für uns du bist nur eine Stressmacher, deine Tochter kannst du drücken und missachten, mir und mein Sohn kommst du ein Schritt nahr, schwere ich bei Gott schlachte ich dich wie ein Hase aus. Dino"*

Anne holte mich vom Bahnhof ab, schien von dieser aggressiven Nachricht nichts zu wissen. Wollte es zunächst nicht glauben, als ich ihr davon erzählte und die Nachrichten zeigte. Die beiden SMS-Nachrichten waren nun ein unwiderruflicher Beleg seiner Einstellung.

Noch glaubten wir alle, Annes Vater und Brüder eingeschlossen, nicht an so viel Bösartigkeit, verharmlosten mit unserer Toleranz das Verhalten, ordneten es einem Temperament aus anderem Kulturraum zu, dachten, es mit

Gesprächen und diplomatischem Geschick steuern zu können. Wir hatten so wenig Erfahrung und Ahnung – wir waren zu gutmütig, waren zu naiv!

Anne selber äußerte und beschwerte sich nicht. Wir dachten, sie versucht ihre Lebenssituation zu bewältigen. Wir wollten nicht vorgreifen. Es folgte eine Zeit, in der Anne immer stiller und verschlossener wurde. Besuche zu uns ihrer Familie im Norden wurden noch weniger, wenn dann kam sie ohne Noah. Und immer noch klagte sie nicht. Wie groß mögen ihre Schamgefühle gewesen sein? Wie weit müssen von ihm Drohungen ausgesprochen sein? Mit dem Kind schien er sie in der Hand zu haben! Mehrmals besuchten sie gemeinsam seine Familie in Algerien. Im Sommer, ein Jahr vor dem Mord, spitzte sich die familiäre Situation offenbar extrem zu.

Sorgeberechtigt waren beide Elternteile.
Anne fing an sich in Frauenhäusern Freiburgs zu erkundigen, sollte es zu einer schnellen Veränderung mit Auszug kommen müssen. Jedoch alle waren voll, hatten keine Kapazitäten frei, erzählte sie später. Bei meinem Besuch im Herbst sicherte ich Anne unsere absolute Hilfe bei einer Trennung zu. Dieser Plan musste ohnehin schon relativ konkret bei ihr gereift sein. Im Dezember teilte sie dem Partner dann die definitive Trennung mit. Abgemacht wurde, wer zuerst von den beiden eine Wohnung finden sollte, würde ausziehen.

Er muss angefangen haben sich um eine außerhäusige Wohnung zu kümmern, Anne wusste nichts davon. Als Hartz-4-Empfänger stand ihm staatliche Hilfe in einem Wohnheim zu. Jedoch kam es nicht zum Auszug.

Anne entschied, in Freiburg bleiben zu wollen. Hier hatte sie ihren Kontaktkreis, Freunde für sich und das Kind, ihr seit Jahren geschaffenes Netzwerk. Einen Arbeitsplatz mit Kollegen, wo sie sich wohl fühlte. Hier glaubte sie, ihr Leben als Alleinerziehende selbständig führen und meistern zu können. Auch solle Noah Verbindung zu seinem Vater haben – *„wenn er sich normal verhält"*!

Wie idealistisch gedacht!
Annes Vater kaufte ihr eine Wohnung im Raum Freiburg. Es sollte noch einige Monate dauern, bevor die neue Wohnung frei wurde, sie endlich ausziehen konnte. Der Partner wusste nichts von diesem Vorhaben, sie sollte mit unbe-

kannter Adresse verziehen. Außerdem hatten wir Angst, er würde etwas gefährlich Unkontrollierbares unternehmen. In dieser noch gemeinsamen Zeit des Zusammenlebens machte er Anne das Leben zunehmend schwerer. Es gab noch mehr Streit. Geschlagen wurde sie nicht, es spielte sich auf verbaler Ebene ab.

Noah durfte den Kindergarten nicht mehr besuchen. Dort hatte man im Dezember dem Vater Hausverbot erteilt, da er gegen die Einrichtung und deren Mitarbeiter agitierte. Die Erzieherinnen hatten Angst vor ihm, versteckten sich, wenn er kam. Anne und Noah jedoch hätten den Besuch fortsetzen dürfen.

Die Zeit vor der Trennung

E. kontrollierte zwanghaft alles, verließ kaum noch die Wohnung. Kartons und Umzugskisten wurden gepackt. Sorge bereitete der Kindesausweis in seinem Besitz. Die Angst einer Entführung Noahs nach Algerien kam hinzu. Nicht unberechtigt, wie sich später bei den Ermittlungen herausstellte! Seinen algerischen Ausweis hatte er ohnehin noch neben dem deutschen Pass. Anne schaltete einen Mediator ein, wollte gütlich und friedlich regeln.

Meine Angst war groß, er könnte Anne in dieser Zeit etwas antun. Eigenartigerweise ging mir schon die Messergefahr durch den Kopf, aufgrund der SMSen naheliegend. Wie sollte man den Auszug gefahrlos bewerkstelligen? Eine Lösung war, es sollten möglichst viele Personen, Männer und Polizei anwesend sein.

An dem Tag vor dem von Anne geplanten Auszug, Ende April 2017, der Partner sollte nach wie vor nichts darüber wissen, hatte sie einen kleinen Rucksack mit Spielsachen gepackt. E. entdeckte ihn, öffnete und unterstellte sie hätte etwas Bösartiges vor. Drohte mit *„es wird Blut fließen, ich werde deiner Familie Schaden zufügen"*. Anne rief die Polizei, erstattete Anzeige!

Beide wurden in der gemeinsamen Wohnung vernommen. Hier stellte er Anne als hysterische Person hin. Es wäre doch alles in Ordnung, demonstrativ saß er gelassen auf dem Sofa, schien sich um das Kind zu kümmern.

Ein befreundetes Ehepaar wurde mittlerweile hinzu gerufen. Sie nahmen Noah in Gegenwart der Polizei an sich, gemeinsam mit Anne verließen sie die Wohnung, E. blieb zurück. Am nächsten Morgen sollte der Umzug sein.

Um 9.00 Uhr standen Anne, ihr Vater, ein Bruder, ein befreundetes Ehepaar, 2 Polizisten, 3 studentische Umzugshelfer vor der Wohnungstür. Sie alle sollten keinen Einlass bekommen, es sei Besuch da. Dank polizeilicher Anwesenheit, die sehr auf Deeskalation setzte, konnte der Auszug stattfinden. Jedoch kamen die Helfer nicht in die Wohnung, nur bis zur Wohnungstür und Vorraum, nur Anne durfte in alle Räume.

Mit den beiden Polizisten verlief der Auszug ohne Gewalt.

Wir glaubten wir hätten es geschafft, Anne mit Noah in Sicherheit!

Mit der zuvor erstatteten Anzeige gegenüber E. war gleichzeitig ein vorläufiges Annäherungsverbot für Anne am Arbeitsplatz sowie für uns Eltern hier im Norden verordnet. Zudem griff das häusliche Gewalt-Beratungsprogramm der Polizei Baden-Württembergs, welches sich leider als sehr mangelhaft erwies, stellte sich später heraus. Sie war nun unbekannt verzogen, mit amtlich verdeckter Adresse! Eine neue Handytelefonnummer, um nicht von ihm gestalkt und geortet zu werden, sollte schützen.

Wir hatten die Überlegungen nur ohne den Gefährder gemacht

Anne war zwar seiner Gegenwart, seiner Macht entzogen. Kurze Zeit nach dem Auszug heiratete er seine algerische Cousine in Algerien, die noch nie in Deutschland war. Es begannen anwaltschaftliche Auseinandersetzungen wegen Finanzen und wegen des gemeinsamen Kindes. Familiengutachter bestätigten, dass das Kind in der Obhut der Mutter bleiben sollte. E., der Vater des Kindes, zeigte sich über diese Entscheidung enttäuscht vom deutschen Gericht.

Ihm wurde ein begleitetes Umgangsrecht zugesprochen.

Behörden wurden eingeschaltet. Sie fingen an zu arbeiten. Anne und Noah wohnten nur 20 km weit entfernt von dem vorherigen Wohnort und somit von ihrem Gefährder. Ihre Adresse war zwar behördlich verdeckt, doch mit dem mittlerweile eingeschalteten Jugendamt war eine Verbindung hergestellt. E. begann sein Opfer verdeckt zu umlauern und zu umkreisen. Zudem kam mit dem sehr großen Drängen E.s beim zuständigen Jugendamt sein Kind sehen zu wollen, für ihn endlich der Termin für einen Besuch und Treffen in den dortigen Räumen. Dies geschah eine Woche vor der Tat. Hier muss Noah seinem Vater gegenüber geäußert haben, dass ein Besuch bei den Großeltern ansteht. Gewissheit hierfür bekam er durch Anwaltsbriefe, die auf bevorstehenden Urlaub hinweisen.

Ein Besuch, der nicht sein sollte und durfte! Ich vermute gerade auch in Bezug auf meine Person, immerhin waren seine Drohungen in den beiden SMSen sehr deutlich.

Am Tag vor dem Mord stattete E. noch einmal einen Besuch beim Jugendamt ab. Hier wurde er als unauffällig beschrieben. Am selben Tag, wurde ihm das – **gerichtliche Urteil eines Annäherungsverbots** – per Post zugestellt. Im Nachhinein stelle ich mir die Frage: Wie kann man annehmen, dass einer – der gewillt ist zu töten, sich zu rächen, die Kontrolle aus der Hand geben musste –, sich von solch einem Schreiben beeindrucken lässt? Noch an dem Abend vor dem Mord geht bei seiner Anwältin eine E-Mail ein: Er könne nicht zulassen, dass Anne dem Kind so eine lange Autofahrt zumutet, man müsse etwas unternehmen, er würde handeln.

Am nächsten Morgen handelte er! – Zwei Messer hatte er dabei! Eine geplante Entführung? – Dies sollte 8 Monate später beim Prozess die Verteidigungsstrategie seines Anwalts werden.

Wie ging und geht es mir danach, einer Mutter/Großmutter, wenn gleich beide durch einen Messertod ermordet sind?

Die Zeit der schlaflosen Nächte begann. Der Selbstvorwürfe! Im Kopf hämmerte es immer nur: Anne und Noah sind tot. Ermordet! Mit dem Messer! Bilder vom Messer in der Brust liefen pausenlos, Tag und Nacht, in der Vorstellungswelt ab! Hämmerten sich ein!

Überall sah ich Frauenbrüste nur noch mit der Frage: Wie schafft es einer hier ein Messer mehrmals zwischen die Rippen in den Körper zu stoßen? Wie sein über alles geliebtes Kind mit gezieltem Dolchstoß zu töten? Sah immer wieder nur den Ablauf, wie der Mann in das Auto einsteigt! Sah Annes angstbesetzten Augen vor mir, ihre Hilflosigkeit, ihre Hilferufe, Noahs Schrei *„Papa nicht"*! Ein Film, der in einer Endlosschleife läuft. Sah in Gedanken immer wieder den Mann vor meiner Tür, vor meinem Haus mit dem Messer in seiner Hand, Wut in seinem Gesichtsausdruck, mit der Entschlossenheit Böses anzurichten. Und vor allem ließ mich dieses Gefühl, dieser Gedanke nicht los, dass Anne doch zwei Tage später gekommen wäre. Wir etwas Normales leben wollten. Wir uns beide so sehr auf den Besuch freuten. Meine Vorstellungswelt dies so verinnerlich hatte, dass nichts anderes möglich war, als: *„Sie muss doch kommen, das war doch der Plan!".* Stattdessen war nun *„nicht mehr, nie mehr!".* Der Gedanke war gefühlsmäßig nicht einzuordnen. Kein Abschied, kein Gespräch, keine Zugewandtheit mehr möglich machen.

Es gab kein Entrinnen aus diesem Gedankenkarussell. Der Wunsch nicht mehr denken und fühlen zu müssen war groß. Ich fühlte mich getäuscht und fehlinformiert von einer Welt, die über solch tragische Ereignisse so andere Annahmen und Interpretationen konstruiert, die so gar nicht in mein Erleben passten – und nach wie vor nicht passen wollen. Ein Schmerz über einen Verlust, der nicht vergehen möchte. Und das nur weil einer so viel Hass in sich hatte. Es nicht ertragen konnte, das Geschehen nicht nach seiner Vorstellung zu gestalten? Bereit war hinzunehmen eine Frau und sein Kind dafür zu opfern, um seine archaisch-patriarchale Rolle auszuüben, ihr gerecht zu werden? Dafür u. U. sein Leben in Unfreiheit zu verbringen? Wird er soweit gedacht haben? Schwer anzunehmen. Machtkontrolle zu verlieren wird der stärkere Motor für die Tat gewesen sein.

Für Annes gesamte Familie: ihren Vater, die Brüdern und deren Ehefrauen und deren Kinder, für ihre Tanten und Onkel, ist dieser Verlust immens, vor allem mit dem Hintergrund des Geschehens. Der Schrecken hört nicht auf Bedeutung zu haben. Zieht seine Kreise auch nach Jahren.

Und immer wieder die Frage: Warum musste es geschehen? Warum konnte man ihr nicht helfen, sie schützen?

Ich als Frau und Mutter klage an, jeden Tag neu! Klage eine Gesellschaftspolitik an, die nicht willens genug ist, mehr zu unternehmen, um Frauenleben zu schützen. Die zwar Instrumente hätte, die Möglichkeiten aber nicht ausschöpfen möchte. Den Verweis auf gesetzliche Grundlagen mag ich nicht akzeptieren, da diese veränderbar sind. Warum dürfen Täter diese Freiheiten haben, ein Frauenleben zu bedrohen, dies noch nicht als gemeingefährlich eingeordnet wird mit folgerichtig entsprechender Konsequenz?

Mit den Worten: *„Es wird Blut fließen! – Ich werde deiner Familie Schaden zufügen!"-* hatte er doch schon lange vor dem entscheidenden Mord-Moment seine Haltung mit entsprechendem Vorsatz zur Handlung angekündigt. Warum z.B. bekam er keine Fußfessel? Oder ein anderes Sensor-Instrument?

Psychologisch-statistische Auswertungen können bezeugen, dass gerade die Zeit nach einer partnerschaftlichen Trennung die Gefahr für Frauen besonders groß ist, da Kontrollverlust und Besitzdenken keine Akzeptanz zulassen möchte. Bei einer Fußfessel hätte Anne gewarnt sein können, wenn er in ihrer Nähe gewesen wäre. Wieso ist hier das Bürgerrecht des Gefährders größer einzustufen, als das Leben einer Frau? Ihm hätte es keinen Schaden bedeutet, er hätte weiter seinen Alltag leben können.

Jedoch Anne lebte in großer Angst und wir mit!

Warum ist man so nachlässig in Bezug auf den Schutz von partnerschaftlich bedrohten Frauen? Auch hätte die *„häusliche Gewaltberatung"* durch die Polizei mehr auf Gefahren hinweisen sollen, den Wegzug mit neuem Namen und Anonymität empfehlen sollen. Ich als Mutter fühlte mich ebenso gefährdet. Seine SMSen gaben genug Anlass zu dieser Sorge. Und noch immer spüre ich den Hass des Mannes auf mich!

Das Gerichtsurteil hat einen Mord bei Anne, und einen Totschlag bei seinem Sohn festgelegt. Zusätzlich wurde eine besondere Schwere der Schuld festgestellt. Damit könnte der Mann an die 20 Jahre weggeschlossen sein. Nur mit diesem Urteil könnte der Mörder bei guter Führung und im Krankheitsfall noch zu meinen Lebzeiten entlassen werden. Was hätte er in diesem Leben noch zu verlieren? Er könnte vor meiner Tür stehen und seine ursprünglichen Drohungen umsetzen. Könnte mich dafür verantwortlich machen, seinen über alles geliebten Sohn getötet zu haben. Auch diese Erkenntnis existiert in Fachkreisen, dass eine Rückfallquote nicht unwahrscheinlich ist. 1/2 Jahr vor dem Mord hatte er sich eine Gebetsapp eingerichtet, wurde zunehmend religiöser.

Wie weit ist die Frage der Richterin, ob man ihm im Gefängnis eine Therapie angedeihen lassen könne, real?

Meine Forderung jetzt: Es muss viel mehr unternommen werden, um Frauenleben zu schützen. Es muss mehr Bewusstsein geschaffen werden und vor allem müssen die Gefahrenanalysen detaillierter und intensiver beschrieben werden. In einigen Bundesländern ist dies laut einem Bericht des *„Weisser Ring e.V."* der Fall. Bei einer Gefahreneinordung in einem Risikoanalysefragebogen von bis zu 18 Punkten hätte Anne hier 20 Punkte und mehr erreicht.

Was haben wir/was hat die Gesellschaft ihr als Schutz zukommen lassen?

Wir als Familie wissen jetzt nach diesem tragischen Geschehen so viel mehr über Zusammenhänge in Bezug auf Annes Gefahrensituation, nur wir haben keine Handlungsmöglichkeiten mehr! Und konnten wir welche haben? – Wahrscheinlich nur illegal!

Und jetzt sieben Jahre nach dem Mord?

Ich vermisse dich Anne – jeden Tag, deine freundliche Natur, deine Zugewandtheit und dein Zuhören können. Die stille und überlegte Art, mit der du dich in Gesprächsrunden einbringen konntest. Ich hatte eine wunderbare Tochter. Wir hätten noch so viel Zeit miteinander haben sollen, dein junges, mit damals 39 Jahren, Alter hätte es gefordert. Für Noah warst du eine hingebungsvolle Mutter, die sich so sehr für ihn einzusetzen vermochte. Die ihn als frühgeborenes Kind aufopferungsvoll mit so vielen Hindernissen gesundheitlicher Art ins Leben verhalf. Ihr wart eng miteinander verbunden, musstet euch gegenseitig vor dem Vater schützen. Und trotzdem hattest du an das Gute geglaubt, wolltest deinem Sohn den Vater nicht nehmen, den Kontakt ermöglichen, wenn Noah den Wunsch hatte.

Wie naiv wir doch waren in unserem Glauben an das Gute. Wir alle, die Gesellschaft mit allen Instrumenten eingeschlossen, haben deinen Tod durch eine zu geringe Einschätzung der Gefahren mit verschuldet.

Ich möchte, dass unsere Erfahrungen nicht umsonst sind!

Mit Annes und meinem Schicksal ist kein individuelles Problem aufgezeigt, sondern die ganze Gesellschaft mit ihren Vätern, Frauen und Töchtern hat die Aufgabe zu einer Auseinandersetzung zu den Gefahrenmomenten für Frauen!

Jurisdiktion

Bei Feminiziden kommt es immer wieder zu Gerichtsurteilen, die schlichtweg sprachlos machen.

> Obwohl er ursprünglich wegen Mordes angeklagt war und, obwohl der Vorsitzende Richter in der Verhandlung die Täter-Opfer-Umkehr der Täterfamilie kritisierte, die der getöteten Frau die Schuld zuschob – die Verurteilung am zuständigen Landgericht in Bayern erfolgte wegen Totschlags zu einer zehnjährigen Haftstrafe.
>
> Der Verbrecher hatte seine Ehefrau im März 2023 in Bayern erstochen, direkt vor den Augen des erst eineinhalb Jahre jungen, gemeinsamen Sohnes. Die drei Töchter des Ehepaares im Alter von sechs, zwölf und vierzehn Jahren erfuhren im Kindergarten bzw. der Schule vom tödlichen Gewaltexzess des Vaters: Mindestens acht Messerstiche gegen ihre Mutter, sieben Optionen innezuhalten. Die Frau wollte sich, so die Annahme des Gewalttäters, wegen eines anderen Mannes von ihm trennen – mit einem tödlichen Stich ins Herz hat er ihr an ihrem 33. Geburtstag das Leben genommen.[834]

Sofern er sich gut führt, kann der Täter nach Ablauf von ungefähr sechs Jahren freikommen und ggf. erneut Gewalt ausüben. Er kann auch das alleinige Sorgerecht für die beiden, dann immer noch minderjährigen Kinder beantragen. In diesem, wie in vielen anderen Fällen auch konnten „keine Mordmerkmale" nachgewiesen werden.

Der „Mordparagraph" (§211 StGB[835]) ist bereits lange umstritten. Kern der Kritik ist die unscharfe Abgrenzung zwischen Mord und Totschlag. Den beiden Straftatbeständen liegen Bewertungskriterien aus dem Jahr 1941 zugrunde. Dass diese weder als zeitgemäße, noch als gerechte Entscheidungsparameter dienen können, hat bereits der frühere Justizminister, Heiko Maas, erkannt. Im Jahr 2014 startete er die Initiative zu einer Reform, Expertinnen und Experten waren angehalten, binnen eines Jahres einen Vorschlag zur Novellierung auszuarbeiten.[836] Gebracht hat es nichts – nach wie vor gilt in Deutschland: „Mörder ist, wer aus Mordlust, zur Befriedigung des Geschlechtstriebs, aus Habgier oder sonst aus niedrigen Beweggründen, heimtückisch oder grausam oder mit gemeingefährlichen Mitteln oder um eine andere Straftat zu ermög-

lichen oder zu verdecken, einen Menschen tötet". [837] Eifersucht ist lediglich dann ein Mordmerkmal, wenn das Gericht darin einen niederen Beweggrund sieht – für Betroffene damit im Prozess eine allein standortabhängige Variable.

So bestätigte bspw. der BGH im Mai 2022 das Urteil des Landgerichts München, das einen Mann wegen Totschlags zu 14 Jahren und sechs Monaten Haft verurteilt hatte. Der Totschläger war für schuldig befunden worden, im Sommer 2019 sowohl seine zum Tatzeitpunkt 41-jährige Frau M. als auch seine 16-jährige Stieftochter T. umgebracht zu haben. Der 1. Strafsenat des Bundesgerichtshofs erläuterte: „Die Revisionen der Staatsanwaltschaft und der Nebenklage, die eine Verurteilung des Angeklagten wegen Mordes erstrebten, bleiben ohne Erfolg. Das Landgericht hat keine Feststellungen zum Vortatgeschehen und zum Motiv des Angeklagten treffen können. Die Mordmerkmale der Verdeckungsabsicht und der niedrigen Beweggründe hat es deshalb ohne Rechtsfehler verneint. Diese Beweiswürdigung ist insgesamt frei von Rechtsfehlern und weist auch keine durchgreifenden Lücken auf".[838]

Übertötung, bspw. in Form von mehr als zwei Messerstichen wird weiterhin zu häufig als Affekt bewertet, nicht als unnötig grausame Art des Tötens. Ebenso verhält es sich bei posthum erniedrigenden Handlungen oder der Vielzahl öffentlicher Tötungen. Heimtücke ist nicht per se gegeben, wenn ein weibliches Opfer schläft und, sofern sie vor der Attacke polizeilich oder/und familienrechtlich gegen ihren Peiniger vorgegangen ist, wird ihr häufig noch die Arg- oder/und Wehrlosigkeit aberkannt. Ebenfalls rein Täterzentriert ist die gehäuft auftretende gerichtliche Interpretation einer fehlenden Tötungsabsicht.

Mit sechs Messerstichen, die Ende Februar 2024 gezielt gegen Nacken und Hals ausgeführt wurden, versuchte ein u. a. wegen sexueller Nötigung bereits vorbestrafter Deutscher, seine zum Tatzeitpunkt 29-jährige Ehefrau R. hinterrücks umzubringen. Der Prozessberichterstattung von „Bild" zufolge, bekundete er ebendies auch klar und deutlich: „Ich will dich erlösen, ich will dich umbringen!".[839] Zwischen den Messerstichen, die rein zufällig nicht zum Tode der lebensgefährlich verletzten Frau führten, gönnte sich der Gewalttäter Rauchpausen. Trotzdem wertete die zweite Strafkammer des zuständigen Landgerichts in Bayern das Verbrechen im September 2024 lediglich als Gefährliche Körperverletzung, nicht als Tötungsdelikt: Weil der Täter in Reaktion auf das massive Flehen der Geschädigten den Rettungsdienst verständigt hatte. Der Messerstecher wurde zu einer Haftstrafe von nur sechs Jahren und zehn Monaten verurteilt. Die Ehefrau leidet noch heute an den Spätfolgen des heimtückischen Angriffs: „Bis heute ist sie in der Bewegung ihres rechten Arms stark eingeschränkt und hat Schmerzen beim Schlucken", beschreibt es „Bild".[840]

Als Totschlag eingestufte Verbrechen können verjähren und ein verurteilter Totschläger kann eine erfolgsversprechende Unterlassungsklage anstreben, wenn man ihn als „Mörder" betitelt. In deutschen Gerichtssälen scheinen viele Urteilsverkündungen zu Gewalt gegen Frauen und Femiziden immer noch gespeist zu sein von der tradierten Schuldumkehr: *Was hat sie auch ...?"* bzw. *„Hätte sie mal besser nicht ...".* Die im Namen des Volkes vermittelte Botschaft lautet viel zu häufig: *„Selbst schuld!".*

Eine Gerichtsverhandlung in Sachsen-Anhalt sorgte bundesweit für Aufsehen. Im Jahr 2021 wurde das Verfahren wegen gefährlicher Körperverletzung gegen einen ehemaligen Profiboxer über eine Zahlungsanordnung von nur 2.500 Euro eingestellt.

Die Staatsanwaltschaft hatte den Gewaltexzess zum Prozessauftakt noch als „lebensgefährliche Behandlung" klassifiziert. Vorausgegangen war die öffentliche Gewaltausübung des 1,97 m großen Täters gegen seine 1,62 m kleine Ex-Freundin T., bei der er sie mit Prellungen und Hautabschürfungen verletzt und persönliche Habe von ihr zerstört hatte. Als die Geschädigte ihn zur Rede stellen wollte, schlug er zu und brach ihr den Kiefer dreifach. Schon vor dieser Tat war der Gewalttäter einschlägig auffällig: Wegen Stalkings hatte die Geschädigte vor dieser Attacke am Amtsgericht eine einstweilige Verfügung gegen ihn erwirkt. In der medialen Berichterstattung zitierte die „Volksstimme" dazu: „Strafrichter (...) sagt in seiner Urteilsbegründung: ‚Es lag ein Fehlverhalten auf beiden Seiten vor. Er ist eben der Meister der fliegenden Fäuste und nicht der Meister des gesprochenen Wortes.' Und dann ein Satz, der die Gemüter im Gerichtssaal erregte: ‚Der Schlag hätte anders ausgeführt werden können und müssen und als Profiboxer muss man in der Lage sein, das dosieren zu können.' Aber auch die Ex-Freundin ‚hat sich nicht mit Ruhm bekleckert'."[841] T., die (zufällig) Überlebende dieses Angriffs, musste dreimal operiert werden, zur Fixierung ihres mehrfach gebrochenen Kiefers waren vier Platten und 16 Schrauben erforderlich. Der

Profiboxer, der seine aggressiven Verhaltensauffälligkeiten mehrfach vor Gericht rechtfertigen musste, plädierte im Verfahren allen Ernstes auf „Notwehr".[842] Die verhängte Geldbuße ging an die Staatskasse – nicht an die Überlebende.[843]

Selbst, wenn eine Tötungsabsicht bewiesen ist und sich der unbedingte Vernichtungswillen in der Brutalität und Grausamkeit einer Tatausführung spiegelt, werden Urteilen häufig noch strafmildernde Umstände zu Gunsten der Verbrecher angenommen.

In Nordrhein-Westfalen erschoss ein Mann im März 2021 seine 13 Jahre jüngere Ehefrau. Von den 13 Schüssen, die er abgab, trafen acht die Frau, sie verstarb noch am selben Abend im Krankenhaus. Die Staatsanwaltschaft warf dem Gewalttäter vor, er habe nicht akzeptieren wollen, dass seine Frau sich von ihm getrennt hatte und die Scheidung anstrebte. Bei dem Gewalttäter wurden 2,77 Promille Alkohol im Blut sowie ein übermäßiger Konsum von Beruhigungstabletten festgestellt. Die „Rheinische Post" berichtete über den Prozess am zuständigen Landgericht: „Der Angeklagte war Sportschütze und zwischendrin war auch vom Vorsitzenden Richter (…) zu hören, dass man doch eigentlich davon ausgehen können sollte, dass eine Kugel genüge".[844] Anlässlich der Urteilsverkündung im Oktober desselben Jahres schrieb das „Solinger Tageblatt": „Für das Gericht stellte der Vorsitzende in der vorläufigen Urteilsverkündung fest: ‚Die Getötete hatte keinerlei Chance mehr, dem Angriff auszuweichen.' Der Tod sei qualvoll gewesen." Dennoch wurde der Gewalttäter bei voller Schuldfähigkeit nur wegen Totschlags und nur zu acht Jahren Haft verurteilt.[845]

Mit 29 Messerstichen erstach ein Gewalttäter eine Frau im Oktober 2023 in Niedersachsen. Das zuständige Landgericht verurteilte den Gewalttäter im Juni 2024 nur wegen Totschlags zu einer Haftstrafe von lediglich zwölf Jahren. Artikel 46 ff. der Istanbul-Konvention fand keine Berücksichtigung bei der Strafzumessung. Dabei war der Gewalttäter im Haushalt seiner getrenntlebenden Frau, die sich aus Angst vor ihm eingeschlossen hatte, gewaltsam in das Zimmer eingedrungen. Dort hat er die 53-Jährige mit einem Küchenmesser attackiert. Die gemeinsame, 17-jährige Tochter fand ihre lebensgefährlich verletzte Mutter noch in der Wohnung. Sie und ihre drei älteren Geschwister wurden kurz darauf zu Halbwaisen, als die Angegriffene den Verletzungen erlag. Von zwei der drei Geschwister wurde der Vater in seiner Gerichtsverhandlung als Familientyrann beschrieben. „Die Kinder des Mannes zeichneten das Bild eines kontrollsüchtigen, krankhaft eifersüchtigen Mannes, der permanent Streit mit seiner Frau suchte und ihr ihre persönliche Freiheit nicht zugestehen wollte", so berichtete die „Neue Osnabrücker Zeitung". Sogar den Gerichtspsychiater soll er versucht haben zu manipulieren, um eine strafmaßmildernde Schuldunfähigkeit zu erzielen: „Die 17-jährige Tochter hatte ihren Vater mutmaßlich bereits im Ermittlungsverfahren als ‚guten Schauspieler' bezeichnet, ihr Bruder berichtete nun wie eingangs beschrieben davon, wie sich der Vater praktisch auf Knopfdruck als Mensch mit schwerer Behinderung präsentierte".[846]

Im Urteil ist zu lesen, wie das Schutzverhalten der Ehefrau vor ihrem gewalttätigen Mann posthum zu ihrem Nachteil ausgelegt wird: *„Dem Angeklagten sei nach der Beweisaufnahme nicht der Vorwurf des Mordes zu machen. Das Mordmerkmal der Heimtücke, welches ein Ausnutzen einer Arg- und Wehrlosigkeit des Opfers erfordere, sei nicht gegeben. Das Opfer habe sich vor dem Übergriff noch in einem Schlafzimmer verbarrikadieren können, nachweislich versucht, auf den Angeklagten beschwichtigend einzureden und noch aus dem Schlafzimmer heraus telefoniert. Ebenso wenig sei das Mordmerkmal der niedrigen Beweggründe gegeben. Welches Handlungsmotiv genau handlungsbestimmend gewesen sei, habe sich zur Überzeugung der Kammer nicht feststellen lassen".* Diese Erläuterung erfolgte, obwohl das Landgericht im gleichen Urteil anerkennt: *„Der Angeklagte habe in der Absicht, seine von ihm getrenntlebende Frau umzubringen, 29 Mal auf diese eingestochen. Auch wenn der Angeklagte angegeben habe, sich nicht an den Tötungsvorgang im engeren Sinne erinnern zu können und über Erinnerungslücken berichtet habe, bestehe im Ergebnis weder eine erheblich verminderte Schuldfähigkeit noch eine Schuldunfähigkeit".*[847]

Wegen zwei Morden und einem Mordversuch gegen seine Familienmitglieder ist ein Gewalttäter aus Sachsen-Anhalt in Spanien rechtskräftig zu lebenslanger Haft und weiteren 39 Jahren verurteilt worden.[848] Der Gewalttäter hatte seine getrenntlebende Frau und die beiden gemeinsamen Söhne unter dem Vorwand, gemeinsam Ostern feiern zu wollen, auf die Insel Teneriffa gelockt. In einer Höhle erschlug er dort im April 2019 seine 39-jährige Ehefrau S. mit einem mehr als acht Kilo schweren Stein. Als der ältere der beiden gemeinsamen Söhne, der zehnjährige J. seiner Mutter zu Hilfe eilte, wurde auch er umgebracht – lediglich dem jüngeren Sohn gelang es, der heimtückischen Attacke seines Vaters zu entfliehen. Die beiden Leichen, die mit Hilfe des überlebenden Jungen entdeckt wurden, waren so entstellt, dass sie nur anhand ihrer DNA identifiziert werden konnten.[849]

„Teneriffa-news" beschrieb die Verteidigung des Gewalttäters im Prozess: *„Während seiner Aussage verfiel er immer wieder in Tränen. Dabei gab er an, er habe ‚in Todesangst' auf eine plötzliche Attacke seiner Frau reagiert: ‚Ich lag am Boden. Da war plötzlich alles ganz komisch. Ich hatte ein Rauschen und Pfeifen im Ohr'."*[850]

In diesem Gerichtsverfahren wird sehr deutlich, in welch unterschiedlicher Konsequenz die spanische und die deutsche Justiz gegen geschlechtsspezifische Gewalt vorgehen, *„El Pais"* berichtete im Februar 2022 vom Verfahren: *„Der Staatsanwalt gegen geschlechtsspezifische Gewalt, José Luis Sánchez-Jáuregui, hat insgesamt 50 Jahre Gefängnis gefordert: 25 Jahre für den Mord an seiner Frau und weitere 25 Jahre für den versuchten Mord an seinem jüngsten Sohn sowie eine unbefristete, revidierbare Haftstrafe für den Mord an seinem erstgeborenen Sohn. Hinzu kommen weitere 20 Jahre auf Bewährung, ein Annäherungsverbot an den überlebenden Sohn und eine Entschädigung von 500.000 Euro. Davon entfallen 300.000 Euro auf den Minderjährigen und 200.000 Euro auf die Eltern von S. (...). Darüber hinaus fordert die Privatanklägerin eine Freiheitsstrafe von bis zu 65 Jahren. Das Institut für Gleichstellung fordert weitere 60 Jahre. Das endgültige Urteil wird nach Angaben des Obersten Gerichtshofs der Kanarischen Inseln ‚in einigen Tagen' feststehen".*[851] Der Oberste Gerichtshof Spaniens berücksichtigte zu dem *„Macho-Verbrechen"*[852] auch den Umstand der Verwandtschaft in seiner Urteilsfindung strafmaßverschärfend[853], ganz im Sinn der Istanbul-Konvention.

In Deutschland hingegen profitierte der Gewalttäter aus Halle an der Saale von der Täterzentrierten Judikative, als sein früherer Dienstherr, die Bundesagentur für Arbeit, dem verbeamteten Frührentner aufgrund seiner Verurteilung wegen Mehrfachmordes und Mordversuchs die Pensionsansprüche aberkennen wollte. *„Als Basis dafür gilt ein Passus im Gesetz. Es ermöglicht, dass schwere Rechtsverstöße auch nach der Pensionierung als ‚Dienstvergehen' geahndet werden können".* Weiterhin berichtete *„Teneriffa-news"* dazu am 23. März 2024: *„In den ersten beiden Instanzen hat die Arbeitsagentur allerdings eine Niederlage einstecken müssen. Das Verwaltungsgericht (...) und das Ober-*

verwaltungsgericht Sachsen-Anhalt wiesen die Klage zurück, da der Mann 'offensichtlich' aus 'rein privaten Motiven' seine Straftaten 'ohne jeglichen politischen Bezug' verübt habe. Das Urteil des Oberverwaltungsgerichts vom 23. Januar wurde erst jetzt veröffentlicht. Der Senat wies auch ein zweites Argument zurück. Demnach verliere ein Beamter zwar seine Pension bei Verurteilungen zu mehr als zwei Jahren Haft. Allerdings gelte das nur bei Verurteilungen durch ein deutsches Gericht. Der Prozess war dem Täter/Töter in Spanien gemacht worden".[854]

Auch der anteilig laissez-faire Umgang mit Gewalttätern, deren Opfer die Attentate nur durch puren Zufall überleben, ist ein großer Risikofaktor in Deutschland. Oft werden sie nach einem versuchten Tötungsdelikt auf freien Fuß gesetzt. Damit sind die Geschädigten erneut einer tödlichen Gefahr ausgesetzt, gegebenenfalls auch ihr direktes Umfeld.

Rein zufällig überlebt eine Frau im September 2022 einen Brandanschlag auf ihr Leben. In Mecklenburg-Vorpommern hatte ihr Ex-Partner Feuerzeugbenzin vor der Wohnungstür im Treppenhaus des Plattenbaus auf ein Holzstück gekippt, dieses angezündet und so ihre Wohnungstüre in Brand gesetzt. Als sie das bemerkte und den Brand löschen wollte, attackierte er sie, schlug auf sie ein und verletzte sie gezielt mit Messerstichen. Das Amtsgericht verurteilte den Gewalttäter im Februar 2024 erstinstanzlich wegen der versuchten schweren Brandstiftung und gefährlicher Körperverletzung zu 22 Monaten Haft.[855] Die 11 Jahre jüngere Frau sah sich bereits vor dem Femizid-Versuch von ihrem, auch wegen Körperverletzungen vorbestraften, sie stalkenden Ex-Freund bedroht. Im Berufungsprozess wurde der Täter im Oktober 2024 zwar erneut der versuchten schweren Brandstiftung und gefährlicher Körperverletzung schuldig gesprochen, allerdings wurde das Strafmaß, trotz des umfangreichen Vorstrafenregisters des Gewalttäters, auf 16 Monate Haft reduziert. Der „Nordkurier" berichtete zum Verfahrensende: „Außerdem entschuldigte sich der rabiate Zeitgenosse bis zuletzt nicht für sein Verhalten. Auch im Berufungsprozess kam kein Wort des Bedauerns. Das Opfer leidet nach eigenen Angaben seelisch weiter stark unter dem Verhalten des Ex-Freundes, von dem sich die Frau weiter verfolgt und belästigt fühlt".[856]

Anfang September 2024 musste sich eine schwer verletzte Frau vor der Messerattacke ihres betrunkenen Ehemannes auf dem Balkon in Sicherheit bringen, bevor sie von einem Unterstützungskommando der Bayerischen Bereitschaftspolizei gerettet werden konnte. Die Frau überlebte das Attentat gegen sie rein zufällig, denn der Messerstich in ihren Bauch hätte auch ihre Aorta, die Bauch-Hauptschlagader, verletzten und infolgedessen tödlich enden können. Die Messerattacke des Gewalttäters löste einen Großeinsatz aus, eine Straßensperrung in der Stadt in Bayern führte zu erheblichen Verkehrseinschränkungen, auch im öffentlichen Nahverkehr, mehrere Polizeiwagen, ein Einsatzfahrzeug der Feuerwehr und ein Rettungswagen wurden vor Ort ebenso gebraucht, wie die entsprechende Personalstärke.[857] Gegen den Mann wurde wegen gefährlicher Körperverletzung und Bedrohung ermittelt, nicht wegen eines versuchten Tötungsdeliktes gegen seine Frau.

Mitte August 2024 verurteilte ein Amtsgericht in Hessen einen Mehrfachtäter zu einer Bewährungsstrafe. Das Gericht sah es zwar als erwiesen an, dass der Angeklagte von Juni 2019 bis Juli 2021 insgesamt neun Straftaten begangen hatte, so wurde ihm u. a. ein mehrfach versuchter Schwangerschaftsabbruch mit Tritten gegen den Bauch seiner Ex-Frau zur Last gelegt. Die attackierte Mutter der vierjährigen gemeinsamen Tochter, konnte verhindern, dass er das Mädchen mit der Faust schlug – sechs Wochen nach der Geburt. Allerdings gelang es dem Gewalttäter, das Kind zu kneifen, es so wegzustoßen, dass es sich eine Schwellung zuzog und ihm durch das Zuschlagen einer Zimmertür einen Finger einzuklemmen. „Einmal habe er gesagt, ‚dass das Kind verrecken soll', hieß es während der Beweisaufnahme", berichtete die „Hannoversche Allgemeine" vom Prozess, zu dem sie auch die Sicht der Kindsmutter beleuchtete: „'Ich hatte Angst, dass er zuschlägt', sagte die Ex-Frau während des Prozesses zu einem weiteren Vorfall. Er sei mit einem Hackebeil mit 17 Zentimeter langer Klinge auf sie zugegangen. Während der Schwangerschaft sei es immer wieder zu Streitereien gekommen".[858] Weiter ist zu lesen: „Das alles sei für ihn ‚sehr, sehr belastend', formulierte die Verteidigerin des Angeklagten, der sich zu den Anklage-Vorwürfen nicht äußerte. Er sei ein sehr introvertierter Typ und habe keine Erinnerung an die Ereignisse". Die Strategie des Täters ging auf. Im gleichen Artikel wurde die vorwurfsvolle Reaktion der Vorsitzenden Richterin auf die Gewaltschilderungen durch die Geschädigte zitiert: „'Er nimmt Sie doch gar nicht ernst', kommentierte Richterin C.(…)."

Im Dezember 2023 überlebte eine zum Tatzeitpunkt ahnungslose, 40-jährige Ukrainerin in Bayern eine gegen sie geführte, vorbereitete Messerattacke nur zufällig. Der bereits wegen eines versuchten Tötungsdeliktes zu acht Jahren Frei-

III. Fehlende Korrektive aufgrund von Tradition und Struktur

heitsentzug verurteilte Deutsche wurde durch die 1. Große Strafkammer des zuständigen Landgerichts wegen versuchten Totschlags und gefährlicher Körperverletzung zu einer Freiheitsstrafe von 12 Jahren verurteilt. In der Beziehung, die die Getötete mit dem Verbrecher über ca. ein Jahr führte, war sie die Alleinverdienerin. In der Urteilsbegründung ist folgender Sachverhalt festgehalten: „Die – arbeitende – Geschädigte habe sich in absehbarer Zeit von dem Angeklagten trennen wollen. Der Angeklagte habe nach dem gescheiterten Versuch einer letzten Aussprache mit der Geschädigten zu einem Messer mit einer 12,5 cm langen Klinge gegriffen, das er nach einer ersten deutlichen Zurückweisung am Tatabend aus dem Auto geholt und bereit gelegt habe. Der Angeklagte habe die Geschädigte anschließend mit der rechten Hand umgedreht und habe ihr sodann mit einer bogenförmigen Bewegung der linken Hand das Messer fast bis zum Anschlag in den Hals gestochen. Das Messer sei im Halse steckengeblieben und habe gleich zwei Venen durchtrennt. Es habe akute Lebensgefahr bestanden. Die Geschädigte habe mit diesem Angriff nicht gerechnet und dem Angeklagten den Rücken zugewendet. Obwohl der Angeklagte erkannt habe, dass die Geschädigte schwer verletzt sei, habe er den Tatort fluchtartig verlassen, ohne sich weiter um ihr Schicksal zu kümmern".[859] Weiter heißt es im Justizportal Bayerns: „Anders als die Staatsanwaltschaft wertete das Schwurgericht die Tat als versuchten Totschlag und nicht als versuchten Mord. Der Angeklagte habe mit Tötungsvorsatz gehandelt. Das Schwurgericht lehnte im Ergebnis das Vorliegen des Mordmerkmals der niedrigen Beweggründe ab, da das Motiv der Tat nicht eindeutig genug habe bestimmt und als besonders verwerflich habe eingestuft werden können".[860] Trotz der belegten Gewalthistorie fiel das Urteil laut Begründung der Strafkammer auch in anderer Hinsicht zu Gunsten des Täters aus: „Das Schwurgericht ordnete die von der Staatsanwaltschaft beantragte vorbehaltene Sicherungsverwahrung nicht an. Zwar sei bei dem Angeklagten noch von einem Hang auszugehen, schwerwiegende Straftaten zu begehen. Angesichts der auch längeren straffreien Passagen im Leben des Angeklagten, seines Alters und Gesundheitszustandes und der nunmehr zu verbüßenden langjährigen Strafe verzichtete die Kammer aber auf die Anordnung".

Mitte September 2023 stürmte ein Sondereinsatzkommando den alten Hangar einer verlassenen Kaserne in Schleswig-Holstein, N. wurde aus der mehrtägigen Geiselhaft eines Intensivtäters befreit. Die 29-jährige Mutter hatte ihren Peiniger bereits im April angezeigt, nachdem er sie gestalkt, geschlagen, sie mit einem Cricket-Schläger verprügelt und ihr u. a. einen Kiefer- und Jochbeinbruch zugefügt hatte. Sie erwirkte ein Annäherungs- und Kontaktverbot. Nachdem der Gewalttäter ein freiwilliges Geständnis abgab, in dem er zugab, die Frau auch vergewaltigt zu haben, blieb er auf freiem Fuß – auch seine Verstöße gegen das Näherungsverbot wurden nicht geahndet. Die „Kieler Nachrichten" schrieben dazu: „Da er Reue gezeigt habe, habe es für die Staatsanwaltschaft damals keinen Anlass gegeben, ihn in Haft zu nehmen, erklärt der Staatsanwalt. ‚Es wurde keine Wiederholungsgefahr gesehen'."[861]

In der Verhandlung am Landgericht Kiel wurden dem Gewalttäter insgesamt 11 schwere Straftaten gegen zwei junge Frauen vorgeworfen „gefährliche Körperverletzung, Nötigung, Freiheitsberaubung, Bedrohung, Verstoß gegen das Gewaltschutzgesetz, Geiselnahme und Vergewaltigung! Sein erstes Opfer war im Januar 2022 seine Ex-Freundin", so beschreibt es „Bild".[862] In dem Text wird weiter ausgeführt: „Allein für die Zeit ihrer Geiselhaft zählt die Anklage zehn Vergewaltigungen und endet mit dem unbegreiflichen Satz: ‚Der Angeklagte handelte in der Absicht, die Liebe der Geschädigten zu erzwingen'."

Im Juni 2024 verletzte ein Gewalttäter in Hessen seine 31-jährige Ex-Partnerin, mit einer Machete schwer. Der Attentäter wurde zunächst vorläufig festgenommen, nach einer Blutentnahme jedoch wieder entlassen.[863]

Am selben Tag übergoss ein Mann in Sachsen-Anhalt seine 74-jährige, schlafende Mutter mit acht Litern Essigsäure. Sie überlebte das heimtückische Attentat trotz ihrer schweren Verletzungen. Gegen ihren gewalttätigen Sohn wurde kein Haftbefehl ausgestellt.[864]

BGH-Urteile

Die Unabhängigkeit der deutschen Justiz ist ein hohes und unbedingt zu schützendes Gut. Aber: Während das deutsche Bundesverfassungsgericht die Qualitätssicherung schon seit dem Jahr 2016 als ein grundlegendes Element für das Hochschulsystem bewertete,[865] beharren Richterinnen und Richter nach wie vor auf ihrer alleinigen Entscheidungshoheit in der Justiz. Die Bundeszentrale für politische Bildung (bpb) weist diesen Grundsatz komprimiert aus: *„Die Richter und Richterinnen entscheiden auf Grundlage von Gesetzen. Niemand sonst darf ihnen etwas vorschreiben".*[866]

Genau, wie innerhalb der Frauenhäuser und Schutzeinrichtung, gilt auch für die Justiz: Ein in sich geschlossener Zirkel an Entscheidungstragenden ist der fruchtbarste Nährboden für unkontrollierte Gewalt. Während die verlässliche Sicherung von Qualitätsstandards in Deutschland in vielen Bereichen vorgeschrieben ist, verweigern Richterinnen und Richter immer noch jedwede Qualitätskontrolle. Wir alle betrachten es als selbstverständlich, dass jenseits unserer Lebensmittel auch Medikamente standardisierte und zertifizierte Prozesse zu Herstellung, Transport, Lagerung, Zulassung und Prüfung durchlaufen. Ebenso obligatorisch ist bereits seit 2004 die Verpflichtung für alle an der vertragsärztlichen Versorgung teilnehmenden Ärzte, Psychotherapeuten und Medizinischen Versorgungszentren, ein einrichtungsinternes Qualitätsmanagement einzuführen und weiterzuentwickeln.[867] Für deutsche Gerichtssäle, also den Ort, an dem es regelmäßig um Leben und Tod geht, gibt es diese Auflagen nicht, die „*Qualität*" der Urteile bleibt, ungeachtet der Istanbul-Konvention, überwiegend Täterzentriert.

Im Juli 2022 lauerte ihr Ehemann einer zum Tatzeitpunkt 49-jährigen Frau auf und tötete sie mit insgesamt 36 Messerstichen und -schnitten. Gegen den alkoholabhängigen Gewalttäter wurden laut „Bild" schon vor dem Femizid zwei Wegweisungen durchgesetzt.[868] Das zuständige Landgericht in Nordrhein-Westfalen verurteilte ihn wegen heimtückischen Mordes zu einer lebenslangen Freiheitsstrafe. Mit Beschluss vom 18. Januar 2024 hob der BGH diese Entscheidung in Gänze auf und verwies die Sache zur erneuten Verhandlung an eine andere Kammer des Landgerichts zurück: Das Mordmerkmal der Heimtücke sei nicht gegeben.

In seiner Begründung wies der BGH (die Vorgaben der Istanbul-Konvention missachtend) deutlich und einseitig auf (vermeintliches) Fehlverhalten der getöteten, zweifachen Mutter hin, wörtlich heißt es: „*Die seit 1992 bestehende Ehe zwischen dem Angeklagten und seiner Ehefrau H., dem späteren Tatopfer, geriet mit Beginn der Corona-Pandemie in eine (erneute) Krise. Im Jahr 2022 kam es zwischen den Eheleuten zu mehreren gewalttätigen Auseinandersetzungen, die Polizeieinsätze nach sich zogen. H. fühlte sich nach dem Auszug der gemeinsamen Kinder einsam, begann mit dem Konsum erheblicher Mengen Alkohol und nahm schließlich eine intime Beziehung zu einem Nachbarn auf.*

Wenige Tage vor der Tat erlangte der Angeklagte Kenntnis von dieser Beziehung und reagierte eifersüchtig und gekränkt; am 22. Juli 2022 ‚schubste' er seine Ehefrau und drohte, sie zu töten. Diese Drohung nahm seine Ehefrau nicht ernst; nach einer erneuten Auseinandersetzung flüchtete sie jedoch zu ihrem Freund und hielt sich in den Folgetagen dort auf."[869]

Weiter wird in der Begründung u. a. angeführt: *„Bei dieser Sachlage erscheint es nicht ausgeschlossen, dass der Angeklagte seinen ursprünglichen Tatentschluss – zunächst – aufgegeben und von seinem noch unbeendeten Tötungsversuch Abstand genommen haben könnte. In einem solchen Fall könnte die Annahme eines vollendeten Heimtückemordes rücktrittsbedingt durchgreifend in Frage stehen; vielmehr kämen auch eine – ggf. in Tateinheit stehende – gefährliche Körperverletzung und ein Totschlag zum Nachteil des nicht mehr arg- und wehrlosen Opfers in Betracht (vgl. BGH, Beschluss vom 17. November 2016 – 3 StR 402/16 Rn. 5 ff.; s. auch zum fehlgeschlagenen Versuch BGH, Beschluss vom 24. Januar 2019 – 5 StR 480/18 Rn. 6; Urteil vom 25. November 2004 – 4 StR 326/04 Rn. 11 ff.)*".

Im August 2024 gab der Bundesgerichtshof der Revision eines wegen Mordversuchs inhaftierten Gewalttäters Recht.

In Niedersachsen hatte dieser auf seine getrenntlebende Ehefrau geschossen, als diese im Badezimmer den gemeinsamen Sohn versorgte. Vorab hatte er sich gewaltsam Zutritt zur Wohnung verschafft.[870] Zur Verurteilung des Gewalttäters durch die Schwurgerichtskammer des Landgerichts Oldenburg zu zwölf Jahren Haft berichtete der „Weser Kurier": „Am 11. Januar 2022 trat er die Tür zur ehemals gemeinsamen Wohnung ein, stürmte auf seine Frau zu und schoss auf sie. Der Schuss ging daneben. Der Angeklagte hatte nach Überzeugung der Kammer keine weitere Patrone dabei. Deswegen schlug er nun wuchtig mit der Waffe auf den Kopf der Frau, bis sie bewusstlos wurde. Dann eilten Zeugen herbei, der Angeklagte floh. Im Prozess hatte die Verteidigung erklärt, dass der Angeklagte seine Frau nur habe einschüchtern, keinesfalls aber töten wollen. Die Einschüchterungsvariante schied für die Kammer als Erklärung jedoch aus, weil der Angeklagte den Tötungsversuch im Beisein des zweijährigen Sohnes vorgenommen hatte. Auf die Mutter im Beisein des Jungen zu schießen und zu schlagen, könne mit einer Art Einschüchterung nicht erklärt werden, merkte der

III. Fehlende Korrektive aufgrund von Tradition und Struktur

Vorsitzende Richter (…) in der Urteilsbegründung an. Auch folgte die Kammer nicht den Ausführungen der Verteidigung, dass der Angeklagte bewusst daneben geschossen habe".[871]

Der Bundesgerichtshof jedoch kassierte dieses Urteil ein, mit der sinngemäßen Begründung, dass das Landgericht die Vernehmung einer Kriminalkommissarin nicht zuließ, obwohl diese bezeugen sollte, dass die Angaben der Kindsmutter zum Tatablauf anlässlich ihrer polizeilichen Vernehmung sich nicht mit ihren späteren Aussagen decken würden. In ihrer polizeilichen Vernehmung vom 12. Januar, einen Tag nach dem Attentat auf sie, soll die Geschädigte beurkundet haben: *„Er stand tatsächlich dann mit der Waffe vor mir, hatte dann geschossen, aber ich weiß nicht, wohin er geschossen hat. Ob es jetzt an meinem Kopf war, daneben oder in die Richtung, ich kann es nicht sagen".*[872] Der BGH hielt in seinem Beschluss fest: *„Das Tatgericht muss bei der Urteilsfindung die Zusage einlösen, eine bestimmte Behauptung zugunsten des Angeklagten als wahr zu behandeln. Die Urteilsgründe dürfen sich mit einer – bis zum Schluss der Hauptverhandlung unwiderrufen gebliebenen – Wahrunterstellung nicht in Widerspruch setzen. Denn der Angeklagte kann grundsätzlich auf die Einhaltung einer solchen Zusage vertrauen und danach seine Verteidigung einrichten".* Zu Lasten der Gewaltbetroffenen Mutter wurde im BGH-Beschluss wörtlich ausgeführt: *„Der als wahr unterstellten Beweisbehauptung zufolge hat die Nebenklägerin im Ermittlungsverfahren angegeben, nicht sagen zu können, wohin der Angeklagte geschossen habe, und hierbei auch die Variante, er habe ,daneben' geschossen, ausdrücklich genannt. Demgegenüber besteht bei den in den Urteilsgründen genannten Angaben der Nebenklägerin zu der Schussabgabe die Varianz lediglich in Bezug auf die Körperregion (Brust oder Kopf). Die explizite Nennung der Variante ,daneben' stellt sich vorliegend als erhebliche Abweichung zu den in den Urteilsgründen genannten Angaben der Nebenklägerin dar, so dass entgegen den Ausführungen der Strafkammer diese gerade nicht mit ihrer als wahr unterstellten Aussage im Rahmen der polizeilichen Vernehmung übereinstimmen".*[873]

Nach der internationalen, medizinischen ICD-Klassifizierung werden dissoziative Störungen (Code F44) als typische Reaktion auf ein traumatisierendes Ereignis eingeordnet. *„Das allgemeine Kennzeichen der dissoziativen* oder Konversionsstörungen besteht in teilweisem oder völligem Verlust der normalen Integration der Erinnerung an die Vergangenheit, des Identitätsbewusstseins, der Wahrnehmung unmittelbarer Empfindungen sowie der Kontrolle von Körperbewegungen. Alle dissoziativen Störungen neigen nach einigen Wochen oder Monaten zur Remission, besonders wenn der Beginn mit einem traumatisierenden Lebensereignis verbunden ist".[874]

Die unbestritten erfolgte Schussabgabe hätte nicht nur in Kopf- und Brusthöhe tödlich sein können, auch ein Gefäßverletzender Treffer bspw. in Milz, Leber oder die Oberschenkelarterie wären eine Todesverursachende Option. Unberücksichtigt blieb auch, dass gerade die Symptome, die von einer Traumatisierung zeugen können, d. h. nicht stimmige Erzählungen, Konzentrationsschwäche, Reizbarkeit oder/und Gedächtnislücken, für Zweifel an der Glaubwürdigkeit der Geschädigten sorgen – im schlimmsten Fall ganz ohne dass eine medizinische Prüfung erfolgte.

Selbst die Opferzentrierte Vorgabe der Istanbul-Konvention fand im Beschluss des BGH keine Berücksichtigung. In „*Kapitel IV – Schutz und Unterstützung, Artikel 18 – Allgemeine Verpflichtungen*" ist die Rechtsstaatliche Verpflichtung Deutschlands klar definiert: „*Die Vertragsparteien stellen sicher, dass nach Maßgabe dieses Kapitels getroffene Maßnahmen (...) die Verhinderung der sekundären Viktimisierung zum Ziel haben*".[875] Anstelle einer solchen Schutzmaßnahme muss sich die Gewaltbetroffene Kindsmutter nun ab Dezember 2024 einem neuen Gerichtsverfahren stellen – eine weitere Retraumatisierung bzw. Viktimisierung riskierend.

Im März 2023, im Nachgang an den Weltfrauentag, erwürgte ein Gewalttäter seine, zum Tatzeitpunkt 41-jährige Ehefrau in Schleswig-Holstein, nachdem er vorher auf sie eingetreten hatte. Der „ndr" berichtete zu dem Verbrechen: „Nach ersten Erkenntnissen hielten sich zum Zeitpunkt der Tat auch die zwei minderjährigen Söhne [Anm.: im Alter von drei und zwölf Jahren] des Paares sowie die volljährige Tochter der Getöteten in der Wohnung auf".[876] Das „Hamburger Abendblatt" schrieb zum Prozessauftakt: „Die Tochter sei in dieser Situation zuerst nicht vernommen worden, aber im Gespräch habe sie die Beziehung ihrer Mutter zum Angeklagten so beschrieben, dass es auch zuvor schon gewalttätige Auseinandersetzungen gegeben habe. ‚Aber ihre Mutter habe nie die Polizei rufen wollen, sie habe immer wieder Gewalt in Beziehungen erlebt und dies als normal angesehen'." [877] In erster Instanz wurde der Täter im November 2023 vom zuständigen Landgericht wegen Totschlags zu einer Freiheitsstrafe von achteinhalb Jahren verurteilt. Der Bundesgerichtshof jedoch entschied im Mai 2024,[878] dass das erstinstanzliche Urteil gegen den Täter aus 2023 neu geprüft werden müsse und erkannte damit die auf Strafmaßreduktion ausgerichtete Strategie der Verteidigung an, die Beweise und Indizien dafür anerkannt wissen wollte, „dass ein minder schwerer Fall des Totschlags nach Paragraph 213 des Strafgesetzbuchs vorliegt. Darin heißt es sinngemäß: War der Totschläger ohne eigene Schuld durch eine ihm oder einem Angehörigen zugefügte Misshandlung oder schwere Beleidigung von dem getöteten Menschen zum Zorn gereizt und hierdurch auf der Stelle zur Tat hingerissen worden, sei der Strafrahmen zu reduzieren", so beschreiben es die „Lübecker Nachrichten"[879] Ende November 2024.

Sauerstoff und Sex

Der am häufigsten eingesetzte Modus Operandi[880] bei Femiziden ist das Erstechen, direkt gefolgt vom Abschneiden der Luftzufuhr. Letzteres kann erfolgen, indem das Opfer mit bloßen Händen erwürgt wird, indem es erdrosselt wird, bspw. unter Zuhilfenahme eines Kabels oder einer Schnur, oder indem es erstickt wird, indem man das Einatmen über Mund und Nase unterbindet, bspw. mit einem Kissen.

In Deutschland lässt sich dazu ein verheerender, gesellschaftlicher Zeitgeist feststellen: Insbesondere über Social Media wird das Beschneiden der Luftzufuhr seit Jahren als DIE bereichernde Praxis beim Liebesakt propagiert. Gerade unter den jungen und unerfahrenen Mädchen und Frauen wird lanciert, dass „Blümchensex" absolut unzureichend sei, „rough sex" hingegen, bspw. in Form von „choking"[881] die wahre sexuelle Erfüllung böte. Parallel zu den regelmäßigen Anzeigen und Artikeln in Lifestyle-Magazinen, die Würgespiele mit Anreizen wie „Du möchtest mal etwas Schwung in dein Liebesleben bringen?" oder „neue erotische Sphären" etablieren, wurden Buch und Film „Fifty Shades of Grey" zum Bestseller – eine sadomasochistische Romanserie, die ein eklatantes Machtgefälle innerhalb einer Paarbeziehung mit Sado-Maso-Praktiken romantisiert.

Sogenannte „breath games" erfüllen eine überwiegend männliche Dominanz-Fantasie, in deren Folge der Sex meist ausnahmslos für die Frau „rough"[882] ist: Medial unterstützt soll diese sich auf „Würgespiele" einlassen, so das verklärende Vokabular. Die Salonfähigkeit der harten Gangart im Bett löste weltweit und plattformübergreifend einen Begeisterungsturm aus, der sich in den Hashtags #chokingkink, #breathplay, #strangle oder auch #chokemedaddy, sowohl online als auch im realen Leben ausdrückte. Die devoten Aufforderungen werden auf Bürotassen, Postkarten und Küchenschürzen gedruckt zum Verkauf angeboten – „Kink", also das Ausleben unkonventioneller Sexualpraktiken und -phantasien ist hip, so die Botschaft, auch in Deutschland.

Bereits im Jahr 2020 wies „The Times" auf das Phänomen hin: „Social media make girls think choking during sex is 'normal'."[883] Die deutschsprachige Ausgabe von „Esquire" griff das Thema auf und warnte ein Jahr später unter der Überschrift „Auf TikTok und Instagram wird Würgen als Sexualpraktik gerade normalisiert – und das ist hochgradig gefährlich" mit deutlichen Worten: „Das Problem auf Social Media: Hier werden generalisierte Aussagen getroffen wie „Jede Frau liebt es, wenn man ihre Kehle zudrückt." Nein, falsch. Es mag Frauen geben, die das mögen; ebenso gibt es aber auch viele Frauen, die das als hochgradig übergriffig und zu Recht als lebensbedrohlich einschätzen. Auf TikTok und Instagram tummeln sich vor allem junge Menschen, denen vielleicht die nötige Erfahrung oder auch Skepsis fehlt, um solche Aussagen kritisch zu hinterfragen. Und denen damit suggeriert wird, dass Würgen beim Sex das Normalste der Welt ist. Dass man einfach zupacken kann, weil es ja jede Frau gerne hat. Gleichzeitig erwecken solche TikTok-Videos den Anschein, dass man Würgen auch mögen muss, wenn man wirklich guten Sex erleben will – weil es eben dazugehört."[884]

Auch in anderen Ländern ist das Würgen ein präsentes Thema, bspw. In der im Juli 2024 in Australien veröffentlichte Studie unter 4.702 jungen Menschen im Alter von 18 bis 35 Jahren. Die Teilnehmer gaben am häufigsten an, dass sie im Alter von 16 bis 18 Jahren (29 %) oder im frühen Erwachsenenalter (19 bis 21

Jahre) zum ersten Mal von Strangulation beim Sex erfahren haben (24%).[885] Zu den Schlüsselergebnissen der Studie ist im Online-Newsroom der University of Melbourne folgendes Statement veröffentlicht: „*'Wir sind besorgt darüber, dass die Ergebnisse darauf hindeuten, dass viele junge Australier dem Strangulieren beim Sex zustimmen könnten, ohne zu wissen, dass sie dadurch ernsthaft verletzt werden könnten', sagt die Mitautorin der Studie, Professor Heather Douglas von der Melbourne University Law School. Wenn eine Person beim Sex gewürgt wird, kann dies zu Hirnverletzungen führen, selbst wenn die Person bei Bewusstsein bleibt. Je häufiger eine Person gewürgt wird, desto wahrscheinlicher ist es, dass sie eine Hirnverletzung erleidet – einschließlich Gedächtnisverlust und Problemlösungsschwierigkeiten – und desto schlimmer wird die Hirnverletzung. ,Es spielt keine Rolle, ob es keine offensichtlichen Verletzungen gibt oder ob die Person zugestimmt hat', sagt Professor Douglas. ,Die Hirnschädigung kann auch schrittweise erfolgen – mit jedem Würgen wird es ein bisschen schlimmer – und die Person weiß vielleicht nicht, dass sie eine Hirnschädigung erlitten hat. Die Auswirkungen wiederholten Würgens sind schleichend und bauen sich mit der Zeit auf, ähnlich wie die Auswirkungen wiederholter Gehirnerschütterungen bei Fußballern. Sie sagt, dass zu den anderen Verletzungen Blutergüsse, Halsschmerzen, Nackenschmerzen, eine heisere Stimme, Husten, Schluckbeschwerden, geschwollene Lippen, Übelkeit und Erbrechen gehören können. Zu den schwerwiegenderen Folgen gehören Fehlgeburten und Tod. Fehlgeburten und Todesfälle können Wochen oder Monate nach der ersten Strangulation auftreten.*

Menschen können sich schnell verletzen, innerhalb von ca.:

* 10 Sekunden bis zum Eintritt der Bewusstlosigkeit
* 17 Sekunden bis zum Anfall wegen Sauerstoffmangels
* 30 Sekunden bis zum Verlust der Kontrolle über den Darm
* 150 Sekunden bis zum Tod'.

Laut Professor Douglas können sich Menschen nicht immer darauf verlassen, dass sie ein ,sicheres Wort' oder eine ,sichere Geste' haben, um ihrem Partner mitzuteilen, dass sie einen Würgegriff beenden sollen. Das liegt daran, dass eine Person, die gewürgt wird, nicht signalisieren kann, dass sie aufhören möchte. ‚Frühere US-Forschungsarbeiten haben ergeben, dass viele Menschen darauf reagieren, wenn sie gewürgt werden, indem sie erstarren – eine häufige Traumareaktion, die sie unfähig macht, sich zu bewegen oder zu sprechen. Das bedeutet, dass die Person, die gewürgt wird, möglicherweise nicht in der Lage ist, ein vorher vereinbartes ‚Sicherheitswort‘ oder eine ‚sichere Geste‘ zu benutzen, selbst wenn sie möchte, dass der Vorgang aufhört‘.“[886]

Das Fatale an erotischen Erstickungspraktiken ist, dass junge Mädchen und Frauen durch den Lifestyletrend in eine Haltung gedrängt werden, die kaum Ablehnung zulässt. Im Gegenteil, über die mediale Dauerbeschallung wird ihnen unter massivem Druck antrainiert, das Abschneiden der Luftzufuhr als erstrebenswerten Teil von Intimität zu bewerten und zu erwarten. Den meisten von ihnen ist die Lebensgefahr, in die sie sich begeben, nicht ansatzweise bewusst.

Eine in Gänze fehlende Sensibilisierung zur Limitierung der Sauerstoffzufuhr endete für etliche Mädchen auch im Zuge des TikTok-Trends „Blackout-Challenge“ tödlich. Die „Blackout Challenge“ besteht seit 2021 in der weltweiten Aufforderung, sich vor laufender Kamera selbst die Luftzufuhr zu versagen, bis einem „schwarz vor Augen“ wird, d. h. eine Bewusstlosigkeit eintritt. Dass sie die digitale Mutprobe bestehen und Teil einer trendigen, d. h. „sexy“ Gemeinschaft sein wollte, bezahlte auch die erst 13-jährige A. aus Hessen im Mai 2024 mit ihrem Leben.[887]

Bundesweite Aufklärung zu den Risiken einer Sauerstoff-Unterversorgung ist in Deutschland ebenso rudimentär, wie wissenschaftliche Studien zu den Folgeschäden von Würgen, Drosseln oder/und Strangulieren. Im Juli 2023 wurde in der neurologischen Fachzeitschrift „Brain and Behavior“ eine internationale Studie[888] veröffentlicht, deren Untersuchungsschwerpunkt sich auf das Würgen als sexuelle Praktik, die vor allem bei jungen erwachsenen Frauen verbreitet ist, lag: Gemessen wurden die neuroanatomischen Unterschiede zwischen jungen erwachsenen Frauen im Alter von 18 bis 30 Jahren, die häufigem sexuellem Würgen ausgesetzt waren einerseits und einer unbelasteten Kontrollgruppe andererseits.

Im Ergebnis schlussfolgerte das wissenschaftliche Team, dass sexuelle Ersti-ckungserlebnisse mit neuroanatomischen Veränderungen verbunden sein können: *„Mit unserer Morphometrietechnik konnten wir mögliche Zusammen-hänge zwischen häufigen Würge- und Strangulationserlebnissen beim Sex und Veränderungen der kortikalen Morphologie*[889] *feststellen. Erhöhte kortikale Dicke, verringerte Gyrifikation*[890] *und Veränderungen der fraktalen*[891] *Dimen-sionalität liefern den ersten Beweis dafür, dass häufiges Würgen/Würgen beim Sex mit strukturellen Veränderungen im Gehirn verbunden ist und möglicher-weise die kortikale Reifung bei jungen erwachsenen Frauen verändert. Das junge Erwachsenenalter ist ein Zeitfenster für sexuelle Entdeckungen, und das Würgen beim Sex wird in dieser Bevölkerungsgruppe zu einer beliebten sexuellen Akti-vität. Es ist wichtig anzuerkennen, dass das Ersticken beim Sex die häufigste Form des Strangulierens ist, und daher haben unsere Ergebnisse eine große Bedeutung für die öffentliche Gesundheit. Weitere klinische Untersuchungen werden empfohlen, um die akuten und chronischen neurologischen Folgen des Erstickens beim Sex mit Hilfe multimodaler neurologischer Untersuchungen zu klären."*[892]

Im U.S.-amerikanischen Bundesstaat Pennsylvania verweist die Penn-sylvania Coalition Against Domestic Violence (PCADV) auf das Ausmaß der Gefahr: *„Strangulation ist eine der tödlichsten Formen häuslicher Gewalt. Täter verwenden oft nicht tödliche Strangulation als Taktik, um ihre Opfer zu terrorisieren und zu kontrollieren, indem sie sich buchstäblich die Macht über Leben und Tod verleihen. Untersuchungen zu Todesfällen bei häuslicher Gewalt zeigen, dass der Versuch eines Täters, das Opfer zu erwürgen, ein dramatischer Indikator für die zukünftige Todeswahrscheinlichkeit in Fällen von Gewalt durch Intimpartner sein kann".*[893]

In Australien hat man die Gefahr, die von Würge- und Luftdrosselungs-praktiken ausgeht, anerkannt und dem Lifestyle-Trend eine landesweite Warnkampagne entgegengesetzt.[894] Die *„Breathless"*-Kampagne benennt das Risiko unmissverständlich *„A dangerous sexual practice is on the rise"*[895] und belegt es mit Daten und erschütternden Zitaten junger Frauen: *„There's definitely violent practices like choking and slapping which are almost seen as vanilla now, especially choking. Choking is very mainstream"*,[896] (Matilda, 18),

"We've accepted that in sexual encounters it'll probably happen. They won't ask first",[897] (Georgie, 18) oder *"I've been in situations where I feel like I'm genuinely being murdered"*,[898] (Amy, 19).

Die Bewertung von Angriffen gegen die lebensnotwendige Sauerstoffzufuhr mündet in der deutschen Justiz mehrheitlich im Straftatbestand von Körperverletzungs- und nicht von versuchten Tötungsdelikten. Erst am 18. Januar 2022 hat der Bundesgerichtshof zu einer heimtückischen Würgeattacke festgestellt: *„Zwar kann festes Würgen am Hals geeignet sein, eine Lebensgefährdung herbeizuführen, doch reicht insoweit nicht jeder Griff aus, ebenso wenig bloße Atemnot".*[899]

In Deutschland gibt es immer wieder Femizide zu verzeichnen, bei denen die Erstickungstode von Frauen im Zuge sexueller Praktiken herbeigeführt wurden.

In Niedersachsen wurden Mitte Mai 2021 die 35-jährige S. und ihr fünfjähriger Sohn L. ermordet aufgefunden. Von ihrer elfjährigen Tochter L. fehlte zwei Tage lang jede Spur, dann wurde die Leiche des Mädchens an einem Waldweg, 20 Kilometer entfernt, gefunden: L. ist neben ihrer getöteten Mutter vergewaltigt und dann ebenfalls ermordet worden. Dem ehemaligen Lebensgefährten der Mutter wurde am zuständigen Landgericht wegen dreifachen Mordes, schwerem sexuellen Missbrauch von Kindern mit Todesfolge und Vergewaltigung mit Todesfolge der Prozess gemacht. Zum Abschluss wird der Vorsitzende Richter in der „Kreiszeitung Verlagsgesellschaft mbH & Co. KG" mit den Worten zitiert: „ 'Das ist ein gefährlicher Sexualstraftäter', sagte Richter (…) in seiner Urteilsbegründung. ‚Diese Vorliebe für Würgen durchzieht seine Fantasie'. " [900]

Der Presse zufolge hatte der Gewalttäter seine Freundin wenige Tage vor den Verbrechen gewürgt, bis sie Nasenbluten bekam. In der Tatnacht nutzte er eine Strumpfhose, um sie von hinten zu strangulieren. L. soll er mit einem Kabel erdrosselt[901] und L. erstickt haben.[902] Rechtskraft erlangte das Urteil erst im Juli 2022, nach einer Bestätigung durch den Bundesgerichtshof.[903]

Ebenfalls in Niedersachsen vergewaltigte und erwürgte ein Gewalttäter im Februar 2023 seine Verlobte T., „Bild" beschrieb unter der Überschrift „Seine Sexsucht wurde ihr zum Verhängnis!" dazu: „Kurz nach der Tat soll der Angeklagte die Leiche noch vaginal und anal malträtiert und dies auch fotografiert haben".[904] An der Leiche der 50-Jährigen stellte die Gerichtsmedizin Hämatome

III. Fehlende Korrektive aufgrund von Tradition und Struktur

> im Bereich des Kinns, am Hals, der Brust, am Oberschenkel, Verletzungen am After sowie Sauerstoffmangel infolge von Gewalteinwirkung als Todesursache fest. Der u. a. wegen Diebstahls, Beleidigung, versuchter Nötigung, Trunkenheit im Straßenverkehr und Körperverletzung vorbestrafte Gewalttäter legte Berufung gegen das erstinstanzliche Urteil ein. Mit der Revision am BGH erzielte er im Juli 2024 eine mildere Verurteilung: 14 Jahre und neun Monate Haft wegen Totschlags, Vergewaltigung und Störung der Totenruhe.

Als wiederkehrende Verteidigungsstrategie hat sich in Deutschland u. a. das Narrativ des *„Sexunfalls"* etabliert. Dabei behaupten Täter vor Gericht, die Partnerin beim einvernehmlich rohen Liebesakt aus Versehen getötet zu haben. Vereinzelt sind Schilderungen dokumentiert, in denen der Getöteten posthum unterstellt wird, sie habe gar nicht anders zum Orgasmus kommen können als mit der täterseitig ausgeübten Gewalt: Der Täter/Töter habe ihr mit der Strangulation einen Gefallen getan, sie habe das explizit so erbeten. Dass sie diesen *„Gefallen"* letztlich nicht überlebt habe, sei nie gewollt gewesen.

> N., Mutter zweier Kinder, die zum Tatzeitpunkt neun und 15 Jahre alt waren, galt in Nordrhein-Westfalen monatelang lange als vermisst, bevor ihre Leiche im Januar 2019 durch einen Zufall in einer Garage entdeckt wurde. In seiner Verteidigung erklärte der Gewalttäter, N. sei an den Folgen eines Sexunfalls gestorben. In „Bild" wird er zitiert: „Unser Sexleben war sehr intensiv. Es bedurfte besonderer Praktiken, um meine Frau zum Höhepunkt zu bringen. Würgen gehörte auch dazu. Dabei habe ich ihr den Gürtel um den Hals gelegt und musste ganz vorsichtig sein. Am 27. November, beim Verkehr, kam es auch vor, dass ich sie würgte. Das war aber offensichtlich zu heftig. Ich hab es erst gemerkt, als sie nicht mehr atmete. Ich hatte Panik, dass mir eine Tötung angelastet wird. Dann habe ich sie gleich in eine Kiste verpackt und sie in der Garage abgelegt".[905]

Der Versuch über diese sogenannte *„Rough-Sex-Defense"* die Schuld eines Angeklagten zu mindern, indem argumentiert wird, dass die Getötete in die sexuellen Praktiken, die zu ihrem Tod führten, eingewilligt habe, ist in Großbritannien bereits seit 2021 verboten. Damit wurde anerkannt, dass die Getötete ihren Tod nicht mitzuverantworten hat, selbst wenn sie dem Geschlechtsakt zunächst zustimmte. Eine Zustimmung zu einer wie auch immer gearteten Sexualpraktik ist nicht gleichzusetzen mit dem Einverständnis, sich töten zu lassen. Die Gesetzesänderungen im britischen „*Domestic Abuse Act 2021*" unterstreicht, dass Opfer nicht in eine schwere Schädigung zur sexuellen Befriedigung einwilligen können.[906] Auch, dass es einer Toten unmöglich ist, das Opferdiffamierende Storytelling der Verteidigung vor Gericht zu widerlegen, wurde berücksichtigt.

Im Gegensatz zu Großbritannien wird die Rough-Sex-Verteidigungsstrategie in Deutschland nach wie vor eingesetzt – anteilig sehr erfolgreich.

Für viel Aufmerksamkeit sorgte der Fall der britischen Millionärstochter A., deren deutscher Freund sie im April 2019 im schweizerischen Tessin erdrosselte. Der hoch verschuldete Türsteher verteidigte sich vor Gericht damit, dass die zum Tatzeitpunkt 22-jährige A. beim einvernehmlichen Sex durch einen „Erotik-Unfall" zu Tode gekommen sei, im Zuge eines „Würgespiels" habe er sie versehentlich zu Tode stranguliert.[907]

Im Juni 2019 wird am Landgericht Bielefeld der Femizid verhandelt, bei dem die zum Tatzeitpunkt 34-jährige N. ihr Leben lassen musste (s. oben). Vor Gericht verteidigte der vorbestrafte Täter sich damit, dass N. nur zum Höhepunkt habe kommen können, wenn er sie drosselte. Rein versehentlich sei sie beim gemeinsamen Sex ums Leben gekommen.

Der dem Verfahren Vorsitzende Richter wird im „Westfalen-Blatt" mit folgender Haltung zitiert: ,'Bei einem Paarkonflikt gibt es aber nicht nur einen Schuldigen', urteilt M. (…). N. (…) sei wegen ihrer Depressionen und ihrem aufbrausenden Temperament ,nicht immer leicht zu ertragen' gewesen. Sie habe auch das Angebot einer Ehetherapie abgelehnt."[908] Das Gericht wertete die vorgetragene Verteidigung als „Verächtlichmachung des Opfers" und ließ sie strafmaßverschärfend in das Urteil einfließen: Erstinstanzlich erging eine Verurteilung wegen Totschlags zu zehn Jahren Gefängnis. Dieses Urteil wurde im November 2021 vom BGH zu Gunsten des Gewalttäters aufgehoben: „Der Strafausspruch hat keinen Bestand. Die Strafkammer hat strafschärfend berücksichtigt, dass der Angeklagte in seiner Einlassung das Opfer in besonderer Weise verächtlich gemacht habe, indem er ihm abseitige sexuelle Interessen unterstellt habe. Nach den Feststellungen hatte sich der Angeklagte dahin eingelassen, dass seine Ehefrau den Höhepunkt beim Geschlechtsverkehr nur erreicht habe, wenn er sie gedrosselt habe. Auch am Morgen des Tattages habe er mit ihr verkehrt, dabei habe er sie zu heftig gedrosselt, was er zunächst nicht bemerkt habe. Mit der Behauptung regelmäßiger Strangulationspraktiken beim Geschlechtsverkehr sollte der Vorwurf der vorsätzlichen Tötung entkräftet werden. Insoweit stellt sie sich als zulässiger Teil der Verteidigung des Angeklagten dar und diente nicht lediglich dem Zweck, das Tatopfer herabzuwürdigen, so dass sie nicht straferschwerend gewertet werden darf".[909]

Mitte Juli 2019 endete in Nordrhein-Westfalen das Strafverfahren gegen einen Gewalttäter, der vor Gericht die „Rough-Sex-Verteidigung" nutzte und so mit einer Strafe von lediglich einem Jahr und sechs Monaten auf Bewährung davonkam. Sein Narrativ lautete „Bild" zufolge „dass er und seine Frau nur wenige Tage nach der Hochzeit im Juli 2018 48 Stunden lang (mit Unterbrechungen) Sex gehabt haben: ‚Es waren unsere Flitterwochen'."[910] Die zum Tatzeitpunkt 49-jährige C. soll im Einvernehmen mit ihm, dem seit 30 Jahren erfahrenen Sado-Maso-Praktiker, ebensolche „Sexspiele" zelebriert haben. Im Zuge dessen habe er seiner Frau auch zweckentfremdete Gegenstände eingeführt: Die Obduktion ergab, dass C. ein Gegenstand mit Widerhaken eingeführt worden sein muss. In der Anklage warf die Staatsanwaltschaft dem Ehemann vor, dass er C., indem er den Gegenstand mit besonderer Brutalität anal in ihren Körper zwängte, Darmverletzungen verursacht hatte. Laut Gerichtsmedizin kam es beim Herausziehen zu einem Darmabriss, an dem C. verblutete, weil der Täter ihr die dringend notwendige medizinische Hilfe verweigerte [Anm.: Bei dem zweckentfremdeten Instrument soll es sich um ein Nervenrad gehandelt haben – bitte: Google-Bildsuche].

Im Gerichtsverfahren am Landgericht Krefeld wurde auch der 30-jährige Sohn von C. aus erster Ehe gehört. Er berichtete von mehrfachen Gewaltausbrüchen des Angeklagten, 2017 und auch 2018 sei seine Mutter bereits vor ihm geflohen, 2017 nach einer Strafanzeige gegen ihn in eine Psychiatrie-Klinik, im Jahr darauf in ein Frauenhaus. Laut „Bild" sei seine Mutter „bereits als Kind vergewaltigt worden und psychisch labil gewesen, berichtete der Sohn. Ihr Mann habe in der Beziehung die dominante Rolle eingenommen, seine Mutter sei unterwürfig gewesen. Seit 2017 habe sie auffallend geschlossene Kleidung getragen".[911]

Die ursprüngliche Anklage wegen Mordes wurde verworfen, verurteilt wurde der Täter nur wegen fahrlässiger Tötung. Der Vorsitzende Richter glaubte an einen Unfall. „Bild" zitiert ihn: „‚Wir gehen von einvernehmlichem Sex aus', sagte er in seiner Urteilsbegründung. ‚Es ist anzunehmen, dass der Angeklagte solche gefährlichen Sex-Praktiken nicht wiederholt'."[912]

Der Täter von N. deklarierte seine Tat vom Dezember 2019 als „Abschiedssex". Vor dem Femizid war er wegen Stalkings bereits elf Mal verurteilt worden. Im Gerichtsverfahren wird der „Potsdamer Neue Presse" zufolge festgestellt: „Der Angeklagte könne ein Beziehungsende nicht akzeptieren und sein Stalking endete immer erst, ‚wenn er eine Neue hatte'. Dieses Stalking habe ‚erhebliche psychische Auswirkungen' auf die Opfer". Der deutsche Gewalttäter behauptete zu seiner Verteidigung, N. habe auf „Würgespiele" beim Sex gestanden, dass er seine Ex-Freundin erwürgt hat, sei ein „Sex-Unfall". Die „Potsdamer Neue Presse" berichtet darüber hinaus, dass die Verteidigung davon ausgehe, dass die Geschädigte den Angeklagten in ihre Wohnung gelassen habe und die beiden einvernehmlichen Geschlechtsverkehr gehabt hätten. Eine mögliche Erklärung für die fehlenden Abwehrverletzungen beim Opfer sei, dass dieses während des Aktes durch Würgen bewusstlos geworden sei, der Angeklagte dies nicht bemerkt habe und weitergemacht habe. Erst danach habe er möglicherweise erkannt, dass seine ehemalige Partnerin nicht mehr lebte. Die Verteidigung sehe darin eine gewollte Körperverletzung mit Todesfolge in einem minderschweren Fall, die „so nah am Affekt" sei, wie es nur irgendwie möglich sei. Deshalb sei eine Freiheitsstrafe von vier Jahren und sechs Monaten ausreichend. Für die Nötigung hätten die Verteidiger den Freispruch gefordert.[913] Verurteilt wurde N.'s Gewalttäter durch das Landgericht in Bayern schließlich zu einer zehnjährigen Freiheitsstrafe wegen Totschlags.

Im Oktober 2021 stand ein 21-jähriger Gewalttäter wegen heimtückischen Mordes zur Befriedigung seines Sexualtriebs vor Gericht und versuchte den Femizid an seiner zum Tatzeitpunkt 20-jährigen Freundin mit der „Rough-Sex-Defense" zu verteidigen. Anfang Mai 2021 hatte er der jungen Frau in Nordrhein-Westfalen die Hände mit Panzertape auf dem Rücken gefesselt, bevor der bereits Vorbestrafte sie mit einem Polyesterband erdrosselte.[914] Sein Narrativ wurde in der Prozessberichterstattung von „Bild" wiedergegeben: „‚Sie war mit Sadomaso einverstanden', verteidigte sich der Auszubildende am ersten Prozesstag. ‚Ich habe ihr das Seil um den Hals gelegt und zugezogen. Dann kriegte ich den Knoten des Seils nicht mehr auf. Ich habe überall in der Wohnung nach etwas gesucht, um ihn zu lösen. Als ich wiederkam, war es zu spät'."[915] Das zuständige Landgericht folgte der Unfall-These nicht, sondern ordnete dem Angeklagten sadistische, empathielose und manipulative Tendenzen zu. Allerdings erging seine Verurteilung nicht wegen Mordes, sondern wegen Vergewaltigung mit Todesfolge.[916]

III. Fehlende Korrektive aufgrund von Tradition und Struktur

Nach acht Jahren in Haft brachte ein Mann im Dezember 2021 die 26-jährige L., Mutter der zweijährigen S., in Niedersachsen um. Mit einem Handtuch erstickte der Vorbestrafte sie nach dem Sex im Schlaf,[917] später attackiert er eine Nachbarin, die 25-jährige M. im Treppenhaus und verletzte sie schwer[918] – so lautet die Anklage der Staatsanwaltschaft Oldenburg. „Die Einlassung des Angeklagten begann dann mit seiner früheren Verlobten, mit der er ein gemeinsames Kind hat. Einst seien beide glücklich gewesen, dann habe die Verlobte aber einen anderen Mann kennengelernt. Es sei zur Trennung gekommen. Den Trennungsschmerz wollte der Angeklagte mit Alkohol und Kokain bekämpfen – und mit seiner früheren Bekannten, die am 10. Dezember sterben musste", beschreibt die „Neue Weser Zeitung" den Prozessauftakt. Weiter heißt es: „Laut Anklage schlief die 26-Jährige dann ein, was der Angeklagte dazu genutzt haben soll, die Schlafende mit einem Handtuch zu ersticken. Doch so sei es gar nicht gewesen, meinte der Angeklagte, der über seine Anwältin eine ziemlich merkwürdige Geschichte schildern ließ. So will der Angeklagte nach den Intimitäten seiner Bekannten gesagt haben, dass er sich umbringen wolle. Die Bekannte sollte dazu gefesselt werden, damit sie dem Selbstmord beiwohnen könne. Der Angeklagte will dann ins Badezimmer gegangen sein, Rasierklingen geholt und sich erste Verletzungen zugefügt haben. Die Bekannte habe daraufhin laut geschrien. Um das zu unterbinden, habe er der Frau ein Handtuch auf den Mund gedrückt. Später habe er festgestellt, dass seine Bekannte tot gewesen sei".[919] „An die brutale Attacke auf die Nachbarin will sich der Angeklagte hingegen gar nicht erinnern können. Die Frau habe irgendwann einfach in seiner Wohnung gelegen", ist im selben Artikel zu lesen. Die Schwurgerichtskammer des zuständigen Landgerichts verurteilte den Angeklagten wegen Totschlags gegen L. und versuchten Mordes in Tateinheit mit Körperverletzung gegen M. zu 15 Jahren Haft.[920]

In Hessen brachte ein Täter im März 2023 eine zum Tatzeitpunkt 44-jährige Frau in der Obdachlosenunterkunft um, in er selbst auch lebte. Der Mann hatte sein Opfer beim Sex zunächst minutenlang gewürgt, bevor er sie mit einem Ladekabel erdrosselte. Nach dem Gewaltexzess rief er den Notruf und gab an, die Frau beim Geschlechtsverkehr einvernehmlich gewürgt, ihren Tod jedoch nicht gewollt zu haben.

Aus Sicht der Staatsanwaltschaft handelte es sich bei dem Täter um einen gewaltbereiten, brandgefährlichen Mann, mit hohem Rückfallpotential, für den eine an die Haft anschließende Sicherheitsverwahrung anzuordnen sei.[921] Die

11. Kammer des zuständigen Landgerichts wertete den Femizid als Mord zur Befriedigung des Geschlechtstriebs. Zu Gunsten des Gewalttäters wurden seine Alkoholisierung von mehr als zwei Promille sowie seine Persönlichkeitsstörung in einer Verurteilung zu einer Freiheitsstrafe in Höhe von nur zehn Jahren berücksichtigt. „Die Verteidiger hatten die Tat als Körperverletzung mit Todesfolge bewertet und auf ‚eine Freiheitsstrafe im einstelligen Bereich' plädiert", ist in der „Hessenschau" zu lesen.[922]

An dieser Stelle sei betont, dass es nicht darum geht, individuelle sexuelle Vorlieben für Dominanz oder/und Unterwerfung und Sadomasochismus pauschal zu verteufeln. Allerdings muss der staatliche und gesellschaftliche Schutzauftrag auf die damit einhergehenden Risiken, insbesondere für junge Mädchen und Frauen, ausgeweitet werden. So, wie es bei Zigarettenkonsum und Aktienspekulationen bereits lange und selbstverständlich praktiziert wird.

C. v. A.

Warum gehst du nicht einfach?

Das erste Mal richtig bewusst wurde mir, dass in meiner Ehe grundlegend etwas nicht stimmt, als ein wildfremder Mann mich auf der Straße ansprach, ob er mir helfen könne. Mein Mann hatte in einem Wutanfall an einer öffentlichen Kreuzung mein Fahrrad zusammengetreten – vor den beiden kleinen Kindern, die im Anhänger saßen.

Wir hatten essen gehen wollen, er war bereits in einem seiner gereizten Zustände, gefühlt kurz vor einer Explosion. Ich hatte unsere Tochter mit dem Fahrradanhänger abgeholt und mich dabei um wenige Minuten verspätet. Wir trafen an dem vereinbarten Treffpunkt, einer großen Straßenkreuzung, aufeinander – er mit unserem weinenden Sohn an der Hand, ich mit meiner gestressten kleinen Tochter im Fahrradanhänger. Mitten auf dem Bürgersteig, auf offener Straße, war mein Mann auf mich losgegangen. Er trat immer und immer wieder auf mein Fahrrad ein, er schäumte vor Wut, ich versuchte, ihn zu beruhigen. Ich war 8 min. zu spät gewesen....

Was sollte ich diesem Fremden antworten? Dass ich mich schämte? Dass mein Mann sich öfters so verhielt? Dass er die Wohnzimmertür eingetreten hatte, aus Wut darüber, dass ich mich, um seinem Gebrüll zu entgehen, beim Stillen eingeschlossen hatte? Dass er mit schwerem Kristallgeschirr nach mir geworfen und mich fast getroffen hatte? Dass er mich im Auto eingeschlossen und stundenlang zusammengeschrien hatte, als ich im achten Monat schwanger war? Vier Stunden lang, eine Fahrt, die ich nie vergessen werde und nach der ich tagelang krank war vor Schmerzen in meinem schwangeren Körper? Sollte ich all diese Dinge diesem hilfsbereiten, fremden Mann erzählen, vor den Augen meines Ehemanns? Dem gleichen Ehemann, mit dem ich mich mit meinen Kindern heute Abend in einer Wohnung aufhalten musste?

Und – wer könnte mir schon helfen? Dieser Fremde? Keiner von meinen Freunden hatte Platz für zwei kleine Kinder und mich. Wie sollte ich die 50 Kilometer zur Kita kommen, jeden Tag, ohne Auto, auf dem Land, wenn er mir die Autoschlüssel wegnahm? Wie sollte ich zwei neue Kitaplätze finden, wo ich bereits 21 Kitas abtelefoniert hatte, um überhaupt diese 2 Plätze zu bekommen? Wie sollte ich arbeiten und Geld verdienen, überleben, wenn meine Kinder keinen Kitaplatz hatten? Er mir die Kontenzugänge sperren würde, die ich freiklagen müsste? Sollte ich all diese Dinge diesem fremden Mann erzählen, der in 5 Minuten weitergehen würde? Den Kopf schüttelnd über diesen Mann, über diese Frau. Diese Frau, die bei diesem tobenden Mann so schweigend blieb.

All diese Dinge gingen durch meinen Kopf damals, an dieser Kreuzung. Mit meinem Fahrrad vor mir liegend, welches danach mit einer deftigen 8 in die Reparatur musste, zwei weinende Kleinkinder an mir hängend, das gefährliche Glitzern in den Augen meines Manns fürchtend.

Rückblickend bin ich diesem Mann dankbar – es war der Moment, in dem ich meinen ersten Schritt in Richtung Freiheit setzte. Die direkte Ansprache dieses Fremden löste etwas aus in mir. Dadurch, dass er die Tat mit seiner Ansprache an mich bezeugte, wurde mir bewusst, dass es nicht meine eigene Wahrnehmung war, an der ich zweifeln sollte. Ich musste etwas tun, ins Handeln kommen. Mir fiel erstmal nichts anderes ein, als das Jugendamt anzurufen und den Vorfall zu schildern. Die Nummer suchte ich mir im Internet raus. Ich rief an und fragte die Frau, die abhob, wortwörtlich, wer mir helfen könne. Ich wusste noch nicht einmal konkret, bei was sie mir helfen sollte, was ich suchte, was meine Erwartung war. Dass ich verzweifelt sei, dass ich wisse, dass die Situation zuhause Gift sei für meine Kinder. Dass dies nicht der erste Vorfall war, dass ich aber einfach nicht wüsste, was ich machen könne. Das alles erzählte ich ihr. Ob vielleicht jemand mit meinem Mann sprechen könnte? Ihn zur Raison bringen? Das waren meine damaligen Ideen von Hilfe. Das Eingeständnis, dass das, was mir widerfuhr, häusliche Gewalt war, war in meinem Selbstverständnis so weit weg von mir wie einer Alkoholikerin das Eingeständnis der eigenen Sucht. Mir fehlten damals die Worte für das, was mir widerfuhr.

Schuld & Scharm

Es passierte selten, dass er sein zweites, sein hässliches Gesicht so offen zeigte wie in der Situation an der Straßenkreuzung, schon gar nicht vor Bekannten oder unseren Familien. Und doch gab es sie, diese Situationen. Für einige Wenige in unserem Umfeld ist das Image der perfekten Familie dann in einem einzelnen Moment zerschellt. Für die meisten war es eher ein zäher Prozess, das zu akzeptieren, was sie nicht hatten sehen wollen. Und manche, manche haben es bis heute nicht an sich ranlassen können: die unfreundliche Wahrheit der Gewalt hinter der schönen Fassade. Was nicht sein darf, nicht sein soll, worauf man keine Antworten hat, kann nicht wahr sein. Wenn wir heute zusammensitzen und diese Freunde mich fragen, wie mein jetziges Verhältnis zu meinem Ex-Mann ist, dann kann ich es fast physisch spüren, dass diese Frage von dem unbedingten Wunsch getragen wird, endlich „die gute Nachricht" zu erhalten. Dass wir uns ausgesprochen haben, dass die endlosen Gerichtsprozesse beendet und die Kinder nicht zu traumatisierten Teenagern herangewachsen sind. Stattdessen holte ich jahrelang die mühsam in den Sarg des Vergessens beerdigten Erlebnisse wieder hoch, um mich zu rechtfertigen. Mich willentlich erinnernd an die Monstrositäten, die mir widerfahren waren. Als meine Medizin gegen die wie Nebelschwaden hochwabernden Gefühle des eigenen Versagens, die Frage nach der eigenen Schuld, um ihnen ihr schleichendes Gift zu entziehen. Heute würde ich antworten: *„Die Scham muss die Seite wechseln".*

„Er war doch so ein Netter", „ihr habt doch so toll zusammengepasst", „du bist halt auch so schön, er war einfach nur eifersüchtig, das kann man doch verstehen" und ähnliche verharmlosende Kommentare habe ich immer wieder zu hören bekommen. Das macht bis heute etwas mit mir – diese Sätze sind es, die eine Frau am Erlebten, an der eigenen Wahrnehmung, an den eigenen Sinnen und der Einordnung des Vorgefallenen zweifeln lassen.

Als ob ich seiner Familie, unseren Freunden, *„der Gesellschaft"*, eine verzeihende Haltung ihm gegenüber schuldig bin. Als ob ich in meinem Frausein versagt habe, ihn sich sicher genug in unserer Beziehung fühlen zu lassen. Als ob ich die Spirale der Gewalt hätte aufhalten können, wenn ich mir nur genügend Mühe gegeben hätte. Als ob ich die Verantwortung für seine Taten übernehmen müsste, wenn ich aussprechen würde, was Realität war - dass ich Opfer in einer von Gewalt geprägten Ehe war.

In mir selbst arbeitete dieser Schuldmechanismus jahrelang ausgezeichnet: Wahlweise war ich der Auslöser seiner Wutanfälle, ich triggerte ihn – zu laut, zu fordernd, zu schlau, zu kalt, zu erfolgreich. Oder ich war nicht perfekt genug, um auf ruhige Art und Weise mich bei ihm durchzusetzen, den Respekt wiederherzustellen, ihn so zu Einsicht und Raison zu bringen. Er hatte doch die perfekte Frau geheiratet! Und wenn ich weder das eine noch das andere schaffen würde, dann war es in den Augen der Gesellschaft anscheinend meine Aufgabe, mich erfolgreich selbst zu befreien, „einfach" zu trennen, um dann perfekt zu funktionieren, als alleinerziehende Mutter, Freundin und Arbeitskraft, das Erlebte klaglos wegzustecken. So wie wir alle es erwarten, dass Frauen tun, was eben nur Frauen können…

Ich konnte die Wahrheit nicht akzeptieren: dass ich ein Opfer war, Opfer einer gewalttätigen Beziehung. Ich schaffte es nicht, in meinem Selbstbild mich damit zu identifizieren, Opfer zu sein - und dass ich dringend Hilfe brauchen würde, sehr dringend, wenn ich den Sturm, der sich zusammenbraute, überleben wollte.

Mit jedem Verschweigen, mit jeder Beschönigung, mit jedem Bleiben nach der Tat wuchs die Perforierung meines Selbstwertgefühls. Das Rad der indizierten Depression setzte ein und begann, sich schneller und schneller in den Abgrund zu drehen: Ich ging nicht, weil die Schuldgefühle mich schwächten; gleichzeitig schämte ich mich dafür, dass ich zu schwach war, um zu gehen, all die Jahre, die ich blieb. Weil ich mich so sehr schämte, war es ihm ein Leichtes, mir meine eigene Schwäche, mein Versagen, durch neue Beleidigungen und Übergriffe deutlich vor Augen zu halten, und die Scham wechselte eben nicht die Seite.

Die vielen Jahre nach meiner Trennung, bis heute, habe ich in Gesprächen mit Freunden, Bekannten oder Institutionen immer wieder eine Verlagerung der Verantwortung erlebt. Statt den Täter konsequent anzusprechen und verantwortlich zu machen für sein Fehlverhalten, wird das Opfer geschwächt und retraumatisiert, indem man die Verantwortung für das Bleiben – und auch das Gehen – in der gewaltvollen Beziehung alleinig dem Opfer zuspricht. Mir wurde vieles erst in dem Jahr vor meiner tatsächlichen Trennung bewusst, als ich das erste Mal einen Notruf bei der Polizei absetzen musste, aus Sorge um meine eigene physische Sicherheit - und als ich das erste Mal eine echte Waffe in seinen Händen sah....

Gefühle, die man nie vergisst

Bestimmte Gefühle vergisst man nie. Das Gefühl, mein erstes Kind nach der Geburt in meinen Armen zu halten, dieses Gefühl ist für mich heiliger Gral und Maßstab der Intensität für alle anderen Gefühle in meinem Leben. Am anderen Ende des Spektrums, auf der dunklen Seite, ist der Moment, wo ich einen Gewehrlauf in meinem Rücken spürte.

Es war Neujahr, das Jahr, in dem ich mich wirklich trennen würde. Ich hatte es ihm vor ein paar Wochen bereits gesagt. Am Vorabend hatte er durch einen Zufall mein Flucht-Wegwerf-Handy gefunden. Er ahnte sofort, worum es ging, das spürte ich an seiner eiskalten Ruhe. Ich hatte versuchte, ihm glaubhaft zu machen, dass das Handy einem Silvestergast von uns gehörte. Für einen kurzen Augenblick hatte ich meinen Kopf aus der Schlinge gezogen. Ich wusste, dass er sich mit dieser Erklärung nicht zufriedengeben würde. Die Angst blieb, wie so oft, wenn ich etwas verheimlichte. Als wir am nächsten Tag allein im Haus waren, ging ich die Treppe runter – und auf einmal spürte ich den Gewehrlauf in meinem Rücken. Es waren diese zwei Sätze, die mich ahnen ließen, was auf mich zukommen würde: „Manchmal wünschte ich, ich würde einfach abdrücken. Nur damit du weißt, was dich erwartet, wenn du gehst".

Es war nicht das erste Mal, dass Waffen in unserem Haushalt auftauchten. Einmal war er mit Kisten angekommen, ich fand zwei Waffen darin – ein schweres Luftdruckgewehr und eine Handfeuerwaffe. Sein Vater war im Schützenverein gewesen, die Waffe war echt. Er spielte mit meiner Angst wie eine Katze, die ihr Opfer immer und immer wieder ein bisschen gehen lässt, gerade so viel, dass es wieder spannend genug wird, das Opfer erneut zum Taumeln zu bringen. Es ist das grausame, erschöpfende Spiel zwischen Hoffnung und Enttäuschung, das irgendwann zu einer totalen Apathie des Opfers führt. Mindfuck, das ist der Ausdruck, der mir dazu einfällt – ein Sadist, der Freude daran empfindet, die eigene Macht über andere auszuleben. Die Angst in den

C. v. A.

Augen des Opfers, das Zittern, das Brechen der Stimme. Der genau weiß, dass sein Opfer gerade verzweifelt versucht, einen Ausweg aus der Situation zu finden. Der dieses Gefühl der eigenen Macht – und die Ohnmacht des Anderen – genießt. Dieses sadistische Gefühl spürte ich in diesem Moment an Neujahr, während er mich mit dem Gewehrlauf im Rücken die Treppe runtertrieb. Hätte ich gewusst, was auf mich zukommt nach der Trennung, in all dem Ausmaß, vielleicht hätte ich wieder nicht den Mut gefunden, zu gehen...

Leib & Leben

Nach meiner Trennung, den endlosen Gesprächen mit dem Jugendamt und den Beratungsstellen und den halbherzigen Verhandlungen vor Gericht stieg Zynismus in mir auf: Staatliche Stellen nahmen trotz ihres Status mit vor Unwissenheit strotzender, bornierter Ignoranz an, dass die Gewalt vorbei ist in dem Moment, wo das Opfer auszieht, die Anzeige gestellt und die Scheidung eingereicht ist etc. – als ob sich das Problem der Gewalt dann in Luft auflösen würde. Dabei ist in der gelebten Realität der Betroffenen das Gegenteil der Fall: Es ist genau der Moment, wo die wirkliche Gefahr, der entsetzliche Terror, mit voller Wucht eintritt: Wenn der Narzisst in seinem grandiosen Weltbild bis auf das Tiefste gekränkt realisiert, dass es diesmal dem Opfer ernst ist und seine Scharade der endlosen leeren Versprechen entlarvt wurde. Dann setzt ein hoch explosiver Zerstörungswille beim Täter ein, den er sein Opfer erratisch immer wieder spüren lässt, mit einer lebensbedrohlichen Message: *„Wenn ich dich nicht haben kann, dann soll dich keiner haben!"* Seine explosive, manchmal auch eiskalte Wut war nach meinem Auszug fortan für Jahre mein ständiger Begleiter .... und ich spüre sie heute noch.

Ich kann nicht beurteilen, wie sehr ich nach meiner Trennung tatsächlich in *„Gefahr für Leib und Leben"* war, wie es in Beamtendeutsch heißt. Ich weiß nicht, ob mein Ex-Mann die Drohungen wahrgemacht hätte, dass er mich *„für mindestens 6 Wochen ins Krankenhaus bringt"*. Ob es stimmte, was ein Bekannter mit Unterweltverbindungen mir warnend erzählte, dass mein Ex-Mann jemanden in der kriminellen Szene in unserem Wohnort sucht, der mich zusammenschlagen lässt. Er schickte mir dazu ein Selfie von sich, seinem Clan-Bekannten und meinen Ex-Mann – alle zusammen an einem Tisch, freundlich in die Kamera lächelnd. Ich weiß nicht, ob mein Ex-Mann wirklich jemals das Auto eines Freundes angezündet hätte, wie er es ihm ausführlich auf dessen Mailbox androhte. Keiner meiner Freunde, die von ihm bedroht wurden, hat sich jemals getraut, dies zur Anzeige zu bringen - sie hatten genauso Angst vor ihm wie ich. Freunde brachen aus Angst vor ihm und seinen Drohungen den Kontakt zu mir (fast) ab oder ließen sich zusätzliche Schlösser und Rauchmelder einbauen.

Dieses Gefühl der permanenten Angst und Bedrohung saß so tief in mir, dass ich seitdem nie ohne Tränengas aus dem Haus gehe und beim Gang über den dunklen Hof es immer einsatzbereit in meiner Hand festkralle.

Verrat

Da stand ich also, neben dem Festnetztelefon, mit meinem Mann direkt neben mir. Völlig aufgewühlt von meinem ersten 110 - Anruf bei der Polizei in eigener Sache. Mir war schlecht, ich zitterte, mein Kopf fühlte sich vernebelt an vor Angst. Ein männlicher Polizist hatte den Anruf entgegengenommen. Ich erzählte dem Beamten, dass mein Mann mit geballter Faust neben mir stehen würde, mich physisch bedroht und massiv beschimpft hatte und dass er mir mein Handy mit Gewalt weggenommen und an die Wand geworfen hatte.

Wieder mal war es seine maßlose Eifersucht: Als ich nach einem Essen nach Hause gekommen war, war mein Mann komplett ausgerastet – er verlangte Rechenschaft von mir, wo ich gewesen war, warum mein Handy aus gewesen war, mit wem ich mich getroffen habe. Er schmiss Sachen gegen die Wand, drohte, meinen Laptop aus dem Fenster zu schmeißen – er war wie in einem Rausch und ich konnte ihn nicht stoppen. Bei alledem saßen die Kinder im Nebenraum im Wohnzimmer, vor einem riesigen, sehr lauten Fernseher, und ich war einfach nur erleichtert, dass sie uns nicht zu hören schienen.

Der Beamte am Telefon wollte wissen, *„was denn nun eigentlich passiert sei"* und *„man könnte ja nicht zu allen Familienstreitigkeiten einen Einsatzwagen schicken"* und ob es denn *„wirklich so schlimm sei"*. Mein Mann grinste breit, er stand direkt neben mir, keinen Meter entfernt, hochrot im Gesicht, und hörte alles mit. Bereit, auf die Taste des Festnetztelefons zu drücken, um den Anruf zu unterbinden, wenn es schlecht für ihn laufen würde. Mein Magen krampfte sich zusammen, alles fing an, sich zu drehen. Ich war sprachlos ob der Kälte, die mir von diesem Beamten entgegenschlug. „Muss ich erst eine gebrochene Rippe haben, damit ich sie anrufen darf?", blaffte ich nach Momenten der Sprachlosigkeit mit Verzweiflung zurück in den Hörer.

Es war nicht das letzte Mal, dass Justiz und Polizei nicht mein Freund und Helfer in der Not waren und höhere Beamte korrigierend (teils sehr viel später) eingriffen wegen des Versagens ihrer Kollegen. Welche tiefsitzenden Traumata dies bei mir ausgelöst hat, kann man als Bürgerin, die maximal eine durchschnittliche Verkehrskontrolle im Leben erlebt hat, nur erahnen. Wenn die Institution, die die ureigenste Aufgabe des Staates verkörpert, seine Bürgerinnen und Bürger zu schützen, sich im Ernstfall als frauenfeindlicher Akteur outet, dann zieht sich das Herz zusammen und die Seele friert.

Später sagte mir meine Anwältin, dass mein Problem wäre, dass ich so stark wirken würde. Dass ich nicht dem Bild entspreche von einer geschlagenen Frau, von einem Opfer: Ich würde Augenkontakt halten, gesammelt und konzentriert wirken in meinen Aussagen. Das wäre mein Nachteil. Mein Ex-Mann würde schneller verurteilt werden, wenn ich weinend mit verschmierter Schminke im Gerichtssaal erscheinen würde, mit gesenktem Blick, verstummten Lippen und gebrochener Seele. Seitdem ertappe ich mich, wie ich bei Gerichtsterminen darauf achte, keinen Lippenstift zu tragen, nicht zu attraktiv gekleidet zu sein; mich optisch und vom Habitus unauffälliger zu machen. Meine eiskalten, zitternden Hände konnte ja keiner sehen. Zu meiner großen Erleichterung ertönte plötzlich im Hintergrund die Stimme einer weiteren Person, offensichtlich des Einsatzleiters, der meinen Notruf mitgehört hatte. Er unterbrach das Gespräch mit dem Kollegen, er werde zwei Personen in Zivil vorbeischicken, in der nächsten Stunde. Das war die längste Stunde meines Lebens.

Mein Mann switchte in der skurril anmutenden Wartezeit in seine doppelte Persona: Der nette, intelligente, charmante Mann von Welt. Er machte Witze über mich, was ich denn der Polizei erzählen würde, es wäre doch gar nichts passiert. Er suchte mein Handy, gab es mir zurück. Er war besonders lieb zu den Kindern, sie hatten doch etwas bemerkt, sie waren unruhig. Er vernebelte ihre Wahrnehmung, indem er ihnen erklärte, es wäre nur etwas runtergefallen, alles wäre ok, alles wäre normal, sie sollen ins Bett gehen. Er wollte sie unbedingt im Bett haben, bevor die Polizei kam, das war offensichtlich – aber wie konnte ich ihm widersprechen? Hätte ich meine beiden Kleinkinder von der Polizei befragen lassen sollen, falls diese das überhaupt in Erwägung ziehen würde? Ich wusste nicht, was auf mich zukam und was meine Kinder mitbekommen hatten. Endlich klingelte es, mein Mut stieg wieder etwas. Völlig nonchalant öffnete mein Mann die Tür, machte hin zu dem männlichen Beamten Witze über Frauen, die ihre Periode und PMS haben. Er stellte mich als hysterische, überemotionale, verwirrte Frau dar, die durch den Tod der eigenen Mutter belastet ist und überreagiert, während ich immer noch unter Schock kaum ein Wort hervorbrachte.

Das Polizistenduo in Zivil bestand aus einem jungen Mann und einer jungen Frau. Sie trennten uns und sprachen einzeln mit uns. Ich erzählte der Frau einiges von dem, was ich in der Vergangenheit erlebt hatte. Sie hörte hauptsächlich zu, ab und an gab es eine gezielte Nachfrage. Nach ca. einer Stunde verabschiedeten sich die beiden. An der Tür drehte der junge Mann sich nochmal um und fragte ganz nebenbei meinen Mann, was denn eigentlich der Auslöser gewesen wäre. Mein Mann ließ für einen winzigen Augenblick seine Maske fallen und meinte zu ihm *„Was würden Sie denn über Ihre Frau denken, wenn sie mit einem schwarzen Spitzen-BH abends aus dem Haus geht und sich mit einem Freund trifft"*. Der Polizist nickte verständnisvoll, sagte dann meinem Mann, dass es üblich ist, zum Abschluss ein Einzelgespräch mit der Anruferin zu führen. Er wollte, dass ich rauskam in den Garten. Da standen wir drei, frierend, spät in der kalten Nacht. Der junge Polizist in Zivil schaute mich an und zeigte auf das Haus, den riesigen Garten, auf unsere Autos, die im Hof standen, und meinte *„Vergessen Sie all dies hier. Es wird wieder passieren. Und es kann sein, dass die Situation für sie eskalieren wird. Erfahrungsgemäß ist es so, dass die Gewaltspirale zunimmt, wenn physische Grenzen erstmal überschritten werden. Suchen sie Schutz"*.

Da stand ich in meinem Garten, wissend, dass mein Mann mich von oben beobachtete. Und fragte mich, wie ich jemals aus diesem Desaster herauskommen sollte. Was ich noch nicht ahnte, war, dass das „Sich-Trennen" nicht meine größte Herausforderung werden sollte, sondern die Zeit danach dem Inferno eines Zerstörungskrieges gegen mich gleichen sollte.

Gesichter

Ich werde dieses kleine Gesicht in meinem Leben nicht vergessen, von Entsetzen und Wut gekennzeichnet, mit Tränen des Zorns und der Trauer. Ein 5-Jähriger, der mit der ganzen Kraft seiner Verzweiflung versucht, seiner Mutter zu helfen, während mir mein Mann den Arm auf dem Rücken verdrehte und versuchte, mir mein Handy aus der Hand zu brechen, mit dem ich ihn gefilmt hatte, wie er auf mich losging. Mein Sohn ist mit seinem Baseballschläger aus Gummi auf seinen eigenen Vater losgegangen, hat auf ihn eingeschlagen und rief immer wieder: *„Hör auf, Mami weh zu tun, lass Mami los, hör auf damit"*. Wie sollte ich meinem noch sehr kleinen Sohn erklären, dass der eigene Vater „nur" die Mutter schlägt und nicht ihn und er deshalb keine Angst haben muss? Dass der Vater als erziehungstauglich vom Jugendamt eingestuft wird und ich ihn deshalb, gegen seinen Willen, am nächsten Morgen trotzdem beim Vater abgeben muss? Dass ihm schon nichts passieren wird, dass der Vater doch eigentlich ihn liebt, dass er eben nur mich nicht mehr liebt, seine Mutter?

Ich selbst stand nach dem Vorfall ebenfalls unter Schock. Ich war mit Verdacht auf einen Handwurzelbruch von einem Freund ins Krankenhaus gefahren worden. Dort bot mir eine Ärztin an, den Vorfall für die Gewaltambulanz dokumentieren zu lassen. Das bedeutet, dass man als Betroffene ein Häkchen im Formular des Arztberichtes setzt und unterschreibt, dass der Vorfall, bei dem man verletzt wurde, sich im eigenen Haus abgespielt hat – mehr auch nicht. Man bekommt einen Flyer mit einer BIG-Hotline in die Hand gedrückt, danach passiert – nichts.

Aus der Not heraus, weil ich beim angesetzten Umzug immer noch keine eigene neue Wohnung gefunden hatte, war ich zunächst in eine Airbnb-Wohnung im gleichen Mietshaus gezogen. Die Nähe zu meinem Mann, die zunächst als positiv für die Kinderbetreuung gedacht war, entwickelte sich sehr schnell zu einem wahren Alptraum. Die folgenden Wochen nach dem Vorfall mit meinem Sohn stand mein Mann mit frischem Café und Blumen vor der Tür. Ich erhielt Nachrichten mit Herzchen, ihm doch bitte, bitte zu verzeihen, und dass so etwas natürlich nie wieder vorkommen würde. Er versuchte, mit mir zu reden, ich wollte nicht. Es war keine Wut in mir, eher als ob ich direkt in den Abgrund des menschlichen Seins geblickt hätte und alles in mir erstarrt und eingefroren war, in genau diesem Moment. Der Vorfall war eine Zäsur. Das Gesicht meines Sohnes vor Augen hatte der Vorfall mich, trotz der anhaltenden Taubheit meiner Gefühle, wachgerüttelt und eine Ahnung in mir aufsteigen lassen, wozu mein Mann noch in seiner rasenden Wut fähig sein könnte. Seine Versuche der Manipulation, mich diesen Moment vergessen zu lassen, zu verharmlosen, mir die Verantwortung dafür zuzuschieben, sie alle wirkten nicht mehr – ich blieb bei der Trennung. Was in den folgenden Monaten dazu führte, dass er mich bei Begegnungen im gemeinsamen Hausflur und bei den Übergaben als Nutte, Hure und Dreckstück beschimpfte, Kameras in der gegenüberliegenden Wohnung einbaute, um mich – und meine Besucher – zu überwachen, und tobend gegen meine Haustür trat, wenn er einen Mann dahinter vermutete.

Die erste „*I am so sorry*"-Phase nach der Trennung war ganz offensichtlich vorbei. Ich hatte 6 Wochen gebraucht, um mich durchzuringen und diesen Vorfall zu meiner ersten Anzeige zu bringen. Völlig naiv ging ich davon aus, dass das der entscheidende Schritt gewesen wäre, um mich zu schützen. Dass ich nun in Sicherheit war, denn die Polizei wusste ja nun, was er mir antat – es gab sogar ein Video. Dabei war es erst der Anfang. Meine in den kommenden Jahren folgenden Anzeigen wurden „*aus Mangel an öffentlichem Interesse*" alle eingestellt, meine Gewaltschutz- und Kontaktnäherungsanträge wurden innerhalb von 3 Minuten von der Familienrichterin weggewischt, da der Täter nicht vorbestraft war und ich ja auch wirtschaftliche Interessen wie Unterhaltszahlungen für die Kinder gegenüber dem Angeklagten hatte. Die eindrücklichen Videos waren als Beweise nicht zugelassen worden. Der Staat zeigte mir – ebenso wie der Polizeibeamte, der mich eines Morgens nach einer getätigten Anzeige wegen Bedrohung anrief und meinte, ich solle mit dem „*Rosenkrieg*" gegen meinen Mann aufhören und keine Anzeigen mehr stellen – wie wenig mein Leben als Frau wert war.

C. v. A.

Ohnmacht

Ich werde niemals das Zittern meiner Hände vergessen. Ich versuchte immer und immer wieder, die Nummer zu wählen. 110 – wie schwer kann das sein? Es passierte nichts, die Verbindung war tot. Ich versuchte es immer und immer wieder – das iPhone und meine Synapsen verweigerten sich synchron. Die Sekunden verstrichen, mein Gehirn arbeitete wie in Zeitlupe. Ich hatte die Wohnungstür geschlossen. Er stand draußen, mein Sohn schrie. Ich versuchte, die beiden durch den Türspion zu sehen. Mein Hirn war eine einzige bleierne Wattewolke, mein Körper ausgeknockt in einem Freeze-Modus. Ich lehnte an der Wand und versuchte, zu atmen, einfach zu atmen. Meine Finger zitterten immer noch völlig unkontrolliert. Ich redete auf mich ein, mich zu beruhigen, um überhaupt in die physische Lage zu kommen, meinem Sohn helfen zu können. Nach einer gefühlten Ewigkeit öffnete ich die Tür und beugte mich heraus, um zu sehen, wie es meinem Sohn ging.

Ich sah die beiden eine halbe Treppenstufe im gemeinsamen Hausflur tiefer. Mein Sohn weinte leise, mein Mann hielt ihn grob an einem Arm und starrte mich mit stechendem Blick an. Alles in mir schrie innerlich danach, dass er sich beruhigen sollte, einfach nur beruhigte, dass er meinem Sohn nichts antun sollte. Ich wich seinem Blick aus, doch hatte ihn bereits getriggert – er schleifte meinen Sohn hinter sich an einem Arm die Treppe hoch. Ich schloss schnell wieder die Tür, damit er sich beruhigte und abließ von meinem Sohn. Es war „*seine*" Betreuungszeit, ich war machtlos und konnte doch nicht mein Kind so leiden sehen.

Nach, wie es mir erschien, endlosen Minuten, mein Herz rasend vor Angst um meinen kleinen Sohn, hörte ich, wie er wegging. Ich öffnete schnell die Tür und holte meinen Sohn herein, den er wie einen nassen Sack einfach auf dem Boden liegen gelassen hatte. Ich nahm ihn in den Arm, er weinte leise und versuchte gleichzeitig, wütend über die eigene Verletzlichkeit, seine Tränen wegzukämpfen. Sein verzweifeltes Gesicht, das den inneren Kampf wider-spiegelte, sein Ringen um das Verstehen des Unverständlichen. Diese tiefe Enttäuschung über das Zerbrechen des Bildes des eigenen Vaters. Es zerbrach mein Herz.

Und dennoch musste ich nun mein traumatisiertes Kind mit Lügen dazu über-
reden, wieder zum Vater in die Wohnung zu gehen. Sonst würde dieser mich
anzeigen wegen Nicht-Herausgabe des Kindes. Was mir der Kindesvater jedes
Mal eiskalt androhte, auch wenn mein Sohn sich wieder einmal heimlich zu
mir geschlichen hatte, weil er nicht beim Vater bleiben wollte.

Es war ein abgrundtiefer Verrat an meinem Kind und das Eingeständnis
meiner Ohnmacht, zu dem mich der Staat zwang.

Ich fühlte mich wie eine Versagerin, die es nicht einmal geschafft hatte,
den Notruf zu wählen, als mein eigenes Kind in Gefahr war. In dem Moment,
wo die Polizei mir vielleicht tatsächlich hätte helfen können. Wo sie, wenn ich
schnell genug gewesen wäre, gesehen hätten, was mein Mann mit unserem
Sohn gemacht hatte. Und wieder einmal hatte ich verloren. Wer würde mir
jetzt, eine halbe Stunde später, noch glauben, was passiert war?

Mein Sohn war diesmal nicht nur Zeuge, sondern auch Opfer der Gewalt
geworden, was ich dem Jugendamt meldete. Es kostet eine Frau unendlich viel
Mut, sich zu wehren, den Täter zu verlassen, ihn anzuzeigen, ihre Scham zu
überwinden, sich Hilfe zu suchen, und zumeist liegen Jahre des Missbrauchs
hinter ihr. Das Jugendamt bietet nach einem Vorfall von häuslicher Gewalt
noch nicht einmal eine Art Erste Hilfe, Traumabehandlung oder anderweitige
Opferbegleitung für Kinder an. Die Gruppen sind ersatzlos gestrichen worden.
Ich solle mich melden, falls mein Kind konkrete Verhaltensauffälligkeiten wie
Einnässen zeigen würde, wurde mir auf meine direkte Nachfrage hin mitgeteilt - aber auch erst dann könnte man einen Therapieplatz beantragen. Falls
ein Platz verfügbar wäre. Das war´s an Hilfe für mein traumatisiertes Kind.
Ernsthaft jetzt?

Wenn die staatlichen Stellen, die einem Schutz bieten sollten, einem ins
Gesicht sagen, dass sie im Prinzip ohne Mittel und Handlungsmöglichkeiten
ausgestattet sind, dass frau erstmal „alle Vorkommnisse dokumentieren und
man bis auf Weiteres erstmal nichts machen könne" – dann sieht man geradezu, wie das leise Licht der Hoffnung in den Gesichtern dieser Frauen stirbt.
So wie fast meine eigene.

C. v. A.

Herzklopfen

Ich hatte Angst, solche Angst, was passieren würde, wenn er meine Nachrichten lesen würde. Ich hatte zum ersten Mal jemanden kennengelernt, einen Mann, der neben mir auf einer Veranstaltung gesessen hatte. Ich hatte mich so leicht und frei gefühlt an dem Abend, wie ein Vogel, der nach langer Gefangenschaft zum ersten Mal wieder die Sonne sieht, den Wind unter den Schwingen spürt und taumelig vor Glück die frische Luft der Freiheit einatmet. Spontan hatte ich diesem Mann, dessen Nachnamen ich noch nicht einmal wusste und den ich vor ein paar Stunden erst kennengelernt hatte, die Geschichte meiner Ehe erzählt, all den Terror. Etwas blühte in mir auf, als wir uns verabschiedeten. Er nahm mein Gesicht zärtlich in seine Hände und schaute mir in die Augen. Er sagte mir, dass ich eine so wundervolle, intelligente, interessante Frau bin. Dass ich mich bitte, bitte wieder selbst finden solle, meine eigene Stärke wiederentdecken. Wir haben uns in den folgenden Tagen geschrieben, ich war beschwingt und fühlte mich wie ein Teenager, der zum ersten Mal Alkohol trinkt und davon etwas zu viel. Ich war selig vor Hoffnung, ein Lichtschimmer in meinem Leben, und klammerte mich daran wie eine Ertrinkende. Es passierte nichts Physisches zwischen uns, aber da war ein Mann, ein Mensch, der etwas in mir sah, was ich in mir selbst nicht mehr hatte sehen können. Sein Glauben an mich half mir, in den folgenden Jahren die Scherben meines Spiegelbildes Stück für Stück aufzusammeln und wie ein Puzzle zusammenzufügen, bis ich mich selbst wieder erkennen konnte – noch mit fehlenden Bruchstücken, voller Narben, ein matter Glanz dessen, was mein Ich gewesen war. Nicht die Jahre hatten mich verändert, die ständige Angst und Gewalt waren es. Mein Mann hatte mich ständig runtergeputzt mit Sätzen wie *„Na dann geh doch, dich will doch sowieso kein Mann mehr, mit über 40 und 2 Kindern"*. Und dass ich fett geworden wäre durch die zwei Schwangerschaften. Und erst meine Zornesfalte im Gesicht.

Jetzt saßen wir im Auto, bei 180 km/h, weit nach Mitternacht, die zwei Kinder hinten in ihren Sitzen, ich am Steuer. Er wollte meine Nachrichten lesen, ich solle mein Handy entsperren während der Fahrt, ich verweigerte. Mein Herz raste. Er nahm sein Handy, öffnete es und las mir meine eigenen Nachrichten vor. Die Nachrichten zwischen mir und diesem Mann, der mir eigentlich nur Hoffnung hatte geben wollen, der so einen hohen moralischen Kompass hatte, dass er mich sowieso nicht angefasst hätte, solange ich in dieser Ehe war. Ich dachte, ich muss sterben, dass mein Herz einfach aufhören würde, zu schlagen. Hier und jetzt. Das trommelnde Klopfen meines Herzens, der flache Atem, die Hände feucht; das Gehirn zieht sich zusammen wie ein vertrockneter, schrumpeliger Apfel, zu keiner Klarheit mehr fähig. Da war sie wieder, die lähmende Angst, dieses große schwarze Loch, das mich einfach nur unkontrolliert zittern ließ. Mein Körper war so erschöpft von den permanenten Angstzuständen, dass er sich einfach verweigerte und nicht mehr kontrollieren ließ.

Und in diesem Moment platzten zwei Reifen, bei 180 km/h. Meine Instinkte wurden schlagartig wach und funktionierten wieder. Ich musste unser Leben, das Leben unserer Kinder, retten. Zum Glück war es ein sehr gutes Auto und sehr gute Reifen. Das hat uns wahrscheinlich das Leben gerettet. Ich ließ das Fahrzeug instinktiv auf dem Standstreifen austrudeln, die Kinder schliefen weiter. Mein Herz klopfte zum Zerspringen, die Situation war so unwirklich, so dramatisch, dass sie in jedem Film als Handlung übertrieben wirken würde. Es war eine unheimliche, eisige Ruhe, als wir zum Stehen kamen. Er ließ sich nicht ablenken in seinem aufziehenden Zorn, auch nicht von einer lebensbedrohlichen Situation, die wir gerade überlebt hatten.

Und dann brach der Sturm der Gewalt los. Ich wurde aus dem Auto gezerrt. Da standen wir, auf der Autobahn, um 4 Uhr früh, im Regen, mit zwei platten Reifen und zwei schlafenden Kleinkindern im Auto. Der ADAC ließ auf sich warten. Er brüllte und brüllte mich zusammen, stundenlang, auch noch als der Fahrer vom ADAC kam. Wir saßen zusammen im Fahrerhäuschen des Abschleppwagens. Die Kinder hatten wir schlafend in das enge Fahrzeug getragen, sie schliefen nervös von den lauten Stimmen. Der Fahrer warf mir ab und an einen besorgten Blick zu. Er sah meinen desaströsen Zustand und wie mein Mann aggressiv auf mich einredete, die ganze Fahrt über, zur nächsten Mietwagenstation, die wir im Morgengrauen erreichten.

Nach dem Erlebnis auf der Autofahrt mit den geplatzten Reifen wurde mir mehr und mehr klar, dass mein Mann mich komplett überwachte. Er las meine WhatsApps, meine E-Mails; er sah meine Skype-Nachrichten und wusste jederzeit, wo ich war. Ich kannte mich mit Computertechnik nicht gut aus, das hatte alles immer er gemacht – und das nicht nur, weil er der technisch Versierte war. Jedes tolle iPhone, welches unter dem Weihnachtsbaum gelegen hatte, war eine Waffe gegen mich.

Es hat noch Monate nach der Trennung gedauert, ehe ich verstand, dass alle Geräte auf seine ID und IP angemeldet waren. Dass er dadurch Zugang hatte zu jeglicher Kommunikation von mir, dass er GPS nicht nur über mein Handy, sondern auch über mein Auto nutzte, um mich zu orten.

Ich wachte mit dem Gefühl von bleierner Schwere am kommenden Tag auf. Ich wollte die Augen nicht öffnen, den Tag nicht beginnen, mein eigenes Leben nicht leben. Ich hasste mich noch ein bisschen mehr, weil ich nicht voller Power aus dem Bett sprang, meine Sachen und die Kinder einpackte und einfach ging. Und so geht die Gewaltspirale immer weiter, der Selbstwert sinkt, neue Grenzen werden überschritten und manchmal, manchmal übergibt man das Unerzählbare dem Verdrängen und versucht, weiterzumachen, einfach weiter zu funktionieren. Die Entscheidung, auf das Morgen zu verschieben, das nie zu kommen scheint.

Warum?

Diese gesellschaftlich weit verbreitete Annahme, dass eine Betroffene von häuslicher Gewalt – wenn sie denn nur wirklich wolle – sich mit einem einzigen konsequenten Schritt aus einer gewalttätigen Beziehung befreien könnte, ist hochgradig naiv und sogar bei Mitarbeiterinnen und Mitarbeitern von Institutionen weit verbreitet, die es eigentlich besser wissen müssten. Diese Haltung verkennt völlig, in welchem eng gestrickten Netz von Abhängigkeiten, Manipulationen, Bedrohungen, Erpressungen und Gewalt sich die Betroffene befindet.

Ich musste mir immer wieder markige Vorschläge anhören wie *„Zieh doch einfach heimlich weg in eine andere Stadt"*. Wie genau soll das in der Praxis aussehen, wenn man zu einem Wegzug aus dem eigenen Bezirk die Unterschrift des Kindesvaters für die Ummeldung braucht? Und wohin sollte man sich ummelden? Wenn man nicht rauskommt aus dem gemeinsam unterschriebenen Mietvertrag und im Zweifelsfall für zwei Mieten parallel haftet?

Und weil man nicht rauskommt aus dem Mietvertrag, keine Mietschuldenfrei-
heitsbescheinigung vom Vermieter erhält und damit keinen neuen Mietvertrag abschließen kann – von der Auszahlung der Kaution ganz zu schweigen?
Davon abgesehen, dass am sehr angespannten Mietmarkt wirklich niemand
eine alleinerziehende, selbstständige Mutter mit nur einem Einkommen als
Mieterin akzeptieren möchte! Wie soll man ohne Mietvertrag einen neuen
Grundschul- oder Kitaplatz zugewiesen bekommen? Das sind alles sehr
relevante Fragen, die einander bedingen, die keine Beratungsstelle für hilfesuchende Frauen mal eben so lösen kann.

Ich habe – auch von Beratungsstellen – öfters gehört: *„Wenn es wirklich
so schlimm ist, gehen Sie doch in ein Frauenhaus".* Wie denn? Bei der Länge
der Warteliste? Und hat mal jemand gefragt, was das die Betroffenen pro Tag
an Eigenanteil kostet? Bei gleichzeitig laufenden Kosten für das gemeinsame
Zuhause? Wenn die gemeinsamen Konten von ihm gesperrt wurden? Wie
man unter den Umständen im Frauenhaus weiterarbeiten und Geld verdienen
soll? Wo die Kinder betreut werden? Und was das alles bringen soll, solange
der Vater ein Umgangsrecht mit den Kindern hat, und man ihn dadurch doch
jede Woche sehen muss und sich dem (vielleicht lebensgefährlichen) Terror
der Übergaben ausgesetzt sieht? Und über die Kinderbetreuung innerhalb
von Tagen der Vater sehr einfach herausfinden kann, in welcher *„Schutzeinrichtung"* man sich aufhält? Und wie es sich anfühlt, wenn man genau weiß,
dass die geliebten Sachen der Kinder, die eigenen Erinnerungen, das ganze
Hab und Gut als Rache zerstört werden, im eigenen Zuhause? Und wie man
den Kindern erklären soll, dass dieser Schritt nötig ist, ihnen ihr geliebtes
Zuhause, ihre Freunde, ihr gewohntes Umfeld wegzunehmen? Nur um dann
später dorthin zurückzugehen, wenn man keine eigene Wohnung gefunden
hat? Welche Scham das auslöst bei einer Frau, die sich ihr Leben lang über
ihre Unabhängigkeit, Selbstbestimmtheit und Stärke definiert hat? Dass der
Schritt, in ein Frauenhaus zu gehen, sich wie ein öffentliches Eingestehen des
Totalversagens als Mensch und Frau anfühlt und die angenommene eigene
Identität zerschellen lässt?

Hinzukommt, dass der Trennungsprozess im Geheimen stattfinden muss
und hochgefährlich ist: Wie soll man mit Beratungsstellen, mit hilfsbereiten

Freunden und Verwandten kommunizieren, wenn man digital und physisch 24/7 überwacht wird? Jede E-Mail und Textnachricht *„vom Feind"* mitgelesen wird? Jeder Aufenthalt in einer Beratungsstelle, einem Anwaltsbüro oder bei einer Wohnungsbesichtigung per GPS oder persönlicher Überwachung live mitverfolgt und anschließend kommentiert wird vom Täter? Wenn man seinen Freundeskreis in das Netz aus Lügen einbinden muss, um überhaupt Freiräume für diese dringend benötigten Aktivitäten zu erschaffen?

Der finanzielle Aspekt einer Trennung ist ebenfalls ein im Bewusstsein der Gesellschaft und des Systems verdrängter Aspekt. All die staatlichen Hilfeangebote für Frauen wie Prozesskostenhilfe, Frauenhäuser und Unterhaltsvorschuss richten sich an Frauen, die zumeist schon im sozialen Hilfesystem drin sind oder denen zumindest ein Zugang zusteht – also diejenigen, die über kein eigenes oder nur sehr niedriges Einkommen oder Besitz unter 20.000 Euro verfügen. Was passiert aber mit den Frauen, die keinen Zugang haben zum sozialen Netz, die im System nicht vorgesehen sind? Die vielleicht ein Auto oder eine Lebensversicherung besitzen, aber nicht wohlhabend genug sind, um zehntausende Euros für Umzugskosten, Mietkaution, Maklergebühren, Rechtsberatung, benötigte Neuanschaffungen wegen Totalverlusts des eigenen Haushaltes komprimiert stemmen zu können? Die über keine wohlhabende Verwandtschaft oder einen entsprechenden Freundeskreis verfügen? Und von den möglichen Unterstützern: Wer möchte schon den gewalttätigen Ehemann tobend vor der eigenen Haustür haben?

Allein das Thema Finanzen im Zusammenhang mit einer Trennung aus einer gewaltvollen Beziehung zu erwähnen, führt meist dazu, dass das Jugendamt und das Familiengericht die sich trennende Frau als *„an finanziellen Aspekten der Trennung interessiert"* und als *„hochstrittig"* intern in den Akten einstufen. Damit gehen gravierende Nachteile für die Betroffene beim Familiengericht und Jugendamt einher, im Prinzip wird das Klischee der *„geldgeilen Ehefrau"* kräftig bedient. Es gibt an sich keinerlei staatliche Unterstützungsangebote für Frauen, die sich gegen ihre gewalttätigen Ehemänner rechtlich wehren wollen, um ihre Kinder und sich selbst zu schützen oder ihnen zustehendes Recht einzufordern. Im Gegenteil – Prozesskosten für Familiengerichte sind steuerlich als Sonderabgabe nicht absetzbar (im Gegensatz zu fast allen anderen Prozesskosten). Wenn die Klägerin gewinnt, werden die Anwaltskosten trotzdem nicht vom Verlierer getragen, ein unmaskiertes Manifest der patriarchalen Strukturen unserer Gesellschaft, das signalisiert, dass Frau es sich dreimal überlegen soll, ob sie ihre Rechte einklagt und es sich leisten kann, ihr Kind zu schützen. Eine Ohrfeige ins Gesicht der Frauen, die es geschafft haben, sich zu trennen, um ihre eigenen Rechte, ihre Sicherheit und um ihre Kinder kämpfen und nun im wahrsten Sinne des Wortes einen hohen Preis dafür zahlen.

Ich weiß, dass die meisten Menschen sich nicht vorstellen können und wollen, wie eine Frau, die vorher selbstbewusst, unabhängig und erfolgreich war, viele Jahre in einer toxischen Beziehung ausharren kann. Und wie schleichend der Prozess der sich steigernden Gewaltspirale ist. Es passt nicht in ihr Bild von einer – zumindest fast – gleichberechtigten, modernen, deutschen Gesellschaft, in der jede Frau frei ist zu tun, was sie möchte.

Heute weiß ich, dass ich ein „klassischer Fall" einer Beziehung mit einem Narzissten war: erst das überwältigende „Love Bombing", die schnelle Heirat, die aktiv vorangetriebene Isolation von meinen Freunden und meinem familiären Umfeld, die Eifersucht auf meine Geschäftspartner und Freundschaften mit Männern; die immer enger werdende, gewünscht-symbiotische Beziehung, die spätestens mit der ersten Schwangerschaft auch zunehmend eine finanzielle Abhängigkeit mit sich brachte.

Als meine anfängliche Naivität immer mehr durch gewaltige Auseinandersetzungen erschüttert wurde und auch seine Gelübde – teils unter dramatischen Tränenszenen – sich zu bessern, mich respektvoller zu behandeln, nicht mehr so auszurasten, immer dreisteren Schuldzuweisungen gegen mich wich, wuchs mein Wunsch, auszubrechen. Je mehr ich nur noch angewidert war von unserem toxischen Beziehungszustand, desto mehr wurde mir von ihm brutal bewusst gemacht, in welchem Netz ich gefangen war, und ich tauchte ein in den Abgrund der Apathie.

Wenn mich heute also jemand fragt: „Warum bist du nicht einfach gegangen?". Dann frage ich zurück: „Was würdest du tun, wenn du versuchst, deine Flucht zu planen?" Er ruft dich dabei an, du hörst die Stimme des Vaters deiner Kinder, die sagt: „Ich fahre mit 200 km/h auf der Autobahn, die Kinder *schlafen. Ich weiß, wo du bist, ich weiß, mit wem du dich gerade triffst. Und ich weiß, dass du planst, mich zu verlassen. Wenn du nicht sofort zum Bahnhof gehst und den nächsten Zug nach Hause nimmst, wenn du nicht bei mir bleibst, bringe ich mich und die Kinder um."*

Was würdest du tun? Würdest du gehen?

Warum hat das Jugendamt mich gezwungen, meine Kinder einem gewalttätigen Vater auszuliefern, und mich immer wieder in gefährliche Übergabesituationen geschickt? Warum hat das Familiengericht, statt dem Täter mit Härte endlich Grenzen aufzuzeigen, ihn immer wieder mit weichgespülten Vergleichen, noch mehr Beratungsstunden, Ordnungsgeldern und Abmahnungen davonkommen lassen? Warum schickt die Polizei zur Gefährderansprache einen übergewichtigen, gebrechlichen Polizisten, offensichtlich kurz vor dem Ruhestand, der mir bei Kaffee und Kuchen in meiner eigenen Wohnung schnaufend stundenlang sein Leid über die Trennung seiner Ex-Frau klagt, nur weil er den Täter nicht persönlich angetroffen hat? Warum lässt der Staat seine vulnerabelsten Bürger, seine Frauen und Kinder, so sehr im Stich? Und übergibt die Verantwortung an die Opfer, als ob Artikel 2 des Grundgesetzes für sie nicht gelten würde, sie immer noch Bürgerinnen zweiter Klasse wären? Ich glaube nicht mehr an Zufälle und Ausnahmen. Es ist eine kollektive Amnesie des Systems und der HERRschenden unserer Gesellschaft, die gewaltvollen und benachteiligenden Strukturen gegenüber Frauen nicht nachhaltig zu ändern. Was würde es in unserem Land für einen Aufschrei geben, wenn all die misshandelten Frauen ihren männlichen Täter aus Rache zu Hunderten ermorden würden? So, wie Männer es mit Frauen aus Eifersucht, Besitzdenken und Frauenhass tun?

Ich weiß, dass viele Frauen einfach nicht die Kraft finden, zu gehen. Tief in ihren Mitochondrien ist das Wissen eingebrannt, was es bedeutet, eine Frau zu sein. Was ihnen jahrtausendelang angetan wurde: In einer Welt, in der es heute noch politische Systeme gibt, die ihren Frauen das Singen und Tanzen verbieten. In einem Deutschland, in dem Abtreibung immer noch nicht straffrei ist und bis in die späte Nachkriegszeit und die 90er Jahre hinein es kein Wahlrecht gab für Frauen, Vergewaltigung in der Ehe legal war und die Frage der Schuld vor Gericht erörtert wurde im Trennungsfall. Wo bis spät in die 70er

Jahre hinein eine Frau einen Mietvertrag nicht allein unterschreiben durfte, wo die vermeintliche Moral der Frau ausschlaggebend dafür war, ob ihre Kinder nach einer Scheidung bei ihr bleiben durften – oder eben nicht.

In einem Land, in dem im Jahr 2023 mehr als 360 Frauen durch Femizide getötet wurden, hat diese horrende Zahl von Opfern auch im Jahr 2024 keinen medialen Aufschrei, keine Montagsdemonstrationen, keine öffentlichen Schweigeminuten und keine breite gesellschaftliche Debatte um den Schutz von Frauen nennenswert hervorgebracht. Die Mehrheitsgesellschaft schweigt und nimmt hin, die Politik produziert leere Versprechen ohne Konzepte und verweigert Konzepte und Budgets.

Der Weg

Wenn ich meinen Weg zurück zu mir selbst zusammenfasse, komme ich auf drei unterschiedliche Phasen der Veränderung. Phase I ist das Realisieren, dass das, was einem angetan wird, nicht richtig ist. Dass das, was gerade mit einem passiert, häusliche Gewalt ist. Den Begriff für sich anzunehmen, die eigene Scham, die mit der Einsicht kommt, zurückzuweisen. Zu verstehen, dass es nicht die eigene Schuld ist. Dass es nichts gibt, gar nichts, was häusliche Gewalt rechtfertigt. Dieser Schritt ist für die meisten Frauen so viel schwerer, als die Gesellschaft sich das nur ansatzweise vorstellen kann.

Häusliche Gewalt – das war etwas, das meiner elterlichen Prägung nach nur im sozial schwachen Milieu stattfand. Häusliche Gewalt, das waren doch gebrochene Rippen von Frauen mit Kopftuch und vielen Kindern, das waren alte weiße hässliche Männer im Feinripp-Unterhemd, ungewaschen, ekelhaft, betrunken, ungebildet, die ihre Frauen blau und grün schlugen. Auch wenn es mir nie, wirklich nie bewusst war – das war mein Bild von Haushalten, in denen häusliche Gewalt stattfand. Doch nicht bei uns, dem intellektuellen, progressiven Haushalt. Viele unserer Freunde waren wie wir. Akademiker oder Unternehmer, gebildet, sie waren Künstler, Lehrer, Diplomaten. Ist das ein Bias? Ja, das ist es. Es ist schlichtweg noch heute Mehrheitsmeinung, dass häusliche Gewalt mit prekären Verhältnissen oder Migrationshintergrund gleichgesetzt wird. Staatliche Hilfemaßnahmen (so mies wie sie finanziert sind) konzentrieren sich fast ausschließlich auf diese besonders vulnerablen

Gruppen. Für diese gibt es Wohnungsberechtigungsscheine mit Dringlichkeit, Frauenhäuser, Prozesskostenzuschüsse und Unterhaltsvorschuss. Für die andere Gruppe gibt es warme Worte in der Beratungsstelle und einen langen, einsamen und teuren Weg durch die Gerichte.

In Phase zwei ist zu akzeptieren, dass es keine Hoffnung auf Besserung gibt. Sobald die physische Gewaltspirale begonnen hat, kann es nur ein Ziel für die Betroffenen geben, das nicht die Umerziehung des Täters heißt, sondern so schnell und unversehrt wie möglich rauszukommen aus der Beziehung. Der Partner ist, wie er ist, und man muss die Hoffnung und den Wunsch loslassen, ihn ändern, verstehen oder entschuldigen zu wollen. Dazu gehört auch, zu akzeptieren, dass man gegebenenfalls einem sehr, sehr wütenden und damit gefährlichen Gegner im Trennungsfall gegenübersteht. Dass man Hilfe braucht, um dort rauszukommen.

Phase 3 ist, sich so viel Hilfe wie möglich zu suchen. Den Abgang vorzubereiten, alles an Hilfe zu recherchieren und anzunehmen, was es gibt: von therapeutischer Hilfe, Beratungsstellen, juristischen Angeboten, Anzeigen durchziehen bei der Polizei, detaillierte Dokumentation, wichtige Papiere sichern, Anträge vorbereiten etc. Zu Phase 3 gehört auch, dazu zu akzeptieren, dass es immer wieder Rückschläge geben wird. Bei manchen Frauen wird die Entscheidung, endgültig zu gehen, durch ein einschneidendes Erlebnis ausgelöst, wenn die Gewalt zum Beispiel so eskaliert ist, dass sie im Krankenhaus sind. Oder wenn sie ihren Partner bei einer massiven Lüge oder Betrug erwischen oder wenn sie ihre Kinder gefährdet sehen. Und oft kehren sie doch noch viele Male zurück, ehe sie die Stärke, das Selbstvertrauen, die Mittel und die Hilfe finden, die sie brauchen. Die Statistiken spiegeln nicht annähernd das Ausmaß an häuslicher Gewalt wider, das es in unserer Gesellschaft gibt. Bis eine Frau den Schritt macht, eine Anzeige aufzugeben, liegen oft die Jahre oder Jahrzehnte von Missbrauch und häuslicher Gewalt hinter ihr. Man braucht als Frau viel Mut, um aus einer tatsächlich gewalttätigen Partnerschaft auszubrechen. Wie gewaltbereit der eigene Partner noch werden kann, will man sich gar nicht ausmalen und verdrängt es, um überhaupt die Kraft zu finden, zu gehen. Wir Frauen wissen instinktiv, dass der Zorn eines Mannes tödlich sein kann – und lesen oft genug in den Medien von den dramatischen Konsequenzen, die eine

Trennung von einem gewalttätigen Mann haben kann. Wir als Gesellschaft, der Staat, die Politik – wir lassen diese Frauen allein. Als ob die Frauen den Fehler begangen hätten, sich mit dem falschen Partner einzulassen, und deshalb auch die Konsequenzen daraus tragen sollten. Das angebliche Hilfesystem ist aus meiner Sicht ein Alibi-System. Wie kann das Private nicht politisch sein, wenn Gewalt stattfindet? Wenn es wortwörtlich um Leben geht und über 300 Frauen pro Jahr in Deutschland mit dem ihrigen für das Versagen des Staates und der Gesellschaft stehen, muss das vermeintlich Private ans Licht geholt werden. Rückblickend hätte ich mir gewünscht, dass mehr Menschen aus meinem Umfeld – aus seinem Umfeld – direkt meinen Mann, den Täter, angesprochen hätten, wenn sie etwas mitbekommen haben. Und dass es verbindliche Täterarbeit, verordnet durch die Gerichte und Jugendämter, geben würde.

Heute

Heute. Heute ist ein guter Tag zum Schreiben. Heute ist der Tag vor 10 Jahren, als ich ausgezogen bin.

Es gibt sie immer noch, die Momente, wo ich mit meinem Lebensweg hadere. Wo ich mich frage, wie mein Leben verlaufen wäre, wenn ich einen zutiefst liebevollen und respektvollen Mann geheiratet hätte, der als zweites Gesicht mir nicht die hässliche Fratze des Dorian Gray verschwiegen hätte. Dann kommt eine Trauer über mich, nicht die Trauer über das, was ich erlebt habe, aber darüber, dass es so lange gedauert hat, bis ich mich daraus befreien konnte. All diese verlorenen Jahre, abgeschnitten von mir selbst, in meinen Gedanken gefangen. Jeden Tag sich meine Gedanken darum drehten, wie ich aus dieser Situation herauskommen könne und ob ich es überhaupt jemals schaffen würde. Es war nicht nur eine Spirale der Gewalt, es war auch eine Spirale meiner Gedanken und sie kannte nur eine Richtung: nach unten.

Als junge, gut ausgebildete, ehrgeizige Frau habe ich geglaubt, ich muss nur stark genug sein, um gegen die Dominanz der Männer in Machtpositionen in der Geschäftswelt anzukommen. Um zu gewinnen. Dass ich nur zeigen muss, wie stark und gut ich bin, wie erfolgreich ich sein kann, dass ich es bin, die die Glasdecke durchbrechen wird. Dass ich gleichwertig bin und nicht weniger wert als ein Mann. Ich dachte, es liegt allein an mir, diesen Kampf für

Gleichberechtigung zu gewinnen, und meine Kraft schien unendlich. Es war sogar ein bisschen wie ein Spiel, wie ein Wettbewerb: Wenn ich nur stark und gut genug bin, werde ich gewinnen.

Wenn meine Ehe und das Ausmaß der Folgen der häuslichen Gewalt bis heute mir etwas gezeigt haben, dann ist es, dass wir Frauen diesen Kampf nicht allein gewinnen können. Einmal hineingeraten in die Gewaltspirale, ist es ein emotional bewusst initiierter Roller-Coaster des Täters, eingebettet in einem Netz von Manipulationen, Abhängigkeiten, Gewalt und vor allem Schuldgefühlen – Schuldgefühlen als Frau, als Mensch, als Mutter. Für das eigene Versagen, das Versagen, die eigenen Kinder zu schützen, seine Würde zu bewahren, zu laut, zu kompliziert, zu fordernd und nicht schon längst gegangen zu sein.

Ist es tatsächlich so, dass Außenstehende diesen Prozess nicht nachvollziehen können? Geht Empathie und Verstehen nur, wenn man so intensive Situationen selbst erlebt hat? Ist es nicht eher die gut eintrainierte Abwehrhaltung, häusliche Gewalt als allgegenwärtiges Krebsgeschwür der Gesellschaft nicht wahrhaben zu wollen? Das unfassbare Ausmaß nicht akzeptieren zu können, es immer noch als das „*Private*" einer Beziehung zwischen zwei Menschen zu verorten? Und man sich daher unbewusst verweigert, nachzuvollziehen, warum der Satz „*Warum bist du nicht einfach gegangen?*", so sehr wehtut?

Vielleicht sollte ich mich gar nicht fragen (lassen), warum ich nicht früher gegangen bin. Vielleicht sollten sich die Fragenden – und damit jeder von uns – selber fragen, was man tun kann, um häuslicher Gewalt zu sehen und ihr zu begegnen. So wie der Fremde an der Kreuzung am Anfang meiner Geschichte, der mich fragte, wie er mir helfen könne.

Es gibt noch einen sehr langen Weg zu gehen. Für die Politik, die Richter und Richterinnen, die Polizei und vor allem die Gesellschaft als Ganzes. Opfer von häuslicher Gewalt sind als Kollateralschaden unseres männerzentrierten Systems eingepreist. Ihnen effektiv Schutz zu bieten und Gerechtigkeit erfahren zu lassen – davon sind wir sehr weit weg.

Heute weiß ich, dass die größte Befriedigung in meinem Leben ist, dass ich ein glücklicher und zutiefst erfüllter Mensch bin. Dass mein Ex-Mann es nicht geschafft hat, mich und meine Freude am Leben zu zerstören, mich zu brechen. Im Gegenteil: Ich bin stärker, als es mir jemals früher bewusst war. Etwas tief in mir weiß, dass ich diesen Weg in den allertiefsten Abgrund meines Seins gehen musste, um mich selbst zu finden. Dass ich dem Zerstörer ins Gesicht blicken musste, um meine eigene Kraft zu entfalten und mich darauf zu besinnen, wer ich wirklich bin: eine starke Frau. Und eine Überlebende.

Deutsche Prägung

Am 3. Mai 1957 wurde im Deutschen Bundestag das *„Gesetz über die Gleichberechtigung von Mann und Frau auf dem Gebiet des bürgerlichen Rechts"*, das sogenannte Gleichberechtigungsgesetz verabschiedet.[923] Damit verbunden waren weitreichende Neuregelungen. Davor galt bei Ehepaaren das *„Letztentscheidungsrecht des Ehemanns"*, d. h. er konnte autokratisch über Wohnort, Beruf der Frau, Kindererziehung und vieles mehr bestimmen. Die Novelle beendete das ebenso, wie die Regelung, dass der Mann allein über das von der Frau in die Ehe eingebrachte Geld verfügte. In der Folge durften Frauen endlich selbst ein Konto eröffnen, auch das war ihnen zuvor verwehrt.[924]

Obwohl die Gleichberechtigung in Verfassung und Bundesgesetzgebung verankert ist, wird sie in der Realität in Deutschland immer wieder bewusst, öffentlich und massiv unterwandert.

Exemplarisch für den hegemonialen Anspruch von Männern auf Macht und Kontrolle, sei hier ein Brauch auf der Insel Borkum benannt, auf der man auch im 21. Jahrhundert noch *„Klaasohm"* zelebriert. Jährlich am 5./6. Dezember werden Frauen dabei von einer Gruppe Männer gedemütigt und mit Kuhhörnern öffentlich geschlagen. In der Zeitschrift *„mare"* ist diese öffentlich zur Schau gestellte und ausgelebte Gewaltdemonstration wie folgt beschrieben: *„Der Legende nach entstand der Brauch im 18. Jahrhundert, in der Hochphase der Walfangzeit. Viele Männer Borkums heuerten auf den Schiffen aus Amsterdam an, den Sommer verbrachten sie auf dem Nordmeer, bis sie Ende Herbst dem Eis wichen und ihren Lohn zurück auf die Insel brachten. Da in den Monaten zuvor Frauen das Regiment auf Borkum geführt hatten, sollen die Männer das Klaasohmfest begründet haben, um die Insel wieder formell in Besitz zu nehmen und die Ordnung wiederherzustellen. Denn Klaasohm schlägt zu.(...) Bis in die 1990er waren die Hörner mit Sand gefüllt. Noch heute hinterlassen die Schläge rote Male"*.[925]

Im Zuge einer Reportage des *„ndr"* im November 2024 zu den jährlich praktizierten Menschenrechtsverletzungen kommt u. a. auch Jürgen Akkermann, amtierender Bürgermeister der Insel, zu Wort: *„Der Bürgermeister äußerte sich nur per Mail: ‚Das Klaasohmfest ist ein traditionelles Fest für Insulanerinnen* *und Insulaner, welches sich wie viele regionale Traditionen Auswärtigen nicht ohne Weiteres erschließt. Daher wird es nicht beworben und wir unterstützen die Erwähnung in den Medien nicht.' Weiter schreibt er, dass kritische Stimmen sehr wohl auf der Insel Gehör fänden und die allermeisten Borkumerinnen und Borkumer das Fest unterstützten".*[926]

Männliche Vorbilder

Ein gesamtgesellschaftlicher Richtungswechsel kann dauerhaft nur gelingen, wenn die Maßnahmenplanung auch künftige Generationen berücksichtigt. Dazu gehört nicht nur, dass

* die (Lehr-)Inhalte an Schulen, Hochschulen, Theatern und Musik auf frauenverachtende Narrative;
* Festivitäten auf frauenverachtende Rituale und misogynes Liedgut;
* die Ausbildung, bspw. im Jurastudium und in den MINT-Fächern[927] auf längst überholte Frauenbilder;
* Hierarchische Strukturen, bspw. im Medizinsektor, auf verkrustete Gepflogenheiten;
* Offener Sexismus, bspw. am Arbeitsplatz, in Handwerksbetrieben, in Sportvereinen etc.;

reflektiert und bereinigt wird bzw. werden. Für ein gesamtgesellschaftliches Umdenken ist es unerlässlich, weitaus kritischer zu werden in der Auswahl der Vorbilder, an denen sich unsere Söhne orientieren sollen.

Der aktuelle Konsens, es sei immer noch völlig okay, Fußballprofis, die häusliche Gewalt begangen haben, weiterhin eine Bühne für ihren sportlichen und damit monetären Erfolg, für Ruhm und Reichweite anzubieten, konterkariert die Bekämpfung von Gewalt gegen Frauen massiv.

Wir finden Gewalttäter, die nach wie vor einen enormen gesellschaftlichen Einfluss haben, nicht nur im Fußball. Kabarett, Stand Up und Comedy sind andere Plattformen, auf denen es mittlerweile selbstverständlich ist, dass Männer am Mikrophon „*Satire*" nutzen, um Mädchen und Frauen abzuwerten:

Sexuelle Unterstellungen und Misogynie werden als „*lustig*" vermarktet, der zeitlos gleichbleibende, geschmacklose rote Faden praktizierter bzw. kommerzialisierter Gewaltausübung findet sich in reichweitenstark gestreuter Abwertung von Frauen.

Zu Vorurteilen beitragen, anstatt Vorbilder zu generieren, so agieren in Deutschland sehr viele Stellen: Frauenfeindliche Klischees werden kontinuierlich bedient, wenn Fallbeispiele im Jurastudium Mädchen und Frauen auf die Rollenbilder Hure oder Heilige reduzieren; wenn Nachrichtensender nach wie vor deutlich mehr männliche Experten interviewen; wenn Vorgesetzte in Konzernen ihre Mitarbeiterinnen nötigen, im Zuge von Geschäftsreisen Schleier tragen zu müssen; wenn Unternehmer es zulassen, dass Geschäftsabschlüsse in der Sauna oder im Puff getätigt werden oder/und wenn Hotelchefs zu Gunsten „*internationaler Gäste*", d. h. im Interesse solventer Männer, entscheiden, dass eine Frau niemals die erste Ansprechpartnerin des Hauses sein bzw. werden darf.

Jungs in Deutschland lernen von Kindesbeinen an, dass „*Mädchen*" ein übles Schimpfwort ist und nutzen im Erwachsenenalter weiterhin die weibliche Sexualität, wenn sie sich gegenseitig verächtlich machen: „*Hurensohn*", „*Motherfucker*", „*Bitch*" oder auch „*Pussy*", um nur ein paar wenige Beispiele zu nennen.

Unvergessen ist in diesem Kontext der Moment von Zinédine Zidanes Kopfstoß gegen Marco Materazzo anlässlich des WM-Finalspiels im Jahr 2006, der laut Materazzo auf diesen Wortwechsel folgte: „*Wenn du willst, gebe ich dir mein Trikot nach dem Spiel.' Ich habe ihm gesagt, dass ich lieber seine Schwester hätte*".[928]

Die Selbstachtung eines Mannes scheint direkt verknüpft zu sein mit dem Geschlecht der Mädchen und Frauen einerseits und der ständigen Entwertung selbiger andererseits – in Deutschland und weltweit.

Bereits im Jahr 2020 verkaufte der deutsche Verlag Kiepenheuer & Witsch (KiWi) die verstörende „*Lyrik*" eines populären Leadsängers, die hier auszugsweise abgebildet ist:

„Etwas Rohypnol im Wein (etwas Rohypnol ins Glas)
Kannst dich gar nicht mehr bewegen
Und du schläfst
Es ist ein Segen".[929]

Der Verlag begleitete seine Veröffentlichung mit folgenden Statements, von denen insbesondere das erste befremdet: Die Verteidigung eines Mannes durch einen Mann unter Anführung weiterer Männer als (vermeintlich) schlüssige Beweisführung.

* *„Die moralische Empörung über den Text dieses Gedichts basiert auf einer Verwechslung des fiktionalen Sprechers, dem sogenannten ‚lyrischen Ich'* *mit dem Autor Till Lindemann. Die Differenz zwischen lyrischem Ich und Autor ist aber konstitutiv für jede Lektüre von Lyrik wie von Literatur allgemein und gilt für alle Gedichte des Bandes wie für Lyrik überhaupt. Andernfalls wären keine literarischen Fiktionen und Phantasien des Bösen, der Gewalt, wie wir sie zahlreich aus der Weltliteratur von Henry Miller über B. E. Ellis bis zu A. M. Homes kennen, möglich und die Freiheit der Kunst damit hinfällig. Dass der im Gedicht dargestellte Vorgang unter moralischen Gesichtspunkten zutiefst verwerflich ist, ist eine Selbstverständlichkeit und erlaubt keine persönliche Diffamierung des Autors."* 3. April 2020, Helge Malchow, editor-at-large, für den Verlag Kiepenheuer & Witsch

* *„Till Lindemann ist seit 2013 Autor von Kiepenheuer & Witsch. Er untersucht in vielen seiner Texte und Inszenierungen, sei es mit seiner Band „Rammstein" oder als Lyriker, Phänomene der Gewalt und der toxischen Männlichkeit und stellt sie in überzeichneter, greller, mal satirischer, mal brutaler Manier in seiner Kunst zur Schau, so auch immer wieder in seinem Gedichtband ‚100 Gedichte'. Als Verlag verteidigen wir die Freiheit der Kunst, auch moralisch verwerfliche, abgründige Gefühls- und Gedankenwelten auszuloten und zum Ausdruck zu bringen."* Köln, den 9. April 2020, Kerstin Gleba, Verlegerin von Kiepenheuer & Witsch [930]

Drei Jahre später wird die Zusammenarbeit mit folgender Begründung beendet: *„Wir verteidigen aus voller Überzeugung die Freiheit der Kunst. Durch die Frauen demütigenden Handlungen Till Lindemanns im besagten Porno und die gezielte Verwendung unseres Buches im pornographischen Kontext wird die von uns so eisern verteidigte Trennung zwischen dem ‚lyrischem Ich' und dem Autor/Künstler aber vom Autor selbst verhöhnt. Aus unserer Sicht überschreitet Till Lindemann für uns unverrückbare Grenzen im Umgang mit Frauen."* Köln, den 2. Juni 2023, Kerstin Gleba, Verlegerin, Kiepenheuer & Witsch[931]

Auch deutsches Liedgut bedarf einer dringenden Überprüfung, denn gut ist es an vielen Stellen lediglich noch für Gewalt ausübende Männer. So findet bspw. das Donaulied, in dem die Vergewaltigung einer schlafenden Frau besungen wird, im süddeutschen Raum auf Festen und in Bierzeltveranstaltungen, wie dem Münchener Oktoberfest, immer noch großen Anklang.

Gleichermaßen Frauenverachtend sind viele Texte des Rap bzw. Trap. So heißt es bei *„Taktlo$$"*: *„Die Vergewaltigung im anderen Film | Ist auch ganz nett | Ich lass mich inspirieren"* und weiter von *„Kool Savas"*: *„Ich hab den Keller voll mit Nutten | Die bereit sind Pint zu blasen | Sack zu lutschen und zu schlucken".*[932]

Diese beiden exemplarischen Beispiele entstammen einer Blase, die auf den sozialen Netzwerken extrem viele, vor allem junge Follower beeinflusst. Aktuell wird ein Gewalttäter mit einem in Deutschland ausgestellten Haftbefehl gesucht, der vor laufender Kamera auf seinem YouTube-Kanal eingestand: *„Ja, ich habe sie geschlagen und bei Gott ich bin froh, dass ich sie nicht getötet habe. Versteht ihr mich?"*. Gemeint hat der unter dem Pseudonym *„Mois"* auftretende Gewalttäter damit seine Ex-Frau, auf die er zudem ein Kopfgeld aussetzte: *„Kurz darauf warf er ihr vor, ihn mit dem Rapper ‚Sun Diego' betrogen zu haben. Er schwor Rache, sprach davon, dass sie sein Eigentum sei und zu ihm zurückzukehren habe. Über Tage hinweg sprach er Drohungen gegen sie und die gemeinsamen Kinder aus, veröffentlichte ihre Adresse und ihr Gesicht, welches sie auf Social Media stets verbarg"*, so beschreibt der Österreichische *„Standard"* die öffentliche Gewaltanwendung.[933]

Rapper Fler setzte ebenfalls ein Kopfgeld gegen eine Frau aus, nachdem in einem Video der Frauenrechtsorganisation Terre des Femmes Textstellen mit frauenfeindlichen Äußerungen und Gewaltaufrufen gegen Frauen aus den Songs von ihm, Kollegah, Farid Bang und GZUZ vorgelesen wurden.[934]

Farid Bang erntete Applaus, auch für seinen Gewaltverherrlichenden Rap: *„Egal ob es Rapper oder Fotzen sind | Miss Platnum, ich breche dir dein Doppelkinn!"*.[935]

Sein Kollege *„Gzuz"*, mit bürgerlichem Namen Kristoffer Jonas Klauß, trat im Januar 2023 die vom Landgericht Hamburg wegen mehrerer Delikte verhängte Haftstrafe an, die er u. a. erhielt, weil er eine Frau ins Gesicht geschlagen hatte. Zu dem Zeitpunkt war er bereits vorbestraft, auch wegen Körperverletzung saß er bereits von 2010 bis 2013 im Gefängnis.[936]

Von *„Bushido"* stammen die Verse: *„Ich steig' aus dem Jet und hab' das Koka im Rimowa-Koffer | Yeah, ihr Bitches lächelt in die Kamera | Doch Gangsta Rap bedeutet Schwanzvergleich – Sylvie van der Vaart | Es ist ganz normal, ich bring euch alle ins Grab"*.[937]

Zusammenfassend sei folgender Hinweis erlaubt: Es geht nicht darum, ob ein Täter seine Strafe längst verbüßt hat oder *„diese Sache"* zwischenzeitlich verjährt ist – es geht darum, als Gesellschaft zu hinterfragen, welche Vorbilder wir in ganz Deutschland akzeptieren. Haben wir, insbesondere für Schlüsselpositionen, keine Optionen ohne Gewalthistorie? Wollen wir das Idealisieren von Gewalt, die von den Idolen Millionen Jugendlicher ausgeht, weiter tolerieren? Wird unsere Gesellschaft weiterhin offenen Auges zusehen, wie sich die Verrohung der (vermeintlichen) Vorbilder zunehmend in realer und immer brutaler werdenden Gewaltattacken gegen Mädchen und Frauen niederschlägt? Es geht um Werte und Wertschätzung, die wir transgenerational vermittelt wissen wollen. **Es geht um die Frage, ob wir Fairness und Miteinander oder weiterhin strukturelle, männliche Gewalt leben.**

Coercive Control by State

Bei der Gewaltausübung gegen Mädchen und Frauen spielt auch der Faktor Geld eine große Rolle und zwar nicht nur das ökonomisches Druckmittel während einer Partnerschaft. Wenn die Frau Alleinverdienerin und der Mann damit von ihrem Verdients abhängig ist, steigert das ihre Gefährdungssituation im Fall einer Trennung. Umgekehrt gibt es extrem viele Berichte dazu, wie Alleinverdiener im Nachgang an eine Trennung versuchen, ihre (Ex-)Frau und Mutter der gemeinsamen Kinder über Geld weiterhin zu gängeln, sei es, dass die Gewalttäter ihr Einkommen verschleiern, es aktiv minimieren, um den Unterhalt zu schmälern oder auch, dass sie ihre Unterhaltspflicht schlichtweg ignorieren.

Daher ist es ein extrem alarmierendes Zeichen, wenn ein Mann seiner Frau in einer festen Partnerschaft das eigene Einkommen, bzw. in einer Ehe den Zugriff auf das Haushaltseinkommen beschneidet bzw. ganz verwehrt. In vielen Fällen wird der männliche Anspruch auf den alleinigen Zugriff auf die finanziellen Mittel sehr früh in der Beziehung durchgesetzt und zwar nicht nur dann, wenn der Mann Haupt- oder Alleinverdiener ist. Nicht jedes *„Schatz, ich kümmere mich mal um unsere Finanzen"* resultiert aus einem Gefallen: Gerade dann, wenn Frauen Haushaltsgeld zugeteilt bekommen und sie angehalten werden, Kosten für die Paargemeinschaft abzurechnen, d. h. sich kontrollieren lassen und rechtfertigen zu müssen, ist es für Frauen wichtig, die eigene Überlebensfähigkeit zu prüfen. Das trifft auch zu, wenn der Lebenspartner (und ggf. Kindsvater) Angaben zu seinem Verdienst aktiv zurückhält und seine Frau im Unklaren darüber lässt, wie hoch das Gesamteinkommen ist, das dem Haushalt insgesamt zur Verfügung stünde.

Unkompliziert zusammengefasst: Wenn sie im *„wir"* denkt und handelt, er hingegen im selbstzentrierten *„ich"*-Modus lebt und agiert, dann liegt ein Ungleichgewicht vor, das die Gefahr für die Frau drastisch erhöht. Denn im Fall einer Trennung braucht Frau Geld: Für Reisekosten, für anwaltliche Unterstützung, für anfallende Tagessätze im Frauenhaus und ggf. auch, um eine eigene Bleibe anmieten, d. h. die vor Einzug zu entrichtende Miet- und Kautionszahlung stemmen zu können.

Allerdings sind es nicht nur die fehlenden, finanziellen Rücklagen, die für viele Frauen im Fall einer Trennung eine unüberwindbare Hürde bedeuten, sondern auch die Perspektivlosigkeit auf dem Wohnungsmarkt – insbesondere in den deutschen Ballungszentren. Dort, wo es die meisten, d. h. am leichtesten erreichbare Frauenhaus- und Schutzplätze gibt, in den deutschen

Großstädten, genau da fehlt es an Wohnraum, der nach der als Übergangslösung veranschlagten Zeit bezogen werden kann. Erschwerend kommt das Stigma hinzu, das betroffenen Frauen anhaftet, wenn sie nach einem Frauenhausaufenthalt eine Bleibe für sich, ggf. auch für sich und ihre Kinder suchen und – aus Vermietersicht der Supergau – über kein geregeltes Einkommen verfügen.

Dadurch stranden viele Frauen im Frauenobdach. Auch etliche von den Frauen, deren Bitte um Aufnahme bei Frauenhäusern und Schutzeinrichtungen wegen Überfüllung nicht entsprochen werden konnte, die in einer Akutsituation abgewiesen wurden. Es bedarf keiner Erläuterung zu den Erfolgschancen auf dem deutschen Wohnungs- oder/und Arbeitsmarkt, wenn die Interessensbekundung den Absender Frauenobdach trägt. Darüber hinaus ist eine Notunterkunft kein geeigneter Raum für heranwachsende (Klein-)Kinder.

Eine eigene bezahlbare Wohnung zu finden, um selbstbestimmt in ein neues, gewaltfreies Leben zu starten – dieses Ziel führt zu einer entsprechend längeren Aufenthaltsdauer im Frauenhaus und blockiert den Platz für andere Frauen, die sich ebenfalls aus einer Notsituation zu befreien versuchen.

Bereits im Oktober 2022 hat GREVIO der Bundesrepublik Deutschland „*eklatante Defizite*" in der Umsetzung der Istanbul-Konvention bescheinigt, wörtlich steht in der zusammengefassten Beurteilung: „*Darüber hinaus bestehen in Deutschland nach wie vor erhebliche Sicherheitsbedenken für Frauen, die Opfer häuslicher Gewalt geworden sind, da es in vielen Landesteilen an Frauenhäusern mangelt, und es zum Teil große Hürden für die Aufnahme von Frauen und Kindern gibt. Komplexe Finanzierungsanforderungen und Einschränkungen, wie etwa für Frauen mit Behinderungen und Frauen mit unsicherem Aufenthaltsstatus, aber auch Beschränkungen aufgrund des Alters und der Anzahl mitgebrachter Kinder führen dazu, dass viele Frauen und Kinder keine sichere Unterkunft finden. Folglich sehen viele gewaltbetroffene Frauen und ihre Kinder sich mit der schwierigen Entscheidung konfrontiert, zum Täter zurückzukehren oder Obdachlosigkeit zu riskieren. Es besteht daher dringender Handlungsbedarf, um die Zahl der verfügbaren Frauenhausplätze zu erhöhen und eine angemessene geografische Verteilung über das ganze Land zu gewährleisten*".[938]

Auch jenseits der fehlenden Schutzplätze mit rollstuhlgerechter Ausstattung hinken die Länder den Anforderungen der Istanbul-Konvention nach knapp sieben Jahren immer noch weit hinterher. In einem Artikel des „rnd" vom November 2024 heißt es dazu: *„Nach dem Übereinkommen des Europarats zur Bekämpfung von Gewalt gegen Frauen und von häuslicher Gewalt (Istanbul-Konvention) sollen Schutzplätze für Frauen und Kinder „in ausreichender Zahl" zur Verfügung stehen. Für Deutschland, das sich verpflichtet hat, die Konvention umzusetzen, werden 2,5 Plätze für Frauen und Kinder auf 10.000 Einwohner empfohlen. Die Quoten in den Bundesländern liegen indes nach Angaben der Ministerien und Berechnungen des epd zwischen 0,5 und rund 2,1 Schutzplätzen pro 10.000 Einwohner und Einwohnerinnen. Am unteren Ende sind Sachsen-Anhalt und das Saarland mit rund 0,6 Plätzen auf 10.000 Einwohner (vier Frauenhäuser mit insgesamt 33 Schutzplätzen) zu finden. Es folgen Bayern, Rheinland-Pfalz (0,6), Baden-Württemberg, Nordrhein-Westfalen, Sachsen und Thüringen mit rund 0,7 bis 0,8 Plätzen. Mecklenburg-Vorpommern stellt rechnerisch einen Platz für schutzsuchende Frauen und ihre Kinder pro 10.000 Einwohner bereit. Brandenburg, Berlin, Hamburg, Schleswig-Holstein und Niedersachsen liegen darüber, mit Quoten von knapp 1,2 bis 1,6 Plätzen. Das Land Bremen ist mit rund 2,1 Frauenhausplätzen pro 10.000 Einwohner ein Ausreißer".*[939]

Insgesamt werden in Deutschland über 14.000 Frauen-Schutzplätze weniger gestellt, als es der Verteilerschlüssel der Istanbul-Konvention vorgibt. Damit noch nicht genug, der Rotstift des Staates erreicht nun auch Tagesstellen für wohnungslose Frauen, bspw. im Juli 2024 in Berlin.[940]

Wie ein negativer Verstärker lässt die Bundesregierung Deutschlands Frauen über stete Mittelkürzungen die Erfahrung von Ohnmacht, Entmündigung, Beschämung und Gewalt nach ihrer Flucht neu erleiden.

Im Jahr 2021 beschreibt Laura Kaufmann, Leiterin des Frauenhauses in Dachau, für den Bezirksverband Oberbayern e. V. der Arbeiterwohlfahrt (AWO) die staatliche Vorgehensweise: *„Das Geld bestimmt den zeitlichen Rahmen – Die Länge der Finanzierung eines Platzes im Frauenhaus hängt immer von der individuellen Situation jeder Frau ab. Das Team im Frauenhaus Dachau versucht, dass jede Frau so lange bleiben kann, bis sie sich stabilisiert* *und einen Plan für die Zukunft habe. Gesichert seien die ersten sechs Monate im Frauenhaus. Danach müsse begründet werden, warum die Frau nach wie vor auf einen Frauenhausplatz angewiesen ist. ‚Alle drei Monate müssen wir die Aufenthaltsberechtigung nachweisen', erklärt Kaufmann. ‚Sollte diese nicht anerkannt werden, kann das das Ende der Finanzierung bedeuten. Dass die Frau noch keine Wohnung gefunden hat, ist kein Grund für die Finanzierungsstelle, sie weiter zu unterstützen'."*[941]

Die Sicht einer anderen Frauenhausmitarbeiterin findet im Juli 2024 in der *„FAZ"* Gehör: *„Einmal am Tag muss Sara Becker eine Frau in Not abweisen. ‚Das ist ein richtiges Scheißgefühl. Im Hinterkopf lauert immer die Angst, dass diese Absage für eine Frau tödlich enden kann', sagt Becker, Sozialarbeiterin in einem Frauenhaus in Süddeutschland. Becker heißt eigentlich anders. Um sich und ihre Klientinnen zu schützen, möchte sie anonym bleiben. Becker telefoniert täglich mit Frauen, die vor einem gewalttätigen Mann fliehen wollen. Wenn die Frauen im Internet eine bundesweite Übersichtskarte für Frauenhäuser öffnen, leuchten ihnen viele rote Kreuze entgegen: keine freien Plätze mehr. Diese Frauen müssten dann in eine Notunterkunft für Obdachlose – oder zurück zum Partner."* Die *„FAZ"* ergänzt den Erfahrungswert aus der Basis um eine weitere Zustandsbeschreibung: *„Paus*[942] *hat immer wieder versichert, die Situation der Frauenhäuser verbessern zu wollen – zuletzt anlässlich der gestiegenen Zahlen zu häuslicher Gewalt, die im Juni veröffentlicht wurden. Aus Sicht der Frauenhäuser hat sich die Situation der Schutzräume nicht verbessert, weder auf Paus Versprechen hin noch auf die Rüge des Europarats".*[943]

Vielleicht sind die desaströsen Zustände im Gewaltschutz für Frauen innerhalb der Bundesrepublik der Grund dafür, dass das BMFSFJ die Aktion „Zuhause nicht sicher?" ganz schnell einstellte, nachdem Franziska Giffey ihren Posten als Frauenministerin im Jahr 2021 räumte. Die in der Hochzeit von COVID-19 von ihr aus Frankreich übernommene Aktion wurde bundesweit von den großen deutschen Einzelhandelsketten[944] getragen: Mit dem Abdruck der Nummer des Hilfetelefons auf den Kassenbons unterstützten sie bei Häuslicher Gewalt während der Corona-Reglementierungen. Es gab und gibt bis heute keine Anschlusskampagne.

Bringt ja auch nichts, Einrichtungen zu bewerben, die wegen Platzmangels abweisen müssen, bzw. die Frau sich nicht leisten kann.

Wechselwirkung: Staatlich unterbundene Gleichstellung – staatliche Gewaltwirkung

Im „*Familienreport 2024*", den das BMFSFJ unter der ministerialen Verantwortung von Lisa Paus im Mai 2024 veröffentlichte, wird Gewalt ausschließlich in einem einzigen Passus betrachtet: „*Im Fokus dieses politischen Schwerpunkts steht auch, das Leben queerer Menschen und Familien zu verbessern. Der Alltag von lesbischen, schwulen, bisexuellen, trans- und intergeschlechtlichen sowie anderen queeren Menschen (LSBTIQ*) ist noch immer nicht frei von Vorurteilen, Ausgrenzung, Diskriminierung und Gewalt. Ziel der Bundesregierung ist es, die Akzeptanz von LSBTIQ* in allen gesellschaftlichen Bereichen zu fördern und Queerfeindlichkeit entgegenzuwirken*".[945]

Jenseits der PKS-Daten und jenseits dessen, dass bis heute keine ressortübergreifende Definition zur Begrifflichkeit „*queer*" vorliegt, wird die dauerhafte Gewaltgefährdung der Bevölkerungsmehrheit, den Mädchen und Frauen, innerhalb der Familie im Bundesfrauenministerium schlichtweg ignoriert. Zu dieser groben Ungleichbehandlung passt auch der von Sven Lehmann, Staatssekretär im BMFSFJ, initiierte und durch das Kabinett gewunkene „*Aktionsplan ‚Queer leben'*", der mit sage und schreibe 70 Millionen Euro pro Jahr gestützt im November 2022 an den Start ging.[946]

Demokratie basiert auf dem Mehrheitsprinzip. Obwohl Mädchen und Frauen in Deutschland mit mehr als 50 Prozent die Mehrheit der Bevölkerung bilden, wertet das BMFSFJ die Interessen einer kleinen Minderheit mit 70 Millionen Euro pro Jahr so viel höher als den Gewaltschutz von Mädchen und Frauen. Dieser wurde zeitgleich derart eingekürzt, dass in Deutschland im Jahr 2023 laut PKS zum dritten Mal in Folge mehr Mädchen und Frauen getötet worden sind als Jungen bzw. Männer.

Der jährlich vom European Institute for Gender Equality (EIGE) herausgegebene Europäische Gleichstellungsindex bescheinigt der Bundesrepublik

Deutschland den seit 2020 gehaltenen Platz 11 im europäischen Ranking. Ein grober Rückschritt allerdings ist für den Parameter *„Zeit"* verbucht: *„Seit 2020 ist Deutschland im Bereich Zeit von Platz 12 auf Platz 14 zurückgefallen, wobei die Punktzahl mit 65,0 Punkten unverändert geblieben ist. Dieser Rückschritt im Bereich Zeit ist darauf zurückzuführen, dass Deutschland im Teilbereich Pflegeaktivitäten von Platz 10 auf Platz 19 zurückgefallen ist. Dies war die zweithöchste Verschlechterung der Platzierung in diesem Teilbereich für alle Mitgliedstaaten seit 2020. Im Teilbereich der sozialen Aktivitäten sank der Wert für Deutschland um 2,2 Punkte."*

Summa summarum ist für Frauen in Deutschland keinerlei Fortschritt Richtung Gleichstellung und Gleichberechtigung erkennbar. Im Gegenteil: Nicht in die EIGE-Studie eingeflossen sind die Zahlen zu Gewalt, sie konnten nicht berücksichtigt werden. Dass der deutsche Mittelwert der untersuchten Parameter immer noch für Platz 11 reicht, liegt nicht etwa daran, dass das EIGE die Daten zu Gewalt nicht untersucht. Sondern daran, dass Deutschland erst gar keine Daten bereitstellte: *„A lack of evidence to assess violence against women – No score is given to Germany in the domain of violence, due to a lack of comparable EU-wide data".*[947]

Auch die internationalen Verpflichtungen Deutschlands in Sachen Gewaltschutz für Mädchen und Frauen werden im BMFSFJ nicht ernst genommen. Mehr als fünfeinhalb Jahre nach Inkrafttreten der Istanbul-Konvention hierzulande, kündigte das Bundesfrauenministerium eine Arbeitsleistung an, die bereits im Februar 2018 hätte erbracht werden müssen: *„Bundesregierung beginnt Arbeit an Gewaltschutzstrategie".*[948]

Anlässlich des Internationalen Tages der Bekämpfung von Gewalt gegen Frauen, dem 25.11.2023, setzte sich Ministerin Paus mit einer *„Konsultationsveranstaltung in Berlin"* medial in Szene. Bei dieser konnte darüber diskutiert werden, *„wie die Istanbul-Konvention in Deutschland effektiv umgesetzt werden kann, um die Prävention und Bekämpfung von geschlechtsspezifischer Gewalt zu verbessern. In kleinen Diskussionsrunden, sogenannten World-Cafés, konnten sich die Teilnehmenden über aktuelle Herausforderungen und Lösungsvorschläge unter anderem in den Bereichen Prävention, Schutz und Unterstützung, Ermittlung und Strafverfolgung sowie Migration und Asyl austauschen."*

Mehr ist nicht passiert.

Entsprechend unverbindlich weist es auch das BMFSFJ aus: *„Die Ergebnisse der Konsultationsveranstaltung werden nun in einem nächsten Schritt ausgewertet und fließen in die Erarbeitung der nationalen Strategie ein. Die Strategie soll noch in dieser Legislaturperiode verabschiedet werden."*
Keine Ziele, kein Etat, keine Zeitschiene, keine Verantwortlichkeiten.

Im Kontext Deutscher Femizide ist, insbesondere bei politischen Repräsentantinnen und Repräsentanten, der Fingerzeig in's Ausland zum praktizierten Universalstandard geworden – Gewaltverbrechen dieser Art werden in erster Linie *„den Ausländern"* zugeschrieben. Dabei bleibt unberücksichtigt, dass die Datenlage diese Pauschalverurteilung ganzer Nationen nicht stützt. Ebenso außer Acht gelassen wird mit der realitätsverfälschenden Behauptung die Anzahl deutscher Staatsbürger, die im Inland Mädchen und Frauen mit nichtdeutschem Pass umbringen und die der deutschen Männer, die Frauen im Ausland töten.

Mit Blick auf die demographische Entwicklung, d. h. konkret auf die kippende Alterspyramide, ist Deutschland angewiesen auf Menschen, die sich in der Bundesrepublik niederlassen, arbeiten und Familien gründen. Auf den Seiten des Bundesinnenministeriums (BMI) ist es so beschrieben: *„Über ein Viertel aller Menschen in Deutschland hat eine Einwanderungsgeschichte – bei Kindern unter 14 Jahren sogar über ein Drittel. Deshalb ist eine moderne und offene Einwanderungs- und Integrationspolitik zentral für den gesellschaftlichen Zusammenhalt in Deutschland und auch für den wirtschaftlichen Erfolg unseres Landes".*[949] Um dieses Ziel realisieren zu können, wurde im Juni 2024 das Gesetz zur Modernisierung des Staatsangehörigkeitsrechts verabschiedet damit die deutsche Staatsangehörigkeit künftig leichter erworben werden kann. Bundesinnenministerin Nancy Faeser wird auf den Seiten des BMI zitiert: *„Wir brauchen einen Neuanfang in der Migrationspolitik, der einer modernen Einwanderungsgesellschaft gerecht wird".*

Leider geht dieser *„Neuanfang"* eklatant zu Lasten von Mädchen und Frauen. Im Jahr 2020 hat es der Verwaltungsgerichtshof Baden-Württemberg (VGH) abgelehnt, einem libanesischen Antragsteller die deutsche Staatsangehörigkeit zuzugestehen, nachdem dieser beurkundet hatte, einer Frau nicht die Hand geben zu wollen. Aus der zum Urteil vom VGH verfassten Presse-meldung *„Keine Einbürgerung bei Ablehnung des Händeschüttelns mit Frauen"* geht die Begründung hervor: *„Denn ein Einbürgerungsbewerber, der infolge einer fundamentalistischen Kultur- und Wertevorstellung das Händeschütteln mit jeglicher Frau deshalb ablehnt, weil sie ein anderes Geschlecht hat und damit per se als eine dem Mann drohende Gefahr sexueller Versuchung bzw. unmo-ralischen Handelns gilt, gewährleistet nicht seine Einordnung in die deutschen Lebensverhältnisse. Die Tatsache, dass der Einbürgerungsbewerber – unter Aufrechterhaltung dieser Einstellung – auch Männern nicht die Hand gibt, führt zu keiner anderen Betrachtung".*[950]

Diese Einordnung im Sinne der Gleichstellung wurde zum 27. Juni 2024 aufgehoben. Der Gesetzesentwurf aus dem Januar 2024 spiegelt die Mädchen und Frauen in Deutschland benachteiligende Haltung der Parteifraktion BÜNDNIS 90/Die Grünen: *„Macht der Einbürgerungsbewerber glaubhaft, dass es ihm aufgrund zwingender Vorschriften seiner Religionsgemeinschaft nicht möglich sei, einer Person anderen Geschlechts zur Begrüßung und/oder zum Abschied die Hand zu geben, kann ihm dies nicht im Sinne des § 11 Satz 1 Nummer 3 des Staatsangehörigkeitsgesetzes entgegengehalten werden, wenn nach der Überzeugung der Staatsangehörigkeitsbehörde im Übrigen keinerlei Anhaltspunkte dafür ersichtlich sind, dass er die im Grundgesetz festgelegte Gleichberechtigung von Mann und Frau missachtet. Für eine Bejahung des Ausschlussgrundes ‚Missachtung der Gleichberechtigung von Mann und Frau' kommt es auf eine wertende Gesamtschau aller gewonnenen Erkenntnisse an. Neben dem verfassungsrechtlichen Auftrag aus Artikel 3 Absatz 2 Satz 2 GG ist dabei auch die in Artikel 4 GG verankerte Religionsfreiheit zu berücksichtigen."*

Berichterstattung

Deutschland funktioniert Täterzentriert. Das spiegelt sich nicht nur in Gerichtssälen, sondern auch in den offiziellen Pressemeldungen von Polizei und Staatsanwaltschaft sowie der Medienlandschaft wider.

> Als bspw. im Juli 2024 in Bayern ein Gewalttäter und Vater eines dreijährigen Sohnes seine zum Tatzeitpunkt 34-jährige Ehefrau, Kindsmutter Y., mit 30 Messerstichen regelrecht abschlachtete, lautete der Titel der reichweitenstarken „Bild": „Ehemann nimmt sich das Leben, Polizei findet seine tote Frau."[951]

Damit steht der Täter, der sich im Anschluss an sein Verbrechen suizidierte, im Zentrum der Aufmerksamkeit. Meldungen wie diese sind in der Regel angereichert, allerdings nicht mit Informationen zu wichtigen Alarmsignalen bei Häuslicher Gewalt, Informationen zur geschlechtsspezifisch gegen Mädchen und Frauen gerichtete Tötungsdelikten oder/und Kontaktdaten zum Hilfesystem. Vielmehr wird mit Hinweisen wie dem folgenden, ein ums andere Mal ausschließlich Bezug auf die männlichen Befindlichkeiten genommen: *„In der Regel berichten wir und die Polizei nicht über Suizidgeschehen. Wenn Sie sich selbst betroffen fühlen oder sich in einer emotionalen Ausnahmesituation befinden, kontaktieren Sie bitte umgehend die Telefonseelsorge (http:// www.telefonseelsorge.de). Unter der kostenlosen Rufnummer 0800-1110111 oder 0800-1110222 erhalten Sie jederzeit professionelle Hilfe von Beratenden, die in vielen Fällen Auswege aus schwierigen Situationen aufzeigen können".*[952]

Fernab des ansatzweise Nachvollziehbaren ist der Hinweis, u. a. der „Tagesschau", im Nachgang an einen Femizid-Versuch gegen eine 50-jährige Frau auf das bundesweite Hilfetelefon Gewalt gegen Männer.

> Ende September 2024 suizidierte sich ein Mann, nach dem in Niedersachsen gefahndet wurde: Er stand unter dringendem Tatverdacht, seine Ehefrau mit kochendem Wasser verbrüht und sie damit in Lebensgefahr gebracht zu haben. Am Tatort hinterließ er einen Brief, in dem er den Suizid ankündigte.[953] Der zuständige Oberstaatsanwalt in Niedersachsen wurde dazu in den „Braunschweiger Zeitung" zitiert: „Vermutlich handele es sich um eine Beziehungstat, so W.(…)

am Montag. ‚Die Frau liegt mit schweren Verbrennungen in einer Spezialklinik', teilte der Staatsanwalt außerdem mit. ‚Es besteht Lebensgefahr'."[954]

Sofern ein Femizid mit einer registrierten Schusswaffe vollstreckt wurde, also eine behördliche Legitimation zum Führen der Waffe vorlag, startet medial ad hoc die Ermahnung, nicht alle Menschen mit Schusswaffenerlaubnis seien pauschal zu stigmatisieren. Bei Femiziden, die von Männern mit angeblichen und realen Depressionen oder/und anderen psychischen Leiden vollstreckt werden, spricht hingegen nichts gegen die mediale Pauschal-Stigmatisierung. In Spanien gibt es ein völlig anderes Selbstverständnis, die mediale Berichterstattung zu Gewalt gegen Mädchen und Frauen ist flankiert von Hinweisen, wie diesem: *„Die Telefonnummer 016 steht Opfern von geschlechtsspezifischer Gewalt – allen Formen von Gewalt, von psychischer bis zu physischer, wirtschaftlicher oder sexueller Gewalt -, ihren Familien und ihrem Umfeld 24 Stunden am Tag, an jedem Tag des Jahres und in 53 verschiedenen Sprachen zur Verfügung.*

Die Nummer wird nicht auf der Telefonrechnung gespeichert, aber der Anruf muss vom Gerät gelöscht werden. Sie können auch per E-Mail unter 016-online@igualdad.gob.es und per WhatsApp unter 600 000 016 Kontakt aufnehmen. Minderjährige können die Stiftung ANAR unter der Nummer 900 20 20 10 kontaktieren.

In Notsituationen können Sie die 112 oder die Nationalpolizei (091) und die Guardia Civil (062) anrufen.

Und wenn Sie nicht anrufen können, können Sie die Anwendung ALERT-COPS verwenden, die ein Alarmsignal an die Polizei mit Geolokalisierung sendet".[955]

Im Juli 2024 erstach ein Ehemann seine 26-jährige Frau in einem Hotelflur in Rheinland-Pfalz mit mehreren Stich- und Schnittverletzungen gegen ihren Hals und Bauch. Zeitweise bis zu 130 Polizisten und Spezialkräfte waren im Einsatz,[956] ebenso war eine weiträumige Absperrung, u. a. von einer der Hauptverkehrsschlagadern dieser Stadt, erforderlich. „Nach derzeitigem Kenntnisstand wurde heute gegen 10.00 Uhr eine Person tödlich verletzt in einem Hotelzimmer in der Rheinallee aufgefunden. Eine weitere Person wurde schwerverletzt aufgefunden und ist reanimationspflichtig. Weiter Hintergründe zur Tat, zum Tatablauf und

zum Motiv können derzeit aufgrund der aktuellen Lage nicht mitgeteilt werden",
so liest sich die Erstmeldung von 10.35 Uhr aus dem Polizeipräsidium Mainz.[957]

Zu diesem Zeitpunkt war bereits klar, welches Geschlecht die Getötete und
der zu Reanimierende hatten, auch die *„Tatwaffe, ein Messer, fanden Polizisten
direkt am Tatort auf dem Boden und stellten es sicher"*[958] – kein Wort dazu, dass
die Getötete eine Frau war, dass in Deutschland ein weiterer Femizid vollstreckt
werden konnte, dass das Verbrechen am helllichten Tag im halböffentlichen
Raum ausgeführt wurde, kein Verweis auf Anlaufstellen für Gewaltbetroffene
oder auf den geschlechtsspezifischen Charakter des Tötungsdeliktes. Einer
Polizeimeldung folgend, die die strukturelle, tradierte und männliche Gewalt
entkräftete, titelte auch die bundesweite Presselandschaft in ähnlicher Tonalität, die sich bei *„t-online"* fand: *„Hintergründe unklar – Zwei Tote in Mainzer
Hotel gefunden"*[959], anstelle von: *„Wieder ein Femizid – Mann ersticht Frau im
Hotelflur"*.

In der offiziellen, deutschen Amtssprache werden von Misogynie geprägte
Tötungsdelikte oft noch als *„erweiterter Suizid"* deklariert. Diese Wortwahl ist
im wahrsten Wortsinn inhuman, sie degradiert die Getötete(n) posthum zur
Erweiterung ihres Gewalttäters.

Als ein Gewalttäter Ende Oktober 2024 seine 60-jährige Ehefrau in Hessen
erschoss, stand in der offiziellen polizeilichen Meldung der Staatsanwaltschaft
Darmstadt und des Polizeipräsidiums Südosthessen dazu: „Zwei Personen tot:
Ermittlungen wegen Verdachts des erweiterten Suizids".[960]

Anfang Oktober 2024 wird eine Sprecherin der Staatsanwaltschaft Duis-
burg (Nordrhein-Westfalen) in Reaktion auf einen Femizid vom Vorabend, bei
dem ein Senior nach Ankündigung seine 69-jährige Ehefrau erschoss, durch die
„Rheinische Post" mit folgenden Worten zitiert: „Es handelt sich bei der Tat nach
bisherigen Erkenntnissen um einen erweiterten Suizid".[961]

Diese Formulierung, die die getöteten Frauen (und zunehmend mehr Kinder)
versachlicht, wird kontinuierlich von den Medien übernommen. So übertitelte
bspw. auch das Allgäuer Online-Magazin *„all-in"* in seiner Berichterstattung
einen Münchner Femizid Ende August 2024: *"Erweiterter Suizid: Schrecklich!
Mann tötet seine Freundin und dann sich selbst"*.[962]

Wichtig ist der erneute Hinweis, dass auch Staatanwältinnen und Staatsanwälte sowie Richterinnen und Richter die verbalisierte Entmenschlichung
lesen, verstehen und verinnerlichen. Schlimmstenfalls fließt das Versachlichen
und die sekundäre Viktimisierung der Opfer in das Gerichtsurteil ein, sofern
ein Täter seinen Suizidversuch überlebt: Es ein Unterschied, ob der zu be-
und verurteilende Vernichtungswillen der Täter auf ein Objekt oder auf ein
lebendes Subjekt ausgerichtet ist.

Im englischen Sprachraum gibt es die weitaus treffendere Nomenklatur
„murder suicide" für diese Verbrechen, die sich in der Mehrzahl gegen Mädchen
und Frauen richten. *Murder suicide* kennzeichnet die tödliche Gewaltausübung, die dem Suizid vorangeht, sprachlich als Straftat gegen einen oder
mehrere Menschen, das Aktiv des Tötens bleibt damit, zumindest kommuni-
kativ, ausschließlich beim Gewalttäter.

Seit dem 14. November 2019 zeigt sich die Deutsche Presseagentur (dpa)
als verantwortungsbewusste Vorreiterin: *„In der Berichterstattung über Gewaltverbrechen in Familien und partnerschaftlichen Beziehungen wird dpa künftig
Begriffe wie ‚Familientragödie' oder ‚Beziehungsdrama' nicht mehr als eigene
Formulierungen verwenden"*, las sich der Tweet dazu von Froben Homburger,
dem Nachrichtenchef der Agentur.[963]

> Fehlende Sensibilität und Weitsicht hingegen legte man bspw. auch in Bayern
> offen, als ein Messerangriff im September 2024 gegen eine 44-jährige Frau
> durch ihren neun Jahre älteren Lebensgefährten, von der zuständigen Polizeiins-
> pektion über die „mittelbayerische" eingeordnet wird: „Hintergrund des Ganzen
> war ein Beziehungsstreit".[964]

„Alle sind Opfer", so wird der Oberbürgermeister in Baden-Württemberg im
Juli 2024 in der *„Südwestpresse Ulm"* zitiert.[965] Mit dieser Aussage zu dem
innerfamiliären Massaker eines Familienvaters betrieb der staatliche Repräsentant über einen weiten Verteiler aktiv Täter-Opferumkehr.

Etliche Behörden nutzen in ihren offiziellen Erstmeldungen Begriffe, die
von den Berichterstattenden Medien 1:1 aufgegriffen und weiter multipliziert werden. Dabei scheint es bei einer Vielzahl von Polizeimeldungen kein
Bewusstsein für die Wirkungsweise der eingesetzten Vokabeln zu geben.

III. Fehlende Korrektive aufgrund von Tradition und Struktur

Nachdem ein Mann im November 2023 in Niedersachsen seine Freundin getötet hatte, gab die zuständige Polizeidirektion diese Meldung heraus: „Beziehungs-streit eskaliert – 21-Jährige durch Messerstiche tödlich verletzt".[966]

Anfang Januar 2024 war im „Merkur" unter der Überschrift „Ehepaar erschossen in Wohnung gefunden: Hintergründe zur Tat deuten auf Beziehungs-Drama hin" die Einordnung der zuständigen Polizei in Bayern zu lesen: „Die Polizei spricht von einer ‚tragischen Sache'."[967]

Ein Polizeipräsidium im Saarland überschrieb seine Pressemeldung zu einem Femizid im Januar 2024 gegen eine 43-jährige Frau mit: „Nach Beziehungsdrama in (...)".[968] Die Getötete wurde mit schwersten Gesichts- und Kopfverletzungen aufgefunden, nachdem ihr Ex-Partner sie mit einer Schrotflinte erschossen hatte. Wider besseres Wissen schrieb der Saarländische Rundfunk dazu: „Beide Opfer sollen Mitglied in einem Schützenverein gewesen sein".[969] Der Schütze war der Täter, kein Opfer.

Auch bei anderen Polizeien fehlt es am Verständnis für die Auswirkung verwäs-sernder bzw. verfälschender Wortwahl für die Berichterstattung zu Femiziden und Femizid-Versuchen.

Anlässlich des Tötungsdeliktes gegen eine Mutter in Rheinland-Pfalz im Juni 2023 werden in der offiziellen Polizeimeldung die Eckdaten zur „Beziehungstat" bekannt gegeben.[970]

Im Fall der Tötung von L. im Januar 2024 schreiben die zuständige Staatsan-waltschaft und das Polizeipräsidium in Baden-Württemberg: „Nach derzeitigen Erkenntnissen handelt es sich um eine Beziehungstat".[971]

Anfang März 2024 wird im Zuge der gemeinsamen Pressemitteilung einer Staatsanwaltschaft und des zuständigen Polizeipräsidiums in Hessen folgendes veröffentlicht: „Das Tatmotiv ist noch weitgehend unklar, die Ermittler gehen jedoch aufgrund der ersten Erkenntnisse von einer Beziehungstat aus".[972]

Auch in Bayern hält ein Polizeipräsidium in seiner offiziellen Meldung Mitte August 2024 daran fest, den Femizid verbal aufzuweichen: "Am Samstag, den (...), kam es in (...) zu einem vollendeten Tötungsdelikt zum Nachteil einer 42-jährigen Frau. Ein 46-jähriger Mann wurde ebenfalls tot aufgefunden. Das zuständige Fachkommissariat der Kriminalpolizei (...) geht von einer Bezie-hungstat aus und ermittelt. (...) Eine Gefahr für die Bevölkerung bestand zu keinem Zeitpunkt".[973]

Dasselbe Polizeipräsidium hatte nur drei Tage vorher anlässlich einer Täter-Fahndung nach einem Femizid-Versuch in Bayern gegen eine 36-jährige, fünffache Mutter die offizielle Meldung mit „Frau schwer verletzt nach Beziehungstat" übertitelt. Die Tatorte liegen keine 5 km voneinander entfernt.[974]

In Mecklenburg-Vorpommern schrieb die Polizei in ihrer offiziellen Erstmeldung Mitte September 2024 zum versuchten Tötungsdelikt gegen eine 33-jährige Frau, das in aller Öffentlichkeit ausgeführt wurde und ergänzend zwei unbeteiligte Verletzte mehr forderte: „Die Polizei geht von einer Beziehungstat aus".[975] Während der „Nordkurier" unkritisch die Vokabel „Beziehungsstreit" übernimmt, agiert der „NDR" richtungsweisend mit seiner Einordnung: „Versuchter Femizid? 33-jährige Ukrainerin wird durch Messerattacke schwer verletzt".[976]

Auch ein stellvertretender Pressesprecher in Sachsen wurde im Nachgang an den Femizid vom September 2024 gegen eine 44-jährige Frau in „Bild" mit fehlendem Sendungsbewusstsein zitiert: „Ich kann bestätigen, dass es am Wochenende ein Familiendrama gab".[977]

Die Substantive *„Beziehungstat"* bzw. *„Beziehungsstreit"* werden durch mannigfaches Wiederholen nicht richtiger, vielmehr geht die Wortkomposition am realen Sachverhalt vorbei, denn: Es ist nie die Beziehung, die tötet. Sondern der Gewalttäter.

Anfang September 2023 erschießt ein Mann in Herne seine 74-jährige Ehefrau. Zwei Tage später fällt die ermittelnde Polizei Bochum (Nordrhein-Westfalen) in einem Interview mit der „WAZ" mit einer besonders irritierenden Einordnung auf: „Warum der Mann seine Frau umbrachte, sei aktuell Gegenstand der Ermittlungen, sagt Polizeisprecherin G. (…). Es laufe allem Anschein nach auf eine Verzweiflungstat hinaus".[978]

Dass staatliche Repräsentantinnen und Repräsentanten im Nachgang an einen Femizid ein Vokabular verbreiten, das ein Kapitalverbrechen relativiert und gleichzeitig bei der Leserschaft nach Mitleid für den Gewalttäter heischt, ist ein (weiterer) gravierender Verstoß gegen die Istanbul-Konvention Artikel 5 *„Verpflichtungen der Staaten und Sorgfaltspflicht"*: *„(1) Die Vertragsparteien unterlassen jede Beteiligung an Gewalttaten gegen Frauen und stellen sicher, dass staatliche Behörden, Beschäftigte, Einrichtungen und sonstige im*

Auftrag des Staates handelnde Personen im Einklang mit dieser Verpflichtung handeln".[979]

Gleichgültig, ob sie von staatlichen Institutionen aufgesetzt oder der klickratenorientierten Medienberichterstattung geschuldet sind – die deutsche Berichterstattung zu Femiziden ist stets geprägt davon, das Verbrechen im Sinne des Täters zu framen: Wegen Alkohol, wegen der (vermeintlichen!) Promiskuität der (Ex-)Partnerin, wegen Arbeitsplatzverlust, wegen Trennung, wegen Überforderung, wegen Verzweiflung, wegen Eifersucht oder aus Liebe ... etc. Alle diese Formulierungen täuschen über eines hinweg: Femizide sind gelebte Selbstermächtigung, basierend auf der Unfähigkeit, die eigene Gefühlswelt erwachsen zu koordinieren und zu kontrollieren.

Regelmäßig und bundesweit wird bereits in der ersten polizeilichen Meldung und damit auch in den ersten Presseberichten eine Kontextualisierung des Tötungsdelikts zu *„psychischer Ausnahmezustand"* vorgenommen. Auffällig dabei ist die Unmöglichkeit einer sorgsamen, d. h. fachgerechten Begutachtung des Tatverdächtigen bzw. des Täters, anlässlich derer die jeweils ermittelnde Polizei erstmals den Bezug zur Psyche herstellt: Das Zeitfenster, das sich zwischen der Tatbegehung und der ersten Pressemeldung auftut, ist schlichtweg zu eng, um eine medizinische Sachverständigeneinschätzung mit strafmaßrelevanter Tragweite zu erlangen.

Medizinische Diagnosen dürfen in Deutschland ausschließlich von medizinischem Fachpersonal, d. h. von approbierten Ärztinnen oder Ärzten ausgeführt werden. Diagnosen zählen zu den ärztlichen Tätigkeiten, die nicht delegierbar sind, d. h. Personen, die ohne entsprechende medizinische Ausbildung und Approbation diagnostizieren, verstoßen gegen das Heilpraktikergesetz und die Bundesärzteordnung. Jenseits dessen: Selbst erfahrene und approbierte Gutachterinnen und Gutachter arbeiten sich erst (zeit-)intensiv in die Geschichte eines Tatverdächtigen ein, bevor sie diagnostizieren können.

Dennoch werden Femizide oft so dargestellt, als ob das jeweilige, misogyne Verbrechen allein in der instabilen Psyche des Täters begründet sei. In der Mehrzahl deutscher Femizide ist das exakte Gegenteil der Fall, die Täter gehen geplant und gezielt vor, sorgen für Wissen und Waffen, lauern ihren Opfern auf, oder/und passen sie ab.

Der Verteidiger des Syrers, der „aus Rache an seiner Ex-Frau", so „zdfheute",[980] Ende September 2024 in Nordrhein-Westfalen 31 Menschen mit absichtlich gelegten Bränden verletzte, machte für seinen Mandanten über die Deutsche Presseagentur (dpa) ad hoc eine angebliche psychische Krankheit inklusive Wahnvorstellungen geltend. Er tat das ohne ein psychiatrisches Gutachten oder einen, sein Narrativ stützenden Beleg zu einer entsprechenden Vorerkrankung des Gewalttäters vorzuweisen:[981] „Im WELT TV-Interview spricht sein Verteidiger von einer ‚psychiatrischen Erkrankung'."[982]

In Reaktion auf Verbrechen mit geschlechtsspezifisch gegen Mädchen und Frauen gerichtetem Charakter werden kontinuierlich und überregional eiligst psychische Störungs- oder/und Krankheitsbilder angeführt, sowohl in den polizeilichen Meldungen als auch im Rahmen der Verteidigungsstrategie vor Gericht. In der Presse ist es üblich, Femizide mit Hinweisen zu Unterstützungsangeboten bei Depressionen oder/und Suizidgedanken zu verbinden.

Damit stellen sich unweigerlich folgende Fragen zu Evidenz, Klassifikation und Geschlechtsspezifik:

* Auf welche Studien und Forschungsergebnisse stützt sich die Annahme, dass manche Krankheiten eine gezielt gegen Mädchen und Frauen ausgerichtete, oft tödliche, Gewaltanwendung zur Folge haben?
* Die Weltgesundheitsorganisation (WHO) hat eine internationale, statistische Klassifikation der Krankheiten und ihrer verwandten Gesundheitsprobleme vorgegeben, nach der auch in Deutschland behandelt und abgerechnet wird [983]. Wie lautet der bzw. die ICD-Klassifizierungen (Codes) zu den Krankheiten, die mit einer gezielt gegen Mädchen und Frauen ausgerichteten Gewalt einhergehen? Oder, anders formuliert: Welche Krankheitsbilder bedingen gezielt gegen Mädchen und Frauen ausgerichtete Gewaltexzesse?
* Sofern Krankheiten mit dieser Symptomatik belegt sind: Weshalb treten diese Krankheitsbilder signifikant überproportional bei biologischen Männern auf?

Warum ist es so wichtig, diesen Aspekt zu beleuchten? Von etlichen extremistischen Anschlägen, terroristischen Aktivitäten, den sogenannten Amokläufen

und Geiselnahmen, kennen wir das verbalisierte Label „*Tat eines Einzelnen =
Ausnahme*" bereits.

Ende Juli 2024 löste ein Mann wegen des Verdachts der Freiheitsberaubung einen
polizeilichen Großalarm aus. Einsatzkräfte sperrten den Bereich um die Wohnung
in einem Hamburger Hochhaus großflächig ab, Anwohner wurden aufgefordert,
von den Fenstern fernzubleiben, ein Scharfschütze wurde postiert. In der betreffenden Wohnung befand sich die 68-jährige Mutter des Gewalttäters.[984]

Medial wurde berichtet, dass er mit der Zündung einer Handgranate und
dem Besitz einer Kalaschnikow gedroht haben soll. Nicht aufgegriffen wurde
die Zuordnung häusliche Gewalt. Stattdessen übernahmen die Medien die
umgehend erfolgte Polizeidiagnose – die Rede war von: „*männlicher Person in
psychischem Ausnahmezustand*".[985]

Einerseits tauchen immer wieder die „*psychischen Ausnahmezustände*"
in den Erstmeldungen von Polizeien auf, andererseits auch wiederkehrende
Informationen dazu, dass es bereits vor einem Gewaltausbruch deutliche
Hinweise und Warnungen vor der gefährlichen Kombination von Aggression
und Waffenbesitz bei einem späteren Täter gegeben hat, auf die staatlicher-
seits nicht adäquat reagiert wurde.

Anfang März 2023 erschoss ein Gewalttäter in Hamburg bei einer Veranstaltung
der Zeugen Jehovas sieben Menschen, darunter einen weiblichen Fötus – die
zum Tatzeitunkt 33-jährige Mutter des ungeborenen Mädchens überlebte das
Attentat zufällig,[986] zwei weitere Frauen jedoch nicht.

Der Attentäter besaß die Waffe legal, „*Wikipedia*" zufolge lag die Erteilung
einer Waffenbesitzkarte vor.[987] Und zwar, obwohl das Umfeld des späteren
Täters bereits im Jahr 2019 eine Wesensänderung festgestellt hatte, nachdem
dieser seine Beziehung beendet und seinen Arbeitsplatz verloren habe und
deswegen in Bayern in stationärer Behandlung war.[988] Pressemeldungen
zufolge lagen Polizei und Generalstaatsanwaltschaft konkrete Hinweise vor,
nach denen sich Vertraute, mutmaßlich der Bruder des Gewalttäters, u. a.
an die Waffenbehörde bei der Polizei gewandt hatten, um vor einer erkennbaren und besorgniserregenden Aggressionssteigerung des späteren Täters

zu warnen.[989] Einer Pressemeldung des „*Merkur*" ist zu entnehmen, dass der Vater des Täters bereits in 2021 vor seinem Sohn warnte „*Demnach habe der Vater den Sozialpsychiatrischen Dienst angerufen und gesagt, dass sein Sohn Stimmen höre und sich umbringen wolle, sagte der Leiter des Hamburger Landeskriminalamts, Jan Hieber, am Donnerstag (6. April) vor dem Innenausschuss der Bürgerschaft. Nach einem Gespräch mit dem Sohn seien jedoch keine weiteren Maßnahmen für nötig befunden worden*".[990]

Geht es bei der vorschnellen Zuordnung „*Psyche*" lediglich um Beruhigung und das Bewahren des allgemeinen Sicherheitsgefühls? Auch Staatanwältinnen und Staatsanwälte sowie Richterinnen und Richter nehmen die relativierende Kombination aus Krankheit, Ausnahme und Einzeltat zur Kenntnis. Damit ist nicht auszuschließen, dass es zu einer, den bzw. die Täter entschuldigenden Voreingenommenheit weit vor Prozessbeginn kommt, wenn im Kontext Femizid regelmäßig der Bezug zu § 20 Strafgesetzbuch hergestellt wird: „*Schuldunfähigkeit wegen seelischer Störungen – Ohne Schuld handelt, wer bei Begehung der Tat wegen einer krankhaften seelischen Störung, wegen einer tiefgreifenden Bewußtseinsstörung oder wegen einer Intelligenzminderung oder einer schweren anderen seelischen Störung unfähig ist, das Unrecht der Tat einzusehen oder nach dieser Einsicht zu handeln*".[991]

Opferseitig wird kontinuierlich darauf hingewiesen, dass Täter durchaus psychische Einschränkungen bzw. Defizite simulieren können bzw. tatsächlich vortäuschen, um ein geringeres Strafmaß oder/und den Vorteil von wesentlich angenehmeren Aufenthaltsbedingungen in einer Fachklinik anstele einer Haftanstalt für sich durchzusetzen.

So wie bspw. auch im Fall einer gegen die Mutter gerichteten Kindstötung, die seit April 2024 vor einem Landgericht in Bremen verhandelt wird. Mitte September 2023 tötete der getrenntlebende Ehemann der damals 33-jährigen G. den gemeinsamen Sohn M. während eines Wochenendbesuchs. Er schnitt dem Siebenjährigen, der sich heftig zur Wehr setzte, hinterlistig die Kehle durch und erstach ihn. Eine angebliche psychische Krankheit wurde zur Verteidigungsstrategie des Täters: Vor Gericht behauptete er, die Nebenwirkungen der Medikamente gegen Schizophrenie und Depression hätten sein Handeln beeinflusst. M.'s Mutter G., die schon vor dem Filizid ein Kontaktverbot gegen ihren Exmann *erwirkt hatte, bezeugt in „Bild" das ganz konkrete Kalkül des Gewalttäters: „Er wollte seit Jahren in Frührente, spielte diese Krankheit nur vor. Ein ausgeklügelter Plan. Ich weiß, dass er nie eine Tablette genommen hat!".*[992]

Unabhängig von den Annehmlichkeiten, die ein Gewalttäter über die Diagnose einer psychisch bedingt eingeschränkten Schuld erreichen kann, befeuert die pauschalierte Frühzuordnung eine flächendeckende Stigmatisierung von allen, die tatsächlich unter Depressionen, Bipolarität, Schizophrenie oder/und suizidalen Phasen leiden.

Die regelmäßigen Polizeidiagnosen haben auch in einem anderen Sektor weitreichende Konsequenzen, nämlich dann, wenn die weiblichen Opfer Häuslicher Gewalt von offizieller Seite als nur *„leicht verletzt"* klassifiziert werden. Für Betroffene von Gewalterfahrungen sind nicht nur die Vergehen und Verbrechen selbst, sondern auch die gerichtliche Aufarbeitung verunsichernd und verstörend. Um sie in dieser Situation zu entlasten, gibt es in Deutschland den gesetzlichen Anspruch auf psychosoziale Prozessbegleitung.

Der Zugang zu diesem Recht ist jedoch mit derart hohen Hürden versehen, dass das Land Nordrhein-Westfalen im September 2023 den Reformbedarf als *„dringlich"* ausgewiesen und den Bundestag angerufen hat: *„Vor diesem Hintergrund darf die Reform nicht mehr länger aufgeschoben werden, zumal sich die von anwaltlicher Seite verschiedentlich geäußerte Sorge vor einer Beeinträchtigung der Waffengleichheit im Prozess in den sechs Jahren, in denen mit dem Instrument Erfahrungen gesammelt werden konnten, nicht bestätigt hat".*[993]

Die Begründung wird in dem Entschließungsantrag ebenfalls veröffentlicht: *„Opfer häuslicher Gewalt sind nach der Istanbul-Konvention und der EU-Strategie für die Rechte von Opfern 2020 – 2025 vom 24. Juni 2020 (COM 2020, 258 final) als besonders schutzbedürftig anerkannt. In Fällen häuslicher Gewalt besteht ein Beiordnungsanspruch für diese Opfer jedoch nur bei Verbrechen, die zu schweren körperlichen oder seelischen Schäden geführt haben oder voraussichtlich führen werden. Unberücksichtigt bleibt, dass auch weniger gravierende Vergehen gegen die körperliche Unversehrtheit oder die persönliche Freiheit im Rahmen häuslicher Gewalt zu massiven psychischen Belastungen der Verletzten führen können, die eine Beiordnung rechtfertigen.*

Häusliche Gewalt beschränkt sich nach Art. 3 lit. b der Istanbul-Konvention nicht auf sexuelle oder physische Gewaltanwendung innerhalb einer häuslichen Gemeinschaft, sondern umfasst auch psychische Gewalt zwischen Eheleuten oder Partnerinnen beziehungsweise Partnern unabhängig von einem gemeinsamen Wohnsitz. Insbesondere in Trennungsphasen, die für Opferzeuginnen besondere Gefahren bis hin zum Femizid mit sich bringen können, fehlt es diesen nicht selten an der dringend notwendigen Unterstützung, wenn sie sich gegen bedrohliche Nachstellungen zur Wehr setzen wollen. Denn nach § 238 Absatz 3 StGB ist allein die Nachstellung mit Todesfolge ein Verbrechen. Für Opfer von Stalking in Trennungsphasen läuft das Unterstützungsangebot durch psychosoziale Prozessbegleitung de facto leer.

Verurteilungen im Deliktsfeld „häusliche Gewalt" sind ohne die Mitwirkung der Geschädigten schwierig zu erreichen. Die Expertengruppe GREVIO, die die Umsetzung der Istanbul-Konvention überwacht, hat in ihrem jüngsten Bericht 2022 nachdrücklich an die deutschen Behörden appelliert, den Ursachen für die „Zermürbung" der Opfer entlang der strafrechtlichen Kette von den Strafverfolgungsbehörden bis zu den Gerichten nachzugehen, Schwachstellen zu analysieren und systemische Lücken in der justiziellen Reaktion zu schließen. Die fehlende Beiordnungsmöglichkeit einer Prozessbegleitung für gravierende Fälle häuslicher Gewalt gehört nach den Erkenntnissen der Beratungsstellen eindeutig zu diesen Schwachstellen. Die Regelungslücke muss zur Umsetzung der europarechtlichen Verpflichtungen Deutschlands zügig geschlossen werden."

Frauen, die ihren Anspruch auf psychosoziale Prozessbegleitung geltend machen wollen, müssen nach aktueller Rechtslage in Deutschland zumindest eine schwere Körperverletzung erlitten haben. Mit einer polizeilichen Einordnung und Erstmeldung, die den Schweregrad einer Verletzung bei Betroffenen herabsetzt, wird die, für die psychosoziale Prozessbegleitung erforderliche Anerkennung einer schweren Körperverletzung aktiv behindert.

Im Dezember 2021 stufte die Polizei in Nordrhein-Westfalen eine schwangere Frau als nur „leicht verletzt" ein, nachdem diese völlig arglos, auf offener Straße von zwei maskierten Unbekannten geschlagen und getreten worden war.[994]

III. Fehlende Korrektive aufgrund von Tradition und Struktur

Am 24. November 2023 fasste der Bundesrat, dem Antrag Nordrhein-Westfalens folgend, den Beschluss *„Verletzte stärken, Wahrheitsfindung fördern und Dunkelfelder aufhellen – Psychosoziale Prozessbegleitung praxisgerecht ausbauen".* Darin heißt es wörtlich: *„Das Instrument der psychosozialen Prozessbegleitung hat sich in den letzten sechs Jahren nicht nur als Meilenstein auf dem Gebiet des Opferschutzes im Strafverfahren erwiesen, sondern leistet auch einen wichtigen Beitrag zur prozessualen Wahrheitsfindung. Das Angebot einer neutralen, professionellen Begleitung der Verletzten im Strafverfahren muss deshalb ausgebaut und praxisgerecht fortentwickelt werden. Der Bundesrat fordert die Bundesregierung auf, Gesetzesänderungen in der Strafprozessordnung und im Gesetz über die psychosoziale Prozessbegleitung im Strafverfahren vom 21. Dezember 2015 (BGBl. I S. 2525, 2529) mit dem Ziel auf den Weg zu bringen, 1. Verletzten in gravierenden Fällen häuslicher Gewalt den Zugang zur psychosozialen Prozessbegleitung auch bei Vergehen gegen die körperliche Unversehrtheit oder die persönliche Freiheit zu ermöglichen; (...)".*[995]

> Im Februar 2024 diagnostizierte die Polizei Nordrhein-Westfalen einer Frau über die offizielle Pressemeldung leichte Verletzungen. Die von Gewalt Betroffene war, derselben Meldung zufolge, kräftig geohrfeigt, an den Haaren gezogen, mehrfach geschubst, am Hals angegriffen und mit dem Tode bedroht worden. Sie bezeugte noch am Tatort, dass der Gewalttäter sie bereits in der Vergangenheit häufiger malträtiert hatte.
>
> Von einer fachärztlichen Untersuchung auf Hämatome, Brüche, Gehirnerschütterung oder Kiefer- oder/und Zahnverletzungen war keine Rede, auch die psychischen Verletzungen blieben im Zuge der Öffentlichkeitsarbeit unerwähnt.[996]

Ähnlich lautende Diagnostik lässt sich bei weiteren polizeilichen Meldungen dieser Polizei feststellen,

> bspw. im Juni 2024: Trotz einer Gewalthistorie und mehrerer (Faust-)Schläge gegen den Kopf einer Frau im Zuge von Häuslicher Gewalt belief sich die Polizeidiagnose auf „leichte Verletzungen",[997] gleiches auch Ende Juni 2024: Trotz einer Gewalthistorie und der Schilderung der Frau, dass der Ehemann „in ihren Mund gegriffen und die Wangen auseinandergezogen" habe, sie „am Hals gepackt" und auch „eine Tür beschädigt habe" lautete die Polizei-Diagnose: „leichte Verletzungen"[998]

In einer Stellungnahme der Bundesregierung zur Entschließung des Bundesrates *„Verletzte stärken, Wahrheitsfindung fördern und Dunkelfelder aufhellen – Psychosoziale Prozessbegleitung praxisgerecht ausbauen"* vom 15. Mai 2024 verwies der Parlamentarische Staatssekretär beim Bundesminister der Justiz, Benjamin Strasser, darauf, dass *„Das Bundesministerium der Justiz beabsichtigt, demnächst einen Gesetzesentwurf vorzulegen, mit dem die psychosoziale Prozessbegleitung ausgebaut und praxisgerecht fortentwickelt werden soll und der auch die Vorschläge des Bundesrates aufgreift"*.[999] Eine konkrete Zeitschiene dazu, wann der Gesetzentwurf erstmalig vorgelegt werden bzw. wann das Gesetz in Kraft treten soll, ist auch auf direkte Nachfrage Ende Juli 2024 nicht zu erfahren.

Die Rückmeldung aus dem Justizministerium des Landes Nordrhein-Westfalen lautete: *„der Bundesrat hat in seiner 1038. Sitzung am 24. November 2023 beschlossen, die von Nordrhein-Westfalen entworfene Entschließung zu fassen. Die Bundesregierung hat daraufhin mitgeteilt, das Bundesministerium der Justiz beabsichtige, „demnächst" einen Gesetzesentwurf vorzulegen, mit dem die psychosoziale Prozessbegleitung ausgebaut und praxisgerecht fortentwickelt werden soll und der auch die Vorschläge des Bundesrates aufgreift. Bislang ist ein Referentenentwurf jedoch noch nicht bekannt. Die Länder warten weiterhin auf die seit 2019 wiederholt angemahnte und zuletzt im März 2023 angekündigte Reformgesetzgebung des BMJ."*.

Das Bundesjustizministerium ließ zeitgleich über seine Pressestelle verlauten: *„Wir können bestätigen, dass das BMJ beabsichtigt, demnächst den von Ihnen erwähnten Gesetzentwurf vorzulegen. Zum weiteren Zeitplan können wir gegenwärtig noch keine Angaben machen"*.[1000]

Viele polizeiliche Erstmeldungen, die im Nachgang an ein Kapitalverbrechen gegen eine Frau veröffentlicht werden, fallen durch eine ganz andere offizielle Botschaft irritierend auf: Keine Gefahr.

Beim Femizid gegen L. in Baden-Württemberg im Januar 2024 war das bspw. der Fall: Noch während knapp 700 Schülerinnen und Schüler sowie ca. 85 Lehrkräfte in einem Großeinsatz mit Hilfe von schwer bewaffneten Sondereinsatzkräften[1001] evakuiert wurden und es dem emotional aufgeladenen und mutmaßlich bewaffneten Täter gelang, mit einem Auto durch halb Deutschland zu fliehen, beschrieb die Polizei Mannheim auf ihrem Facebook-Account, dass weder für die Evakuierten, noch für Dritte Gefahr bestünde.

Verschiedene Medien, u. a. das Online-Magazin „Heidelberg24.de", das sich in seinem Update um 11.38 Uhr auf die Polizei beruft, griffen die mediale Entwarnung auf: „Eine Gefahr für Schüler oder Dritte besteht nach aktuellen Erkenntnissen nicht".

Der Täter allerdings konnte erst gegen 13.15 Uhr im ca. 380 Kilometer entfernten Seesen (Niedersachsen) festgenommen werden. Dass es sich bei der Information „keine Gefahr" um eine fatale Fehleinschätzung bzw. Falschmeldung handelt, wurde offenkundig, als L.'s Gewalttäter in Niedersachsen mit seinem Fluchtwagen einen schweren Unfall verursachte und so einen Unbeteiligten verletzte: Die Anklage gegen ihn musste damit um den Vorwurf der gefährlichen Körperverletzung ergänzt werden.[1002]

Als ein 37-jähriger Gewalttäter seiner 39-jährigen Stiefmutter, ihrem 3-jährigen Sohn und seinem Vater das Leben nahm, indem er sie erschoss und sich anschließend in dem gemeinsam bewohnten Anwesen verschanzte, lautete die offizielle Polizeimeldung von 09.18 Uhr aus dem Polizeipräsidium Koblenz: „Am heutigen Donnerstag, 25. Januar 2024, wurde die Polizei (…) über eine Person in einem psychischen Ausnahmezustand in einem Wohngebiet (…) informiert, von der eine Gefahr für sich und anderen ausgehen würde. Um mögliche Gefahren für umliegende Anwohner, Passanten und Mitarbeiter der dortigen Gewerbebetriebe auszuschließen, wurde das Gebiet abgesperrt und die vorgenannten Personen aus dem Gefahrenbereich evakuiert. Eine Gefahr für Unbeteiligte kann zum derzeitigen Stand ausgeschlossen werden. Momentan befinden sich zahlreiche Einsatzkräfte im Bereich (…)."[1003] Die polizeiliche Entwarnung zur „statischen Lage" wurde erst um 16.19 Uhr kommuniziert: „Nach mehrstündigen Verhandlungen mit der Polizei schoss sich der Beschuldigte gegen Mittag in mutmaßlich suizidaler Absicht in den Kopf und wurde schwerverletzt in ein Krankenhaus gebracht. Dort wurde zwischenzeitlich der Hirntod des Beschuldigten festgestellt".[1004]

Mitte August 2024 übertitelte ein Polizeipräsidium in Bayern eine offizielle Pressemeldung mit: „Frau schwer verletzt nach Beziehungstat". Weiter hieß es zur Fahndung nach dem flüchtigen Gewalttäter wörtlich: „Eine Gefahr für die

Bevölkerung schließt die Polizei derzeit aus, da von einer Beziehungstat auszugehen ist".[1005]

Auch die vierte Gewalt im Staat, die Medien, übt exakt diese im Kontext von Feminiziden aus.

Als ein Gewalttäter Mitte August 2024 in Nordrhein-Westfalen versucht, seine 84-jährige Ehefrau zu erstechen und sie lebensgefährlich verletzt, titelt der „Kölner Express": „Ehe-Drama in Köln – Senioren-Paar (82, 84) geht aufeinander los – Frau lebensgefährlich verletzt".[1006]

Aber nicht nur über „Ehrenmord", „Bluttat", „Familiendrama", Beziehungstat", „Ehetragödie", „Eifersuchtsdrama" oder/und „Erweiterter Suizid" etc. werden falsche Kontextualisierungen erzeugt: Die zu bekämpfende Menschenrechtsverletzung heißt Gewalt GEGEN Mädchen und Frauen. Formulierungen, wie bspw. „Gewalt an Frauen" relativieren das Problem, denn misogyne Gewaltausübung erfolgt zielgerichtet.

Vor etlichen Jahren lag die Klarheit auch im Vokabular, erst in der jüngeren Vergangenheit wird das präzise „Männergewalt" aufgeweicht durch „geschlechtsspezifische" bzw. sogar „genderspezifische" Gewalt, obwohl DER evidenzbasierte Marker bei Gewalt gegen Mädchen und Frauen die Selbstermächtigung von biologischen Männern ist. Unsere Gesellschaft hingegen neigt auch an anderer Stelle zu täterfreundlichem Sprachgebrauch.

„Pädophil" ist eine weitere Relativierung, die korrekte Bezeichnung lautet „pädosexuell" bzw. „pädokriminell": Der griechische Wortstamm des Substantivs „φίλος" (=phil) bedeutet „Freund" und das sind diese Personen definitiv nicht. „Missbrauch" ließe sich ersetzen durch „sexueller Übergriff", „sexuelle Gewalt" oder „Vergewaltigung". Für die mediale Verwendung gibt es keine rechtfertigende Erklärung, außer die der sprachlichen Entlastung des Täters, denn „Missbrauch" hat weder etwas mit „brauchen", noch mit „Brauchtum" zu tun. Genauso verhält es sich mit dem verniedlichenden „er verging sich an ihr" anstelle von „er vergewaltigte sie". Als sich internationaler Protest dazu regt, dass ein zum Tatzeitpunkt 20-jähriger Vergewaltiger eines zwölfjährigen Mädchens bei den Olympischen Sommerspielen in Paris als Repräsentant der Niederlande eine globale Bühne bekam, schrieb die „Stuttgarter Zeitung" am 2.

Juli 2024 allen Ernstes: *„Wegen eines schlimmen Vorfalls in der Vergangenheit ist seine Teilnahme umstritten".*[1007] Selbst im Zuge der Prozessberichterstattung lauten die medialen Überschriften vielfach *„Ihm droht ..."* anstelle von *„Sein verdientes Strafmaß ..."*.

Eine unmissverständlich klare Ausweisung in der Sprache, die verdeutlicht, wer der Täter ist und die Schuld zu verantworten hat, trägt auch dazu bei, dass Opfer und von Gewalt Betroffene entlastet werden und aufhören, eine (vermeintliche!) Mitverantwortung bei sich selbst zu suchen. Regelmäßig werden der Presse zufolge getötete Frauen *„gefunden"* oder sie *„sterben"* oder sie *„fallen aus dem Fenster"* bzw. *„vom Balkon"* – oder der *„Mann stirbt"*.

> Die „ZEIT" bspw. schrieb Mitte Juli 2024: „Ehemann sticht auf Frau ein und stirbt danach".[1008]

(Auch) dieser Töter ist keines natürlichen Todes *„gestorben"* – er hat ihn aktiv herbeigeführt.

Wenn Femizide medial im Passiv beschrieben werden, verwässert das die tödliche Gewalt der ausführenden Akteure. Die Formulierungen *„Eine Frau wurde getötet"* bzw. *„Ein Mann hat getötet"* erzeugen eine sehr unterschiedliche Wahrnehmung dazu, was real passiert ist. Die Formulierung *„Sie stirbt"* steht für einen völlig anderen Sachverhalt, als ein: *„Er hat sie umgebracht"*. Um in der Gesellschaft ein gefestigtes Bewusstsein zu Femiziden zu erzeugen, ist es unabdingbar, verkrustete Gewohnheiten aufzubrechen, insbesondere unsere Sprache betreffend. Denn Sprache erzeugt Gedanken, Gedanken wiederum führen zu Haltungen und diese münden in Handlungen. Sofern ein Femizid grausam genug ist, um in der überregionalen Berichterstattung erwähnt zu werden, landet die Meldung dazu mehrheitlich im Ressort *„Panorama"* oder *„Verschiedenes"*. Dabei gehören Femizide thematisch wahlweise in das Ressort *„Inland"* oder, alternativ, zu *„Politik"*.

Mitschuldig machen sich Medien nicht nur, wenn sie die Verantwortung, die ihnen die Istanbul-Konvention auferlegt, ignorieren: *„Die Vertragsparteien ermutigen den privaten Sektor, den Bereich der Informations- und Kommunikationstechnologien und die Medien, sich unter gebührender Beachtung der freien Meinungsäußerung und ihrer Unabhängigkeit an der Ausarbeitung und Umsetzung von politischen Maßnahmen zu beteiligen sowie Richtlinien und Normen* *der Selbstregulierung festzulegen, um Gewalt gegen Frauen zu verhüten und die Achtung ihrer Würde zu erhöhen".*[1009] Ihnen ist zudem vorzuwerfen, dass sie Gewalttäter regelmäßig heroisieren, selbst wenn deren Schuld belegt ist.

> Als ein solcher Täter seine getrenntlebende Ehefrau M. im Mai 2019 in Bayern umbrachte und anzündete, beschrieb die Presse nicht die Grausamkeit des Femizids gegen die 41-jährige Frau und Mutter. Stattdessen katapultierten die lange zurückliegenden Sporterfolge des Täters, der dem Profisport bereits ein Vierteljahrhundert vor dem Femizid den Rücken gekehrt hatte, ihn in das Zentrum der Aufmerksamkeit. Mit: „Familienunglück"[1010], „Beziehungstat"[1011], „tragischer Unglücksfall"[1012], „Ex-Radprofi ums Leben gekommen"[1013] und „Tragisches Familiendrama"[1014] wurde einem Gewalttäter (wieder) gehuldigt. Die Eheleute trennte ein Altersunterschied von 12 Jahren.

Der Femizid gegen die Berliner Kuratorin R. im Juli 2020 wurde in den Medien, auch den internationalen, weitestgehend auf die Freundschaft des Täters mit dem Schauspieler Brad Pitt reduziert, nicht auf die mit seinem Femizid verbundene Gewalttat gegen die zum Tatzeitpunkt 53-jährige Frau und Mutter einer Tochter.

Die den Täter aufwertenden Schlagzeilen lauteten: *„Brad Pitt's artist ‚friend' (...) found dead at 52 after apparent murder-suicide in Berlin"* (The Sun, 23.7.2020[1015]), *„Brad Pitts Freund soll Frau getötet haben – und dann sich"* (Promiflash, 23.07.2020[1016]), oder auch *„Freund von Brad Pitt ersticht Lebensgefährtin: Motiv geklärt? Emotionaler Abschied"* (tz München, 31.07.2020[1017]). *„Foto-Künstler"*, *„Biennale"*, *„Pitt-Kumpel"*, *„weltweite Ausstellungen"*, ausnahmslos Täterzentrierte Attribute.

> Mit massiver Gewalt gegen Kopf und Hals brachte in Nordrhein-Westfalen ein Deutscher seine 44-jährige, aus Thailand stammende Frau und die gemeinsame 2-jährige Tochter im Oktober 2020 um. Dann suizidierte er sich. „Bild" beschwor seine sieben Jahre zurückliegenden „Karnevals-Prominenz": „2013 kürte man ihn zum ‚Bauern', die Mitglieder lachten und klatschen ihm zu. Der Ingenieur ließ sich feiern – eine glückliche Zeit".[1018]
>
> Anfang November 2021 meldete die Britin P. ihren dreijährigen Sohn T. als vermisst, nachdem ihr Ex-Ehemann, der deutsche Kindsvater, den Jungen im Anschluss an einen Wochenendausflug nicht fristgerecht zu ihr zurückgebracht

III. Fehlende Korrektive aufgrund von Tradition und Struktur

hatte – stattdessen hat er T. umgebracht, die Leiche des Kindes wurde zufällig in einem ausgebrannten Auto in einem portugiesischen Waldstück entdeckt.

Medial aufbereitet wurde nicht die unvorstellbare Gewalt, die dem Kindsmord zugrunde liegt. Stattdessen lag das Augenmerk auf dem beruflichen Erfolg des Täters. Die „FAZ" bspw. titelte: „Deutscher Designer und sein Sohn tot aufgefunden". Nicht einmal sein früherer Arbeitgeber distanziert sich von dem Verbrecher – ganz im Gegenteil: Die Porzellan Manufaktur Nymphenburg schmückt sich nach wie vor mit dem Täter und bietet ein von ihm entworfenes, 7-teiliges Tellerset für knappe 14.000 Euro zum Kauf an.[1019]

Auch ich habe meine Gewalterfahrungen aufgeschrieben. Weil meine Geschichte und mein Kampf aber noch andauern, kann ich sie in diesem Buch nicht teilen.

IV. Ausgeblendet

Misogynie, Amok und Rechtsradikalismus

Gerade bei Tötungsdelikten, die medial und politisch sehr schnell als *„Amok-taten"* klassifiziert werden, ist das Motiv der Misogynie signifikant nachweisbar. In der Berichterstattung findet das allerdings nahezu nie Beachtung. Weder wird die geschlechtsspezifische Täterschaft (männlich) benannt, noch wird der Aspekt, dass diese Verbrechen in der Regel mit einem Femizid starten oder enden, überhaupt erwähnt.

In etlichen dieser Fälle, ist den Tätern eine direkte Verbindung in das rechtsradikale Milieu nachzuweisen.

Der Begriff *„Amok"* konzentriert die Mehrfachhinrichtungen auf eine psychische Erkrankung des Täters mit Realitätsverlust. Damit werden diese Massaker in Deutschland regelmäßig auf einen krankheitsbedingten Hintergrund reduziert, zumeist in einer Geschwindigkeit, in der eine qualifizierte, medizinische Begutachtung durch psychologisch geschultes Personal vom Zeitpunkt der Tatausübung bis zur ersten Pressemeldung definitiv nicht erfolgt sein kann. Artikel über *„Killer"*, die sich im Anschluss an einen oder mehrere Femizide suizidieren, schließen in der Regel mit dem, in diesem Zusammenhang absurden Textabschnitt: *„Depressiv? Hier bekommen Sie umgehend Hilfe! (...)."* Berichtet wird in der Regel nicht über Selbsttötungen, um keinen Anreiz für Nachahmung zu geben – außer, Suizide erfahren durch die Umstände besondere Aufmerksamkeit. „Wenn Sie selbst depressiv sind, Suizid-Gedanken haben, kontaktieren Sie bitte umgehend die Telefonseelsorge (www.telefonseelsorge.de). Unter der kostenlosen Hotline 0800-IIIOIII oder 0800-III0222 erhalten Sie Hilfe von Beratern, die Auswege aus schwierigen Situationen aufzeigen können."[1020]

Am Abend des 19. Februar 2020 erschoss ein Mann in Hessen neun Menschen, acht Männer und eine Frau. Der rechtsextreme Täter beendete seinen Hinrichtungslauf im elterlichen Zuhause mit dem Femizid gegen seine 72-jährige Mutter.[1021]

Der Präsident des BKA, Holger Münch, hob zwei Tage nach dem Attentat von Hanau lediglich die offensichtlich *„schwere psychotischen Krankheit"* des Täters hervor.[1022] Im Abschlussbericht des vom Hessischen Landtag eingesetzten Untersuchungsausschusses[1023] hingegen ist zu lesen: *„2019 gab T. R. seine Anstellung in München auf und zog zurück zu seinen Eltern nach Hanau. Im selben Jahr stellte er zwei gleichlautende Strafanzeigen, eine an den Generalbundesanwalt und eine an die Staatsanwaltschaft Hanau und trat damit erstmals wieder nach außen in Erscheinung. In den Anzeigen warf T. R. einem unbekannten Geheimdienst illegale Überwachung vor. Die Anzeigen ähnelten im Text den später auf der Website veröffentlichten Texten und lassen Rückschlüsse auf ein rassistisches sowie frauenfeindliches Weltbild des Verfassers zu".*[1024]

Im gleichen Bericht wird der Sachverständige Prof. Dr. Martin Rettenberger mit seiner Einschätzung zu Indikatoren für eine erhöhte Gefährlichkeit, die zum Teil auch beim Attentäter von Hanau vorlagen deutlich: *„Narzisstische Persönlichkeitsanteile bis hin zu Störungen – auch das wurde zumindest im Nachhinein diagnostisch angenommen – sowie ein hochproblematisches Verhältnis zu Frauen, Misogynie, also Hass auf Frauen. Das steht im Zusammenhang mit ausgeprägten Beziehungsdefiziten, sexuelle Frustration. Auch das ist etwas, ein Lebenskorrelat, das wir in den Biografien dieser Personen häufig finden."*

Auch die *„Amadeo-Antonio-Stiftung"* greift den täterseitigen Frauenhass auf und führt G. als Todesopfer rechter Gewalt.[1025]

Die *„Grundsätzliche Bewertung"* des Hessischen Untersuchungsausschusses startet zwar mit der Überschrift *„I. Auslöser der Tat war die psychische Erkrankung – Motiv war sein rassistisches Weltbild".* Der weiterführende Text jedoch belässt die Morde nicht allein auf *„krankhaft verformte Weltsicht mit einer rassistischen Ideologie und Verschwörungstheorien"* beruhen. Vielmehr wird das Täterprofil, das Bindeglied zwischen Frauenhass, Rechtsradikalismus und Mehrfachtötungsdelikten im öffentlichen Raum, konkretisiert: *„T. R. entsprach dem bei erwachsenen allein handelnden Tätern häufig anzutreffenden Typus des sozial isolierten, zurückgezogenen Täters, der sich aufgrund* *seiner schwierigen Persönlichkeit nicht in ein extremistisches Gruppengefüge einordnet und sich selbstständig in seine Tötungs- und Hassphantasien hineinsteigert. Meist sieht man hierbei narzisstische Persönlichkeitsanteile sowie ein hochproblematisches Verhältnis zu Frauen bis hin zum Hass. Bei diesem Tätertypus findet in der Folge ein gesteigerter Radikalisierungsprozess statt. All diese Aggressivität und Frustration richtet sich über einen relativ langen, zum Teil mehrjährigen Prozess auf eine Personengruppe, die wahnhaft als der Ursprung des eigenen Elends gesehen wird. Solche Täter radikalisieren sich über Jahre zunehmend selbst, bis es dann zu diesen schrecklichen Taten kommt".*[1026]

Dieses Täterprofil eint die Männer, die Massaker ausübten, seit Jahrzehnten weltweit:

* 1989, Montréal (Québec) Kanada, 14 getötete Studentinnen[1027]
* 1994, Euskirchen (Nordrhein-Westfalen) Deutschland, 3 weibliche Opfer[1028]
* 1999, Bad Reichenhall (Bayern) Deutschland, 2 weibliche Opfer[1029]
* 2002, Erfurt (Thüringen) Deutschland, 10 weibliche Opfer[1030]
* 2009, Winnenden (Baden-Württemberg) Deutschland, 11 weibliche Opfer[1031]
* 2009, Bridgeville (USA), 3 weibliche Opfer
* 2011, Oslo und Utøya (Akershus und Buskerud) Norwegen, 36 weibliche Opfer
* 2014, Isla Vista (Kalifornien) U.S.A., 2 weibliche Opfer[1032]: „I don't know why you girls aren't attracted to me but I will punish you all for it."[1033]
* 2015, Roseburg (Oregon) U.S.A., 5 weibliche Opfer[1034] – Täter referenziert auf Isla Vista
* 2016, München (Bayern) Deutschland, 3 weibliche Opfer[1035] – Täter referenziert auf Oslo und Utoya
* 2018, Toronto (Ontario) Kanada, 8 weibliche Opfer[1036] – Täter referenziert auf Isla Vista
* 2018, Santa Fe (Texas) U.S.A., 6 weibliche Opfer[1037]

IV. Ausgeblendet

* 2018 Tallahassee (Florida) U.S.A., 2 weibliche Opfer[1038] – Täter referenziert auf Isla Vista
* 2019 Halle (Sachsen-Anhalt) Deutschland, 1 weibliches Opfer[1039] – Täter referenziert auf Toronto
* 2022 Uvalde (Texas) U.S.A., 16 weibliche Opfer, zumeist minderjährig[1040]
* 2023 Alsterdorf (Hamburg) Deutschland, 2 getötete Frauen sowie ein ungeborenes Mädchen[1041]
* 2024 Bondi Beach (New South Wales) Australien, 5 getötete und 12 verletzte Frauen[1042]

Die Täter vertraten in der deutlichen Mehrzahl rechtsradikale Positionen, viele von ihnen referenzierten bei ihren tödlichen Vernichtungszügen auf andere Frauenhasser bzw. INCELS (Kurzform für Involuntary Celibates).

Im Mai 2021 erschoss ein Mann in Schleswig-Holstein die 43-jährige H. mit einer Maschinenpistole. H. war die von ihm getrenntlebende Ehefrau und Mutter der vier gemeinsamen Kinder. Ihren neuen Lebenspartner und einen weiteren Mann tötete er auf die gleiche Weise. In der Gerichtsmedizin wurden 48 Schüsse dokumentiert, bereits die ersten davon sollen für H. tödlich gewesen sein. Der Täter hatte seine Frau vorab mehrfach betrogen und gestalkt, er war wegen häuslicher Gewalt polizeibekannt und gegen ihn bestand ein Kontaktverbot.[1043] Die erste Kugel hat der nachweislich rechtsradikale Zahnarzt seiner Frau in den Rücken geschossen.[1044]

In der Fußgängerzone von Bayern attackierte ein Gewalttäter Ende Juni 2021 mehrere Menschen, seine Messerstiche kosten drei Frauen, S. (24), C. (49) und J. (82), das Leben. Die Tochter von C., A. (11), wurde ebenso schwer verletzt, wie ein elfjähriges Mädchen, drei weitere Frauen im Alter von 52, 73 und 26 Jahren und ein 16-jähriger Junge. Darüber hinaus verletzte der Täter eine Frau und drei Männer leicht. Der bayerische Innenminister, Joachim Herrmann, verwies auf eine islamistische Motivation.[1045]

Im Gerichtsverfahren führte die Diagnose paranoide Schizophrenie zum Urteil schuldunfähig.[1046] Die Motivation Misogynie/Frauenhass kam nicht zum Tragen und blieb auch medial unerwähnt. Ebenso unerwähnt blieben die Namen der getöteten Frauen beim Trauergottesdienst im Würzburger Kiliansdom.[1047]

Anfang Juni 2024 schoss ein Gewalttäter in Nordrhein-Westfalen seiner Ehefrau, der Mutter seiner vier Kinder, in den Kopf. Am helllichten Tag verletzte er anschließend an unterschiedlichen Tatorten insgesamt fünf Menschen mit seiner Schusswaffe. Emotional aufgeladen und bewaffnet gelang ihm die Flucht: Spezialeinheiten aus ganz Nordrhein-Westfalen, Polizei- und Rettungshubschrauber, Suchhunde, gepanzerte Fahrzeuge und Drohnen wurden eingesetzt, Stadtgebiete abgeriegelt, der Verkehr umgeleitet und die Bevölkerung gewarnt.[1048] „Bild" klassifizierte den Mehrfachmörder unmittelbar als „Amokläufer", von der geschlechtsspezifischen Komponente, oder von der Gefahr die von diesem, wie auch von vielen anderen Männern für die Innere Sicherheit ausging, war zu keiner Zeit die Rede.[1049]

In den U.S.A. sorgen sogenannte *„Mass-Shootings"* regelmäßig für Medienschlagzeilen. Nicht zuletzt aufgrund der immensen Opferzahl, die die Verbrechen zur Folge haben, gibt es einen weitaus transparenteren Umgang mit der Thematik. Im Januar 2023 veröffentlicht der amerikanische Geheimdienst Secret Service seine diesbezüglich wichtigsten, datengestützten Erkenntnisse, bspw. folgende Fakten, die wegen ihrer Parallelität zu deutschen Mehrfachtötungen aufhorchen lassen: *„Die meisten Angreifer hatten ein Verhalten an den Tag gelegt, das bei Familienmitgliedern, Freunden, Nachbarn, Klassenkameraden, Arbeitskollegen und anderen Personen Besorgnis auslöste, und in vielen Fällen fürchteten diese Personen um ihre eigene Sicherheit oder die anderer. Viele Angreifer hatten eine Vorgeschichte mit körperlich aggressivem oder einschüchterndem Verhalten, was durch frühere Verhaftungen/Anklagen wegen Gewaltdelikten, häuslicher Gewalt oder anderen Gewalttaten gegen andere Personen belegt ist. Die Hälfte der Angreifer war durch Kränkungen motiviert und übte Vergeltung für empfundenes Unrecht im Zusammenhang mit persönlichen, häuslichen oder beruflichen Problemen".*[1050]

Hierzulande nur vereinzelt benannt, wird der direkte Kausalzusammenhang zwischen Männergewalt, Misogynie und sogenannten Mass-Shootings in den amerikanischen Publikationen immer wieder deutlich abgebildet. So verwies der „*Minnesota Reformer*" unter der Überschrift „*Experten sagen, dass Misogynie die Epidemie der Waffengewalt im Land anheizt*" im August 2022 nicht nur auf die amerikanischen Waffengesetzgebung, sondern auch sehr fokussiert auf den geschlechtsspezifischen Aspekt von Massentötungen: „*Massenschützen sind ebenfalls überwiegend Männer – laut The Violence Project, einer Forschungsgruppe, die Daten über Massenschiessereien in den USA sammelt, wurden seit 1966 erstaunliche 98 % der Massenschiessereien von Männern begangen.*"[1051] Weiter heißt es in dem Artikel von Anna Gustafson: „*Die aktuelle Krise der Waffengewalt kommt zu einer Zeit, in der der Waffenbesitz während der Pandemie in die Höhe geschnellt ist und die Zahl der weißen nationalistischen Gruppen während der Präsidentschaft Trumps um 55 % gestiegen ist. Es gibt viele Waffen und viel Wut im Land – ein Großteil davon wird durch Frauenfeindlichkeit und weiße Vorherrschaft angeheizt, die sich über die sozialen Medien wie ein Lauffeuer verbreiten, so die Experten. ,Es gibt eine Männlichkeitsepidemie in den Vereinigten Staaten, und wir sehen das immer wieder bei diesen Schießereien', sagte Sarah Prior, eine Soziologieprofessorin an der Michigan State University, deren Forschung sich auf geschlechtsspezifische Gewalt konzentriert.*"[1052]

Datenverquickung – aktuelle Entwicklung: SBGG

In Deutschland wurde das „*Gesetz über die Änderung der Vornamen und die Feststellung der Geschlechtszugehörigkeit in besonderen Fällen (Transsexuellengesetz – TSG)*" zum 1. November 2024 grundlegend geändert. „*Das Selbstbestimmungsgesetz soll trans-, intergeschlechtlichen und nichtbinären Personen erleichtern, ihren Geschlechtseintrag ändern zu lassen*", so lautet das erklärte Ziel des BMFSFJ.[1053]

Mit Einführung dieses Gesetzes können Menschen ihre Vornamen und ihren Geschlechtseintrag im Personenstandsregister ändern lassen. Im Gegensatz zur vorangegangen Gesetzesregelung entfällt die Notwendigkeit zur Einholung zweier Sachverständigengutachten – das neue Geschlecht und der neue Name können künftig durch eine Erklärung gegenüber dem Standesamt vorgenommen werden, ohne dass eine gerichtliche Entscheidung über die Antragstellung erfolgt.

Unterschiedlichste Interessensvertretungen äußerten sehr viel Kritik zu der, aus ihrer Sicht, unausgereiften Reform. Angeführt wurden dabei vor allem die Vulnerabilität junger Menschen in der Pubertät, die ohne elterliche Zustimmung zu verfrühten, ggf. irreparablen medizinischen Eingriffen führen kann, ebenso, wie fehlende Absicherungen von Schutzräumen und Quoten sowie eine vorhersehbare körperliche Benachteiligung von Mädchen und Frauen im Sport.

Auf der Basis des neuen „*Gesetz über die Selbstbestimmung in Bezug auf den Geschlechtseintrag und zur Änderung weiterer Vorschriften*" (SBGG) bleibt aus wissenschaftlicher Perspektive ein zusätzlicher Faktor unbeachtet: Das Ziel Nr. 5 im Katalog der von den Vereinten Nationen definierten Nachhaltigkeitsziele (SDGs[1054]), die Gleichstellung der Geschlechter, ist nicht zu erreichen, ohne die grassierende Menschenrechtsverletzung von Gewalt gegen Mädchen und Frauen rigoros zu bekämpfen. In diesem Kampf waren die Daten, die das geschlechtsspezifische Ungleichgewicht offenlegten, das stärkste Argument auf Seiten der betroffenen Mädchen und Frauen: Bei Häuslicher Gewalt sind seit Jahren ca. 80 Prozent der Täter biologisch männlich und, ebenfalls seit Jahren ca. 80 Prozent der Opfer biologisch weiblich. In Deutschland wurden in den Jahren 2021, 2022 und 2023 mehr biologische Frauen als Männer getötet, überproportional häufig von biologischen Männern.

Auf Grund seiner langjährigen Praxiserfahrung durch die Verteidigung von Hunderten von Sexualstraftätern wies der renommierte Strafverteidiger Udo Vetter bereits im Jahr 2022 in einem Interview in der „*NZZ*" deutlich auch auf die, mit der unzulänglichen Neufassung des Gesetzes[1055] verbundene, Gefahr hin: „*Die Frage ist auch, ob Übergriffe in den Kriminalstatistiken korrekt erfasst werden. Ich bin Strafverteidiger. Ich weiß, dass dieses Gesetz für Teile der Klientel, die ich vertrete, verführerisch wäre*".[1056]

Das SBGG erlaubt einen Wechsel des Geschlechts nach Ablauf einer einjährigen Sperrfrist.[1057] Auch die Möglichkeit fluiden Übergangs erhöht den ohnehin beträchtlichen Unsicherheitsfaktor hinsichtlich der Belastbarkeit der – ohnehin nur rudimentär vorhandenen – Gewaltstatistiken.

Nach einer Vorstrafe wegen mehrerer Sexualstraftaten gegen Frauen musste sich eine Transfrau[1058] im September 2024 vor dem Landgericht Bonn wegen Bedrohung, gefährlicher Körperverletzung und wegen Exhibitionismus erneut verantworten. Der „Bonner Generalanzeiger" schreibt zum Prozessauftakt: „Exhibitionistische Handlungen sind in Paragraf 183 des Strafgesetzbuchs geregelt – allerdings nicht für Frauen. Nach dem Wortlaut des Gesetzes wird „ein Mann, der eine andere Person durch exhibitionistische Handlung belästigt, mit Freiheitsstrafe bis zu einem Jahr oder mit Geldstrafe bestraft". Das Gericht wird im Falle eines Schuldspruchs auch darüber befinden müssen, ob für eine Verurteilung als Exhibitionist das Vorhandensein eines Penis' ausreicht oder ob die zu verurteilende Person auch im Melderegister als männlich registriert sein muss."[1059] Der angeklagten Transfrau wurde vorgeworfen, am 6. Dezember 2022 den eigenen Penis im öffentlichen Nahverkehr vor zwei Frauen exhibitionistisch zur Schau gestellt zu haben. Einer früheren Klage zufolge hatte die Transfrau nach der erfolgten Geschlechts-Neudefinition am 26. August 2021 einer Frau aufgelauert und sie mit mehreren Messerschnitten verletzt. Bereits im Jahr 2009 führten ähnlich gelagerte Gewaltübergriffe gegen Frauen, u. a. mit dem Einsatz eines Messers, zu einer mehrjährigen Haftstrafe. Im selben Artikel ist das so beschrieben: „Die Richter waren überzeugt davon, dass der Fetisch des Angeklagten zunehmend eine Gefahr für die Öffentlichkeit darstelle: Der Angeklagte hatte – wie er seinerzeit vor Gericht ausgesagt hatte – seit früher Jugend ein „Späßchen an Frauenstiefeln" entwickelt".

Die Tragweite, die der nicht erfolgte Klärungsbedarf verursacht, war dem früheren Bundesjustizminister Buschmann (mindestens) seit dem Jahr 2022 bekannt, als er auf der Plattform „abgeordnetenwatch.de" auf die Bürgeranfrage „Können Transfrauen gegen § 183 StGB verstoßen?" lediglich ausweichend reagierte:
„183 Abs. 1 StGB bedroht einen Mann mit Strafe, der eine andere Person durch eine exhibitionistische Handlung belästigt. Nacktheit als solche ist nicht tatbestandsmäßig. Der Bundesgerichtshof versteht unter einer exhibitionistischen Handlung, dass der Täter einem anderen ohne dessen Einverständnis sein

entblößtes Glied vorweist, um sich dadurch oder zusätzlich durch Beobachten der Reaktion der anderen Person oder durch Masturbieren sexuell zu erregen, seine Erregung zu steigern oder zu befriedigen (Beschluss vom 18.3.2021, Az. 4 StR 467/20).

Unabhängig vom Geschlecht des Täters kommt in den einschlägigen Fällen eine Strafbarkeit wegen Erregung öffentlichen Ärgernisses (§ 183a StGB) in Betracht. Diese umfasst jegliche sexuelle Handlungen, die öffentlich vorgenommen werden. Auch die Tatbestände der sexuellen Belästigung und des sexuelle Übergriffs gelten geschlechtsneutral. Gegen übergriffige Personen gleich welchen Geschlechts steht den Betreibern von Einrichtungen zudem weiterhin das Hausrecht zur Verfügung.
Mit freundlichen Grüßen
Dr. Marco Buschmann MdB.“[1060]

Das neue Gesetz zur Selbstbestimmung des eigenen Geschlechts ermöglicht Gewalttätern nicht nur einen leichten Zugang zu Schutzräumen für Frauen, sondern auch, dass die Täterschaft bei Femiziden künftig dem Geschlecht weiblich zugeordnet wird: Was zählt ist der Eintrag im Personalausweis bzw. Pass. Damit wird die statistische Aussagekraft der Polizeilichen Kriminalstatistik noch weiter aufgelöst. Dass die Sorge von Gewaltbetroffenen Frauen davor, dass biologische Männer die Gesetzesnovelle als Einfallstor nutzen, sehr berechtigt ist, zeigt nicht nur das Beispiel des sogenannten „*Rosa Riesen*":

Im Zeitraum von eineinhalb Jahren tötete der als Mann geborene Serienmörder Wolfgang Schmidt in Brandenburg bis zum Jahr 1991 fünf Frauen und ein Kind: Im Jahr 1989 erschlug er die zum Tatzeitpunkt 51-jährige E. und vergewaltigt ihren Leichnam im Anschluss.[1061] Im Mai 1990 erdrosselt er die 50-jährige C. mit einem Kabel, tobte seine sexuellen Fantasien an ihrer Leiche aus und entsorgt sie auf einer Müllkippe.[1062] Die 34-jährige I. wird im März 1991 sein nächstes Opfer: er ersticht sie und schändet auch ihre Leiche. Nur neun Tage später tötet der Verbrecher die 44-jährige T. Bevor er sie erdrosselt und ihre Leiche vergewaltigt, muss T. mitansehen, wie der Täter ihren drei Monate jungen Sohn S. aus dem Kinderwagen nimmt und den Kopf des Säuglings an einem Baumstamm zerschmettert. Zwei Schülerinnen schaffen es, dem Täter zu entkommen, bevor er im April die 66-jährigen T. erdrosselt und im Anschluss an den Mord seinen Fetisch auch an ihrer Leiche ausführt. Im Juli 2021 schreibt die Berliner Zeitung „Im Jahr 2009 wird der Antrag auf Namensänderung genehmigt. Wolfgang Schmidt darf sich nun Beate nennen. Er beginnt eine Hormonbehandlung und kommt aus den Schlagzeilen nicht heraus. Ein Jahr später ermittelt die Staatsanwaltschaft. Beate S. soll eine Mitpatientin vergewaltigt haben. Die Vorwürfe lassen sich nicht erhärten. Das Verfahren wird eingestellt".[1063]

Die Morde werden bei Wikipedia dem Geschlecht weiblich zugeordnet, die Ausweisung dort lautet: *„deutsche Serienmörderin"*,[1064] obwohl das Geschlecht zum Tatzeitpunkt männlich war.

Ende Mai 2022 wird in einem Klinikum in Bayern die Leiche der zum Tatzeitpunkt 40-jährigen E. entdeckt. E. war zum Tatzeitpunkt dreifach vulnerabel: Als Frau, als Mensch mit Migrationsgeschichte sowie als Patientin einer psychiatrischen Fachklinik – sie hatte besonderen Schutz nötig. Zu diesem Femizid wurde die stellvertretende Pressesprecherin der Staatsanwaltschaft im „*Merkur*" mit folgenden Worten zitiert: *„Derzeit gehen wir von Mord aus"* – da die Tat durch besondere Grausamkeit gekennzeichnet sei.[1065]

Weiter ist zu lesen: „Zur tatverdächtigen Person sagt Stephan Beer, Leiter der Mordkommission: ‚Vom Geschlecht her ist sie männlich, vom Erscheinungsbild weiblich und gibt selbst an, dem Geschlecht divers zugeordnet zu werden.' Sie sei bereits achtmal polizeilich in Erscheinung getreten, davon viermal wegen Körperverletzung".[1066] Recherchen desselben Mediums zufolge, hatte sich die Klinik über die Warnung von Polizei und Gesundheitsreferat hinweggesetzt und der als „besonders gefährlich" eingestuften Person am Vorabend, d. h. keine 24 Stunden vor dem Femizid, das Nebenzimmer von E. zugewiesen.[1067] „Bild" berichtete dazu: „Er hatte seinen eigenen Hund getötet. Und nach BILD-Informationen gegenüber der Polizei sogar eine Drohung ausgestoßen: ‚Als Nächstes ist ein Mensch dran!'."[1068]

In der Pressemitteilung zum Urteilsspruch wurde die Tatausübung durch das zuständige Landgericht beschrieben: „Nach den Feststellungen des Schwurgerichts hat der Beschuldigte im Bad seines Patientenzimmers im kbo Isar-Amper-Klinikum München-Ost eine Duschstange aus Edelstahl abgerissen. Mit dieser Metallstange begab er sich in das benachbarte Patientenzimmer, wo er eine Mitpatientin, die sich gerade im Bad aufgehalten hatte und sich keines Angriffs versah, mit mindestens 20 Schlägen schwer misshandelte und verletzte. Anschließend strangulierte er die schwer verletzte Frau mit einem Pullover. Die Frau verstarb infolge der Strangulation. Nach der Tötung bedeckte der Beschuldigte die Verstorbene mit zahlreichen Kleidungsstücken, Kleinmöbeln und Matratzen und setzte den Haufen in Brand."[1069]

Es gibt eine Webseite zum Andenken an E., auf der Startseite wird sie zitiert: „ICH HABE GELEBT – ICH HABE DAS LEBEN GELIEBT".[1070]

Es erging folgendes Urteil: „*Die 2. Große Strafkammer (...) hat (...) nach sechstägiger Hauptverhandlung die Unterbringung des Beschuldigten (...)in ein psychiatrisches Krankenhaus wegen des im Zustand der Schuldunfähigkeit begangenen Totschlags an einer Mitpatientin angeordnet.*"[1071]

[Anm.: Im Keller des gleichen Klinikums war bereits drei Monate früher, Ende Januar 2022, die verwesende Leiche einer zum Tatzeitpunkt 62-Jährigen entdeckt worden. Dieser Femizid war vom Lebensgefährten der Getöteten, einem mehrfach polizeibekannten Sexualstraftäter und ehemaligen Klinik-Patienten ausgeführt worden, auch gegen ihn wurde Anklage wegen Totschlags erhoben.[1072]]

Die begründeten Sorgen gegen die vorschnelle Einführung des SGBB, die seitens der Zivilbevölkerung, von Betroffenen sowie verschiedensten Expertinnen bzw. Experten geäußert wurden, fanden bei der deutschen Regierung keinerlei Gehör. Während der breiten Öffentlichkeit die gravierenden Änderungen, die mit dem sogenannten „*Selbstbestimmungsgesetz*" einhergehen, nach wie vor weitestgehend unbekannt sind, wurde das Inkrafttreten am 12. April 2024 durch den Bundestag beschlossen.[1073] Frau Paus wird zu diesem Anlass damit zitiert, dass das Selbstbestimmungsgesetz „*auch Ausdruck unserer freiheitlichen Gesellschaft, in der wir leben*" sei:[1074] „*Mit diesem Gesetz regeln wir die geschlechtliche Selbstbestimmung so, wie es einem freiheitlichen Rechtsstaat gebührt, in dessen Kern die Würde des Menschen steht.*"

Auf diese Entwicklung reagierend, richtete die Sonderberichterstatterin der Vereinten Nationen zu Gewalt gegen Frauen und Mädchen, ihre Ursachen und Konsequenzen, Reem Alaslem, im Juni 2024 einen Brandbrief direkt an Bundesaußenministerin Annalena Baerbock. In ihrem Schreiben wies sie massive, menschenrechtliche Bedenken zur unmittelbar bevorstehenden

Gesetzesänderung aus: *„Ich bin besorgt darüber, dass das Gesetz zur Selbst-bestimmung der Geschlechter in seiner jetzigen Form eine Reihe von Menschen-rechtsverpflichtungen nicht erfüllt, die die Regierung Ihrer Exzellenz hat, insbe-sondere gegenüber allen Frauen und Mädchen"*[1075] und konkretisiert ergänzend: *„Das Geschlechterselbstbestimmungsgesetz scheint die spezifischen Bedürfnisse von Frauen und Mädchen in ihrer ganzen Vielfalt, insbesondere derjenigen, die von männlicher Gewalt bedroht sind und die männliche Gewalt erfahren haben, nicht angemessen zu berücksichtigen, da es keine Schutzmaßnahmen vorsieht, die sicherstellen, dass das Verfahren, soweit dies vernünftigerweise möglich ist, nicht von Sexualstraftätern und anderen Gewalttätern missbraucht wird."*

Auf die möglichen Risiken der Verschleierung der Geschlechtsumwand-lung hat der Innenausschuss des Bundestages am 17. Mai 2024 hingewiesen. Der Ausschuss hatte seine Besorgnis darüber geäußert, dass das Gesetz über die geschlechtliche Selbstbestimmung die Meldebehörden nicht verpflichtet, die Sicherheitsbehörden über die Änderung des Geschlechts der betrof-fenen Person zu informieren, und erklärt, dass dies *„Personen, die das Gesetz aus unredlichen Gründen ausnutzen wollen, die Verschleierung ihrer Iden-tität ermöglicht."* Er stellte ferner fest, dass dies dazu führen kann, dass im Rahmen der gesetzlich vorgeschriebenen Zuverlässigkeitsüberprüfung nach dem Sicherheitsüberprüfungsgesetz keine Informationen über Personen mit geändertem Geschlecht und/oder Namen übermittelt werden, obwohl diese Informationen unter den ursprünglichen personenbezogenen Daten gespei-chert sind.

Auch zu einer weiteren, staatlichen Verantwortung positionierte sich die Sonderberichterstatterin der Vereinten Nationen unzweideutig, indem sie an die völkerrechtlich bindende Vorgabe von CEDAW erinnerte. Demnach sind die Vertragsstaaten, also auch Deutschland, verpflichtet, zur Beseitigung der Diskriminierung von Frauen Mechanismen vorzuhalten, *„'die relevante nach Geschlecht aufgeschlüsselte Daten erheben, eine wirksame Überwachung ermöglichen, eine fortlaufende Bewertung erleichtern und die Überprüfung oder Ergänzung bestehender Maßnahmen sowie die Ermittlung neuer Maßnahmen, die angemessen sein könnten, ermöglichen.'* In diesem Zusammenhang sollten die Staaten aktuelle und zuverlässige Daten über geschlechtsspezifische

Gewalt und sexuelle Gewalt aufbewahren, einschließlich Informationen über das Geschlecht von Opfern und Tätern und die zugrunde liegenden Ursachen. Diese Daten sind besonders wichtig, um sexuelle und geschlechtsspezifische Straftaten gegen Frauen richtig einordnen zu können, da es sich dabei oft um Verbrechen handelt, die überwiegend von Männern begangen werden, während die Opfer überwiegend weiblich sind. Im Gesetz über die Selbstbestimmung der Geschlechter wird jedoch nicht klargestellt, wie das Fehlen zuverlässiger Daten über das biologische Geschlecht von Personen und die Auswirkungen, die das Fehlen solcher Daten auf die Einstufung von Straftaten an Frauen und Mädchen begangenen Straftaten behoben werden sollen".

Die von der Menschenrechtsexpertin erbetene Antwort durch die Bunderegierung erfolgte im August 2024 und wird selbst in der deutschen Presse als schmallippig eingestuft, so berichtet die „*Welt*": „*Die deutsche Antwort auf Alsalems Ausführungen fiel denkbar knapp aus. Auch reagierte nicht Baerbock, sondern das Büro für Ständige Vertretung des Auswärtigen Amtes für die UN. In dem auf den 5. August 2024 datierten Schreiben aus der Botschaft, das WELT vorliegt, heißt es von der Chefin für Sonderaufträge: ,Die Bundesrepublik Deutschland weist den Vorwurf zurück, sie werde (...) einer Reihe menschenrechtlicher Verpflichtungen nicht gerecht'. Das Gesetz basiere ,auf menschenrechtlichen Standards'. Das Hauptmotiv des Selbstbestimmungsgesetzes sei der ,Schutz der Geschlechtsidentität einer Person im Einklang mit dem allgemeinen Persönlichkeitsrecht'. Dies beruhe auf der deutschen Verfassung.*"[1076].

Der Verweis auf die deutsche Verfassung aus dem Büro der Ständigen Vertretung des Auswärtigen Amtes für die UN ist an dieser Stelle völlig obsolet, denn Artikel 2 des Grundgesetzes, der das Grundrecht „*Persönliche Freiheitsrechte*" definiert, besagt auch, dass die Rechte des Einzelnen exakt dort enden, wo die Rechte anderer verletzt werden.

Dieser Grundsatz ist zudem in der Istanbul-Konvention berücksichtigt und beschrieben, unter Artikel 4, Absatz 4 ist festgehalten: „*Besondere Maßnahmen, die zur Verhütung von geschlechtsspezifischer Gewalt und zum Schutz von Frauen vor solcher Gewalt erforderlich sind, gelten nicht als Diskriminierung im Sinne dieses Übereinkommens*".[1077]

IV. Ausgeblendet

In letzter Konsequenz führt das SGBB in der vorliegenden Fassung dazu, dass Daten aus Deutschland nicht in die internationale Femizid-Matrix des UNODC übernommen werden können. Dort hat man dem grundlegenden wissenschaftlichen Prinzip der Datenvalidität entsprochen und als sehr exakt ausdifferenzierte Eingabemöglichkeiten folgende Optionen bereitgestellt:[1078]

* Männlich cisgender
* Männlich transgender
* Weiblich cisgender
* Weiblich transgender
* Verschiedene Geschlechter/Divers
* Nicht anwendbar/Unzutreffend
* Nicht bekannt.

Auf das Statement der UN-Sonderbeauftragten folgte eine unmittelbare Reaktion, erstaunlicher Weise u. a. auch durch den Verein „Deutscher Frauenrat". In einem mit Vertreterinnen und Vertretern des Bundesvorstands des Lesben- und Schwulenverbands, dem Bundesverband Trans* und dem Jugendnetzwerk Lambda e.V. gemeinschaftlich getragenen Positionspapier wird proklamiert: „Patriarchale Gewalt in all ihren Formen muss verhindert werden und wir begrüßen politische Initiativen mit diesem Ziel – aber die Zahlen zu Gewalt zeigen: Kein gewaltbereiter Mann braucht eine Namens- oder Personenstandsänderung, um Gewalt auszuüben. Das Selbstbestimmungsgesetz wird an der bestehenden Sicherheitslage für Frauen nichts verändern."[1079]

Dieser infantilen Argumentation folgend, müsste unsere Justiz abgeschafft werden: Straftäter lassen sich durch Gesetze weder auf- noch abhalten.

Zunehmende Krankheitsbilder und Ausfälle

Die mit der männlichen Gewaltausübung einhergehenden medizinischen Diagnosen sind weitreichend und nur selten über eine einzelne Arbeitsunfähigkeitsbescheinigung heilbar. Ein Großteil der Verletzungen erfolgt im Bereich des Kopfes: Hämatome, Schwindel, Gehirnerschütterungen, Nasenbeinfrakturen, Kopfschmerzen bzw. Migräne, Sehstörungen, Risse in Zähnen, ausgeschlagene Zähne, Risse im Kieferknochen, Würgemale, geplatzte Trommelfelle, Hörprobleme bis hin zur Taubheit, Wirbelsäulenverletzungen, Schnittwunden, Prellungen und Brüche. Hinzukommen die psychischen Beeinträchtigungen, die sich in Ängsten, Schweißausbrüchen, Schlafstörungen, Depressionen oder Panikattacken bzw. posttraumatische Belastungsstörungen spiegeln können. Konzentrationsprobleme, Verwirrung, Müdigkeit, Gedächtnisverlust, chronische Schmerzen auch diffuser Art, Magen-Darm-Störungen, Lähmungen, Haarausfall und Harnwegsinfektionen sowie Atemwegsbeschwerden werden in diesem Kontext ebenfalls häufig benannt.

Die zusätzliche Mischung aus Verzweiflung, Angst und Sorgen, Schmerzen und Scham sowie fehlender Selbstachtung führt häufig zu weiteren gesundheitlichen Beeinträchtigungen, da sich viele Betroffene autoaggressive Verhaltensweisen als *„Konterschmerz"* aneignen: Die seelische Not soll gelindert werden, indem die Schmerzen, die mit einer Selbstverletzung einhergehen, das Trauma der Gewalterfahrung überdecken. Zu den selbstverletzenden Verhaltensmustern gehören bspw. das sich Ritzen, die Entwicklung einer Essstörung, Alkohol-, Tabak-, Medikamenten- und/oder Drogenmissbrauch, das sich Zufügen von (Brand-)Wunden und/oder auch selbstgefährdende Sexualpraktiken. In der Konsequenz führen diese Reaktionen alle zu einer erhöhten Suizidgefährdung sowie zu einem erhöhten Risiko von dauerhaften Beeinträchtigungen bzw. Behinderungen.

In ihrem Überlebensmodus gehen manche Frauen dazu über, sich selbst zu vernachlässigen, sei es, weil die fehlende Selbstachtung ihre Energiereserven auf die Erfüllung der allernotwendigsten Bedürfnisse wie Essen und Schlafen reduziert, sei es, um möglichst unattraktiv zu wirken, so dass der Täter sein Interesse an ihnen verliert. Die tägliche Hygiene kann ausfallen oder Betroffene unterlassen es, sich der Behandlung von Verletzungen zu unterziehen bzw. sie verpassen es, sich impfen zu lassen oder Antibiotika zur Vermeidung von Infektionen einzunehmen. Manche verweigern sich die Einnahme lebenswichtiger Medikamente, von Notfallhilfe oder/und Beratung bzw. Psychotherapie. Noch Jahre später können Schlaganfälle in Folge einer Würgeattacke auftreten, denn Strangulationen schränken die notwendige Sauerstoffversorgung des Gehirns ein und verursachen, anteilig irreparable, Störungen der Hirnfunktionen.

Die Gewalterfahrung hat auch erhebliche Auswirkungen auf die reproduktive Gesundheit der betroffenen Mädchen und Frauen: Sie kann Eileiter- bzw. Eierstockentzündungen, sexuell übertragbare Krankheiten, Risse in der Scheide oder im After, ungewollte Schwangerschaften, Komplikationen bei Schwangerschaften, Fehlgeburten, Frühgeburten oder Babys mit niedrigem Geburtsgewicht nach sich ziehen.

Unter dem Titel *„Die verborgene Epidemie von Hirnverletzungen durch häusliche Gewalt – Die Forschung zeigt, dass Überlebende von Misshandlungen häufiger Kopfverletzungen erleiden können als Footballspieler. Aber sie werden fast nie diagnostiziert"*, veröffentlichte die *„New York Times"* im März 2022 einen ausführlichen Bericht zu den Folgeschäden häuslicher Gewalt, die auf wissenschaftlichen Analysen der Neurologinnen Glynnis Zieman[1080] und Ashley Bridwell[1081] sowie dem Neurologen Javier F. Cardenas[1082] basieren.

Zu Beginn der 2000er Jahre konnte über neurologische Untersuchungen an verstorbenen Footballprofis ein Zusammenhang zwischen den ständigen Schlägen auf den Kopf und Auffälligkeiten im Gehirn, der Chronisch-Traumatischen Enzephalopathie (CTE[1083]), nachgewiesen werden, so dass die National Football League (NFL) im Dezember 2009 langfristige Folgen von beim Football erlittenen Schädel-Hirn-Traumata öffentlich eingestand und die somit die absehbaren Schadensersatzforderungen akzeptierte. Klinische Studien hatten belegt, *„dass selbst leichte Schläge gegen den Kopf, wenn sie oft genug wiederholt werden, langfristig zu neurodegenerativen Erkrankungen führen können. Diese Entdeckungen führten zu verbesserten Schutzmaßnahmen für Sportler, einschließlich einer besseren medizinischen Versorgung und Protokollen zur Prävention und Behandlung von Gehirnerschütterungen. Kopfverletzungen* mussten von Ärzten umfassend untersucht werden, bevor die Spieler ins Spiel zurückkehrten, um sicherzustellen, dass das Gehirn ohne weitere Schäden heilen konnte – ein Prozess, der manchmal Tage, Wochen oder Monate dauert. Aber selbst bei dieser erhöhten Aufmerksamkeit brachten nur wenige die Erfahrungen von Frauen, die ähnliche oder sogar noch schwerere körperliche Gewalt erlitten hatten, mit traumatischen Hirnverletzungen in Verbindung – nicht einmal in den Unterkünften, in die sie geflohen waren". [1084]

Weiter wird in dem Artikel darauf hingewiesen, dass die medizinische Fachschaft von Hirnverletzungen, die aus häuslicher Gewalt resultiert, erstmals über eine Publikation des britischen Arztes Gareth Roberts[1085] erfuhr: „Im Jahr 1990 lehrte Roberts Neuroanatomie am Imperial College London und arbeitete in einer der weltweit führenden Gruppen zur Erforschung der Alzheimer-Krankheit. Ein Kollege bat ihn um Hilfe bei der Auswertung der Autopsie einer 76-jährigen Frau, die nach jahrelangen Misshandlungen durch ihren Ehemann gestorben war. Sie hatte in der Vergangenheit einen Schlaganfall erlitten und war, wie berichtet wurde, in ihren späteren Jahren „dement" geworden – hauptsächlich in Form von Gedächtnisverlust und Verwirrung. Was Roberts in ihrem Gehirn vorfand, ähnelte dem, was er in Gehirnen von Alzheimer-Patienten sah: Verknotungen von Tau- und Beta-Amyloid-Proteinen, die mit Neurodegeneration einhergehen. Ihre Autopsie ergab, dass ihr Gehirn in einem Maße geschädigt war, das mit dem von Boxern vergleichbar ist, die an chronisch traumatischer Enzephalopathie (C.T.E.) leiden, die früher als „Punch-drunk-Syndrom" bekannt war. Dies war das erste Mal, dass in der Literatur ein Zusammenhang zwischen missbrauchten Frauen und neurodegenerativen Erkrankungen hergestellt wurde".

Eine im Jahr 2023 publizierte Studie vom „Brain Injury Research Center" des Mount Sinai Hospitals in New York, U.S.A., bei der man die Gehirne von 14 Frauen untersuchte, die an den Folgen von häuslicher Gewalt verstorben waren, konnte den Zusammenhang von häuslicher Gewalt und C.T.E. nicht untermauern.

Allerdings wurden in den untersuchten Gehirnen aller 14 Frauen Veränderungen festgestellt, die die Neuropathologen auf die partnerschaftliche Gewalt zurückführen.[1086] Schäden im Gehirn als Folge von häuslicher Gewalt

IV.   Ausgeblendet

sind belegt, allerdings bedarf es der Intensivierung von Forschung zu Hirn-
traumata endlich auch in Deutschland, um den betroffenen Frauen eine Chance
auf Heilung zu sichern.

V. Lösungswege

Andere Länder

Deutschland hat es über Jahrzehnte versäumt, die effiziente Bekämpfung von struktureller, tradierter Gewalt gegen Mädchen und Frauen auf den Weg zu bringen. Dabei wäre es ein Leichtes, sich an anderen Nationen zu orientieren, denn dort gibt es seit Jahren erprobte Ideen, erfolgreiche Konzepte und effiziente Maßnahmen.

Wirkmächtige Mechanismen zur Gewaltbekämpfung müssen nicht neu erfunden werden. Deutschland hätte seit Langem die Möglichkeit gehabt, von den Erfahrungswerten und etablierten Standards anderer Nationen zu profitieren. Es gibt sehr viele Impulse, bei denen es sich lohnt, zu überprüfen, ob man sie ggf. an die nationalen Gegebenheiten angepasst übernehmen kann – einige davon werden hier exemplarisch vorgestellt.

Australien

Ende Mai 2024 hat der australische Premierminister Anthony Albanese ein neunköpfiges Gremium beauftragt, wirkmächtige Gegenmaßnahmen zu erarbeiten, mit denen Gewalt gegen Frauen und Kinder innerhalb einer Generation ein Ende gesetzt werden soll. Dabei sind sowohl die Zuständigkeiten, als auch die Zeitschiene öffentlich festgelegt, in der die selbstverpflichtenden Aufgaben erledigt werden: *„Das Gremium wird:*

* *der Regierung praktische Ratschläge für weitere Maßnahmen zur Prävention geschlechtsspezifischer Gewalt geben.*
* *Möglichkeiten zur Verstärkung der Präventionsbemühungen und -ansätze für alle Formen von Gewalt gegen Frauen und Kinder prüfen, wobei der Schwerpunkt auf Tötungsdelikten liegt.*

V. Lösungswege

* *Überlegungen zu gezielten Ansätzen der Gewaltprävention anstellen, wobei der Schwerpunkt auf der Ermittlung dessen liegt, was über den gesamten Lebenszyklus und für verschiedene Personengruppen funktioniert.*
* *Auseinandersetzung mit den Determinanten, Risikofaktoren, Wegen und sich überschneidenden Faktoren für geschlechtsspezifische Gewalt, einschließlich unterschiedlicher und neu entstehender Formen von Gewalt, sowie mit der Rolle der Schlüsselindustrien.*
* *Ganzheitliche Möglichkeiten der Prävention und Intervention, einschließlich einer stärkeren Rechenschaftspflicht und Konsequenzen für Menschen, die sich für Gewalt entscheiden.*
* *Möglichkeiten zur Änderung von Einstellungen und zur Beschleunigung der Fortschritte bei der Verhütung von Gewalt gegen Frauen und Kinder, auch auf lokaler Ebene."*[1087]

Auf den Seiten der Regierung wird der australische Premier mit folgenden Worten zitiert: *„Gewalt gegen Frauen ist eine nationale Krise, und sie muss beendet werden."* Und er sagt eine Investition in Höhe von 3,4 Milliarden Dollar in die Sicherheit von Frauen zu, die in drei aufeinanderfolgenden Abschlägen ausgeschüttet werden soll.

Bereits im April 2024 hatte die australische Regierung fast 1 Milliarde Dollar bereitgestellt, um Frauen zu unterstützen, wenn sie eine Gewaltbeziehungen verlassen: Gewaltbetroffenen (d. h. vorwiegend Frauen) wird mit dem *„Escaping Violence Payment (EVP)"* eine sogenannte *„Ausstiegszahlung"* zugesichert: *„Die nationale EVP-Studie zielt darauf ab, die Barriere der finanziellen Unsicherheit zu verringern, mit der Menschen konfrontiert sind, wenn sie eine gewalttätige intime Partnerbeziehung verlassen. Das EVP-Pilotprojekt unterstützt förderungswürdige Opfer und Überlebende mit individuellen Paketen von bis zu 5.000 $ an finanzieller Unterstützung, um eine gewalttätige intime Partnerbeziehung zu verlassen (...). Die finanzielle Unterstützung kann für die Bezahlung von Rechnungen, Umzugskosten, Einrichtungsgegenständen, Haushaltsgeräten, Beratung und Rechtsbeistand verwendet werden".*[1088]

Auch Australien hat das, was in Deutschland so dringend gebraucht wird: Eine nationale Strategie zur Bekämpfung von Frauen und Kindern. Aktuell schließen die staatlichen Maßnahmen die Jahre 2022 bis 2032 ein:[1089]

„Der Nationale Plan ist der übergreifende nationale politische Rahmen, der die Maßnahmen zur Beendigung der Gewalt gegen Frauen und Kinder in den nächsten 10 Jahren leiten wird. Er zeigt auf, wie alle Teile der Gesellschaft, einschließlich der Regierungen, Unternehmen und Arbeitsplätze, Medien, Schulen und Bildungseinrichtungen, der Bereich Familie, häusliche und sexuelle Gewalt, Gemeinden und alle Einzelpersonen zusammenarbeiten müssen, um die gemeinsame Vision der Beendigung der geschlechtsspezifischen Gewalt innerhalb einer Generation zu erreichen. Der Nationale Plan beschreibt in vier Bereichen, was geschehen muss, um die Vision der Beendigung von Gewalt innerhalb einer Generation zu erreichen:

Prävention – Arbeit an der Veränderung der der Gewalt zugrundeliegenden gesellschaftlichen Triebkräfte durch Auseinandersetzung mit den Einstellungen und Systemen, die Gewalt gegen Frauen und Kinder fördern, um sie zu stoppen, bevor sie beginnt.

Frühzeitiges Eingreifen – Identifizierung und Unterstützung von Personen, bei denen ein hohes Risiko besteht, dass sie Gewalt erleben oder verüben und Verhinderung der Wiederholung von Gewalt.

Reaktion – Bereitstellung von Diensten und Unterstützungsmaßnahmen zur Bewältigung bestehender Gewalt und zur Unterstützung von Opfern und Überlebenden von Gewalt, z. B. Krisenhilfe und polizeiliches Eingreifen sowie ein traumainformiertes Justizsystem, das Menschen, die Gewalt ausüben, zur Verantwortung zieht.

Genesung und Heilung – Hilfe bei der Verringerung des Risikos einer erneuten Traumatisierung und Unterstützung von Opfern und Überlebenden, damit sie sich von Traumata und den körperlichen, geistigen, emotionalen und wirtschaftlichen Auswirkungen von Gewalt erholen können.“

Australien hat das, was der deutschen Regierung seit Jahrzehnten fehlt: eine etatgestützte, ressortübergreifende Vision:

„Unsere Vision – Beendigung der Gewalt in einer Generation

V. Lösungswege

Dieser Nationale Plan ist unser Bekenntnis zu einem Land, das frei ist von geschlechtsspezifischer Gewalt – in dem alle Menschen frei von Angst und Gewalt leben und zu Hause, am Arbeitsplatz, in der Schule, in der Gemeinschaft und im Internet sicher sind. Dies ist ein Menschenrecht für alle Menschen und wir verpflichten uns, die Gewalt gegen Frauen und Kinder in Australien innerhalb einer Generation zu beenden".[1090]

Belgien

Unsere belgischen Nachbarn verfügen seit dem Jahr 2001 über mehrere Aktionspläne zur Bekämpfung von geschlechtsspezifischer Gewalt,[1091] die im Jahr 2015 erstmalig in einer nationalen Strategie zur Bekämpfung aller Formen von geschlechtsspezifischer Gewalt (2015-2019) zusammenliefen. Die staatliche Planung zur Bekämpfung der geschlechtsspezifischen Gewalt umfasste Gewalt in Paarbeziehungen, Genitalverstümmelung, Zwangsheirat, Gewalt im Namen der Ehre, sexuelle Gewalt und Prostitution. Prioritär werden die Erhebung von qualitativen und quantitativen Daten, Prävention durch Sensibilisierung und Aufklärung, Maßnahmen zur Unterstützung und zum Schutz der Opfer sowie die Stärkung der Schutzmaßnahmen, bzw. Einrichtungen verfolgt.[1092]

Belgiens nationale Strategie wurde mehrfach bedarfsorientiert überarbeitet und, nach der Evaluation Belgiens durch GREVIO, vom Ministerrat am 26. November 2021 in einem aktualisierten Nationalen Aktionsplan zur Bekämpfung geschlechtsspezifischer Gewalt (NAP) 2021-2025 verabschiedet.[1093] Alle Maßgaben der nationalen Strategie stehen in vollem Einklang mit dem Übereinkommen des Europarats zur Verhütung und Bekämpfung von Gewalt gegen Frauen und häuslicher Gewalt, der Istanbul-Konvention: *„Ziel ist es auch, die Politik zur Bekämpfung geschlechtsspezifischer Gewalt in die Perspektive der EU-Gleichstellungsstrategie 2020-2025 einzubetten, die „ein Europa anstrebt, in dem Männer und Frauen gleichberechtigt sind und in dem geschlechtsspezifische Gewalt, geschlechtsspezifische Diskriminierung und strukturelle Ungleichheiten zwischen Frauen und Männern der Vergangenheit angehören".[1094]*

Darüber hinaus hat die Legislative Belgiens auf Femizide reagiert und im Jahr 2023 ein Gesetz zur Prävention von Femiziden verabschiedet, das die Gewalt gegen Frauen in Belgien eindämmen soll: *„Das Gesetz enthält eine Legaldefinition für Femizid, d. h. die vorsätzliche Tötung von Frauen aufgrund ihres Geschlechts. Außerdem wird der Schutz für Opfer geschlechtsspezifischer Gewalt verbessert, berichtet die Nachrichtenagentur Belga. Der Text würde auch die Erhebung von Statistiken über das Phänomen der Femizide gewährleisten und Schulungen für Polizeibeamte und Richter im Umgang mit Fällen von Gewalt gegen Frauen vorsehen"*, so beschreibt es *„The Brussels Times"*.[1095]

Brasilien

In Reaktion auf die steigende Anzahl von Femiziden hat *„der Präsident der Republik, Luiz Inácio Lula da Silva, am Mittwoch (09.10.2024) das Gesetz 4266/2023 unterzeichnet, das den Femizid zu einem eigenständigen Straftatbestand macht und das Strafmaß für diesen und andere gegen Frauen begangene Verbrechen erhöht"*.[1096]

Das neue Gesetz sieht bei Femiziden ein Strafmaß von mindestens 20 Jahren bis zu höchstens 40 Jahren vor. Vorher waren 12 bis 30 Jahre Gefängnis als Strafe vorgesehen. Andere, gezielt gegen Frauen ausgeführte Straftaten, wie z. B. Körperverletzungen werden künftig mit einer Freiheitsstrafe von zwei bis fünf Jahren, anstelle von ein bis vier Jahren geahndet. In Fällen, in denen Gewalttäter nach einer Verurteilung wegen eines Verbrechens gegen Frauen aus der Strafvollzugsanstalt entlassen werden, sowie in Fällen, in denen Verbrechen oder Gewalt gegen Frauen untersucht werden, wird der Einsatz einer elektronischen Überwachung in allen Instanzen zwingend vorrangig bearbeitet.

Aus derselben Pressemeldung der brasilianischen Regierung geht hervor, dass das Frauenministerium Brasiliens darüber hinaus auch die Mittel für Maßnahmen zur Verhütung und Bekämpfung von Gewalt gegen Frauen erhöhte: *„Von Januar 2023 bis August 2024 investierte das Ministerium rund 389 Millionen R$* [Anm. umgerechnet 68.657.605,30 US-Dollar] *in Schutzausrüstung und andere Präventionsmaßnahmen sowie in den Zugang zur Justiz."*

V. Lösungswege

Chile

Seit dem Jahr 2020 wird in Chile der 19. Dezember als nationaler Tag gegen Femizide begangen.[1097]

Im März 2024 verabschiedete der chilenische Kongress einstimmig ein umfassendes Gesetz zur Verhinderung, Bestrafung und Beseitigung von Gewalt gegen Frauen: *„Das Gesetz legt die Grundlagen und Leitlinien für die Bekämpfung von Gewalt gegen Frauen in ihren verschiedenen Erscheinungsformen sowie die Pflichten des Staates in diesem Bereich fest. (...) Nach seiner Verabschiedung wird das Gesetz unter anderem die Überwachung von Vorsorgemaßnahmen verbessern und einen gerichtlichen Überwachungsmechanismus einrichten, um die Einhaltung und Relevanz zu gewährleisten. Außerdem werden die Vorsichtsmaßnahmen auf Verbrechen und Angriffe ausgedehnt, die außerhalb von familiären, emotionalen oder gemeinschaftlichen Beziehungen begangen werden. Bisher konnten vorsorgliche Sofortmaßnahmen nur in Fällen häuslicher Gewalt angeordnet werden“.*[1098] Zudem wird den Überlebenden in Fällen von Femizid oder Femizid-Suizid kostenloser Rechtsbeistand und -vertretung garantiert.

Das verabschiedete Gesetz definiert geschlechtsspezifische Gewalt als *„jede Handlung oder Unterlassung, die Frauen aufgrund ihres Geschlechts den Tod, Verletzungen oder Leiden zufügt, unabhängig davon, wo sie stattfindet, ob im öffentlichen oder privaten Leben, oder eine entsprechende Bedrohung“.*[1099] Dem Staat wird mit der neuen Schutzgesetzgebung eine verstärkte Verantwortung zugewiesen, um den gesellschaftlichen und kulturellen Wandel zu erzielen. Federführend soll unter anderem auch das Ministerium für Bildung diesen Auftrag erfüllen. Deshalb heißt es in Artikel 12: *„Das Bildungsministerium fördert die Grundsätze der Gleichstellung der Geschlechter und der Nichtdiskriminierung sowie die Verhütung geschlechtsspezifischer Gewalt“* und im zweiten Absatz: *„Vom Staat anerkannte Bildungseinrichtungen fördern eine nicht-sexistische und geschlechtergerechte Bildung und berücksichtigen in ihren internen Vorschriften und Protokollen die Förderung der Gleichheit der Würde und Rechte sowie die Verhütung geschlechtsspezifischer Gewalt in all ihren Formen“*, so beschreibt es *„Pressenza“* im selben Artikel.

Frankreich

Mitten in der Pandemie-Zeit von COVID-19, im Jahr 2020, gelang es der damaligen Staatssekretärin für die Gleichheit zwischen Frauen und Männern, Marlene Schiappa, mit unterschiedlichen Maßnahmen, die Rate von Femiziden in Frankreich um mehr als ein Drittel abzusenken. Sie machte bspw. Präsident Emmanuel Macron zum Zeugen eines Hilfegesuchs durch eine Gewaltbetroffene, setzte den verstärkten Einsatz von Fußfesseln einschlägig auffälliger Täter ebenso durch, wie die Vokabel „*Femizid*" und ließ die Rufnummer des Hilfetelefons landesweit auf die Kassenbons großer Supermarktketten drucken. Die Tagesschau berichtete dazu: „*Die Regierung habe unter anderem angeordnet, dass Anzeigen wegen häuslicher Gewalt direkt nachverfolgt werden*".[1100] Das bewirkte, dass, die Polizei sofort aktiv wurde, wenn eine Frau den Notruf tätigte bzw. auch, dass der gewalttätige (Ex-)Partner meist direkt in Gewahrsam genommen wurde.

Aktuell setzt Frankreich seinen dritten nationalen Aktionsplan 2022-2025 um, dazu gehören neben vielen anderen mehr, auch Maßnahmen, die zur Förderung der Prävention und der Sensibilisierung des Personals und der Öffentlichkeit für Fragen im Zusammenhang mit der Bekämpfung geschlechtsspezifischer Gewalt, der Rechte der Frau und der Gleichstellung der Geschlechter gehören. Dem Zugang von Mädchen und Jungen zur Bildung, einschließlich der Aufklärung über die Gleichstellung der Geschlechter, sowie dem Schutz und der Förderung der sexuellen und reproduktiven Gesundheit und Rechte, wird besondere Aufmerksamkeit gewidmet. Ebenso wird der Kampf gegen weibliche Genitalverstümmelung in Frankreich und anderswo ausgebaut. Verstärkt wird zudem die Unterstützung von Dokumentation, Sammlung und Analyse von nach Geschlecht aufgeschlüsselten Daten und Untersuchungen zu sexueller Gewalt.[1101]

Auch in Reaktion auf den Prozess gegen den Schwerverbrecher Pelicot hat der französische Premierminister Michel Barnier am 25. November 2024, dem internationalen Tag zur Bekämpfung von Gewalt gegen Frauen, vier weitreichende Maßnahmen zugesagt: Neben von den Krankenkassen finanzierten Testkits für den Nachweis chemischer Substanzen in mehreren Bezirken, soll es bis zum Jahresende 2025 in jedem Bezirk ein Frauenhaus geben. „*Zudem solle das Verfahren ausgeweitet werden, nach dem Frauen, die sexuelle Gewalt erfahren haben, im Krankenhaus Anzeige erstatten könnten. Bis Ende 2025 solle diese Maßnahme in 377 Einrichtungen möglich sein, und damit in allen, die über eine Notaufnahme oder eine gynäkologische Abteilung verfügten; aktuell seien es 236. Wichtig sei diese Zusammenarbeit zwischen Krankenhäusern und Polizei auch für die Beweisaufnahme"*, informiert die „Zeit" und ergänzt, dass *„Le Monde zufolge auch das Budget der Hilfe für Frauen, die Partnerschaftsgewalt erfahren haben, steigen"* soll.[1102]

Großbritannien

Seit dem Jahr 2019 gibt es in Großbritannien eine *„Regelung zur Offenlegung von Informationen über häusliche Gewalt (Domestic Violence Disclosure Scheme – DVDS), auch bekannt als ‚Clare's Law'"*. Sie ermöglicht es der Polizei, einem Opfer oder potenziellen Opfer häuslicher Gewalt Informationen über frühere Missbrauchs- oder Gewaltdelikte seines Partners oder Ex-Partners offenzulegen. Über einen Handlungsleitfaden ist die Polizei verpflichtet, für die Sichtbarkeit der Gewalthistorie eines Täters zu sorgen.[1103] Ähnlich wie in Kanada, wird die Gefahr, die von Gewalttätern, die ihre Aggressionen gezielt gegen Mädchen und Frauen richten, auch in Großbritannien neu eingeordnet: Im August 2024 kündigte die britische Innenministerin Yvette Cooper eine Überarbeitung der nationalen Extremismus-Strategie an, mit der gegen Menschen vorgegangen wird, die *„schädliche und hasserfüllte Überzeugungen"* verbreiten. Die Innenministerin zählt extreme Frauenfeindlichkeit zu einer der ideologischen Bedrohungen, durch die das Land hasserfüllten oder/und schädlichen Aktivitäten ausgesetzt ist, die Gewalt fördern oder die die Demokratie untergraben. Der „Spiegel" berichtete: *„Großbritanniens Innenministerium will stärker gegen Extremismus in der Gesellschaft vorgehen – und dabei auch Misogynie in den Blick nehmen. ‚Regierungen haben zu lange dabei versagt, etwas gegen den Anstieg von Extremismus sowohl online als auch auf der Straße zu tun', teilte Innenministerin Yvette Cooper der britischen Nachrichtenagentur PA mit. Die Zahl junger Leute, die online radikalisiert würden, sei gewachsen"*.[1104]

Die Überarbeitung der britischen Extremismus-Strategie führt zu weitreichenden Konsequenzen, so berichtet das Nachrichtenmagazin „ndtv": *„Mit* *diesem Schritt wird Gewalt gegen Frauen auf die gleiche Weise behandelt wie Rechtsextremismus. Der Gesetzesentwurf sieht vor, dass Lehrkräfte verpflichtet sind, Schüler, die sie extremer Frauenfeindlichkeit verdächtigen, an das Anti-Terror-Programm der Regierung zu verweisen. Jeder, der an das Programm überwiesen wird, wird von der örtlichen Polizei geprüft, um festzustellen, ob er Anzeichen einer radikalen Einstellung aufweist und deradikalisiert werden muss".* [1105]

Irland

In Irland findet die nicht tödliche Strangulation in der Gesetzgebung deutliche Anerkennung. Sie wurde im Jahr 2022 zu einem eigenständigen Straftatbestand erhoben, nach dem entsprechende Attacken mit bis zu 14 Jahren Haft geahndet werden können. Diese juristische Konsequenz berücksichtigt, dass Strangulationen, in Form von Würgen bzw. der absichtlichen Beeinträchtigung der Atmung einer Frau ausgeübt werden, um sie zu kontrollieren oder einzuschüchtern. Es gilt als evidenzbasiert, *„dass die Wahrscheinlichkeit, dass ein Opfer von seinem Partner ermordet wird, achtmal höher ist, wenn zuvor eine nicht tödliche Strangulierung stattgefunden hat".* [1106]

Italien

In Italien wird Gewalt gegen Mädchen und Frauen seit dem Juli 2019 u. a. mit dem *„Codice Rosso"* bekämpft. [1107] Diese Gesetzesnovelle schreibt nicht nur eine vorrangige und beschleunigte prozessuale Bearbeitung von Fällen häuslicher und geschlechtsbezogener Gewalt vor, sondern auch eine strafmaßverschärfte Sanktionierung dieser. Auf der Internetseite ist die Notwendigkeit staatlicher Regulierung ausgewiesen: *„Es darf nicht übersehen werden, dass Gewalt gegen Frauen leider ein immer weiter verbreitetes Phänomen ist, das seine Wurzeln in einem kulturellen Substrat hat, das häufig durch gängige Verhaltensweisen verstärkt wird, und das verschiedene Formen annimmt, die alle eine große soziale Besorgnis auslösen müssen".* [1108]

Italien hat die Istanbul-Konvention bereits im Jahr 2013 ratifiziert, viereinhalb Jahre vor der Bundesrepublik Deutschland. Basierend auf dem *„Codice Rosso"* verabschiedete das italienische Parlament am 22. November 2023 einstimmig die Bestimmungen zur Bekämpfung von Gewalt gegen Frauen und häuslicher Gewalt, die die Befugnisse von Präfekten[1109] im Bereich der Bekämpfung von geschlechtsspezifischer Gewalt erweitern, indem sehr kurzfristig neue Maßnahmen zum Schutz der verletzten Person ergriffen werden können, bspw. Zwangsmaßnahmen gegen den Täter.[1110] Ziel ist es, mit dem insgesamt 19 Artikel umfassenden Gesetz den Schutz der Gewaltopfer durch Präventionsmaßnahmen zu stärken und die Hürde zum strafrechtlichen Schutz zu senken. Außerdem soll ein fester Rahmen bei Verfahren zu Straftaten gegen Frauen oder häusliche Gewalt Sicherheit gewährleisten: *„Artikel 5 sieht Maßnahmen zur Förderung der Spezialisierung der Staatsanwaltschaften im Bereich der geschlechtsspezifischen und häuslichen Gewalt vor und legt fest, dass im Falle einer Delegation der stellvertretende Staatsanwalt immer speziell mit der Bearbeitung von Angelegenheiten im Zusammenhang mit geschlechtsspezifischer und häuslicher Gewalt betraut sein muss."* So beschreibt es das italienische Online-Portal *„skytg24".*[1111]

Darüber hinaus, so wird im Artikel berichtet, wird der Rahmen mit einer festgeschriebenen Zeitgrenze gestützt: *„Artikel 7 regelt das Verfahren zur Anwendung von Sicherungsmaßnahmen in Verfahren wegen häuslicher und geschlechtsspezifischer Gewalt und sieht durch die Einfügung des neuen Artikels in der Strafprozessordnung vor, dass der Staatsanwalt die Anwendung der Maßnahme innerhalb von dreißig Tagen nach Eintragung der Person in das Strafregister beantragen muss und dass der Richter innerhalb von zwanzig Tagen nach Einreichung des Antrags auf Sicherungsmaßnahmen bei der Geschäftsstelle über den Antrag entscheiden muss."*

Eine Anordnung zum Tragen elektronischer Fußfesseln ist möglich und kann als Sicherungsmaßnahme zu einer Inhaftierung ausgeweitet werden, sofern das elektronische Mittel vom Täter manipuliert wird.

Eine weitere Verschärfung wurde damit eingeführt, dass es für die Gewährung einer Strafaussetzung zur Bewährung nicht ausreicht, wenn der Täter mindestens zweimal pro Woche an Rehabilitationsprogrammen teilnimmt – stattdessen müssen diese Programme erfolgreich abgeschlossen werden. Neue Straftatbestände wurden eingeführt, bspw. die sogenannte *„Pornorache"* oder Gesichtsverstümmelungen durch einen Säureangriff. Ersteres hat eine

Geldstrafe von 5.000 bis 15.000 Euro und eine Haftstrafe von einem bis zu sechs Jahren zur Folge, während eine Säureattacke mit Höchststrafen bis zu 14 Jahren geahndet wird.[1112]

> Am 13. September 2024 startete am Landgericht in Köln ein Prozess gegen einen Gewalttäter, der seiner Ex-Freundin am 9. Februar 2024 in Gummersbach (Nordrhein-Westfalen) auflauerte, sie hinterrücks niederschlug, um sie dann mit hochkonzentrierter Schwefelsäure zu verletzten. Der „Kölner Stadtanzeiger" berichtet zum Prozessbeginn: „Laut Anklage habe sich die Frau vom Angeklagten getrennt, nachdem sie von dessen Drogenmissbrauch erfahren habe. Im Juni 2023 habe sie ihn ihrer Wohnung verwiesen. Anschließend habe der Angeklagte die Bundesrepublik zunächst verlassen, der 41-Jährigen ab Herbst 2023 aber Drohungen per Internet-Chat zukommen lassen. Darin habe er angekündigt: „Er selbst oder von ihm beauftragte Personen, würden die Geschädigte aufsuchen, sie mit Messern verletzten und mit Säure übergießen oder sogar töten", sagte die Staatsanwältin".[1113] Auch der „WDR" berichtet über das Rache-Verbrechen, das zur Anklage „Schwere Körperverletzung" führte: „Die Frau wurde bei dem Angriff schwer verletzt. Sie erlitt Verätzungen zweiten bis dritten Grades an Gesicht, Kopf, Nacken und Händen. Die behaarte Kopfhaut musste ‚weitreichend abgetragen werden', so die medizinischen Gutachten. Auch die rechte Ohrmuschel wurde stark verätzt".[1114]

(Auch) dieser Angriff hätte mit dem Tod der Geschädigten enden können. Die Ankündigung des Attentäters im Vorhinein ließe eine gezielte Tötungsabsicht annehmen. Dem deutschen Strafrecht zufolge ist eine absichtlich ausgeführte schwere Körperverletzung, die das Opfer *„in erheblicher Weise dauernd entstellt"* mit einer Freiheitsstrafe von nicht unter drei bis maximal 10 Jahren zu ahnden.[1115]

Kanada

Kanada hat den 6. Dezember zum jährlichen, nationalen Tag des Gedenkens und der Aktion gegen Gewalt gegen Frauen bestimmt. Das Datum, an dem sich das Attentat an der Polytechnischen Hochschule Montréal jährt, dient nicht nur der Erinnerung an die Femizide gegen:

V. Lösungswege

* Geneviève Bergeron
* Hélène Colgan
* Nathalie Croteau
* Barbara Daigneault
* Anne-Marie Edward
* Maud Haviernick
* Maryse Laganière
* Maryse Leclair
* Anne-Marie Lemay
* Sonia Pelletier
* Michèle Richard
* Annie St-Arneault
* Annie Turcotte
* Barbara Klucznik-Widajewicz.

Auf der kanadischen Homepage ist das Staatsbekenntnis zum Handlungsbedarf im Heute sichtbar: *„Wir trauern um die Verstorbenen und gedenken ihrer Leben und bekräftigen unser Engagement im Kampf gegen den Hass, der zu dieser Tragödie geführt hat, und gegen die Frauenfeindlichkeit, die auch heute noch besteht".*[1116]

> Nachdem ein 17-jähriger Gewalttäter im Jahr 2020 in Toronto die 24-jährige Ashley Noell A., Mutter einer Tochter, mit einer Machete erstochen und eine weitere Frau schwer verletzt hatte, wurde er im Juni 2023 wegen eines terroristischen Akts zu einer lebenslangen Haftstrafe verurteilt.
> Presseberichten zufolge war die Tatwaffe mit einem sexistischen Spruch beschriftet und in der Tasche des Täters befand sich ein Zettel, auf dem Gewalt gegen Frauen propagiert wurde.

Zur Urteilsbegründung führte das Gericht an, der Täter habe die Botschaft senden wollen, dass er Frauen hasse. Der *„Guardian"* berichtete dazu: *„Die Bundesbehörden hatten die Ermittlungen aufgenommen, nachdem die Polizei von Toronto Beweise für „terroristische Aktivitäten" entdeckt hatte, die den Verdächtigen mit der sogenannten „Incel"-Bewegung in Verbindung brachten. Incels – die praktisch alle männlich sind – bezeichnen sich selbst als „unfrei-*

willige Zölibatäre", die der Ideologie anhängen, dass die Welt zu Unrecht gegen unattraktive heterosexuelle Männer ist. In den letzten Jahren hat eine Häufung von Morden in Kanada und den Vereinigten Staaten, die mit dieser Bewegung in Verbindung gebracht werden, zu einer verstärkten Kontrolle durch Strafverfolgungsbehörden und Sicherheitsexperten geführt. Die Anklage wegen Terrorismus gegen den Minderjährigen – wahrscheinlich die erste für eine Gewalttat, die nicht mit islamischem Extremismus in Verbindung steht – zeigt, dass die Bundesregierung die Bewegung als wachsende Bedrohung in Kanada ansieht".[1117] Mit diesem Urteil wurde in Kanada zum ersten Mal ein Angeklagter für seine *„Incel-ideologisch motivierte terroristische Aktivitäten"* verurteilt.

Kasachstan

Landesweite Proteste im Anschluss an den Femizid gegen die zum Tatzeitpunkt 31-jährige Saltanat N., deren Ehemann sie im November 2023 mit gezielten Schlägen gegen ihren Kopf öffentlich getötet hatte,[1118] führten zu unmittelbaren Reaktionen auf Seiten der Regierung: *„Präsident Kassym-Jomart Tokajew unterzeichnete am 15. April Gesetzesänderungen, um die Definitionen zu erweitern und die Strafen in Fällen von Gewalt gegen Frauen und Kinder zu verlängern. Vor der Verabschiedung der Änderungen wurden die meisten Fälle häuslicher Gewalt als Verwaltungsangelegenheiten und nicht als Straftaten behandelt"*, so berichtete das Online-Portal *„eurasianet"*[1119] und führte konkreter aus: *„Mit den Änderungen werden auch verbindliche Leitlinien für das Strafmaß bei besonders abscheulichen Verbrechen festgelegt. So erhalten beispielsweise Personen, die wegen Mordes oder Vergewaltigung eines Minderjährigen verurteilt werden, nun eine lebenslange Haftstrafe ohne die Möglichkeit einer Bewährung."*

Kosovo

Der 17. April wurde von der Präsidentin des Kosovo, Vjosa Osmani, im April 2024 zum nationalen Trauertag *„im Gedenken an alle Frauen und Mädchen, die im Kosovo durch geschlechtsspezifische Gewalt ermordet wurden"* erklärt.[1120]

V. Lösungswege

Malta

Im November 2023 brachte die maltesische Regierung ihre nationale Strategie zur Bekämpfung geschlechtsspezifischer und häuslicher Gewalt auf den Weg. Diese trägt den Titel *„Unite, Engage, Elevate".*[1121] Sie gilt für den Zeitraum 2023 bis 2028 und fußt, angelehnt an die Istanbul-Konvention, auf den vier Säulen: Integrierte Richtlinien, rechtliche Maßnahmen und Datenerhebung, Prävention, Schutz und Unterstützung sowie Strafverfolgung. Zur staatlichen Zielsetzung gehören eine Stärkung der Gesetzgebung, um Opfer wirksam zu schützen, wobei ein sofortiges Unterstützungsangebot sowohl rechtliche als auch psychosoziale Hilfe umfasst. Prävention soll mit Sensibilisierungskampagnen und der Einführung von Lehrmaterial zu Geschlechtergleichstellung und gewaltfreien Beziehungen in Schulen gesichert werden, aber auch mit intensivierten Programmen für Täter. Zudem werden die Medien und der Privatsektor bei der Bekämpfung von Geschlechterstereotypen mit einbezogen. Schutz und Unterstützung der Opfer werden u. a. über die Einführung von elektronischen Fußfesseln und Panikknöpfen angestrebt. Zudem soll die Strafverfolgung die Polizei in die Lage versetzen, schnell auf alle Formen von Gewalt zu reagieren. Zu den Maßnahmen gehört auch die aktive Herabsetzung des Risikos einer sekundären Viktimisierung.[1122]

Niederlande

Nach Schweden und Irland sowie u. a. Belgien, Kroatien, Zypern, Dänemark, Finnland, Griechenland, Luxemburg, Malta, Portugal, Slowenien und Spanien, haben auch die Niederlande die erklärt konsensuale Willensbekundung zum Geschlechtsverkehr gesetzlich verankert. Das international unter dem Kürzel *„Nur Ja heißt Ja!"* bekannte Gesetz sieht seit dem 1. Juli 2024 vor, dass jede nicht einvernehmliche Penetration, ob oral, vaginal oder anal, als Vergewaltigung zu werten ist. Passivität, Schweigen, fehlende Zustimmung oder ausbleibender Widerstand dürfen in Holland nicht länger als Zustimmung gedeutet werden.[1123]

Österreich

Seit September 2024 wird in der Steiermark die Nummer des Hilfetelefons weitläufig multipliziert, indem sie auf steirischen Milchpackungen gedruckt ist.[1124]

Neben kritischen Stellungnahmen geht aus dem im September 2024 veröffentlichten Bericht der Prüf-Kommission des Europarates (GREVIO) zu Österreich folgendes hervor: *„GREVIO, das die Einhaltung der Istanbul-Konvention überwacht, stellt fest, dass Österreich gut auf häufige Formen der Gewalt – wie frauenfeindliche Kommentare und Belästigung im Internet – reagiert hat, mit Schulungsinitiativen und Gesetzen, die die Rechte der betroffenen Frauen in Strafverfahren „kontinuierlich stärken". GREVIO lobt auch das Gewaltschutzgesetz von 2019, mit dem sicherheitspolizeiliche Fallkonferenzen wieder eingeführt wurden und eine verpflichtende Gewaltpräventionsberatung für Täter häuslicher Gewalt umgesetzt wird".[1125]*

Darüber hinaus gab es am 27. Mai 2024 in Österreich eine höchstrichterliche Entscheidung, nach der der Staat Österreich künftig bei Schadensersatzansprüchen in die Haftung genommen werden kann, wenn ein kausaler Zusammenhang zwischen der Unterlassung einer Schutzanordnung und dem Schaden einer gewaltbetroffenen Frau belegt ist.[1126] Erfolgreich geklagt hatte ein Gewaltüberlebende, *„weil die Polizeibeamten gebotene Maßnahmen unterlassen hätten, durch die der Mordversuch an ihr verhindert worden wäre, insbesondere die Anordnung eines Betretungs- und Annäherungsverbots gegenüber dem Täter und die Kontaktaufnahme mit der Staatsanwaltschaft, um ihr die Anordnung der Festnahme des Täters zu ermöglichen".[1127]*

Portugal

Portugal hat eine nationale Strategie zur Gleichstellung und Nichtdiskriminierung (ENIND) entwickelt, um die Vision für die nachhaltige Zukunft Portugals zu verwirklichen: Der strategische Planungszyklus, der bereits im Jahr 2018 begann, ist mit Zielen, Maßnahmen, Meilensteinen, Verantwortlichkeiten sowie Produkt-, Ergebnis- und Wirkungsindikatoren und Etats abgestimmt bis zum Jahr 2030. Er umfasst u. a. die Aktionspläne für die Gleichstellung von

Frauen und Männern und den Aktionsplan zur Verhütung und Bekämpfung von Gewalt gegen Frauen und häuslicher Gewalt.[1128]

Schweden

„Die Bekämpfung der Gewalt von Männern gegen Frauen ist ein vorrangiges Thema für die schwedische Regierung. Im Jahr 2016 wurde eine zehnjährige nationale Strategie zur Verhinderung und Bekämpfung von Gewalt von Männern gegen Frauen verabschiedet. Die Strategie gilt für den Zeitraum 2017-2026 und legt besonderen Wert auf präventive Maßnahmen." So weist es die Regierung online aus,[1129] sie wird derzeit, auch mit neuen, den realen Bedarfen entsprechenden Maßnahmen umgesetzt.[1130]

Spanien

Seit Spanien im Jahr 2017 die Bekämpfung von Gewalt gegen Mädchen und Frauen als *„Staatsaufgabe mit hoher Priorität"* in Angriff genommen hat, gilt es diesbezüglich als europäischer Leuchtturm: *„Es gibt gerichtliche Schnellverfahren, strenge Urteile, Hotlines mit Beratung in mehr als 50 Sprachen sowie spezielle Schulungen für Richter, Anwälte, Lehrer und Polizisten. Das Problem ist Teil der Lehrpläne, wird oft in Talkshows debattiert und ist Gegenstand vieler Filme und TV-Serien. Die Polizei hat Sondereinheiten – aber auf jeder Wache wissen die Polizisten, wie sie im Notfall handeln müssen. Schon bei jedem Verdacht und selbst wenn das Opfer keine Anzeige erstattet, weil es etwa Angst vor dem Täter hat, müssen sie Maßnahmen einleiten. Spezialisierte Richter ordnen je nach Gefährdungsgrad umgehend Präventionsmaßnahmen bis hin zu einem Rund-um-die-Uhr-Personenschutz für das Opfer an."* führt das Redaktionsnetzwerk Deutschland *„rnd"*[1131] aus.

Neben allen bereits beschrieben Maßnahmen, die Spanien erfolgreich auf den Weg gebracht hat, sorgte die Gleichstellungsministerin, Irene Montero, bereits im COVID-Jahr 2021 für großes Bewusstsein, indem sie für die Weihnachtszeit eine Warnung herausgab, um *„die andere große stille Pandemie"*, die Gewalt gegen Frauen, zu vermeiden. *„Früherkennung ist entscheidend. Jeder, der glaubt, dass es eine Frau gibt, die möglicherweise unter Gewalt leidet, sollte sich an sie wenden."* Montero betonte, dass alle Frauen wissen sollten, *„dass sie* *nicht allein sind"* und dass der Kampf gegen männliche Gewalt *„eine Sache des Staates ist"* dokumentiert die ministeriale Webseite.[1132]

U.S.A.

In den Vereinigten Staaten von Amerika wird seit dem Jahr 1981 im Oktober eines jeden Jahres mit dem *„Domestic Violence Awareness Month (DVAM)"* den Betroffenen Häuslicher Gewalt gedacht.[1133] Im nationalen Gedenkmonat Oktober kommen Gemeinden und Interessenvertretungsorganisationen im ganzen Land mit der Öffentlichkeit zusammen, um das Bewusstsein für die Anzeichen von Gewalt und für Möglichkeiten, sie zu stoppen, zu schärfen. Geschichten von Überlebenden werden bekannt gemacht, auch, um Führungskräften und politisch Verantwortlichen zusätzliche Argumentations-Ressourcen bereitzustellen, im Jahr 2024 unter dem Motto: *„Heal, Hold & Center".*[1134]

Seit dem Jahr 2005 wurden die Anforderungen für die Gewährung von Kautionen oder Bürgschaften für Personen, die häuslicher Gewalt beschuldigt werden, in Ohio verschärft. Das sogenannte *„Amy's Law"* schreibt vor, dass Polizeibeamte bei jeder Verhaftung oder Untersuchung eines Vorfalls von häuslicher Gewalt einen 20 Fragen umfassenden Fragebogen zur Gefahreneinschätzung ausfüllen müssen. Außerdem, dass alle Gewalttäter vor einem Richter erscheinen müssen, bevor sie gegen Kaution freigelassen werden. Die Richter erhalten während der Kautionsanhörung des Angeklagten ein Exemplar des Fragebogens zur Risikobewertung, damit sie eine fundierte Entscheidung treffen können. Der Fragebogen gibt unter anderem Aufschluss über die Schwere der Straftat, die psychische Verfassung des Täters und darüber, ob der Verdächtige eine Bedrohung für andere Personen darstellt oder nicht.[1135]

Zypern

Auf Zypern gilt Femizid seit Juli 2022 als eigener Straftatbestand. Die *„Cyprus Mail"* berichtete dazu: *Nach dem neuen Gesetz wird ein Gericht bei der Berechnung und Verhängung eines Strafmaßes für Femizid als erschwerender Faktor berücksichtigen, dass der Tod infolge von Gewalt durch einen Sexualpartner, Folter oder frauenfeindlicher Gewalt, häuslicher Gewalt oder Gewalt im Namen* *der Ehre eingetreten ist. Als erschwerende Faktoren gelten auch Fälle, in denen der Tod infolge von Gewalt aufgrund religiöser Überzeugungen, der sexuellen Ausrichtung und/oder der Geschlechtsidentität eingetreten ist, sowie die Begehung der Straftat der weiblichen Genitalverstümmelung, Gewalt zum Zweck oder im Zusammenhang mit sexueller Ausbeutung und/oder Menschenhandel und/oder Drogenhandel und/oder organisierter Kriminalität".*[1136]

V. Lösungswege

Nationale Ebene

In Deutschland fehlen nicht nur tausende von Schutzplätzen, sondern vor allem anderen eine finanzgestützte Bundesstrategie und wirksame Korrektive. In keinem der für die Umsetzung der Istanbul-Konvention verantwortlichen Ministerien hat man sich bis heute Gedanken dazu gemacht, wie Prävention national und ressortübergreifend gestaltet und etabliert werden kann: Weder im Bundesfrauenministerium (BMFSFJ), noch im Bundesinnenministerium (BMI), nicht im Bundesjustizministerium (BMJ) und auch nicht im Bundesgesundheitsministerium (BMG) – niemand hat sich zuständig gefühlt, niemand hat Konzepte zur Vorbeugung erarbeitet, geschweige denn ebendiese vorgestellt oder gar implementiert.

Auf Landes- und kommunaler Ebene bleiben Synergien ungenutzt und im Ergebnis steigen die Zahlen weiterhin an. Ob aufgrund von länderspezifischen Gesetzmäßigkeiten oder ob des Widerstands, die Vorgaben der Istanbul-Konvention anzuerkennen: Für betroffene oder/und gefährdete Mädchen und Frauen ist der oberflächliche Aktionismus staatlicher Repräsentantinnen und Repräsentanten lebensgefährlich bzw. tödlich.

Strategie

Spanien nimmt europaweit eine Vorreiterrolle in der Bekämpfung von Gewalt gegen Frauen ein, auch weil es seit dem Jahr 2004, mit der Verabschiedung eines umfassenden Gesetzes zu Partnerschaftsgewalt, einen vollständig opferorientierten Ansatz verfolgt und damit dem geschlechtsspezifischen Charakter dieser Art von Gewalt Rechnung trägt.[1137] Aber nicht nur Spanien bekämpft Gewalt gegen Mädchen und Frauen seit Jahren auf Basis einer nationalen Gesamtstrategie: Frankreich, Malta, Belgien, Portugal, Frankreich, Schweden und auch Großbritannien, sie alle sind Deutschland mit ihrem umfassenden, nationalen Plan weit voraus.

In der Bundesrepublik hingegen liegt der vorrangige Fokus politischer Debatten auf der Finanzierung der Frauenhäuser. Der Ansatz ist vergleichbar damit, eine Sepsis mit Salbe heilen zu wollen: Konzentration auf die Symptomatik, um der nachhaltigen Ursachenbekämpfung auszuweichen. Ein Staat, der die Istanbul-Konvention ratifiziert hat, muss eine diametral andere Vision verfolgen: Prävention. Das eigentliche Ziel ist die mittel- bis langfristige Abschaffung von Frauenhäusern, weil sie nicht mehr benötigt werden. Dieses Ziel bleibt unerreichbar, solange die nationale Strategie fehlt.

Damit aus einem Planungskonzept realer Nutzen gezogen werden kann, müssen in der Strategie sowohl die Ziele, als auch verbindliche Daten zur Zeitschiene inklusive der Zwischenschritte und Meilensteine sowie eine namentliche Ausweisung der Verantwortlichen Institutionen, Ressorts und Personen definiert sein. Selbstverständlich auch eine angemessene und verlässliche Finanzierung, die das staatlich voranzutreibende Vorhaben langfristig absichert.

Das Deutsche Institut für Menschenrechte (DIMR) forderte im August 2024 eine solche *„umfassende, koordinierte Strategie"*[1138] von der Bundesregierung: *„Das Risiko für Frauen und Kinder, tödlicher Gewalt zum Opfer zu fallen, steige während und kurz nach der Trennungsphase im Vergleich zur Zeit des Zusammenlebens auf das Fünffache an. Ebenso fehle das Bewusstsein, dass Gewalt gegen Frauen „keine Privatsache" sei, sondern der Staat durch die Menschenrechte zum „wirksamen Schutz" davor verpflichtet sei. Das „Thema Gewaltschutz" werde auch in rechtlicher Hinsicht bisher nicht hinreichend berücksichtigt"*, führte die Leiterin der Berichterstatterstelle für geschlechtsbezogene Gewalt am DIMR anlässlich der Veröffentlichung des Jahresberichts 2023 an.

Zur wirksamen Umsetzung einer nationalen Strategie zur Bekämpfung von Gewalt gegen Mädchen und Frauen gibt es darüber hinaus flächendeckenden Handlungsbedarf: Stellen zur Umsetzung der Istanbul-Konvention sind in Deutschland nahezu nie ausgeschrieben. Die Bekämpfung von Gewalt gegen Frauen ist kein Lehrstoff an Schulen, schon gar kein Pflichtfach. Ebenso wenig ist sie an Hochschulen oder/und Universitäten zu finden: Weder gibt es eine probate Anzahl an Lehrstühlen, noch an Forschungsaufträgen oder Drittmitteloptionen.

V. Lösungswege

Prävention

Der Präventionsauftrag bildet aus gutem Grund den Kern der Istanbul-Konvention.

In der öffentlichen Diskussion, ebenso wie in der Kommunikation der Bundesregierung, stehen regelmäßig „nur" Maßnahmen, die im Nachgang an eine Gewalterfahrung unterstützen, d. h. sie sind am Ende der Gewaltspirale angesiedelt, nicht am Anfang. Am Anfang müssten Eingriffe stehen, die die Ressort- und Instanzenübergreifende Ächtung von Gewalt gegen Mädchen und Frauen forcieren, nach einer ganz klaren Vorgabe: Prävention. Nicht Post-Trauma.

Denn die fehlenden, staatlichen Korrektive sind längst ein Fass ohne Boden, vergleichbar mit einem Schiedsrichter, der sein Spiel nicht pfeift und sich wundert, wenn alles aus dem Ruder läuft. Jeder, der bis hierhin angeführten Kritikpunkte sowie der Anregungen und Lösungsschritte, die in anderen Nationen gegangen werden, bietet einen Ansatz, um wirkmächtige Maßnahmen gegen die strukturelle, tradierte, männliche Gewaltausübung in Deutschland aufzusetzen. Darüber hinaus werden im Folgenden weitere Optionen aufgezeigt, die, unter ganz unterschiedlichen Perspektiven, zur Bekämpfung von Femiziden dienen.

Eine der einfachsten und, in Relation gesehen, günstigsten Maßnahmen ist die staatlich zu leistende Öffentlichkeitsarbeit. Dazu können Regierungserklärungen ebenso dienen, wie TV-Sondersendungen oder der Abdruck von Hilfskontakten auf Kassenbons. Das offizielle Ächten von Femiziden über die staatlichen Internetportale, so wie es in Spanien bereits seit Jahren praktiziert wird, trüge ebenso zu einer neuen Wahrnehmung in der breiten Öffentlichkeit bei, wie eine unmittelbar auf einen Femizid folgende, seriöse Berichterstattung, die den geschlechtsspezifischen Aspekt des Verbrechens klar benennt, sowohl analog, als auch digital. Dafür wäre es äußerst hilfreich, wenn bspw. die verantwortlichen Ministerien für Frauen, Justiz, Inneres und Gesundheit eine entsprechende Überarbeitung des Pressekodex bewerben würden.

Das Gedankengut einer Gesellschaft, der sogenannte Zeitgeist, findet in ihren Werten und Verhaltensmustern Ausdruck. Wenn es verändert werden soll, müssen Schulungen und Bildungsmaßnahmen für nachfolgende Generationen aufgesetzt werden, von frühester Kindheit an.

Die Anforderung der Istanbul-Konvention dazu ist in *„Artikel 14 – Bildung"* konkretisiert: *„Die Vertragsparteien treffen gegebenenfalls die erforderlichen Maßnahmen, um an die sich entwickelnden Fähigkeiten der Lernenden angepasste Lernmittel zu Themen wie der Gleichstellung von Frauen und Männern, der Aufhebung von Rollenzuweisungen, gegenseitigem Respekt, gewaltfreier Konfliktlösung in zwischenmenschlichen Beziehungen, geschlechtsspezifischer Gewalt gegen Frauen und dem Recht auf die Unversehrtheit der Person in die offiziellen Lehrpläne auf allen Ebenen des Bildungssystems aufzunehmen".*

Das Rad muss dazu nicht neu erfunden werden, es gibt bereits vielerorts Impulse, um mit (früh-) kindlicher Erziehung die Gewalt gegen Mädchen und Frauen präventiv zu bekämpfen. So startete bspw. in Bayern in den Schulklassen der Jahrgangsstufen sechs und sieben im Oktober 2024 ein erster Kurs des Arbeitskreises *„Wege aus der Gewalt"*: *„Durch Übungen und Rollenspiele werden Werte wie "Zur eigenen Meinung stehen", "Gemeinschaft", "Mobbing" und "Zivilcourage" vermittelt. Dabei geht es nicht um das bloße Erlernen klassischer Selbstverteidigungsmethoden, sondern um die innere Stärkung der Mädchen und Jungen".*[1139] Das Training wird bis Mitte Dezember 2024 auf die Realschule und Mittelschulen des Landkreises ausgeweitet.

Auch die Kultusministerkonferenz der Länder hat mit ihrem Leitfaden *„Kinderschutz in der Schule – Leitfaden zur Entwicklung und praktischen Umsetzung von Schutzkonzepten und Maßnahmen gegen sexuelle Gewalt an Schulen"* im Jahr 2023 eine Handlungsempfehlung bereitgestellt, die für alle Schulen in Deutschland online abrufbar ist:[1140] *„Sexuelle Gewalt betrifft alle gesellschaftlichen Schichten und geschieht mitten unter uns. Die Datenlage zum Thema ist alarmierend und unterstreicht die Notwendigkeit, dass sich Schule als für alle Kinder und Jugendliche bedeutsame Lebenswelt der Prävention sexueller Gewalt annehmen muss."*

Die bereitgestellten Erfahrungswerte, Informationsangebote, Handlungsleitfäden oder/und Lehrmaterialien können allerdings nur in den Schulalltag integriert werden, wenn eine verlässliche Finanzierung die Mehraufwände für das entsprechend geschulte Personal sowie die erforderlichen Sachmittel stützt.

Wiederbelebung und erste Hilfe sollen, so die Empfehlung vom Schulausschuss der Kultusministerkonferenz, seit 2014 in Deutschland flächendeckend im Schulunterricht ab der siebten Klasse integriert sein.[1141] In logischer Konsequenz der Anerkennung, dass Lebensrettung als Teil des schulischen Wissenstransfers geleistet werden muss, sind auch Gewaltmuster und präventive Ansätze in die Curricula der Heranwachsenden aufzunehmen.

Diesbezüglich gibt Hessen ein bundesweites Signal.

Im Juni 2024 hat die Landesregierung im Schulgesetz Hessens die Entwicklung und Umsetzung von Schutzkonzepten gegen Gewalt und sexuellen Missbrauch verankert. Das Kultusministerium gibt online bekannt: *„Alle weiterführenden allgemeinbildenden und beruflichen Schulen erhalten neue Unterrichtsmaterialien zum Schutz von Jugendlichen vor sexualisierter Gewalt."* Weiter wird auf den Seiten des Ministeriums ausgeführt: *„Ziel ist es, Schülerinnen und Schüler wie auch Lehrkräfte über sexualisierte Gewalt zu informieren, ihre Sensibilität für das Erkennen solcher Situationen zu schärfen und ihnen mehr Handlungssicherheit im Umgang mit dieser Thematik zu vermitteln".*[1142]

Anfang September 2024 gab Bundesarbeitsminister Hubertus Heil ein Gesetzesvorhaben bekannt, das vorsieht, künftig nur noch den Betrieben öffentliche Aufträge auf Bundesebene zu geben, die sich an die Tarifverträge ihrer Branche halten.[1143] Weshalb wurde eine solche Koppelung der Vergabe öffentlicher Mittel bzw. öffentlicher Aufträge einerseits an verbindliche Nachweise zu internen Gewaltschutzkonzepten andererseits nicht längst thematisiert und auf den Weg gebracht?

Arbeitgeber, die sich die Mühe machen, anhand vorliegender Statistiken durchzurechnen, wie immens groß ihr wirtschaftlicher Schaden ist, der anfällt, wenn Mitarbeiterinnen wegen Häuslicher Gewalt aus-, oder/und ganz wegfallen, ergreifen effiziente Gegenmaßnahmen. Eine davon könnte bereits eine im Einstellungsprozess zu unterzeichnende Selbstverpflichtung sein, auf deren Verletzung arbeitsrechtliche Maßnahmen folgen.

Kommunikation

> Fehlendes Bewusstsein zu Gewalt gegen Frauen ist auch darauf zurückzuführen, dass nicht kommuniziert wird: Im Fall der Attacke eines 11 Jahre Älteren gegen eine 31-jährige Frau im Oktober 2024 hielt die zuständige Polizei in Sachsen eine entsprechende Pressemeldung für überflüssig. Dass der öffentliche Angriff „mit einem metallischen Gegenstand" gegen die Frau, die schwer verletzt im Krankenhaus versorgt werden musste, überhaupt bekannt wurde, ist der Recherche von „Tag24" zu verdanken.[1144]

Gewalt, die von Männern ausgeht, muss klar benannt und als solche anerkannt werden.

> Dass ein Brandstifter im September 2024 in Nordrhein-Westfalen 31 Menschen verletzte, bewertete die zuständige Polizei in ihrer Pressemeldung wie folgt: „Erste Ermittlungen ergaben, dass das Motiv des 41-Jährigen war, dass seine Ehefrau sich von ihm getrennt hatte".[1145]

Über diese Formulierung wird der getrenntlebenden Frau eine Mitverantwortung untergeschoben.

Es ist unverantwortlich, dass gerade die Polizei, als Verfasserin der Pressemeldung, nicht differenziert zwischen dem Recht auf Selbstbestimmung jeder Frau, das es zu stützen gilt, und der Unfähigkeit eines (weiteren) Gewalttäters, seine Hybris zu kontrollieren. In einer korrekten Darstellung wäre die geschlechtsspezifisch von einem Mann ausgeführte Gewalt, die sich gezielt gegen seine Ex-Frau und deren Angehörige richtete, als solche benannt worden. Insbesondere, weil der Täter schon vor dem Verbrechen eine Gewalthistorie hatte, die in *„Bild"* beschrieben wird: *„Der Täter ist bereits wegen Bedrohung, Sachbeschädigung und häuslicher Gewalt polizeibekannt. Deswegen hatte sich seine Frau auch von ihm getrennt".*[1146]

Bundesweit gilt es, entsprechend sensibilisierende Schulungen und Kommunikationstrainings aufzusetzen. An der vehementen (Abwehr-)Reaktion aus dem hier exemplarisch benannten Polizeipräsidium vom 14. November 2024[1147] auf die diesbezüglich geäußerte Kritik ist ablesbar, dass eine solche Schulung noch nicht stattgefunden hat oder/und (noch) nicht zielführend war:

V. Lösungswege

„Der von Ihnen geäußerte Vorwurf einer unsachgemäßen bzw. unangemessenen Formulierung wurde geprüft, konnte hier jedoch nicht nachvollzogen werden. Insbesondere wird der Vorwurf, die gewählte Formulierung würde der Frau eine Mitverantwortung „unterschieben", nicht geteilt. Die Formulierung spricht vom Motiv des Täters, also von dessen Beweggrund. Weiter wird dieser Grund auch dahingehend konkretisiert, dass die Tat mutmaßlich im Zusammenhang mit der Trennung von seiner Ehefrau stand. Damit geht aber keine Wertung oder Bewertung einer Verantwortung oder auch nur Mitverantwortung der Frau einher. Der Begriff „Motiv" beschreibt im deutschen allgemeinen Sprachgebrauch nur einen Umstand, durch den sich jemand bewogen fühlt, etwas Bestimmtes zu tun, macht aber gerade keine Bewertung hinsichtlich Kausalität, Verantwortung oder gar Schuld. Die Verantwortung des (männlichen) Täters wird hier weder in Frage gestellt noch der Frau „untergeschoben". Der Vorwurf, die gewählte Formulierung würde der Frau auch nur eine Mitverantwortung unterstellen, kann hier nicht nachvollzogen werden und wird daher auch zurückgewiesen. Nach hiesiger Ansicht handelt es sich vielmehr um eine neutrale, hinsichtlich einer (Mit-)Verantwortung völlig wertfreie Aussage, die nur den Beweggrund beschreibt. Dies wird durch die gewählte und allgemein gebräuchliche Formulierung unmissverständlich so ausgedrückt und – nach hiesiger Ansicht – von der breiten Öffentlichkeit auch so verstanden.

Insoweit wird auch Ihr abschließender Vorwurf, dass „die Polizei selbst aktiver Teil der strukturellen, tradierten Gewaltausübung gegen Mädchen und Frauen ist", als pauschal, unangemessen und abfällig gegenüber den Frauen und Männern, die hier täglich ihren Dienst zum Wohle der Bevölkerung leisten, zurückgewiesen".

Eine adäquat sensible Kommunikation zu Femizid-Versuchen und Femiziden hat in direkter Folge auf das jeweilige Verbrechen zu erfolgen. Die aktuelle Handhabe sieht das nicht zwingend vor. Im Gegenteil: Gewalttaten, die Männer an einem Freitagabend, Samstag oder Sonntag ausführen, finden in der Berichterstattung immer wieder erst am darauffolgenden Montag oder Dienstag Erwähnung. Dann, wenn die Fakten zum Verbrechen mangels Tagesaktualität auf den *„hinteren Medienplätzen"* landen. So war es u.a. auch im Oktober 2024 zu beobachten, als Polizei und Staatsanwaltschaft Nordrhein-

Westfalen die Pressemeldung zu einem Femizid gegen eine 44-jährige Frau durch ihren Ehemann erst mit zwei Tagen Verspätung publizierten.[1148]

In der Presseberichterstattung zu Feminiziden und Femizid-Versuchen fallen immer wieder Meldungen ins Auge, die eine bewusste Reduktion von Information spiegeln. So wurde bspw. im April 2024 das Tötungsdelikt gegen eine Frau in Hessen erst dann öffentlich, als die Tochter der 59-jährigen M. in einem Spendenaufruf im Internet von dem Tod ihrer Mutter berichtete, um auf diese Weise deren Beerdigung finanzieren zu können. Die *„Frankfurter Rundschau"* verwies darauf, dass seitens der zuständigen Behörden nicht informiert wurde, obwohl ein großes öffentliches Interesse an Femiziden besteht: *„Über ein Tötungsdelikt oder gar einen „grausamen Mord" in (...) hatten aber weder Polizei noch Staatsanwaltschaft bis dahin berichtet. Die Polizei teilte auf FR-Nachfrage mit, in der Sache habe sich die Staatsanwaltschaft Presseauskünfte vorbehalten. Auf Nachfrage bei der Staatsanwaltschaft hieß es, man teile nicht jedes Tötungsdelikt mit".*[1149]

Gefährdungsanalysen und Täterarbeit

Rheinland-Pfalz hat das Programms *„RIGG"*[1150] und die Fallkonferenzen bereits Anfang 2000 implementiert. In ihnen sollen möglichst alle beteiligten Behörden und Instanzen gemeinsam die Gefährdungseinschätzung einer Gewaltbetroffenen vornehmen, um sie dann maximal zielgerichtet schützen zu können. Das Bundesland gilt mit dieser Einführung als Vorreiter in Deutschland.

Allerdings ist selbst in Rheinland-Pfalz kein signifikanter Rückgang von Feminiziden feststellbar und die Zahl der Delikte im Bereich häusliche Gewalt stieg auch im Jahr 2023 weiter an.[1151] Gewaltdelikte gegen Mädchen und Frauen sind (auch) in Rheinland-Pfalz seit Jahren überbordend,[1152] so stellt es im Juni 2024 auch eine Recherche des *„SWR"* fest: *„Im Bereich des Polizeipräsidiums Rheinpfalz wurden im Jahr 2023 kaum mehr Straftaten im Bereich häusliche Gewalt verzeichnet als in den zwei Jahren davor. Aber im Bereich* *des PP Rheinpfalz bewegen sich die Zahlen schon seit Jahren auf sehr hohem Niveau.*"[1153]

Fallkonferenzen sind ohne Zweifel ein unterstützendes Instrument, wenn es darum geht, bereits bekannte Gewaltausübung einzudämmen. Allerdings ist es unerlässlich, die Konferenzen quantitativ und qualitativ auszubauen und mit einem Qualitätsmanagement zu versehen, um sie als effizienten Hebel nutzen zu können.

Im Oktober 2024 benannte GREVIO im Rahmen des fünften Allgemeinen Tätigkeitsberichts für das Jahr 2023[1154] die Notwendigkeit ihrer Risikobewertung, um Frauen vor Gewalt zu schützen:[1155] *„Die Monitoring-Tätigkeit der GREVIO im Jahr 2023 hat auch ergeben, dass die Trennung von einem gewalttätigen Partner die Risiken für die Kinder erhöhen kann, weshalb es wichtig sei, dynamische Risikobewertungen in die Sorgerechts- und Umgangsverfahren zu integrieren. Diese Verfahren könnten dazu genutzt werden, den Missbrauch nach der Trennung fortzusetzen, insbesondere durch missbräuchliche Klagen. Um die Sicherheit von Opfern zu gewährleisten, sei daher ein besseres Verständnis der Gewalt nach der Trennung entscheidend".*

Auch Täterarbeit ist in Deutschland endlich konsequent verpflichtend einzuführen: Gewalttätige Männer müssen in ihrer Selbstüberhöhung korrigiert werden und lernen, Verantwortung für ihr asoziales Verhalten zu übernehmen. Die Arbeit daran ist nur dann zielführend, wenn sie ernstgenommen wird: Das bedeutet konkret, dass die Interessen der Gewalttäter dem Gemeinwohl unterzuordnen sind. Eine abschreckende Wirkung ließe sich steigern, bspw. indem die Kurse zur Täterarbeit ganz bewusst in die reguläre Arbeitszeit gelegt würden, so dass Täter sich am Arbeitsplatz erklären, bzw. ggf. auch mit arbeitsrechtlichen Konsequenzen rechnen müssten.

Tätern, die legal bzw. mit Kenntnis der Exekutive im Besitz von Schusswaffen sind, müssen dieser entledigt werden, sobald sie im Kontext häusliche Gewalt auffällig sind. In einer derart gelagerten Fallkonstellation sollte die Waffenbesitzerlaubnis dauerhaft entzogen werden.

Stärkung der Betroffenen

Am Beispiel von Australien ist ablesbar, wie unterstützend sich eine Gesellschaft positionieren kann, um den Schwächsten in ihrer Mitte im Akutfall beizustehen. Neben der finanziellen Unterstützungsleistung durch den Staat, die es Betroffenen ermöglicht, einen Weg aus ihrer verzweifelten Situation zu ergreifen, können auch andere Werkzeuge zielführend sein.

Ein denkbares Werkzeug könnten Selbstverpflichtungen sein, die in neu abzuschließende Arbeitsverträge eingebunden werden. Viele Unternehmen arbeiten bereits mit Compliance-Regelungen, deren Verletzung als geschäftsschädigend gewertet werden und arbeitsrechtliche Konsequenzen zur Folge haben.

Konzerne haben darüber hinaus sehr häufig die Möglichkeit, ihre gewaltbetroffenen Mitarbeiterinnen direkt zu schützen, bspw. indem sie sie innerhalb des Konzerns versetzen. Damit erhalten sie sich nicht nur die wertvolle Arbeitskraft, sondern sichern die gepeinigte Mitarbeiterin ad hoc vor dem Zugriff des Gewaltausübenden. Der Vorteil für die Unternehmen liegt dabei auf der Hand: Es muss kein neuer Rekrutierungs- oder/und Einarbeitungsprozess gestartet werden, die Mitarbeiterin kann unbeeinflusst wieder ihre volle Leistung bringen. Die Intensität an Loyalität, aus dieser Hilfe für den eigenen Arbeitgeber erwächst, ist kaum zu steigern.

Auch im Immobiliensektor hat man Bewusstsein für die Thematik häusliche Gewalt entwickelt.

Schon im Bürgerlichen Gesetzbuch regelt § 1361b, dass ein *„Ehegatte verlangen kann, dass ihm der andere die Ehewohnung oder einen Teil zur alleinigen Benutzung überlässt, soweit dies auch unter Berücksichtigung der Belange des anderen Ehegatten notwendig ist, um eine unbillige Härte zu vermeiden. Eine unbillige Härte kann auch dann gegeben sein, wenn das Wohl von im Haushalt lebenden Kindern beeinträchtigt ist"*.[1156] Das trifft gerade dann zu, wenn widerrechtliche und vorsätzliche Verletzungen am Körper, an der Gesundheit, der Freiheit oder der sexuellen Selbstbestimmung ausgeführt oder angedroht wurden. Die gesamte Wohnung ist auch dann zur alleinigen Benutzung zu überlassen, wenn der Betroffenen das weitere Zusammenleben aufgrund der Schwere der Tat nicht zuzumuten ist. Allerdings hat die Gesetzesgrundlage einen Haken, den der Berliner Mietergemeinschaft e.V. online beschreibt: *„Die alleinige Wohnungsnutzung kann aber (leider) nur dann eine Dauerlösung sein, wenn das Opfer allein an der Wohnung berechtigt ist – etwa aufgrund von Eigentum oder aufgrund eines Mietvertrags. In den Fällen, in denen beide gemeinsam an der Wohnung berechtigt sind oder nur der Täter/die Täterin, kann die Wohnung nur für eine bestimmte Frist zugewiesen werden. Ist der Täter/die Täterin allein an der Wohnung berechtigt, so beträgt der Zeitraum der Zuweisung höchstens sechs Monate. Gelingt es dem Opfer während dieser Zeit nicht, eine Ersatzwohnung zu finden, kann das Gericht die Frist um höchstens sechs weitere Monate verlängern."*

Von der Berliner Initiative 25/II geht seit 2023 eine deutliche Positionierung gegen häusliche Gewalt aus. Mehrere private und gewerbliche Vermieter erkennen an, dass häusliche Gewalt auch ein gravierender Störfaktor innerhalb einer Hausgemeinschaft ist. Das Zusammenleben unter einem Dach leidet massiv, daher haben sie eine Vereinbarung ausgearbeitet, die von Mietern und Vermietern gleichermaßen vor Beginn des rechtsverbindlichen Mietverhältnisses abzuzeichnen ist. Ziel der Initiative ist es, *„häusliche Gewalt zu vermindern und den von ihr Betroffenen einen Weg zur Unterstützung aufzuzeigen — und zwar genau dort, wo diese Art der Gewalt stattfindet: in Wohnhäusern"*.[1157] Auf dem Basisgedanken der Selbstverpflichtung wird allen Neumietern und Neumieterinnen über die neue Anlage zum Mietvertrag bereits vor Einzug verdeutlicht, dass häusliche Gewalt nicht zu billigen ist, sondern aktive Hilfestellung erfordert. Alle Berliner Wohnungsunternehmen, -genossenschaften sowie privaten Immobilieneigentümer und Eigentümergemeinschaften sind dazu aufgerufen, die Initiative *„25/II – Haus ohne häusliche Gewalt"* zu unterstützen. Flankiert wird das innovative Engagement durch eine breite Medienkampagne, freies Material zum Download und Poster und Plakate, die in den Häusern für Sichtbarkeit und Bewusstsein sorgen.[1158]

Verursacherprinzip

„Eltern haften für Ihre Kinder" – es gibt wohl kaum einen anderen Satz, den alle Deutschen von Warnschildern her kennen und der sich auch dadurch auszeichnet, dass er so viel über die deutsche Mentalität erzählt: Ist ein Schaden entstanden, interessiert an erster Stelle, wer dafür aufzukommen hat.

Die Haftungsfrage wird nach dem Verursacherprinzip geregelt, d. h. die Person, die den Schaden verantwortet, muss dafür aufkommen – in dem Maße, indem ihm oder/und ihr schuldhaftes oder fahrlässiges Verhalten vorgeworfen werden kann. Bei Gewaltdelikten gegen Mädchen und Frauen gilt das Verursacherprinzip nicht.

Um das zu verstehen, muss man die Historie der deutschen Frauenhäuser betrachten. Im November 1976 wurde im damaligen West-Berlin das erste Frauenhaus gegründet, das sich in Verantwortung sah, eine geschützte Unterkunft, einen Zufluchtsort mit Unterstützungsangeboten für gewaltbetroffene Frauen und ihre Kinder, anzubieten. Das Selbstverständnis des ersten autonomen Frauenhauses, sich uneingeschränkt solidarisch an der Seite der Gewaltbetroffenen zu engagieren, hat über die Jahrzehnte viele betroffene Frauen geschützt. Es hat allerdings nicht dazu geführt, dass die Femizide in Deutschland rückläufig werden.

Die Zentrale Informationsstelle autonomer Frauenhäuser (ZIF) hat ihre Leitlinien transparent online gestellt und für ihre Einrichtungen folgendes definiert: *„Jede Frau hat ein Recht auf informationelle Selbstbestimmung. Informationen und Daten sollen und dürfen nur nach Rücksprache und mit Zustimmung der Frau weitergegeben werden".*[1159] Das ist eine nachvollziehbare Position, die vor allem dann sinnvoll ist, wenn es um die Wahrung der geheimen Anschriften der Häuser und Schutzwohnungen geht.

Diese Haltung zur informationellen Selbstbestimmung führt im Moment der Anwendung dazu, dass der bestmögliche Schutz vor einem Gewalttäter für die aktuell betroffene Frau im Frauenhaus geleistet wird. Allerdings wird damit zeitgleich der Schutz für die Frauen verhindert, die demselben Gewalttäter als künftige Partnerinnen begegnen – die Gewaltausübung wird also nicht unterbrochen, sondern umverteilt.

V. Lösungswege

In Deutschland können Ermittlungen zu häuslicher Gewalt – abhängig von der Schwere des Vorwurfs gegen den Täter – eingestellt werden, wenn die betroffenen bzw. verletzten (zumeist) Frauen ihren Strafantrag nicht aufrechterhalten. Eine Frau im Frauenhaus muss den Gewalttäter nicht namentlich benennen, geschweige denn wird sie gezwungen, ihn anzuzeigen und strafrechtlich verfolgen zu lassen. In vielen Fällen werden bereits gestellte Strafanträge von Betroffenen im Nachgang revidiert und Verfahren damit eingestellt. Nur, wenn die Staatsanwaltschaft das Vorliegen eines öffentlichen Interesses feststellt, bspw. bei versuchtem Totschlag, kann ein Verfahren auch ohne die Zustimmung der Betroffenen weitergeführt werden.

Diese Praxis führt zu einer Verschlankung der Arbeitsprozesse auf Behördenseite, wenn Täter und Opfer sich untereinander einigen. Sie schützt betroffene Frauen ggf. auch davor, dass der Vater den gemeinsamen Kindern entzogen wird bzw. der Ernährer in der Beziehung oder/und Familie ausfällt.

Andererseits gibt es Fälle, in denen die Geschädigten von ihrem Peiniger unter Druck gesetzt werden, die Anzeige einzustellen: Und dies Fälle sind nicht selten gekoppelt an weitere Gewaltandrohungen oder -anwendungen. In vielen Fällen Häuslicher Gewalt entscheiden die Betroffenen sich, den Täter nicht anzuzeigen oder zu benennen – mit weitreichenden Konsequenzen: Der Gesellschaft, die das Sozialnetz der Bundesrepublik finanziert, wird damit die Möglichkeit genommen, sich mit Regressansprüchen direkt an den Verursacher zu wenden. Das Sozialsystem wird zu Lasten aller geschröpft und schützt dabei in erster Linie die Täter.

Man stelle sich nur einmal die Wirkung vor, die ein Strafbefehl gegen einen Gewalttäter haben könnte, der seitens des Staates ergeht, um die Ausgaben für einen Polizei- oder/und Rettungseinsatz sowie für Ausfallkosten, die im Zuge einer großräumigen Absperrung erzeugt wurden, in die Staatskasse zurückzuführen. Ebenso die Wirkung einer Zahlungsaufforderung durch die jeweils zuständige Krankenkasse, die beim Täter die im Zuge der Häuslichen Gewalt verursachten medizinischen Behandlungskosten geltend macht. Oder der Effekt eines Kostenbescheids der Deutschen Bahn, weil im Zuge von Häuslicher Gewalt (wieder) ein kompletter Streckenabschnitt gesperrt werden musste. Den rechtskräftig verurteilten Straftätern die Kosten für Pflichtverteidigung bzw. Gerichtskostenhilfe sowie die Anwaltskosten der gewaltbetroffenen Frauen in Rechnung zu stellen, wäre ein weiterer, sehr wirkmächtiger Hebel.

Um struktureller, tradierter Gewalt, die von Männern ausgeht, entgegenzuwirken, ist es sinnvoll, Eingriffe aufzusetzen, die deutlich spürbar sind – so, dass die Täter im Vorhinein überlegen, ob sie die Konsequenzen ihrer Gewalthandlung weiterhin ungeniert auf Kosten und zu Lasten der Allgemeinheit ignorieren.

Dazu ist es wichtig, auch über Lösungen nachzudenken, die abseits etablierter Maßnahmen greifen. Der männlichen Anspruchshaltung auf Macht und Kontrolle liegt ein hierarchisches Selbstverständnis zugrunde. Kein Täter käme je auf die Idee, gegen seinen Vorgesetzen die Gewalt auszuüben, die er gegen seine (Ex-)Partnerin ausübt. Nicht einmal die Konzernspitze des Springer-Verlages wagte es, die internen Regularien zum Umgang mit der deutschen Sprache zu wahren und Frau Dr. Angela Merkel mit *„Bundeskanzler"* zu betiteln – selbst das Gendern ist letztlich nichts anderes, als eine Frage von Hierarchie und Machtgefüge. Verhaltenskorrekturen werden bei Tätern nur dann zielführend greifen, wenn diese sie derart beeindrucken, dass sie die Täter, sich selbst schützend, von der Ausübung ihrer Gewalt abhalten.

Was hält Männer ab? Der Entzug des Umgang- und Sorgerechts zum Beispiel. Oder der Entzug des Führerscheins. Die Aberkennung von Titeln wegen unwürdigen Verhaltens. Regressbescheide betroffener Instanzen, ebenso, wie eine Kündigung, die mit der Ausübung Häuslicher Gewalt, d. h. einem unternehmensschädigendem Verhalten begründet ist. Um Gewalt gegen Frauen und Kinder systematisch zu unterbinden, müssen neue Optionen diskutiert und aufgesetzt werden. Aufklärung allein reicht nicht aus, um eine gesamtgesellschaftliche Ächtung dieser Verbrechen zu erwirken.

Im April 2023 wurden nach einem Bundesliga-Fußballspiel insgesamt 69 Gewalttäter öffentlich gesucht.[1160] *„Unmittelbar nach Abpfiff der Bundesliga-Partie zwischen dem FC Schalke 04 und Eintracht Frankfurt am Samstag, 20. Mai 2023, kam es zu erheblichen Ausschreitungen"*, so die Polizeimeldung zu der Tatsache, dass bei den Ausschreitungen eine Mitarbeiterin des Deutschen Roten Kreuzes, mehrere Polizeibeamte und 18 weitere, zumeist unbeteiligte Zuschauerinnen und Zuschauer Verletzungen unterschiedlicher Schweregrade erlitten. Die Profile der Täter sind online nach wie vor öffentlich einsehbar. Auch diese Maßnahme, das öffentliche Sichtbarmachen von belegten Gewalt- und Wiederholungstätern, könnte im Kontext der Häuslichen Gewalt als abschreckendes Instrument erwogen werden.

Bei Härtefällen sind entsprechende Eskalationsreaktionen zu diskutieren, von Hausdurchsuchungen über verpflichtende und kontrollierte Substanzabstinenz. Von einer vormundschaftlichen Intervention bis hin zu extremen Geldbußen und sofortigen Ausweisungen. Im November 2023 legte die Fraktion von CDU/CSU einen Gesetzentwurf *„zur Beendigung des Aufenthalts und Verhinderung der Einbürgerung antisemitischer Ausländer"* im Bundestag vor, aus dem Folgendes Vorhaben erkennbar ist: *„So will die Fraktion im Aufenthaltsrecht einen neuen Paragrafen einführen, demzufolge eine antisemitische Straftat in der Regel die Ausweisung nach sich zieht. Das Asyl- und Flüchtlingsrecht soll der Vorlage zufolge ergänzt werden, damit die Verurteilung wegen einer antisemitischen Straftat zu einer Freiheitsstrafe von mindestens sechs Monaten zur Nichterteilung beziehungsweise zum Verlust eines humanitären Schutzes in Deutschland führt"*.[1161] Nicht zuletzt dem Prinzip von Gleichstellung folgend, wäre exakt die gleiche Härte ist im Kontext der Häuslichen Gewalt anzuwenden.

Juristische Anpassungen

Die Rechtsprechung des BGH aus dem Jahr 2008,[1162] der zu Folge ein Mord bis heute noch zum Totschlag relativiert werden kann, *„wenn die Trennung von dem Tatopfer ausgeht und der Angeklagte durch die Tat sich dessen beraubt, was er eigentlich nicht verlieren will"*[1163], ist lange überholt. Sie berücksichtigt die hierarchisch höher angesiedelte Jurisprudenz des Europarates nicht. Richterliche Entscheidungen, die sich auf dieses Urteil beziehen, sind eine Zuwiderhandlung gegen die Grundsätze der Istanbul-Konvention.

Verurteilungen nur wegen Totschlags sind in keinem Fall nachvollziehbar bei Attentaten, die

* mit Übertötung oder/und außergewöhnlicher Brutalität bzw. Grausamkeit
* mit Kindstötung(en) oder/und Stellvertretergewalt
* mit einer öffentlichen Exekution
* mit einer öffentlichen Entsorgung
* mit einer präfinalen oder posthumen sexuellen Handlung
* mit einer wie auch immer gearteten Entwürdigung des Mädchens bzw. der Frau
* mit einem erkennbaren Machtgefälle (bspw. Menschenhandel, Migration oder/und Prostitution)
* mit Nachtrennungsgewalt bzw. Stalking einhergehen.

Dasselbe gilt für Filizide und andere Formen tödlicher Stellvertretergewalt.[1164]

Auch die juristische Interpretation, dass eheliche Streitigkeiten vor einem Femizid das Mordmerkmal der Heimtücke pulverisieren, entspricht nicht dem Grundverständnis der Istanbul-Konvention: Ein ehelicher Streit darf niemals gleichgesetzt werden mit der Relativierung eines Kapitalverbrechens, indem einer Gewaltbetroffenen ihre Arg- oder/und Wehrlosigkeit abgesprochen wird. Indem ihr abgesprochen wird, im Streitfall weiter darauf zu vertrauen, dass ihr Ehemann oder Lebenspartner sie nicht tötet. Versuchte Tötungsdelikte sind als solche zu bewerten, insbesondere bei einer abgeschnittenen Luftzufuhr, sei es durch Würgen, Drosseln oder Ersticken. Das Umdenken im Umgang mit der Verurteilung hochbetagter Gewalttäter ist, nicht nur bei Attacken auf die Luftzufuhr, überfällig.

In Bayern legte sich im Juli 2023 ein Ehepaar, wie in den 60 gemeinsamen Jahren zuvor, Hände haltend schlafen. Dann stieg der Ehemann auf, ging um das Bett herum, versuchte, seine schlafende Ehefrau mit bloßen Händen zu erwürgen und nahm dann ein Kissen zu Hilfe, um sie zu ersticken. Über die Attacke vertraute er später einer Psychologin an: „Es war gar nicht so tragisch. Ich hätte es mir schlimmer vorgestellt." Obwohl ein begutachtender Psychiater im Prozessverlauf bezeugte, der Täter habe ihm gegenüber behauptet, seine Frau habe mit einem seiner früheren Arbeitskollegen „seit langer Zeit ein sexuelles Verhältnis" gehabt, stand er nicht wegen heimtückischen Mordes vor Gericht. Vielmehr hat die Staatsanwaltschaft seine Unterbringung in der Psychiatrie beantragt.[1165]

V. Lösungswege

Versuchte Tötungsdelikte ergeben sich zudem regelmäßig im Zuge massiver Bedrohungslagen.

> Gegen 00.45 Uhr schlug ein Gewalttäter Ende Mai 2024 in Baden-Württemberg die Terrassentüre zur Wohnung seiner getrenntlebenden Frau mit einer Axt ein und attackierte sie körperlich. Ebenfalls in der Wohnung hielten sich das siebenjährige Kind und der 17-jährige Sohn der Frau sowie ihr neuer Lebensgefährte auf. Ermittelt wurde laut offizieller Pressemeldung: „wegen des Verdachts eines Körperverletzungsdelikts und des Hausfriedensbruchs"[1166] – nicht jedoch wegen tödlicher Bedrohung bzw. versuchter Tötung, ggf. in mehreren Fällen.

Die Strategien, die Täter im Zuge ihrer Verteidigung nutzen, sind sehr vorhersehbar und wiederholen sich, weil sie immer wieder von Erfolg gekrönt sind, im Wesentlichen werden folgende vier Hebel bedient:

* Diffamierung der Geschädigten (Verlogenheit, Illoyalität/ Trennung oder/und Promiskuität)
* Entschuldigungsattribute (Verminderte Schuldfähigkeit durch Psyche oder/und Substanzkonsum)
* Externe Einflüsse (Krankheit, Familien- bzw. Gruppendruck, Arbeitsplatzverlust)
* Mitleidsfaktoren (Kindheit, Schicksalsschläge, Alter, Überlastung, psychische Leiden).

> Im September 2024 wurde der Prozess gegen einen Gewalttäter nach einer erfolgreichen BGH-Revision erneut aufgerollt. Der Angeklagte war wegen versuchten Mordes in Tateinheit mit gefährlicher Körperverletzung für schuldig befunden und zu 13 Jahren und sechs Monaten in Haft verurteilt worden, der „SWR" beschrieb das Verbrechen in Baden-Württemberg anlässlich der erstinstanzlichen Urteilsverkündung: „Die Kammer am Landgericht Karlsruhe ist der Überzeugung, der Angeklagte habe im vergangenen Sommer seine Frau auf den Balkon im vierten Stock gelockt. Dann hat er laut Gericht die Frau über das Geländer gehievt. Die Frau landete auf einem Balkon einen Stock tiefer. Der Angeklagte versuchte dann dort erneut, die Frau in die Tiefe zu stürzen. Als dies nicht gelang, schleifte er sein Opfer teils an den Haaren. Anschließend trat und würgte er die Frau bis zur Bewusstlosigkeit, so die Kammer. Als er Polizei-

sirenen hörte, flüchtete er. Das Opfer konnte durch eine Notoperation gerettet werden."[1167]

In mehreren Verhandlungstagen sollte das zuständige Landgericht unter hohen Sicherheitsauflagen zu einer neuen Urteilsfindung kommen. Über die Prozessberichterstattung der „Badische Neueste Nachrichten" war zu lesen, dass staatliche Anstrengungen, die über das Zeugenschutzprogramm hinausgingen, eingeleitet worden seien, um die Sicherheit der vierfachen Mutter und ihrer Kinder zu gewährleisten. Demnach habe der Prozesstag im Verhandlungsgebäude unter Polizeischutz stattgefunden. Polizisten mit Maschinenpistolen und zahlreiche Justizbeamte hätten für einen sicheren Ablauf gesorgt. Bei der Sicherheitskontrolle hätten die Prozessbesucher elektronische Geräte, Schmuck, Gürtel und weitere Habseligkeiten abgeben müssen. Pressevertreter hätten nur Notizbuch und Kugelschreiber in den Verhandlungssaal mitnehmen dürfen. Im Saal sei der Zuschauerbereich durch eine Glasscheibe vom Rest getrennt gewesen. Auch der Angeklagte habe in einem Kasten aus Panzerglas Platz nehmen müssen.

Weiter wurde berichtet, dass die 34 Jahre alte Geschädigte in dieser Zeit von ihren Erinnerungen an die Tatnacht, ihre Erlebnisse in Ehe, Jugend und Kindheit erzählt habe. Dabei habe sie das den Angeklagten als verantwortungslosen Ehemann, der sie und ihre Kinder über Jahre misshandelt habe, beschrieben. Neben den Sachverständigen seien 20 Zeugen geladen gewesen. Die Vernehmung der Geschädigten wurde im selben Artikel so beschrieben, dass die Frau ab 9 Uhr am Morgen über neuneinhalb Stunden befragt worden sei. Besonders der Fragenkatalog des Strafverteidigers T. habe den Verhandlungstag bis in die Abendstunden verlängert. Erwähnt wurde auch, dass T., dessen Mandant im ersten Verfahren zu 13 Jahren und sechs Monaten Haft verurteilt worden war, die Geschädigte als notorische Lügnerin dargestellt und auf vermeintliche Widersprüche in ihren Aussagen hingewiesen habe. Ich möchte hier die Wahrheit hören. Und ich habe nicht das Gefühl, dass sich die in diesen Angaben finden lässt", so wird T. zitiert.[1168]

Sofern eine wirkmächtige Kurskorrektur zur geschlechtsspezifisch gegen Mädchen und Frauen gerichteten Gewalt wirken soll, müssen die opferzentrierten Vorgaben aus der Istanbul-Konvention umgesetzt, d. h. jedwede sekundäre Viktimisierung unterbunden werden. Im beschriebenen Fall aus Baden-Württemberg konnte die Geschädigte zwar nicht verhindern, dass der Anwalt ihres Peinigers alle Register zog, um sie zu diskreditieren. Im Gegensatz

allerdings zu all jenen Frauen, die die männlichen Gewaltexzesse nicht überlebt haben oder so schwer verletzt wurden, dass keine Aussage vor Gericht
möglich war, konnte sie den anwaltlichen Beschuldigungen entgegentreten.

Der Verteidigung eines Verbrechers den Boden für jedwede einseitige oder/
und posthume Diffamierung zu entziehen, ist Teil des staatlichen Schutzauftrages – nicht nur um dem opferzentrierten Ansatz der Istanbul-Konvention
Rechnung zu tragen, sondern auch, um zu verhindern, dass Gewalttäter sich
weiterhin Strategien ausarbeiten (lassen), die, bar jedes Realitätsbezuges,
regelmäßig zur Strafmilderung führen.

Storytelling bekommt in Deutschlands Gerichten immer wieder ein
besonderes Gewicht, wenn die Femizid-Opfer den posthumen Attacken gegen
ihre Person nichts mehr entgegensetzen können.

> Ein Mann ist angeklagt, im März 2024, dem internationalen Frauentag, seine
> Ex-Partnerin in Rheinland-Pfalz mit insgesamt 29 Messerstichen und -schnitten
> getötet zu haben. Die Staatsanwaltschaft geht davon aus, dass er das Verbrechen
> im Beisein des jüngeren der beiden gemeinsamen Kinder, im Alter von einem und
> vier Jahren, vollzogen hat, während die Frau schlief. Die beiden Kinder blieben
> mehrere Stunden nach dem Verbrechen unversorgt allein bei ihrer getöteten
> Mutter, weil der Angeklagte zu fliehen versuchte. Der Altersunterschied des
> vormaligen Paares beträgt 11 Jahre.[1169] Zum Prozess berichtete „Die Rheinpfalz":
> „Der Angeklagte hat zugegeben, dass er seine 24-jährige Ex-Partnerin Anfang
> März in deren (…) Wohnung mit Messerstichen getötet hat, doch die Frau habe
> ihn zuerst mit einem Küchenmesser angegriffen".[1170]

Am stärksten benachteiligt werden die getöteten Frauen, die keine Nachkommen oder andere Nebenklagevertreterinnen oder/und -vertreter haben.
Aber selbst bei Femiziden, in denen zumindest eine Nebenklage im Gerichtssaal repräsentiert ist, behält der Gewalttäter mit dem –im wahrsten Wortsinn– Totschlagargument, dass nur er alleine bei der Tat zugegen war und
alle von seinen Aussagen abweichenden Behauptungen pure Mutmaßungen
darstellten, die Oberhand.

Das juristische Prinzip „*im Zweifel für den Angeklagten*" verkommt in der
Praxis wiederholt zu „*im Zweifel gegen die Geschädigte bzw. Getötete*".

Im Mai 2024 wurde das Revisionsverfahren gegen einen Tennisspieler gegen eine Geldauflage in Höhe von 200.000 Euro eingestellt. Er hatte seinen Strafbefehl wegen häuslicher Gewalt in Höhe von 450.000 Euro nicht akzeptiert. Einer Pressemeldung zufolge war es Teil der Verteidigungsstrategie darauf hinzuweisen, dass die Nebenklägerin *„wenige Stunden nach dem angeblichen Würge-Zwischenfall im Mai 2020 für 461,23 Euro bei Amazon shoppen gewesen"* sei.[1171]

Dieser Vorwurf verlagert den Kern der Streitfrage auf eine Diskreditierung der Nebenklägerin. Es gibt keine standardisierte Schablone, nach der sich Betroffene von Gewalt bzw. von einem lebensbedrohlichen Angriff zu verhalten haben. Sehr wohl allerdings gibt es in der Istanbul-Konvention in *„Artikel 56 – Schutzmaßnahmen"* die Vorgabe, dass sekundäre Viktimisierung zu unterbinden sind: *„Die Vertragsparteien treffen die erforderlichen gesetzgeberischen oder sonstigen Maßnahmen, um die Rechte und Interessen der Opfer, insbesondere ihre besonderen Bedürfnisse als Zeuginnen und Zeugen, in allen Abschnitten der Ermittlungen und Gerichtsverfahren zu schützen, indem sie insbesondere für ihren Schutz sowie den Schutz ihrer Familien und der Zeuginnen und Zeugen vor Einschüchterung, Vergeltung und davor, erneut Opfer zu werden, Sorge tragen (...)"*.[1172]

Auch ein ehemaliger Fußball-Nationalspieler konnte eine gerichtliche Verurteilung mit einer finanziellen Vereinbarung abwenden. Er war wegen gefährlicher Körperverletzung in drei Fällen angeklagt. Der Presse zufolge hatte er seiner Ex-Partnerin bereits vor Verfahrensbeginn Schadenersatz in nicht genannter Höhe gezahlt.[1173]

In Deutschland gilt ein Mensch bis zu seiner Verurteilung durch ein Gericht als unschuldig. Zahlungsübereinkommen, die ein Urteil umgehen, dienen den Angeklagten, da sie im Anschluss an eine solche Einigung gerne auf exakt diese Unschuldsvermutung referenzieren.

Am Tag nach dem Verfahrensende im erstbeschriebenen Fall veröffentlichte „Bild" folgendes Zitat: *„Was das Gericht entschied, heißt, dass ich unschuldig bin. Es würde den Fall nicht einstellen, wenn du am Ende des Tages schuldig bist"*.[1174]

V. Lösungswege

Dabei wird in Gänze verkannt, dass die Einstellung eines Strafverfahrens in Deutschland ohne Klärung der Schuldfrage erfolgt. Vielmehr heißt es im Gesetzestext, § 153a der deutschen Strafprozessordnung, dazu: *„Mit Zustimmung des für die Eröffnung des Hauptverfahrens zuständigen Gerichts und des Beschuldigten kann die Staatsanwaltschaft bei einem Vergehen vorläufig von der Erhebung der öffentlichen Klage absehen und zugleich dem Beschuldigten Auflagen und Weisungen erteilen, wenn diese geeignet sind, das öffentliche Interesse an der Strafverfolgung zu beseitigen, und die Schwere der Schuld nicht entgegensteht"*.[1175]

Die erzielte Einigung konnte ausschließlich deshalb erfolgen, weil häusliche Gewalt in Deutschland nicht als Verbrechen, sondern lediglich als Vergehen eingestuft ist. Vergehen ziehen eine Freiheitsstrafe unter einem Jahr oder eine Geldstrafe nach sich[1176]

Die Botschaft, die von dem sogenannten *„Opportunitätsprinzip"*[1177] ausgeht, stärkt diejenigen, die häusliche Gewalt ausüben: Gegenläufig zum öffentlichen Interesse wird täterzentriert eine wenig schwerwiegende Rechtswidrigkeit verhandelt, nicht jedoch die gravierende Menschenrechtsverletzung der geschlechtsspezifischen Gewalt gegen Mädchen und Frauen.

Gedenken

Deutschland ist flächendeckend gut bestückt mit Denk- und Mahnmalen, mit Statuen, Monumenten und Gedenkstätten, die an Männer erinnern, die töteten. Für Frauen, die von Männern getötet wurden, gibt es nahezu keine Erinnerungsplätze. Die tausendfachen Tötungsdelikte gegen das weibliche Geschlecht werden in Deutschland seit Jahrzehnten ausgeblendet.

Ein einfühlsames und aufrichtiges Solidaritätsbekenntnis hätte sich, zusammen mit einer öffentlichen Ächtung von Gewalt gegen Mädchen und Frauen auf Seiten von Landes- und Bundespolitik auch in 2024 zigfach angeboten – hier nur ein Auszug:

* Baden-Württemberg:

  » April 2024, † Name nicht bekannt, 59 Jahre[1178]
  » April 2024, † S., 69 Jahre [1179]
  » Mai 2024, † Name nicht bekannt, 60 Jahre[1180]
  » Juni 2024, † Name nicht bekannt, 67 Jahre[1181]
  » Juni 2024, † A., 30 Jahre[1182]
  » Juni 2024, † Name nicht bekannt, 38 Jahre[1183]
  » Juli 2024, † O., 52 Jahre[1184]
  » Juli 2024, † M., 84 Jahre[1185]

* Bayern:

  » Mai 2024, † Name nicht bekannt, 18 Jahre[1186]
  » Mai 2024, † M., 19 Jahre[1187]
  » Juli 2024, † E., 70 Jahre[1188]
  » Juli 2024, † Y., 34 Jahre[1189]
  » August 2024, † K., 33 Jahre[1190]
  » August 2024, † Name nicht bekannt, 42 Jahre[1191]
  » August 2024, † Name nicht bekannt, zwischen 60 und 70 Jahre[1192]

* Berlin:

  » Mai 2024, † U., 44 Jahre[1193]
  » Mai 2024, † Name nicht bekannt., 76 Jahre[1194]
  » Juni 2024, † Name nicht bekannt, 34 Jahre[1195]
  » Juni 2024, † Name nicht bekannt, 45 Jahre[1196]
  » Juni 2024, † Name nicht bekannt, 87 Jahre[1197]
  » Juli 2024, † Name nicht bekannt, 76 Jahre[1198]
  » Juli 2024, † Name nicht bekannt, 94 Jahre [1199]
  » Juli 2024, † B., 69 Jahre[1200]
  » Juli 2024, † Name nicht bekannt, 72 Jahre[1201]
  » August 2024, † Name nicht bekannt, 14 Jahre[1202]
  » August 2024, † N., 36 Jahre[1203]
  » August 2024, † Name unbekannt, 28 Jahre

V.   Lösungswege

* Brandenburg:

  » März 2024, † Name nicht bekannt, 63 Jahre[1204]
  » Mai 2024, † Name nicht bekannt, 50 Jahre[1205]
  » Mai 2024, † Name nicht bekannt, 62 Jahre[1206]
  » Juni 2024, Filizid † Z., 14 Jahre[1207]

* Hessen:

  » April 2024, † M., 59 Jahre[1208]
  » April 2024, † Name nicht bekannt, 75 Jahre[1209]
  » Mai 2024, † Name nicht bekannt, 54 Jahre[1210]
  » Mai 2024, † G., 23 Jahre[1211]
  » Juni 2024, † Name nicht bekannt, 61 Jahre[1212]
  » Juni 2024, † A., 40 Jahre[1213]
  » Juli 2024, † Name nicht bekannt, 45 Jahre[1214]
  » August 2024, † A., 19 Jahre[1215]
  » September 2024, † Name nicht bekannt, 69 Jahre[1216]

* Niedersachsen:

  » Januar 2024, † M., 38 Jahre[1217]
  » Januar 2024, † B., 65 Jahre[1218]
  » Februar 2024, † Name nicht bekannt, 23 Jahre[1219]
  » Februar 2024, † Name nicht bekannt, 62 Jahre[1220]
  » März 2024, Filizid, † R., 3 Jahre
  » März 2024, † S., 33 Jahre
  » März 2024, † B., 55 Jahre[1221]

* Nordrhein-Westfalen:

  » März 2024, † Name nicht bekannt, 65 Jahre[1222]
  » Mai 2024, † Name nicht bekannt, 86 Jahre[1223]
  » Mai 2024, † I., 76 Jahre[1224]
  » Mai 2024, † Name nicht bekannt, 35-45 Jahre[1225]
  » Juli 2024, † Name nicht bekannt, 20 Jahre[1226]

» August 2024, † Name nicht bekannt, 35 Jahre[1227]

* Rheinland-Pfalz:

  » März 2024, † Name nicht bekannt, 24 Jahre[1228]
  » April 2024, † Name nicht bekannt, 44 Jahre[1229]
  » Juni 2024, Filizid † R., 15 Jahre[1230]
  » Juni 2024, † Name nicht bekannt, 34 Jahre[1231]
  » Juni 2024, † C., 24 Jahre[1232]
  » Juli 2024, † Name nicht bekannt, 26 Jahre[1233]
  » Juli 2024, † Name nicht bekannt, 84 Jahre[1234]
  » August 2024, † Name nicht bekannt, 51 Jahre[1235]

* Sachsen:

  » April 2024, † S., 48 Jahre[1236]
  » April 2024, † Name nicht bekannt, 71 Jahre[1237]
  » Mai 2024, † Name nicht bekannt, 30 Jahre[1238]
  » Mai 2024, † Name nicht bekannt, 44 Jahre[1239]
  » Juni 2024, † Name nicht bekannt, 59 Jahre[1240]
  » Juni 2024, † Name nicht bekannt, 84 Jahre[1241]
  » Juni 2024, Filizid † V., 9 Jahre[1242]
  » Juli 2024, † Name nicht bekannt, 66 Jahre[1243]

Politische Anteilnahme an den Verbrechen gegen Frauen gab es nicht.

Dabei sind Schweigeminuten in den Parlamenten, öffentliche Halbmastbeflaggung, Trauerflor auch auf den Webseiten der Ministerien, symbolische Kranzniederlegungen und allgemeine Andachtsveranstaltungen eine nahliegende, unkompliziert zu realisierende und nahezu kostenfreie Maßnahme für mehr allgemeine Awareness. Denkmäler, Statuen sowie Mahnmale in den Städten und öffentlichen Gebäuden, Orange-farbige Bänke im öffentlichen Raum und frei zugängliche Gedenkstätten und Andachtsräume wären ein weiterer Schritt, um die Istanbul-Konvention „*Artikel 13 – Bewusstseinsbildung*" zu erfüllen.

V. Lösungswege

Boris Pistorius, der frühere Minister für Inneres und Sport in Niedersachsen, war nur etwas länger als ein Jahr im Amt des Bundesverteidigungsministers, als er einen neuen, nationalen Feiertag zu Gunsten der Veteranen durchsetzte. Beginnend mit Dr. Angela Merkel (1991-1994) und endend mit Lisa Paus (2021 – aktuell) waren seit der Erschießung von Petra Karin Kelly im Jahr 1992 in Summe zwölf Bundesfrauenministerinnen nicht willens, einen Gedenktag einzuführen, an dem die deutsche Bevölkerung flächendeckend der Hunderten von Femizid-Opfern jährlich in Deutschland gedenkt.

Am 25. November 2023, dem internationalen Tag gegen Gewalt gegen Frauen, wurde auf der sogenannten Landing-Page der Webseite des deutschen Bundesverteidigungsministeriums in Berlin ein klares Statement gegen Gewalt gegen Mädchen und Frauen abgebildet. Zudem wurde dieses Ministerium offiziell orange angestrahlt. Nichts so das Bundesfrauenministerium. Ebenso wenig das Bundesgesundheitsministerium. Auch nicht das Bundesjustizministerium. Weder das Bundeskanzleramt noch Schloss Bellevue.

Das verschleppte „Bundeshilfegesetz":

Bundesfrauenministerin Lisa Paus hat im Juni 2024 auf der Pressekonferenz zur Vorstellung des polizeilichen Lagebildes *„häusliche Gewalt"* vollmundig das sogenannte *„Gewalthilfegesetz"* in Aussicht gestellt. So, wie sie es bereits im November 2023 getan hat. Beide Male verschwieg sie wohlweislich, dass dieses Gesetz, sofern es denn jemals über den Referentenentwurfs-Status hinaus entwickelt wird, erst im Jahr 2030 einen flächendeckend durchsetzbaren Rechtsanspruch für Gewaltbetroffene ermöglicht.[1244]

Verschwiegen hat sie dabei den Kostenschlüssel und Länderpartizipation zu dem Gesetzentwurf, den sie noch vor den vorgezogenen Bundestagswahlen am 23. Januar 2025 zu implementieren gedenkt. Die *„Welt"* schreibt im November 2024 dazu: "Der Bund will die Länder beim Ausbau von Frauenhausplätzen und Beratungsstellen ab 2027 finanziell unterstützen – anfangs mit 112 Millionen Euro, dann stetig steigend, bis ab 2030 jährlich 306,5

Millionen Euro an die Länder fließen sollen. Das ist weniger als die Hälfte der geschätzten Gesamtkosten von 686 Millionen Euro jährlich".[1245]

Zur Integration der Länder wird Silvia Breher, damalige familienpolitische Sprecherin der Unionsfraktion, im gleichen Artikel folgendermaßen zitiert: *„Zum Gewalthilfegesetz haben wir bis heute keinen Gesetzentwurf zugeleitet bekommen, weil die Bundesregierung dieses Vorhaben drei Jahre lang verschlafen hat. Es ist lächerlich, dies jetzt im Schnellverfahren durchzupeitschen."* Und weiter: *„Die Länder und Verbände haben nicht einmal eine Frist von zwei Tagen bekommen. Das ist kein angemessenes Verfahren".*

	Vollendeter Mord § 211 StGB	Vollendeter Totschlag § 212 StGB	Körperverletzung mit Todesfolge §§ 227, 231 StGB	Gewaltsam getötete Frauen pro Jahr	Gewaltsam getötete Frauen pro Tag
2015	163	130	27	320	0,88
2020	137	175	33	345	0,94
2021	142	156	26	324	0,88
2022	150	147	39	336	0,92
2023	159	167	35	361	0,99

Grafik 8 – Datenquelle: Polizeiliche Kriminalstatistiken (PKS) des Bundeskriminalamts (BKA)

Auf der Bundespressekonferenz (BPK) zum Bundeslagebild *„Geschlechtsspezifisch gegen Frauen gerichtete Straftaten"*, am 19. November 2024, erläuterte Frau Paus den anwesenden Journalistinnen und Journalisten zumindest ansatzweise ihre Planung zur Einführung vom „Referentenentwurf des Bundesministeriums für Familie, Senioren, Frauen und Jugend – Entwurf eines Gesetzes für ein verlässliches Hilfesystem bei geschlechtsspezifischer und häuslicher Gewalt".[1246]

Bereits der Titel des Dokuments weicht auf die dringend notwendige Ausrichtung auf: Das Gesetz ist nicht konzentriert auf die Bedarfe von Mädchen und Frauen ausgerichtet. In Analogie zur sprachlichen Entwicklung von *„Männergewalt"* hin zu *„geschlechtsspezifischer Gewalt"* wurde aus der strukturellen, tradierten *„Gewalt gegen Mädchen und Frauen"* die Formulierung von *„geschlechtsspezifischer und häuslicher Gewalt"* geformt.

Unabhängig davon wird im Gesetz die Ausbauphase des Netzes an allgemeinen Schutz- und Beratungsangeboten, auf die Jahre 2027 bis 2029 einschließlich terminiert. Konkret bedeutet das zum einen, dass von Gewalt betroffene Mädchen und Frauen erst ab dem Jahr 2030 ihren eventuell künftigen Rechtsanspruch auf Schutz geltend machen können.

Auf Basis der vorliegenden Daten belegt das die offizielle, staatliche Billigung von mindestens 1.800 weiteren, vollendeten Tötungsdelikten gegen Mädchen und Frauen in Deutschland. Wohlwollend gerechnet.

Christine

Die Trennung hat mich meinen letzten Mut und meine letzte Kraft gekostet.

Meine Angst war unbeschreiblich groß. Hatte er doch oft gedroht, dass ich meine Kinder nie wieder sehen würde, wenn ich mich trenne, oder dass noch Schlimmeres passieren würde.

Nach 17 Jahren Dauermanipulation, verbaler und körperlicher Gewalt hatte ich kaum noch Energie für diesen Schritt. Ich habe es dann nur für die Kinder geschafft und bin heute noch froh, dass wir alle noch am Leben sind und zumindest äußerlich unversehrt geblieben sind.

Jeder Tag ohne die Demütigung, den Dauerstress, die Angst und Anspannung ist ein wertvoller Tag. Dieses Bewusstsein hört nie auf! Manchmal kann ich es immer noch nicht glauben, dass es vorbei ist!

Seit ich wieder ein gutes Leben und Kraft habe, spreche ich viel mit anderen Frauen über das Thema. Ich habe ein Gespür dafür entwickelt, wer betroffen sein könnte. Es ist wichtig, auszusprechen, dass es jede Frau treffen kann. Scham ist nicht angebracht. Wir sind Opfer, wir sind Überlebende. Da hilft auch keine akademische Bildung, finanzielle Überlegenheit oder eine ausgeprägte Menschenkenntnis. Der Täter weiß sehr genau, wie er uns kriegen kann, mit was wir manipulierbar sind. Das funktioniert und nach einiger Zeit ist dann die ganze Energie aufgebraucht und man wehrt sich nicht mehr.

Er hat mir ein Messer an den Hals gehalten, hat mich verbal extrem gedemütigt und mir mehrmals den Tod gewünscht. Ein paar Stunden nach der Geburt meiner Tochter hat er gesagt, dass er wünschte, ich wäre bei der Geburt verreckt. Ab dem Moment wollte ich endgültig nur noch weg und hab es dann trotzdem erst ein paar Jahre später geschafft.

Ich lebe heute glücklich in einer gesunden Partnerschaft. Mein Vertrauen musste sich mein neuer Partner hart erarbeiten. Ich wünsche mir, dass alle

Christine

sensibel für Frauen und ihre Situationen sind, dass niemand wegschaut. Ich hätte mir oft Hilfe gewünscht.

Ich wünsche mir Frauenhäuser ohne Zuzahlung, einen wesentlich besseren Schutz vor den Tätern und eine härtere Bestrafung dieser.

Berichte über Femizide sind schwer für mich zu ertragen, weil ich jedes Mal denke, dass das genauso gut ich hätte sein können.

VI. Andrea Hellmich: Femizide und Gewalt gegen Frauen im kollektiven Kontext – Trauma und Bewältigung

Was sagt es über den Zustand einer Nation, einer Gesellschaft oder einer Gemeinschaft aus, dass Gewalt und Morde an Frauen wie selbstverständlich Teil davon sind?

Sie werden scheinbar toleriert und akzeptiert, zumindest, was den faktischen Umgang und die politische Reaktion darauf betrifft. Gewalt gegen Frauen hat ihre tiefen Wurzeln in der deutschen Gesellschaft und eine lange Tradition.

Jede Frau ist sich mehr oder weniger bewusst, dass sie jederzeit getötet werden kann, nicht nur durch Krieg, Unfall oder Katastrophen, sondern weil irgendein Mann mit ihr oder ihrem Verhalten als Frau nicht einverstanden ist. Die Welt ist für Frauen per se kein sicherer Ort. Der Grund dafür ist, dass sie eine Frau ist und der Mann Gewalt ausübt, häufig mit Todesfolge oder der klaren Absicht sie zu töten. Warum? Weil er es kann.

Dies hat sich entwickelt über mehrere Generationen von Traumata,[1247] die unser Selbstbild als Frauen geprägt haben, unsere Selbstwahrnehmung und das Grundgefühl einer selbstverständlichen Unsicherheit. Es ist verankert in unserem kollektiven System und wird durch Narrative in Nachrichten oder Erzählungen seit Generationen an Frauen vermittelt.

Femizide sind traumatisierende Ereignisse, die nicht nur für die Opfer und deren Angehörige, sondern auch für ein Kollektiv, eine Gesellschaft nachhaltige Folgen haben. Femizide sind strukturell verankert in einem System, das sie politisch toleriert, auch wenn sie theoretisch in dessen grundsätzlichen Werten verurteilt werden. Dieses Paradox zeigt sich in der konsequenten Nichtumsetzung der Istanbul-Konvention und den steigenden Zahlen der Gewalttaten gegen Frauen mit tödlichem Ausgang.

Das tiefe Wesen des Traumas entwickelt sich aus dem Schweigen, der Sprachlosigkeit und der mangelnden Verbindung der Opfer nach und während der
Tat, zu sich selbst und zu ihrem sozialen Umfeld. Es gibt die Ebene des faktischen Geschehens und die Ebene des Umgangs damit. Letzterer ist maßgeb-
lich entscheidend, ob ein gewaltsames Geschehen zu einem Trauma wird.

Darin liegt die Krux und gleichzeitig auch die Chance, aber vor allem
unsere gesellschaftliche und politische Verantwortung. Die Fähigkeit und auch
die zwingende Notwendigkeit, darauf angemessen und verantwortungsvoll zu
antworten, kann den entscheidenden Unterschied machen. Ignoranz verstärkt
die Retraumatisierung und bestärkt eine Atmosphäre, die unterstützt, dass
die Täter nicht ausreichend zur Rechenschaft gezogen werden.

*„Der Konflikt zwischen dem Wunsch, schreckliche Ereignisse zu verleugnen,
und dem Wunsch, sie laut auszusprechen, ist die zentrale Dialektik des psychischen Traumas."*[1248]

Wenn das Leiden ernst genommen wird, das Gefühl der Bedrohung
anerkannt ist, es eine gemeinschaftliche Unterstützung gibt, entwickelt sich
ein Geschehen nicht zwangsläufig zum Trauma und Heilung kann beschleunigt werden. Es braucht klare Gesetze und Grenzen für die Täter, keine Schlupf-
löcher und Hintertüren, die einen Mord an einer Frau als *„Beziehungstat"* oder
„Familiendrama" verharmlosen und damit die Verantwortung verschieben. Es
braucht ein klares Bekenntnis einer Gesellschaft dazu *„Nein"* zu sagen und
dementsprechend auch präventiv zu handeln. Dazu gibt es eine klare europäische Gesetzesvorlage.

Woran scheitert es, dass dies in Deutschland so zaghaft, bis gar nicht
umgesetzt wird?

Es sind auch Frauen in politischen Ämtern, die sich doch eigentlich dafür
stark machen müssten?

Gewalt gegen Frauen ist auch unter Frauen immer noch stark stigmatisiert
und mit Scham besetzt. Unterschwellig schwingt das Narrativ der Mitschuld
mit, die Illusion, dass es doch irgendeinen Grund haben muss. Nein es hat
keinen, außer der Tatsache, dass der Täter seine Aggressionen gegen die Frau
richtet, um seine innere Balance wiederherzustellen, seine Macht zu demons-

trieren. Und auch dies hat eine lange Geschichte. Frauen hoffen unbewusst, dass es sie nicht treffen wird, dass sie verschont bleiben.

Eine Bewältigungsstrategie in bedrohlichen Kontexten, die zu einer „Normalisierung" als Folge der Abspaltung führt und so einzieht in eine Gesellschaft als tolerierter Kollateralschaden. Die Sicht darauf als ein individuelles Problem der jeweiligen Frau in einem privaten Kontext, verleugnet die strukturelle Gewalt, die darunter liegt. Damit wird dieses Muster weiter fortgeschrieben.

Transgenerationales Trauma

Der Begriff des transgenerationalen Traumas[1249] ist in den letzten Jahren vermehrt diskutiert worden. Er beschreibt die (emotionale/genetische) Vererbung eines Traumas, ohne dass die Person es selbst erlebt haben muss. Sich dessen bewusst zu sein, heißt auch, die Dringlichkeit zur erfassen, mit der dieses Muster von Gewalt an Frauen durchbrochen werden muss, damit es sich nicht weiter auf nächste Generationen überträgt.

Ich erinnere mich, dass ich als kleines Mädchen den Film „Es geschah am helllichten Tag" (Schweiz, Deutschland, Spanien, 1958) mit Heinz Rühmann und Gert Fröbe angeschaut habe. Der Mord eines Serientäters an einem kleinen Mädchen wird mit folgendem Hintergrund „geschmückt": Der Täter lebt in einem großbürgerlichen Haus, zusammen mit seiner herrschsüchtigen Ehefrau, deren Chauffeur er früher war. Sie behandelt ihn herablassend wie einen Dienstboten und ein Ehestreit bringt ihn derart in Rage, dass er losfährt, um das Mädchen zu ermorden.

Für mich war der Film damals Auslöser für große Ängste. Folgerichtig für mich war, wenn Mama zu Papa nicht nett ist, wird er mich oder ein anderes Mädchen umbringen. Damit ist das grundsätzliche Sicherheitsgefühl schonmal verloren und alle Aufmerksamkeit liegt auf dem wohlwollenden Verhalten der Frau. Diese frühkindliche Konditionierung hatte Folgen, die ich erst viele Jahre später begriffen habe und die sich bis heute immer wieder reproduzieren. Sie beeinflussen vor allem auch das Verhältnis von Frauen untereinander.

Was hätte ich gebraucht damals als kleines Mädchen?

In erster Linie eine emotionale Begleitung für meine Ängste und eine Korrektur des unwidersprochenen Narrativs, dass mein Überleben vom Wohlverhalten meiner Mutter gegenüber meinem Vater abhängig ist. In der Folge auch von meinem gegenüber allen Männern im späteren Leben. Dies trifft im Übrigen auf alle Stufen der Gewalt gegen Frauen zu, von der Missachtung, Demütigung, Unterdrückung über die verbale zur physischen Gewalt bis hin zum Femizid. Das Narrativ suggeriert eine Kausalität, die so nicht gegeben ist, dass die Ursache für männliche Gewalt im Verhalten von Frauen begründet ist.

Auch diese Überzeugung ist im kollektiven Bewusstsein aller Frauen tief verankert und über Generationen vererbt. Sie treibt sie oft in die Arme von Männern, um dort vermeintlich geschützt zu sein vor der Gewalt anderer Männer. Ein weiteres Paradox in der DNA unserer Gesellschaft, in der Männer gleichzeitig als Täter, Beschützer und Retter gelesen werden.

Wir als Gesellschaft müssen aus dieser Spirale aussteigen, sonst wird die Bedrohung als akzeptierte Normalität immer weiter fortbestehen.

Das kollektive Mitgefühl versus kollektives Trauma

„Die Erinnerung an furchtbare Ereignisse und das Aussprechen der grässlichen Wahrheit sind Vorbedingungen für die Wiederherstellung der gesellschaftlichen Ordnung, (und) für die Genesung der Opfer."[1250]

Für die Täter ist die Erinnerung eine Bedrohung ihrer kollektiven Identität und wirkt der Verleugnung und Verharmlosung der Schuld entgegen.

Ein wesentlicher Aspekt von Heilung ist Bindung und das Gefühl der Zugehörigkeit. Jede Generation hat die Chance diesen Kreislauf von Gewalt zu unterbrechen und damit die Verbindung wieder herzustellen. Solange die Politik nicht angemessen reagiert im Sinne der Prävention und Sanktion von männlicher Gewalt, wird diese weiterhin aus der Gesellschaft ausgeblendet und die Frauen damit in ihrem Leiden allein gelassen, ebenso die Angehörigen der Opfer von Femiziden.

Dem kollektiven Trauma steht ein kollektives Mitgefühl und damit auch eine gemeinschaftliche Verantwortung gegenüber, der die Istanbul-Konvention juristisch auf EU-Ebene auch Rechnung trägt, die deutsche Politik sie aber nicht adäquat umsetzt.

Woher dieser Hass und diese mangelnde Empathie für das Leiden der Frauen?

Trauma führt dazu, dass wir uns selbst und unsere Mitmenschen nicht mehr fühlen können. Frauen werden zu Objekten degradiert, die zur Verfügung zu stehen haben, notfalls mit Gewalt auch mit tödlichem Ausgang.

Der Prozessbegleiter, Coach und Autor Thomas Hübl[1251] beschäftigt sich seit Jahren mit kollektiven Traumata und bezieht sich auf drei wesentliche Menschenrechte: *„das Recht auf Sein, das Recht auf Werden (Entfaltung des Potenzials) und das Recht auf Zugehörigkeit (das Recht, gesunde zwischenmenschliche Beziehungen aufzubauen und sich als Teil einer Gemeinschaft zu erleben)."* Wenn diese drei Grundrechte missachtet oder ignoriert werden, *„lösen"* sich die zwischenmenschlichen Bindungen auf, und menschliche Systeme zerbrechen.[1252]

Übersetzt bedeutet es, dass Femizide und Gewalt gegen Frauen aus Trauma entstanden sind und weiterhin fortbestehen, indem sie die zwischenmenschlichen Bindungen dauerhaft zerstören. Es braucht Bewusstsein, die Fähigkeit zur Empathie und Mitgefühl, damit die Vergangenheit sich nicht immer wiederholt.

Auf persönlicher Ebene ist Heilung und Transformation durch Integration erreichbar, das Geschehen reflektieren, verdauen und dann zu integrieren. Für diesen Prozess braucht es Räume und eine politische, gesellschaftliche Unterstützung, wo Frauen sich sicher fühlen, das Erlebte zu verdauen. Und eine Gesellschaft, die dies fördert und nicht bremst.

Auf struktureller und politischer Ebene braucht es das Bewusstsein, dass diese Gewalt nur möglich ist in einem System, das sie legitimiert und nicht ausreichend sanktioniert und bekämpft.

Andrea Hellmich
Journalistin, Betriebsrätin und Coach, Berlin

VII. Epilog

Dieses Buch ist im Zeitraum April bis November 2024 verfasst worden.

Es hat sechs volle Jahre gedauert, bis aus einer sehr vagen Idee ein konkretes Projekt und schlussendlich das vorliegende Buch in seine jetzige Form wachsen konnte. Der Preis war immens, langjährige Freundschaften sind an dem Vorhaben zerbrochen und viele weitere Enttäuschungen haben den Weg flankiert – von Phasen existenzieller Unsicherheit einmal ganz abgesehen.

Sich in Deutschland laut für die Bekämpfung von Gewalt gegen Frauen einzusetzen ist kein Hobby, sondern eine lebensprägende, anteilig gefährliche und in jeder Hinsicht sehr teure Entscheidung.

Es kostet immer wieder aufs Neue viel Kraft, Resilienz gegen Anfeindungen, Beleidigungen, Unterstellungen und Drohungen zu entwickeln. Die Attacken, die auf den kritischen Widerspruch zur staatlich forcierten Gleichsetzung von Feminismus mit Humanismus folgten, schmerzen immer noch. Ebenso die fehlende Solidarität in der Sache seitens all derer, die Jahrzehnte lang Wissende, aber zu Gunsten des Patriarchats passiv Billigende waren: Wie konntet Ihr es jemals soweit kommen lassen?

Die Vielzahl derer, die sich mein Wissen, oft ungefragt, einverleibten und mit ihrem eigenen Namen als Quelle signierten, um sich über das Thema Femizid zu profilieren, war (und ist immer noch) desillusionierend. Gleiches gilt für die Berichterstattenden, deren abgekupfert repetierendes Storyboard: Eine Betroffene, ein Experte, ein paar Zahlen, ein Täter (*„Frau Wolff, Männer können sich auch ändern"*) in 30 Minuten Effekthascherei keinerlei Mehrwert schafft, sondern lediglich dazu dient, voyeuristische Vorabendlöcher zu stopfen.

Mich erschüttern Bestrebungen, unter der Klammer *„Bekämpfung von Gewalt gegen Mädchen und Frauen"*, ebendiese selbst zu praktizieren immer wieder aufs Neue.

VII. Epilog

An vielen Tagen war nicht nachlassende Überzeugungsarbeit die Grundlage, um auch Männer in Schlüsselpositionen zur Zusammenarbeit zu bewegen – an manchen versandete auch diese. Umso größere Dankbarkeit sei all denen ausgesprochen, die sich die Fähigkeit bewahrt haben, aufrichtig zu reflektieren und sich entsprechend zu verhalten.

Nahezu täglich gilt es dosierend zu entscheiden, ob der Standarderwartungshaltung entsprochen werden kann, kontinuierlich (und selbstredend unbezahlt) Aufklärungsarbeit zu leisten und Lösungen zu liefern, oder ob es sinnvoller ist, diese Forderung an sich abperlen zu lassen. Denn zu exakt diesem Zweck wurden die Ministerinnen und Minister für Frauen, Inneres, Justiz, Gesundheit sowie Bildung, Finanzen und Wirtschaft in ihre jeweiligen Zuständigkeiten gewählt: Ihnen stehen ganze Häuser voll fest angestellter Referentinnen und Referenten zur Verfügung, deren einzige Aufgabe es ist, Missstände abzuschaffen und Optimierungen zu erarbeiten.

Für die Belange staatlicher Repräsentantinnen und Repräsentanten ist nicht die Zivilgesellschaft zuständig. Auch nicht die Privatwirtschaft, Vereine oder NGOs. Nein, andersrum wird ein Schuh draus: Entscheidende in der Politik sind in der Pflicht, ihren geleisteten Eid auf unsere Verfassung, Art. 2 Abs. 2 GG, zu erinnern und zu erfüllen. Sie sind in der dringenden Pflicht, nachzuarbeiten.

Dieses Buch soll an all jene Mädchen und Frauen erinnern, die mit ihrem Leben dafür bezahlen mussten, dass Deutschland seine menschenrechtlichen Verpflichtungen konsequent ignoriert.

Es ist ein Zeichen von Respekt und Bewunderung an jedes Mädchen und jede Frau, die sich gegen die strukturelle, tradierte, männliche Gewalt auflehnt, die sich dem Diktat von Macht und Kontrolle offen widersetzt und die mutig für die Verwirklichung ihrer eigenen Träume, Wünsche und Ziele einsteht.

Denn als selbstbestimmte Frau zu leben, wird in Deutschland Tag für Tag lebensgefährlicher.

VIII. Anhang

Übereinkommen des Europarats zur Verhütung und Bekämpfung von Gewalt gegen Frauen und häuslicher Gewalt [Istanbul-Konvention]

Inoffizielle Übersetzung, die offiziellen Fassungen der Istanbul-Konvention sind in englischer und französischer Sprache verfasst.

Präambel

Die Mitgliedstaaten des Europarats und die anderen Unterzeichner dieses Übereinkommens eingedenk der Konvention zum Schutz der Menschenrechte und Grundfreiheiten (SEV Nr. 5, 1950) und ihrer Protokolle, der Europäischen Sozialcharta (SEV Nr. 35, 1961, geändert 1996, SEV Nr. 163), des Übereinkommens des Europarats zur Bekämpfung des Menschenhandels (SEV Nr. 197, 2005) und des Übereinkommens des Europarats zum Schutz von Kindern vor sexueller Ausbeutung und sexuellem Missbrauch (SEV Nr. 201, 2007);
eingedenk der folgenden Empfehlungen des Ministerkomitees an die Mitgliedstaaten des Europarats: Empfehlung Rec (2002)5 zum Schutz von Frauen vor Gewalt, Empfehlung CM/Rec (2007)17 zu Normen und Mechanismen zur Gleichstellung von Frauen und Männern, Empfehlung CM/Rec (2010)10 zur Rolle von Frauen und Männern in der Konfliktverhütung und -lösung sowie der Friedenskonsolidierung und sonstige einschlägige Empfehlungen;
unter Berücksichtigung der immer umfangreicheren Rechtsprechung des Europäischen Gerichtshofs für Menschenrechte, durch die wichtige Normen auf dem Gebiet der Gewalt gegen Frauen gesetzt werden;
in Anbetracht des Internationalen Pakts über bürgerliche und politische Rechte (1966), des Internationalen Pakts über wirtschaftliche, soziale und kulturelle Rechte (1966), des Übereinkommens der Vereinten Nationen zur Beseitigung jeder Form von Diskriminierung der Frau („CEDAW", 1979) und seines Fakultativprotokolls (1999) sowie der Allgemeinen Empfehlung Nr. 19 des CEDAW- Ausschusses für die Beseitigung der Diskriminierung der Frau zur Gewalt gegen Frauen, des Übereinkommens der Vereinten Nationen über die Rechte des Kindes (1989) und seiner Fakultativprotokolle (2000) und des Übereinkommens der Vereinten Nationen über die Rechte von Menschen mit Behinderungen (2006);

VIII. Anhang

unter Berücksichtigung des Römischen[1] Statuts des Internationalen Strafgerichtshofs (2002);

eingedenk der Grundsätze des humanitären Völkerrechts und insbesondere des IV. Genfer Abkommens zum Schutze[2] von Zivilpersonen in Kriegszeiten (1949) sowie der Zusatzprotokolle I und II (1977) hierzu;

unter Verurteilung aller Formen von Gewalt gegen Frauen und häuslicher Gewalt;

in Anerkennung der Tatsache, dass die Verwirklichung der rechtlichen und der tatsächlichen Gleichstellung von Frauen und Männern ein wesentliches Element der Verhütung von Gewalt gegen Frauen ist;

in Anerkennung der Tatsache, dass Gewalt gegen Frauen der Ausdruck historisch gewachsener ungleicher Machtverhältnisse zwischen Frauen und Männern ist, die zur Beherrschung und Diskriminierung der Frau durch den Mann und zur Verhinderung der vollständigen Gleichstellung der Frau geführt haben;

in Anerkennung der Tatsache, dass Gewalt gegen Frauen als geschlechtsspezifische Gewalt strukturellen Charakter hat, sowie der Tatsache, dass Gewalt gegen Frauen einer der entscheidenden sozialen Mechanismen ist, durch den Frauen in eine untergeordnete Position gegenüber Männern gezwungen werden;

mit großer Sorge feststellend, dass Frauen und Mädchen häufig schweren Formen von Gewalt wie häuslicher Gewalt, sexueller Belästigung, Vergewaltigung, Zwangsverheiratung, im Namen der sogenannten „Ehre" begangener Verbrechen und Genitalverstümmelung ausgesetzt sind, die eine schwere Verletzung der Menschenrechte von Frauen und Mädchen sowie ein Haupthindernis für das Erreichen der Gleichstellung von Frauen und Männern darstellen;

in Anbetracht der fortdauernden Menschenrechtsverletzungen während bewaffneter Konflikte, welche die Zivilbevölkerung und insbesondere Frauen in Form von weit verbreiteter oder systematischer Vergewaltigung und sexueller Gewalt betreffen, sowie der höheren Wahrscheinlichkeit geschlechtsspezifischer Gewalt sowohl während als auch nach Konflikten;

in der Erkenntnis, dass Frauen und Mädchen einer größeren Gefahr von geschlechtsspezifischer Gewalt ausgesetzt sind als Männer;

in der Erkenntnis, dass häusliche Gewalt Frauen unverhältnismäßig stark betrifft und dass auch Männer Opfer häuslicher Gewalt sein können;

in der Erkenntnis, dass Kinder Opfer häuslicher Gewalt sind, auch als Zeuginnen und Zeugen von Gewalt in der Familie;

in dem Bestreben, ein Europa zu schaffen, das frei von Gewalt gegen Frauen und häuslicher Gewalt ist –

sind wie folgt übereingekommen:

---

1   CH: „Römer"
2   AT, CH: „über den Schutz"

Kapitel I – Zweck, Begriffsbestimmungen, Gleichstellung und Nichtdiskriminierung, allgemeine Verpflichtungen

Artikel 1 – Zweck des Übereinkommens

1. Zweck dieses Übereinkommens ist es,
   a. Frauen vor allen Formen von Gewalt zu schützen und Gewalt gegen Frauen und häusliche Gewalt zu verhüten, zu verfolgen und zu beseitigen;
   b. einen Beitrag zur Beseitigung jeder Form von Diskriminierung der Frau zu leisten und eine echte Gleichstellung von Frauen und Männern, auch durch die Stärkung der Rechte der Frauen, zu fördern;
   c. einen umfassenden Rahmen sowie umfassende politische und sonstige Maßnahmen zum Schutz und zur Unterstützung aller Opfer von Gewalt gegen Frauen und häuslicher Gewalt zu entwerfen;
   d. die internationale Zusammenarbeit im Hinblick auf die Beseitigung von Gewalt gegen Frauen und häuslicher Gewalt zu fördern;
   e. Organisationen und Strafverfolgungsbehörden zu helfen und sie zu unterstützen, um wirksam mit dem Ziel zusammenzuarbeiten, einen umfassenden Ansatz für die Beseitigung von Gewalt gegen Frauen und häuslicher Gewalt anzunehmen.
2. Um die wirksame Durchführung dieses Übereinkommens durch die Vertragsparteien sicherzustellen, wird durch dieses Übereinkommen ein besonderer Überwachungsmechanismus eingeführt.

Artikel 2 – Geltungsbereich des Übereinkommens

1. Dieses Übereinkommen findet Anwendung auf alle Formen von Gewalt gegen Frauen, einschließlich der häuslichen Gewalt, die Frauen unverhältnismäßig stark betrifft.
2. Die Vertragsparteien werden ermutigt, dieses Übereinkommen auf alle Opfer häuslicher Gewalt anzuwenden. Die Vertragsparteien richten bei der Durchführung dieses Übereinkommens ein besonderes Augenmerk auf Frauen, die Opfer geschlechtsspezifischer Gewalt geworden sind.
3. Dieses Übereinkommen findet in Friedenszeiten und in Situationen bewaffneter Konflikte Anwendung.

Artikel 3 – Begriffsbestimmungen

Im Sinne dieses Übereinkommens

a. wird der Begriff „Gewalt gegen Frauen" als eine Menschenrechtsverletzung und eine Form der Diskriminierung der Frau verstanden und bezeichnet alle Handlungen geschlechtsspezifischer Gewalt, die zu körperlichen, sexuellen, psychischen oder wirtschaftlichen Schäden oder Leiden bei Frauen führen oder führen können, einschließlich der Androhung solcher Handlungen, der Nötigung oder der willkürlichen Freiheitsentziehung, sei es im öffentlichen oder privaten Leben;
b. bezeichnet der Begriff „häusliche Gewalt" alle Handlungen körperlicher, sexueller, psychischer oder wirtschaftlicher Gewalt, die innerhalb der Familie oder des Haushalts oder zwischen früheren oder derzeitigen Eheleuten oder Partnerinnen bezie-

hungsweise Partnern vorkommen, unabhängig davon, ob der Täter beziehungsweise die Täterin denselben Wohnsitz wie das Opfer hat oder hatte;

c. bezeichnet der Begriff „Geschlecht" die gesellschaftlich geprägten Rollen, Verhaltensweisen, Tätigkeiten und Merkmale, die eine bestimmte Gesellschaft als für
Frauen und Männer angemessen ansieht;

d. bezeichnet der Begriff „geschlechtsspezifische Gewalt gegen Frauen" Gewalt, die
gegen eine Frau gerichtet ist, weil sie eine Frau ist, oder die Frauen unverhältnismäßig stark betrifft;

e. bezeichnet der Begriff „Opfer" eine natürliche Person, die Gegenstand des unter
den Buchstaben a und b beschriebenen Verhaltens ist;

f. umfasst der Begriff „Frauen" auch Mädchen unter achtzehn Jahren.

Artikel 4 – Grundrechte, Gleichstellung und Nichtdiskriminierung

1. Die Vertragsparteien treffen die erforderlichen gesetzgeberischen und sonstigen
Maßnahmen zur Förderung und zum Schutz des Rechts jeder Person, insbesondere von
Frauen, sowohl im öffentlichen als auch im privaten Bereich frei von Gewalt zu leben.

2. Die Vertragsparteien verurteilen jede Form von Diskriminierung der Frau und treffen
unverzüglich die erforderlichen gesetzgeberischen und sonstigen Maßnahmen zu ihrer
Verhütung, insbesondere durch
   - die Verankerung des Grundsatzes der Gleichstellung von Frauen und Männern
in ihren nationalen Verfassungen oder in anderen geeigneten Rechtsvorschriften
sowie die Sicherstellung der tatsächlichen Verwirklichung dieses Grundsatzes;
   - das Verbot der Diskriminierung der Frau, soweit erforderlich auch durch Sanktionen;
   - die Aufhebung aller Gesetze und die Abschaffung von Vorgehensweisen, durch die
Frauen diskriminiert werden.

3. Die Durchführung dieses Übereinkommens durch die Vertragsparteien, insbesondere
von Maßnahmen zum Schutz der Rechte der Opfer, ist ohne Diskriminierung insbesondere wegen des biologischen oder sozialen Geschlechts, der Rasse, der Hautfarbe,
der Sprache, der Religion, der politischen oder sonstigen Anschauung, der nationalen
oder sozialen Herkunft, der Zugehörigkeit zu einer nationalen Minderheit, des Vermö-
gens, der Geburt, der sexuellen Ausrichtung, der Geschlechtsidentität, des Alters, des
Gesundheitszustands, einer Behinderung, des Familienstands, des Migranten- oder
Flüchtlingsstatus oder des sonstigen Status sicherzustellen.

4. Besondere Maßnahmen, die zur Verhütung von geschlechtsspezifischer Gewalt und
zum Schutz von Frauen vor solcher Gewalt erforderlich sind, gelten nicht als Diskriminierung im Sinne dieses Übereinkommens.

Artikel 5 - Verpflichtungen der Staaten und Sorgfaltspflicht

1. Die Vertragsparteien unterlassen jede Beteiligung an Gewalttaten gegen Frauen und
stellen sicher, dass staatliche Behörden, Beschäftigte, Einrichtungen und sonstige im
Auftrag des Staates handelnde Personen im Einklang mit dieser Verpflichtung handeln.

2. Die Vertragsparteien treffen die erforderlichen gesetzgeberischen und sonstigen
Maßnahmen, um ihrer Sorgfaltspflicht zur Verhütung, Untersuchung und Bestrafung
von in den Geltungsbereich dieses Übereinkommens fallenden Gewalttaten, die von

Personen, die nicht im Auftrag des Staates handeln, begangen wurden, und zur Bereitstellung von Entschädigung für solche Gewalttaten nachzukommen.

Artikel 6 - Geschlechtersensible politische Maßnahmen

Die Vertragsparteien verpflichten sich, die Geschlechterperspektive in die Durchführung und in die Bewertung der Auswirkungen dieses Übereinkommens einzubeziehen und politische Maßnahmen der Gleichstellung von Frauen und Männern und der Stärkung der Rechte der Frauen zu fördern und wirksam umzusetzen.

Kapitel II – Ineinandergreifende politische Maßnahmen und Datensammlung

Artikel 7 – Umfassende und koordinierte politische Maßnahmen

1. Die Vertragsparteien treffen die erforderlichen gesetzgeberischen und sonstigen Maßnahmen, um landesweit wirksame, umfassende und koordinierte politische Maßnahmen zu beschließen und umzusetzen, die alle einschlägigen Maßnahmen zur Verhütung und Bekämpfung aller in den Geltungsbereich dieses Übereinkommens fallenden Formen von Gewalt umfasst, und um eine ganzheitliche Antwort auf Gewalt gegen Frauen zu geben.
2. Die Vertragsparteien stellen sicher, dass die in Absatz 1 genannten politischen Maßnahmen die Rechte des Opfers in den Mittelpunkt aller Maßnahmen stellen und mittels einer wirksamen Zusammenarbeit zwischen allen einschlägigen Behörden, Einrichtungen und Organisationen umgesetzt werden.
3. Nach Maßgabe dieses Artikels getroffene Maßnahmen beziehen gegebenenfalls alle einschlägigen Akteure wie Regierungsstellen, nationale, regionale und lokale Parlamente und Behörden, nationale Menschenrechtsinstitutionen und zivilgesellschaftliche Organisationen ein.

Artikel 8 - Finanzielle Mittel

Die Vertragsparteien stellen angemessene finanzielle und personelle Mittel bereit für die geeignete Umsetzung von ineinandergreifenden politischen und sonstigen Maßnahmen sowie Programmen zur Verhütung und Bekämpfung aller in den Geltungsbereich dieses Übereinkommens fallenden Formen von Gewalt, einschließlich der von nichtstaatlichen Organisationen und der Zivilgesellschaft durchgeführten.

Artikel 9 - Nichtstaatliche Organisationen und Zivilgesellschaft

Die Vertragsparteien anerkennen, fördern und unterstützen auf allen Ebenen die Arbeit einschlägiger nichtstaatlicher Organisationen und der Zivilgesellschaft, die Gewalt gegen Frauen aktiv bekämpfen, und begründen eine wirkungsvolle Zusammenarbeit mit diesen Organisationen.

VIII. Anhang

Artikel 10 – Koordinierungsstelle

1. Die Vertragsparteien benennen oder errichten eine oder mehrere offizielle Stellen, die für die Koordinierung, Umsetzung, Beobachtung und Bewertung der politischen und sonstigen Maßnahmen zur Verhütung und Bekämpfung aller von diesem Übereinkommen erfassten Formen von Gewalt zuständig sind. Diese Stellen koordinieren die in Artikel 11 genannte Datensammlung sowie analysieren und verbreiten ihre Ergebnisse.
2. Die Vertragsparteien stellen sicher, dass die nach diesem Artikel benannten oder errichteten Stellen allgemeine Informationen über nach Maßgabe des Kapitels VIII getroffene Maßnahmen erhalten.
3. Die Vertragsparteien stellen sicher, dass die nach diesem Artikel benannten oder errichteten Stellen die Möglichkeit haben, mit den ihnen entsprechenden Stellen in anderen Vertragsparteien direkt zu kommunizieren und den Kontakt zu pflegen.

Artikel 11 – Datensammlung und Forschung

1. Für die Zwecke der Durchführung dieses Übereinkommens verpflichten sich die Vertragsparteien,
   a. in regelmäßigen Abständen einschlägige genau aufgeschlüsselte statistische Daten über Fälle von allen in den Geltungsbereich dieses Übereinkommens fallenden Formen von Gewalt zu sammeln;
   b. die Forschung auf dem Gebiet aller in den Geltungsbereich dieses Übereinkommens fallenden Formen von Gewalt zu fördern, um ihre eigentlichen Ursachen und ihre Auswirkungen, ihr Vorkommen und die Aburteilungsquote[3] sowie die Wirksamkeit der zur Durchführung dieses Übereinkommens getroffenen Maßnahmen zu untersuchen.
2. Die Vertragsparteien bemühen sich, in regelmäßigen Abständen bevölkerungsbezogene Studien durchzuführen, um die Verbreitung und Entwicklung aller in den Geltungsbereich dieses Übereinkommens fallenden Formen von Gewalt zu bewerten.
3. Die Vertragsparteien stellen der in Artikel 66 genannten Expertengruppe die nach diesem Artikel gesammelten Daten zur Verfügung, um die internationale Zusammenarbeit anzuregen und einen internationalen Vergleich zu ermöglichen.
4. Die Vertragsparteien stellen sicher, dass die nach diesem Artikel gesammelten Daten der Öffentlichkeit zugänglich sind.

Kapitel III – Prävention

Artikel 12 – Allgemeine Verpflichtungen

1. Die Vertragsparteien treffen die erforderlichen Maßnahmen, um Veränderungen von sozialen und kulturellen Verhaltensmustern von Frauen und Männern mit dem Ziel zu bewirken, Vorurteile, Bräuche, Traditionen und alle sonstigen Vorgehensweisen, die auf der Vorstellung der Unterlegenheit der Frau oder auf Rollenzuweisungen für Frauen und Männer beruhen, zu beseitigen.

---

3   AT, CH: „Verurteilungsquote"

2. Die Vertragsparteien treffen die erforderlichen gesetzgeberischen und sonstigen Maßnahmen, um alle in den Geltungsbereich dieses Übereinkommens fallenden Formen von Gewalt durch natürliche oder juristische Personen zu verhüten.

3. Alle nach diesem Artikel getroffenen Maßnahmen müssen die speziellen Bedürfnisse von Personen, die durch besondere Umstände schutzbedürftig geworden sind, berücksichtigen und sich mit diesen befassen und die Menschenrechte aller Opfer in den Mittelpunkt stellen.

4. Die Vertragsparteien treffen die erforderlichen Maßnahmen, um alle Mitglieder der Gesellschaft, insbesondere Männer und Jungen[4], zur aktiven Beteiligung an der Verhütung aller in den Geltungsbereich dieses Übereinkommens fallenden Formen von Gewalt zu ermutigen.

5. Die Vertragsparteien stellen sicher, dass Kultur, Bräuche, Religion, Tradition oder die sogenannte „Ehre" nicht als Rechtfertigung für in den Geltungsbereich dieses Übereinkommens fallende Gewalttaten angesehen werden.

6. Die Vertragsparteien treffen die erforderlichen Maßnahmen, um Programme und Aktivitäten zur Stärkung der Rechte der Frauen zu fördern.

Artikel 13 – Bewusstseinsbildung

1. Die Vertragsparteien fördern regelmäßig Kampagnen oder Programme zur Bewusstseinsbildung auf allen Ebenen oder führen solche durch, gegebenenfalls auch in Zusammenarbeit mit nationalen Menschenrechtsinstitutionen und Gleichstellungsorganen, der Zivilgesellschaft und nichtstaatlichen Organisationen, insbesondere mit Frauenorganisationen, um in der breiten Öffentlichkeit das Bewusstsein und das Verständnis für die unterschiedlichen Erscheinungsformen aller in den Geltungsbereich dieses Übereinkommens fallenden Formen von Gewalt, ihre Auswirkungen auf Kinder und die Notwendigkeit, solche Gewalt zu verhüten, zu verbessern.

2. Die Vertragsparteien stellen die umfassende Verbreitung von Informationen über Maßnahmen, die verfügbar sind, um in den Geltungsbereich dieses Übereinkommens fallende Gewalttaten zu verhüten, in der breiten Öffentlichkeit sicher.

Artikel 14 – Bildung

1. Die Vertragsparteien treffen gegebenenfalls die erforderlichen Maßnahmen, um an die sich entwickelnden Fähigkeiten der Lernenden angepasste Lernmittel[5] zu Themen wie der Gleichstellung von Frauen und Männern, der Aufhebung von Rollenzuweisungen, gegenseitigem Respekt, gewaltfreier Konfliktlösung in zwischenmenschlichen Beziehungen, geschlechtsspezifischer Gewalt gegen Frauen und dem Recht auf die Unversehrtheit der Person in die offiziellen Lehrpläne auf allen Ebenen des Bildungssystems aufzunehmen.

---

4   AT: „Buben"
5   CH: „Lehrmittel"

2. Die Vertragsparteien treffen die erforderlichen Maßnahmen, um die in Absatz 1 genannten Grundsätze in informellen Bildungsstätten sowie in Sport-, Kultur- und Freizeiteinrichtungen und in den Medien zu fördern.

Artikel 15 – Aus- und Fortbildung von Angehörigen bestimmter Berufsgruppen

1. Die Vertragsparteien schaffen für Angehörige der Berufsgruppen, die mit Opfern oder Tätern aller in den Geltungsbereich dieses Übereinkommens fallenden Gewalttaten zu tun haben, ein Angebot an geeigneten Aus- und Fortbildungsmaßnahmen zur Verhütung und Aufdeckung solcher Gewalt, zur Gleichstellung von Frauen und Männern, zu den Bedürfnissen und Rechten der Opfer sowie zu Wegen zur Verhinderung der sekundären Viktimisierung oder bauen dieses Angebot aus.
2. Die Vertragsparteien ermutigen dazu, dass die in Absatz 1 genannten Aus- und Fortbildungsmaßnahmen auch Aus- und Fortbildungsmaßnahmen zur koordinierten behördenübergreifenden Zusammenarbeit umfassen, um bei in den Geltungsbereich dieses Übereinkommens fallenden Gewalttaten einen umfassenden und geeigneten Umgang mit Weiterverweisungen zu ermöglichen.

Artikel 16 – Vorbeugende Interventions- und Behandlungsprogramme

1. Die Vertragsparteien treffen die erforderlichen gesetzgeberischen oder sonstigen Maßnahmen, um Programme einzurichten oder zu unterstützen, die darauf abzielen, Täter und Täterinnen häuslicher Gewalt zu lehren, in zwischenmenschlichen Beziehungen ein gewaltfreies Verhalten anzunehmen, um weitere Gewalt zu verhüten und von Gewalt geprägte Verhaltensmuster zu verändern.
2. Die Vertragsparteien treffen die erforderlichen gesetzgeberischen oder sonstigen Maßnahmen, um Behandlungsprogramme einzurichten oder zu unterstützen, die darauf abzielen zu verhindern, dass Täter und Täterinnen, insbesondere Sexualstraftäter und -täterinnen, erneut Straftaten begehen.
3. Bei den in den Absätzen 1 und 2 genannten Maßnahmen stellen die Vertragsparteien sicher, dass die Sicherheit, die Unterstützung und die Menschenrechte der Opfer ein vorrangiges Anliegen sind und dass diese Programme gegebenenfalls in enger Zusammenarbeit mit spezialisierten Hilfsdiensten für Opfer ausgearbeitet und umgesetzt werden.

Artikel 17 – Beteiligung des privaten Sektors und der Medien

1. Die Vertragsparteien ermutigen den privaten Sektor, den Bereich der Informations- und Kommunikationstechnologien und die Medien, sich unter gebührender Beachtung der freien Meinungsäußerung und ihrer Unabhängigkeit an der Ausarbeitung und Umsetzung von politischen Maßnahmen zu beteiligen sowie Richtlinien und Normen der Selbstregulierung festzulegen, um Gewalt gegen Frauen zu verhüten und die Achtung ihrer Würde zu erhöhen.
2. Die Vertragsparteien entwickeln und fördern in Zusammenarbeit mit Akteuren des privaten Sektors bei Kindern, Eltern, Erzieherinnen und Erziehern Fähigkeiten für den Umgang mit dem Informations- und Kommunikationsumfeld, das Zugang zu

herabwürdigenden Inhalten sexueller oder gewalttätiger Art bietet, die schädlich sein können.

Kapitel IV – Schutz und Unterstützung

Artikel 18 – Allgemeine Verpflichtungen

1. Die Vertragsparteien treffen die erforderlichen gesetzgeberischen oder sonstigen Maßnahmen, um alle Opfer vor weiteren Gewalttaten zu schützen.
2. Die Vertragsparteien treffen im Einklang mit dem internen Recht die erforderlichen gesetzgeberischen oder sonstigen Maßnahmen, um sicherzustellen, dass es geeignete Mechanismen für eine wirksame Zusammenarbeit zwischen allen einschlägigen staatlichen Stellen, einschließlich der Justiz, Staatsanwaltschaften, Strafverfolgungsbehörden, lokalen und regionalen Behörden, und nichtstaatlichen Organisationen und sonstigen einschlägigen Organisationen und Stellen beim Schutz und der Unterstützung von Opfern und Zeuginnen und Zeugen aller in den Geltungsbereich dieses Übereinkommens fallenden Formen von Gewalt gibt; dies kann auch durch die Verweisung an allgemeine und spezialisierte Hilfsdienste, wie sie in den Artikeln 20 und 22 beschrieben werden, geschehen.
3. Die Vertragsparteien stellen sicher, dass nach Maßgabe dieses Kapitels getroffene Maßnahmen
   - auf einem geschlechtsbewussten Verständnis von Gewalt gegen Frauen und häuslicher Gewalt beruhen und die Menschenrechte und die Sicherheit des Opfers in den Mittelpunkt stellen;
   - auf einem umfassenden Ansatz beruhen, bei dem das Verhältnis zwischen Opfern, Tätern beziehungsweise Täterinnen, Kindern und ihrem weiteren sozialen Umfeld berücksichtigt wird;
   - die Verhinderung der sekundären Viktimisierung zum Ziel haben;
   - die Stärkung der Rechte und die wirtschaftliche Unabhängigkeit von Frauen zum Ziel haben, die Opfer von Gewalt geworden sind;
   - gegebenenfalls die Unterbringung verschiedener Schutz- und Hilfsdienste in denselben Gebäuden ermöglichen;
   - auf die besonderen Bedürfnisse schutzbedürftiger Personen, einschließlich der Opfer, die Kinder sind, eingehen und diesen Personen zugänglich gemacht werden.
4. Die Bereitstellung von Diensten darf nicht von der Bereitschaft des Opfers abhängen, Anzeige zu erstatten oder gegen den Täter beziehungsweise die Täterin auszusagen.
5. Die Vertragsparteien treffen die erforderlichen Maßnahmen, um im Einklang mit ihren völkerrechtlichen Verpflichtungen ihren Staatsangehörigen und sonstigen zu einem solchen Schutz berechtigten Opfern konsularischen und sonstigen Schutz sowie Unterstützung zu gewähren.

VIII. Anhang

Artikel 19 – Informationen

Die Vertragsparteien treffen die erforderlichen gesetzgeberischen oder sonstigen Maßnahmen, um sicherzustellen, dass Opfer angemessen und rechtzeitig über verfügbare Hilfsdienste und rechtliche Maßnahmen in einer ihnen verständlichen Sprache informiert werden.

Artikel 20 – Allgemeine Hilfsdienste

1. Die Vertragsparteien treffen die erforderlichen gesetzgeberischen oder sonstigen Maßnahmen, um sicherzustellen, dass Opfer Zugang zu Diensten erhalten, die ihre Genesung nach Gewalt erleichtern. Diese Maßnahmen sollen, sofern erforderlich, Dienste wie rechtliche und psychologische Beratung, finanzielle Unterstützung, Unterkunft, Ausbildung, Schulung sowie Unterstützung bei der Arbeitssuche umfassen.
2. Die Vertragsparteien treffen die erforderlichen gesetzgeberischen oder sonstigen Maßnahmen, um sicherzustellen, dass Opfer Zugang zu Gesundheits- und Sozialdiensten haben, dass Dienste über angemessene Mittel verfügen und dass Angehörige bestimmter Berufsgruppen geschult werden, um die Opfer zu unterstützen und sie an die geeigneten Dienste zu verweisen.

Artikel 21 – Unterstützung bei Einzel- oder Sammelklagen

Die Vertragsparteien stellen sicher, dass Opfer Informationen über geltende regionale und internationale Mechanismen für Einzel- oder Sammelklagen und Zugang zu diesen haben. Die Vertragsparteien fördern die Bereitstellung einfühlsamer und sachkundiger Unterstützung für die Opfer bei der Einreichung solcher Klagen.

Artikel 22 – Spezialisierte Hilfsdienste

1. Die Vertragsparteien treffen die erforderlichen gesetzgeberischen oder sonstigen Maßnahmen, um in angemessener geographischer Verteilung spezialisierte Hilfsdienste für sofortige sowie kurz- und langfristige Hilfe für alle Opfer von in den Geltungsbereich dieses Übereinkommens fallenden Gewalttaten bereitzustellen oder für deren Bereitstellung zu sorgen.
2. Die Vertragsparteien stellen für alle Frauen, die Opfer von Gewalt wurden, und ihre Kinder spezialisierte Hilfsdienste bereit oder sorgen für deren Bereitstellung.

Artikel 23 – Schutzunterkünfte

Die Vertragsparteien treffen die erforderlichen gesetzgeberischen oder sonstigen Maßnahmen, um die Einrichtung von geeigneten, leicht zugänglichen Schutzunterkünften in ausreichender Zahl zu ermöglichen, um Opfern, insbesondere Frauen und ihren Kindern, eine sichere Unterkunft zur Verfügung zu stellen und aktiv auf Opfer zuzugehen.

Artikel 24 – Telefonberatung

Die Vertragsparteien treffen die erforderlichen gesetzgeberischen oder sonstigen Maßnahmen, um eine kostenlose, landesweite und täglich rund um die Uhr erreichbare Telefonberatung einzurichten, um Anruferinnen und Anrufer vertraulich oder unter Berücksichtigung ihrer Anonymität im Zusammenhang mit allen in den Geltungsbereich dieses Übereinkommens fallenden Formen von Gewalt zu beraten.

Artikel 25 – Unterstützung für Opfer sexueller Gewalt

Die Vertragsparteien treffen die erforderlichen gesetzgeberischen oder sonstigen Maßnahmen, um die Einrichtung von geeigneten, leicht zugänglichen Krisenzentren für Opfer von Vergewaltigung und sexueller Gewalt in ausreichender Zahl zu ermöglichen, um Opfern medizinische und gerichtsmedizinische Untersuchungen, Traumahilfe und Beratung anzubieten.

Artikel 26 – Schutz und Unterstützung für Zeuginnen und Zeugen, die Kinder sind

1. Die Vertragsparteien treffen die erforderlichen gesetzgeberischen oder sonstigen Maßnahmen, um sicherzustellen, dass bei der Bereitstellung von Schutz- und Hilfsdiensten für Opfer die Rechte und Bedürfnisse von Kindern, die Zeuginnen und Zeugen von in den Geltungsbereich dieses Übereinkommens fallenden Formen von Gewalt geworden sind, gebührend berücksichtigt werden.
2. Nach diesem Artikel getroffene Maßnahmen umfassen die altersgerechte psychosoziale Beratung für Kinder, die Zeuginnen und Zeugen von in den Geltungsbereich dieses Übereinkommens fallenden Formen von Gewalt geworden sind, und berücksichtigen gebührend das Wohl des Kindes.

Artikel 27 – Meldung

Die Vertragsparteien treffen die erforderlichen Maßnahmen, um alle Personen, die Zeuginnen beziehungsweise Zeugen der Begehung einer in den Geltungsbereich dieses Übereinkommens fallenden Gewalttat geworden sind oder die Gründe für die Annahme haben, dass eine solche Tat begangen werden könnte oder weitere Gewalttaten zu erwarten sind, zu ermutigen, dies den zuständigen Organisationen oder Behörden zu melden.

Artikel 28 – Meldung durch Angehörige bestimmter Berufsgruppen

Die Vertragsparteien treffen die erforderlichen Maßnahmen, um sicherzustellen, dass die Vorschriften über die Vertraulichkeit, die nach dem internen Recht für Angehörige bestimmter Berufsgruppen gelten, diesen Personen nicht die Möglichkeit nehmen, unter gegebenen Umständen eine Meldung an die zuständigen Organisationen und Behörden zu machen, wenn sie Gründe für die Annahme haben, dass eine schwere in den Geltungsbereich dieses Übereinkommens fallende Gewalttat begangen worden ist und weitere schwere Gewalttaten zu erwarten sind.

Kapitel V – Materielles Recht

Artikel 29 – Zivilverfahren und Rechtsbehelfe

1. Die Vertragsparteien treffen die erforderlichen gesetzgeberischen oder sonstigen Maßnahmen, um Opfer mit angemessenen zivilrechtlichen Rechtsbehelfen gegenüber dem Täter beziehungsweise der Täterin auszustatten.

2. Die Vertragsparteien treffen die erforderlichen gesetzgeberischen oder sonstigen Maßnahmen, um Opfer im Einklang mit den allgemeinen Grundsätzen des Völkerrechts mit angemessenen zivilrechtlichen Ansprüchen gegenüber staatlichen Behörden auszustatten, die im Rahmen ihrer Zuständigkeiten ihrer Pflicht zum Ergreifen der erforderlichen vorbeugenden Maßnahmen oder Schutzmaßnahmen nicht nachgekommen sind.

Artikel 30 – Schadensersatz[6] und Entschädigung

1. Die Vertragsparteien treffen die erforderlichen gesetzgeberischen oder sonstigen Maßnahmen, um sicherzustellen, dass Opfer das Recht haben, von Tätern beziehungsweise Täterinnen für alle nach diesem Übereinkommen umschriebenen Straftaten Schadensersatz zu fordern.

2. Eine angemessene staatliche Entschädigung wird denjenigen gewährt, die eine schwere Körperverletzung oder Gesundheitsschädigung erlitten haben, soweit der Schaden nicht von anderer Seite, wie dem Täter beziehungsweise der Täterin, einer Versicherung oder durch staatlich finanzierte Gesundheits- und Sozialmaßnahmen, ersetzt wird. Dies hindert die Vertragsparteien nicht daran, den Täter beziehungsweise die Täterin für die gewährte Entschädigung in Regress zu nehmen, solange dabei die Sicherheit des Opfers gebührend berücksichtigt wird.

3. Maßnahmen nach Absatz 2 sollen sicherstellen, dass die Entschädigung innerhalb eines angemessenen Zeitraums gewährt wird.

Artikel 31 – Sorgerecht, Besuchsrecht und Sicherheit

1. Die Vertragsparteien treffen die erforderlichen gesetzgeberischen oder sonstigen Maßnahmen, um sicherzustellen, dass in den Geltungsbereich dieses Übereinkommens fallende gewalttätige Vorfälle bei Entscheidungen über das Besuchs- und Sorgerecht betreffend Kinder berücksichtigt werden.

2. Die Vertragsparteien treffen die erforderlichen gesetzgeberischen oder sonstigen Maßnahmen, um sicherzustellen, dass die Ausübung des Besuchs- oder Sorgerechts nicht die Rechte und die Sicherheit des Opfers oder der Kinder gefährdet.

Artikel 32 - Zivilrechtliche Folgen der Zwangsheirat

Die Vertragsparteien treffen die erforderlichen gesetzgeberischen oder sonstigen Maßnahmen, um sicherzustellen, dass unter Zwang geschlossene Ehen ohne eine unangemessene finanzielle oder administrative Belastung für das Opfer anfechtbar sind, für nichtig erklärt oder aufgelöst werden können.

---

6   AT, CH: „Schadenersatz" und entsprechend im Folgenden.

Artikel 33 – Psychische Gewalt

Die Vertragsparteien treffen die erforderlichen gesetzgeberischen oder sonstigen Maßnahmen, um sicherzustellen, dass vorsätzliches Verhalten, durch das die psychische Unversehrtheit einer Person durch Nötigung oder Drohung ernsthaft beeinträchtigt wird, unter Strafe gestellt wird.

Artikel 34 – Nachstellung

Die Vertragsparteien treffen die erforderlichen gesetzgeberischen oder sonstigen Maßnahmen, um sicherzustellen, dass vorsätzliches Verhalten, das aus wiederholten Bedrohungen gegenüber einer anderen Person besteht, die dazu führen, dass diese um ihre Sicherheit fürchtet, unter Strafe gestellt wird.

Artikel 35 – Körperliche Gewalt

Die Vertragsparteien treffen die erforderlichen gesetzgeberischen oder sonstigen Maßnahmen, um sicherzustellen, dass vorsätzliches Verhalten, durch das einer anderen Person körperliche Gewalt angetan wird, unter Strafe gestellt wird.

Artikel 36 – Sexuelle Gewalt, einschließlich Vergewaltigung

1. Die Vertragsparteien treffen die erforderlichen gesetzgeberischen oder sonstigen Maßnahmen, um sicherzustellen, dass folgendes vorsätzliches Verhalten unter Strafe gestellt wird:
   a. nicht einverständliches, sexuell bestimmtes vaginales, anales oder orales Eindringen in den Körper einer anderen Person mit einem Körperteil oder Gegenstand;
   b. sonstige nicht einverständliche sexuell bestimmte Handlungen mit einer anderen Person;
   c. Veranlassung einer Person zur Durchführung nicht einverständlicher sexuell bestimmter Handlungen mit einer dritten Person.
2. Das Einverständnis muss freiwillig als Ergebnis des freien Willens der Person, der im Zusammenhang der jeweiligen Begleitumstände beurteilt wird, erteilt werden.
3. Die Vertragsparteien treffen die erforderlichen gesetzgeberischen oder sonstigen Maßnahmen, um sicherzustellen, dass Absatz[7] 1 auch auf Handlungen anwendbar ist, die gegenüber früheren oder derzeitigen Eheleuten oder Partnerinnen oder Partnern im Sinne des internen Rechts begangen wurden.

Artikel 37 – Zwangsheirat

1. Die Vertragsparteien treffen die erforderlichen gesetzgeberischen oder sonstigen Maßnahmen, um sicherzustellen, dass vorsätzliches Verhalten, durch das eine erwachsene Person oder ein Kind zur Eheschließung gezwungen wird, unter Strafe gestellt wird.

---

[7] AT: „Abs." und entsprechend im Folgenden.

2. Die Vertragsparteien treffen die erforderlichen gesetzgeberischen oder sonstigen Maßnahmen, um sicherzustellen, dass vorsätzliches Verhalten unter Strafe gestellt wird, durch das eine erwachsene Person oder ein Kind in das Hoheitsgebiet einer Vertragspartei oder eines Staates gelockt wird, das nicht das Hoheitsgebiet ihres beziehungsweise seines Aufenthalts ist, um diese erwachsene Person oder dieses Kind zur Eheschließung zu zwingen.

Artikel 38 – Verstümmelung weiblicher Genitalien

Die Vertragsparteien treffen die erforderlichen gesetzgeberischen oder sonstigen Maßnahmen, um sicherzustellen, dass folgendes vorsätzliches Verhalten unter Strafe gestellt wird:

    a. Entfernung, Infibulation oder Durchführung jeder sonstigen Verstümmelung der gesamten großen oder kleinen Schamlippen oder Klitoris einer Frau oder eines Teiles davon;

    b. ein Verhalten, durch das eine Frau dazu genötigt oder gebracht wird, sich einer der unter Buchstabe a aufgeführten Handlungen zu unterziehen;

    c. ein Verhalten, durch das ein Mädchen dazu verleitet, genötigt oder dazu gebracht wird, sich einer der unter Buchstabe a aufgeführten Handlungen zu unterziehen.

Artikel 39 – Zwangsabtreibung und Zwangssterilisierung

Die Vertragsparteien treffen die erforderlichen gesetzgeberischen oder sonstigen Maßnahmen, um sicherzustellen, dass folgendes vorsätzliches Verhalten unter Strafe gestellt wird:

    a. Durchführung einer Abtreibung an einer Frau ohne deren vorherige Zustimmung nach erfolgter Aufklärung;

    b. Durchführung eines chirurgischen Eingriffs mit dem Zweck oder der Folge, dass die Fähigkeit einer Frau zur natürlichen Fortpflanzung ohne deren auf Kenntnis der Sachlage gegründete vorherige Zustimmung zu dem Verfahren oder Verständnis dafür beendet wird.

Artikel 40 – Sexuelle Belästigung

Die Vertragsparteien treffen die erforderlichen gesetzgeberischen oder sonstigen Maßnahmen, um sicherzustellen, dass jede Form von ungewolltem sexuell bestimmtem verbalem, nonverbalem oder körperlichem Verhalten mit dem Zweck oder der Folge, die Würde einer Person zu verletzen, insbesondere wenn dadurch ein Umfeld der Einschüchterung, Feindseligkeit, Erniedrigung, Entwürdigung oder Beleidigung geschaffen wird, strafrechtlichen oder sonstigen rechtlichen Sanktionen unterliegt.

Artikel 41 – Beihilfe oder Anstiftung und Versuch

1. Die Vertragsparteien treffen die erforderlichen gesetzgeberischen oder sonstigen Maßnahmen, um die Beihilfe oder Anstiftung zur Begehung einer der nach den Artikeln 33, 34, 35, 36, 37, 38 Buchstabe a und 39 umschriebenen Straftaten, wenn vorsätzlich begangen, als Straftat zu umschreiben.

2. Die Vertragsparteien treffen die erforderlichen gesetzgeberischen oder sonstigen Maßnahmen, um den Versuch der Begehung einer der nach den Artikeln 35, 36, 37, 38 Buchstabe a und 39 umschriebenen Straftaten, wenn vorsätzlich begangen, als Straftat zu umschreiben.

Artikel 42 – Inakzeptable Rechtfertigungen für Straftaten, einschließlich der im Namen der sogenannten „Ehre" begangenen Straftaten

1. Die Vertragsparteien treffen die erforderlichen gesetzgeberischen oder sonstigen Maßnahmen, um sicherzustellen, dass in Strafverfahren, die in Folge der Begehung einer der in den Geltungsbereich dieses Übereinkommens fallenden Gewalttaten eingeleitet werden, Kultur, Bräuche, Religion, Tradition oder die sogenannte „Ehre" nicht als Rechtfertigung für solche Handlungen angesehen werden. Dies bezieht sich insbesondere auf Behauptungen, das Opfer habe kulturelle, religiöse, soziale oder traditionelle Normen oder Bräuche bezüglich des angemessenen Verhaltens verletzt.
2. Die Vertragsparteien treffen die erforderlichen gesetzgeberischen oder sonstigen Maßnahmen, um sicherzustellen, dass das Verleiten eines Kindes durch eine Person, eine der in Absatz 1 genannten Handlungen zu begehen, die strafrechtliche Verantwortlichkeit dieser Person für die begangenen Handlungen nicht mindert.

Artikel 43 – Anwendung der Straftatbestände

Die nach diesem Übereinkommen umschriebenen Straftaten finden unabhängig von der Art der Täter-Opfer-Beziehung Anwendung.

Artikel 44 – Gerichtsbarkeit

1. Die Vertragsparteien treffen die erforderlichen gesetzgeberischen oder sonstigen Maßnahmen, um ihre Gerichtsbarkeit über die nach diesem Übereinkommen umschriebenen Straftaten zu begründen, wenn die Straftat wie folgt begangen wird:
   a. in ihrem Hoheitsgebiet;
   b. an Bord eines Schiffes, das die Flagge dieser Vertragsparteien führt;
   c. an Bord eines Luftfahrzeugs, das nach dem Recht dieser Vertragsparteien eingetragen ist;
   d. von einem ihrer Staatsangehörigen oder
   e. von einer Person, die ihren gewöhnlichen Aufenthalt in ihrem Hoheitsgebiet hat.
2. Die Vertragsparteien bemühen sich, die erforderlichen gesetzgeberischen oder sonstigen Maßnahmen zu treffen, um ihre Gerichtsbarkeit über die nach diesem Übereinkommen umschriebenen Straftaten zu begründen, wenn die Straftat gegen einen ihrer Staatsangehörigen oder eine Person, die ihren gewöhnlichen Aufenthalt in ihrem Hoheitsgebiet hat, begangen wird.
3. Zur Verfolgung der nach den Artikeln 36, 37, 38 und 39 umschriebenen Straftaten treffen die Vertragsparteien die erforderlichen gesetzgeberischen oder sonstigen Maßnahmen, um sicherzustellen, dass die Begründung ihrer Gerichtsbarkeit nicht davon abhängig ist, dass die Handlungen in dem Hoheitsgebiet, in dem sie begangen wurden, strafbar sind.

4. Zur Verfolgung der nach den Artikeln 36, 37, 38 und 39 umschriebenen Straftaten treffen die Vertragsparteien die erforderlichen gesetzgeberischen oder sonstigen Maßnahmen, um sicherzustellen, dass die Begründung ihrer Gerichtsbarkeit in Bezug auf Absatz 1 Buchstaben d und e nicht davon abhängig ist, dass der Strafverfolgung eine Meldung der Straftat durch das Opfer oder das Einleiten eines Strafverfahrens durch den Staat, in dem die Straftat begangen wurde, vorausgegangen ist.

5. Die Vertragsparteien treffen die erforderlichen gesetzgeberischen oder sonstigen Maßnahmen, um ihre Gerichtsbarkeit über die nach diesem Übereinkommen umschriebenen Straftaten für den Fall zu begründen, dass der mutmaßliche Täter beziehungsweise die mutmaßliche Täterin sich in ihrem Hoheitsgebiet befindet und sie ihn beziehungsweise sie nur aufgrund seiner beziehungsweise ihrer Staatsangehörigkeit nicht an eine andere Vertragspartei ausliefern.

6. Wird die Gerichtsbarkeit für eine mutmaßliche nach diesem Übereinkommen umschriebene Straftat von mehr als einer Vertragspartei geltend gemacht, so konsultieren die beteiligten Vertragsparteien einander, soweit angebracht, um die für die Strafverfolgung am besten geeignete Gerichtsbarkeit zu bestimmen.

7. Unbeschadet der allgemeinen Regeln des Völkerrechts schließt dieses Übereinkommen die Ausübung einer Strafgerichtsbarkeit durch eine Vertragspartei nach ihrem internen Recht nicht aus.

Artikel 45 - Sanktionen und Maßnahmen

1. Die Vertragsparteien treffen die erforderlichen gesetzgeberischen oder sonstigen Maßnahmen, um sicherzustellen, dass die nach diesem Übereinkommen umschriebenen Straftaten mit wirksamen, angemessenen und abschreckenden Sanktionen bedroht werden, die ihrer Schwere Rechnung tragen. Diese Sanktionen umfassen gegebenenfalls freiheitsentziehende Maßnahmen, die zur Auslieferung führen können.

2. Die Vertragsparteien können weitere Maßnahmen in Bezug auf Täter und Täterinnen treffen, beispielsweise
   - die Überwachung und Betreuung verurteilter Personen;
   - den Entzug der elterlichen Rechte, wenn das Wohl des Kindes, das die Sicherheit des Opfers umfassen kann, nicht auf andere Weise garantiert werden kann.

Artikel 46 – Strafschärfungsgründe[8]

Die Vertragsparteien treffen die erforderlichen gesetzgeberischen oder sonstigen Maßnahmen, um sicherzustellen, dass die folgenden Umstände, soweit sie nicht bereits Tatbestandsmerkmale darstellen, im Einklang mit den einschlägigen Bestimmungen des internen Rechts bei der Festsetzung des Strafmaßes[9] für die nach diesem Übereinkommen umschriebenen Straftaten als erschwerend berücksichtigt werden können:

---

8   8 AT: „Erschwerende Umstände"
         CH: „Strafverschärfungsgründe"

9   AT: „Bemessung der Strafe" und entsprechend im Folgenden

a. Die Straftat wurde gegen eine frühere oder derzeitige Ehefrau oder Partnerin im Sinne des internen Rechts beziehungsweise gegen einen früheren oder derzeitigen Ehemann oder Partner im Sinne des internen Rechts oder von einem Familienmitglied, einer mit dem Opfer zusammenlebenden Person oder einer ihre Autoritätsstellung missbrauchenden Person begangen;

b. die Straftat oder mit ihr in Zusammenhang stehende Straftaten wurden wiederholt begangen;

c. die Straftat wurde gegen eine aufgrund besonderer Umstände schutzbedürftig gewordene Person begangen;

d. die Straftat wurde gegen ein Kind oder in dessen Gegenwart begangen;

e. die Straftat wurde von zwei oder mehr Personen gemeinschaftlich begangen;

f. der Straftat ging ein extremer Grad an Gewalt voraus oder mit ihr einher;

g. die Straftat wurde unter Einsatz oder Drohung mit einer Waffe begangen;

h. die Straftat führte zu schweren körperlichen oder psychischen Schäden bei dem Opfer;

i. der Täter beziehungsweise die Täterin ist bereits wegen ähnlicher Straftaten verurteilt worden.

Artikel 47 – Von einer anderen Vertragspartei erlassene Strafurteile

Die Vertragsparteien treffen die erforderlichen gesetzgeberischen oder sonstigen Maßnahmen, um die Möglichkeit vorzusehen, bei der Festsetzung des Strafmaßes die von einer anderen Vertragspartei erlassenen rechtskräftigen Strafurteile wegen nach diesem Übereinkommen umschriebener Straftaten zu berücksichtigen.

Artikel 48 – Verbot verpflichtender alternativer Streitbeilegungsverfahren oder Strafurteile

1. Die Vertragsparteien treffen die erforderlichen gesetzgeberischen oder sonstigen Maßnahmen, um verpflichtende alternative Streitbeilegungsverfahren, einschließlich Mediation und Schlichtung, wegen aller in den Geltungsbereich dieses Übereinkommens fallenden Formen von Gewalt zu verbieten.

2. Die Vertragsparteien treffen die erforderlichen gesetzgeberischen oder sonstigen Maßnahmen, um sicherzustellen, dass im Fall der Anordnung der Zahlung einer Geldstrafe die Fähigkeit des Täters, seinen finanziellen Verpflichtungen gegenüber dem Opfer nachzukommen, gebührend berücksichtigt wird.

Kapitel VI – Ermittlungen, Strafverfolgung, Verfahrensrecht und Schutzmaßnahmen

Artikel 49 – Allgemeine Verpflichtungen

1. Die Vertragsparteien treffen die erforderlichen gesetzgeberischen oder sonstigen Maßnahmen, um sicherzustellen, dass Ermittlungen und Gerichtsverfahren im Zusammenhang mit allen in den Geltungsbereich dieses Übereinkommens fallenden Formen von Gewalt ohne ungerechtfertigte Verzögerung durchgeführt werden, wobei die Rechte des Opfers in allen Abschnitten des Strafverfahrens zu berücksichtigen sind.

2. Die Vertragsparteien treffen die erforderlichen gesetzgeberischen oder sonstigen Maßnahmen, um nach den wesentlichen Grundsätzen der Menschenrechte und unter Berücksichtigung des geschlechtsbewussten Verständnisses von Gewalt wirksame Ermittlungen wegen und Strafverfolgung von nach diesem Übereinkommen umschriebenen Straftaten sicherzustellen.

Artikel 50 – Soforthilfe, Prävention und Schutz

1. Die Vertragsparteien treffen die erforderlichen gesetzgeberischen oder sonstigen Maßnahmen, um sicherzustellen, dass die zuständigen Strafverfolgungsbehörden sofort und angemessen auf alle in den Geltungsbereich dieses Übereinkommens fallenden Formen von Gewalt reagieren, indem sie den Opfern umgehend geeigneten Schutz bieten.

2. Die Vertragsparteien treffen die erforderlichen gesetzgeberischen oder sonstigen Maßnahmen, um sicherzustellen, dass sich die zuständigen Strafverfolgungsbehörden sofort und angemessen an der Prävention von und am Schutz vor allen in den Geltungsbereich dieses Übereinkommens fallenden Formen von Gewalt beteiligen, einschließlich des Einsatzes vorbeugender operativer Maßnahmen und der Erhebung von Beweisen.

Artikel 51 – Gefährdungsanalyse und Gefahrenmanagement

1. Die Vertragsparteien treffen die erforderlichen gesetzgeberischen oder sonstigen Maßnahmen, um sicherzustellen, dass eine Analyse der Gefahr für Leib und Leben und der Schwere der Situation sowie der Gefahr von wiederholter Gewalt von allen einschlägigen Behörden vorgenommen wird, um die Gefahr unter Kontrolle zu bringen und erforderlichenfalls für koordinierte Sicherheit und Unterstützung zu sorgen.

2. Die Vertragsparteien treffen die erforderlichen gesetzgeberischen oder sonstigen Maßnahmen, um sicherzustellen, dass bei der in Absatz 1 genannten Analyse in allen Abschnitten der Ermittlungen und der Anwendung von Schutzmaßnahmen gebührend berücksichtigt wird, ob der Täter beziehungsweise die Täterin einer in den Geltungsbereich dieses Übereinkommens fallenden Gewalttat Feuerwaffen besitzt oder Zugang zu ihnen hat.

Artikel 52 – Eilschutzanordnungen

Die Vertragsparteien treffen die erforderlichen gesetzgeberischen oder sonstigen Maßnahmen, um sicherzustellen, dass die zuständigen Behörden die Befugnis erhalten, in Situationen unmittelbarer Gefahr anzuordnen, dass ein Täter beziehungsweise eine Täterin häuslicher Gewalt den Wohnsitz des Opfers oder der gefährdeten Person für einen ausreichend langen Zeitraum verlässt, und dem Täter beziehungsweise der Täterin zu verbieten, den Wohnsitz des Opfers oder der gefährdeten Person zu betreten oder Kontakt mit dem Opfer oder der gefährdeten Person aufzunehmen. Bei nach Maßgabe dieses Artikels getroffenen Maßnahmen ist der Sicherheit der Opfer oder der gefährdeten Personen Vorrang einzuräumen.

Artikel 53 – Kontakt- und Näherungsverbote sowie Schutzanordnungen

1. Die Vertragsparteien treffen die erforderlichen gesetzgeberischen oder sonstigen Maßnahmen, um sicherzustellen, dass angemessene Kontakt- und Näherungsverbote oder Schutzanordnungen für Opfer aller in den Geltungsbereich dieses Übereinkommens fallenden Formen von Gewalt zur Verfügung stehen.

2. Die Vertragsparteien treffen die erforderlichen gesetzgeberischen oder sonstigen Maßnahmen, um sicherzustellen, dass die in Absatz 1 genannten Kontakt- und Näherungsverbote oder Schutzanordnungen
   - für den sofortigen Schutz und ohne eine unangemessene finanzielle oder administrative Belastung für die Opfer zur Verfügung stehen;
   - für einen bestimmten Zeitraum oder bis zu ihrer Abänderung oder Aufhebung erlassen werden;
   - soweit erforderlich auf Antrag und mit sofortiger Wirkung ausgestellt werden;
   - unabhängig von oder zusätzlich zu anderen Gerichtsverfahren zur Verfügung stehen;
   - in nachfolgende Gerichtsverfahren eingebracht werden können.

3. Die Vertragsparteien treffen die erforderlichen gesetzgeberischen oder sonstigen Maßnahmen, um sicherzustellen, dass Verstöße gegen die nach Absatz 1 ausgestellten Kontakt- und Näherungsverbote oder Schutzanordnungen Gegenstand wirksamer, verhältnismäßiger und abschreckender strafrechtlicher oder sonstiger rechtlicher Sanktionen sind.

Artikel 54 – Ermittlungen und Beweise

Die Vertragsparteien treffen die erforderlichen gesetzgeberischen oder sonstigen Maßnahmen, um sicherzustellen, dass in Zivil- oder Strafverfahren Beweismittel betreffend das sexuelle Vorleben und Verhalten des Opfers nur dann zugelassen werden, wenn sie sachdienlich und notwendig sind.

Artikel 55 – Verfahren auf Antrag und von Amts wegen

1. Die Vertragsparteien stellen sicher, dass, wenn die Straftat ganz oder teilweise in ihrem Hoheitsgebiet begangen wurde, Ermittlungen wegen oder die Strafverfolgung von nach den Artikeln 35, 36, 37, 38 und 39 umschriebenen Straftaten nicht vollständig von einer Meldung oder Anzeige des Opfers abhängig gemacht werden und das Verfahren fortgesetzt werden kann, auch wenn das Opfer seine Aussage oder Anzeige zurückzieht.

2. Die Vertragsparteien treffen die erforderlichen gesetzgeberischen oder sonstigen Maßnahmen, um nach Maßgabe ihres innerstaatlichen Rechts sicherzustellen, dass staatliche und nichtstaatliche Organisationen sowie Beraterinnen und Berater bei häuslicher Gewalt die Möglichkeit erhalten, den Opfern in den Ermittlungen und Gerichtsverfahren wegen der nach diesem Übereinkommen umschriebenen Straftaten beizustehen und/oder sie zu unterstützen, wenn diese darum ersuchen.

VIII. Anhang

Artikel 56 – Schutzmaßnahmen

1. Die Vertragsparteien treffen die erforderlichen gesetzgeberischen oder sonstigen Maßnahmen, um die Rechte und Interessen der Opfer, insbesondere ihre besonderen Bedürfnisse als Zeuginnen und Zeugen, in allen Abschnitten der Ermittlungen und Gerichtsverfahren zu schützen, indem sie insbesondere
   a. für ihren Schutz sowie den Schutz ihrer Familien und der Zeuginnen und Zeugen vor Einschüchterung, Vergeltung und davor, erneut Opfer zu werden, Sorge tragen;
   b. sicherstellen, dass die Opfer, zumindest in den Fällen, in denen die Opfer und ihre Familien in Gefahr sein könnten, über eine Flucht oder vorübergehende oder endgültige Freilassung des Täters beziehungsweise der Täterin unterrichtet werden;
   c. diese nach Maßgabe des innerstaatlichen Rechts über ihre Rechte und die ihnen zur Verfügung stehenden Dienste und über die aufgrund ihrer Anzeige veranlassten Maßnahmen, die Anklagepunkte, den allgemeinen Stand der Ermittlungen oder des Verfahrens und ihre Rolle sowie die in ihrem Fall ergangene Entscheidung unterrichten;
   d. den Opfern in Übereinstimmung mit den Verfahrensvorschriften des innerstaatlichen Rechts die Möglichkeit geben, gehört zu werden, Beweismittel vorzulegen und ihre Ansichten, Bedürfnisse und Sorgen unmittelbar oder über eine Vermittlerin beziehungsweise einen Vermittler vorzutragen und prüfen zu lassen;
   e. den Opfern geeignete Hilfsdienste zur Verfügung stellen, damit ihre Rechte und Interessen in gebührender Weise vorgetragen und berücksichtigt werden;
   f. sicherstellen, dass Maßnahmen zum Schutz der Privatsphäre und des Bildes des Opfers getroffen werden können;
   g. sicherstellen, dass ein Kontakt zwischen Opfern und Tätern beziehungsweise Täterinnen in den Räumlichkeiten der Gerichte und der Strafverfolgungsbehörden soweit möglich vermieden wird;
   h. den Opfern unabhängige und fähige Dolmetscherinnen und Dolmetscher zur Verfügung stellen, wenn die Opfer im Verfahren als Partei auftreten oder Beweismittel vorlegen;
   i. es den Opfern ermöglichen, in Übereinstimmung mit dem innerstaatlichen Recht vor Gericht auszusagen, ohne dass sie im Gerichtssaal anwesend sein müssen oder zumindest ohne dass der mutmaßliche Täter beziehungsweise die mutmaßliche Täterin anwesend ist, insbesondere durch den Einsatz geeigneter Kommunikationstechnologien, soweit diese verfügbar sind.
2. Für Kinder, die Opfer oder Zeuginnen beziehungsweise Zeugen von Gewalt gegen Frauen und von häuslicher Gewalt geworden sind, werden gegebenenfalls besondere Schutzmaßnahmen unter Berücksichtigung des Wohles des Kindes getroffen.

Artikel 57 – Rechtsberatung

Die Vertragsparteien sehen das Recht der Opfer auf Rechtsbeistand und auf unentgeltliche Rechtsberatung für Opfer nach Maßgabe ihres internen Rechts vor.

Artikel 58 – Verjährungsfrist

Die Vertragsparteien treffen die erforderlichen gesetzgeberischen oder sonstigen Maßnahmen, um sicherzustellen, dass die Verjährungsfrist für die Einleitung von Strafverfahren wegen der nach den Artikeln 36, 37, 38 und 39 umschriebenen Straftaten ausreichend lang ist und sich über einen der Schwere der betreffenden Straftat entsprechenden Zeitraum erstreckt, um die tatsächliche Einleitung von Verfahren zu ermöglichen, nachdem das Opfer volljährig geworden ist.

Kapitel VII – Migration und Asyl

Artikel 59 – Aufenthaltsstatus

1. Die Vertragsparteien treffen die erforderlichen gesetzgeberischen oder sonstigen Maßnahmen, um sicherzustellen, dass ein Opfer, dessen Aufenthaltsstatus von dem Aufenthaltsstatus seiner Ehefrau oder Partnerin im Sinne des internen Rechts beziehungsweise seines Ehemanns oder Partners im Sinne des internen Rechts abhängt, im Fall der Auflösung der Ehe oder Beziehung bei besonders schwierigen Umständen auf Antrag einen eigenständigen Aufenthaltstitel unabhängig von der Dauer der Ehe oder Beziehung erhält. Die Bedingungen für die Bewilligung und Dauer des eigenständigen Aufenthaltstitels werden durch das interne Recht festgelegt.
2. Die Vertragsparteien treffen die erforderlichen gesetzgeberischen oder sonstigen Maßnahmen, um sicherzustellen, dass bei dem Opfer Ausweisungsverfahren ausgesetzt werden können, die in Zusammenhang mit einem Aufenthaltsstatus eingeleitet wurden, der vom Aufenthaltsstatus seiner Ehefrau oder Partnerin im Sinne des internen Rechts beziehungsweise seines Ehemanns oder Partners im Sinne des internen Rechts abhängt, damit es den Opfern ermöglicht wird, einen eigenständigen Aufenthaltstitel zu beantragen.
3. Die Vertragsparteien erteilen dem Opfer einen verlängerbaren Aufenthaltstitel, wenn mindestens einer der beiden folgenden Fälle vorliegt:
   a. Die zuständige Behörde ist der Auffassung, dass der Aufenthalt des Opfers aufgrund seiner persönlichen Lage erforderlich ist;
   b. die zuständige Behörde ist der Auffassung, dass der Aufenthalt des Opfers für seine Zusammenarbeit mit den zuständigen Behörden bei den Ermittlungen oder beim Strafverfahren erforderlich ist.
4. Die Vertragsparteien treffen die erforderlichen gesetzgeberischen oder sonstigen Maßnahmen, um sicherzustellen, dass Opfer einer Zwangsheirat, die zum Zwecke der Verheiratung in einen anderen Staat gebracht wurden und die folglich ihren Aufenthaltsstatus in dem Staat ihres gewöhnlichen Aufenthalts verloren haben, diesen Status wiedererlangen können.

Artikel 60 – Asylanträge aufgrund des Geschlechts

1. Die Vertragsparteien treffen die erforderlichen gesetzgeberischen oder sonstigen Maßnahmen, um sicherzustellen, dass Gewalt gegen Frauen aufgrund des Geschlechts

als eine Form der Verfolgung im Sinne des Artikels 1 Abschnitt A Ziffer 2 des Abkommens[10] über die Rechtsstellung der Flüchtlinge von 1951 und als eine Form schweren Schadens anerkannt wird, die einen ergänzenden/subsidiären Schutz begründet.

2. Die Vertragsparteien stellen sicher, dass alle im Abkommen[11] aufgeführten Gründe geschlechtersensibel ausgelegt werden und dass in Fällen, in denen festgestellt wird, dass die Verfolgung aus einem oder mehreren dieser Gründe befürchtet wird, den Antragstellerinnen und Antragstellern der Flüchtlingsstatus entsprechend den einschlägigen anwendbaren Übereinkünften gewährt wird.

3. Die Vertragsparteien treffen die erforderlichen gesetzgeberischen oder sonstigen Maßnahmen, um geschlechtersensible Aufnahmeverfahren und Hilfsdienste für Asylsuchende sowie geschlechtsspezifische Leitlinien und geschlechtersensible Asylverfahren, einschließlich der Bestimmung des Flüchtlingsstatus und des Antrags auf internationalen Schutz, auszuarbeiten.

Artikel 61 – Verbot der Zurückweisung

1. Die Vertragsparteien treffen die erforderlichen gesetzgeberischen oder sonstigen Maßnahmen, um den Grundsatz des Verbots der Zurückweisung in Übereinstimmung mit bestehenden völkerrechtlichen Verpflichtungen zu achten.

2. Die Vertragsparteien treffen die erforderlichen gesetzgeberischen oder sonstigen Maßnahmen, um sicherzustellen, dass Opfer von Gewalt gegen Frauen, die des Schutzes bedürfen, unabhängig von ihrem Status oder Aufenthalt unter keinen Umständen in einen Staat zurückgewiesen werden, in dem ihr Leben gefährdet wäre oder in dem sie der Folter oder einer unmenschlichen oder erniedrigenden Behandlung oder Strafe unterworfen werden könnten.

Kapitel VIII – Internationale Zusammenarbeit

Artikel 62 – Allgemeine Grundsätze

1. Die Vertragsparteien arbeiten untereinander in Übereinstimmung mit diesem Übereinkommen im größtmöglichen Umfang zusammen, indem sie einschlägige internationale und regionale Übereinkünfte über die Zusammenarbeit in zivilen und strafrechtlichen Angelegenheiten sowie Übereinkünfte, die auf der Grundlage einheitlicher oder auf Gegenseitigkeit beruhender Rechtsvorschriften getroffen wurden, und innerstaatliche Rechtsvorschriften für folgende Zwecke anwenden:

   a. Verhütung, Bekämpfung und Verfolgung aller in den Geltungsbereich dieses Übereinkommens fallenden Formen von Gewalt;

   b. Schutz und Unterstützung von Opfern;

   c. Ermittlungen oder Verfahren wegen nach diesem Übereinkommen umschriebenen Straftaten;

---

10   AT: „der Konvention"

11   AT: „in der Konvention"

d. Vollstreckung einschlägiger von den Justizbehörden der Vertragsparteien erlassener zivil- und strafrechtlicher Urteile, Entscheidungen und Beschlüsse einschließlich Schutzanordnungen.

2. Die Vertragsparteien treffen die erforderlichen gesetzgeberischen oder sonstigen Maßnahmen, um sicherzustellen, dass die Opfer einer nach diesem Übereinkommen umschriebenen und im Hoheitsgebiet einer Vertragspartei, das nicht das Hoheitsgebiet ist, in dem die Opfer ihren Wohnsitz haben, begangenen Straftat bei den zuständigen Behörden des Wohnsitzstaats Anzeige erstatten können.

3. Erhält eine Vertragspartei, welche die Rechtshilfe in Strafsachen, die Auslieferung oder die Vollstreckung von durch eine andere Vertragspartei dieses Übereinkommens erlassenen zivil- und strafrechtlichen Urteilen, Entscheidungen und Beschlüssen vom Bestehen eines Vertrags abhängig macht, ein Ersuchen um eine solche rechtliche Zusammenarbeit von einer Vertragspartei, mit der sie keinen entsprechenden Vertrag hat, so kann sie dieses Übereinkommen als Rechtsgrundlage für die Rechtshilfe in Strafsachen, die Auslieferung oder die Vollstreckung von durch die andere Vertragspartei erlassenen zivil- und strafrechtlichen Urteilen, Entscheidungen und Beschlüssen in Bezug auf die nach diesem Übereinkommen umschriebenen Straftaten ansehen.

4. Die Vertragsparteien bemühen sich, soweit angemessen, die Verhütung und Bekämpfung von Gewalt gegen Frauen und häuslicher Gewalt in Entwicklungshilfeprogramme zu Gunsten von Drittstaaten aufzunehmen, auch durch den Abschluss zwei- und mehrseitiger Übereinkünfte mit Drittstaaten im Hinblick auf die Erleichterung des Schutzes der Opfer im Einklang mit Artikel 18 Absatz 5.

Artikel 63 – Maßnahmen in Bezug auf gefährdete Personen

Hat eine Vertragspartei anhand der ihr zur Verfügung stehenden Informationen hinreichende Gründe für die Annahme, dass eine Person unmittelbar der Gefahr ausgesetzt ist, eine der in den Artikeln 36, 37, 38 und 39 genannten Gewalttaten im Hoheitsgebiet einer anderen Vertragspartei zu erleiden, so wird die über die Informationen verfügende Vertragspartei ermutigt, diese Informationen unverzüglich an die andere Vertragspartei zu übermitteln, damit sichergestellt wird, dass geeignete Schutzmaßnahmen getroffen werden. Gegebenenfalls umfassen diese Informationen auch Angaben zu bestehenden Schutzbestimmungen für die gefährdete Person.

Artikel 64 – Informationen

1. Die ersuchte Vertragspartei unterrichtet die ersuchende Vertragspartei umgehend über das endgültige Ergebnis der nach diesem Kapitel getroffenen Maßnahmen. Die ersuchte Vertragspartei unterrichtet die ersuchende Vertragspartei ferner umgehend über alle Umstände, welche die Durchführung der erbetenen Maßnahmen unmöglich machen oder wahrscheinlich erheblich verzögern werden.

2. Eine Vertragspartei kann, soweit ihr internes Recht es erlaubt, ohne vorheriges Ersuchen einer anderen Vertragspartei Informationen übermitteln, die sie im Rahmen ihrer eigenen Ermittlungen gewonnen hat, wenn sie der Auffassung ist, dass die Übermitt-

lung dieser Informationen der Vertragspartei, welche die Informationen empfängt, bei der Verhütung von nach diesem Übereinkommen umschriebenen Straftaten oder bei der Einleitung oder Durchführung von Ermittlungen oder Verfahren wegen solcher Straftaten helfen oder dazu führen könnte, dass diese Vertragspartei ein Ersuchen um Zusammenarbeit nach diesem Kapitel stellt.

3. Eine Vertragspartei, die Informationen nach Absatz 2 empfängt, legt diese Informationen ihren zuständigen Behörden vor, damit Verfahren eingeleitet werden können, wenn sie als angemessen angesehen werden, oder damit diese Informationen in einschlägigen Zivil- und Strafverfahren berücksichtigt werden können.

Artikel 65 – Datenschutz

Personenbezogene Daten werden nach Maßgabe der Verpflichtungen der Vertragsparteien aus dem Übereinkommen zum Schutz des Menschen bei der automatischen Verarbeitung personenbezogener Daten (SEV Nr. 108) gespeichert und verwendet.

Kapitel IX – Überwachungsmechanismus

Artikel 66 – Expertengruppe für die Bekämpfung von Gewalt gegen Frauen und häuslicher Gewalt

1. Die Expertengruppe für die Bekämpfung von Gewalt gegen Frauen und häuslicher Gewalt (im Folgenden als „GREVIO" bezeichnet) überwacht die Durchführung dieses Übereinkommens durch die Vertragsparteien.

2. GREVIO besteht aus mindestens 10 und höchstens 15 Mitgliedern; bei der Zusammensetzung ist auf eine Ausgewogenheit bei der Vertretung der Geschlechter und der geographischen Verteilung sowie auf multidisziplinäres Fachwissen zu achten. Die Mitglieder werden unter von den Vertragsparteien ernannten Kandidatinnen und Kandidaten vom Ausschuss der Vertragsparteien für eine Amtszeit von vier Jahren, die einmal verlängert werden kann, gewählt und unter den Staatsangehörigen der Vertragsparteien ausgewählt.

3. Die erstmalige Wahl von 10 Mitgliedern findet innerhalb eines Jahres nach Inkrafttreten dieses Übereinkommens statt. Die Wahl von fünf zusätzlichen Mitgliedern findet nach der 25. Ratifikation oder dem 25. Beitritt statt.

4. Für die Wahl der GREVIO-Mitglieder gelten folgende Grundsätze:
   a. Sie werden in einem transparenten Verfahren aus einem Kreis von Personen mit hohem sittlichen Ansehen ausgewählt, die über anerkannte Fachkenntnisse auf dem Gebiet der Menschenrechte, der Gleichstellung von Frauen und Männern, der Gewalt gegen Frauen und häuslicher Gewalt oder der Unterstützung und des Schutzes von Opfern oder über Berufserfahrung in den von diesem Übereinkommen erfassten Bereichen verfügen;
   b. alle GREVIO-Mitglieder müssen unterschiedliche Staatsangehörigkeiten besitzen;
   c. sie sollen die hauptsächlichen Rechtssysteme vertreten;
   d. sie sollen einschlägige Akteure und Stellen auf dem Gebiet der Gewalt gegen Frauen und der häuslichen Gewalt vertreten;

e. sie gehören GREVIO in ihrer persönlichen Eigenschaft an, sind unabhängig und unparteiisch bei der Ausübung ihres Amtes und stehen zeitlich in einem Umfang zur Verfügung, der ihnen die wirksame Wahrnehmung ihrer Aufgaben erlaubt.

5. Das Wahlverfahren für die GREVIO-Mitglieder wird vom Ministerkomitee des Europarats nach Konsultationen mit den Vertragsparteien und deren einhelliger Zustimmung innerhalb von sechs Monaten nach Inkrafttreten dieses Übereinkommens festgelegt.

6. GREVIO gibt sich eine Geschäftsordnung.

7. Die GREVIO-Mitglieder und andere Mitglieder von Delegationen, welche die in Artikel 68 Absätze 9 und 14 festgelegten Länderbesuche durchführen, genießen die im Anhang dieses Übereinkommens festgelegten Vorrechte und Immunitäten.

Artikel 67 – Ausschuss der Vertragsparteien

1. Der Ausschuss der Vertragsparteien besteht aus den Vertreterinnen beziehungsweise Vertretern der Vertragsparteien des Übereinkommens.

2. Der Ausschuss der Vertragsparteien wird vom Generalsekretär des Europarats einberufen. Sein erstes Treffen wird innerhalb eines Jahres nach Inkrafttreten dieses Übereinkommens zur Wahl der GREVIO-Mitglieder abgehalten. Danach tritt er immer dann zusammen, wenn ein Drittel der Vertragsparteien, der Vorsitzende des Ausschusses der Vertragsparteien oder der Generalsekretär dies verlangt.

3. Der Ausschuss der Vertragsparteien gibt sich eine Geschäftsordnung.

Artikel 68 – Verfahren

1. Die Vertragsparteien legen dem Generalsekretär des Europarats auf der Grundlage eines von GREVIO ausgearbeiteten Fragebogens einen Bericht über gesetzgeberische und sonstige Maßnahmen zur Umsetzung dieses Übereinkommens zur Prüfung durch GREVIO vor.

2. GREVIO prüft den nach Absatz 1 vorgelegten Bericht mit den Vertretern der betreffenden Vertragspartei.

3. Spätere Bewertungsverfahren werden in Runden eingeteilt, deren Dauer von GREVIO festgelegt wird. Zu Beginn jeder Runde wählt GREVIO die Bestimmungen aus, auf die sich das Bewertungsverfahren jeweils bezieht und versendet einen Fragebogen.

4. GREVIO bestimmt die geeigneten Mittel zur Durchführung dieses Überwachungsverfahrens. GREVIO kann insbesondere einen Fragebogen für jede Bewertungsrunde beschließen, der als Grundlage für das Verfahren zur Bewertung der Durchführung durch die Vertragsparteien dient. Dieser Fragebogen wird an alle Vertragsparteien gesandt. Die Vertragsparteien beantworten den Fragebogen sowie jedes sonstige Informationsersuchen von GREVIO.

5. GREVIO kann Informationen über die Durchführung des Übereinkommens von nichtstaatlichen Organisationen und der Zivilgesellschaft sowie von nationalen Institutionen für den Schutz der Menschenrechte erhalten.

6. GREVIO berücksichtigt die bei anderen regionalen und internationalen Einrichtungen und Stellen vorhandenen verfügbaren Informationen in Bereichen, die in den Geltungsbereich dieses Übereinkommens fallen, gebührend.

7. Bei dem Beschluss des Fragebogens für jede Bewertungsrunde berücksichtigt GREVIO gebührend die in den Vertragsparteien vorhandenen Datensammlungen und Forschungsarbeiten, wie sie in Artikel 11 genannt werden.

8. GREVIO kann Informationen über die Durchführung des Übereinkommens vom Menschenrechtskommissar des Europarats, von der Parlamentarischen Versammlung und einschlägigen spezialisierten Organen des Europarats sowie von den aufgrund anderer völkerrechtlicher Übereinkünfte eingerichteten Organen erhalten. Bei diesen Organen eingereichte Beschwerden und deren Ergebnisse werden GREVIO zur Verfügung gestellt.

9. Unterstützend kann GREVIO in Zusammenarbeit mit den nationalen Behörden und mit Unterstützung unabhängiger nationaler Fachleute Länderbesuche durchführen, wenn die gewonnenen Informationen unzureichend sind, oder in den in Absatz 14 genannten Fällen. Während dieser Besuche kann GREVIO die Unterstützung von auf bestimmte Bereiche spezialisierten Personen in Anspruch nehmen.

10. GREVIO erstellt einen Berichtsentwurf mit ihrer Analyse der Durchführung der Bestimmungen, auf die sich die Bewertung bezieht, sowie ihren Anregungen und Vorschlägen zum Umgang der betreffenden Vertragspartei mit den festgestellten Problemen. Der Berichtsentwurf wird der Vertragspartei, die Gegenstand der Bewertung ist, zur Stellungnahme übermittelt. GREVIO berücksichtigt die Stellungnahme beim Beschluss des Berichts.

11. Auf der Grundlage aller erhaltenen Informationen und der Stellungnahmen der Vertragsparteien beschließt GREVIO ihren Bericht und ihre Schlussfolgerungen bezüglich der von der betreffenden Vertragspartei zur Durchführung dieses Übereinkommens getroffenen Maßnahmen. Dieser Bericht und die Schlussfolgerungen werden der betreffenden Vertragspartei und dem Ausschuss der Vertragsparteien übermittelt. Der Bericht und die Schlussfolgerungen von GREVIO werden veröffentlicht, sobald sie beschlossen sind, gegebenenfalls mit einer Stellungnahme der betreffenden Vertragspartei.

12. Unbeschadet des Verfahrens nach den Absätzen 1 bis 8 kann der Ausschuss der Vertragsparteien auf der Grundlage des Berichts und der Schlussfolgerungen von GREVIO Empfehlungen an diese Vertragspartei aussprechen, die (a) die Maßnahmen betreffen, die zu ergreifen sind, um die Schlussfolgerungen von GREVIO umzusetzen, erforderlichenfalls unter Festsetzung eines Termins, zu dem Informationen über die Umsetzung vorzulegen sind, und (b) darauf abzielen, die Zusammenarbeit mit der Vertragspartei zu fördern, um die ordnungsgemäße Durchführung dieses Übereinkommens sicherzustellen.

13. Erhält GREVIO verlässliche Informationen, die auf eine Situation hindeuten, in der Probleme die unmittelbare Aufmerksamkeit erfordern, um das Ausmaß oder die Anzahl schwerer Verstöße gegen das Übereinkommen zu verhüten oder zu begrenzen, so kann GREVIO die dringliche Vorlage eines Sonderberichts über Maßnahmen verlangen,

die zur Verhütung eines Musters schwerer, verbreiteter oder dauerhafter Gewalt gegen Frauen getroffen wurden.

14. Unter Berücksichtigung der von der betreffenden Vertragspartei vorgelegten Informationen sowie sonstiger ihr verfügbarer verlässlicher Informationen kann GREVIO eines oder mehrere ihrer Mitglieder beauftragen, eine Untersuchung durchzuführen und GREVIO schnellstmöglich zu berichten. Die Untersuchung kann, sofern gerechtfertigt und mit Zustimmung der betreffenden Vertragspartei, einen Besuch in ihrem Hoheitsgebiet umfassen.

15. Nach Prüfung der Ergebnisse der in Absatz 14 genannten Untersuchung übermittelt GREVIO diese Ergebnisse der betreffenden Vertragspartei und gegebenenfalls dem Ausschuss der Vertragsparteien sowie dem Ministerkomitee des Europarats mit allen Stellungnahmen und Empfehlungen.

Artikel 69 – Allgemeine Empfehlungen

GREVIO kann gegebenenfalls allgemeine Empfehlungen für die Durchführung dieses Übereinkommens beschließen.

Artikel 70 – Beteiligung der Parlamente an der Überwachung

1. Die nationalen Parlamente werden eingeladen, sich an der Überwachung der zur Durchführung dieses Übereinkommens getroffenen Maßnahmen zu beteiligen.
2. Die Vertragsparteien übermitteln die Berichte von GREVIO ihren nationalen Parlamenten.
3. Die Parlamentarische Versammlung des Europarats wird eingeladen, regelmäßig eine Bilanz der Durchführung dieses Übereinkommens zu ziehen.

Kapitel X – Verhältnis zu anderen völkerrechtlichen Übereinkünften

Artikel 71 – Verhältnis zu anderen völkerrechtlichen Übereinkünften

1. Dieses Übereinkommen lässt die Pflichten aus anderen völkerrechtlichen Übereinkünften unberührt, denen die Vertragsparteien dieses Übereinkommens jetzt oder künftig als Vertragsparteien angehören und die Bestimmungen zu durch dieses Übereinkommen geregelten Fragen enthalten.
2. Die Vertragsparteien dieses Übereinkommens können untereinander zwei- oder mehrseitige Übereinkünfte über Fragen schließen, die in diesem Übereinkommen geregelt sind, um seine Bestimmungen zu ergänzen oder zu verstärken oder die Anwendung der darin enthaltenen Grundsätze zu erleichtern.

Kapitel XI – Änderungen des Übereinkommens

Artikel 72 – Änderungen

1. Jeder Änderungsvorschlag einer Vertragspartei zu diesem Übereinkommen wird an den Generalsekretär des Europarats übermittelt, der ihn an die Mitgliedstaaten des Europarats, jeden Unterzeichner, jede Vertragspartei, die Europäische Union und jeden nach

VIII. Anhang

Artikel 75 zur Unterzeichnung des Übereinkommens und jeden nach Artikel 76 zum Beitritt zu dem Übereinkommen eingeladenen Staat weiterleitet.

2. Das Ministerkomitee des Europarats prüft den Änderungsvorschlag und kann nach Konsultation der Vertragsparteien des Übereinkommens, die nicht Mitglieder des Europarats sind, die Änderung mit der in Artikel 20 Buchstabe d der Satzung des Europarats vorgesehenen Mehrheit beschließen.

3. Der Wortlaut jeder vom Ministerkomitee nach Absatz 2 beschlossenen Änderung wird den Vertragsparteien zur Annahme übermittelt.

4. Jede nach Absatz 2 beschlossene Änderung tritt am ersten Tag des Monats in Kraft, der auf einen Zeitabschnitt von einem Monat nach dem Tag folgt, an dem alle Vertragsparteien dem Generalsekretär mitgeteilt haben, dass sie sie angenommen haben.

Kapitel XII – Schlussbestimmungen

Artikel 73 – Auswirkungen dieses Übereinkommens

Dieses Übereinkommen berührt nicht das innerstaatliche Recht und bindende völkerrechtliche Übereinkünfte, die bereits in Kraft sind oder in Kraft treten können und nach denen Personen bei der Verhütung und Bekämpfung von Gewalt gegen Frauen und häuslicher Gewalt günstigere Rechte gewährt werden oder gewährt werden würden.

Artikel 74 – Beilegung von Streitigkeiten

1. Die an einer Streitigkeit über die Anwendung oder Auslegung dieses Übereinkommens beteiligten Parteien versuchen zunächst, diese mittels eines Vergleichs-, Schlichtungs-, oder Schiedsverfahrens oder einer sonstigen Methode der friedlichen Beilegung von Streitigkeiten, die in gegenseitigem Einvernehmen zwischen ihnen vereinbart wird, beizulegen.

2. Das Ministerkomitee des Europarats kann Verfahren zur Beilegung von Streitigkeiten einführen, die von den an einer Streitigkeit beteiligten Parteien genutzt werden können, sofern sie dies vereinbart haben.

Artikel 75 – Unterzeichnung und Inkrafttreten

1. Dieses Übereinkommen liegt für die Mitgliedstaaten des Europarats, für Nichtmitgliedstaaten, die sich an der Ausarbeitung des Übereinkommens beteiligt haben, und für die Europäische Union zur Unterzeichnung auf.

2. Dieses Übereinkommen bedarf der Ratifikation, Annahme oder Genehmigung. Die Ratifikations-, Annahme- oder Genehmigungsurkunden werden beim Generalsekretär des Europarats hinterlegt.

3. Dieses Übereinkommen tritt am ersten Tag des Monats in Kraft, der auf einen Zeitabschnitt von drei Monaten nach dem Tag folgt, an dem zehn Unterzeichner, darunter mindestens acht Mitgliedstaaten des Europarats, nach Absatz 2 ihre Zustimmung ausgedrückt haben, durch das Übereinkommen gebunden zu sein.

4. Drückt ein in Absatz 1 genannter Staat oder die Europäische Union seine oder ihre Zustimmung, durch dieses Übereinkommen gebunden zu sein, später aus, so tritt es für ihn oder sie am ersten Tag des Monats in Kraft, der auf einen Zeitabschnitt von drei Monaten nach dem Tag der Hinterlegung der Ratifikations-, Annahme- oder Genehmigungsurkunde folgt.

Artikel 76 – Beitritt zum Übereinkommen

1. Nach Inkrafttreten dieses Übereinkommens kann das Ministerkomitee des Europarats nach Konsultation der Vertragsparteien des Übereinkommens und mit deren einhelliger Zustimmung jeden Nichtmitgliedstaat des Europarats, der sich nicht an der Ausarbeitung des Übereinkommens beteiligt hat, einladen, dem Übereinkommen beizutreten; der Beschluss dazu wird mit der in Artikel 20 Buchstabe d der Satzung des Europarats vorgesehenen Mehrheit und mit einhelliger Zustimmung der Vertreter der Vertragsparteien, die Anspruch auf einen Sitz im Ministerkomitee haben, gefasst.
2. Für jeden beitretenden Staat tritt das Übereinkommen am ersten Tag des Monats in Kraft, der auf einen Zeitabschnitt von drei Monaten nach Hinterlegung der Beitrittsurkunde beim Generalsekretär des Europarats folgt.

Artikel 77 – Räumlicher Geltungsbereich

1. Jeder Staat oder die Europäische Union kann bei der Unterzeichnung oder bei der Hinterlegung der Ratifikations-, Annahme-, Genehmigungs- oder Beitrittsurkunde einzelne oder mehrere Hoheitsgebiete bezeichnen, auf die dieses Übereinkommen Anwendung findet.
2. Jede Vertragspartei kann jederzeit danach durch eine an den Generalsekretär des Europarats gerichtete Erklärung die Anwendung dieses Übereinkommens auf jedes weitere in der Erklärung bezeichnete Hoheitsgebiet erstrecken, für dessen internationale Beziehungen sie verantwortlich ist oder in dessen Namen Verpflichtungen einzugehen sie ermächtigt ist. Das Übereinkommen tritt für dieses Hoheitsgebiet am ersten Tag des Monats in Kraft, der auf einen Zeitabschnitt von drei Monaten nach Eingang der Erklärung beim Generalsekretär folgt.
3. Jede nach den Absätzen 1 und 2 abgegebene Erklärung kann in Bezug auf jedes darin bezeichnete Hoheitsgebiet durch eine an den Generalsekretär des Europarats gerichtete Notifikation zurückgenommen werden. Die Rücknahme wird am ersten Tag des Monats wirksam, der auf einen Zeitabschnitt von drei Monaten nach Eingang der Notifikation beim Generalsekretär folgt.

Artikel 78 – Vorbehalte

1. Mit Ausnahme der Vorbehalte nach den Absätzen 2 und 3 sind Vorbehalte zu diesem Übereinkommen nicht zulässig.
2. Jeder Staat oder die Europäische Union kann bei der Unterzeichnung oder bei der Hinterlegung der Ratifikations-, Annahme-, Genehmigungs- oder Beitrittsurkunde durch eine an den Generalsekretär des Europarats gerichtete Erklärung erklären, dass er beziehungsweise sie sich das Recht vorbehält, die in den folgenden Artikeln enthal-

tenen Vorschriften nicht oder nur in bestimmten Fällen oder unter bestimmten Bedingungen anzuwenden:

- Artikel 30 Absatz 2;
- Artikel 44 Absatz 1 Buchstabe e und Artikel 44 Absätze 3 und 4;
- Artikel 55 Absatz 1 in Hinblick auf Artikel 35 bezüglich Vergehen;
- Artikel 58 in Hinblick auf die Artikel 37, 38 und 39;
- Artikel 59.

3. Jeder Staat oder die Europäische Union kann bei der Unterzeichnung oder bei der Hinterlegung der Ratifikations-, Annahme-, Genehmigungs- oder Beitrittsurkunde durch eine an den Generalsekretär des Europarats gerichtete Erklärung erklären, dass er beziehungsweise sie sich das Recht vorbehält, für die in den Artikeln 33 und 34 genannten Handlungen nichtstrafrechtliche Sanktionen anstelle von strafrechtlichen Sanktionen vorzusehen.

4. Jede Vertragspartei kann einen Vorbehalt durch eine an den Generalsekretär des Europarats gerichtete Erklärung ganz oder teilweise zurücknehmen. Diese Erklärung wird mit ihrem Eingang beim Generalsekretär wirksam.

Artikel 79 – Gültigkeit und Prüfung der Vorbehalte

1. Die in Artikel 78 Absätze 2 und 3 genannten Vorbehalte sind für einen Zeitraum von fünf Jahren nach dem Tag des Inkrafttretens dieses Übereinkommens für die betreffende Vertragspartei gültig. Solche Vorbehalte können jedoch für Zeiträume der gleichen Dauer verlängert werden.

2. Achtzehn Monate vor Ablauf des Vorbehalts setzt der Generalsekretär des Europarats die betreffende Vertragspartei darüber in Kenntnis. Spätestens drei Monate vor Ablauf des Vorbehalts notifiziert die Vertragspartei dem Generalsekretär, ob sie diesen Vorbehalt aufrechterhält, ändert oder zurücknimmt. Ohne Notifikation seitens der betreffenden Vertragspartei unterrichtet der Generalsekretär diese Vertragspartei darüber, dass ihr Vorbehalt als automatisch um einen Zeitraum von sechs Monaten verlängert angesehen wird. Versäumt es die betreffende Vertragspartei, vor Ablauf dieses Zeitraums ihre Absicht, ihren Vorbehalt aufrechtzuerhalten oder zu ändern, zu notifizieren, so führt dies dazu, dass der Vorbehalt erlischt.

3. Bringt eine Vertragspartei nach Artikel 78 Absätze 2 und 3 einen Vorbehalt an, so stellt sie vor dessen Verlängerung oder auf Anfrage von GREVIO eine Erklärung zu den Gründen, die eine Fortsetzung des Vorbehalts rechtfertigen, zur Verfügung.

Artikel 80 – Kündigung

1. Jede Vertragspartei kann dieses Übereinkommen jederzeit durch eine an den Generalsekretär des Europarats gerichtete Notifikation kündigen.

2. Die Kündigung wird am ersten Tag des Monats wirksam, der auf einen Zeitabschnitt von drei Monaten nach Eingang der Notifikation beim Generalsekretär folgt.

Artikel 81 – Notifikation

Der Generalsekretär des Europarats notifiziert den Mitgliedstaaten des Europarats, den Nichtmitgliedstaaten, die sich an der Ausarbeitung dieses Übereinkommens beteiligt haben, jedem Unterzeichner, jeder Vertragspartei, der Europäischen Union und jedem zum Beitritt zu diesem Übereinkommen eingeladenen Staat

  a. jede Unterzeichnung;
  b. jede Hinterlegung einer Ratifikations-, Annahme-, Genehmigungs- oder Beitrittsurkunde;
  c. jeden Zeitpunkt des Inkrafttretens dieses Übereinkommens nach den Artikeln 75 und 76;
  d. jede nach Artikel 72 beschlossene Änderung sowie den Zeitpunkt, zu dem sie in Kraft tritt;
  e. jeden Vorbehalt und jede Rücknahme eines Vorbehalts nach Artikel 78;
  f. jede Kündigung nach Artikel 80;
  g. jede andere Handlung, Notifikation oder Mitteilung im Zusammenhang mit dem Übereinkommen.

Zu Urkund dessen haben die hierzu gehörig befugten Unterzeichneten dieses Übereinkommen unterschrieben.

Geschehen zu Istanbul am 11. Mai 2011 in englischer und französischer Sprache, wobei jeder Wortlaut gleichermaßen verbindlich ist, in einer Urschrift, die im Archiv des Europarats hinterlegt wird. Der Generalsekretär des Europarats übermittelt allen Mitgliedstaaten des Europarats, den Nichtmitgliedstaaten, die sich an der Ausarbeitung dieses Übereinkommens beteiligt haben, der Europäischen Union und allen zum Beitritt zu dem Übereinkommen eingeladenen Staaten beglaubigte Abschriften.

Abkürzungen in alphabetischer Reihenfolge

bspw.	beispielsweise
bzw.	beziehungsweise
BGH	Bundesgerichtshof
BMFSFJ	Bundesministerium für Familie, Senioren, Frauen und Jugend
ca.	circa
CEDAW	Convention on the Elimination of All Forms of Discrimination Against Women – Übereinkommen der Vereinten Nationen zur Beseitigung jeder Form von Diskriminierung der Frau
CTE	Chronisch-Traumatischen Enzephalopathie (CTE),
d. h.	das heißt
ggf.	gegebenenfalls
GREVIO	Group of Experts on Action against Violence against Women and Domestic Violence – Expertinnen- und Expertenkomitee für Maßnahmen gegen Gewalt gegen Frauen und häusliche Gewalt
GÜL	Gemeinsame Überwachungsstelle der Länder
JuMiKo	Justizministerkonferenz
IMK	Ständige Konferenz der Innenminister und -senatoren der Länder
KMK	Kultusministerkonferenz
lt.	laut
PKS	Polizeiliche Kriminalstatistik
StPO	Strafprozessordnung
u. a.	unter anderem
UN	United Nations – Vereinte Nationen
UNFPA	United Nations Population Fund – Bevölkerungsfonds der Vereinten Nationen
UNODC	United Nations Office on Drugs and Crime – Vereinte Büro der Vereinten Nationen für Drogen- und Verbrechensbekämpfung
WHO	World Health Organisation – Weltgesundheitsorganisation
Yuppie	young urban professional – junger, karrierebewusster Mann bzw. Mensch
z. B.	zum Beispiel

Quellenverzeichnis

1   https://www.bundestag.de/services/glossar/glossar/R/rechtsstaat-245518 (abgerufen am 02.04.2024)

2   https://dejure.org/gesetze/EUV/2.html (abgerufen am 02.04.2024)

3   https://www.bka.de/DE/AktuelleInformationen/StatistikenLagebilder/PolizeilicheKriminalstatistik/PKS2015/Standardtabellen/standardtabellenOpfer.html?nn=51356 (abgerufen am 02.04.2024)

4   https://www.bundestag.de/gg (abgerufen am 02.04.2024)

5   https://www.swr.de/swraktuell/baden-wuerttemberg/mannheim/grosseinsatz-polizei-loewenrot-gymnasium-st-leon-rot-100.html (abgerufen am 03.04.2024)

6   https://www.bild.de/regional/baden-wuerttemberg/mord-an-schuelerin-in-st-leon-rot-lillis-killer-ab-dienstag-vor-gericht-668e57ada76a581c61f68473 (abgerufen am 15.07.2024)

7   https://www.bild.de/bild-plus/regional/baden-wuerttemberg/regional/killer-von-lilly-18-rief-ihre-mutter-an-mich-verlaesst-niemand-86929052.bild.html (abgerufen am 23.07.2024)

8   https://www.ffh.de/nachrichten/hessen/suedhessen/406862-ex-freundin-in-st-leon-rot-getoetet-prozess-gegen-schueler-beginnt.html (abgerufen am 15.07.2024); https://www.heidelberg24.de/region/bluttat-sankt-leon-rot-lilli-erstochen-ex-freund-mord-anklage-staatsanwaltschaft-heidelberg-prozess-93124961.html (abgerufen am 15.07.2024)

9   Als erstes Bundesland in Deutschland hat Rheinland-Pfalz im Zuge eines Hochrisikomanagements im Jahr 2003 interdisziplinäre Fallkonferenzen eingeführt. Im Rahmen derer tauschen sich Vertreterinnen und Vertreter von staatlichen und nichtstaatlichen Institutionen aus, um mit ihren spezifischen Fach- und Fallkenntnissen die künftige Vorgehensweise, welche die akut von Gewalt Betroffenen am besten schützen kann, gemeinsam zu besprechen und zu beschließen. Involviert werden nach Möglichkeit neben der Polizei auch Staatsanwaltschaften, Opferschutzbeauftragte, Frauenunterstützungseinrichtungen, Täterarbeitseinrichtungen, Jugendämter, Sozialämter, Ausländerbehörden, Agenturen für Arbeit sowie Schulen und/oder auch kirchliche Einrichtungen. Der fallbezogene Austausch zu Risikoidentifizierung und Gefährdungseinschätzung wurde, wenigstens konzeptuell, von allen Bundesländern übernommen.

10   https://bnn.de/nachrichten/baden-wuerttemberg/bluttat-in-sankt-leon-rot-taeter-hatte-kein-gerichtliches-annaeherungsverbot (abgerufen am 21.05.2024)

11   https://bnn.de/nachrichten/baden-wuerttemberg/bluttat-in-sankt-leon-rot-taeter-hatte-kein-gerichtliches-annaeherungsverbot (abgerufen am 21.05.2024)

12   https://www.bild.de/bild-plus/regional/baden-wuerttemberg/regional/toedliche-messer-attacke-in-st-leon-rot-gymnasium-killer-ist-polizisten-sohn-86919866.bild.html (abgerufen am 15.07.2023)

13   https://www.ohchr.org/en/treaty-bodies/cedaw (abgerufen am 03.04.2024)

14   https://rm.coe.int/1680462535 (abgerufen am 03.04.2024)

VIII. Anhang

15 https://www.bmfsfj.de/resource/blob/93360/3785562d5da761399c6f17c9abcbc94f/beseitigung-diskriminierung-der-frau-cedaw-broschuere-data.pdf (abgerufen am 03.04.2024)

16 https://www.bmfsfj.de/bmfsfj/aktuelles/presse/pressemitteilungen/lisa-paus-der-beitritt-der-eu-zur-istanbul-konvention-ist-ein-grosser-erfolg--226380 (abgerufen am 03.04.2024)

17 https://www.coe.int/en/web/istanbul-convention/grevio (abgerufen am 03.04.2024)

18 https://www.coe.int/en/web/istanbul-convention/timetable (abgerufen am 11.04.2024)

19 https://www.coe.int/de/web/portal/-/violence-against-women-grevio-publishes-annual-report (abgerufen am 05.04.2024) https://www.coe.int/en/web/istanbul-convention/timetable (abgerufen am 05.04.2024)

20 https://www.bmfsfj.de/resource/blob/160138/6ba3694cae22e5c9af6645f7d743d585/grevio-staatenbericht-2020-data.pdf (abgerufen am 05.04.2024)

21 https://search.coe.int/directorate_of_communications#{%22CoEIdentifier%22:[%220900001680a86aa9%22],%22sort%22:[%22CoEValidationDate%20Descending%22]} (abgerufen am 15.07.2024)

22 https://www.bmfsfj.de/resource/blob/160138/6ba3694cae22e5c9af6645f7d743d585/grevio-staatenbericht-2020-data.pdf (abgerufen am 10.04.2024)

23 https://rm.coe.int/comments-of-the-german-authorities-on-the-commissioner-s-report/1680aef240 (abgerufen am 10.04.2024)

24 https://rm.coe.int/country-visit-report-on-germany-dunja-mijatovic-council-of-europe-comm/1680aef23f (abgerufen am 03.04.2024)

25 https://docstore.ohchr.org/SelfServices/FilesHandler.ashx?enc=6QkG1d%2FPPRiCAqhKb7yhsqlW7xsH63TzPVZQc03dkiGRnw62zQG52kVPcPFx6GveZCXMCCQVnBml7t%2FvOqmfcCxFEMG5peuLBMHE89yyf9opfKapEYbgb0eeEml0GoLJ (abgerufen am 03.04.2024)

26 https://documents.un.org/doc/undoc/gen/g23/254/72/pdf/g2325472.pdf?token=FWRvV1j82sxrK6Nrvq&fe=true (abgerufen am 03.04.2024)

27 https://www.hessenschau.de/panorama/aldi-kassiererin-in-moerfelden-walldorf-getoetet-drei-schuesse-in-kopf-und-oberkoerper-v13,schuesse-moerfelden-walldorf-100.html (abgerufen am 03.04.2024)

28 https://www.hna.de/lokales/rotenburg-bebra/niederellenbach-toetungsdelikt-in-92784963.html (abgerufen am 03.04.2024)

29 https://www.hna.de/lokales/rotenburg-bebra/frau-im-schlaf-erstochen-prozess-nach-bluttat-in-niederellenbach-93297680.html (abgerufen am 13.09.2024)

30 https://www.hna.de/lokales/rotenburg-bebra/frau-im-schlaf-erstochen-prozess-nach-bluttat-in-niederellenbach-93297680.html (abgerufen am 13.09.2024)

31 Seit 2019 erfasst das Femicide Observation Center Germany (F.O.C.G.) deutsche Femizide nach den folgenden Kriterien: Das Tötungsdelikt gegen eine Frau wurde von einem männlichen Täter ausgeführt und ist gekennzeichnet von Selbstüberhöhung (Hybris) und/oder Frauenhass (Misogynie) sowie fehlender Impulskontrolle. In der Datenbank des F.O.C.G. sind weit mehr als tausend Femizide katalogisiert,

jeweils auf mehr als einhundert Parameter untersucht und dokumentiert. Auf Basis dieses umfassenden Datensatzes werden jährlich repräsentative Analysen erstellt und daraus abgeleitete Handlungsempfehlungen veröffentlicht. Hauptquelle des F.O.C.G. sind Pressemeldungen. Da nicht jeder Femizid mediale Aufmerksamkeit erfährt und da die Berichterstattung physischer Attacken häufig mit „lebensgefährlich verletzt" endet, ist nur ein Teil aller deutschen Tötungsdelikte gegen Mädchen und Frauen nachgehalten.

32 https://www.ifo.de/publikationen/2023/aufsatz-zeitschrift/haeusliche-gewalt-und-die-hohe-anzahl-wiederholungstaten (abgerufen am 15.04.2023)

33 https://elpais.com/sociedad/2024-02-13/las-pulseras-antimaltrato-entran-en-funcionamiento-tambien-para-victimas-de-violencia-sexual.html (abgerufen am 15.04.2024)

34 https://elpais.com/sociedad/2024-02-13/las-pulseras-antimaltrato-entran-en-funcionamiento-tambien-para-victimas-de-violencia-sexual.html (abgerufen am 15.04.2024)

35 https://www.nico-weinmann.de/wp-content/uploads/2021/01/Antwort-IM-9264.pdf (abgerufen am 18.04.2024)

36 https://hessen.de/presse/pressearchiv/94-konferenz-der-justizministerinnen-und-justizminister-am-25-und-26-mai-in-berlin (abgerufen am 18.04.2024)

37 https://rsw.beck.de/aktuell/daily/meldung/detail/jumiko-beschluesse-der-fruehjahrskonferenz-2023 (abgerufen am 18.04.2024)

38 https://www.rhein-zeitung.de/region/rheinland-pfalz/landespolitik_artikel,-fussfessel-als-schutz-vor-haeuslicher-gewalt-bundesjustizminister-buschmann-sieht-keinen-handlungsbeda-_arid,2596568.html (abgerufen am 18.04.2024)

39 https://www.sueddeutsche.de/panorama/urteil-lebenslange-haft-mann-toetet-frau-und-missbraucht-leiche-dpa.urn-newsml-dpa-com-20090101-230116-99-241425 (abgerufen am 15.05.2024)

40 https://www.bild.de/regional/koeln/koeln-aktuell/koeln-mord-lagerist-soll-freundin-vergewaltigt-und-getoetet-haben-82194740.bild.html (abgerufen am 15.05.2024)

41 https://www.swr.de/swraktuell/baden-wuerttemberg/friedrichshafen/prozess-um-toedliche-schuesse-von-markdorf-100.html (abgerufen am 19.04.2024)

42 https://www.bild.de/regional/frankfurt/saarland-news/frau-in-smart-erschossen-werden-hier-kleider-fuer-ihren-sohn-geholt-83016320.bild.html (abgerufen am 19.04.2024)

43 https://www.mdr.de/nachrichten/sachsen-anhalt/landespolitik/tod-frau-bad-lauchstaedt-femizid-haeusliche-gewalt-100.html (abgerufen am 19.04.2024)

44 https://www.swr.de/swraktuell/baden-wuerttemberg/suedbaden/femizid-prozess-mord-an-ehefrau-in-bonndorf-100.html (abgerufen am 20.04.2024)

45 https://www.suedkurier.de/baden-wuerttemberg/urteil-gefallen-lange-haftstrafe-fuer-den-mord-an-jennifer-t;art417930,11810954 (abgerufen am 19.04.2024)

46 https://www.faz.net/aktuell/rhein-main/frankfurt/frau-getoetet-ehemann-wegen-mordverdachts-in-haft-19010708.html(abgerufen am 20.04.2024)

VIII. Anhang

47 https://www.bild.de/regional/frankfurt/landgericht-frankfurt-ehefrau-getoetet-die-zimmer-waren-voller-blut-66e16a9a7ec3b15c6e1f75f0 (abgerufen am 13.09.2024)

48 https://www.presseportal.de/blaulicht/pm/4970/5550305 (abgerufen am 19.04.2024)

49 https://www.fr.de/hessen/mordprozess-wegen-erstochener-frau-angeklagter-gesteht-zr-93278442.html (abgerufen am 03.09.2024)

50 https://www.mdr.de/nachrichten/thueringen/sued-thueringen/schmalkalden-meiningen/mann-erdrosselt-mutter-totschlag-urteil-landgericht-100.html (abgerufen am 20.04.2024)

51 https://www.swr.de/swraktuell/rheinland-pfalz/mainz/prozess-frau-mit-mullbinde-in-mainzer-neustadt-getoetet-100.html (abgerufen am 23.04.2024)

52 https://www.merkur.de/deutschland/saarland/15-jahre-freiheitsstrafe-fuer-sexualstraftaeter-wegen-mordes-zr-93097865.html (abgerufen am 29.05.2024)

53 https://www.stern.de/gesellschaft/femizid--eine-mutter-setzt-14-notrufe-ab--die-polizei-schuetzte-sie-nicht-34632142.html (abgerufen am 19.04.2024)

54 https://www.tag24.de/justiz/gerichtsprozesse-berlin/berlin-ex-geliebte-vor-haustuer-brutal-mit-machete-erstochen-habe-so-etwas-noch-nicht-gesehen-3168351 (abgerufen am 24.04.2024)

55 https://www.berliner-zeitung.de/mensch-metropole/femizid-berlin-koepenick-richter-verurteilt-macheten-moerder-und-spricht-von-hinrichtung-li.2235656 (abgerufen am 17.07.2024)

56 https://www.tagesspiegel.de/berlin/wieder-ein-femizid-ex-freundin-in-berlin-getotet--lebenslange-haft-fur-52-jahrigen-12035522.html (abgerufen am 17.07.2024)

57 https://www.ndr.de/nachrichten/niedersachsen/braunschweig_harz_goettingen/Frau-in-Hehlen-erstochen-Richter-schickt-41-Jaehrigen-in-U-Haft,bodenwerder186.html (abgerufen am 15.05.2024)

58 https://www.bild.de/regional/thueringen/thueringen-aktuell/deutsche-urlauber-tot-auf-fuerteventura-rabea-45-von-ihrem-mann-erschlagen-83591736.bild.html (abgerufen am 19.04.2024)

59 https://www.laopiniondemurcia.es/sucesos/2024/05/24/guardia-civil-halla-cadaveres-zona-102854821.html (abgerufen am 26.05.2024)

60 https://www.schwaebische.de/regional/baden-wuerttemberg/nach-mord-im-paradies-partner-von-getoeteter-augsburgerin-unter-verdacht-3076778 (abgerufen am 15.11.2024)

61 https://www.n-tv.de/regionales/nordrhein-westfalen/Ehemann-soll-Killer-auf-eigene-Frau-angesetzt-haben-article25321130.html (abgerufen am 29.10.2024)

62 https://www.berlin.de/polizei/polizeimeldungen/2024/pressemitteilung.1487376.php (abgerufen am 27.09.2024)

63 https://www.bayern.de/erstmals-elektronische-fussfessel-nach-dem-neuenpolizeiaufgabengesetz-angeordnet/ (abgerufen am 18.04.2024)

64 https://www.tagesspiegel.de/potsdam/brandenburg/hausliche-gewalt-brandenburg-setzt-auf-fussfessel-fur-gefahrder-11249872.html (abgerufen am 18.04.2024)

65 Die Schreiben aus den Innenministerien der Länder Hamburg, Hessen, Nordrhein-Westfalen, dem Saarland und Niedersachsen liegen der Herausgeberin im Original vor.

66 Das Antwortschreiben liegt der Herausgeberin im Original vor

67 Das Antwortschreiben liegt der Herausgeberin im Original vor

68 Das Antwortschreiben liegt der Herausgeberin im Original vor

69 Das Antwortschreiben liegt der Herausgeberin im Original vor

70 https://parldok.thueringer-landtag.de/ParlDok/vorgang/50335 (abgerufen am 16.06.2024)

71 https://www.stern.de/gesellschaft/regional/thueringen/politik--keine-fussfesseln-bei-haeuslicher-gewalt-34797360.html (abgerufen am 16.06.2024)

72 Das Schreiben liegt der Herausgeberin im Original vor

73 Das Schreiben liegt der Herausgeberin im Original vor.

74 https://www.landgericht-hannover.niedersachsen.de/startseite/informationen_und_download/informationen_uber_die_fuhrungsaufsichtsstelle/informationen-ueber-die-fuehrungsaufsicht-58720.html (abgerufen am 15.07.2024)

75 Das Schreiben aus dem Bayerischen Staatsministerium des Innern, für Sport und Integration liegt der Herausgeberin im Original vor

76 https://www.suedkurier.de/baden-wuerttemberg/femizid-am-bodensee-sie-wollte-neu-anfangen-jetzt-ist-sie-tot;art417930,11463011 (abgerufen am 22.04.2024)

77 https://www.hna.de/lokales/schwalmstadt/schuessen-treysa-zeugen-berichten-von-91595982.html (abgerufen am 25.07.2025)

78 https://www.bild.de/regional/frankfurt/frankfurt-aktuell/frau-erschossen-supermarkt-killer-hatte-keine-waffenerlaubnis-80346694.bild.html (abgerufen am 25.07.2024)

79 https://www.faz.net/aktuell/gesellschaft/kriminalitaet/polizist-erschiesst-ehefrau-und-sich-selbst-vor-supermarkt-in-kirchheim-unter-teck-17812509.html (abgerufen am 22.04.2024)

80 https://www.bild.de/bild-plus/regional/stuttgart/stuttgart-aktuell/ehe-drama-bei-stuttgart-frau-von-ehemann-in-bio-laden-ermordet-79189194.bild.html (abgerufen am 25.07.2024)

81 https://elpais.com/sociedad/2024-02-13/las-pulseras-antimaltrato-entran-en-funcionamiento-tambien-para-victimas-de-violencia-sexual.html (abgerufen am 18.04.2024)

82 https://www.innenministerkonferenz.de/IMK/DE/termine/to-beschluesse/2024-06-21-19/beschluesse.pdf?__blob=publicationFile&v=2 (abgerufen am 27.06.2024)

83 https://www.zeit.de/politik/deutschland/2024-07/fussfessel-kein-bundesgesetz-gewalttaetige-ex-partner-buschmann-marco (abgerufen am 18.07.2024)

84   https://www.hessenschau.de/politik/hessische-initiative-zu-fussfesseln-gegen-femizide-kommt-in-den-bundesrat-v2,fussfessel-femizid-100.html(abgerufen am 17.08.2024)

85   https://www.stuttgarter-zeitung.de/inhalt.baden-wuerttemberg-schutz-vor-gewalt-durch-partner-sind-fussfesseln-eine-moeglichkeit.00f6a4fc-5211-4f50-ab5d-4d682293f98e.html (abgerufen am 18.04.2024)

86   https://www.unwomen.org/en/news-stories/feature-story/2022/11/five-essential-facts-to-know-about-femicide (abgerufen am 11.04.2024)

87   https://www.who.int/publications/i/item/WHO-RHR-12.38   (abgerufen am 11.04.2024)

88   https://dserver.bundestag.de/btd/19/040/1904059.pdf (abgerufen am 12.04.2024)

89   https://rm.coe.int/1680462535 (abgerufen am 27.06.2024)

90   https://www.bka.de/DE/AktuelleInformationen/StatistikenLagebilder/PolizeilicheKriminalstatistik/PKS2021/bedeutungInhaltAussagekraft.html?nn=194540 (abgerufen am 10.06.2024)

91   https://www.bmfsfj.de/bmfsfj/aktuelles/alle-meldungen/lisa-paus-und-nancy-faeser-stellen-zahlen-zu-gewalt-in-partnerschaften-vor-205244 (abgerufen am 09.11.2024)

92   https://www.bka.de/SharedDocs/Downloads/DE/Publikationen/JahresberichteUndLagebilder/HaeuslicheGewalt/HaeuslicheGewalt2023.html?nn=219004 (abgerufen am 10.06.2024)

93   https://www.france24.com/en/europe/20210203-france-announces-sharp-drop-in-femicides-but-ngos-say-it-s-too-early-to-rejoice (abgerufen am 25.04.2024)

94   Das Schreiben liegt der Herausgeberin im Original vor

95   Die Definition zu „häusliche Gewalt" des BKA lautet: „Häusliche Gewalt beinhaltet alle Formen körperlicher, sexueller oder psychischer Gewalt und umfasst familiäre sowie partnerschaftliche Gewalt. Häusliche Gewalt liegt vor, wenn die Gewalt zwischen Personen stattfindet, die in einer familiären oder partnerschaftlichen Beziehung zusammenwohnen. Sie liegt auch vor, wenn sie unabhängig von einem gemeinsamen Haushalt innerhalb der Familie oder in aktuellen oder ehemaligen Partnerschaften geschieht. Damit beinhaltet die Häusliche Gewalt zwei Ausprägungen, nämlich die Partnerschaftsgewalt und die innerfamiliäre Gewalt. Bei der Partnerschaftsgewalt werden die Opfer und Tatverdächtigen betrachtet, die in einer partnerschaftlichen Beziehung waren oder sind, bei der innerfamiliären Gewalt die Opfer und Tatverdächtigen die in einer verwandtschaftlichen Beziehung zueinander stehen Ohne ((Ex-)Partnerschaften).

96   https://www.bka.de/SharedDocs/Downloads/DE/Publikationen/JahresberichteUndLagebilder/HaeuslicheGewalt/HaeuslicheGewalt2023.html?nn=219004 (abgerufen am 27.06.2024)

97   https://www.bka.de/SharedDocs/Downloads/DE/Publikationen/JahresberichteUndLagebilder/HaeuslicheGewalt/HaeuslicheGewalt2023.html?nn=219004 (abgerufen am 10.06.2024)

98   https://www.phoenix.de/bpk-a-1904290.html (abgerufen am 17.04.2024)

99 https://www.phoenix.de/haeusliche-gewalt-a-2370574.html (abgerufen am 17.04.2024)

100 https://www.youtube.com/watch?v=aNJAntyerSw (abgerufen am 17.04.2024)

101 https://www.youtube.com/watch?v=4g6HX8Mqr3g (abgerufen am 27.06.2024)

102 Mitte der 80er-Jahre war eine HIV-Infektion nicht nur gleichzusetzen mit der Diagnose tödlich, sie ging darüber hinaus einer Ächtung, die alle Lebensbereiche der Betroffen einschloss, weltweit. In Deutschland ist es vor allem dem unermüdlichen Engagement der damaligen Bundesgesundheitsministerin, Rita Süßmuth, zu verdanken, dass die Stigmatisierung Infizierter über bundesweite Aufklärungskampagnen, über das engmaschige Zusammenwirken mit den AIDS-Hilfen und über Verweise auf staatliche und nichtstaatliche Unterstützung abgebaut werden konnte.

103 U-Turn, umgangssprachlich für einen Richtungswechsel um 180.°

104 https://www.bundestag.de/dokumente/textarchiv/2022/kw17-kalenderblatt-gleichberechtigungsgesetz-504286 (abgerufen am 29.04.2024)

105 https://www.europarl.europa.eu/RegData/etudes/IDAN/2015/510025/IPOL_IDA(2015)510025_EN.pdf (abgerufen am 29.04.2024)

106 https://dip.bundestag.de/vorgang/strafrechts%C3%A4nderungsgesetz-177-bis-179-stgb-str%C3%A4ndg/119549 (abgerufen am 29.04.2024)

107 https://dserver.bundestag.de/btp/13/13175.pdf (abgerufen am 29.04.2024)

108 Dominique Pélicot hat seine Ehefrau Gisèle in Avignon (Frankreich) regelmäßig sediert, um sie in ihrer Bewusstlosigkeit hundertfach vergewaltigen zu können. Mindestens 50 weitere, ihr fremde, Männer hat er seine Ehefrau ebenfalls vergewaltigen lassen.

109 https://www.zeit.de/gesellschaft/zeitgeschehen/2024-09/vergewaltigungsprozess-avignon-gisele-pelicot-anwalt-stephane-babonneau (abgerufen am 02.10.2024)

110 https://www.bka.de/DE/UnsereAufgaben/Forschung/ForschungsprojekteUndErgebnisse/Dunkelfeldforschung/SKiD/Ergebnisse/Ergebnisse_node.html (abgerufen am 07.06.2024)

111 https://www.presseportal.de/pm/51580/4747670 (abgerufen am 07.06.2024)

112 https://de.statista.com/statistik/daten/studie/1099860/umfrage/verurteilungen-wegen-vergewaltigung-in-der-eu/ (abgerufen am 09.11.2024)

113 https://www.tagesschau.de/inland/gesellschaft/schutz-gewalt-frauen-100.html (abgerufen am 07.06.2024)

114 In Deutschland gilt seit der Sexualstrafrechtsreform das Prinzip „nur nein heißt nein". Als Vergewaltigung wird ein Delikt anerkannt, wenn die betroffene Frau sich der Handlung durch Worte oder Gesten erkennbar widersetzt. In Schweden und Spanien wird Vergewaltigung nach dem Prinzip „nur ja heißt ja" anerkannt, also immer dann, wenn die Frau im Vorfeld der Handlung nicht ihr Einverständnis bekundet hat.

115 https://www.bundestag.de/webarchiv/textarchiv/2016/kw27-de-selbstbestimmung-434214 (abgerufen am 09.11.2024)

116 https://www.destatis.de/DE/Themen/Arbeit/Verdienste/Verdienste-GenderPayGap/_inhalt.html (abgerufen am 29.04.2024)

VIII. Anhang

117 Der Begriff „Sofagate" wurde von den Medien genutzt, um die öffentliche Demütigung der Präsidentin der Europäischen Union (EU), Ursula von der Leyen, am 6. April 2021 in Ankara (Türkei) einzuordnen. Im Zuge der Gespräche zwischen der EU und der Türkei war ein offizielles Photo geplant, zu dem lediglich zwei Stühle bereitgestellt wurden: Für den türkischen Präsidenten Recep Tayyip Erdoğan und den Ratspräsidenten der Europäischen Union Charles Michel. Als einzige Frau im Raum wurde von der EU-Präsidentin von der Leyen erwartet, auf einem abseits angeordneten Sofa Platz nehmen.

118 file:///C:/Users/info/Downloads/D_Inhaltliche_Vereinbarungen_zur_Gestaltung_der_Aufgaben.pdf (abgerufen am 29.04.2024)

119 Auf dem amerikanischen Kontinent gibt es zum Schema „wheel of power and control" etliche eindrucksvolle Graphiken, die in verschiedenen Versionen eingesetzt werden, deren Ursprungsdatei allerdings nicht mehr nachvollziehbar ist. Die hier angeführte Übersetzung orientiert sich am Schema des National Center on Domestic and Sexual Violence, U.S.A.

120 https://www.unfpa.org/son-preference (abgerufen am 30.04.2024)

121 https://www.destatis.de/DE/Themen/Gesellschaft-Umwelt/Gesundheit/Schwangerschaftsabbrueche/_inhalt.html (abgerufen am 30.04.2024)

122 Übers.: Enttäuschung über das Geschlecht.

123 *Julia Ditzer*, M. Sc. Psych., promoviert aktuell an der Technischen Universität Dresden und ist dort Mitarbeiterin am Lehrstuhl Klinische Kinder- und Jugendpsychologie, der von Prof. Dr. Anna-Lena Zietlow geleitet wird.

124 https://www.rnd.de/familie/gender-disappointment-lieber-ein-junge-oder-ein-maedchen-HKI7XCFZWJFJXAX5ZPHLC3XGQU.html (abgerufen am 05.05.2024)

125 https://gh.bmj.com/content/6/8/e005516 (abgerufen am 30.04.2024)

126 https://www.unodc.org/documents/data-and-analysis/statistics/Statistical_framework_femicide_2022.pdf (abgerufen am 01.05.2024)

127 https://www.derwesten.de/staedte/essen/essen-mclaren-a52-sportwagen-unglueck-unfall-gina-p-tod-tot-urteil-aufgehoben-id234250269.html (abgerufen am 15.05.2024)

128 https://www.bild.de/regional/ruhrgebiet/ruhrgebiet-aktuell/essen-er-raste-gina-tot-lars-d-kommt-mit-bewaehrungsstrafe-davon-72197366.bild.html (abgerufen am 01.05.2024)

129 Das Schreiben liegt der Herausgeberin im Original vor.

130 https://rp-online.de/nrw/staedte/moers/toedliches-autorennen-in-moers-fuenf-jahre-haft-statt-lebenslang-fuer-raser_aid-98482539 (abgerufen am 03.05.2024)

131 https://www.mdr.de/nachrichten/thueringen/mitte-thueringen/arnstadt-ilmkreis/mord-ehefrau-ueberfahren-strafe-100.html (abgerufen am 03.05.2024)

132 https://www.zeit.de/news/2021-01-26/auto-fliegt-durch-luft-zwei-tote (abgerufen am 03.05.2024)

133 https://staatsanwaltschaft-heilbronn.justiz-bw.de/pb/,Lde/Startseite/Presse/Heilbronn_+Dringend+Zeugen+nach+schwerem+Unfall+gesucht_+Gemeinsame+Pressemitteilung+der+Staatsanwaltschaft+Heilbronn+und+des+Polizeipraesidiums+Heilbronn+vom+31_03_2022/?LISTPAGE=1232804 (abgerufen am 03.05.2024)

134 https://www.tag24.de/justiz/gerichtsprozesse-magdeburg/22-jaehriger-faehrt-jugendliche-tot-gericht-vergibt-milde-strafe-2873430 (abgerufen am 02.05.2024)

135 Antwort liegt der Herausgeberin im Original vor.

136 https://www.fnp.de/lokales/hochtaunus/frankfurt-oberursel-unfall-auto-polizei-ermittlungen-baby-zr-92050598.html (abgerufen am 03.05.2024)

137 https://www.zeit.de/news/2024-03/08/frau-stirbt-nach-autounfall-in-muelheim-an-der-ruhr (abgerufen am 01.05.2024)

138 https://www.suedkurier.de/region/schwarzwald/schwarzwald-baar-kreis/auto-prallt-gegen-baum-zwei-junge-menschen-sterben;art372502,11957969 (abgerufen am 02.05.2024)

139 https://www.bild.de/regional/berlin/toedlicher-unfall-in-berlin-320-ps-maschine-raste-durch-30er-zone-6657227d83fcfa508edce780 (abgerufen am 30.05.204)

140 https://www.berlin.de/polizei/polizeimeldungen/2024/pressemitteilung.1451252.php (abgerufen am 30.05.2024)

141 https://www.maz-online.de/berlin/unfall-in-berlin-nahe-kudamm-gedaechtniskirche-18-jaehrige-frau-und-ein-mann-gestorben-BOD4QL76FVFI5AW6EVADEFY6EU.html (abgerufen am 31.05.2024)

142 https://www.blick.de/westsachsen/starkregen-und-unangepasste-geschwindigkeit-zwei-verletzte-nach-unfall-artikel13394814 (abgerufen am 02.06.2024)

143 https://www.swr.de/swraktuell/baden-wuerttemberg/stuttgart/nuertingen-auto-faehrt-gegen-ampelmast-104.html (abgerufen am 17.06.2024)

144 Das Schreiben der Staatsanwaltschaft Stuttgart liegt der Herausgeberin im Original vor.

145 https://www.bild.de/regional/koeln/mindestens-vier-frauen-verletzt-taxifahrer-faehrt-absichtlich-passanten-um-66b207252af40b41bb48fbec (abgerufen am 06.08.2024)

146 https://www.derwesten.de/staedte/dortmund/dortmund-audi-suv-polizei-id301193616.html (abgerufen am 06.11.2024)

147 https://www.sueddeutsche.de/auto/100-jahre-fuehrerschein-die-bewegende-lizenz-1.448622 (abgerufen am 03.06.2024)

148 https://www.focus.de/panorama/welt/in-brandenburg-auto-kommt-von-der-a24-von-der-strasse-ab-und-prallt-gegen-baum-drei-tote_id_260065913.html (abgerufen am 27.06.2024)

149 https://www.bild.de/regional/niedersachsen/sie-toeten-bei-renenn-zwei-kinder-richterin-schickt-raser-wegen-mordes-in-den-knast-66a1333d7a592f1ddb0a3b83 (abgerufen am 25.07.2024)

150 https://www.ndr.de/nachrichten/niedersachsen/hannover_weser-leinegebiet/Lebenslange-Haft-fuer-illegales-Autorennen-mit-zwei-toten-Kindern,autorennen286.html (abgerufen am 25.07.2024)

151 https://www.express.de/nrw/ibbenbueren-lehrerin-getoetet-neue-infos-zum-tatverdaechtigen-17-389347 (abgerufen am 10.05.2024)

152 https://www.br.de/nachrichten/bayern/totes-maedchen-im-kinderheim-wunsiedel-polizisten-sagen-aus,U3VE2fk (abgerufen am 27.05.2024)

153 https://www.tagesschau.de/inland/regional/hessen/hr-mordprozess-in-frankfurt-17-jaehriger-soll-frau-umgebracht-und-die-leiche-gefilmt-haben-100.html (abgerufen am 27.05.2024)

154 https://www.ndr.de/nachrichten/hamburg/100-Jaehrige-in-Hamburg-getoetet-Haftbefehl-gegen-Enkel,stellingen188.html (abgerufen am 12.05.2024)

155 https://www.westfalen-blatt.de/owl/kreis-paderborn/paderborn/oma-grossmutter-messerstiche-getoetet-delmenhorst-2841936?pid=true (abgerufen am 12.05.2024)

156 https://www.stuttgarter-nachrichten.de/inhalt.leichenfund-in-bietigheim-bissingen-sohn-soll-mutter-und-dann-sich-selbst-getoetet-haben.3ff3b7e3-b490-49db-b7cc-a8d9127ec4d1.html (abgerufen am 12.05.2024)

157 https://www.wr.de/staedte/dortmund/article240805954/Toetungsdelikt-in-Dortmund-Sohn-soll-Mutter-erstochen-haben.html (abgerufen am 12.05.2024)

158 https://www.ndr.de/nachrichten/niedersachsen/oldenburg_ostfriesland/Getoetete-87-Jaehrige-in-Weener-Prozess-gegen-Sohn-begonnen,prozess9018.html (abgerufen am 12.05.2024)

159 https://www.tagesspiegel.de/berlin/mordkommission-ermittelt-mutter-und-sohn-tot-in-berliner-wohnung-gefunden-10702231.html (abgerufen am 12.05.2024)

160 https://www.n-tv.de/der_tag/Luebecker-soll-seine-Mutter-getoetet-haben-drei-Hilferufe-vor-Tat-article24433607.html (abgerufen am 12.05.2024)

161 https://www.24hamburg.de/hamburg/mord-hamburg-harburg-sohn-39-toetet-mutmasslich-eigene-mutter-haft-92551157.html (abgerufen am 12.05.2024)

162 https://www.sueddeutsche.de/bayern/toedlicher-angriff-wahnvorstellung-fahndung-polizei-oberfranken-berg-1.6155201 (abgerufen am 12.05.2024)

163 https://www.zeit.de/news/2023-08/08/mann-soll-eigene-mutter-erstochen-haben (abgerufen am 12.05.2024)

164 https://www.rtl.de/cms/bremen-frau-59-stirbt-nach-messerstich-in-hals-sohn-29-tatverdaechtig-5054215.html (abgerufen am 12.05.2024)

165 https://www.mdr.de/nachrichten/thueringen/sued-thueringen/schmalkalden-meiningen/mann-erdrosselt-mutter-totschlag-urteil-landgericht-100.html (abgerufen am 12.05.2024)

166 https://www.sol.de/blaulicht-saarland/mutter-erstochen-urteil-gegen-35-jaehrigen-aus-dillingen-steht-jetzt-fest,472774.html (abgerufen am 12.05.2024)

167 https://www.presseportal.de/blaulicht/pm/11530/5533707 (abgerufen am 12.05.2024)

168 https://www.welt.de/regionales/niedersachsen/article245378516/Leichenfunde-Mann-soll-sich-und-Mutter-getoetet-haben.html (abgerufen am 12.05.2024)

169 https://www.bild.de/regional/hamburg/hamburg-aktuell/bluttat-im-feinen-blankenese-sohn-gesteht-mutter-mord-bei-polizeikontrolle-83897616.bild.html (abgerufen am 12.05.2024)

170 https://www.hessenschau.de/panorama/toetungsdelikt-in-offenbach-sohn-in-forensischer-klinik-untergebracht-v6,kurz-toter-offenbach-100.html (abgerufen am 12.05.2024)

171 https://www1.wdr.de/nachrichten/ruhrgebiet/mutter-erstochen-sechs-jahre-haft-fuer-duisburger-100.html (abgerufen am 12.05.2024)

172 https://www.sueddeutsche.de/bayern/bayern-mord-impfgegner-urteil-hof-1.6294273 (abgerufen am 12.05.2024)

173 https://www.presseportal.de/blaulicht/pm/110970/5441795 (abgerufen am 12.05.2024)

174 https://www.abendblatt.de/region/norderstedt/article239200587/Mutter-getoetet-mutmasslicher-Messerstecher-blendet-Tat-aus.html (abgerufen am 12.05.2024)

175 https://www.sueddeutsche.de/muenchen/muenchen-polizei-planegg-toetungsdelikt-1.5727779 (abgerufen am 12.05.2024)

176 https://www.mdr.de/nachrichten/sachsen/chemnitz/vogtland/mord-familie-tirpersdorf-tatwaffe-axt-100.html (abgerufen am 05.06.2024)

177 https://www.dzonline.de/nrw/58-jaehriger-ersticht-seine-mutter-2969891?&npg (abgerufen am 12.05.2024)

178 https://www.ndr.de/nachrichten/schleswig-holstein/Tote-Frau-in-Husum-Sohn-in-Lyon-festgnommen,husum366.html (abgerufen am 12.05.2024)

179 https://www.faz.net/agenturmeldungen/dpa/getoetete-frau-in-waldbronn-sohn-festgenommen-19710251.html (abgerufen am 12.05.2024)

180 https://www.presseportal.de/blaulicht/pm/50153/5759908 (abgerufen am 12.05.2024)

181 https://www.swr.de/swraktuell/baden-wuerttemberg/suedbaden/toetung-dreier-menschen-kreis-waldshut-100.html (abgerufen am 12.05.2024)

182 https://www.maz-online.de/lokales/teltow-flaeming/grossbeeren/frau-in-grossbeeren-erstochen-29-jaehriger-soll-seine-mutter-getoetet-haben-QEFNYQGIRVH77IBE5C4EMHZDRI.html (abgerufen am 12.05.2024)

183 https://www.bild.de/regional/magdeburg/sachsen-anhalt-news/magdeburg-zwei-tote-fuenf-verletzte-blutbad-bei-familien-fehde-87378772.bild.html (abgerufen am 12.05.2024)

184 https://www.sueddeutsche.de/bayern/muennerstadt-unterfranken-17-jaehriger-gesteht-toetung-mutter-1.6384862 (abgerufen am 12.05.2024)

185 https://www.bild.de/regional/niedersachsen/blut-tat-in-niedersachsen-mann-metzelt-mutter-nieder-freispruch-66d06192f4f5490f75fbd00f?source=puerto-reco-2_bild-V13.4.C_FCM_IS_PB (abgerufen am 29.08.2024)

186 https://www.welt.de/vermischtes/kriminalitaet/article249760468/27-Jaehriger-findet-Vater-Mutter-und-Bruder-erstochen-Zuhause.html (abgerufen am 12.05.2024)

187 https://www.zeit.de/news/2024-05/07/mann-soll-seine-87-jahre-alte-mutter-ermordet-haben (abgerufen am 12.05.2024)

188 https://www.tag24.de/justiz/mord/mann-stirbt-in-leipzig-nach-familiendrama-in-kroppen-er-erschlug-erst-seine-frau-zuendete-sich-dann-selbst-an-2858724 (abgerufen am 08.08.2024)

189 https://www.presseportal.de/blaulicht/pm/108747/5676195 abgerufen am 22.07.2024)

190 https://www.nordkurier.de/regional/greifswald/mann-pruegelt-frau-in-greifswald-fast-tot-mordprozess-beginnt-2524379 (abgerufen am 22.07.2024)

191 https://www.ndr.de/nachrichten/niedersachsen/oldenburg_ostfriesland/Kopfschuss-in-Delmenhorst-Neue-Beweisantraege-verzoegern-Urteil,delmenhorst1306.html (abgerufen am 11.06.2024)

192 https://www.berliner-zeitung.de/news/berlin-koepenick-frau-erstochen-ex-freund-wegen-mordes-angeklagt-li.2241826 (abgerufen am 05.08.2024)

193 https://www.bild.de/regional/berlin/berlin-frau-tot-in-wohnung-gefunden-mann-34-festgenommen-665dfebdc34cbc2d431c0a60?source=puerto-reco-2_bild-V10.2.B_Test (abgerufen am 04.06.2024)

194 https://www.tageblatt.de/Nachrichten/Messerstiche-Fassungslosigkeit-nach-Familiendrama-in-Hechthausen-575800.html (abgerufen am 10.06.2024)

195 https://www.presseportal.de/blaulicht/pm/68437/5796871 (abgerufen am 208.06.2024)

196 https://www.ndr.de/nachrichten/niedersachsen/osnabrueck_emsland/Messerattacke-in-Quakenbrueck-35-Jaehrige-ausser-Lebensgefahr,quakenbrueck348.html (abgerufen am 10.06.2024)

197 https://www.presseportal.de/blaulicht/pm/117683/5802560 (abgerufen am 17.06.2024)

198 https://www.sueddeutsche.de/panorama/totschlag-mann-soll-seine-frau-getoetet-haben-anklage-erhoben-dpa.urn-newsml-dpa-com-20090101-241017-930-263248 (abgerufen am 17.10.2024)

199 https://www.bild.de/regional/berlin/berlin-mann-soll-seine-frau-erschlagen-haben-66813ff1ee755b2e7316f665 (abgerufen am 30.06.2024)

200 https://www.bild.de/news/inland/in-gelsenkirchen-nrw-frau-20-umgebracht-ehemann-unter-verdacht-66911f12ff2f733cbc94ca55 (abgerufen am 12.07.2024)

201 https://www.bild.de/regional/nordrhein-westfalen/gelsenkirchen-messer-angriff-junge-14-rettet-mutter-das-leben-66e19237fd0c4e5b09929081 (abgerufen am 11.09.2024)

202 https://www.bundesregierung.de/breg-de/themen/75-jahre-grundgesetz/artikel-6-gg-2267598 (abgerufen am 15.08.2024)

203 Von „Overkill" oder einer Übertötung wird gesprochen, wenn beim Töten mehr, bzw. weitaus mehr Gewalt angewandt wird, als nötig wäre, um den Tod des Opfers herbeizuführen.

204 https://www.tag24.de/justiz/gerichtsprozesse-brandenburg/frau-vor-augen-der-tochter-erstochen-ex-freund-muss-in-psycho-klinik-2661855 (abgerufen am 14.05.2024)

205 https://www1.wdr.de/nachrichten/ruhrgebiet/prozessauftakt-beziehungstat-in-muehlheim-100.html (abgerufen am 14.05.2024)

206   https://www.bild.de/regional/baden-wuerttemberg/regional/prozess-in-karlsruhe-ehefrau-erstochen-lange-haftstrafe-fuer-ehemann-86731676.bild.html (abgerufen am 14.05.2024)

207   https://www.bild.de/regional/baden-wuerttemberg/regional/staatsanwalt-sicher-er-toetete-priya-auf-brutalste-weise-86902090.bild.html (abgerufen am 10.11.2024)

208   https://www.swr.de/swraktuell/baden-wuerttemberg/tuebingen/urteil-prozess-getoetete-mutter-moessingen-am-freitag-100.html (abgerufen am 14.05.2024)

209   https://www.waz.de/staedte/dortmund/article242350032/Prozess-47-Jaehriger-toetet-Ehefrau-und-bittet-um-Mitleid.html (abgerufen am 17.05.2024)

210   https://pfaffenhofen-today.de/83887-regensburg-190124 (abgerufen am 26.08.2014)

211   https://www.polizei.bayern.de/aktuelles/pressemitteilungen/061375/index.html (abgerufen am 15.05.2024)

212   https://essen.polizei.nrw/presse/mordkommission-ermittelt-nach-tod-von-41-jaehriger (abgerufen am 15.05.2024)

213   https://www.waz.de/lokales/essen/article407102759/ehefrau-in-essen-erstochen-achtjaehriger-sohn-musste-zusehen.html (abgerufen am 26.08.2024)

214   https://www.wn.de/nrw/brutaler-femizid-lebenslange-haft-fuer-familienvater-3175378?&npg (abgerufen am 28.10.2024)

215   https://www.bild.de/regional/rheinland-pfalz/bad-kreuznach-frau-erstochen-polizei-nimmt-ehemann-fest-6628f319be271b387dd3ef3d (abgerufen am 15.05.2024)

216   https://www.swr.de/swraktuell/rheinland-pfalz/mainz/ehefrau-mit-59-messerstichen-getoetet-mordprozess-in-bad-kreuznach-100.html (abgerufen am 15.10.2024)

217   https://www.ndr.de/nachrichten/niedersachsen/braunschweig_harz_goettingen/Getoetete-Frau-in-Goettingen-Ehemann-schweigt,goettingen2118.html (abgerufen am 15.05.2024)

218   https://www.ndr.de/nachrichten/niedersachsen/braunschweig_harz_goettingen/Getoetete-Frau-in-Goettingen-Verdaechtiger-Ehemann-war-polizeibekannt,goettingen2132.html (abgerufen am 15.05.2024)

219   https://www.sueddeutsche.de/panorama/kriminalitaet-mann-soll-frau-vor-den-augen-ihrer-kinder-ermordet-haben-dpa.urn-newsml-dpa-com-20090101-241029-930-273380 (abgerufen am 29.10.2024)

220   https://www.ruhrnachrichten.de/dortmund/toetungsdelikt-dortmund-schueren-nachbarn-fassungslos-reihenhaus-bergmeisterstrasse-kinder-polizei-w847535-2001117712/ (abgerufen am 15.05.2024)

221   https://www.wr.de/staedte/dortmund/article241729930/Zwei-Tote-in-Dortmund-gefunden-Mordkommission-ermittelt.html (abgerufen am 10.11.2024)

222   https://www.bild.de/regional/ruhrgebiet/ruhrgebiet-aktuell/familiendrama-im-muensterland-frau-46-wollte-sich-von-killer-vater-51-trennen-74510510.bild.html (abgerufen am 04.08.2024)

223 https://www.bild.de/bild-plus/regional/frankfurt/frankfurt-aktuell/drei-tote-nach-trennung-darum-griff-der-oberarzt-zur-sig-sauer-74779512.bild.html (abgerufen am 04.08.2024)

224 https://www.blick.ch/ausland/kurz-nach-ndr-quizshow-vater-ermordet-seine-ganze-familie-im-feuer-id16485389.html (abgerufen am 10.11.2024)

225 https://www.regio-tv.de/mediathek/video/verfahren-im-dichterviertel-mord-eingestellt/ (abgerufen am 10.08.2024)

226 https://www.rnd.de/politik/mutmasslicher-moerder-von-senzig-war-in-impfgegner-telegram-gruppen-aktiv-PGXVJ3SFMZBL3D5WZY4T72Q7JY.html (abgerufen am 10.08.2024)

227 https://www.morgenpost.de/berlin/article402366153/polizei-auch-antisemitismus-motiv-fuer-tod-von-fuenf-menschen.html (abgerufen am 10.11.2024)

228 https://www.hertener-allgemeine.de/herten/das-recht-auf-leben-abgesprochen-vater-36-nach-dreifachmord-in-herten-verurteilt-w838250-8000551396/ (abgerufen am 15.05.20254)

229 https://polizei.nrw/231002vierlinden (abgerufen am 15.05.2024)

230 https://www.waz.de/staedte/duisburg/article241784182/Skender-A-toetete-seine-Frau-Details-schocken-ihre-Mutter.html (abgerufen am 15.05.2024)

231 https://rp-online.de/nrw/staedte/duisburg/fachtagung-in-duisburg-einblicke-in-femizid-ermittlung_aid-119985219 (abgerufen am 14.10.2024)

232 https://www.berliner-kurier.de/news/amoklauf-in-baden-wuerttemberg-mehrere-tote-li.2234977 (abgerufen am 14.07.2024)

233 https://www.swr.de/swraktuell/baden-wuerttemberg/tuebingen/mehrere-opfer-nach-schuessen-in-albstadt-in-bw-100.html (abgerufen am 14.07.2024)

234 https://www.bild.de/regional/berlin/lebensgefaehrte-auf-der-flucht-mutter-und-zwei-toechter-getoetet-67278e70048fa103a43bf6c8 (abgerufen am 03.11.2024)

235 https://www.bild.de/regional/dresden/dresden-aktuell/dresdent-vater-kaufte-den-kindern-3-6-eis-bevor-er-sie-toetete-60930674.bild.html (abgerufen am 03.11.2024)

236 https://www.tag24.de/justiz/gerichtsprozesse-dresden/dresden-prozess-maya-2-und-leo-5-das-grausame-schicksal-der-toten-geschwister-1389789 (abgerufen am 19.05.2024)

237 https://www.fr.de/rhein-main/offenbach-lebenslaenglich-mord-geschaeftsfrau-mutter-13842236.html (abgerufen am 20.05.2024)

238 https://www.berliner-zeitung.de/news/polizeibericht-berlin/dreijaehrige-tochter-getoetet-vater-gesteht-vor-berliner-gericht-li.163844 (abgerufen am 20.05.2024)

239 https://www.bz-berlin.de/archiv-artikel/tochter-3-getoetet-und-tat-gefilmt-vater-32-muss-lebenslang-hinter-gitter (abgerufen am 10.11.2024)

240 Allgemeine Zeitung – Altmark Zeitung – Isenhagener Kreisblatt.

241 https://www.sueddeutsche.de/panorama/samtgemeinde-aue-lebenslange-haft-fuer-stalker-nach-mord-rechtskraeftig-dpa.urn-newsml-dpa-com-20090101-211119-99-63157 (abgerufen am 19.05.2024)

242 https://www.bild.de/regional/mecklenburg-vorpommern/mecklenburg-vorpommern-news/mord-mit-ansage-stalker-erschlaegt-mutter-seines-opfers-mit-axt-74450180.bild.html (abgerufen am 19.05.2024)

243 https://www.sueddeutsche.de/muenchen/muenchen-au-weilerschule-lehrer-tochter-tot-1.5234378 (abgerufen am 10.07.2024). Die Detailinformationen wurden mit ausdrücklicher Genehmigung der Kindsmutter wiedergegeben.

244 https://www.tvo.de/neunjaehriger-in-kleinsendelbach-von-vater-getoetet-51-jaehriger-bekommt-lebenslaenglich-wegen-mord-553574/ abgerufen am 10.11.2024)

245 https://www.sueddeutsche.de/bayern/bamberg-mordprozess-forchheim-vater-sohn-1.5442439 (abgerufen am 10.11.2024)

246 https://www.bild.de/regional/ruhrgebiet/ruhrgebiet-aktuell/doppelmord-am-muttertag-zwei-kinder-4-5-in-essen-getoetet-76335022.bild.html (abgerufen am 10.07.2024)

247 https://www.bild.de/news/inland/news-inland/maedchen-mord-in-nrw-wieso-toetet-ein-vater-seine-toechter-76352248.bild.html (abgerufen am 10.11.2024)

248 https://www.hessenschau.de/panorama/vater-kam-zum-toeten-lebenslange-haft-fuer-mord-an-zwei-kindern-in-hanau-v5,hanau-vater-urteil-100.html (abgerufen am 08.08.2024)

249 https://www.hna.de/lokales/frankenberg/frankenau-ort117705/frau-in-frankenau-erstochen-prozess-gegen-19-jaehrigen-hat-begonnen-92586357.html (abgerufen am 10.11.2024)

250 https://www.hna.de/lokales/frankenberg/frankenau-ort117705/urteil-nach-mord-in-frankenau-19-jaehriger-muss-sieben-jahre-ins-gefaengnis-92724643.html (abgerufen am 20.05.2024)

251 https://www.hna.de/lokales/frankenberg/frankenau-ort117705/urteil-nach-mord-in-frankenau-19-jaehriger-muss-sieben-jahre-ins-gefaengnis-92724643.html (abgerufen am 10.11.2024)

252 https://www.ndr.de/nachrichten/niedersachsen/hannover_weser-leinegebiet/Tochter-Quecksilber-gespritzt-Vater-gesteht-vor-Gericht,quecksilber152.html (abgerufen am 10.11.2024)

253 https://www.braunschweiger-zeitung.de/niedersachsen/article242071550/Mordversuch-an-Kind-mit-Quecksilber-lange-Haftstrafen.html (abgerufen am 20.05.2024)

254 https://www.bild.de/regional/hannover/hannover-aktuell/vater-spritzte-seinem-kind-quecksilber-13-jahre-knast-fuer-giftanschlag-auf-toch-87832732.bild.html (abgerufen am 11.04.2024)

255 https://www.ndr.de/nachrichten/niedersachsen/oldenburg_ostfriesland/Vier-Menschen-in-Scheessel-und-Bothel-erschossen-Soldat-in-U-Haft,scheessel168.html (abgerufen am 16.05.2024)

256 https://www.haz.de/der-norden/scheessel-und-bothel-wie-florian-g-zum-todesschuetzen-wurde-DYLVRNGCAZE43JZTM7JQV2PL5E.html (abgerufen am 20.05.2024)

VIII. Anhang

257 https://www.zeit.de/2024/35/mordprozess-bundeswehrsoldat-familie-femizid (abgerufen am 18. August 2024)

258 https://www.berliner-zeitung.de/news/mann-wollte-schwaegerin-in-der-bundesallee-in-wilmersdorf-toeten-anklage-li.2265987 (abgerufen am 26.10.2024)

259 https://www.blick.ch/ausland/erste-spur-im-fall-valeriia-9-zu-taeter-ex-freund-der-mutter-verdaechtigt-id19841681.html (abgerufen am 07.08.2024)

260 PTSB (Posttraumatic Stress Disorder), englisch, entspricht der Posttraumatischen Belastungsstörung (PTBS).

261 „/s" enstpricht **„/sarcasm"** und drückt sehr verkürzt aus, dass eine Aussage **ironisch gemeint** ist.

262 BIPoC ist die Abkürzung für Black People, Indigenous People and People of Colour.

263 cis beschreibt die eigene Identifikation mit einem binären, d. h. männlichen oder weiblichen Geschlecht.

264 https://www.un.org/en/observances/ending-violence-against-women-day (abgerufen am 21.05.2024)

265 https://www.bmi.bund.de/SharedDocs/pressemitteilungen/DE/2024/05/bka-pmk-2023-pm.html (abgerufen am 21.05.2024)

266 Als INCEL (involuntary celibate men) bezeichnen sich sogenannte unfreiwillig zölibatäre Männer. Die Selbstausweisung stammt aus den U.S.A. und referenziert auf einen subjektiven, unerfüllten Anspruch auf heterosexuellen Sex. Die Kommunikation dieser Männer ist auffällig hasserfüllt und abwertend. INCELS verfolgen eine Ideologie von hegemonialer Männlichkeit, für die sie anteilig auch in rechten und rechtsradikalen Foren Beifall erheischen. Zwischen Massenmördern bzw. Amokläufern und INCELS gibt es weltweit eine signifikante Korrelation, der Norweger Anders Behring Breivik sei als exemplarisches Beispiel genannt.

267 https://www.landeszeitung.de/lokales/lueneburg-lk/lueneburg/zehn-jahre-haft-nach-attacke-mit-beil-KILYXYDUCYVNR4BUSTKXV6N2OQ.html (abgerufen am 25.08.2024)

268 https://anfdeutsch.com/frauen/celle-gedenkaktion-gegen-femizid-43317 (abgerufen am 25.08.2024)

269 https://www.igualdad.gob.es/comunicacion/notasprensa/espana-el-primer-pais-europa-feminicidios/ (abgerufen am 20.05.2024)

270 https://www.igualdad.gob.es/wp-content/uploads/NdeP_Feminicidios_201221.pdf (abgerufen am 20.05.2024)

271 https://www.igualdad.gob.es/comunicacion/notasprensa/el-ministerio-de-igualdad-condena-un-nuevo-asesinato-por-violencia-de-genero-en-girona-3/ (abgerufen am 27.06.2024)

272 https://www.hessenschau.de/panorama/toetungsdelikte-in-hessen-warum-polizei-und-staatsanwaltschaft-nicht-immer-informieren-v1,was-muss-die-polizei-mitteilen-100.html (abgerufen am 27.06.2024)

273 https://bnn.de/mittelbaden/rastatt/oetigheim/frau-in-otigheim-mit-schreckschusspistole-verletzt (abgerufen am 30.06.2024)

274 https://rm.coe.int/1680462535 (abgerufen am 11.11.2024)

275 https://violenciagenero.igualdad.gob.es/pactoEstado/InformeEvaluacion.htm (abgerufen am 22.05.2024)

276 https://www.deutschlandfunk.de/spanien-mit-gesetzen-gegen-haeusliche-gewalt-100.html (abgerufen am 22.05.2024)

277 https://www.zeit.de/news/2022-05/22/faeser-zu-haeuslicher-gewalt-femizide-nicht-verharmlosen (abgerufen am 20.05.2024)

278 https://uni-tuebingen.de/fakultaeten/juristische-fakultaet/forschung/institute-und-forschungsstellen/institut-fuer-kriminologie/forschung/gewaltkriminalitaet/femizide-in-deutschland/ (abgerufen am 22.05.2024)

279 https://kfn.de/blog/2022/02/femizide-umfassende-studie-zur-toetung-von-frauen-in-deutschland (abgerufen am 22.05.2024)

280 Springer, International Criminology, *Patterns of Female Homicide Victimization in Western Europe;* Marieke Liem (1), Pauline Aarten (1), Sven Granath (2), Janne Kivivuori (3), Aurélien Langlade (6), Keltoume Larchet (6), Nora Markwalder (4), Karoliina Suonpää (3), Asser Thomsen (5), Simone Walser (4) have contributed equally to this work, 29 May 2024; Institute of Security and Global Affairs, Leiden University, The Hague, The Netherlands, Swedish Policy Authority, Stockholm Region, Sweden Institute of Criminology and Legal Policy, University of Helsinki, Helsinki, Finland Institute for Criminal Law and Criminology, Universität St Gallen, St Gallen, Switzerland Department of Forensic Medicine, Aarhus University, Aarhus, Denmark Direction Nationale de la Police Judiciaire, Ministry of Interior, Nanterre, France

281 https://www.bmi.gv.at/bmi_documents/3033.pdf (abgerufen am 31.05.2024)

282 https://www.bundesgesundheitsministerium.de/fileadmin/user_upload/RKI_Gesundheitliche_Lage_der_Frauen_in_Deutschland_Screen.pdf (abgerufen am 23.05.2024)

283 https://rm.coe.int/1680462535 (abgerufen am 23.05.2024)

284 https://www.bmfsfj.de/resource/blob/94200/d0576c5a115baf675b5f75e7ab2d56b0/lebenssituation-sicherheit-und-gesundheit-von-frauen-in-deutschland-data.pdf (abgerufen am 23.05.2024)

285 https://www.bka.de/DE/UnsereAufgaben/Forschung/ForschungsprojekteUndErgebnisse/Dunkelfeldforschung/dunkelfeldforschung_node.html (abgerufen am 26.08.2024)

286 https://www.bka.de/DE/UnsereAufgaben/Forschung/ForschungsprojekteUndErgebnisse/Dunkelfeldforschung/LeSuBiA/Befragungsperson/befragungsperson_node.html (abgerufen am 26.08.2024)

287 https://www.bka.de/DE/UnsereAufgaben/Forschung/ForschungsprojekteUndErgebnisse/Dunkelfeldforschung/LeSuBiA/Befragungsperson/befragungsperson_node.html (abgerufen am 26.08.2024)

288 https://www.bka.de/DE/UnsereAufgaben/Forschung/ForschungsprojekteUndErgebnisse/Dunkelfeldforschung/LeSuBiA/Befragungsperson/befragungsperson_node.html (abgerufen am 26.08.2024)

289 Übers.: Fenster putzen.

290 https://suigeneris-verlag.ch/buecher/029, „Tötungsdelikte in der Schweiz von 1990 bis 2014", Simone Walser, Nora Markwalder, Martin Killias , sui generis, Herausgeber: Marc Thommen, 1. Auflage 19. September 2022 (abgerufen am 02.06.2024)

291 Im Bereich Opferschutz haben sich zwei unterschiedliche Ansätze etabliert, die eine Einschätzung dazu ermöglichen, wie hoch die Wiederholungsgefahr ist, die vom Täter ausgeht bzw. wie hoch das Gefährdungsrisiko eines Opfers von häuslicher Gewalt ist. Zum einen gibt es die sogenannten ODARA-Fragebögen (Ontario Domestic Assault Risk Assessment). Bei dem Prognoseinstrument soll über die Bewertung von 13 Fragen eine Trennschärfe zwischen Niedrigrisiko- und Hochrisiko-Tätern gezogen werden. Zur Bewertung abgefragt werden bspw. die Gewalthistorie des Täters, die Anzahl gemeinsamer Kinder, ggf. früherer Haftstrafen und/oder auch Substanzmissbrauch. Liegen der Polizei alle nötigen Informationen vor, beträgt die Bearbeitungsdauer nur wenige Minuten und auch die Zuordnung und Auswertung der Additionswerte nimmt nur einige Minuten in Anspruch: Sieben Kategorien bestimmen die Rückfallwahrscheinlichkeit. Das Danger Assessment (DA) verfolgt einen anderen Ansatz: es ist ein strukturiertes klinisches Instrument, das über die Beantwortung von 20 Fragen durch Selbstauskünfte und/oder Interviews die Frage, ob ein Femizid zu befürchten ist, klären soll. Abgefragt wird bspw. die Frequenz häuslicher Gewalttaten im vergangenen Jahr oder auch eine stufenweise Einschätzung zur Schwere der erlittenen Gewalterfahrung, von einer Ohrfeige bis zur Waffengewalt. Dabei werden die Fragen wahlweise der Kategorie Opfereigenschaften, Tätereigenschaften oder Schwere der Gewaltvorfälle zugeordnet und nach einem Punktesystem ausgewertet. Im Gegensatz zu ODARA, das überwiegend von den Polizeien genutzt wird, wird DA vor allem im Bereich des Hilfesystems, also innerhalb der Einrichtungen, die die Opfer unterstützen, genutzt.

292 Nach der elterlichen Trennung muss in sehr vielen Fällen eine gerichtliche Regelung, das gemeinsame Kind bzw. die gemeinsamen Kinder betreffend, herbeigeführt werden. Dem Bürgerlichen Gesetzbuch zufolge hat ein Kind das Recht auf Umgang mit jedem Elternteil sowie jedem Elternteil das Recht und die Pflicht gleichermaßen auf Umgang mit dem Kind obliegt. Als Wechselmodell oder auch Pendelmodell wird die Lösung bezeichnet, bei der das Kind nach der elterlichen Trennung in beiden Haushalten lebt – im Falle einer nahezu gleichen Zeitverteilung, spricht man vom paritätischen Wechselmodell.

293 https://www.zeit.de/news/2023-07/09/mehr-faelle-haeuslicher-gewalt-80-prozent-der-opfer-frauen (abgerufen am 24.05.2024)

294 https://www.polizei.sachsen.de/de/MI_2022_87115.htm (abgerufen am 24.05.2024)

295 https://www.zeit.de/news/2022-02/22/mann-soll-in-doebeln-seine-ehefrau-getoetet-haben (Abgerufen am 24.05.2024)

296 https://www.freiepresse.de/mittelsachsen/floeha/ehefrau-in-floeha-mit-kissen-erstickt-warum-der-mann-in-chemnitz-erneut-vor-gericht-muss-artikel13103904 (abgerufen am 24.05.2024)

297 https://medienservice.sachsen.de/medien/news/1043116 (abgerufen am 24.05.2024)

298 https://www.mdr.de/nachrichten/sachsen/chemnitz/chemnitz-stollberg/toetungsdelikt-mordkommission-polizei-verdaechtiger-ermittlungen-100.html (abgerufen am 24.05.2024)

299 https://medienservice.sachsen.de/medien/news/1056097 (abgerufen am 24.05.2024)

300 https://www.tag24.de/dresden/crime/frau-in-wohnung-umgebracht-junge-mutter-lag-tot-in-ihrem-blut-2639535 (abgerufen am 24.05.2024)

301 https://www.l-iz.de/leben/faelle-unfaelle/2023/05/frauenmord-in-leipziger-hotel-angeklagt-mitarbeiter-schildern-vor-gericht-beobachtungen-533187 (abgerufen am 24.05.2024)

302 https://www.mdr.de/nachrichten/sachsen/leipzig/leipzig-leipzig-land/urteil-mord-mann-prostituierte-hotel-100.html (abgerufen am 15.11.2024)

303 https://www.tag24.de/leipzig/totes-paar-in-leipziger-suedvorstadt-gefunden-mordkommission-ermittelt-2216819 (abgerufen am 11.06.2024)

304 https://www.bild.de/regional/dresden/dresden-aktuell/geiselnahme-in-dresden-satans-wahn-machte-ihn-zum-killer-82221762.bild.html (abgerufen am26.07.2024)

305 https://www.zeit.de/politik/deutschland/2022-12/dresden-geiselnahme-polizei-grosseinsatz (abgerufen am 26.07.2024)

306 https://www.medienservice.sachsen.de/medien/medienobjekte/586912 (abge-rufen am 24.05.2024)

307 https://rm.coe.int/1680462535 (abgerufen am 11.06.2024)

308 Der Erläuternde Bericht ergänzt den Gesetzestext der Istanbul-Konvention im Appendix um detaillierte Ein- und Zuordnungen.

309 https://rm.coe.int/1680462535 (abgerufen am 15.11.24)

310 https://www.bmj.de/DE/themen/gesellschaft_familie/kinder/sorge_umgangsrecht/sorge_umgangsrecht.html (abgerufen am 27.05.2024)

311 https://www.gesetze-im-internet.de/stpo/__206a.html (abgerufen am 30.05.2024)

312 https://www.deutschlandfunk.de/tod-von-petra-kelly-und-gert-bastian-zwei-leichen-viele-100.html (abgerufen am 30.05.2024)

313 https://portal.dnb.de/opac.htm?method=simpleSearch&cqlMode=true&query=idn%3D941029832 (abgerufen am 30.05.2024)

314 https://www.deutschlandfunk.de/tod-von-petra-kelly-und-gert-bastian-zwei-leichen-viele-100.html (abgerufen am 30.05.2024)

315 https://xity.de/lokal-news/nordrhein-westfalen/muenster/mord-an-freundin-waehrend-norwegen-tour-angeklagter-stirbt-in-untersuchungshaft/ (abgerufen am 30.05.2024)

316 Schreiben liegt der Herausgeberein im Original vor.

317 https://www.dnn.de/lokales/mittelsachsen/doebeln/doebeln-toetungsdelikt-in-wutzschwitz-tatverdaechtiger-tot-3IJBZ2ZJNNFUXDTVD2TFL5BBKE.html (abge-rufen am 27.92024)

318 https://www.polizei.bayern.de/aktuelles/pressemitteilungen/071997/index.html (abgerufen am 27.92024)

319 https://www.sueddeutsche.de/muenchen/muenchen-schwabing-leichen-wohnung-lux.3DG3w3M75eh692j3FiAXwU (abgerufen am 28.08.2024)

320 https://stazw.rlp.de/presse-aktuelles/detail/fund-von-zwei-toten-am-17062024-2 (abgerufen am 26.06.2024)

321 https://www.rbb24.de/panorama/beitrag/2024/06/berlin-wilmersdorf-frau-erstochen-tatverdaechtiger-tot-aufgefunden.html (abgerufen am 04.06.2024)

322 https://www.ffh.de/nachrichten/top-meldungen/402969-mann-soll-ehefrau-getoetet-haben-danach-in-haus-in-bad-homburg-gerast.html (abgerufen am 04.06.2024)

323 https://www.blick.ch/schweiz/mittelland/aargau/vermisste-aargauerin-tot-in-deutschland-aufgefunden-id19669127.html (abgerufen am 31.05.2024)

324 https://www.wn.de/muensterland/kreis-warendorf/ahlen/polizei-ermittelt-zwei-menschen-tot-auf-bauernhof-aufgefunden-2945796?&npg (abgerufen am 31.05.2024)

325 https://www.fraenkischertag.de/lokales/landkreis-coburg/blaulicht/mann-in-sonnefeld-toetet-seine-frau-und-bringt-sich-anschliessend-um-art-327022 (abgerufen am 31.05.2024)

326 http://juris.bundesgerichtshof.de/cgi-bin/rechtsprechung/document.py?Gericht=bgh&Art=en&nr=46065&pos=0&anz=1 (abgerufen am 31.05.2024)

327 https://www.djb.de/presse/pressemitteilungen/detail/st20-28 (abgerufen am 31.05.2024)

328 https://rm.coe.int/1680462535 (abgerufen am 31.05.2024)

329 https://www.noz.de/lokales/osnabrueck/artikel/totschlag-in-osnabrueck-angeklagter-fuehlte-sich-gekraenkt-47098342 (abgerufen am 30.05.2024)

330 https://rm.coe.int/1680462535 (abgerufen am 03.07.2024)

331 https://www.bka.de/SharedDocs/Downloads/DE/Publikationen/JahresberichteUndLagebilder/HaeuslicheGewalt/HaeuslicheGewalt2023.html?nn=219004 (abgerufen am 10.06.2024)

332 https://www.ndr.de/nachrichten/niedersachsen/oldenburg_ostfriesland/Schwester-mit-Messer-getoetet-24-Jaehriger-muss-lebenslang-in-Haft,aktuelloldenburg15858.html (abgerufen am 06.06.2024)

333 https://rm.coe.int/1680462535 (abgerufen am 31.05.2024)

334 Drucksache 20/366.

335 https://dserver.bundestag.de/btd/20/003/2000366.pdf (abgerufen am 28.08.2024)

336 PTBS, Posttraumatische Belastungsstörung.

337 https://www.nctsn.org/what-is-child-trauma/trauma-types/intimate-partner-violence/effects (abgerufen am 03.06.2024)

338 Das NCTSN in Los Angeles, Kalifornien, U.S.A., wird vom Center for Mental Health Services (CMHS), Substance Abuse and Mental Health Services Administration (SAMHSA) sowie dem U.S. Department of Health and Human Services finanziert und gemeinsam von der University of California (UCLA) und der Duke University koordiniert.

339 https://apps.who.int/violence-info/intimate-partner-violence/ (abgerufen am 05.06.2024)

340 https://link.springer.com/epdf/10.1007/s00103-019-03005-w?shared_access_token=K3HbgG36yBNwzi1LztJJ4Pe4RwlQNchNByi7wbcMAY6UdYO57XIsqEiddp_e8vK5jERhog8uM3bi5NUi3iZNbV5oKyDjoQ0gZyy8ESyb9yspkrFVF-l0HcRphQXCfsyhFD4rlLYz1C9amTol6KVEUA%3D%3D (abgerufen am 04.06.2024)

341 https://www.youtube.com/watch?v=o1Sm-3a3lmU (abgerufen am 03.06.2024)

342 Der psychologische Begriff „Gaslighting" geht auf das Theaterstück „Gas Light" von Patrick Hamilton aus dem Jahr 1938 zurück: Ein Ehemann versucht seine Frau systematisch in den Wahnsinn zu treiben, u. a. indem er die wechselnde Helligkeit einer von ihm selbst manipulierten Gaslaterne leugnet und auch damit dafür sorgt, dass sie ihrer eigenen Wahrnehmung zunehmend weniger vertraut. Ganz typisch für Gaslighting sind Sätze wie: „Das hast Du missverstanden", „ist nie passiert", „redest Du Dir ein", „Du hattest schon immer eine wilde Fantasie".

343 https://www.fr.de/panorama/konvention-gewalt-gegen-frauen-haeusliche-gewalt-menschenrechte-frauenhaus-istanbul-zr-92885811.html (abgerufen am 11.06.2024)

344 https://www.ndr.de/nachrichten/hamburg/Hamburg-Ex-Frau-sagt-in-Prozess-gegen-Flughafen-Geiselnehmer-aus,flughafen3102.html (abgerufen am 05.06.2024)

345 https://bremen-sagt-nein.de/ (abgerufen am 04.07.2024)

346 https://www.lpr.sachsen.de/landesaktionsplan-6810.html (abgerufen am 04.07.2024)

347 https://www.lpr.sachsen.de/ag-5555.html?_cp=%7B%22accordion-content-4572%22%3A%7B%220%22%3Atrue%2C%221%22%3Atrue%7D%2C%22previousOpen%22%3A%7B%22group%22%3A%22accordion-content-4572%22%2C%22idx%22%3A1%7D%7D (abgerufen am 04.07.2024)

348 https://www.maennergewaltschutz.de/mitteilungen-netzwerkpartnerinnen/bestandsaufnahme-istanbul-konvention-maenner/ (abgerufen am 04.07.2024)

349 Die entsprechende Mail liegt der Herausgeberin im Original vor.

350 https://www.maennergewaltschutz.de/neuigkeiten/pm-beziehungsgewalt-maenner-opfer/ (abgerufen am 04.07.2024)

351 https://www.lpr.sachsen.de/download/LAP_IK.pdf (abgerufen am 03.09.2024)

352 https://www.presseportal.de/blaulicht/pm/43738/5875020 (abgerufen am 28.09.2024)

353 https://www.bild.de/regional/schleswig-holstein/schleswig-holstein-hinrichtung-mord-opfer-auf-waldweg-gefunden-66f7cdb26a7a1c0cabe40c8b (abgerufen am 28.09.2024)

354 https://www.t-online.de/nachrichten/panorama/kriminalitaet/id_100500318/idar-oberstein-mann-schleudert-frauenleiche-abhang-hinunter.html (abgerufen am 30.09.2024); https://www.bild.de/regional/rheinland-pfalz/leiche-in-idar-oberstein-bekannter-gesteht-junge-mutter-getoetet-zu-haben-66fa879879629e3eb0e7ea43

VIII. Anhang

355 https://www.faz.net/aktuell/gesellschaft/kriminalitaet/rostock-mann-springt-mit-baby-aus-haus-mutter-ausser-lebensgefahr-110122827.html (abgerufen am 24.11.2024). Die Information zum Tod des kleinen Mädchens durch die Staatsanwaltschaft Rostock liegt der Herausgeberin im Original vor.

356 https://www.rnd.de/politik/mord-an-tochter-trauernde-mutter-der-getoeteten-constanze-k-im-interview-55ACLRG3PFALNF3ELLKOQWD45Q.html (abgerufen am 23.07.2024)

357 https://www.bild.de/regional/duesseldorf/duesseldorf-aktuell/urteil-in-duesseldorf-dsds-killer-muss-fuer-mord-an-ex-freundin-lebenslang-hinte-66467134.bild.html (abgerufen am 23.07.2024)

358 https://www.fnp.de/lokales/wiesbaden/wiesbaden-schuesse-innenstadt-femizid-ehe-familie-zwei-tote-schwerverletzte-polizei-zr-90186884.html (abgerufen am 09.07.2024)

359 https://www.presseportal.de/blaulicht/pm/47769/4851761 (abgerufen am 10.07.2024)

360 https://www.bild.de/regional/frankfurt/frankfurt-aktuell/ex-in-u-haft-frau-40-stirbt-nach-messer-attacke-auf-der-autobahn-79521278.bild.html(abgerufen am 25.07.2024)

361 https://www.ffh.de/nachrichten/top-meldungen/333945-ehefrau-auf-a661-bei-frankfurt-erstochen-anklage-gegen-41-jaehrigen.html (abgerufen am 25.07.2024)

362 https://www.bild.de/regional/frankfurt/frankfurt-aktuell/frankfurt-aleksandar-s-41-erstach-frau-lebenslang-fuer-pannenstreifen-moerder-83134560.bild.html (abgerufen am 25.07.2024)

363 https://www.1730live.de/frau-auf-standstreifen-erstochen-prozessauftakt-in-frankfurt/ (abgerufen am 25.07.2024)

364 https://www.rbb24.de/panorama/beitrag/2024/01/brandenburg-a9-getoetete-lehrerin-prozess-fortgesetzt.html (abgerufen am 09.07.2024)

365 https://www.maz-online.de/brandenburg/lehrerin-auf-a9-erschossen-angeklagter-ex-partner-spricht-mit-psychiaterin-J2GN565JQFESNALUB2YJIKPHGE.html (abgerufen am 14.08.2024); https://www.tagesspiegel.de/potsdam/brandenburg/prozess-nach-mord-an-lehrerin-er-wunscht-mir-einen-todlichen-unfall-auf-der-autobahn-11223421.html (abgerufen am 09.07.2024)

366 https://www.maz-online.de/brandenburg/lehrerin-auf-a9-erschossen-angeklagter-ex-partner-spricht-mit-psychiaterin-J2GN565JQFESNALUB2YJIKPHGE.html (abgerufen am 14.08.2024)

367 https://www.rbb24.de/panorama/beitrag/2024/09/brandenburg-prozess-gericht-potsdam-mord-tatwaffe-beweise-a9-standstreifen-beelitz-brueck-exfreund.html (abgerufen am 14.09.2024); https://www.rbb24.de/panorama/beitrag/2024/09/a9-erschossene-lehrerin-prozess-plaedoyers-staatsanwaltschaft-verteidigung-freispruch.html (abgerufen am 14.09.2024)

368 https://www.faz.net/agenturmeldungen/dpa/erschossene-lehrerin-hoechststrafen-fuer-beide-angeklagte-19997409.html (abgerufen am 20.09.2024)

369 https://www.bild.de/regional/muenchen/muenchen-aktuell/messer-mord-von-sauerlach-warum-musste-lena-19-so-jung-sterben-84119162.bild.html (abgerufen am 25.07.2024)

370   https://www.n-tv.de/regionales/nordrhein-westfalen/Junge-Frau-stirbt-nach-Verbrechen-20-Jaehriger-festgenommen-article24496132.html (abgerufen am 09.07.2024)

371   https://www.nw.de/lokal/bielefeld/mitte/23849096_Rettungssanitaeterin-in-Bielefeld-getoetet-Sachverstaendiger-schildert-schockierende-Details.html (abgerufen am 09.07.2024)

372   https://www.fr.de/rhein-main/kreis-gross-gerau/moerfelden-walldorf-ort799239/supermarkt-aldi-moerfelden-walldorf-frankfurt-schuesse-markt-92777509.html

373   https://www.bild.de/bild-plus/regional/frankfurt/frankfurt-aktuell/aldi-kassiererin-38-hatte-angst-vor-stalker-ex-freund-der-kommt-und-bringt-mich-86784074.bild.html (abgerufen am 09.07.2024)

374   https://www.br.de/nachrichten/bayern/angriff-mit-schusswaffe-person-lebensgefaehrlich-verletzt,UBJg6ZK (abgerufen am 09.07.2024)

375   https://www.polizei.bayern.de/aktuelles/pressemitteilungen/066381/index.html (abgerufen am 21.07.2024)

376   https://www.ndr.de/nachrichten/niedersachsen/oldenburg_ostfriesland/Messerangriff-in-Verden-Frau-in-Klinik-Verdaechtiger-in-U-Haft,verden786.html (abgerufen am 09.07.2024)

377   https://www.wa.de/nordrhein-westfalen/frau-messerattacke-langenfeld-nrw-polizei-fahndung-ehemann-festnahme-lebensgefahr-93051231.html (abgerufen am 09.07.2024)

378   https://www.t-online.de/region/duesseldorf/id_100534416/landgericht-duesseldorf-teilgestaendnis-im-prozess-um-mordauftrag-an-ehefrau.html

379   https://www.presseportal.de/blaulicht/pm/68437/5796871 (abgerufen am 09.07.2024)

380   https://www.br.de/nachrichten/bayern/messerangriff-in-hersbruck-mann-attackiert-ehefrau-und-tochter,Ulz25aG (abgerufen am 21.07.2024); https://www.bild.de/regional/nuernberg/hersbruck-ehemann-sticht-mit-messer-mutter-und-tochter-nieder-669a02174b9ee64d3870b392 (abgerufen am 19.07.2024)

381   https://www.rbb24.de/panorama/beitrag/2024/08/berlin-kriminalitaet-zehlendorf-frau-erstochen.html (abgerufen am 29.08.2024)

382   https://www.berliner-zeitung.de/news/berlin-zehlendorf-frau-bei-messerattacke-getoetet-mann-festgenommen-li.2249059 (abgerufen am 29.08.2024)

383   https://www.welt.de/vermischtes/article253243820/Berlin-Frau-36-stirbt-nach-Messerangriff-Staatsanwaltschaft-spricht-von-Ehrenmord.html (abgerufen am 29.08.2024)

384   https://x.com/Djeron7/status/1829037946130809128 (abgerufen am 21.11.2024)

385   https://www.bundesregierung.de/breg-de/themen/75-jahre-grundgesetz/artikel-2-gg-2267590 (abgerufen am 09.07.2024)

386   https://rm.coe.int/1680462535 (abgerufen am 09.07.2024)

387   https://www.bild.de/bild-plus/news/inland/news/schwangere-mit-durchschnittener-kehle-im-laub-gefunden-juvy-ann-musste-sterben-w-74923484.bild.html (abgerufen am 09.07.2024)

388 https://www.bild.de/regional/ruhrgebiet/ruhrgebiet-aktuell/ex-freund-in-u-haft-in-diesem-laubhaufen-begrub-der-killer-eine-schwangere-74915794.bild.html (abgerufen am 09.07.2024)

389 *Westfälischer Anzeiger Verlagsgesellschaft mbH & Co. KG*

390 https://www.wa.de/hamm/urteil-gegen-messerstecher-aus-bergkamen-schwangere-freundin-in-hamm-getoetet-91139458.html (abgerufen am 09.07.2024)

391 https://www.wa.de/hamm/urteil-gegen-messerstecher-aus-bergkamen-schwangere-freundin-in-hamm-getoetet-91139458.html (abgerufen am 09.07.2024)

392 https://www.gesetze-im-internet.de/stgb/__57.html (abgerufen am 03.07.2024)

393 https://www.nn.de/region/pegnitz/mord-einer-18-jahrigen-im-landkreis-bayreuth-es-gibt-erste-ermittlungsergebnisse-1.14279146 (abgerufen am 12.06.2024)

394 https://www.bild.de/regional/bayern/bayreuth-rebeccas-killer-hatte-todes-checkliste-670b6c6b2de6a20c12808a9a

395 https://www.traunsteiner-tagblatt.de/region/nachrichten-aus-bayern_artikel,-absoluter-vernichtungswille-beim-mord-an-expartnerin-_arid,907306.html (abgerufen am 09.11.2024)

396 https://www.schwaebische.de/regional/ulm-alb-donau/ulm/nach-wuergeattacke-im-dezember-anklage-gegen-15-jaehrigen-erhoben-2432252 (abgerufen am 12.06.2024)

397 https://www.swr.de/swraktuell/baden-wuerttemberg/ulm/urteil-prozess-totschlag-15-jaehriger-ulm-wiblingen-100.html (abgerufen am 21.11.2024)

398 https://www.nn.de/region/pegnitz/mord-einer-18-jahrigen-im-landkreis-bayreuth-es-gibt-erste-ermittlungsergebnisse-1.14279146 (abgerufen am 12.06.2024)

399 https://www.bild.de/regional/hannover/ex-freundin-nach-liebes-aus-erstochen-elf-jahre-knast-fuer-killer-von-leonie-665eea8d5cfff230440f8ad8 (abgerufen am 27.11.2024)

400 https://www.bild.de/regional/hannover/ex-freundin-nach-liebes-aus-erstochen-elf-jahre-knast-fuer-killer-von-leonie-665eea8d5cfff230440f8ad8 (abgerufen am 21.11.2024)

401 https://www.nn.de/region/pegnitz/mord-einer-18-jahrigen-im-landkreis-bayreuth-es-gibt-erste-ermittlungsergebnisse-1.14279146 (abgerufen am 12.06.2024)

402 https://www.mopo.de/im-norden/kiel/toedlicher-stich-gegen-ex-freundin-fuenf-jahre-jugendstrafe/ (abgerufen am 22.07.2024)

403 https://www.focus.de/panorama/welt/echte-mordlust-muenchner-erstach-seine-14-jaehrige-freundin-im-schlaf-urteil-gefallen_id_128250295.html (abgerufen am 12.06.2024)

404 https://tirol.orf.at/stories/3158640/ (abgerufen am 12.06.2024)

405 https://www.tagesschau.de/inland/regional/sachsen/mdr-gewalt-in-teenagerbeziehungen-nimmt-zu-100.html (abgerufen am 12.06.2024)

406 https://www.plan.de/magazin/artikel/aktuelles/plan-umfrage-junge-maenner-heute-rollenbild-von-gestern.html?sc=IDQ24100 (abgerufen am 12.06.2024)

407 National Teen Dating Violence Awareness and Prevention Month – Monat des Bewusstseins für und der Prävention von Gewalt bei Verabredungen mit Jugendlichen.

408 https://ovsjg.dc.gov/page/february-teen-dating-violence-awareness-and-prevention-month-0 (abgerufen am 12.06.2024)

409 https://jbws.org/wp-content/uploads/2024/01/TDVAM-toolkit-2024.-Final.pdf (abgerufen am 12.06.2024)

410 https://www.respondinc.org/wp-content/uploads/2019/01/TDV-Parent-Packet-1.pdf (abgerufen am 12.06.2024)

411 https://www.acf.hhs.gov/ofvps/teen-dating-violence-awareness-month-tdvam (abgerufen am 12.06.2024)

412 https://www.whitehouse.gov/briefing-room/presidential-actions/2024/01/31/a-proclamation-on-national-teen-dating-violence-awareness-and-prevention-month-2024/ (abgerufen am 12.06.2024)

413 https://www.whitehouse.gov/briefing-room/presidential-actions/2023/01/31/a-proclamation-on-national-teen-dating-violence-awareness-and-prevention-month-2023/ (abgerufen am 12.06.2024)

414 https://www.bild.de/regional/baden-wuerttemberg/schwaebisch-gmuend-frau-in-wohnung-umgebracht-festnahmen-666f83ab3749934428aad474 (abgerufen am 23.07.2024)

415 https://www.bild.de/news/drei-menschen-tot-mann-28-toetet-familie-665d72c291ade866c1ebc4dd (abgerufen am 23.07.2024)

416 https://www.nwzonline.de/blaulicht/prozess-in-oldenburg-toetung-von-patientin-in-karl-jaspers-klinik-mann-muss-in-psychiatrie_a_4,1,2982112700.html

417 https://www.presseportal.de/blaulicht/pm/13248/5772593 (abgerufen am 23.07.2024); https://rp-online.de/nrw/staedte/duesseldorf/duesseldorf-mann-erstach-mutter-im-wahn-prozess-am-landgericht_aid-119907435

418 https://www.zeit.de/news/2024-09/13/71-jaehrige-erstickt-ehemann-in-dresden-angeklagt

419 https://www.wa.de/hamm/pelkum-ort370530/frau-in-wohnung-gefesselt-und-beraubt-es-war-der-boese-nachbar-93059512.html (abgerufen am 23.07.2023)

420 https://www.bild.de/news/ausland/bluttat-in-der-tuerkei-enkel-toetet-oma-84-im-urlaub-6623c42017584702c4ae572a (abgerufen am 05.06.2024)

421 https://brachinaimagepress.de/frau-in-brechen-getoetet (abgerufen am 23.07.2024)

422 https://www.swr.de/swraktuell/baden-wuerttemberg/karlsruhe/urteil-gegen-angeklagten-sohn-waldbronn-prozess-100.html

423 https://www.bild.de/news/inland/news-inland/leichenfund-in-ahlen-ehepaar-tot-auf-bauernhof-gefunden-87653154.bild.html (abgerufen am 30.06.2024); https://www1.wdr.de/nachrichten/westfalen-lippe/zwei-tote-ahlen-mordkommission-100.html

424 https://www.presseportal.de/blaulicht/pm/11187/5723436 (abgerufen am 23.07.2024)

VIII. Anhang

425 https://www.n-tv.de/regionales/rheinland-pfalz-und-saarland/66-jaehrige-Frau-bei-Alzey-getoetet-article24750036.html (abgerufen am 30.06.2024)

426 https://www.bild.de/regional/saarland/saarland-news/saarlouis-seniorin-wurde-erstochen-87083254.bild.html?t_ref=https%3A%2F%2Fwww.google.com%2F (abgerufen am 30.06.2024)

427 https://www.presseportal.de/blaulicht/pm/104233/5747888 (abgerufen am 3.07.2024)

428 https://www.hessenschau.de/panorama/84-jaehrige-in-alheim-getoetet---lebensgefaehrte-festgenommen-v3,alheim-toetungsdelikt-festnahme-100.html (abgerufen am 30.06.2024); https://www.hessenschau.de/panorama/am-landgericht-fulda-mordprozess-nach-messer-attacke-in-alheim-gestartet-v1,kurz-mord-prozess-fulda-100.html

429 https://www.tag24.de/justiz/polizei/zwei-leichen-entdeckt-ehemann-soll-seine-frau-und-sich-selbst-getoetet-haben-3058972 (abgerufen am 30.06.2024)

430 https://www.merkur.de/lokales/muenchen-lk/unterhaching-ort29619/unterhaching-ehepaar-liegt-erschossen-in-wohnungen-polizei-spricht-von-tragischer-sache-92765921.html (abgerufen am 30.06.2024)

431 https://www.nordbayern.de/franken/mord-nach-33-jahren-ehe-holle-wurzburger-vor-gericht-1.1676101 (abgerufen am 01.07.2024)

432 https://www.bild.de/regional/muenchen/mord/opa-toetet-oma-mit-messer-und-hammer-21182362.bild.html (abgerufen am 01.07.2024)

433 https://www.nordbayern.de/franken/mord-nach-33-jahren-ehe-holle-wurzburger-vor-gericht-1.1676101 (abgerufen am 01.07.2024)

434 https://www.express.de/panorama/rentner-toetet-frau-nach-70-ehejahren-aus-verzweiflung-urteil-gefaellt-22727 (abgerufen am 01.07.2024)

435 https://www.mainpost.de/regional/main-spessart/nach-prozess-grosse-solidaritaet-mit-dem-rentner-der-seine-frau-toetete-art-10528152 (abgerufen am 01.07.2024)

436 https://www.merkur.de/welt/92-jaehriger-erstickt-kranke-frau-aus-liebe-zr-90097760.html (abgerufen am 01.07.2024)

437 https://www.express.de/panorama/rentner-toetet-frau-nach-70-ehejahren-aus-verzweiflung-urteil-gefaellt-22727 (abgerufen am 01.07.2024)

438 https://www.bild.de/regional/nuernberg/nuernberg-news/demente-frau-91-aus-liebe-erstickt-bewaehrungsstrafe-fuer-rentner-92-73899844.bild.html (abgerufen am 01.07.2024)

439 https://www.sueddeutsche.de/bayern/bayern-spendenaktion-schuldspruch-holler-1.5146181?reduced=true (abgerufen am 01.07.2024)

440 https://www.come-on.de/lennetal/balve/jetzt-hat-sie-keine-schmerzen-mehr-rentner-aus-balve-erstickt-ehefrau-mit-einem-kissen-92020462.html (abgerufen am 01.07.2024)

441 https://www.wp.de/staedte/balve/article237056979/Ehefrau-in-Beckum-erstickt-Toetungsverdacht-erhaertet.html (abgerufen am 01.07.2024)

442 https://www.come-on.de/lennetal/balve/jetzt-hat-sie-keine-schmerzen-mehr-rentner-aus-balve-erstickt-ehefrau-mit-einem-kissen-92020462.html (abgerufen am 02.07.2024)

443 https://www.saechsische.de/panorama/floeha-bgh-hebt-urteil-auf-senior-muss-nach-toetung-von-ehefrau-erneut-vor-gericht-XAWRKLE3M6BNYXGCWW6GFF3INQ.html; https://www.bundesgerichtshof.de/SharedDocs/Pressemitteilungen/DE/2023/2023179.html

444 https://www.tagesspiegel.de/berlin/ehefrau-in-berlin-mit-kissen-erstickt-senior-muss-nach-verzweiflungstat-nicht-ins-gefangnis-9343415.html (abgerufen am 02.07.2024)

445 https://www.berliner-zeitung.de/mensch-metropole/berlin-gestaendnis-prozess-am-landgericht-sie-war-die-liebe-seines-lebens-78-jaehriger-erstickte-schwer-kranke-ehefrau-li.315680 (abgerufen am 02.07.2024)

446 https://www.spiegel.de/panorama/justiz/berlin-senior-toetet-ehefrau-aus-ueberforderung-bewaehrungsstrafe-a-0d0b3f30-3e5b-401b-94dd-cb31bccfa84b (abgerufen am 02.07.2024)

447 https://www.bild.de/regional/bremen/bremen-aktuell/nach-der-tat-waehlte-er-den-notruf-mann-73-gesteht-ich-habe-meine-frau-erschlage-85093490.bild.html (abgerufen am 03.07.2024)

448 https://www.hessenschau.de/panorama/80-jaehriger-in-wiesbaden-wegen-toetung-seiner-bettlaegerigen-frau-zu-haftstrafe-verurteilt-v1,urteil-ehefrau-getoetet-100.html (abgerufen am 18.07.2024)

449 https://www.bild.de/regional/leipzig/leipzig-news/mord-bei-leipzig-milde-strafe-mann-erschlaegt-ehefrau-im-schlaf-mit-hammer-86737184.bild.html (abgerufen am 01.07.2024)

450 https://www.bild.de/regional/leipzig/leipzig-news/leipzig-rentner-soll-ehefrau-mit-23-hammerschlaegen-getoetet-haben-86446138.bild.html (abgerufen am 01.07.2024)

451 https://rp-online.de/nrw/staedte/nettetal/totschlag-prozess-um-erwuergte-ehefrau-in-nettetal-ehemann-schildert-martyrium_aid-113610847 (abgerufen am 04.08.2024)

452 https://www1.wdr.de/nachrichten/rheinland/Urteil-totschlag-vier-jahre-haft-erwuergte-ehefrau-nettetal100.html (abgerufen am 04.08.2024)

453 https://www.tag24.de/nachrichten/regionales/sachsen/familientragoedie-in-sachsen-schlimmer-verdacht-toetete-der-rentner-85-aus-purer-verzweiflung-2944038 (abgerufen am 23.07.2024)

454 https://www.schwaebische.de/regional/bodensee/friedrichshafen/mutmassliches-toetungsdelikt-in-ittenhausen-es-ist-fuer-uns-unbegreiflich-1950858 (abgerufen am 18.07.2024)

455 https://www.swr.de/swraktuell/baden-wuerttemberg/friedrichshafen/84-jaehriger-mann-wegen-mordes-vom-landgericht-ravensburg-verurteilt-100.html

456 https://www.bild.de/regional/hamburg/hamburg-aktuell/tragoedie-beim-fruehstueck-greis-80-sticht-gattin-80-nieder-85997614.bild.html (abgerufen am 03.07.2024)

457 https://www.abendblatt.de/region/pinneberg/article239958632/Ehedrama-in-Elmshorn-Stach-Senior-80-aus-Verzweiflung-zu.html (abgerufen am 03.07.2024)

VIII. Anhang

458 https://www.abendblatt.de/region/pinneberg/article239958632/Ehedrama-in-Elmshorn-Stach-Senior-80-aus-Verzweiflung-zu.html (abgerufen am 15.07.2024)

459 Das entsprechende Schreiben der Staatsanwaltschaft Itzehoe liegt der Herausgeberin im Original vor.

460 https://www.bild.de/regional/duesseldorf/duesseldorf-aktuell/duesseldorf-mann-89-erstach-seine-frau-nach-affaere-gestaendnis-87864832.bild.html (abgerufen am 03.07.2024)

461 https://www.bild.de/regional/duesseldorf/duesseldorf-aktuell/duesseldorf-mann-89-erstach-seine-frau-nach-affaere-gestaendnis-87864832.bild.html (abgerufen am 03.07.2024)

462 https://www.bz-berlin.de/polizei/menschen-vor-gericht/frau-tot-prozess (abgerufen am 14.07.2024)

463 https://www.berlin.de/generalstaatsanwaltschaft/presse/pressemitteilungen/2024/pressemitteilung.1433620.php (abgerufen am 09.07.2024)

464 https://www.berliner-zeitung.de/mensch-metropole/pflegebeduerftige-in-berlin-getoetet-eine-letzte-zigarette-dann-erschlug-axel-l-seine-frau-li.2231708 (abgerufen am 09.07.2024)

465 https://www.bz-berlin.de/polizei/menschen-vor-gericht/frau-tot-prozess (abgerufen am 14.07.2024)

466 https://www.mt.de/weltnews/panorama/Mord-an-pflegebeduerftiger-Frau-Neun-Jahre-Haft-fuer-Rentner-23897398.html (abgerufen am 12.07.2024)

467 https://www.abendblatt.de/hamburg/harburg/article406932461/mord-hamburg-reihenhaus-rentner-frau.html (abgerufen am 02.08.2024)

468 https://www.morgenpost.de/vermischtes/article230884586/Verzweifelt-im-Alter-Mann-92-erstickt-Ehefrau-aus-Liebe.html (abgerufen am 03.07.2024)

469 https://www.spiegel.de/panorama/justiz/berlin-senior-toetet-ehefrau-aus-ueberforderung-bewaehrungsstrafe-a-0d0b3f30-3e5b-401b-94dd-cb31bccfa84b (abgerufen am 03.07.2024)

470 https://www.faz.net/aktuell/gesellschaft/ungluecke/drei-jahre-haft-fuer-senior-wegen-totschlags-an-pflegebeduerftiger-frau-16863576.html (abgerufen am 03.07.2024)

471 https://www.wp.de/staedte/balve/article236348261/Drama-in-Beckum-70-Jaehrige-soll-Frau-getoetet-haben.html (abgerufen am 03.07.2024)

472 https://rm.coe.int/report-on-germany-for-publication/1680a86937 (abgerufen am 03.07.2024)

473 https://www.bundestag.de/resource/blob/1001942/0b6219de6914728ea029e1e0ead2e63a/WD-8-011-24-pdf.pdf (abgerufen am 08.07.2024)

474 https://www.bild.de/regional/ruhrgebiet/ruhrgebiet-aktuell/essen-krefeld-zweifacher-frauen-moerder-michael-s-verurteilt-74482800.bild.html (abgerufen am 16.07.2024)

475 https://rp-online.de/nrw/staedte/krefeld/frauenleiche-aus-krefelder-keller-ist-die-vermisste-gelsenkirchenerin-anna-s_aid-67168595 (abgerufen am 15.07.2024)

476 https://www1.wdr.de/lokalzeit/verbrechen/mordorteyoutube/doppelmord-espelkamp-familiendrama-100.html (abgerufen am 12.07.2024)

477 https://www.nw.de/lokal/kreis_minden_luebbecke/espelkamp/23230534_Hinrichtung-Lebenslange-Haft-fuer-Espelkamper-Doppelmoerder.html (abgerufen am 12.07.2024)

478 https://www.spiegel.de/panorama/justiz/doppelmord-in-espelkamp-angeklagter-zu-lebenslanger-haftstrafe-verurteilt-a-f93feadc-7dff-4a4b-b6fc-801aa4d96f07 (abgerufen am 12.07.2024)

479 https://www.morgenpost.de/bezirke/pankow/article239762633/Klassischer-Femizid-Lebenslange-Haft-fuer-Gul-A.html (abgerufen am 22.07.2024)

480 https://www.morgenpost.de/bezirke/pankow/article239762633/Klassischer-Femizid-Lebenslange-Haft-fuer-Gul-A.html (abgerufen am 22.07.2024)

481 https://www.morgenpost.de/bezirke/pankow/article239762633/Klassischer-Femizid-Lebenslange-Haft-fuer-Gul-A.html(abgerufen am 22.07.2024)

482 https://www.ludwigshafen24.de/region/messerstiche-speyer-frau-freund-bluttat-landgericht-frankenthal-prozess-urteil-91926104.html (abgerufen am 19.07.2024)

483 https://www.bild.de/regional/frankfurt/frankfurt-aktuell/6-jahre-haft-fuer-weihnachtsmarkt-killer-freundin-mit-50-messerstichen-getoetet-84854834.bild.html (abgerufen am 19.07.2024)

484 https://www.swr.de/swraktuell/rheinland-pfalz/ludwigshafen/frau-mit-50-messerstichen-in-speyer-getoetet-urteil-erwartet-100.html (abgerufen am 19.07.2024)

485 https://www.bild.de/regional/hamburg/hamburg-aktuell/mann-erschiesst-frau-zuendet-ihr-auto-an-und-richtet-sich-selbst-84908710.bild.html (abgerufen am 18. Juli 2024)

486 https://www.rheinpfalz.de/lokal/kaiserslautern_artikel,-prozessauftakt-80-j%C3%A4hrige-im-uniwohngebiet-mit-75-messerstichen-get%C3%B6tet-_arid,5597832.html (abgerufen am 18. Juli 2024)

487 https://www.wp.de/staedte/siegerland/article242434430/Siegen-Mord-an-23-Jaehriger-Kopf-war-praktisch-abgetrennt.html (abgerufen am 30.05.2024)

488 https://www.radiokw.de/artikel/anklage-nach-mord-in-huenxe-drevenack-erhoben-2016498.html (abgerufen am 18.07.2024); https://anfdeutsch.com/aktuelles/femizid-im-kreis-wesel-ezidin-in-ladenlokal-erstochen-41156 (abgerufen am 18.7.2024)

489 https://www.bild.de/regional/koeln/mord-in-bonn-tote-jennifer-lag-zwei-monate-in-badewanne-671e19238f9b8c158219d3f6 (abgerufen am 29.10.2024)

490 https://www.faz.net/aktuell/rhein-main/prozess-um-mord-an-lebensgefaehrtin-in-offenbach-110065218.html (abgerufen am 28.10.2024)

491 https://www.faz.net/aktuell/rhein-main/mit-baseballschlaeger-getoetet-lebenslang-fuer-brutalen-mord-an-frau-in-offenbach-110080955.html

492 https://www.mdr.de/nachrichten/sachsen/chemnitz/vogtland/mord-prozess-landgericht-zwickau-plauen-100.html (abgerufen am 08.08.2024)

493 https://www.mdr.de/nachrichten/sachsen/chemnitz/zwickau/haft-strafe-armbrust-moerder-ehefrau-femizid-100.html (abgerufen am 25.08.2024)

494   https://www.abendzeitung-muenchen.de/muenchen/englschalking-mann-wuergt-frau-nach-angriff-zu-tode-art-560194 (abgerufen am 24.07.2024)

495   https://www.infranken.de/bayern/muenchen-mann-toetet-seine-partnerin-vor-gericht-fordert-er-eine-entschaedigung-art-5899826 (abgerufen am 24.07.2024); https://rsw.beck.de/aktuell/daily/meldung/detail/sg-muenchen-S31VG2623-keine-opferentschaedigung-taeter-faehrlaessige-toetung-notwehr (abgerufen am 24.07.2024)

496   https://www.br.de/nachrichten/bayern/verurteilung-wegen-doppelmordes-an-kindern-revision-beantragt,SYWbUcN (abgerufen am 10.08.2024)

497   https://www.br.de/nachrichten/bayern/prozess-um-getoetete-kinder-mutter-berichtet-von-schlaegen,SU4MZnY (abgerufen am 10.08.2024)

498   https://www.bild.de/regional/muenchen/muenchen-aktuell/rache-an-der-ex-er-verkleidete-sich-als-polizist-und-toetete-seine-kinder-75993116.bild.html (abgerufen am 10.08.2024)

499   https://www.tagesspiegel.de/potsdam/landeshauptstadt/in-gefahr-geraten-7971931.html (abgerufen am 14.08.2024)

500   https://www.maz-online.de/lokales/potsdam/angeklagter-ueber-sein-opfer-sie-hat-mich-kaputt-gemacht-IDPM24VVGZZKHPW7FUC6OSY4W4.html abgerufen am 14.08.2024)

501   https://www.bild.de/regional/stuttgart/stuttgart-aktuell/staatsanwalt-marcel-k-toetete-sabrina-in-stockach-aus-hass-und-wut-84032498.bild.html (abgerufen am 14.08.2024)

502   https://www.rtl.de/cms/er-erdrosselte-seine-freundin-sabrina-p-24-taeter-22-muss-lange-ins-gefaengnis-5047349.html (abgerufen am 14.08.2024)

503   https://www.landtag-bw.de/home/aktuelles/dpa-nachrichten/2024/April/KW15/Freitag/c88d688d-44a2-4daa-b5aa-45889cd9.html (abgerufen am 14.08.2024)

504   https://www.suedkurier.de/baden-wuerttemberg/fall-sabrina-p-wird-marcel-k-doch-noch-wegen-mordes-verurteilt;art417930,11978669 (abgerufen am 14.08.2024)

505   https://www.wochenblatt.net/konstanz/c-nachrichten/marcel-k-nach-kaltbluetiger-tat-zu-lebenslaenglicher-freiheitsstrafe-verurteilt_a139986 abgerufen am 23.11.2024)

506   https://www.kreiszeitung.de/lokales/verden/verden-ort47274/nach-verurteilung-wegen-mord-revision-im-moorstrassenprozess-93109630.html

507   https://www.mt.de/regionales/niedersachsen/Partnerin-getoetet-Urteil-wegen-Mordes-gefordert-23864600.html (abgerufen am 29.05.2023)

508   https://live.vodafone.de/regional/niedersachsenbremen/mann-soll-freundin-am-geburtstag-getoetet-haben-urteil/12658783 (abgerufen am 30.05.2024)

509   https://www.bild.de/regional/baden-wuerttemberg/regional/feuerwehrmann-aus-marbach-soll-ehefrau-getoetet-und-feuer-gelegt-haben-87071014.bild.html (abgerufen am 19.07.2024)

510   https://www.stuttgarter-nachrichten.de/inhalt.totschlag-in-marbach-feuerwehrmann-muss-14-jahre-hinter-gitter-weil-er-seine-frau-

umbrachte.491b2540-6bab-43af-ba08-84fdf9ce20b7.html (abgerufen am 19.07.2024)

511 https://www.bild.de/regional/berlin/berlin-aktuell/ex-frau-erdrosselt-so-wurde-der-killer-ehemann-nach-jahren-gefasst-85591218.bild.html (abgerufen am 17.07.2024)

512 https://www.schwaebische.de/regional/ostalb/aalen/vor-seinen-vier-kindern-vater-uebergiesst-sich-mit-benzin-2481171 (abgerufen am 30.04.2024)

513 https://www.polizei.bayern.de/aktuelles/pressemitteilungen/061766/index.html (abgerufen am 24.07.2024)

514 https://www.infranken.de/lk/aschaffenburg/blaulicht/aschaffenburg-messerattacke-ex-frau-mordversuch-urteil-angeklagter-lebenslang-haft-art-5824075 (abgerufen am 24.07.2024)

515 https://www.ndr.de/nachrichten/niedersachsen/braunschweig_harz_goettingen/Messerattacke-gegen-Ex-Frau-in-Schoeningen-Prozess-hat-begonnen,schoeningen172.html (abgerufen am 13.09.2024)

516 https://www.ndr.de/nachrichten/niedersachsen/braunschweig_harz_goettingen/Messerattacke-gegen-Ex-Frau-in-Schoeningen-Prozess-hat-begonnen,schoeningen172.html (abgerufen am 13.09.2024)

517 https://www.bild.de/regional/ruhrgebiet/ruhrgebiet-aktuell/schwelm-toete-er-seine-ex-frau-weil-sie-sich-von-ihm-trennte-87362934.bild.html (abgerufen am 18.07.2024)

518 https://www.wp.de/lokales/ennepetal-gevelsberg-schwelm/article407082550/mordprozess-schwelmer-soll-seiner-frau-aufgelauert-haben.html (abgerufen am 25.08.2024)

519 https://www.wp.de/lokales/ennepetal-gevelsberg-schwelm/article407228427/femizid-wenn-du-mich-verlaesst-bringe-ich-dich-um.html (abgerufen am 11.09.2024)

520 https://www.morgenpost.de/bezirke/mitte/article407349804/mord-an-lebensgefaehrtin-in-anwesenheit-der-tochter.html (abgerufen am 28.09.2024)

521 https://www.tag24.de/leipzig/crime/femizid-in-leipzig-eifersuechtiger-ex-partner-toetet-mutter-zweier-kinder-3204973 (abgerufen am 04.06.2024)

522 https://www.tag24.de/leipzig/crime/tod-in-paunsdorf-zwei-kinder-verlieren-ihre-mutter-durch-gewaltsamen-uebergriff-3204973 (abgerufen am 15.09.2024)

523 https://www.bild.de/regional/ruhrgebiet/frau-in-gelsenkirchen-erstochen-niemand-hoerte-jennys-36-schreie-66bba7783a1ec010a0ad7029 (abgerufen am 14.08.2024)

524 https://www.bild.de/regional/ruhrgebiet/messer-mord-in-gelsenkirchen-wurde-jenny-von-ihrem-ex-freund-getoetet-66bcc6b409af8a2fa5ed6409 (abgerufen am 15.08.2024)

525 https://www.bz-berlin.de/polizei/frau-niedergestochen-tot-messer (abgerufen am 31.08.2024); https://www.bild.de/regional/berlin/femizid-in-berlin-stalker-45-ersticht-mutter-28-von-zwei-kindern-66d2edd878f47027c38abef9 (abgerufen am 01.09.2024)

VIII. Anhang

526 https://www.bild.de/regional/berlin/stalker-ersticht-frau-in-berlin-vor-dem-mord-bat-sie-justiz-um-hilfe-66d45c6cb59aab58dad63f40 (abgerufen am 03.09.2024)

527 https://www.bild.de/regional/schleswig-holstein/buechen-reicher-geschaeftsmann-erschiesst-seine-ex-beim-gassigehen-66f93441ee5af53f9b205e34 (abgerufen am 30.09.2024)

528 https://www.mannheim24.de/mannheim/mannheim-rheinau-gema-r-messer-getoetet-ex-freund-balkon-gesprungen-florian-r-totschlag-prozess-start-landgericht-pflegebett-eltern-anklage-taeter-12921868.html (abgerufen am 23.07.2024)

529 https://www.mannheim24.de/mannheim/mannheim-mord-prozess-gema-gericht-angeklagter-florian-aussage-opfer-rollstuhl-bett-landgericht-urteil-90079004.html (abgerufen am 23.07.2024)

530 https://www.sueddeutsche.de/panorama/muenchen-26-jaehriger-soll-exfreundin-bei-aussprache-getoetet-haben-dpa.urn-newsml-dpa-com-20090101-191212-99-114701 (abgerufen am 25.07.2024)

531 https://www.focus.de/panorama/welt/ex-freund-tatverdaechtig-beliebte-berliner-restaurant-chefin-getoetet_id_202503922.html (abgerufen am 25.07.2024)

532 https://www.swr.de/swraktuell/baden-wuerttemberg/tuebingen/neue-erkenntnisse-tatort-leiche-auto-a81-epfendorf-rottweil-100.html (abgerufen am 27.08.2024)

533 *Mao, G. (2023, 9. Februar). Schädel-Hirn-Trauma (SHT). MSD Manual – Ausgabe für medizinische Fachkreise (https://www.msdmanuals.com/de/profi/verletzungen-vergiftungen/sch%C3%A4del-hirn-trauma-sht/sch%C3%A4del-hirn-trauma-sht).*

534 https://www.br.de/nachrichten/bayern/frau-mit-hammer-getoetet-angeklagter-muss-neun-jahre-in-haft,TthL6Kr (abgerufen am 22.07.204)

535 https://www.sueddeutsche.de/panorama/femizid-frau-mit-54-messerstichen-getoetet-elf-jahre-haft-dpa.urn-newsml-dpa-com-20090101-240117-99-650720 (abgerufen am 18.07.2024)

536 https://www.bz-berlin.de/brandenburg/mann-toetet-ehefrau-und-berichtet-nachbarn-von-der-tat (abgerufen am 18. Juli 2024)

537 https://www.rbb24.de/panorama/beitrag/2024/01/brandenburg-schulzendorf-urteil-toetung-frau-ehepaar.html (abgerufen am 18.07.2024)

538 https://www.mittelhessen.de/lokales/kreis-limburg-weilburg/hadamar/totschlag-in-oberzeuzheim-zeugin-widerspricht-angeklagtem-3826354 (abgerufen am 26.07.2024)

539 https://www.merkur.de/bayern/regensburg/leiche-polizei-regensburg-frau-tot-kofferraum-auto-tiefgarage-verdaechtiger-bayern-93051207.html (abgerufen am 23.07.2024)

540 https://www.rbb24.de/panorama/beitrag/2024/06/frau-getoetet-tempelhof-ehemann-festnahme.html (abgerufen am 22.07.2024)

541 https://www.presseportal.de/blaulicht/pm/43647/5835300 (abgerufen am 02.08.2024)

542 https://www.express.de/koeln/frechen-frau-35-getoetet-ehemann-vorlaeufig-festgenommen-840631(abgerufen am 06.08.2024)

543 https://www.zeit.de/news/2024-08/28/nach-fund-von-frauenleiche-ehemann-tatverdaechtig

544 https://www.bild.de/regional/berlin/mann-attackiert-ehefrau-mit-messer-vor-kita-soehne-sehen-alles-mit-an-66e0578e7ec3b15c6e1f6b34?source=puerto-reco-2_bild-V13.5.C_FCM_IS_PB (abgerufen am 11.09.2024)

545 https://www.presseportal.de/blaulicht/pm/110971/5864490   (abgerufen   am 14.09.2024)

546 https://www.presseportal.de/blaulicht/pm/35235/5866310   (abgerufen   am 19.09.2024)

547 https://www.bild.de/regional/baden-wuerttemberg/mord-an-natasha-verlobter-widerspricht-sich-bei-tv-detektiv-trovato-6707d2f04aeebd0e847ac5bc (abgerufen am 15.10.2024)

548 https://www.bild.de/regional/niedersachsen/burgdorf-bei-hannover-frau-getoetet-spezialkraefte-nehmen-mann-fest-66f4ebf03fe25e160dfe157f   (abgerufen   am 26.09.2024)

549 https://www.presseportal.de/blaulicht/pm/110970/5875417   (abgerufen   am 30.09.2024)

550 BGH 2 StR 349/08

551 https://www.bild.de/bild-plus/regional/stuttgart/stuttgart-aktuell/frau-in-stuttgart-ermordet-er-schoss-seiner-frau-in-die-stirn-80685612.bild.html   (abgerufen   am 19.07.2024)

552 https://www.bild.de/bild-plus/regional/stuttgart/stuttgart-aktuell/sie-wurde-nur-32jahre-alt-das-ist-die-tote-aus-dem-mercedes-parkhaus-80686394.bild.html (abgerufen am 18.07.2024)

553 https://www.stuttgarter-nachrichten.de/inhalt.landgericht-stuttgart-mann-wegen-mordes-an-seiner-frau-verurteilt.242882c5-7757-4dde-98a4-4124166e27df.html (abgerufen am 19.07.2024)

554 https://www.bild.de/regional/frankfurt/frankfurt-aktuell/mannheim-2-kinder-waren-in-der-wohnung-vater-ersticht-ex-freundin-84191564.bild.html (abgerufen am 23.07.2024)

555 https://www.mannheimer-morgen.de/orte/mannheim_artikel,-mannheim-nach-femizid-in-mannheim-geteiltes-sorgerecht-kann-zur-gefahr-fuer-mutter-werden-_arid,2192622.html (abgerufen am 23.07.2024)

556 https://www.cz.de/lokales/celle-lk/suedheide/femizid-in-backebergsmuehle-angeklagter-gesteht-terry-getoetet-zu-haben-KIJNIRQOD5FPLLSEPHMEGU2KHU.html (abgerufen am 09.07.2024)

557 https://www.ndr.de/nachrichten/niedersachsen/lueneburg_heide_unterelbe/Frau-in-Hermannsburg-getoetet-Ex-Partner-wegen-Mordes-verurteilt,hermannsburg188.html (abgerufen am 15.07.2024)

558 https://www.cz.de/lokales/celle-lk/suedheide/hermannsburg/femizid-in-backebergsmuehle-revision-gegen-urteil-des-landgerichts-lueneburg-eingelegt-H2MOCK4TEZHG3A47UYE65V6OWM.html (abgerufen am 23.07.2024)

VIII. Anhang

559 https://www.bild.de/regional/dortmund/dortmund-frau-vor-augen-de-drei-kinder-getoetet-taeter-gefasst-6729b372ebdb8724738e8dd2 (abgerufen am 05.11.2024)

560 https://frauenrechte.de/fileadmin/user_upload/20240505_Umfrageergebnisse_19_.pdf (abgerufen am 19.07.2024)

561 https://www.gesetze-im-internet.de/bgb/__1684.html (abgerufen am 10.08.2024)

562 https://www.gesetze-im-internet.de/bgb/__1684.html (abgerufen am 10.08.2024)

563 https://www.bundesregierung.de/breg-de/themen/75-jahre-grundgesetz/artikel-6-gg-2267598 (abgerufen am 15.08.2024)

564 https://rm.coe.int/1680462535 (abgerufen am 10.08.2024)

565 https://rm.coe.int/germany-comments-to-the-grevio-report/1680a86939 (abgerufen am 10.08.2024)

566 https://documents.un.org/doc/undoc/gen/g23/070/18/pdf/g2307018.pdf (abgerufen am 10.08.2024)

567 https://dip.bundestag.de/vorgang/gef%C3%A4hrdung-gewaltbetroffener-m%C3%BCtter-und-kinder-durch-die-familiengerichtliche-praxis-der/302108?f.deskriptor=Umgangsrecht&rows=25&pos=1 (abgerufen am 15.09.2024)

568 https://www.mdr.de/nachrichten/sachsen/chemnitz/zwickau/prozess-mord-messer-mutter-urteil-100.html (abgerufen am 14.5.2024)

569 https://www.wildwasser-zwickauer-land.de/newpage6f3ca43b (abgerufen am 10.11.2024)

570 https://www.tag24.de/nachrichten/regionales/sachsen/zwickau/zwickau-mann-steht-nach-messer-mord-an-ehefrau-in-crimmitschau-vor-gericht-2922619 (abgerufen am 19.07.2024)

571 https://www.polizei.sachsen.de/de/MI_2023_96101.htm (abgerufen am 24.05.2024)

572 https://www.bild.de/regional/chemnitz/chemnitz-news/ehefrau-erstochen-damit-sie-keinem-anderen-gehoeren-kann-85799424.bild.html (abgerufen am19.07.2024)

573 https://www.mdr.de/nachrichten/sachsen/chemnitz/zwickau/mordprozess-mutter-getoetet-kinder-landgericht-100.html (abgerufen am 19.07.2024)

574 https://www.lto.de/recht/hintergruende/h/eckpunkte-familienrecht-kindschaftsrecht-eltern-sorgerecht-umgang-wechselmodell-vater-mutter/ (abgerufen am 16.07.2024)

575 https://autonome-frauenhaeuser-zif.de/wp-content/uploads/2024/02/ZIF-Stellungnahme-Eckpunkte-Kindschaftsrecht-BMJ-16.02.2024-1.pdf abgerufen am 16.07.2024)

576 https://www.presseportal.de/blaulicht/pm/43562/4196675 (abgerufen am 13.08.2024)

577 https://www.bild.de/regional/ruhrgebiet/ruhrgebiet-aktuell/bielefeld-kleinkinder-getoetet-mutter-warnte-polizei-vor-moerder-60686820.bild.html (abgerufen am 13.08.2024)

578 https://www.bild.de/regional/frankfurt/frankfurt-aktuell/familiendrama-in-dillenburg-was-konnte-denn-malte-dafuer-63777814.bild.html (abgerufen am 19.05.2024)

579 https://www.rtl.de/cms/vater-44-sohn-5-aus-bauerbach-tot-im-wald-gefunden-gewaltverbrechen-des-vaters-wahrscheinlich-4676339.html (abgerufen am 19.05.2024)

580 https://www.bild.de/regional/frankfurt/frankfurt-aktuell/bad-duerkheim-3-tote-im-opel-vater-hinterliess-abschiedsnachricht-75158346.bild.html (abgerufen am 10.08.2024)

581 https://www.berliner-zeitung.de/mensch-metropole/prozess-landgericht-cottbus-fall-michael-q-es-war-mord-vater-toetet-fuenfjaehrige-tochter-um-seine-ex-frau-zu-bestrafen-li.381224 (abgerufen am 20.05.2024)

582 https://www.berliner-zeitung.de/mensch-metropole/prozess-landgericht-cottbus-fall-michael-q-es-war-mord-vater-toetet-fuenfjaehrige-tochter-um-seine-ex-frau-zu-bestrafen-li.381224 (abgerufen am 10.07.2024)

583 https://www.bild.de/regional/bremen/bremen-aktuell/mordprozess-in-bremen-vater-toetet-sohn-bestialisch-87730422.bild.html (abgerufen am 10.08.2024)

584 https://www.welt.de/vermischtes/kriminalitaet/article252172698/Guben-44-Jaehriger-in-Haft-Hat-ein-Vater-die-eigene-Stieftochter-getoetet.html (abgerufen am 26.06.2024)

585 Stalkerware bezeichnet eine Überwachungsapplikation, die dazu dient in das Privat-leben Anderer einzudringen und sie auszuspionieren oder/und zu manipulieren. Das kann über eine ungefragte Standortbestimmung und -verfolgung genauso erreicht werden, wie über den heimlichen Zugriff auf private Nachrichten, Audio-bzw. Kameraaufnahmen sowie persönliche Konten.

586 https://www.kaspersky.de/blog/stalker-programme-auf-dem-vormarsch/20296/ (abgerufen am 26.07.2024); https://securelist.com/the-state-of-stalkerware-in-2019/93634/(abgerufen am 26.07.2024)

587 https://www.rtl.de/cms/lebenslang-fuer-mannheimer-stalker-moerder-erst-hammerschlag-dann-stach-er-28-mal-auf-sie-ein-4578790.html(abgerufen am 23.07.2024)

588 https://www.bild.de/regional/frankfurt/frankfurt-aktuell/prozessauftakt-um-getoetete-selin-y-33-bruder-des-opfers-rastet-im-gericht-aus-70623338.bild.html (abgerufen am 23.07.2024)

589 https://www.mannheim24.de/mannheim/mannheim-mord-prozess-frau-ex-freund-erstochen-treppenhaus-messer-hammer-tot-urteil-landgericht-13170435.html (abgerufen am 23.07.2024)

590 https://www.rtl.de/cms/mord-an-sophie-n-23-stalker-patrick-s-35-spionierte-sie-ueber-ihr-handy-aus-4707255.html (abgerufen am 23.07.2024)

591 https://www.bmj.de/DE/themen/digitales/digitale_kommunikation/digitales_stalking/digitales_stalking_node.html(abgerufen am 26.07.2024)

592 https://www.tagesschau.de/investigativ/tracker-smartphone-stalking-101.html (abgerufen am 26.07.2024)

593   https://www.bild.de/bild-plus/regional/hamburg/hamburg-aktuell/schweizer-politiker-erschiesst-studentin-antonias-letztes-foto-vor-dem-tod-79711260.bild.html (abgerufen am 23.07.2024)

594   https://www.20min.ch/story/sie-schickte-mir-das-bild-30-minuten-bevor-ihr-stalker-sie-erschoss-594023865063(abgerufen am 23.07.2024)

595   https://www.lto.de/recht/hintergruende/h/stalking-airtag-heimlich-ortung-untergeschoben-strafbarkeitsluecke(abgerufen am 26.07.2024)

596   https://www.rtl.de/cms/bluttat-nach-trennung-in-stadtallendorf-noch-ehemann-toetet-milena-mit-41-messerstichen-5014508.html (abgerufen am 22.07.2024)

597   https://www.bild.de/regional/frankfurt/frankfurt-aktuell/mit-41-messerstichen-getoetet-warum-musste-milena-sterben-81798282.bild.html   (abgerufen   am 24.11.2024)

598   https://www.presseportal.de/blaulicht/pm/43648/5357279   (abgerufen   am 13.09.2024)

599   https://www.focus.de/panorama/welt/fall-in-hessen-du-wirst-buessen-droht-milenas-ex-mann-und-toetet-sie-mit-41-messerstichen_id_175260743.html (abgerufen am 22.07.2024)

600   https://www.rtl.de/cms/bluttat-nach-trennung-in-stadtallendorf-noch-ehemann-toetet-milena-mit-41-messerstichen-5014508.html (abgerufen am 22.07.2024)

601   https://www.hessenschau.de/panorama/stadtallendorf-frau-mit-41-messerstichen-getoetet---ehemann-unter-mordverdacht-v1,stadtallendorf-ehefrau-getoetet-ehemann-haftbefehl-100.html (abgerufen am 22.07.2024)

602   https://www.op-marburg.de/lokales/marburg-biedenkopf/stadtallendorf/prozess-stadtallendorf-im-landgericht-marburg-vergeltung-als-tatmotiv-war-es-mord-oder-totschlag-PUKWLL6ZOVCBFIGK6TN3AWDD3Y.html (abgerufen am 22.07.2024)

603   https://www.presseportal.de/blaulicht/pm/104236/5456027   (abgerufen   am 13.09.2024)

604   https://www.noz.de/lokales/bramsche/artikel/mord-in-bramsche-urteil-gegen-wallenhorster-jetzt-rechtskraeftig-47089754 (abgerufen am 23.07.2024)

605   https://www.bild.de/news/inland/news-inland/torwart-soll-melina-umgebracht-haben-joel-g-war-polizeibekannter-stalker-83120138.bild.html   (abgerufen   am 23.07.2024)

606   https://www.rheinpfalz.de/lokal/zweibruecken_artikel,-tote-frau-im-keller-mordvorwurf-macht-angeklagten-fassungslos-_arid,5663071.html (abgerufen am 15.09.2024)

607   https://www.saarbruecker-zeitung.de/pm/zweibruecken/plaedoyers-im-bubenhausen-frauenmord-prozess-in-zweibruecken_aid-116013873(abgerufen am 15.09.2024)

608   https://www.saarbruecker-zeitung.de/pm/zweibruecken/plaedoyers-im-bubenhausen-frauenmord-prozess-in-zweibruecken_aid-116013873   (abgerufen am 15.09.2024)

609   https://www.bild.de/regional/bremen/regional/frau-41-in-damme-erstochen-mord-haftbefehl-gegen-ex-mann-87225428.bild.html (abgerufen am 16.08.2024)

610 https://www.zevener-zeitung.de/Region/50-Jaehriger-gesteht-Toetung-seiner-Ehefrau-229479.html (abgerufen am 16.08.2024)

611 https://www.mopo.de/im-norden/niedersachsen/aufgelauert-und-erstochen-mann-toetet-ehefrau-war-wie-in-ekstase/ (abgerufen am 16.08.2024)

612 https://mdj.brandenburg.de/sixcms/media.php/9/top-ii9-heimliche-ueberwachung-mittels-bluetooth-tracker.pdf (abgerufen am 26.07.2024)

613 https://www.bmi.bund.de/SharedDocs/downloads/DE/publikationen/themen/sicherheit/pks-2023.pdf?__blob=publicationFile&v=3 (abgerufen am 26.07.2024)

614 https://www.frauenhauskoordinierung.de/fileadmin/redakteure/PDF/Mitgliederinfo/20240208_Flyer_DG_Fortbildungsreihe.pdf (abgerufen am 26.07.2024)

615 Die Antwort aus dem Bundesjustizministerium liegt der Herausgeberin im Original vor.

616 https://www.ogh.gv.at/entscheidungen/entscheidungen-ogh/zur-haftung-des-bundes-fuer-die-unterlassung-von-massnahmen-zur-gefahrenabwehr/ (abgerufen am 30.09.2024)

617 https://www.nytimes.com/2023/12/31/technology/car-trackers-gps-abuse.html (abgerufen am 27.08.2024)

618 https://www.mercedes-benz.de/passengercars/buy/digital-extras-overview/apps/me-app.html (abgerufen am 27.08.2024)

619 https://www.presseportal.de/blaulicht/pm/12522/5867446 (abgerufen am 19.09.2024)

620 https://www.bild.de/regional/sachsen-anhalt/merseburg-sek-befreit-verletzte-schwangere-aus-wohnung-66c81d7e7ecdec7a16ef3cd8 (abgerufen am 23.08.2024)

621 https://www.mz.de/lokal/merseburg/sek-einsatz-schwangere-frau-polizei-freiheitsberaubung-ermittlungen-durchsuchung-wohnung-baby-3903242 (abgerufen am 23.08.2024)

622 https://www.mdr.de/nachrichten/sachsen-anhalt/halle/saalekreis/merseburg-polizei-sek-einsatz-gewalt-gegen-schwangere-frau-102.html# (abgerufen am 23.08.2024)

623 https://www.br.de/nachrichten/bayern/mord-an-alexandra-r-lebenslange-haftstrafen-verhaengt,UIsH3VL (abgerufen am 04.08.2024)

624 https://www.wa.de/nordrhein-westfalen/messerangriff-eigene-freundin-mordkommission-rheda-wiedenbrueck-guetersloh-hellweg-bielefeld-93025273.html (abgerufen am 26.07.2024)

625 https://www.bild.de/regional/nordrhein-westfalen/schloss-holte-stukenbrock-mann-sticht-freundin-nieder-mordkommission-662572a9cc417b134eced38f (abgerufen am 20.05.2024)

626 https://www.br.de/nachrichten/bayern/mann-sticht-in-regensburg-auf-schwangere-ex-freundin-ein,U4ASvzf (abgerufen am 04.08.2024)

627 https://www.bild.de/regional/bayern/nuernberg-news/regensburg-in-einer-tanke-hat-ein-tuerke-seine-ex-niedergestochen-87142510.bild.html?t_ref=https%3A%2F%2Fwww.google.com%2F (abgerufen am 04.08.2024)

628 https://www.presseportal.de/blaulicht/pm/12415/5636625 (abgerufen am 15.05.2024)

629 https://www1.wdr.de/nachrichten/rheinland/schwangere-frau-erstochen-urteil-koeln-100.html (abgerufen am 17.06.2024)

630 https://www.berliner-zeitung.de/news/berlin-karlshorst-schwangere-frau-bekommt-tritte-in-den-babybauch-notarzteinsatz-li.388789 (abgerufen am 04.08.2024)

631 https://osthessen-news.de/n11751577/20-jahriger-soll-schwangere-freundin-des-vaters-erstochen-haben.html (abgerufen am 04.08.2024)

632 https://www.ohchr.org/sites/default/files/documents/hrbodies/hrcouncil/sessions-regular/session56/A-HRC-56-48-Unofficial-German-Translation.pdf (abgerufen am 26.07.2024)

633 https://www.bild.de/regional/muenchen/muenchen-escortgirl-getoetet-zwoelf-jahre-haft-fuer-freund-6631fd36cda6e21cc1ad161e (abgerufen am 05.08.2024)

634 https://www.ndr.de/nachrichten/hamburg/Prostituierte-erwuergt-Neun-Jahre-Haft-fuer-32-Jaehrigen,urteil684.html (abgerufen am 05.08.2024)

635 https://www.abendblatt.de/hamburg/article237021795/prostituierte-mord-hamburg-prozess-altenpflegerin-sex-32-jaehriger-dennis-k-urteil-haft-sex.html (abgerufn am 05.08.2024)

636 https://www.derwesten.de/panorama/vermischtes/berlin-lichtenberg-axt-killer-mann-frau-polizei-id236333941.html (abgerufen am 05.08.2024)

637 https://www.bild.de/regional/frankfurt/frankfurt-aktuell/mann-44-unter-mordverdacht-festnahme-im-fall-der-vermissten-brasilianerin-27-83277010.bild.html (abgerufen am 26.07.2024)

638 https://www.n-tv.de/regionales/hessen/Prostituierte-getoetet-Hoechststrafe-gefordert-article24989420.html (abgerufen am 26.07.2024)

639 https://www.bild.de/regional/hessen/hessen-regional/mord-prozess-mumifizierte-leiche-sieben-monate-in-wohnung-versteckt-87237768.bild.html (abgerufen am 26.07.2024)

640 https://www.faz.net/aktuell/rhein-main/toedliche-eifersucht-prozess-um-getoetete-prostituierte-am-landgericht-frankfurt-19769509.html (abgerufen am 26.07.2024)

641 https://www.lvz.de/lokales/leipzig/blutbad-in-leipziger-hotel-lebenslaenglich-nach-mord-an-prostituierter-PJT2RV7VYJAO5LMHQR6UZKJ6U4.html (abgerufen am 26.07.2024)

642 https://www.bild.de/regional/berlin/berlin-aktuell/prozess-in-berlin-mord-statt-sex-chinesin-fuer-25-euro-getoetet-86963966.bild.html (abgerufen am 26.07.2024)

643 https://www.rbb24.de/panorama/beitrag/2024/05/bordell-berlin-frau-ermordet-urteil-7-jahre-haft-thaiboxer.html (abgerufen am 26.07.2024)

644 https://www.swr.de/swraktuell/rheinland-pfalz/mainz/frau-in-hotel-in-ginsheim-schwer-verletzt-100.html (abgerufen am 26.07.2024)

645 https://www.swr.de/swraktuell/rheinland-pfalz/koblenz/mord-ermittlung-koblenz-rauental-frau-gequaelt-100.html (abgerufen am 26.07.2024)

646 https://www.shz.de/lokales/kiel/artikel/kiel-mann-uebergiesst-ex-frau-mit-saeure-47269009 (abgerufen am 26.07.2024)

647 https://www.bild.de/regional/kiel/polizei-einsatz-im-sex-club-ehemann-veraetzt-frau-im-puff-667565f6a9bc344345b1b2e1 (abgerufen am 26.07.2024)

648 https://www.bild.de/regional/kiel/polizei-einsatz-im-sex-club-ehemann-veraetzt-frau-im-puff-667565f6a9bc344345b1b2e1 (abgerufen am 26.06.2024)

649 https://www.rtl.de/news/wurde-katina-aus-eggolsheim-ermordet-polizei-bamberg-glaubt-dieser-rentner-ist-ein-moerder-id1761966.html (abgerufen am 10.08.2024)

650 https://www.rtl.de/news/katina-33-aus-eggolsheim-vermisst-hat-joseph-georg-h-katina-und-sabine-umgebracht-id1767001.html (abgerufen am 12.08.2024)

651 https://www.sueddeutsche.de/bayern/eggolsheim-vermisstenfall-forchheim-1994-polizei-lux.3R265veU3aAPRMtKqmZeLT (abgerufen am 13.08.2024)

652 https://www.berliner-zeitung.de/panorama/hanna-lakomys-kolumne-die-eifersucht-hat-immer-recht-li.2219684 (abgerufen am 02.06.2024)

653 Die Antworten liegen der Herausgeberin im Original vor.

654 https://www.maz-online.de/lokales/oberhavel/hennigsdorf/gerichtsverhandlung-mann-aus-velten-soll-frau-geschlagen-und-gewuergt-haben-RKMEVA7VDJA2PD45AGDKX6D6UA.html (abgerufen am 01.06.2024)

655 https://www.bild.de/regional/dresden/dresden-wurde-vermisste-opfer-eines-verbrechen-6620c6ae87a99a1367f1cea9 (abgerufen am 04.08.2024)

656 https://www.bild.de/regional/ruhrgebiet/regional/getoetete-22-aus-behinderten-werkstatt-arbeitskollege-27-verhaftet-87374722.bild.html (abgerufen am 04.08.2024)

657 https://www.bild.de/regional/mecklenburg-vorpommern/mecklenburg-vorpommern-news/pasewalk-18-jaehrige-getoetet-lebte-josephine-marie-mit-den-killern-zusammen-86390686.bild.html (abgerufen am 04.08.2024)

658 https://www.mopo.de/hamburg/xx-jahre-haft-fuer-vergewaltiger-von-der-elbchaussee/ (abgerufen am 04.08.2024)

659 https://www.t-online.de/region/hamburg/id_100447004/hamburg-mann-quaelt-frau-bestialisch-wie-ein-stueck-vieh-.html (abgerufen am 04.08.2024)

660 https://www.focus.de/panorama/welt/martyrium-in-wilhelmshaven-junge-frau-tagelang-gequaelt-und-vergewaltigt-afghane-31-will-vorwuerfe-bestreiten_id_259670745.html (abgerufen am 04.08.2024)

661 https://www.nwzonline.de/wilhelmshaven/wilhelmshavenerin-nach-hamburg-entfuehrt-vergewaltigt-und-gefoltert-nun-gibt-es-ein-urteil_a_4,1,1854870848.html (abgerufen am 04.08.2024)

662 https://www.mopo.de/hamburg/xx-jahre-haft-fuer-vergewaltiger-von-der-elbchaussee/ (abgerufen am 04.08.2024)

663 https://www.rbb24.de/panorama/beitrag/2024/04/brandenburg-havelland-vieritz-polizei-untersuchungshaft-milower-land.html (abgerufen am 05.08.2024)

664 https://www.mopo.de/hamburg/hamburgerin-zweimal-entfuehrt-ex-partner-54-im-beziehungswahn/ (abgerufen am 04.08.2024)

665 https://www.sueddeutsche.de/bayern/bergrheinfeld-entfuehrung-verfolgung-polizei-lux.PrcygMaA151LWTtzKuqEJR (abgerufen am 13.09.2024)

666 https://www.badische-zeitung.de/nach-messerattacke-naechtliche-taetersuche-mit-dem-polizeihubschrauber-im-rebland (abgerufen am 16.08.2024)

667 https://www.presseportal.de/blaulicht/pm/110975/5844058 (abgerufen am 16.08.2024)

668 https://www.rbb24.de/panorama/beitrag/2024/09/brandenburg-cottbus-polizeimeldung-freiheitsberaubung.html (abgerufen am 13.09.2024)

669 https://www.bild.de/bild-plus/regional/ruhrgebiet/ruhrgebiet-aktuell/iserlohn-obdachlose-hingerichtet-mutter-76-weint-an-todes-treppe-um-ihre-tochter-85587864.bild.html (abgerufen am 05.08.2024)

670 https://www.kreiszeitung.de/lokales/schleswig-holstein/ostholstein/mann-hat-seine-frau-nach-eheproblemen-erschossen-mord-in-oldenburg-92280230.html (abgerufen am 06.08.2024)

671 https://wildbeimwild.com/wieder-erschiesst-hobby-jaeger-eine-ehefrau/ (abgerufen am 24.11.2024)

672 https://www.bild.de/regional/frankfurt/frankfurt-aktuell/zwei-tote-am-flughafen-frankfurt-tote-50-soll-flugbegleiterin-gewesen-sein-83411172.bild.html (abgerufen am 06.08.2024)

673 https://www.presseportal.de/blaulicht/pm/43738/5875020 (abgerufen am 28.09.2024)

674 https://www.merkur.de/lokales/muenchen-lk/unterhaching-ort29619/unterhaching-ehepaar-liegt-erschossen-in-wohnungen-polizei-spricht-von-tragischer-sache-92765921.html (abgerufen am 05.08.2024)

675 https://www.polizei.bayern.de/aktuelles/pressemitteilungen/057730/index.html (abgerufen am 05.08.2024)

676 https://rp-online.de/nrw/staedte/kempen/kempen-paar-mit-hund-starb-nicht-durch-fremde-hand_aid-100185587 (abgerufen am 05.08.2024)

677 https://www.schwaebische.de/regional/bodensee/friedrichshafen/mutmassliches-toetungsdelikt-in-ittenhausen-es-ist-fuer-uns-unbegreiflich-1950858 (abgerufen am 05.08.2024)

678 https://www.nw.de/lokal/kreis_paderborn/lichtenau/23657849_Mann-toetet-in-Lichtenau-seine-Ehefrau-und-dann-sich-selbst-Polizei-aeussert-sich-zum-Motiv.html (abgerufen am 05.08.024)

679 https://www.halloherne.de/artikel/zwei-tote-im-mehrfamilienhaus-gefunden-64303 (abgerufen am 05.08.2024)

680 https://www.ndr.de/nachrichten/niedersachsen/lueneburg_heide_unterelbe/Salzhausen-Toetungsdelikt-auf-Feldweg,salzhausen166.html (abgerufen am 05.08.2024)

681 https://www.bz-berlin.de/brandenburg/80-jaehriger-toetet-frau-und-stirbt-bei-feuer (abgerufen am 06. August 2024)

682 https://www.bz-berlin.de/berlin/steglitz-zehlendorf/zwei-leichen-in-wohnhaus-in-lichterfelde-entdeckt (abgerufen am 06.08.2024)

683 https://www.sueddeutsche.de/muenchen/muenchen-forstenried-polizei-rentner-ehepaar-tot-1.5869444 (abgerufen am 06.08.2024)

684 https://www.berliner-zeitung.de/mensch-metropole/lehrerin-auf-a9-erschossen-familie-des-opfers-spricht-vor-landgericht-potsdam-von-psychoterror-li.2184407 (abgerufen am 06.08.2024)

685 https://statr.justiz.rlp.de/presse-aktuelles/detail/toetung-einer-59-jaehrigen-frau-und-anschliessender-suizid-eines-68-jaehrigen-mannes-in-strotzbuesch-/-eifel (abgerufen am 06.08.2024)

686 https://www.bild.de/regional/sachsen-anhalt/sachsen-anhalt-news/bad-lauchstaedt-mann-61-erschiesst-frau-59-und-sich-selbst-83143302.bild.html (abgerufen am 06.08.2024)

687 https://www.swr.de/swraktuell/rheinland-pfalz/kaiserslautern/lebenslange-haft-wegen-mord-an-frau-in-sembach-100.html (abgerufen am 06.08.2024)

688 https://www.moz.de/nachrichten/brandenburg/tote-in-berlin-leichen-in-wohnung-in-treptow-koepenick-sind-mutter-und-sohn-72119193.html (abgerufen am 05.08.2024)

689 https://breaking-news-saarland.de/beckinger-soll-seine-ex-erschossen-und-sich-dann-selbst-gerichtet-haben/ (abgerufen am 05.08.2024)

690 https://www.zeit.de/news/2024-06/01/ein-taeter-nach-schuessen-in-hagen-auf-der-flucht

691 https://www.bild.de/regional/bayern/bluttat-in-bayern-schuesse-auf-frau-47-lebensgefahr-662f4da6ea3d1b6187eb89d9

692 https://www.presseportal.de/blaulicht/pm/137462/5773587 (abgerufen am 21.07.2024)

693 https://www.spiegel.de/panorama/justiz/weilrod-in-hessen-bundespolizist-soll-partnerin-mit-dienstwaffe-erschossen-haben-a-3dac8729-baba-4b61-82dc-0bbc0be16007 (abgerufen am 08.08.2024)

694 https://www.tag24.de/justiz/mord/polizei-steht-vor-rentner-raetsel-hat-88-jahre-alter-senior-seine-ehefrau-84-erschossen-3302579 (abgerufen am 24.07.2024)

695 https://www.rheinpfalz.de/lokal/zweibruecken_artikel,-sch%C3%BCsse-in-m%C3%B6rsbach-84-j%C3%A4hrige-tot-ehemann-schwer-verletzt-_arid,5674126.html (abgerufen am 24.07.204)

696 https://www.presseportal.de/blaulicht/pm/117683/5829944 (abgerufen am 24.07.2024)

697 https://www.presseportal.de/blaulicht/pm/117683/5830508 (abgerufen am 25.07.2024)

698 https://www.bild.de/regional/ruhrgebiet/sek-findet-leichen-in-duisburg-mann-erschiesst-frau-und-sich-selbst-6700c9c1dd4668399e3bb939 (abgerufen am 05.10.2024)

699 https://www.die-glocke.de/regionales/artikel/frau-an-ampel-in-hagen-mit-waffe-schwer-verletzt-1713183488?bo_pwl=1&cHash=fa93c12cb07cb563ece7ebc6d5146697 (abgerufen am 05.08.2024)

VIII. Anhang

700   https://www.merkur.de/bayern/schwaben/kaufbeuren-kreisbote/polizeieinsatz-in-westendorf-waffennarr-bedroht-frau-mit-schusswaffe-92652422.html (abgerufen am 06.08.2024)

701   https://www1.wdr.de/nachrichten/westfalen-lippe/schuss-senior-wenden-ruhestoerung-100.html (abgerufen am 06.08.20224)

702   https://www.rbb24.de/panorama/beitrag/2023/03/29-jaehriger-schuesse-schwester-berlin-tiergarten.html (abgerufen am 06.08.2024)

703   Drucksache 263/24.

704   https://www.bundesrat.de/SharedDocs/drucksachen/2024/0201-0300/263-24(B).pdf?__blob=publicationFile&v=1 (abgerufen am 06.08.2024)

705   Die Antwort aus dem Bundesministerium des Innern und für Heimat liegt der Herausgeberin im Original vor.

706   https://www.sentencingcouncil.org.uk/explanatory-material/magistrates-court/item/aggravating-and-mitigating-factors/ (abgerufen am 11.08.2024)

707   https://diariodarepublica.pt/dr/legislacao-consolidada/decreto-lei/1995-34437675 (abgerufen am 11.08.2024)

708   https://www.dewezet.de/lokales/lippe/luegde/detmold-zufallsbekanntschaft-fast-erwuergt-prozess-gegen-29-jaehrigen-wegen-versuchten-mordes-XQMAYGQ2HNCGDCFQ4HQCRWCXNM.html (abgerufen am 28.10.2024)

709   https://www.polizei.bayern.de/aktuelles/pressemitteilungen/073494/index.html (abgerufen am 27.09.2024)

710   https://www.t-online.de/region/berlin/id_100488972/berlin-betrunkener-tritt-frau-in-u-bahnhof-mit-voller-wucht-ins-gesicht.html (abgerufen am 13.09.2024)

711   https://www.aerzteblatt.de/archiv/147673/Alkoholbezogene-Aggression (abgerufen am 10.07.2024)

712   https://www.bag.admin.ch/bag/de/home/gesund-leben/sucht-und-gesundheit/alkohol/soziale-folgen/gewalt.html (abgerufen am 10.07.2024)

713   https://rp-online.de/nrw/staedte/haan/zweifacher-totschlag-mit-vier-promille-voll-schuldfaehig_aid-66015735 (abgerufen am 10.07.2024)

714   https://www.haanertreff.de/2022/02/23/angeklagter-soll-14-jahre-in-haft/ (abgerufen am 10.07.2024)

715   https://www.br.de/nachrichten/bayern/nach-toedlichen-messerstichen-taeter-muss-in-entziehungsanstalt,T7a1ytR (abgerufen am 10.07.2024)

716   https://www.volksstimme.de/lokal/salzwedel/familiendrama-in-salzwedel-mutter-gewuergt-4-jaehriger-sohn-schaut-zu-3879421 (abgerufen am 11.07.2024)

717   https://www.swr.de/swraktuell/baden-wuerttemberg/mannheim/prozess-landgericht-mannheim-toetungsdelikt-nachbarschaft-100.html (abgerufen am 13.09.2024)

718   https://www.tagesschau.de/inland/regional/badenwuerttemberg/swr-prozess-in-mannheim-mann-soll-70-jaehrige-nachbarin-getoetet-haben-100.html (abgerufen am 11.09.2024)

719 https://www.swr.de/swraktuell/baden-wuerttemberg/mannheim/prozess-landgericht-mannheim-toetungsdelikt-nachbarschaft-100.html (abgerufen am 13.09.2024)

720 https://www.abendblatt.de/schleswig-holstein/stormarn/article406965261/frau-in-oststeinbek-angeschossen-spur-fuehrt-auch-nach-hamburg.html (abgerufen am 10.08.2024)

721 https://www.aerzteblatt.de/archiv/226329/Konsum-psychoaktiver-Substanzen-in-Deutschland (abgerufen am 10.07.2024);https://www.aerzteblatt.de/pdf.asp?id=209388 (abgerufen am 10.07.2024)

722 https://www.abendblatt.de/hamburg/article233254079/doppelmord-hamburg-prozess-freundin-mutter-getoetet-psychiatrie.html (abgerufen am 04.08.2024)

723 https://www.abendblatt.de/hamburg/article233254079/doppelmord-hamburg-prozess-freundin-mutter-getoetet-psychiatrie.html (abgerufen am 04.08.2024)

724 https://www.abendblatt.de/hamburg/article233254079/doppelmord-hamburg-prozess-freundin-mutter-getoetet-psychiatrie.html (abgerufen am 04.08.2024)

725 https://www.die-neue-welle.de/todesraser-von-gaggenau-bereue-es-sehr-1060287/ (abgerufen am 13. September 2024)

726 https://www.tag24.de/justiz/gerichtsprozesse-baden-wuerttemberg/mann-ohne-fuehrerschein-faehrt-frau-tot-gericht-ueberrascht-mit-mildem-urteil-3325899 (abgerufen am 17.10.2024)

727 https://www.radioerft.de/artikel/1-prozesstag-mann-wegen-versuchten-mordes-in-koeln-angeklagt-2133023.html

728 https://www.nordkurier.de/regional/mueritz/lebensgefaehrtin-in-wohnung-erstochen-gericht-sieht-mildernde-umstaende-2586250 (abgerufen am 10.07.2024)

729 https://www.nordkurier.de/regional/mueritz/lebensgefaehrtin-in-malchow-getoetet-38-jaehriger-muss-ins-gefaengnis-2798284 (abgerufen am 14.08.2024)

730 https://www.ndr.de/fernsehen/sendungen/nordmagazin/Urteil-Haftstrafe-nach-toetlichen-Messerstichen-in-Malchow,nordmagazin118828.html (abgerufen am 10.07.2024)

731 https://rm.coe.int/1680462535 (abgerufen am 22.08.2024)

732 https://sdgs.un.org/goals (abgerufen am 22.08.2024)

733 https://www.who.int/europe/about-us/our-work/sustainable-development-goals (abgerufen am 22.08.2024)

734 http://sdg-indikatoren.de/5/ (abgerufen am 22.08.2024)

735 https://sdg-indikatoren.de/public/MetaDe/5.1.1.pdf (abgerufen am 22.08.2024)

736 https://sdg-indikatoren.de/public/UN-WOMEN-Survey_2022.pdf (abgerufen am 22.08.2024)

737 https://www.bmfsfj.de/resource/blob/93228/77ac63e8f600d39c8fb5a e9ed2080653/aktionsplan-ii-zur-bekaempfung-von-gewalt-gegen-frauen-data.pdf (abgerufen am 22.08.2024)

738   https://www.bmz.de/resource/blob/196130/dritter-entwicklungspolitischer-aktionsplan-zur-gleichstellung-der-geschlechter.pdf (abgerufen am 22.08.2024)

739   https://www.auswaertiges-amt.de/de/aussenpolitik/feministische-aussenpolitik (abgerufen am 22.08.2024)

740   https://www.welt.de/politik/deutschland/video250471154/Renaissance-alter-Rollenbilder-In-den-Parallelwelten-findet-eben-genau-dieses-Zurueckfallen-in-alte-Frauenmuster-statt.html (abgerufen am 22.08.2024)

741   Die Stellenausschreibung aus Dissen, ebenso, wie viele weitere Beispiele ähnlicher Tonalität, liegen der Herausgeberin im Original vor

742   https://www.weforum.org/publications/global-gender-gap-report-2024/in-full/benchmarking-gender-gaps-2024-2e5f5cd886/#global-results (abgerufen am 14.09.2024)

743   https://eige.europa.eu/newsroom/news/gender-based-violence-costs-eu-eu366-billion-year (abgerufen am 12.08.2024)

744   https://www.tagesspiegel.de/politik/der-gesetzentwurf-und-der-streit-ums-geld-so-will-die-ampel-frauen-besser-vor-gewalt-schutzen-11768579.html (abgerufen am 27.11.2024)

745   https://rm.coe.int/1680462535 (abgerufen am 13.08.2024)

746   https://www.morgenpost.de/politik/article407628361/nach-ampel-aus-olaf-scholzE28098-rede-im-wortlaut.html (abgerufen am 08.11.2024)

747   https://www.bmfsfj.de/bmfsfj/aktuelles/presse/pressemitteilungen/haushalt-2019-im-bundestag-130888 (abgerufen am 18.08.2024)

748   https://www.b-tu.de/news/artikel/13210-kosten-haeuslicher-gewalt-in-deutschland (abgerufen am 18.08.2024)

749   https://www.bmfsfj.de/bmfsfj/aktuelles/presse/pressemitteilungen/rekordhaushalt-2020-12-milliarden-fuer-familien-und-mehr-zusammenhalt-141902 abgerufen am 18.08.2024)

750   https://www.bmfsfj.de/bmfsfj/aktuelles/presse/pressemitteilungen/gewalt-gegen-frauen-zahlen-weiterhin-hoch-ministerin-giffey-startet-initiative-staerker-als-gewalt--141688 (abgerufen am 18.08.2024)

751   https://www.zwd.info/assets/uploads/zwd-newsletter-frauen-und-politik-04/2020/Femizide_klein_Seite_1-9_19_29-08-2020.pdf (abgerufen am 18.08.2024)

752   Die Antwort vom 22.05.2019 auf die Anfrage an die Bundesregierung liegt der Herausgeberin vor.

753   https://www.youtube.com/watch?v=XEskKoxYpYY (abgerufen am 18.08.2024)

754   https://www.bmfsfj.de/resource/blob/181770/42adedc8c3bbd1713416b8e09a687a91/positionspapier-runder-tisch-gewalt-an-frauen-data.pdf (abgerufen am 24.08.2024)

755   Zentrale Informationsstelle autonomer Frauenhäuser.

756   Verein Frauenhauskoordinierung.

757   *Bundesverband Frauenberatungsstellen und Frauennotrufe.*

758   Die Pressemeldung liegt der Herausgeberin im Original vor

759 https://www.bundestag.de/dokumente/textarchiv/2021/kw23-de-frauenhauser-843434 (abgerufen am 21.08.2024)

760 https://www.spiegel.de/panorama/gesellschaft/hilfetelefon-gewalt-gegen-frauen-mitarbeiterinnen-wollen-streiken-a-101324c3-693b-4d7b-928c-bde259ae3857 (abgerufen am 17.07.2024)

761 https://www.frauen-gegen-gewalt.de/de/aktuelles/aktuelles-von-unseren-mitgliedern/die-landesvertreterinnen-und-lagen-der-interventionsstellen-in-deutschland-veroeffentlichen-brief-zur-absage-der-bundeskonferenz-der-interventionsstellen-fuer-2022.html (abgerufen am 21.08.2024)

762 https://www.bundeshaushalt.de/static/daten/2023/soll/epl17.pdf (abgerufen am 21.08.2024)

763 https://www.bmwsb.bund.de/SharedDocs/pressemitteilungen/Webs/BMWSB/DE/2024/01/Besuch_Frauenhaus_Cottbus.html (abgerufen am 26.08.2024)

764 https://www.bundeshaushalt.de/DE/Bundeshaushalt-digital/bundeshaushalt-digital.html (abgerufen am 21.08.2024)

765 Sondereinsatzkommando der Polizei.

766 Unterstützungskommando der Polizei.

767 https://www.tagesschau.de/inland/regional/sachsenanhalt/mdr-festnahme-nach-schuessen-auf-frau-in-magdeburg-100.html (abgerufen a, 11.09.2024)

768 https://www.bundestag.de/resource/blob/952824/4ab1fcfee42907cb8e1f2e615df20b7b/WD-9-029-23-pdf-data.pdf (abgerufen am 15.07.2024)

769 https://taz.de/Frauen-muessen-fuer-Frauenhaeuser-zahlen/!5981278/ (abgerufen am 15.07.2024); https://www.faz.net/aktuell/gesellschaft/menschen/zu-wenig-frauenhaeuser-in-deutschland-sie-fuehlen-sich-im-stich-gelassen-19862173.html (abgerufen am 22.07.2024)

770 https://www.faz.net/aktuell/gesellschaft/menschen/zu-wenig-frauenhaeuser-in-deutschland-sie-fuehlen-sich-im-stich-gelassen-19862173.html (abgerufen am 28.08.2024)

771 https://www.bmj.de/SharedDocs/Publikationen/DE/Broschueren/Kindschaftsrecht.pdf?__blob=publicationFile&v=11 (abgerufen am 16.07.2024)

772 https://www.faz.net/aktuell/gesellschaft/menschen/zu-wenig-frauenhaeuser-in-deutschland-sie-fuehlen-sich-im-stich-gelassen-19862173.html (abgerufen am 22.07.2024)

773 https://www.bild.de/regional/dortmund/frau-in-dortmund-niedergestochen-polizei-fasst-killer-in-bayern-672a2ebc048fa103a43c11d9 (abgerufen am 06.11.2024)

774 https://www.zeit.de/news/2024-10/29/1-4-millionen-euro-fuer-dringende-sanierung-der-frauenhaeuser (abgerufen am 06.11.2024)

775 https://hamburgerfrauenhaeuser.de/in-aktion/laufend-gegen-gewalt/benefizlauf (abgerufen am 16.07.2024)

776 https://die-botschaft.de/sicherheim (abgerufen am 16.07.2024)

777 https://parasol-heidelberg.de/projekt/ (abgerufen am 21.08.2024)

VIII. Anhang

778 https://www.bmfsfj.de/resource/blob/181782/33b9596bc3013a6ff80a26305 44125d9/runder-tische-gewalt-gegen-frauen-bilanz-data.pdf (abgerufen am 24.08.2024)

779 https://cms.gruene.de/uploads/assets/Koalitionsvertrag-SPD-GRUENE-FDP-2021-2025.pdf (abgerufen am 24.08.2024)

780 https://www.damigra.de/meldungen/offener-brief-an-politik-und-zivilgesellschaft-damigras-existenz-ist-bedroht/ (abgerufen am 29.11.2024)

781 Bundesverband Frauenberatungsstellen und Frauennotrufe.

782 Der Paritätische Gesamtverband.

783 Zentrale Informationsstelle Autonomer Frauenhäuser.

784 file:///C:/Users/info/Downloads/2020_Eckpunktepapier_bff_ZIF_Der%20 Paritaetische.pdf (abgerufen am 24.08.2024)

785 https://www.presseportal.de/blaulicht/pm/4971/5857039

786 https://www.presseportal.de/blaulicht/pm/50152/5780688 (abgerufen am 16.05.2024)

787 https://www.bild.de/regional/baden-wuerttemberg/ulm-polizei-schoss-geiselnehmer-aus-dem-starbucks-kiefer-weg-66db2abf7ec3b15c6e1f4440 (abgerufen am 13.09.2024)

788 https://www.sueddeutsche.de/bayern/kriminalitaet-eine-geiselnahme-in-ulm-sorgt-fuer-schrecken-motivsuche-dpa.urn-newsml-dpa-com-20090101-240127-99-773662 (abgerufen am 13.09.2024)

789 https://www.bild.de/regional/baden-wuerttemberg/ulm-polizei-schoss-geiselnehmer-aus-dem-starbucks-kiefer-weg-66db2abf7ec3b15c6e1f4440 (abgerufen am 13.09.2024)

790 https://www.swr.de/swraktuell/rheinland-pfalz/koblenz/urteil-landgericht-koblenz-soldat-soll-ex-freundin-erstochen-haben-102.html (abgerufen am 16.05.2024)

791 https://www.lr-online.de/lausitz/senftenberg/tote-frau-in-lauchhammer-tatverdaechtiger-ehemann-aus-baerhaus-soll-frueher-polizist-gewesen-sein-64734251.html (abgerufen am 16.05.2024)

792 https://www.esslinger-zeitung.de/inhalt.toetungsdelikt-in-kirchheim-polizist-soll-frau-schon-vor-der-tat-bedroht-haben.2928d6ca-6d09-494c-b4d6-fb87443af566.html (abgerufen am 16.05.2024)

793 https://www.24hamburg.de/schleswig-holstein/bundespolizist-bedroht-ex-frau-mit-schusswaffe-sek-findet-toten-kollegen-91219487.html (abgerufen am 16.05.2024)

794 https://www.polizei.sachsen.de/de/MI_2021_81407.htm (abgerufen am 16.05.2024)

795 https://www.bild.de/regional/chemnitz/chemnitz-news/freiberg-drama-in-bekannter-villa-ex-amtschef-schiesst-frau-in-kopf-76104206.bild.html (abgerufen am 16.05.2024)

796 https://www.bild.de/regional/chemnitz/chemnitz-news/freiberg-drama-in-bekannter-villa-ex-amtschef-schiesst-frau-in-kopf-76104206.bild.html (abgerufen am 10.07.2024)

797 https://www.stern.de/panorama/verbrechen/vierfachmord-in-radevormwald---vater-toetet-familie-und-sich-selbst-30378766.html (abgerufen am 09.07.2024)

798 https://www.gruene-bundestag.de/parlament/bundestagsreden/internationaler-tag-zur-beseitigung-von-gewalt-gegen-frauen (abgerufen am 24.08.2024)

799 https://www.zeit.de/gesellschaft/zeitgeschehen/2023-11/gewalt-frauen-lisa-paus-frauenrat (abgerufen am 24.08.2024)

800 https://www.bundesregierung.de/breg-de/aktuelles/frauenrechte-weltweit-2244524 (abgerufen am 25.08.2024)

801 https://www.bmfsfj.de/bmfsfj/aktuelles/reden-und-interviews/lisa-paus-gewalt-gegen-frauen-hat-nichts-mit-liebe-zu-tun--226104 (abgerufen am 24.08.2024)

802 https://www.bmfsfj.de/bmfsfj/aktuelles/alle-meldungen/lisa-paus-und-nancy-faeser-stellen-das-aktuelle-lagebild-haeusliche-gewalt-vor-241034 (abgerufen am 26.08.2024)

803 https://www.morgenpost.de/politik/article407157501/femizide-nehmen-zu-jetzt-reagiert-die-bundesregierung.html (abgerufen am 03.09.2024)

804 https://www.zeit.de/politik/deutschland/2024-08/lisa-paus-sicherheitspaket-gewalt-frauen (abgerufen am 01.09.2024)

805 https://www.spiegel.de/wirtschaft/gleichberechtigung-viele-firmen-ignorieren-vorgaben-zum-frauenanteil-in-der-chefetage-a-96cd15c1-21e0-4316-9354-a3676b498036 (abgerufen am 25.08.2024)

806 https://www.boersennews.de/nachrichten/artikel/dpa-afx/bundesregierung-plant-keine-ausweitung-der-frauenquote-in-spitzenjobs/4537823/ (abgerufen am 25.08.2024)

807 https://www.bundesregierung.de/breg-de/aktuelles/frauenrechte-weltweit-2244524(abgerufen am 25.08.2024)

808 https://www.bmi.bund.de/SharedDocs/kurzmeldungen/DE/2024/08/sicherheitstour-anlaufstelle-hg.html (abgerufen am 25.08.2024)

809 https://www.zeit.de/politik/deutschland/2019-10/sexueller-missbrauch-jens-spahn-unterstuetzung-vergewaltigungsopfer (abgerufen am 25.08.2024)

810 https://www.aerzteblatt.de/archiv/220020/Aerztliche-Versorgung-von-Opfern-sexualisierter-Gewalt-Angemessene-Verguetung-in-Sicht (abgerufen am 26.08.2024)

811 https://www.frauen-gegen-gewalt.de/de/aktionen-themen/versorgung-nach-sexualisierter-gewalt/vertrauliche-spurensicherung-im-sgb-v.html (abgerufen am 26.08.2024)

812 https://www.bmj.de/DE/ministerium/forschung_foerderung/uebersicht/projekte/Gewaltfrei_Zukunft.html (abgerufen am 25.08.2024)

813 https://www.bmi.bund.de/SharedDocs/pressemitteilungen/DE/2023/09/tarnapp.html (abgerufen am 25.08.2024)

814 https://www.bmj.de/DE/ministerium/forschung_foerderung/uebersicht/projekte/Gewaltfrei_Zukunft.html (abgerufen am 25.08.2024)

815 https://www.bundesregierung.de/breg-de/aktuelles/app-gegen-gewalt-an-frauen-2244554 (abgerufen am 25.08.2024)

VIII. Anhang

816   https://www.donaukurier.de/lokales/ingolstadt/116016-hilfetelefon-gewalt-gegen-frauen-mit-neuer-vereinfachter-nummer-14225027 (abgerufen am 16.07.2024)

817   https://www.dw.com/de/t%C3%BCrkei-ein-notfallknopf-gegen-frauenmorde/a-51710990 abgerufen am 16.07.2024)

818   http://frauenschutzhaus.de/ (abgerufen am 16.07.2024)

819   https://www.ehrenamt.sachsen.de/engagementboerse/sicherheit-rettungswesen-justiz/suche?filter=&origin=Markt+1%2C+02763+Zittau&page=73&sort_by=&use_within=true&within=5 (abgerufen am 16.07.2024)

820   https://rsw.beck.de/aktuell/daily/meldung/detail/haeusliche-gewalt-marburger-modell-wird-erweitert (abgerufen am 26.08.2024)

821   https://balkaninsight.com/2024/05/20/greece-rolls-out-free-app-for-domestic-violence-victims/ (abgerufen am 26.08.2024)

822   https://www.vodafone.com/vodafone-foundation/focus-areas/apps-against-abuse (abgerufen am 26.08.2024)

823   Das HeForShe Programm wurde von UN Women in's Leben gerufen: Männer setzen sich in verschiedensten Formaten mit ihrer Expertise als Botschafter und Multiplikatoren für das Thema Gleichstellung ein.

824   https://www.vodafone.com/news/empowering-people/heforshe-alliance-highlights-vodafone-action-gender-equality-preventing-domestic-violence-abuse (abgerufen am 26.08.2024)

825   https://www.heforshe.org/sites/default/files/2023-09/HeForShe%20Alliance%20Impact%20Report%202023_0.pdf (abgerufen am 26.08.2024)

826   Das Schreiben liegt der Herausgeberin im Original vor.

827   https://www.bmfsfj.de/bmfsfj/themen/internationales/deutscher-vorsitz-ministerkomitee-europarat (abgerufen am 01.09.2024)

828   https://www.g7germany.de/g7-de/suche/g7-gleichstellungsminister-2010620 (abgerufen am 01.09.2024)

829   https://www.bundesregierung.de/breg-de/service/newsletter-und-abos/bulletin/rede-der-bundesministerin-des-auswaertigen-annalena-baerbock--2197250 (abgerufen am 01.09.2024)

830   https://www.bmvg.de/resource/blob/5636374/38287252c5442b786ac5d0036ebb237b/nationale-sicherheitsstrategie-data.pdf (abgerufen am 01.09.2024)

831   https://securityconference.org/assets/user_upload/240216_MSC_2024_List_of_Confirmed_Participants.pdf (abgerufen am 27.08.2024)

832   https://unric.org/en/fight-to-eliminate-violence-against-women-intensifies-across-europe/ (abgerufen am 27.08.2024)

833   https://securityconference.org/assets/user_upload/240218_MSC2024_Agenda.pdf (abgerufen am 27.08.2024)

834   https://www.sueddeutsche.de/bayern/urteil-zehn-jahre-haft-fuer-toetung-von-vierfacher-mutter-dpa.urn-newsml-dpa-com-20090101-240227-99-143525 (abgerufen am 16.06.2024)

835   Strafgesetzbuch.

836 https://www.deutschlandfunk.de/mordparagraf-211-moerder-ist-wer-100.html (abgerufen am 03.09.2024)

837 https://www.gesetze-im-internet.de/stgb/__211.html (abgerufen am 03.09.2024)

838 https://juris.bundesgerichtshof.de/cgi-bin/rechtsprechung/document.py?Gericht=b gh&Art=en&sid=eaa29c140f9ca47de4ce24e5d6375bb0&nr=129139&linked=pm &Blank=1 (abgerufen am 15.09.2024)

839 https://www.bild.de/regional/bayern/neumarkt-ehemann-raucht-als-er-mit-messer-auf-seine-frau-einsticht-66ebe66d72203d7f7305441a

840 https://www.bild.de/regional/bayern/neumarkt-ehemann-raucht-als-er-mit-messer-auf-seine-frau-einsticht-66ebe66d72203d7f7305441a (abgerufen am 26.09.2024)

841 https://www.volksstimme.de/lokal/burg/urteil-prozess-gegen-profiboxer-tom-schwarz-richter-sorgt-mit-statement-fuer-entsetzen-3273973 (abgerufen am 03.09.2024)

842 https://www.faz.net/aktuell/gesellschaft/kriminalitaet/boxer-bricht-freundin-den-kiefer-richter-vergibt-milde-strafe-17630760.html (abgerufen am 03.09.2024)

843 https://www.bild.de/sport/mehr-sport/boxen/nach-skandal-urteil-jetzt-spricht-das-opfer-von-boxer-tom-schwarz-78204494.bild.html (abgerufen am 03.09.2024)

844 https://rp-online.de/nrw/staedte/haan/haaner-totschlag-prozess-gutachter-nennt-angeklagten-voll-schuldfaehig_aid-63372019 (abgerufen am 10.07.2024)

845 https://www.solinger-tageblatt.de/nordrhein-westfalen/schuesse-auf-ehefrau-60-jaehriger-muss-fuer-acht-jahre-in-haft-6BE52B5C24AFA4F4FF64C25477.html (abgerufen am 10.07.2024)

846 https://www.noz.de/lokales/osnabrueck/artikel/ehefrau-in-osnabrueck-getoetet-simuliert-der-angeklagte-46882823 (abgerufen am 09.07.2024)

847 https://landgericht-osnabrueck.niedersachsen.de/startseite/aktuelles/presseinformationen/urteil-im-prozess-wegen-der-totung-eines-32-jahre-alten-mannes-auf-der-a-33-233103.html (abgerufen am 09.07.2024)

848 https://www.lavanguardia.com/vida/20220629/8374587/aleman-mato-mujer-hijo-cueva-adeje-prision-permanente-revisable.html (abgerufen am 10.08.2024)

849 https://www.ruhrnachrichten.de/ueberregionales/nach-familienmord-in-einer-hoehle-auf-teneriffa-deutscher-in-spanien-verurteilt-w1725746-2000452011/ (abgerufen am 10.08.2024)

850 https://www.teneriffa-news.com/news/teneriffa/hoehlenmord-deutscher-auf-teneriffa-zu-lebenslanger-haft-verurteilt_15626.html (abgerufen am 10.08.2024)

851 https://elpais.com/sociedad/2022-02-04/hallado-culpable-de-doble-asesinato-el-aleman-que-mato-a-pedradas-a-su-mujer-y-a-uno-de-sus-hijos-en-una-cueva-en-tenerife.html (abgerufen am 10.08.2024)

852 El crimen machista

853 https://www.lasexta.com/noticias/sociedad/supremo-confirma-prision-permanente-thomas-handrick-asesinar-mujer-hijo-cueva-tenerife_20230310640b 451131c73f00015c1cf7.html (abgerufen am 10.08.2024)

854   https://www.teneriffa-news.com/news/teneriffa/nach-hoehlenmord-auf-teneriffa-deutsche-gerichte-schuetzen-pension-des-taeters_28337.html   (abgerufen   am 10.08.2024)

855   https://www.nordkurier.de/regional/pasewalk/brandstiftung-an-wohnungstuer-von-ex-freundin-haftstrafe-fuer-aufdringlichen-mann-2253959   (abgerufen   am 29.10.2024)

856   https://www.nordkurier.de/regional/neubrandenburg/feuer-an-tuer-der-ex-freundin-gelegt-nun-sitzt-er-erst-mal-hinter-gittern-3020025   (abgerufen   am 29.10.2024)

857   https://www.nordbayern.de/franken/nuernberg/grosseinsatz-in-nurnberg-mann-greift-ehefrau-mit-messer-an-usk-rettet-sie-mit-drehleiter-1.14405865 (abgerufen am 04.09.2024)

858   https://www.hna.de/lokales/frankenberg/bad-wildungen-bewaehrungsstrafe-fuer-schlaege-gegen-schwangere-frau-93240523.html (abgerufen am 14.08.2024)

859   https://www.justiz.bayern.de/gerichte-und-behoerden/oberlandesgerichte/muenchen/presse/2024/66.php (abgerufen am 16.10.2024)

860   https://www.justiz.bayern.de/gerichte-und-behoerden/oberlandesgerichte/muenchen/presse/2024/66.php (abgerufen am 27.11.2024)

861   https://www.kn-online.de/lokales/kiel/entfuehrungsfall-rendsburg-kritik-an-behoerden-wegen-umgang-mit-danial-a-TGW75KILXVCKVJRHURGZFDGMJE.html (abgerufen am 26.07.2024)

862   https://www.bild.de/regional/schleswig-holstein/in-einer-kaserne-in-kiel-entfuehrer-soll-junge-mutter-zehnmal-vergewaltigt-haben-6630a65f014b590da7942f01 (abgerufen am 26.07.2024)

863   https://www.hna.de/lokales/witzenhausen/witzenhausen-ort44473/31-jaehrige-frau-wird-mit-machete-schwer-verletzt-93118787.html   (abgerufen   am 09.06.2024)

864   https://www.bild.de/regional/sachsen-anhalt/quedlinburg-kein-haftbefehl-nach-saeure-angriff-auf-mutter-6665c44e45ebfd355dc987e7   (abgerufen   am 09.06.2024)

865   https://esu-online.org/policies/bm70-german-federal-constitutional-court-about-quality-assurance/ (abgerufen am 04.09.2024)

866   https://www.bpb.de/kurz-knapp/lexika/lexikon-in-einfacher-sprache/250066/unabhaengigkeit-der-gerichte/ (abgerufen am 04.09.2024)

867   https://www.g-ba.de/richtlinien/87/ (abgerufen am 15.09.2024)

868   https://www.bild.de/regional/ruhrgebiet/ruhrgebiet-aktuell/bielefeld-ehefrau-49-mit-36-messerstichen-getoetet-mordprozess-82530912.bild.html   (abgerufen   am 15.09.2024)

869   https://juris.bundesgerichtshof.de/cgi-bin/rechtsprechung/document.py?Gericht=bgh&Art=en&sid=ebf49c5ac7993c78412a740f02e3015d&nr=136414&anz=1&pos=0 (abgerufen am 15.09.2024)

870   https://www.kreiszeitung.de/deutschland/delmenhorst-familienvater-schiesst-ehefrau-in-kopf-polizei-niedersachsen-zr-91231510.html   (abgerufen   am 15.08.2024)

871 https://www.weser-kurier.de/stadt-delmenhorst/delmenhorst-bundesgerichtshof-kassiert-urteil-wegen-versuchten-mordes-doc7wntm5dsaeoaqh3bz0 (abgerufen am 15.08.2024)

872 http://juris.bundesgerichtshof.de/cgi-bin/rechtsprechung/document.py?Gericht=bgh&Art=en&sid=0b4bf3fc9cb830a37991730d8d7f180b&nr=138221&anz=2&pos=1 (abgerufen am 15.08.2024)

873 http://juris.bundesgerichtshof.de/cgi-bin/rechtsprechung/document.py?Gericht=bgh&Art=en&sid=0b4bf3fc9cb830a37991730d8d7f180b&nr=138221&anz=2&pos=1 (abgerufen am 15.08.2024)

874 https://www.dimdi.de/static/de/klassifikationen/icd/icd-10-who/kode-suche/htmlamtl2016/block-f40-f48.htm (abgerufen am 15.08.2024)

875 https://rm.coe.int/1680462535 (abgerufen am 15.08.2024)

876 https://www.ndr.de/nachrichten/schleswig-holstein/Frau-in-Aumuehle-getoetet-Haftbefehl-gegen-Ehemann,aumuehle130.html (abgerufen am 27.11.2024)

877 https://www.abendblatt.de/region/kreis-lauenburg/article239942800/Aumuehler-soll-Ehefrau-erwuergt-haben-Vor-Gericht-schweigt-er.html (abgerufen am 27.11.1014)

878 5 StR 168/24.

879 https://www.ln-online.de/lokales/herzogtum-lauenburg/ehefrau-in-aumuehle-erwuergt-bundesgerichtshof-ordnete-revision-in-luebeck-an-FQO7KTYKNJAULBFZSB6CJYCHMA.html (abgerufen am 27.11.2024)

880 Modus Operandi beschreibt die Art und Weise in der eine Handlung bzw. Straftat ausgeführt wird.

881 Engl. Choking – würgen, strangulieren.

882 Übers.: hart, grob.

883 https://www.thetimes.com/business-money/technology/article/social-media-make-girls-think-choking-during-sex-is-normal-0jlrgf2b0 (abgerufen am 11.07.2024)

884 https://www.esquire.de/news/gesellschaft/sex-trend-wuergen-choking-tik-tok-instagram (abgerufen am 11.07.2024)

885 https://theconversation.com/more-than-half-of-australian-young-people-are-using-strangulation-during-sex-new-research-231269 (abgerufen am 17.07.2024)

886 https://www.unimelb.edu.au/newsroom/news/2024/july/study-finds-strangling-during-sex-common,-but-understanding-is-low (abgerufen am 17.07.2024)

887 https://www.bild.de/regional/hessen/stranguliert-maedchen-13-aus-kassel-stirbt-bei-tiktok-challenge-6650234bbade7176939c33da (abgerufen am 11.07.2024)

888 Wiley, Brain and Behavior, Structural brain morphology in young adult women who have been choked/strangled during sex: A whole-brain surface morphometry study;m Jiancheng Hou (1, 2), Megan E Huibregtse (2, 3), Isabella L Alexander (2), Lillian M Klemsz (2), Tsung-Chieh Fu (4, 5), Molly Rosenberg (6), James Dennis Fortenberry (7), Debby Herbenick (4, 5), Keisuke Kawata (2, 8); 17 July 2023 Research Center for Cross-Straits Cultural Development, Fujian Normal University, Fuzhou, China Department of Kinesiology, Indiana University School of Public Health-Bloomington, Bloomington, Indiana, USA Department of Psychiatry and Behavioral Sciences, Emory University School of Medicine, Atlanta, Georgia, USA Department

of Applied Health Science, Indiana University School of Public Health, Indiana University, Bloomington, Indiana, USA The Center for Sexual Health Promotion, Indiana University School of Public Health, Indiana University, Bloomington, Indiana, USA Department of Epidemiology and Biostatistics, Indiana University School of Public Health, Indiana University, Bloomington, Indiana, USA Department of Pediatrics, Indiana University School of Medicine, Indiana University, Indianapolis, Indiana, USA Program in Neuroscience, The College of Arts and Sciences, Indiana University, Bloomington, Indiana, USA.

889 Form der Großhirnrinde

890 Herausbildung von Furchen und Windungen am Großhirn.

891 Fraktale sind hochkomplexe, geometrische Muster, ihre Struktur wiederholt sich in verschiedenen Skalen.

892 https://onlinelibrary.wiley.com/doi/10.1002/brb3.3160 (abgerufen am 11.07.2024)

893 https://www.pcadv.org/de/policy-center/pennsylvania-laws/strangulation-law/ (abgerufen am 17.07.2024)

894 https://www.breathlesscampaign.com/ (abgerufen am 09.11.2024)

895 Übers.: Eine gefährliche Sexualpraktik ist auf dem Vormarsch.

896 Übers.: „Es gibt definitiv gewalttätige Praktiken wie Würgen und Schlagen, die heute fast schon als vanilla angesehen werden, vor allem das Würgen. Würgen ist sehr Mainstream".

897 Übers.: „Wir haben die Wahrscheinlichkeit akzeptiert, dass das bei sexuellen Begegnungen passieren wird. Sie werden nicht zuerst fragen."

898 Übers.: „Ich war schon in Situationen, in denen ich das Gefühl hatte, wirklich ermordet zu werden."

899 https://juris.bundesgerichtshof.de/cgi-bin/rechtsprechung/document.py?Gericht=bgh&Art=en&sid=fd512de7064a512ff5d0a62f88972a9b&nr=129274&anz=1&pos=0 (abgerufen am 17.07.2024)

900 https://www.kreiszeitung.de/lokales/niedersachsen/dreifachmord-von-bispingen-bremer-legt-revision-ein-91262347.html (abgerufen am 11.07.2024)

901 https://www.landeszeitung.de/lokales/harburg-lk/prozess-um-dreifachmord-in-bispingen-angehoerige-der-opfer-brechen-in-traenen-aus-GLPBIOD7SSPAITVPZFVIHIY46A.html (abgerufen am 11.07.2024)

902 https://www.mopo.de/im-norden/niedersachsen/frau-und-ihre-zwei-kinder-getoetet-die-schrecklichen-hintergruende/ (abgerufen am 11.07.2024)

903 https://www.ndr.de/nachrichten/niedersachsen/lueneburg_heide_unterelbe/Dreifachmord-von-Bispingen-BGH-bestaetigt-Urteil,aktuelllueneburg7562.html (abgerufen am 11.07.2024)

904 https://www.bild.de/bild-plus/regional/bremen/bremen-aktuell/im-bett-erwuergt-mann-38-gesteht-sex-mord-an-verlobter-50-84814934.bild.html (abgerufen am 17.07.2024)

905 https://www.bild.de/regional/ruhrgebiet/ruhrgebiet-aktuell/totschlags-prozess-in-bielefeld-ehemann-stellt-tod-als-sex-unfall-dar-61895854.bild.html (abgerufen am 08.08.2024)

906 https://www.legislation.gov.uk/ukpga/2021/17 (abgerufen am 11.07.2024)

907 https://www.n-tv.de/panorama/Tuersteher-muss-fuer-Mord-lange-in-Haft-article22842356.html (abgerufen am 11.07.2024)

908 https://www.westfalen-blatt.de/owl/kreis-herford/buende/abscheulich-1135646?&npg (abgerufen am 11.07.2024)

909 https://juris.bundesgerichtshof.de/cgi-bin/rechtsprechung/document.py?Gericht=bgh&Art=en&sid=7e90fa3aa96fd3c238078de40462af73&nr=102149&anz=23&pos=5 (abgerufen am 11.07.2024)

910 https://www.bild.de/bild-plus/regional/duesseldorf/duesseldorf-aktuell/krefeld-ralph-j-soll-ehefrau-bei-brutalo-sex-getoetet-haben-prozess-62703692.bild.html?cachebuster=true (abgerufen am 11.07.2024)

911 https://www.bild.de/bild-plus/regional/duesseldorf/duesseldorf-aktuell/krefeld-ralph-j-soll-ehefrau-bei-brutalo-sex-getoetet-haben-prozess-62703692.bild.html?cachebuster=true (abgerufen am 11.07.2024)

912 https://www.bild.de/regional/duesseldorf/duesseldorf-aktuell/frau-bei-48-stunden-sex-getoetet-bewaehrungsstrafe-fuer-sadomaso-ehemann-63346802.bild.html (abgerufen am 11.07.2024)

913 https://www.pnp.de/archiv/1/ex-partnerin-beim-sex-erwuergt-54-jaehriger-zu-haftstrafe-verurteilt-7328501 (abgerufen am 17.07.2024)

914 https://www.sueddeutsche.de/panorama/aachen-frau-beim-sex-erdrosselt-anklage-will-urteil-wegen-mordes-dpa.urn-newsml-dpa-com-20090101-211110-99-943860 (abgerufen am 12.07.2024)

915 https://www.bild.de/regional/koeln/koeln-aktuell/aachen-mann-erdrosselte-seine-freundin-mit-einem-seil-beim-sex-78075422.bild.html (abgerufen am 12.07.2024)

916 https://www.24rhein.de/rheinland-nrw/aachen-baesweiler-prozess-gewaltsamer-tod-frau-erdrosselt-gefesselt-taeter-gericht-91076998.html (abgerufen am 12.07.2024)

917 https://www.bild.de/regional/bremen/bremen-aktuell/mord-prozess-warum-zerstoerte-er-ihr-glueck-79959796.bild.html abgerufen am 17.07.2024

918 https://www.bild.de/bild-plus/regional/bremen/bremen-aktuell/junge-mutter-26-erstochen-larissa-schrieb-verbrecher-liebesbriefe-in-knast-er-to-78545722.bild.html#remId=1641375230030473752?jsRedirect (abgerufen am 17.07.2024)

919 https://www.nwzonline.de/wesermarsch/mord-in-brake-angeklagter-beim-prozessauftakt-mit-kurioser-geschichte_a_51,7,1318741689.html (abgerufen am 17.07.2024)

920 https://www.nwzonline.de/wesermarsch/braker-muss-15-jahre-ins-gefaengnis-mordmerkmale-nicht-festgestellt_a_51,7,1899858986.html (abgerufen am 17.07.2024)

921 https://www.fr.de/rhein-main/darmstadt/mord-in-bensheim-frau-beim-sex-erwuergt-92793983.html (abgerufen am 11.07.2024)

922 https://www.hessenschau.de/panorama/frau-beim-sex-getoetet-mann-aus-bensheim-wegen-mordes-verurteilt-v1,urteil-beim-sex-getoetet-100.html (abgerufen am 11.07.2024)

923   https://www.bundestag.de/dokumente/textarchiv/2022/kw17-kalenderblatt-gleich berechtigungsgesetz-504286 (abgerufen am 28.11.2024)

924   https://www.fluter.de/gleichberechtigung-frauen-deutschland-geschichte (abgerufen am 28.11.2024)

925   https://www.mare.de/hei-kummt-klaasohm-content-446?srsltid=AfmBOopF xb2sevPFJuFLTpYUKcJoU-tf-CjDyM4QKxRYugDwOMDMrDaK (abgerufen am 28.11.2024)

926   https://www.ndr.de/fernsehen/sendungen/panorama/archiv/2024/Frauen-schlagen-als-Volksfest,klaasohm102.html (abgerufen am 28.11.2024)

927   MINT steht als Abkürzung für die Bereiche: Mathematik, Informatik, Naturwissenschaft und Technik.

928   https://www.realtotal.de/materazzi-das-sagte-ich-zu-zidane-vor-dem-kopfstoss-im-wm-finale/ (abgerufen am 16.09.2024)

929   https://www.gala.de/stars/news/rammstein--till-lindemann-schockt-mit-gedicht-ueber-vergewaltigung-22254918.html (abgerufen am 16.09.2024)

930   https://www.kiwi-verlag.de/magazin/news/stellungnahme-des-verlags-zur-kritik-till-lindemanns-gedicht-wenn-du-schlaefst-aus-dem (abgerufen am 16.09.2024)

931   https://www.kiwi-verlag.de/magazin/news/der-verlag-kiepenheuer-witsch-beendet-die-zusammenarbeit-mit-till-lindemann (abgerufen am 16.09.2024)

932   https://www.letras.com/westberlin-maskulin/1221516/ (abgerufen am 16.09.2024)

933   https://www.derstandard.de/story/3000000228350/du-bist-ein-niemand-youtuber-steht-zu-gewalt-gegen-seine-ex-frau (abgerufen am 16.09.2024)

934   https://www.t-online.de/unterhaltung/stars/id_87438358/fler-bedroht-frau-und-shahak-shapira-polizei-schaltet-sich-ein-.html (abgerufen am 20.09.2024)

935   https://genius.com/Bushido-gangsta-rap-kings-lyrics (abgerufen am 16.09.2024)

936   https://www.spiegel.de/panorama/gzuz-rapper-aus-hamburg-hat-haftstrafe-angetreten-a-5f496c46-29ec-49cc-a720-f07d95ab52e4 (abgerufen am 16.09.2024)

937   https://genius.com/Bushido-gangsta-rap-kings-lyrics (abgerufen am 16.09.2024)

938   https://rm.coe.int/executive-summary-grevio-germany-in-german/1680a8693a (abgerufen am 28.08.2024)

939   https://www.rnd.de/politik/haeusliche-gewalt-bundeslaender-haben-zu-wenig-frauenhaus-plaetze-DRG53JVZBNMP7DEB4BEKG2K2LQ.html (abgerufen am 24.11.2024)

940   https://taz.de/Obdachlosigkeit-bei-Frauen/!6020660/ (abgerufen am 28.08.2024)

941   https://awo-obb.de/organisation/artikel/2022-09-13-Dauerhafte-Belegung:-Was-die-Wohnungsnot-fur-Frauenhauser-bedeutet (abgerufen am 28.08.2024)

942   Gemeint ist die (damals)amtierende Bundesministerin für Familie, Senioren, Frauen und Jugend, Lisa Paus.

943   https://www.faz.net/aktuell/gesellschaft/menschen/zu-wenig-frauenhaeuser-in-deutschland-sie-fuehlen-sich-im-stich-gelassen-19862173.html (abgerufen am 28.08.2024)

944 ALDI Nord, ALDI Süd, Edeka, Lidl, Netto Marken-Discount, Penny, real und REWE beteiligten sich.

945 https://www.bmfsfj.de/resource/blob/239468/a09d21ecd295be59a9aced5b10d7c5b7/familienreport-2024-data.pdf (abgerufen am 15.09.2024)

946 https://www.bmfsfj.de/bmfsfj/aktuelles/alle-meldungen/bundeskabinett-beschliesst-aktionsplan-queer-leben--204942?view= (abgerufen am 15.09.2024)

947 https://eige.europa.eu/gender-equality-index/2023/domain/violence/DE (abgerufen am 15.09.2024)

948 https://www.bmfsfj.de/bmfsfj/aktuelles/alle-meldungen/bundesregierung-beginnt-arbeit-an-gewaltschutzstrategie-232658 (abgerufen am 15.09.2024)

949 https://www.bmi.bund.de/DE/themen/migration/zuwanderung/einwanderungsland/einwanderungsland-node.html (abgerufen am 15.09.2024)

950 https://verwaltungsgerichtshof-baden-wuerttemberg.justiz-bw.de/pb/,Lde/8873107/?LISTPAGE=8872607 (abgerufen am 15.09.2024)

951 https://www.bild.de/regional/bayern/landesberg-am-lech-polizei-findet-tote-frau-als-sie-todesnachricht-ueberbringen-6690f871028bf47c5210cdec (abgerufen am 14.07.2024)

952 https://www.merkur.de/lokales/schongau/schongau-ort29421/landsberg-weilheim-schongau-nach-suizid-des-ehemanns-tote-frau-in-wohnung-gefunden-93183211.html (abgerufen am 21.07.2024)

953 https://www.tagesschau.de/inland/regional/niedersachsen/ndr-frau-in-lebensgefahr-ehemann-schuettet-heisses-wasser-ueber-sie-100.html (abgerufen am 27.09.2024)

954 https://www.braunschweiger-zeitung.de/niedersachsen/wolfsburg/article407313658/familientragoedie-in-wolfsburg-frau-schwer-verletzt-gefunden.html (abgerufen am 27.09.2024)

955 https://elpais.com/sociedad/2024-02-13/las-pulseras-antimaltrato-entran-en-funcionamiento-tambien-para-victimas-de-violencia-sexual.html# (abgerufen am25.07.2024)

956 https://www.faz.net/aktuell/rhein-main/femizid-ehemann-toetet-eigene-frau-mit-messerstichen-in-mainz-19879363.html (abgerufen am 25.07.2024)

957 https://www.presseportal.de/blaulicht/pm/117708/5826440 (abgerufen am 21.07.2024)

958 https://merkurist.de/mainz/polizei-ermittelt-getoetetes-ehepaar-in-mainzer-hotel-obduktionsergebnisse-sind-da_3DBU(abgerufen am 25.07.2024)

959 https://www.t-online.de/nachrichten/panorama/vermischtes/id_100452284/mainz-zwei-tote-in-hotel-gefunden-sek-im-einsatz.html (abgerufen am 19.07.2024)

960 https://www.presseportal.de/blaulicht/pm/43561/5895244 (abgerufen am 25.10.2024)

961 https://rp-online.de/nrw/staedte/duisburg/duisburg-sek-einsatz-zwei-leichen-in-mehrfamilienhaus-gefunden_aid-119665713 (abgerufen am 05.10.2024)

962   https://www.all-in.de/polizei/erweiterter-suizid-in-muenchen-schwabing-mann-toetet-seine-freundin-und-dann-sich-selbst_arid-343752 (abgerufen am 28.08.2024)

963   https://x.com/fhomburger/status/1194954255062487041?lang=de (abgerufen am 20.09.2024)

964   https://www.mittelbayerische.de/lokales/landkreis-regensburg/beziehungsstreit-in-woerth-endet-blutig-mann-attackiert-lebensgefaehrtin-mit-gemuesemesser-17102474 (abgerufen am 05.10.2024)

965   https://www.swp.de/lokales/albstadt/familientragoedie-in-lautlingen-alle-sind-opfer-77409932.html (abgerufen am 21.07.2024)

966   https://www.presseportal.de/blaulicht/pm/66841/5643894   (abgerufen   am 21.07.2024)

967   https://www.merkur.de/lokales/muenchen-lk/unterhaching-ort29619/unterhaching-ehepaar-liegt-erschossen-in-wohnungen-polizei-spricht-von-tragischer-sache-92765921.html (abgerufen am 18.08.2024)

968   https://www.presseportal.de/blaulicht/pm/120462/5693821   (abgerufen   am 21.07.2024)

969   https://www.sr.de/sr/home/nachrichten/panorama/zwei_tote_nach_schuessen_in_beckinger_wohnung_100.html (abgerufen am 21.07.2024)

970   https://www.presseportal.de/blaulicht/pm/117683/5802560   (abgerufen   am 21.07.2024)

971   https://www.presseportal.de/blaulicht/pm/14915/5699989   (abgerufen   am 21.07.2024)

972   https://www.presseportal.de/blaulicht/pm/43561/5726421   (abgerufen   am 21.07.2024)

973   https://www.polizei.bayern.de/aktuelles/pressemitteilungen/071588/index.html (abgerufen am 18.08.2024)

974   https://www.polizei.bayern.de/aktuelles/pressemitteilungen/071489/index.html (abgerufen am 18. August 2024)

975   https://www.polizei.mvnet.de/Presse/Pressemitteilungen/?id=204699&processor=processor.sa.pressemitteilung (abgerufen am 13.09.2024)

976   https://www.ndr.de/nachrichten/mecklenburg-vorpommern/Drei-Verletzte-bei-Messerattacke-in-Friedland-Haftbefehl-beantragt,mvregioneubrandenburg1104.html (abgerufen am 13.09.2024)

977   https://www.bild.de/regional/sachsen/ehemann-unter-mordverdacht-frau-44-stirbt-bei-ehestreit-in-ostrau-66f125d743abb8150ad4cba6   (abgerufen   am 26.09.2024)

978   https://www.waz.de/staedte/herne-wanne-eickel/article239387221/Zwei-Tote-in-Herne-Woher-stammte-die-Schusswaffe.html (abgerufen am 21.07.2024)

979   https://rm.coe.int/1680462535 (abgerufen am 21.07.2024)

980   https://www.zdfheute.de/panorama/brand-essen-verletzte-festnahme-100.html

981   https://www.zeit.de/gesellschaft/zeitgeschehen/2024-09/essen-brandstiftung-polizei-anwalt-wahnvorstellungen (Abgerufen am 05.10.2024)

982 https://www.welt.de/regionales/nrw/article253756244/Essen-31-Verletzte-zwei-Kinder-in-Lebensgefahr-nach-zwei-Braenden-Beziehungstat-vermutet.html (abgerufen am 05.10.2024)

983 https://icd.who.int/en (abgerufen am 25.07.2024)

984 https://www.bild.de/news/geiselnahme-in-hamburg-mann-droht-mit-granaten-66a29e440f8e2968643eb24c (abgerufen am 26.07.2024)

985 https://www.mopo.de/hamburg/polizei/geiselnahme-befuerchtet-grosseinsatz-der-polizei-in-hamburg/(abgerufen am 26.07.2024)

986 https://www.faz.net/aktuell/politik/inland/amoklauf-von-hamburg-mutmasslicher-taeter-war-sportschuetze-18738616.html (abgerufen am 04.08.2024)

987 https://de.wikipedia.org/wiki/Amoktat_in_Hamburg-Alsterdorf_2023 (abgerufen am 04.08.2024)

988 https://www.ndr.de/nachrichten/hamburg/Vater-des-Amok-Schuetzen-Philipp-F-wandte-sich-an-Hamburger-Behoerde,amoklauf184.html (abgerufen am 04.08.2024)

989 https://www.zeit.de/hamburg/2023-04/amoklauf-hamburg-zeugen-jehovas-polizei-vorwuerfe (abgerufen am 04.08.2024)

990 https://www.merkur.de/welt/hamburg-amoklauf-polizei-alsterdorf-borstel-kirche-tote-neue-details-zr-92136061.html (abgerufen am 04.08.2024)

991 https://www.gesetze-im-internet.de/stgb/__20.html (abgerufen am 13.05.2024)

992 https://www.bild.de/regional/bremen/bremen-aktuell/mordprozess-in-bremen-vater-toetet-sohn-bestialisch-87730422.bild.html (abgerufen am 21.05.2024)

993 https://www.bundesrat.de/SharedDocs/drucksachen/2023/0401-0500/464-23.pdf;jsessionid=C8C3796768E4FE0C40687AC7662676DB.live241?__blob=publicationFile&v=1 (abgerufen am 25.07.2024)

994 https://www.presseportal.de/blaulicht/pm/11562/5108350 (abgerufen am 25.07.2024)

995 https://www.bundesrat.de/SharedDocs/drucksachen/2023/0401-0500/464-23(B).pdf?__blob=publicationFile&v=1 (abgerufen am 25.07.2024)

996 https://www.presseportal.de/blaulicht/pm/30835/5717848 (abgerufen am 21.07.2024)

997 https://www.presseportal.de/blaulicht/pm/30835/5797359 (abgerufen am 22.07.2024)

998 https://www.presseportal.de/blaulicht/pm/30835/5811479 (abgerufen am 22.07.2024)

999 https://www.bundesrat.de/SharedDocs/drucksachen/2024/0201-0300/258-24.pdf;jsessionid=89924828EF09E8E65F4FDCA15E1B9FF9.live531?__blob=publicationFile&v=1 (abgerufen am 25.07.2024)

1000 Die Schreiben aus den Justizministerien des Landes Nordrhein-Westfalen und des Bundes liegen der Herausgeberin im Original vor.

1001 https://www.n-tv.de/panorama/18-Jaehrige-hatte-Taeter-zuvor-bereits-angezeigt-article24689953.html (abgerufen am 21.05.2024)

1002 https://m.focus.de/panorama/welt/schuelerin-in-st-leon-rot-erstochen-18-jaehriger-gesteht-toetung-von-ex-freundin_id_259608197.html (abgerufen am 24.07.2024)

1003 https://www.presseportal.de/blaulicht/pm/117715/5699280 (abgerufen am 18.08.2024)

1004 https://www.presseportal.de/blaulicht/pm/117715/5699978 (abgerufen am 18.08.2024)

1005 https://www.polizei.bayern.de/aktuelles/pressemitteilungen/071489/index.html (abgerufen am 16.08.2024)

1006 https://www.express.de/koeln/ehe-drama-in-koeln-senioren-paar-82-84-geht-aufeinander-los-844391 (abgerufen am 13.08.2024)

1007 https://www.stuttgarter-nachrichten.de/inhalt.niederlaender-steven-van-de-velde-wirbel-um-olympia-teilnahme-von-beach-volleyballer.513dc04c-ac22-4292-8080-5460c66bc79b.html (abgerufen am 28.07.2024)

1008 https://www.zeit.de/news/2024-07/18/ehemann-sticht-auf-frau-ein-und-stirbt-danach (abgerufen am 21.07.2024)

1009 https://rm.coe.int/1680462535 (abgerufen am 25.07.2024)

1010 https://www.radioprimaton.de/2019/05/15/bergrheinfeld-brandursache-nach-familienunglueck-noch-unklar/ (abgerufen am 25.07.2024)

1011 https://www.traunsteiner-tagblatt.de/region/nachrichten-aus-bayern_artikel,-zwei-tote-in-brennendem-haus-beziehungstat-_arid,490120.html (abgerufen am 25.07.2024)

1012 https://static.rad-net.de/nachrichten/ex-profi-stumpf-bei-tragischem-ungluecksfall-verstorben;n_46760.html (abgerufen am 25.07.2024)

1013 https://www.sport1.de/news/radsport/2019/05/ex-radprofi-remig-stumpf-stirbt-bei-tragischem-vorfall (abgerufen a, 25.07.2024)

1014 https://sw1.news/nan/tragischer-unglueckfall-die-radsportwelt-trauert-um-remig-stumpf/ (abgerufen am 25.07.2024)

1015 https://www.dailymail.co.uk/tvshowbiz/article-8554205/Brad-Pitts-artist-friend-Saul-Fletcher-dead-52-apparent-murder-suicide-Berlin.html (abgerufen am 10.08.2024)

1016 https://www.promiflash.de/news/2020/07/23/in-berlin-brad-pitts-freund-toetete-frau-und-dann-sich.html (abgerufen am 10.08.2024)

1017 https://www.tz.de/stars/brad-pitt-freund-saul-fletcher-tod-motiv-abschied-berlin-frau-kunstwelt-mord-zr-90012354.html (abgerufen am 10.08.2024)

1018 https://www.bild.de/bild-plus/regional/koeln/koeln-aktuell/roesrath-karnevalist-toetet-frau-tochter-und-sich-selbst-73399058.bild.html (abgerufen am 04.08.2024)

1019 https://www.nymphenburg.com/pages/clemens-weisshaar (abgerufen am 10.08.2024)

1020 https://www.bild.de/regional/bayern/messer-mord-ex-ersticht-ehefrau-weil-sie-ein-neues-leben-wollte-669240c58cf55818dd41b619 (abgerufen am 14.07.2024)

1021 https://www.generalbundesanwalt.de/SharedDocs/Pressemitteilungen/DE/2020/Pressemitteilung2-vom-20-02-2020.html

1022 https://www.zeit.de/gesellschaft/zeitgeschehen/2020-02/gewalttat-hanau-schuesse-rassismus-taeter-motiv (abgerufen am 12.07.2024)

1023 Drucksache 20/11754 vom 28.11.2023.

1024 https://starweb.hessen.de/cache/DRS/20/4/11754.pdf (abgerufen am 12.07.2024)

1025 https://www.amadeu-antonio-stiftung.de/todesopfer-rechter-gewalt/gabriele-rathjen/ (abgerufen am 12.07.2024)

1026 https://starweb.hessen.de/cache/DRS/20/4/11754.pdf (abgerufen am 12.07.2024)

1027 https://www.welt.de/geschichte/article204087432/Amoklauf-in-Montreal-1989-Der-Moerder-wollte-nur-die-Frauen.html (abgerufen am 12.07.2024)

1028 https://www.ksta.de/region/euskirchen-eifel/stadt-euskirchen/euskirchen-amoklauf-am-amtsgericht-vom-9-maerz-1994-jaehrt-sich-754429 (12.07.2024)

1029 https://www.spiegel.de/politik/der-martin-war-immer-nett-a-0b2afee3-0002-0001-0000-000015045612 (abgerufen am 12.07.2024)

1030 https://www.erfurt-web.de/Gutenberg_Gymnasium_Denkmal_Erfurt (abgerufen am 12.07.2024)

1031 https://www1.wdr.de/stichtag/stichtag-amoklauf-schule-winnenden-100.html (abgerufen am 12.07.2024)

1032 https://www.faz.net/aktuell/gesellschaft/kriminalitaet/elliot-rodger-amoklauf-mit-ansage-12959428.html (abgerufen am 12.07.2024); https://www.theguardian.com/commentisfree/2014/may/24/elliot-rodgers-california-shooting-mental-health-misogyny (abgerufen am 12.07.2024)

1033 Übersetzung: „Ich weiß nicht, warum ihr Mädels euch nicht zu mir hingezogen fühlt, aber ich werde euch alle dafür bestrafen."

1034 https://www.latimes.com/nation/la-na-school-shootings-2017-story.html (abgerufen am 12.07.2024)

1035 https://www.forensik.de/fileadmin/user_files/forensik/Rechtsprechung/Bannenberg_Gutachten_zu_Amoktat_M%C3%BCnchen_2016_Bayerische_Polizei_2018.pdf (abgerufen am 12.07.2024)

1036 https://www.cbc.ca/news/canada/toronto/toronto-van-attack-sentencing-victims-survivors-1.6486563 (abgerufen am 12.07.2024)

1037 https://edition.cnn.com/2018/05/18/us/texas-school-shooting-victims/index.html (abgerufen am 12.07.2024)

1038 https://rp-online.de/politik/17-tote-bei-massaker-an-schule-in-florida_aid-17162511 (abgerufen am 12.07.2024)

1039 https://www.mdr.de/nachrichten/sachsen-anhalt/magdeburg/magdeburg/reportage-siebzehnter-tag-prozess-halle-100.html (abgerufen am 12.07.2024)

1040 https://www.texastribune.org/2022/05/25/uvalde-school-shooting-victims/ (abgerufen am 14.07.2024)

1041 https://www.ndr.de/nachrichten/hamburg/Amoklauf-in-Hamburg-Welche-Rolle-spielte-Frauenhass-bei-der-Tat,amoklaufhamburg100.html (abgerufen am 12.07.2024)

1042 https://en-m-wikipedia-org.translate.goog/wiki/Bondi_Junction_stabbings?_x_tr_
sl=en&_x_tr_tl=de&_x_tr_hl=de&_x_tr_pto=rq (abgerufen am 13.08.2024)

1043 https://www.kn-online.de/schleswig-holstein/frauenberatung-zu-den-toedlichen-
schuessen-staat-hat-versagt-LSUOJQ5ELGWIRHAHUQ53KKRMFI.html   (abgerufen
am 09.07.2024)

1044 https://www.welt.de/vermischtes/article237993251/Fall-Daenischenhagen-
Zahnarzt-muss-wegen-Dreifachmord-lebenslang-in-Haft.html   (abgerufen   am
09.07.2024)

1045 https://www.br.de/nachrichten/bayern/wuerzburger-messerattacke-taeter-
schuldunfaehig-in-psychiatrie,TCfx929 (abgerufen am 12.07.2024)

1046 https://www.br.de/nachrichten/bayern/wuerzburger-messerattacke-taeter-
schuldunfaehig-in-psychiatrie,TCfx929 (abgerufen am 12.07.2024)

1047 https://www.emma.de/artikel/say-her-name-338847 (abgerufen am 12.07.2024)

1048 https://www.welt.de/vermischtes/article251815206/Laufender-Einsatz-Taeter-
nach-Schuessen-in-Hagen-weiter-auf-der-Flucht.html (abgerufen am 02.06.2024)

1049 https://www.bild.de/news/schuesse-in-hagen-nrw-taeter-auf-der-flucht-mehrere-
verletzte-665afef94d1e6d2df21c20bc (abgerufen am 01.06.2024)

1050 https://www.secretservice.gov/newsroom/releases/2023/01/new-secret-service-
research-examines-first-time-five-years-mass-violence (abgerufen am 14.07.2024)

1051 https://minnesotareformer.com/2022/08/18/misogyny-is-fueling-the-countrys-
gun-violence-epidemic-experts-say/ (abgerufen am 14.07.2024)

1052 https://minnesotareformer.com/2022/08/18/misogyny-is-fueling-the-countrys-
gun-violence-epidemic-experts-say/ (abgerufen am 12.08.2024)

1053 https://www.bmfsfj.de/bmfsfj/themen/gleichstellung/queerpolitik-und-
geschlechtliche-vielfalt/gesetz-ueber-die-selbstbestimmung-in-bezug-auf-den-
geschlechtseintrag-sbgg--199332 (abgerufen am 12.08.2024)

1054 https://unric.org/de/17ziele/(abgerufen am 12.08.2024)

1055 https://www.bmj.de/SharedDocs/Downloads/DE/Gesetzgebung/RefE/RefE_
Selbstbestimmung.pdf?__blob=publicationFile&v=4 (abgerufen am 13.08.2024)

1056 https://www.nzz.ch/feuilleton/selbstbestimmungsgesetz-anwalt-udo-vetter-
kritisiert-buschmann-ld.1698036 (abgerufen am 13.08.2024)

1057 https://www.bmj.de/DE/themen/gesellschaft_familie/queeres_leben/
selbstbestimmung/selbstbestimmung_node.html (abgerufen am 13.08.2024)

1058 Transfrauen sind biologische Männer.

1059 https://ga.de/region/sieg-und-rhein/troisdorf/troisdorf-56-jaehrige-frau-wegen-
exhibitionismus-angeklagt_aid-119086747 (abgerufen am 19.09.2024)

1060 https://www.abgeordnetenwatch.de/profile/marco-buschmann/fragen-antworten/
koennen-transfrauen-gegen-ss-183-stgb-verstossen (abgerufen am 19.09.2024)

1061 https://www.berliner-zeitung.de/wochenende/die-angst-ging-um-bei-frauen-der-
rosa-riese-toetete-sechs-menschen-li.174119 (abgerufen am 12.08.2024)

1062 https://taz.de/Welche-Schuld-traegt-Wolfgang-Schmidt/!1661480/ (abgerufen am
12.08.2024)

1063 https://www.google.com/url?sa=t&source=web&rct=j&opi=89978449&url=h ttps://www.berliner-zeitung.de/wochenende/die-angst-ging-um-bei-frauen-der-rosa-riese-toetete-sechs-menschen-li.174119&ved=2ahUKEwintqe04e-HAxWy0wl HHdRDC70QFnoECBMQAQ&usg=AOvVaw1ZcYqygzxuu_E5zNvuptYa (abgerufen am 12.08.2024)

1064 https://de.wikipedia.org/wiki/Rosa_Riese(abgerufen am 12.08.2024)

1065 https://www.merkur.de/lokales/muenchen-lk/haar-ort104496/muenchen-haar-isar-amper-klinikum-tote-polizei-einsatz-feuer-91582603.html (abgerufen am 13.08.2024)

1066 https://www.merkur.de/lokales/muenchen-lk/haar-ort104496/muenchen-haar-isar-amper-klinikum-tote-polizei-einsatz-feuer-91582603.html (abgerufen am 13.08.2024)

1067 https://www.merkur.de/lokales/muenchen-lk/haar-ort104496/eisenstangen-mord-klinik-in-der-kritik-91591248.html (abgerufen am 13.08.2024)

1068 https://www.bild.de/regional/muenchen/muenchen-aktuell/urteil-muenchen-mann-erwuergt-kuenstlerin-und-kommt-in-die-psychiatrie-84850906.bild.html (abgerufen am 13.08.2024)

1069 https://www.justiz.bayern.de/gerichte-und-behoerden/oberlandesgerichte/muenchen/presse/2023/46.php (abgerufen am 12.08.2024)

1070 https://kamillanagy.de (abgerufen am 13.08.2024)

1071 https://www.justiz.bayern.de/gerichte-und-behoerden/oberlandesgerichte/muenchen/presse/2023/46.php (abgerufen am 13.08.2024)

1072 https://www.tz.de/muenchen/region/muenchen-haar-leiche-frauenleiche-verwest-tot-taeter-polizei-pk-details-news-91271017.html (abgerufen am 13.08.2024)

1073 https://www.bmfsfj.de/bmfsfj/aktuelles/alle-meldungen/bundestag-beschliesst-selbstbestimmungsgesetz-238306(abgerufen am 13.08.2024)

1074 https://www.bmfsfj.de/bmfsfj/aktuelles/alle-meldungen/bundestag-beschliesst-selbstbestimmungsgesetz-238306 (abgerufen am 13.08.2024)

1075 https://spcommreports.ohchr.org/TMResultsBase/DownLoadPublicCommunication File?gld=29160 (abgerufen am 13.08.2024)

1076 https://www.welt.de/politik/deutschland/article252966862/Brief-an-Baerbock-UN-Sonderberichterstatterin-kritisiert-Selbstbestimmungsgesetz.html (abgerufen am 13.08.2024)

1077 https://rm.coe.int/1680462535 (abgerufen am 02.05.2024)

1078 https://www.unodc.org/documents/data-and-analysis/statistics/Statistical_framework_femicide_2022.pdf (abgerufen am 13.08.2024)

1079 https://www.frauenrat.de/un-berichterstatterin-positioniert-sich-gegen-deutsches-selbstbestimmungsgesetz/ (abgerufen am 16.08.2024)

1080 Dr. Glynnis Zieman ist Spezialistin für traumatische Hirnverletzungen und Gehirn-erschütterungen am Barrow Neurological Institute in Phoenix, Arizona, U.S.A.

1081 Ashley Bridwell ist als Sozialarbeiterin in einem auf neurologische Verletzungen spezialisierten Trauma-Krankenhaus Teil der Brain Injury Alliance of Arizona (BIAAZ), Arizona, U.S.A.

1082 Prof. Dr. Javier F. Cardenas ist Leiter der Abteilung für Sportneurologie des Rocke-feller Neurosciences Institute Medical Center, West Virginia, U.S.A.

1083 Bei der chronisch traumatischen Enzephalopathie (CTE) handelt es sich um eine fortschreitende, degenerative Erkrankung des Gehirns, die nach häufigen Schlägen oder Stößen auf den Kopf oder nach Explosionsverletzungen auftreten kann. Symptomatisch für eine CTE sind kognitive Defizite, Wesens- und Verhaltensverän-derungen sowie Bewegungsstörungen. In der internationalen ICD-10 Klassifikation von Krankheiten wird CTE über F07. 81 (Post Concussion Syndrom) verschlüsselt. Sie ist vorwiegend an (ehemaligen) professionellen American-Footballspielern erforscht worden.

1084 https://www.nytimes.com/2022/03/01/magazine/brain-trauma-domestic-violence.html (abgerufen am 04.05.2024)

1085 Gareth Roberts ist ein auf neurovaskuläre Chirurgie und Schädelbasischirurgie einschließlich Hypophysenchirurgie spezialisierter Facharzt der Neurochirurgie in Preston, Lancashire, Great Britain.

1086 https://www.aerzteblatt.de/nachrichten/147016/Hirnverletzungen-offenbar-haeufige-Folge-von-haeuslicher-Gewalt (abgerufen am 05.05.2024)

1087 https://ministers.pmc.gov.au/gallagher/2024/working-end-violence-against-women-rapid-review-prevention-approaches (abgerufen am 19.08.2024)

1088 https://www.dss.gov.au/ending-violence/safety-programs (abgerufen am 19.08.2024)

1089 https://www.dss.gov.au/ending-violence (abgerufen am 20.08.2024)

1090 https://www.dss.gov.au/sites/default/files/documents/12_2023/national-plan-executive-summary.pdf (abgerufen am 20.08.2024)

1091 https://eige.europa.eu/sites/default/files/documents/2016.5464_mh0116745enn_pdfweb_20170214160324.pdf (abgerufen am 19.08.2024)

1092 https://eige.europa.eu/sites/default/files/documents/2016.5464_mh0116745enn_pdfweb_20170214160324.pdf (abgerufen am 19.08.2024)

1093 https://igvm-iefh.belgium.be/fr/publications/plan_daction_national_de_lutte_contre_les_violences_basees_sur_le_genre_2021_2025 (abgerufen am 19.08.2024)

1094 https://igvm-iefh.belgium.be/sites/default/files/20211125-pan-2021-2025-clean-fr.pdf (abgerufen am 19.08.2024)

1095 https://www.brusselstimes.com/580887/belgium-adopts-historic-law-against-femicide (abgerufen am 04.10.2024)

1096 https://www.gov.br/mulheres/pt-br/central-de-conteudos/noticias/2024/outubro/presidente-lula-sanciona-lei-que-agrava-pena-de-feminicidio-e-de-outros-crimes-praticados-contra-a-mulher (abgerufen am 16.10.2024)

1097 https://hpd.de/artikel/chile-19-dezember-wird-nationaler-tag-gegen-den-femizid-18696 (abgerufen am 30.09.2024)

1098 https://www.gob.cl/en/news/chile-to-have-comprehensive-violence-against-women-law/(abgerufen am 20.08.2024)

1099 https://www.pressenza.com/2024/04/non-sexist-education-a-protective-factor-against-violence-against-women/ (abgerufen am 04.10.2024)

1100   https://www.tagesschau.de/ausland/europa/femizid-weltfrauentag-frankreich-101.html (abgerufen am 27.09.2024)

1101   https://www.diplomatie.gouv.fr/IMG/pdf/pna_eng_vf_cle0c99c8.pdf (abgerufen am 27.09.2024)

1102   https://www.zeit.de/politik/ausland/2024-11/frankreich-frauenhaus-ko-tropfen-test-klage-barnier-michel (abgerufen am 28.11.2024)

1103   https://www.gov.uk/government/publications/domestic-abuse-bill-2020-factsheets/domestic-violence-disclosure-scheme-factsheet (abgerufen am 28.11.2024)

1104   https://www.spiegel.de/panorama/justiz/grossbritannien-yvette-cooper-will-frauenfeindlichkeit-als-form-des-extremismus-werten-a-6323bc93-c12e-4a87-bdbe-d0d01c17a0d3(abgerufen am 19.08.2024)

1105   https://www.ndtv.com/world-news/for-first-time-uk-plans-to-treat-extreme-misogyny-as-aform-of-terrorism-6361603#ndtv_prevstory (abgerufen am 19.08.2024)

1106   https://www.psni.police.uk/safety-and-support/advice-and-information/non-fatal-strangulation (abgerufen am 04.10.2024)

1107   https://www.stol.it/artikel/politik/codice-rosso-italien-hat-neues-gesetz-gegen-gewalt-an-frauen (abgerufen am 19.08.2024)

1108   https://www.funzionepubblica.gov.it/articolo/dipartimento/07-12-2023/direttiva-superamento-violenza-contro-le-donne (abgerufen am 19.08.2024)

1109   Als Präfekt wird der oberste Verwaltungsbeamter einer italienischen Provinz bezeichnet.

1110   https://www.interno.gov.it/it/notizie/contrasto-alla-violenza-genere-prefetto-pesaro-e-urbino-applica-nuovo-codice-rosso (abgerufen am 19.08.2024)

1111   https://tg24.sky.it/politica/2023/11/23/violenza-donne-ddl#20 (abgerufen am 19.08.2024)

1112   https://www.unsertirol24.com/2019/04/04/svp-stimmt-fuer-pornorache-als-straftatbestand/(abgerufen am 20.08.2024)

1113   https://www.ksta.de/region/oberberg/gummersbach/angeklagter-aus-gummersbach-griff-ex-freundin-mit-saeure-an-862151 (abgerufen am 14.09.2024)

1114   https://www1.wdr.de/nachrichten/rheinland/prozess-saeure-angriff-ex-freundin-gummersbach-100.html (abgerufen am 14.09.2024)

1115   https://dejure.org/gesetze/StGB/226.html (abgerufen am 14.09.2024)

1116   https://www.canada.ca/en/women-gender-equality/commemorations-celebrations/16-days/national-day-remembrance.html (abgerufen am 20.08.2024)

1117   https://www.theguardian.com/world/2023/nov/28/toronto-man-sentenced-life-terrorism (abgerufen am 19.08.2024)

1118   https://www.fr.de/politik/zumindest-ein-fortschritt-nach-aussen-93082408.html (abgerufen am 19.08.2024)

1119   https://eurasianet.org/kazakhstan-toughens-domestic-violence-laws (abgerufen am 19.08.2024)

1120   https://sarajevotimes.com/day-of-mourning-in-kosovo-in-memory-of-women-and-girls-victims-of-femicide/ (abgerufen am 20.08.2024)

1121   Übersetzt: vereinigen, engagieren, erheben.

1122   https://newsbook.com.mt/en/national-strategy-on-domestic-violence-unveiled-from-panic-buttons-to-electronic-tagging/ (abgerufen am 27.09.2024)

1123   https://www.amnesty.org/en/latest/news/2024/03/netherlands-historic-victory-as-dutch-law-adopts-consent-based-definition-of-rape/ (abgerufen am 04.10.2024)

1124   https://www.derstandard.de/story/3000000236237/gewalt-gegen-frauen-notrufnummer-auf-steirischen-milchpackungen (abgerufen am 30.09.2024)

1125   https://search.coe.int/directorate_of_communications#{%22CoEIdentifier%22:[%220900001680b18d4c%22],%22sort%22:[%22CoEValidationDate%20Descending%22]}

1126   https://www.derstandard.de/story/3000000227157/frauen-koennen-geld-vom-staat-verlangen-wenn-die-polizei-sie-nicht-vor-gewalt-schuetzt   (abgerufen   am 04.10.2024)

1127   https://www.ogh.gv.at/entscheidungen/entscheidungen-ogh/zur-haftung-des-bundes-fuer-die-unterlassung-von-massnahmen-zur-gefahrenabwehr/ (abgerufen am 04.10.2024)

1128   https://www.fao.org/faolex/results/details/en/c/LEX-FAOC219068/ (abgerufen   am 04.10.2024)

1129   https://www.government.se/information-material/2023/01/swedens-work-to-combat-mens-violence-against-women/ (abgerufen am 08.10.2024)

1130   https://www.government.se/contentassets/9f4260f9e1724682aada19ba2df f181c/informationmaterial-swedens-work-to-combat-mens-violence-against-women-003.pdf (abgerufen am 08.10.2024)

1131   https://www.rnd.de/politik/gewalt-gegen-frauen-und-femizide-was-europaeische-staaten-dagegen-tun-PSJ5A2SBKBMHVHBG7VLPFUHJ3I.html   (abgerufen   am 04.10.2024)

1132   https://www.igualdad.gob.es/comunicacion/notasprensa/espana-el-primer-pais-europa-feminicidios/ (abgerufen am 08.10.2024)

1133   https://www.thehotline.org/stakeholders/domestic-violence-awareness-month/ (abgerufen am 04.10.2024)

1134   https://www.dvawareness.org/ (abgerufen am 04.10.2024)

1135   https://dbpedia.org/page/Amy%27s_Law_(Ohio) (abgerufen am 28.11.2024)

1136   https://cyprus-mail.com/2022/07/07/femicide-made-a-distinct-crime-under-new-law/ (abgerufen am 08.10.2024)

1137   https://search.coe.int/directorate_of_communications#{%22CoEObjectId%22:[%220900001680a07d33%22],%22sort%22:[%22CoEValidationDate%20Descending%22]} (abgerufen am 22.05.2024)

1138   https://www.zwd.info/menschenrechtsinstitut-fordert-umfassende-strategie-gegen-frauengewalt.html (abgerufen am 08.10.2024)

1139   https://www.landkreis-lindau.de/Gesellschaft-Soziales-Gesundheit/Gleichstellung/Arbeitskreis-Wege-aus-der-Gewalt-/Startschuss-f%C3%BCr-

Gewaltpr%C3%A4ventionskurse-an-Schulen-im-Landkreis-Lindau-Bodensee-erfolgt.php?object=tx,2562.5&ModID=7&FID=2846.2740.1&NavID=2846.166&La=1(abgerufen am 29.10.2024)

1140 https://www.kmk.org/fileadmin/Dateien/pdf/Bildung/AllgBildung/Broschuere_Leitfaden_KMK-16-03-2023.pdf (abgerufen am 29.10.2024)

1141 https://www.grc-org.de/laien-schulen/50-45-Reanimationstraining-fur-Schuler-innen (abgerufen am 29.09.2024)

1142 https://kultus.hessen.de/schulen-erhalten-info-set-zur-praevention-sexualisierter-gewalt (abgerufen am 29.10.2024)

1143 https://www.spiegel.de/wirtschaft/arbeitsminister-hubertus-heil-bringt-neues-tariftreuegesetz-auf-den-weg-a-a948a29c-df44-4012-8b1c-24aa383ea15b (abgerufen am 17.09.2024)

1144 https://www.tag24.de/chemnitz/crime/brutale-attacke-auf-dem-chemnitzer-sonnenberg-mann-schlaegt-frau-ins-krankenhaus-3325622 (abgerufen am 14.10.2024)

1145 https://www.presseportal.de/blaulicht/pm/11562/5875354 (abgerufen am 29.09.2024)

1146 https://www.bild.de/regional/essen/essen-nrw-feuer-gelegt-machete-gezogen-motiv-verschmaehte-liebe-66f9286fe15ac00f29428310 (abgerufen am 29.09.2024)

1147 Das Schreiben liegt der Herausgeberin im Original vor

1148 https://www.presseportal.de/blaulicht/pm/50510/5896583 (abgerufen am 29.10.2024)

1149 https://www.fr.de/frankfurt/spendenaufruf-offenbart-toetungsdelikt-in-frankfurt-93041192.html (abgerufen am 08.10.2024)

1150 https://mffki.rlp.de/themen/frauen/gewalt-gegen-frauen-und-maedchen/sexualisierte-gewalt/das-projekt-rigg/umsetzung-von-rigg (abgerufen am 29.10.2024)

1151 https://mffki.rlp.de/service/presse/detail/pressemitteilung-des-bundesfamilienministeriums-5 (abgerufen am 29.10.2024)

1152 https://www.bild.de/regional/frankfurt/frankfurt-aktuell/schock-zahlen-aus-rheinland-pfalz-58-frauen-bei-uebergriffen-getoetet-85009254.bild.html (abgerufen am 29.10.2024)

1153 https://www.swr.de/swraktuell/rheinland-pfalz/ludwigshafen/warum-steigt-die-zahl-der-gewalttaten-an-frauen-statt-zu-sinken-100.html (abgerufen am 29.10.2024)

1154 https://rm.coe.int/5th-general-report-on-grevio-s-activities/1680b1f78f (abgerufen am 29.10.2024)

1155 https://www.coe.int/de/web/portal/-/stopping-violence-against-women-new-report-stresses-need-for-risk-assessment-to-keep-women-safe-from-violence (abgerufen am 29.10.2024)

1156 https://www.gesetze-im-internet.de/bgb/__1361b.html (abgerufen am 30.10.2024)

VIII. Anhang

1157 https://paragraph2511.de/ (abgerufen am 30.10.2024)

1158 https://www.wgbg-hausverwaltung-berlin.de/die-wgbg-setzt-ein-zeichen-gegen-haeusliche-gewalt/ (abgerufen am 30.10.2024)

1159 https://autonome-frauenhaeuser-zif.de/wp-content/uploads/2019/08/zif_leitlinien_autonomer_frauenhaeuser_flyer_0.pdf (abgerufen am 22.07.2024)

1160 https://gelsenkirchen.polizei.nrw/presse/nach-bundesligaspiel-69-tatverdaechtige-nach-ausschreitungen-gesucht (abgerufen am 30.10.2024)

1161 https://www.bundestag.de/presse/hib/kurzmeldungen-977980 (abgerufen am 30.10.2024)

1162 BGH 2 StR 349/08.

1163 https://juris.bundesgerichtshof.de/cgi-bin/rechtsprechung/document.py?Gericht=bgh&Art=en&sid=3e91ff04cfe1fe44ea154d0c1ed19ed2&nr=46065&anz=1&pos=0 (abgerufen am 30.10.2024)

1164 https://www.butenunbinnen.de/nachrichten/soldat-schuesse-prozess-scheessel-100.html (abgerufen am 30.10.2024)

1165 https://www.merkur.de/lokales/ebersberg/hohenlinden-ort28823/ich-haette-es-mir-schlimmer-vorgestellt-senior-soll-ehefrau-erwuergt-haben-und-macht-beklemmende-aussage-hohenlinden-93100418.html (abgerufen am 30.05.2024)

1166 https://www.presseportal.de/blaulicht/pm/110976/5788344 (abgerufen am 29.05.2024)

1167 https://www.swr.de/swraktuell/baden-wuerttemberg/karlsruhe/urteil-im-prozess-in-karlsruhe-um-mordversuch-an-frau-100.html (abgerufen am 17.09.2024)

1168 https://bnn.de/pforzheim/pforzheim-stadt/34-jaehrige-pforzheimerin-wird-nach-gescheitertem-ehrenmord-ueber-stunden-verhoert

1169 https://www.rheinpfalz.de/lokal/frankenthal_artikel,-landgericht-33-j%C3%A4hriger-soll-ex-partnerin-im-schlaf-erstochen-haben-_arid,5692377.html (abgerufen am 16.09.2024)

1170 https://www.rheinpfalz.de/lokal/frankenthal_artikel,-mord-an-ex-partnerin-polizei-folgt-blutiger-spur-_arid,5695713.html (abgerufen am 27.09.2024)

1171 https://www.bild.de/unterhaltung/stars-und-leute/alexander-zverev-strafbefehl-wegen-angriff-auf-ex-aufgehoben-tennis-star-ist-unschuldig-666299c0b1e0524fad7480de (abgerufen am 07.06.2024)

1172 https://rm.coe.int/1680462535 (abgerufen am 07.06.2024)

1173 https://www.n-tv.de/sport/fussball/Nico-Schulz-vor-Gericht-Entlassener-Ex-BVB-Profi-muss-150-000-Euro-zahlen-article24771484.html (abgerufen am 07.06.2024)

1174 https://www.bild.de/sport/mehr-sport/tennis/zverev-spricht-ueber-seinen-sieg-vor-Gericht-88596776.bild.html (abgerufen am 08.06.2024)

1175 https://www.gesetze-im-internet.de/stpo/__153a.html (abgerufen am 08.06.2024)

1176 https://dejure.org/gesetze/StGB/12.html (abgerufen am 08.06.2024)

1177 https://www.bpb.de/kurz-knapp/lexika/recht-a-z/323805/opportunitaetsprinzip/ (abgerufen am 08.06.2024)

1178 https://www.swr.de/swraktuell/baden-wuerttemberg/karlsruhe/polizeieinsatz-weingarten-104.html (abgerufen am 08.08.2024)

1179 https://www.presseportal.de/blaulicht/pm/110972/5762291 (abgerufen am 08.08.2024)

1180 https://www.landtag-bw.de/home/aktuelles/dpa-nachrichten/2024/Mai/KW19/Montag/a928488b-edc9-4b82-8d3f-b99285e6.html (abgerufen am 08.08.2024)

1181 https://www.presseportal.de/blaulicht/pm/110969/5802591 (abgerufen am 08.08.2024)

1182 https://www.swr.de/swraktuell/baden-wuerttemberg/tuebingen/tote-frau-rueckbank-in-epfendorf-ist-erstochen-worden-100.html (abgerufen am 08.08.2024)

1183 https://www.swr.de/swraktuell/baden-wuerttemberg/suedbaden/simonswald-38-jaehrige-getoetet-100.html (abgerufen am 07.08.2024)

1184 https://bnn.de/karlsruhe/karlsruher-norden/weingarten/toetungsdelikt-in-weingarten-war-eine-beziehungstat (abgerufen am 07.08.2024)

1185 https://www.presseportal.de/blaulicht/pm/110976/5823088 (abgerufen am 07.08.2024)

1186 https://www.polizei.bayern.de/aktuelles/pressemitteilungen/067610/index.html (abgerufen am 07.08.2024)

1187 https://www.bild.de/regional/bayern/regensburg-kripo-glaubt-dass-bestatterin-marie-19-im-haus-des-ex-starb-663b18e9b82973322dad3fcf (abgerufen am 07.08.2024)

1188 https://www.rtl.de/news/esme-e-70-tot-am-ufergrundstueck-gefunden-freunde-trauern-um-ermordete-cafe-chefin-vom-bodensee-id1733744.html (abgerufen am 07.08.2024)

1189 https://www.bild.de/regional/bayern/messermord-in-landsberg-yosepha-in-ihrer-heimat-beerdigt-669d4bcb4b9ee64d3870cd04 (abgerufen am 07.08.2024)

1190 https://www.rtl.de/news/katina-33-aus-eggolsheim-vermisst-hat-joseph-georg-h-katina-und-sabine-umgebracht-id1767001.html (abgerufen am 19.08.2024)

1191 https://www.nordbayern.de/oberpfalz/regensburg/46-jahriger-totet-partnerin-hubschraubereinsatz-nach-femizid-in-oberpfalz-1.14388293 (abgerufen am 19.08.2024)

1192 https://www.br.de/nachrichten/bayern/tote-frau-in-fuerth-gefunden-polizei-geht-von-mord-aus,UNKaefZ (abgerufen am 04.09.2024)

1193 https://www.bz-berlin.de/polizei/mord-koepenick-taeter-und-mutter-tot (abgerufen am 07.08.2024)

1194 https://www.tagesspiegel.de/berlin/ex-freundin-in-berlin-wilmersdorf-erstochen-tatverdachtiger-fahrlehrer-und-seine-mutter-tot-aufgefunden-11766017.html (abgerufen am 07.08.2024)

1195 https://www.tagesspiegel.de/berlin/femizid-in-kopenick-34-jahrige-frau-in-ihrer-wohnung-getotet--haftbefehl-wegen-mordes-erlassen-11760062.html (abgerufen am 07.08.2024)

1196 https://www.welt.de/vermischtes/article252283580/Berlin-Tempelhof-45-jaehrige-Frau-getoetet-Polizei-nimmt-Ehemann-fest.html (abgerufen am 07.08.2024)

1197 https://www.rbb24.de/panorama/beitrag/2024/08/palliativarzt-u-haft-berlin-haftbefehl.html (abgerufen am 07.08.2024)

1198 https://www.rbb24.de/panorama/beitrag/2024/08/palliativarzt-u-haft-berlin-haftbefehl.html (abgerufen am 07.08.2024)

1199 https://www.rbb24.de/panorama/beitrag/2024/08/palliativarzt-u-haft-berlin-haftbefehl.html (abgerufen am 07.08.2024)

1200 https://www.berlin.de/polizei/polizeimeldungen/2024/pressemitteilung.1469208.php (abgerufen am 07.08.2024)

1201 https://www.rbb24.de/panorama/beitrag/2024/08/palliativarzt-u-haft-berlin-haftbefehl.html abgerufen am 07.08.2024)

1202 https://www.bild.de/regional/berlin/berlin-tote-frau-in-blutlache-im-keller-entdeckt-66c24a38d6e4fc3604e537df abgerufen am 19.08.2024)

1203 https://www.rbb24.de/panorama/beitrag/2024/08/berlin-kriminalitaet-zehlendorf-frau-erstochen.html (abgerufen am 29.08.2024)

1204 https://www.maz-online.de/lokales/teltow-flaeming/grossbeeren/frau-in-grossbeeren-erstochen-29-jaehriger-soll-seine-mutter-getoetet-haben-QEFNYQGIRVH77IBE5C4EMHZDRI.html (abgerufen am 07.08.2024)

1205 https://www.moz.de/lokales/strausberg/tote-frau-in-herzfelde-auffaelliger-fund-im-haus-polizei-ermittelt-gegen-ehemann-73808659.html(abgerufen am 07.08.2024)

1206 https://www.maz-online.de/lokales/havelland/rathenow/tote-frau-in-rathenow-tatverdaechtiger-auf-freiem-fuss-das-sagt-der-staatsanwalt-2AURKHWXDRE2ZOPDK54IPT5K7Y.html (abgerufen am 07.08.2024)

1207 https://www.rbb24.de/panorama/beitrag/2024/06/getoetete-guben-tochter-lebensgefaehrtin-ermittlungen-gaffer.html (abgerufen am 07.08.2024)

1208 https://www.bild.de/regional/frankfurt/killer-soll-vier-wochen-mit-leiche-seiner-freundin-gelebt-haben-662240230228661e74f18b53 (abgerufen am 08.08.2024)

1209 https://www.hessenschau.de/panorama/frau-in-brechen-mit-messer-getoetet-polizei-nimmt-sohn-als-tatverdaechtigen-fest-v1,frau-getoetet-brechen-100.html (abgerufen am 08.08.2024)

1210 https://www.hessenschau.de/panorama/frau-in-offenbach-getoetet---lebensgefaehrte-in-u-haft-v3,tote-frau-offenbach-100.html (abgerufen am 08.08.2024)

1211 https://www.hessenschau.de/panorama/polizist-soll-lebensgefaehrtin-in-weilrod-mit-dienstwaffe-erschossen-haben-v5,frau-erschossen-polizist-weilrod-100.html (abgerufen am 08.08.2024)

1212 https://www.bild.de/regional/hessen/mord-in-bad-homburg-mann-bringt-ehefrau-um-und-rast-in-den-tod-665c5037c34cbc2d431bfac0 (abgerufen am 08.08.2024)

1213 https://www.swr.de/swraktuell/baden-wuerttemberg/mannheim/leichenfund-bensheim-baggersee-vermisste-offenbar-getoetet-100.html (abgerufen am 07.08.2024)

1214 https://www.wiesbadener-kurier.de/lokales/wiesbaden/stadt-wiesbaden/gewaltverbrechen-in-wiesbaden-fordert-zwei-todesopfer-3754398 (abgerufen am 07.08.2024)

1215 https://www.tagesschau.de/inland/regional/hessen/hr-mann-toetet-19-jaehrige-und-verletzt-ihren-freund-in-altenstadt-suizid-nach-messerangriff-100.html (abgerufen am 07.08.2024)

1216 https://www.tagesschau.de/inland/regional/hessen/hr-mann-toetet-frau-in-muehlheim-100.html (abgerufen am 06.09.2024)

1217 https://www.cz.de/lokales/celle-lk/suedheide/femizid-in-backebergsmuehle-angeklagter-gesteht-terry-getoetet-zu-haben-KIJNIRQOD5FPLLSEPHMEGU2KHU.html (abgerufen am 07.08.2024)

1218 https://www.juistnews.de/artikel/2024/1/31/ehemalige-juisterin-wurde-in-hage-getotet/ (abgerufen am 07.08.2024)

1219 https://www.ndr.de/nachrichten/niedersachsen/braunschweig_harz_goettingen/23-Jaehrige-getoetet-Polizei-findet-Auto-des-Verdaechtigen,aktuellbraunschweig12510.html (abgerufen am 07.08.2024)

1220 https://www.ndr.de/nachrichten/niedersachsen/oldenburg_ostfriesland/Eigene-Mutter-getoetet-37-Jaehriger-in-Untersuchungshaft,norden388.html (abgerufen am 07.08.2024)

1221 https://www.ndr.de/nachrichten/niedersachsen/lueneburg_heide_unterelbe/Mutmasslicher-Vierfachmoerder-von-Scheessel-und-Bothel-angeklagt,scheessel208.html (abgerufen am 07.08.2024)

1222 https://www1.wdr.de/nachrichten/westfalen-lippe/zwei-tote-ahlen-mordkommission-100.html (abgerufen am 07.08.2024)

1223 https://rp-online.de/nrw/staedte/duesseldorf/blaulicht/angriff-in-duesseldorf-vennhausen-sohn-soll-eigene-mutter-erstochen-haben_aid-111915945 (abgerufen am 07.08.2024)

1224 https://www.bild.de/regional/ruhrgebiet/rentnerin-in-hamm-getoetet-moerder-versteckte-leiche-tagelang-im-keller-663d34258dd67436519526b4 (abgerufen am 07.08.2024)

1225 https://hagen.polizei.nrw/artikel/frau-in-ennepetal-tot-aufgefunden-mordkommission-veroeffentlicht-fotos-der-toten-und-bittet-um-mithilfe (abgerufen am 07.08.2024)

1226 https://gelsenkirchen.polizei.nrw/presse/gemeinsame-pressemitteilung-der-staatsanwaltschaft-essen-und-der-polizei-gelsenkirchen20-jaehrige-frau-durch-messerstiche-getoetet (abgerufen am 07.08.2024)

1227 https://www.t-online.de/region/koeln/id_100463328/frechen-mann-soll-ehefrau-in-der-hubert-prott-strasse-getoetet-haben-.html(abgerufen am 07.08.2024)

1228 https://www.presseportal.de/blaulicht/pm/117696/5731115 (abgerufen am 07.08.2024)

1229 https://www.presseportal.de/blaulicht/pm/117708/5764803 (abgerufen am 07.08.2024)

1230 https://www.welt.de/vermischtes/article252107430/Worms-Leiche-am-Rheinufer-entdeckt-15-Jaehrige-starb-durch-Ertrinken.html (abgerufen am 07.08.2024)

1231   https://www.presseportal.de/blaulicht/pm/117683/5802560   (abgerufen   am   07.08.2024)

1232   https://www.presseportal.de/blaulicht/pm/117683/5802560   (abgerufen   am   07.08.2024)

1233   https://www.swr.de/swraktuell/rheinland-pfalz/mainz/tote-person-in-mainzer-hotel-gefunden-100.html (abgerufen am 07.08.2024)

1234   https://www.saarbruecker-zeitung.de/pm/zweibruecken/ehemann-88-erschiesst-frau-in-zweibruecken-und-stirbt-auch_aid-116756809 (abgerufen am 7.08.2024)

1235   https://www.tagesschau.de/inland/regional/rheinlandpfalz/swr-tote-frau-und-schwer-verletzter-mann-in-suedwestpfalz-gefunden-100.html   (abgerufen   am   29.08.2024)

1236   https://www.polizei.sachsen.de/de/MI_2024_105964.htm   (abgerufen   am   07.08.2024)

1237   https://www.polizei.sachsen.de/de/MI_2024_106272.htm   (abgerufen   am   07.08.2024)

1238   https://www.polizei.sachsen.de/de/MI_2024_106690.htm   (abgerufen   am   07.08.2024)

1239   https://www.polizei.sachsen.de/de/MI_2024_106771.htm   (abgerufen   am   07.08.2024)

1240   https://www.bild.de/news/drei-menschen-tot-mann-28-toetet-familie-665d72c291ade866c1ebc4dd (abgerufen am 07.08.2024)

1241   https://www.stern.de/panorama/weltgeschehen/tirpersdorf-im-vogtland--drei-menschen-getoetet---28-jaehriger-stellt-sich-34763818.html   (abgerufen   am   07.08.2024)

1242   https://www.mdr.de/nachrichten/sachsen/chemnitz/doebeln-rochlitz/valeriia-polizei-vermisst-leiche-ermittlungen-100.html (abgerufen am 07.08.2024)

1243   https://www.radioerzgebirge.de/beitrag/familiendrama-in-plauen-67-jaehriger-soll-ehefrau-getoetet-haben-833522/ (abgerufen am 07.08.2024)

1244   https://www.spiegel.de/politik/deutschland/gewalt-gegen-frauen-das-gewalthilfegesetz-nichts-als-ein-leeres-versprechen-a-bd1c0910-a2a3-4b25-862d-6368b21dcc68 (abgerufen am 31.10.2024)

1245   https://www.welt.de/politik/deutschland/article254583466/Gewalt-gegen-Frauen-Rot-gruene-Eile-beim-Frauenschutz-und-der-Laecherlich-Vorwurf-aus-der-Union.html (abgerufen am 20.11.2024)

1246   https://www.bmfsfj.de/resource/blob/250180/51a77e78224b98783ae8a5e104c49153/referentenentwurf-eines-gesetzes-fuer-ein-verlaessliches-hilfesystem-bei-geschlechtsspezifischer-und-haeuslicher-gewalt-data.pdf   (abgerufen   am   20.11.2024)

1247   *„Als traumatisierend werden im Allgemeinen belastende Ereignisse wie schwere Unfälle, Erkrankungen und Naturkatastrophen, aber auch Erfahrungen erheblicher psychischer, körperlicher und sexueller Gewalt sowie schwere Verlust- und Vernachlässigungserfahrungen bezeichnet. Sie können tiefe Wunden in der Seele hinterlassen, die einen Menschen das Leben lang beeinträchtigen. Wie eine körperliche Verletzung Zeit braucht, um zu verheilen, ist auch ein Trauma* *eine Verletzung der Seele, die ebenfalls Zeit braucht zum Verheilen. Klassische Beispiele sind hier die posttraumatischen Belastungsstörungen verletzter Soldaten, Flüchtlinge, von Opfern von Gewaltverbrechen oder Unfallopfern. Traumatisierungen, die zunächst rein psychischer Natur sind, können sich in der Folge in psychosomatischen Leiden niederschlagen."* Quelle Deutsche Traumastiftung

1248 Judith Lewis Herman, Die Narben der Gewalt, Kindler,1998, S.9.

1249 *„Transgenerationales Trauma: Unter der transgenerationalen Weitergabe (Transmission) eines Traumas wird ganz allgemein die Übertragung eines Traumas, das eine bestimmte Person erfahren hat, auf deren Kinder und die nachfolgenden Generationen verstanden. Die Übertragung der Traumata kann nach heutigem Erkenntnisstand auf unterschiedlichen Wegen, direkt oder indirekt sowie mit unterschiedlichen Auswirkungen und Reaktionen der hiervon jeweils Betroffenen erfolgen."* Quelle: Deutscher Bundestag, Wissenschaftliche Dienste Sachstand WD 1 – 3000 – 040/16.

1250 Judith Herman, Die Narben der Gewalt, Kindler 1998, S.9.

1251 https://thomashuebl.com/de/

1252 Thomas Hübl, Die heilsame Kraft unserer Beziehungen, 2023, S.34.